초기 기독교의 상상하기 어려운 부흥과 성장은 어떻게 가능했을까? 로마 제국의 압제도 그렇고 기독교 복음의 높은 도덕적 삶의 요구도 그렇고 그리스도인이 된다는 것이 결단코 녹록지 않았을 텐데 말이다. 전통적인 정답은 성령의 강력한 사역과 초기 그리스도인들의 열정적 복음 전도였다. 과히 틀린 답은 아니다. 그러나 다른 측면에서 살피면 다른 정답이 나올 수 있다. 이 책의 저자가 그런 학자다. 미국의 대표적 메노나이트 학자인 앨런 크라이더는 초기 교부들의 글들을 통해 초기 교회의 폭발적 성장 요인을 그리스도인의 "인내"라는 덕에서 찾는다. 인내의 뿌리는 성육신 신학에 있고, 결국 온갖 박해와 유혹에도 불구하고 이 땅에서 외국인 거주자처럼 살아가는 삶의 방식이 그들 몸에 배였다는 것이다. 즉 그리스도를 닮아 가는 습관(아비투스)이 제2의 본성이 된 것이다. 이것이 저자가 이 책에서 반복해서 사용하는 "발효"의 은유다. 영적 성품이 형성되고 몸에 밴 습관이 되기 위해 꾸준히 행해지는 신앙 교육과 예배가 그들 삶의 중심을 차지했다. 그들은 이 세상에서 소수자로 사는 것을 두려워하지 않았다. 평화와 화해, 용서와 사랑을 실천하고, 고난 중에도 인내하는 힘을 길렀다.

저자의 신학적 전통을 알 때와 그렇지 않을 때 독서의 감흥은 달라질까? 글쎄다. 사람마다 다르겠지만 내 경우는 별반 다르지 않았다. 신학적 개념과 신앙의 덕으로서 "인내"를 초기 교회의 폭발적 핵심 성장 "효모"로 설정했다는 것에 놀라움을 금치 못한다. 한국의 개혁주의 전통의 교회들이 어정쩡한 승리주의에 한눈을 팔고 있는 이때 앨런 크라이더의 주장은 통렬한 반성과 복음의 본질에 관한 깊은 성찰을 요구한다. 한국 주류 교단의 목회자들과 신학생들의 필독서가 되어야 할 책이다.

류호준 전 백석대학교 신학대학원 구약학 교수, 목사

16세기 아나뱁티스트 운동은 초기 교회의 정신을 회복하려는 근원적 변화에 대한 바람에서 촉발되었다. 아나뱁티스트 메노나이트 신학교에서 공부할 때, 초기 교회를 문자에 갇힌 과거가 아닌, 생동감 넘치는 현장으로 소개해 주신 분이 앨런 크라이더 교수님이다. 그의 역작 『초기 교회와 인내의 발효』는 조급증에 걸린 줄도 모르고 내달리다 급기야 방향을 잃은 한국 교회에 내민 노교수의 따뜻한 손길이라 확신한다. 책을 읽는 내내, 그의 선한 눈빛과 미소가 초기 교회가 인내로 빚어낸 아비투스와 겹치는 착시 현상을 경험했다.

문선주 한국아나뱁티스트센터 총무, 목사

하나님의 나라는 전략에 있지 않고, 태도에 있다. 우리 손으로 세상을 기독교화하려는 조급성과 우리 생각에 옳은 방식으로 세상을 변화시키겠다는 과욕이 하나님의 일하심을 방해한다. 아우구스티누스 이전 기독교의 자료를 살펴보면 그들은 놀랍게도 세상을 구하는 전략, 심지어 전도에도 큰 관심이 없었던 것으로 보인다. 대신 그들은 그리스도의 인내를 본받아 사는 데 전심전력했다. 그들의 태도가 교회의 독특한 문화를 형성했고, 많은 사람들이 그 아름다움에 매료되었다. 그들의 공동체가 하나님의 성품을 비추었기 때문이다.

인내는 그 신비한 발효를 가능하게 한 효소였다. 방대한 역사적 자료를 객관적으로 다루는 엄밀성과 하나님 나라를 향한 뜨거운 열정을 한 사람이 가지고 있는 것이 놀랍다. 길을 잃은 오늘의 교회에 던지는 벼락 같은 도전이다.

박영호 포항제일교회 목사

선교 단체들은 지난 십여 년간 해외 선교에 있어 전에 없는 도전에 직면해 왔다. 국가주의의 강화, 종교적 접근의 뚜렷한 한계, 교회 권위의 하락, 젊은이들의 교회 회피 등의 문제들을 어떻게 돌파할지 기도하며 성찰하던 우리에게 이 책은 선물처럼 다가왔다. 환경이 급변할 때는 오히려 본질을 붙들어야 한다. 그래야 비본질적 과거의 아비투스들, 즉 교회 성장론, 결과주의, 기독 권력화, 번영 신학 등을 깰 수 있는 힘이 나온다. 유대교에서 기독교로 전환하던 1세기 하나님 백성들 역시 로마의 적그리스도적 제국성으로 전에 없는 혼란과 도전에 직면했다. 그들이 선택한 길은 예수 그리스도를 본받아 인내로써 고난을 이기고, 선으로 악을 대하는 것이었다. 그들이 조급함이나 두려움이 아닌 인내와 소망의 아비투스를 가진 것이 놀랍지 않은가? 대책이나 전술이 아닌, 예수 문화의 회복이 지금 우리에게 가장 필요하기에, 이 책의 출간을 축하하고 기뻐한다.

조샘 인터서브 대표

앨런 크라이더가 다시 해냈다. 그는 초기 기독교의 자료들, 본문들, 학문에 대한 그의 해박한 이해를 활용해 기독교적 인내라는 미덕과, 그것이 예배와 삶에 미치는 형성적 성격을 조명해 준다. 이 책을 적극 추천한다

맥스웰 존슨 노터데임 대학교 전례학 교수, *Praying and Believing in Early Christianity* **저자**

이 생생하고 통찰력 있는 연구를 통해 크라이더는 그의 깊은 학문에 의지해 미래가 확실하지 않았던 시기의 초기 기독교 공동체들의 모습을 그려 낸다. 이 책에서 고대 남자들과 여자들은 인내와 겸손이라는 강력한 이상을 지니고 사는, 그리고 그런 이상을 실현하며 사는 사람들로 묘사된다. 그들의 투쟁은 회심자를 얻는 일에서 그들이 거둔 믿기지 않는 성공으로 빛을 발한다. 크라이더는 고대 자료들을 새로운 관점으로 읽어 내는 드문 능력을 가졌다. 놀랍고도 영감을 부여하는 책이다.

케이트 쿠퍼 맨체스터 대학교 고대사학 교수, *Band of Angels* 저자

많은 학자들이 기독교의 발흥을 권력의 측면에서 해석하는 때에 크라이더는 초기 기독교의 '내부'로부터의 성장이라는 신선하고 보증된 시나리오를 제공한다. 독자들은 그동안 기독교의 급속한 발흥에 관한 논의에서 무시되어 왔던 보다 느리고 보다 예민한 과정을 살펴보도록 초청받는다. 독자들은 이 책을 통해 오늘날 유행하는 학술적 견해들 사이에서 균형 잡는 방법을 찾게 될 것이다.

대니얼 윌리엄스 베일러 대학교 교부학, 역사신학 교수

이 놀라운 책에서 크라이더는 우리의 관심을 초기 교회 증언의 중요한 미덕인 인내에 다시 맞추게 하면서 그것이 예배와 교리문답을 통해 어떻게 육성되는지에 집중시킨다. 나는 세속화된 시대를 살아가는 교회를 위해, 이보다 시의적절한 역사를 상상할 수 없다.

제임스 스미스 『습관이 영성이다』 『하나님 나라를 욕망하라』 저자

'시간은 공간보다 크다.' 교황 프란치스코는 이 원리가 교회, 그리고 평화로운 사회 변화를 위한 운동에 적용되도록 촉구해 왔다. 그가 『복음의 기쁨』(*The Joy of the Gospel*)에서 썼듯이, '이 원리는 우리가 즉각적인 결과에 집착하지 않게 하면서, 또는 권력과 자기주장의 모든 공간을 소유하려고 하지 않게 하면서, 천천히 그러나 확실하게 일할 수 있게 해 준다.' 크라이더가 철저한 연구를 토대로 써낸 그러나 놀랄 만큼 친절한 이 책은 프란치스코가 실제로 그리스도인들을 교회가 처음 세기들에 수행한 비폭력적 인내와 매력적 증언으로 다시 부르고 있음을 보여 준다.

제럴드 슐라바흐 세인트 토머스 대학교 명예교수

초기 교회와 인내의 발효

IVP(InterVarsity Press)는
캠퍼스와 세상 속의 하나님 나라 운동을 지향하는
IVF(InterVarsity Christian Fellowship)의 출판부로
생각하는 그리스도인을 위한 문서 운동을 실천합니다.

ⓒ 2016 by Alan Kreider
Originally published in English under the title
The Patient Ferment of the Early Church by Baker Academic,
A division of Baker Publishing Group
P. O. Box 6287, Grand Rapids. MI 49516, U.S.A.
All rights reserved.

Used and translated by the permission of Baker Publishing Group
through rMaeng2, Seoul, Republic of Korea.
This Korean edition ⓒ 2021 by Korea InterVarsity Press
156-10 Donggyo-ro, Mapo-gu, Seoul 04031, Republic of Korea.

이 한국어판의 저작권은 알맹2를 통하여
Baker Publishing Group과 독점 계약한 IVP에 있습니다.
신 저작권법에 의하여 한국 내에서 보호받는 저작물이므로
무단 전재와 무단 복제를 금합니다.

초기
교회와
인내의
발효

The Patient
Ferment
of
the Early
Church

로마 제국 안에 뿌리내린
초기 기독교의 성장 비밀

앨런 크라이더 | 김광남 옮김

Ivp

끈기 있는 발효를 구현하는

킴과 샐리 탠에게.

차례

감사의 글 · 11   약어 · 14   서문 · 19

1부 · 성장과 인내
1 \ 교회의 희한한 성장 · 27

2 / 인내의 유익 · 37

3 \ 밀고 당기기 · 77

2부 · 발효
4 / 성장의 요원들로서의 그리스도인 · 131

5 \ 인내의 문화로서의 공동체 · 159

3부 · 아비투스 형성하기
6 / 교리 교육과 세례 · 225

7 \ 예배 · 309

8 / "디다스칼리아"가 말하는 '지혜로운 비둘기' · 369

4부 · 인내의 변형
9 \ 콘스탄티누스의 조급증 · 401

10 / 아우구스티누스의 정당한 조급증 · 457

참고 도서 · 486   찾아보기 · 504

감사의 글

이런 책을 쓰려면 많은 이들에게 빚을 져야 한다. 나는 마이클 그린(Michael Green)에게 크게 빚을 졌다. 그의 책 『초대교회의 복음전도』(*Evangelism in the Early Church*, 복있는사람)가 처음으로 나의 상상력을 사로잡았다. 램지 맥뮬런(Ramsay MacMullen)에게는 훨씬 더 많은 빚을 졌다. 그의 놀라운 학식과 날카로운 관점은 내가 그의 책 『로마 제국의 기독교화』(*Christianizing the Roman Empire*)를 읽은 이후 줄곧 나에게 도전을 주었다. 그는 나에게 친절했고, 종종 나는 나의 연구를 그와 나누는 내밀한 대화로 여겼다. 다른 학자들 중에는 폴 브래드쇼(Paul Bradshaw)와 에버렛 퍼거슨(Everett Ferguson)이 있는데, 그들의 학식과 관대함은 나에게 많은 것을 깨우쳐 주었다. 네 명의 학자—그중 셋은 독일인이고 하나는 미국인이다—가 중요한 단계들에서 나의 사고를 형성한 책들을 썼다. 게오르크 크레추마어(Georg Kretschmar), 노르베르트 브록스(Norbert Brox), 볼프강 라인볼트(Wolfgang Reinbold), 로드니 스타크(Rodney Stark)가 그들이다. 나는 이들에게 빚을 졌다. 내가 이 책을 쓰는 동안 두 명의 친구 크리스토퍼 로우랜드(Christopher Rowland)와 이오인 드 발드레이스

(Eoin de Bhaldraithe)가 원고를 충실하게 읽고 나의 지평을 확장해 주었다. 원고를 읽은 다른 이들로는 앤디 알렉시스베이커(Andy Alexis-Baker), 데이비드 보샤트(David Boshart), 섀너 피치 보샤트(Shana Peachey Boshart), 앤디 브루베이커캐슬러(Andy Brubaker-Kaethler), 맷 코델라(Matt Cordella), 레슬리 페어필드(Leslie Fairfield), 에버렛 퍼거슨, 브라이언 헤임스(Brian Haymes), 제이 프릴 랜드리(Jay Freel Landry), 스튜어트 머레이 윌리엄스(Stuart Murray Williams), 제럴드 슐라바흐(Gerald Schlabach), 윌버트 쉥크(Wilbert Shenk) 등이 있다. 내가 인내에 대한 아우구스티누스(Augustine)의 접근법에 대해 명확하게 생각해 보려 했을 때, 특히 제럴드 슐라바흐가 지각 있는 통찰과 구체적인 제안을 하면서 많은 도움을 주었다. 저술 작업 후반에는 '끈기 있는 발효 그룹' 하나가 매달 제임스와 바브 넬슨 깅리치(James and Barb Nelson Gingerich)의 우호적인 식탁에 모여 맛있는 음식을 먹으며 나의 원고를 검토했다. 나는 제임스와 바브에게, 그리고 충성스러운 식탁 동료들인 라이언 하커(Ryan Harker), 레이철 밀러 제이콥스(Rachel Miller Jacobs), 로렌 존스(Loren Johns), 엘리너 크라이더(Eleanor Kreider), 데이비드 밀러(David B. Miller), 메리 세르츠(Mary Schertz)에게 감사한다. 그들의 격려와 비판은 나에게 아주 큰 도움이 되었다. 바브는 또한 이 책의 각 장이 처음 나왔을 때 그것들에 대해 최초로 편집 수준의 검토를 해 주었고, 라이언은 고전 그리스어와 관련해 도움을 주었다. 킴과 샐리 탠(Kim and Sally Tan)은 그들의 삶을 통해 나에게 영감을 주고 여러 해 동안 나의 계획을 믿고 지원해 준 나의 친구들이다. 마침내 나는 이 책을 그들에게 깊은 감사와 함께 헌정할 수 있게 되었다.

 물론, 기관들의 지원이 없었다면 나는 이 책을 쓸 수 없었을 것이다. 메노나이트 선교부(지금의 메노나이트 선교 네트워크)는 내가 초기 기독교를 연구할 때 나를 지원해 주었다. 아나뱁티스트 메노나이트 성경 신학교(Anabaptist Mennonite Biblical Seminary)는 나에게 교수 연구 개발비와 탁월한 도서관[그곳의 부관장인 칼 스튜츠만(Karl Stutzman)은 잘 알려지지 않은 출판물들을 찾아내는 일을 놀랍게 해냈다]을 제공해 주었다. 미네소타주 세인트 조셉에 있는 성 베네딕도회 수도원의 친절한 수녀님들은 다섯 차례나 내가 그들의 연구 프로그램에서 학자로서 연구할 수 있도록 이상적인 환경을 제공해 주었다.

무엇보다도 나의 아내 엘리너에게 감사한다. 그녀가 나에게 준 여러 선물 중 하나는 초기 기독교에 대한 그녀의 지식이다. 이 책을 쓰는 동안 나는 우리가 논의하며 열광했던 대상이 우리 사이에 공유되고 있음을 알고 그녀와 길게 이야기하는 것을 즐겼다. 엘리너는 이 책의 원고 중 많은 부분을 읽고 평론해 주었으며, 발효될 만한 것들이 없어 보일 때조차도 인내해 주었다! 내가 그녀에게 그리고 다른 모든 소중한 이들에게 어떻게 적절하게 감사를 표현할 수 있을까? 아마도 부분적으로는 이 책에 여전히 남아 있는 오류들에 대한 책임에서 그들을 면제시켜 줌으로써일 것이다!

약어

고대 문헌

Ad Quir.	Cyprian, *Ad Quirinum testimonia adversus Judaeos* [*To Quirinus: Testimonies against the Jews*]
Adv. Jud.	Tertullian, *Adversus Judaeos* [*Against the Jews*]
An.	Tertullian, *De anima* [*On the Soul*]
Apol.	*Apology*
Autol.	Theophilus, *Ad Autolycum* [*To Autolycus*]
Bapt.	Tertullian, *On Baptism*
Cels.	Origen, *Against Celsus*
1-2 Clem.	1-2 Clement, Epistles
Cod. theod.	Codex theodosianus
Comm.	*Commentary*
Comm. Dan.	Hippolytus, *Commentarium in Danielum* [*Commentary on Daniel*]
Comm. Rom.	Origen, *Commentarii in Romanos* [*Commentary on Romans*]
Conf.	Augustine of Hippo, *Confessions*

Const.	*Apostolic Constitutions*
Cor.	Tertullian, *De corona militis* [*The Crown*]
CPL	*Clavis Patrum Latinorum*. Edited by Eligius Dekkers. 2nd ed. Steenbrugge: Abbatia Sancti Petri, 1961
Cult. fem.	Tertullian, *De cultu feminarum* [*On the Dress of Women*]
Demetr.	Cyprian, *To Demetrianus*
Dial.	Justin, *Dialogue with Trypho*
Did.	*Didache*
Did. apost.	*Didascalia apostolorum*
Diogn.	*Epistle to Diognetus*
Dom. or.	Cyprian, *De dominica oratione* [*On the Lord's Prayer*]
Don.	Cyprian, *To Donatus*
Ep.	*Epistle*
Epit.	Lactantius, *Epitome of the Divine Institutes*
Exh. cast.	Tertullian, *De exhortatione castitatis* [*Exhortation to Chastity*]
Fug.	Tertullian, *De fuga in persecutione* [*On Flight in Time of Persecution*]
Hab. virg.	Cyprian, *De habitu virginum* [*The Dress of Virgins*]
Haer.	Irenaeus, *Adversus haereses* [*Against Heresies*]; Hippolytus, *Refutatio omnium haeresium* [*Refutation of All Heresies*]
Herm. Mand.	Shepherd of Hermas, Mandate
Herm. Sim.	Shepherd of Hermas, Similitude
Herm. Vis.	Shepherd of Hermas, Vision
Hist. eccl.	Eusebius, *Ecclesiastical History*; Socrates, *Ecclesiastical History*
Hom. Exod.	Origen, *Homiliae in Exodum* [*Homilies on Exodus*]
Hom. Ezech.	Origen, *Homiliae in Ezechielem* [*Homilies on Ezekiel*]
Hom. Gen.	Origen, *Homiliae in Genesim* [*Homilies on Genesis*]
Hom. Jer.	Origen, *Homiliae in Jeremiam* [*Homilies on Jeremiah*]
Hom. Jos.	Origen, *Homiliae in Josuam* [*Homilies on Joshua*]
Hom. Judic.	Origen, *Homiliae in Judices* [*Homilies on Judges*]

Hom. Lev.	Origen, *Homiliae in Leviticum* [*Homilies on Leviticus*]
Hom. Luc.	Origen, *Homiliae in Lucan* [*Homilies on Luke*]
Hom. Num.	Origen, *Homiliae in Numeros* [*Homilies on Numbers*]
Hom. Sam.	Origen, *Homiliae in Samuelum* [*Homilies on 1 Samuel*]
Idol.	Tertullian, *On Idolatry*
Inst.	Lactantius, *The Divine Institutes*
Laps.	Cyprian, *De Lapsis* [*The Lapsed*]
Leg.	Athenagoras, *Legatio pro Christianus* [*Plea for Christians*]
Marc.	Tertullian, *Against Marcion*
Mart.	Origen, *Exhortation to Martyrdom*
Mart. Pol.	Martyrdom of Polycarp
Mort.	Cyprian, *On Mortality*
Nat.	Tertullian, *Ad nationes* [*To the Heathen*]
Oct.	Minucius Felix, *Octavius*
Off.	Cicero, *De officiis* [*On the Duties*]
Or.	*De oratione* [*On Prayer*]
Or. Graec.	Tatian, *Oratio ad Graecos* [*Address to the Greeks*]
Orat. paneg.	Gregory Thaumaturgus, *Oratio panegyrica in Origenem* [*Address of Gratitude to Origen*]
Paed.	Clement of Alexandria, *Paedagogus* [*Christ the Educator*]
Paen.	Tertullian, *De paenitentia* [*On Repentance*]
Pan.	Epiphanius, *Panarion* [*Refutation of All Heresies*]
Pat.	Augustine, *On Patience*; Cyprian, *On the Good of Patience*; Tertullian, *On Patience*
Peregr.	Lucian, *De morte Peregrini* [*The Passing of Peregrinus*]
Pol. *Phil.*	Polycarp, *Letter to the Philippians*
Praescr.	Tertullian, *De praescriptione haereticorum* [*The Prescription of Heretics*]
Protr.	Clement of Alexandria, *Protrepticus* [*Exhortation to the Greeks*]

Ps.-Clem.	Pseudo-Clementine Epistles
Quis div.	Clement of Alexandria, *Quis dives salvetur* [*Salvation of the Rich*]
Scap.	Tertullian, *To Scapula*
Serm.	*Sermon(s)*
Spect.	Tertullian, *De spectaculis* [*The Shows*]
Strom.	Clement of Alexandria, *Stromata* [*Miscellanies*]
Test.	Tertullian, *De testimonio animae* [*The Soul's Testimony*]
Trad. ap.	[Hippolytus?], *Traditio apostolica* [*The Apostolic Tradition*]
Unit. eccl.	Cyprian, *De catholicae ecclesiae unitate* [*The Unity of the Catholic Church*]
Ux.	Tertullian, *Ad uxorem* [*To His Wife*]
Virg.	Tertullian, *De virginibus velandis* [*The Veiling of Virgins*]
Vit. Const.	Eusebius, *Vita Constantini* [*Life of Constantine*]
Vit. Cypr.	Pontius of Carthage, *Vita Cypriani* [*Life of Cyprian*]
Zel. liv.	Cyprian, *De zelo et livore* [*On Jealousy and Envy*]

근대 문헌

ACW	Ancient Christian Writers. 1946–
ANF	*Ante-Nicene Fathers*, edited by Alexander Roberts and James Donaldson. 1885–1887. 10 vols. Repr. Peabody, MA: Hendrickson, 1994
BJP	Paul Bradshaw, Maxwell E. Johnson, and L. Edward Phillips, *The Apostolic Tradition: A Commentary*. Hermeneia. Minneapolis: Fortress, 2002
CCL	Corpus Christianorum: Series Latina
CIL	*Corpus Inscriptionum Latinarum*. Berlin, 1862–
CSEL	Corpus Scriptorum Ecclesiasticorum Latinorum
FC	Fathers of the Church. Washington, DC: Catholic University of America Press, 1947–

FRLANT	Forschungen zur Religion und Literatur des Alten und Neuen Testaments
HTR	*Harvard Theological Review*
HTS	Harvard Theological Studies
JECS	*Journal of Early Christian Studies*
JRS	*Journal of Roman Studies*
JSNTSup	Journal for the Study of the New Testament Supplement Series
JTS	*Journal of Theological Studies*
LCC	Library of Christian Classics. Philadelphia: Westminster, 1953–
LCL	Loeb Classical Library
LNTS	Library of New Testament Studies
NPNF[1]	*Nicene and Post-Nicene Fathers*, Series 1, edited by Philip Schaff. 14 vols. 1886–1889. Repr. Peabody, MA: Hendrickson, 1994
NPNF[2]	*Nicene and Post-Nicene Fathers*, Series 2, edited by Philip Schaff and Henry Wace. 14 vols. 1890–1900. Repr. Peabody, MA: Hendrickson, 1994
PG	Patrologia Graeca, edited by J.-P. Migne. 162 vols. Paris, 1857–1886
PL	Patrologia Latina, edited by J.-P. Migne. 217 vols. Paris, 1844–1864
RAC	*Reallexikon für Antike und Christentum*
SC	Sources chrétiennes. Paris: Cerf, 1943–
SL	*Studia Liturgica*
StPatr	Studia Patristica
TTH	Translated Texts for Historians
VC	*Vigiliae Christianae*
VCSup	Supplements to Vigiliae Christianae

서문

로마 제국에서 일어난 기독교 교회의 성장은 신비롭다. 이 현상을 연구하는 데 일생을 바친 학자들은 계속해서 그것에 대해 놀라워한다. 지중해 동부에서 시작된 이 사소한―주변적이고, 조롱당하고, 차별받았던―신비 종교가 크게 성장해 결국 제국과 귀족 사회의 지지를 받던 부유하고 꽤 괜찮은 이교들을 대체한 이유는 무엇일까? 도대체 무엇이 기독교가 5세기에 이르러 제국의 국교가 될 만큼 성공하도록 만들었을까?

어떤 이들은 이 문제를 사상들의 충돌을 강조하는 것으로 해결했다. 교회의 초기 몇 세기 동안 그리스도인들은 그들의 사고를 놀라울 정도로 발전시켰다. 그들은 다른 종교 지지자들과 대화하고 토론할 때 자신들의 사상을 색다른 방식으로 전개하는 법을 배웠다. 이 전통에 속한 고전적인 책은 마이클 그린이 쓴 『초대교회의 복음전도』(1970)다. 다른 학자들은 18세기 영국의 고대 역사가 에드워드 기번(Edward Gibbon)의 뒤를 따라 그리스도인들의 승리의 '원인들'―그들의 편협한 열정, 사후의 생에 관한 가르침, 기적을 행하는 능력, 금욕적 도덕, 조직화 등―을 강조했다. 특별히 램지 맥뮬런은 그의 책 『로마 제국의 기독교화』(1984)에서 기번의 목록에 여섯 번째 원인을 덧붙였다. 그것은 교회의 초기 몇 세기 동안 나타났던 퇴마와 기적이 갖고 있던 심리적 힘과 4세기와 5세기에 국가의 지원을 받아 이루어졌던 파괴와 억압이라는 물리적 힘이었다.

이 두 가지 접근법에 나는 무엇을 덧붙여야 할까? 다음 네 가지다.

첫째, 인내(patience)다. 대부분의 그리스-로마 사람들에게 인내는 소중한 덕목이 아니었다. 그것은 초기 기독교를 연구하는 학자들에게도 흥미로운 주제가 아니었다. 하지만 초기 그리스도인들에게는 매우 중요했다. 그들은 인내에 관해 말하고 글을 썼다. 인내는 초기 그리스도인들이 주제로 삼아 논문을 썼던 첫 번째 덕목이었다. 그들은 그것에 관해 적어도 세 편의 논문을 썼다. 기독교 작가들은 인내를 '가장 높은', '모든 덕목 중 가장 큰', '특별히 기독교적인' 덕목이라고 불렀다. 그리스도인들은 하나님이 인내하신다고, 또한 예수님이 인내를 가시적으로 구현하셨다고 믿었다. 또 그들은 하나님을 믿는 자신들 역시 인내해야 한다고, 즉 사건들을 통제하지 않고, 걱정하거나 서두르지 않고, 절대로 목적을 이루기 위해 힘을 사용하지 말아야 한다고 결론지었다. 2장에서 나는 인내를 소개할 텐데, 그것은 이 책 전체에서 반복해서 나타날 것이다. 인내에 대해 숙고할 때 우리는 초기 그리스도인들의 수적 성장을 가능케 했던 탄력성 및 구별된 생활 방식을 좀더 잘 이해하게 될 것이다.

둘째는 아비투스(habitus), 즉 반사적인 신체적 행위다. 초기 그리스도인들이 논쟁에서 이겨서 수적으로 성장했음을 보여 주는 자료들은 거의 없다. 오히려 그들이 성장한 것은 인내에 뿌리를 둔 그들의 습관적 행위가 독특하고 흥미로웠기 때문이다. 그들의 아비투스—나는 이 용어를 프랑스의 사회학자 피에르 부르디외(Pierre Bourdieu)에게서 배웠다—는 희망을 제공하는 방식으로 평범한 사람들이 마주했던 어려운 문제들을 해결해 주었다. 그리스도인들은 그들의 사상과 관련된 도전을 받았을 때 자신들의 행동을 가리켰다. 그들은 자신들의 아비투스, 즉 자신들의 구체적 행위가 설득력을 갖고 있다고 믿었다. 그들의 행위가 그들이 믿는 것을 말해 주었다. 그들의 행위는 그들의 메시지에 대한 실연이었다. 자료들은 그리스도인이 된 대다수의 비그리스도인들에게 영향을 끼친 것은 그리스도인의 사상이 아니라 그들의 아비투스였음을 보여 준다. 이 책에서 아비투스는 내가 3장에서 전하는 이야기에서 처음 등장하며, 4장과 5장에서 제시하는 개인적이고 집단적인 증언이 갖고 있는 구별되는 형태의 특징을 이룬다. 인내와 마찬가지로 아비투스 역시 이 책의 나머지 부분 전체에서 언급된다.

셋째, 교리 교육(catechesis)과 예배(worship)다. 초기 그리스도인들은 자기네 구성원들이 아비투스를 형성하는 일에 특별하게 몰두했다. 그래서 그들은 세례 준비를 위한 교리 교육—신중한 형성과 가르침—을 강조했다. 그리스도인들은 교리 교육이라는 측면에서 당대의 다른 종교 회원들보다 훨씬 더 진지했는데, 좋은 이유에서 그러했다. 그들은 그리스-로마 사회에서 성장한 이들에게는 (예수 그리스도의 그것과 같지 않은) 성마른 습관들이 깊이 뿌리내리고 있다고 여겼다. 경험을 통해 그들은 사람들이 반사적 반응을 자제하는 법을 개발하려면 시간, 멘토들과의 교제, 그리고 당시 그리스도인들에게 일반적이었던 끈기 있는 삶의 방식 안에서 성장할 기회가 필요하다는 것을 알았다. 교리 교육을 통해 신앙을 얻어 그리스도인이 된 이들은 세례를 받았고 그 후에는 기독교 공동체의 예배를 통해 부양되었다. 예배의 핵심인 기도와 성찬은 세례 지원자들(세례 이전에 교리 교육을 받는 이들)에게는 허락되지 않았으며, 외부인들에게도 물론 허락되지 않았다. 그럼에도 예배는 교회의 사명에서 핵심 역할을 했다. 그리스도인들은 예배를 통해 하나님을 경배했고, 끈기 있는 아비투스를 통해 새롭게 되었다. 6장과 7장은 교회의 교리 교육이 가진 형성 능력과 예배가 가진 부양 능력을 이해하도록 도울 것이다. 나는 그 둘 모두가 교회 성장에 핵심 요소였다고 본다.

넷째, 발효(ferment)다. 초기 그리스도인들은 발효에 관해 분명하게 쓰지 않았다. 하지만 나는 그것이 그들의 끈기 있는 성장이 일어난 방식을 묘사하는 유용한 은유라고 여긴다. 그 성장은 신학자 오리게네스(Origen)가 하나님의 "보이지 않는 능력"이라고 불렀던 것에 의해 말없이 일어났다. 그것은 인간의 통제에 의해 영향을 받거나 가속되지 않았다. 하지만 그 발효 과정 속에는 굉장한 잠재력을 지닌 채 부글거리는 에너지, 즉 치솟아 오르는 내적 생명이 있었다. 우리는 이 책 전체를 통해 이 발효에 대해 살필 것이다. 9장과 10장에서는 로마 황제 콘스탄티누스 1세(Constantine I)와 놀라운 신학자 아우구스티누스에 대해 살피면서, 그리스도인들이 변화를 통제하고 속도를 강제하려 했을 때 끈기 있는 발효에 어떤 일이 일어났는지 살펴볼 것이다.

나는 이 책을 쓰고 나서야 내가 하려는 일의 무모함을 인식했다. 그동안 우리 시대의 많은 이들이 거대 서사의 죽음을 선포했다. 학자들은 그들의 연구 주제를 훌륭하게 다루기 위해서는, 그 주제를 좁게 국한하는 것이 현명하다는 것을 안다. 나는 그런 조심성을 이해한다. 그런 까닭에 내가 인내를 지표로 삼아 무려 4세기에 걸친 기독교 교회의 성장을 추적하고 있음을 깨닫고 다소 놀랐다.

나의 이 광범위한 연구에는 한계가 있다. 첫째, 나는 초기 몇 세기 동안에 있었던 이방인과 유대인 사이의 복잡한 상호 작용에 거의 관심을 기울이지 않았다. 8장에서 나는 시리아에서 한 무리의 메시아 공동체가 이런 상호 작용을 다뤘던 방식을 보여 주는 교회법에 대해 다룰 것이다. 하지만 그 주제는 그보다 훨씬 더 크다. 둘째, 내가 '초기 교회'의 성장에 관해 쓴 것은 지나치게 거드름을 피운 꼴이 되었다. 왜냐하면 당시에는 많은 곳에서 교회들이 서로 경쟁하고 있었기 때문이다. 나는 로마와 여러 다른 곳에서 발생했던 초기 기독교들의 '분할'에 대해 인식하고 있고, 또한 여러 세기 동안 '이단' 교회들이 계속해서 존재했다는 것도 알고 있다. 내가 '영지주의' 집단의 아비투스와 성장의 수단을 더 많이 다룰 수 있었으면 좋았을 것이다. 하지만 그들의 문헌의 특성이 그것을 어렵게 만들었다. 사람들이 '영지주의자'라고 부르는 이들은 교회법에 관한 글이나 인내에 관한 논문들을 쓰지 않았다! 셋째, 아주 유감스럽게도, 나는 나의 연구를 로마 제국에만 국한시키고 페르시아 제국에서 있었던 교회의 성장에 관한 이야기를 배제해야 했다. 2007년에 나는 3개월간 그 이야기에 관한 초기 연구에 매달렸다. 하지만 이 책이 이미 형태를 갖춰 가고 있는 상황에서 그것을 포함시키기에는 그 이야기가 너무 풍성하고 다양하다는 결론을 내렸다.

그러므로 이 책은 한계를 갖고 있다. 그럼에도 이 책은 대담하다. 이 책은 신약 시대부터 5세기에 있었던 제국 교회의 통합 때까지의 광범위한 시간을 다룬다. 나는 기독교의 초기 몇 세기나 고대 후기의 기독교에 관한 글을 쓰는 식으로 학자들의 관습에 스스로를 국한시키지 않았다. 더 나아가 이 책은 역사, 신학, 전례, 윤리학, 선교학 같은 여러 학문 분야들에 의존한다. 독자들은 나의 이런 개요적 접근법이 무책임한 것인지 아니면 이해에 도움을 주는 것인지 판단해야 한다.

내 자신의 주관성에 관해 한마디 하겠다. 나의 정체성은 이 책에 어떻게 영향을 줄까? 나는 미국인 남성이고, 메노나이트 그리스도인이며, 잉글랜드 종교개혁의 한 측면과 관련해 학위 논문과 책을 쓴 하버드 대학교 박사학위 소지자다. 1970년대에 메노나이트 교회는 나에게 영국에서 선교사로 일하도록 요청했다. 나는 그곳에서 30년간 살았다. 나는 작은 교회를 목회했고 런던 메노나이트 센터 소장으로, 그리고 나중에는 옥스퍼드에 있는 리젠트 파크 칼리지의 기독교와 문화 센터 소장으로 일했다. 나는 아나뱁티스트 네트워크와 평화 운동에 활발하게 참여했다. 나는 엘리너 크라이더와 결혼했는데, 그녀는 전례에 대한 열정 때문에 노터데임 대학교에서 교회법을 세밀하게 연구하는 강좌에 참여했다. 그녀는 자기가 발견한 것을 나와 공유했다. 1980년대 중반부터 나는 초기 교회를 신중하게 연구하기 시작했다. 그때 이후 몇 나라에서—그중에서도 특별히 남반구의 나라들이 흥미로웠다—초기 기독교에 대해 가르쳤고 그 주제와 관련해 몇 권의 책과 논문을 썼다. 2000년에 엘리너와 나는 우리의 고향인 인디애나주로 돌아왔다. 그곳에서 나는 아나뱁티스트 메노나이트 성경 신학교에서 교회사와 선교학을 가르쳤다. 이제 은퇴한 상태에서 나는 이 책을 통해 초기 기독교에 관한 나의 모든 연구 결과를 집약하려 하고 있다.

    나의 주관성이 이 책을 형성할까? 물론이다. 그런 역학은 나쁠 수도 있고, 좋을 수도 있고, 혹은 둘 다일 수도 있다! 예컨대, 초기 기독교 작가들의 글을 면밀하게 읽으면서 나는 교회의 삶과 사명 안에 평화라는 주제가 광범위하게 존재했음을 발견하고 깜짝 놀랐다. 그리고 자신에게 물었다. 어째서 다른 이들은 이것을 보지 못했을까? 어째서 나는 이것을 좀더 일찍 보지 못했을까? 어째서 이제야 이것을 보았을까? 그것은 내 주관성 때문인가? 아니면 다른 이들이 그들의 주관성 때문에 평화를 무시했던 것일까? 나는 어떤 핵심적인 것들을 계속해서 무시하고 오독하고 있는가? 독자들이 판단해야 할 문제들이다.

1부

성장과 인내

1

교회의 희한한 성장

처음 3세기 동안 교회는 성장하고 있었다. 동시대인들이 그것에 대해 언급했다. 2세기에 쓰인 「디오그네투스에게 보낸 편지」(Epistle to Diognetus)는 그리스도인들이 "날마다 더욱더 증가하고 있다"고 말했다.[1] 3세기 초에 북아프리카 카르타고의 신학자 테르툴리아누스(Tertullian)는 크게 과장하면서 그리스도인들을 "아주 많은 사람들, 거의 모든 도시의 대다수 사람들"이라고 불렀다.[2] 50여 년 후에 위대한 신학자 오리게네스는 팔레스타인 지방의 가이사랴에서 주일 설교를 하면서 교회의 범세계적 성장에 관해 확신에 찬 진술을 했다.

> 주님의 위대하심을 보십시오.…우리 주 예수님이 온 세상에 알려지셨습니다.

---

1 *Diogn.* 6.9, trans. E. R. Fairweather, *Early Christian Fathers*, ed. C. C. Richardson, LCC 1 (1953), p. 218.
2 Tertullian, *Scap.* 2, trans. R. Arbesmann, FC 10 (1950), p. 154.

그분이 하나님의 능력이시기 때문입니다.…주님이시며 구주이신 분의 능력이 우리의 세상과 분리된 브리튼에 있는 이들과, 마우레타니아에 있는 이들과, 해 아래에서 그분의 이름을 믿는 모든 이들과 함께 계십니다. 그 능력은 온 세상으로 퍼져 나가고 있습니다.[3]

아무도 초기 교회가 성장하고 있었음을 부정하지 않는다. 하지만 그것의 성장 속도를 가늠하기는 어렵다. 오랫동안 학자들은 기독교의 성장은 너무나 급속해서 4세기 초에 콘스탄티누스 황제가 즉위하기 직전에 약 5, 6백만 명의 사람들(로마 제국 모든 인구의 8-12퍼센트 사이)이 그리스도인이었다고 추정했다. 이런 접근법에 대한 가장 확신에 찬 진술은 1990년대에 사회학자 로드니 스타크가 제시했는데, 그는 교회가 이 정도 크기에 도달하기 위해서는 처음 3세기 동안 10년마다 40퍼센트씩 성장해야 했을 것이라고 계산했다.[4] 스타크의 확신은 폭넓은 동의를 얻었으나 그의 기를 꺾는 비판도 받았다. 적어도 고대 역사가 램지 맥뮬런으로부터는 그랬다. 그는 견고한 고고학적 증거를 요구했고 310년 이전에 그리스도인의 수는 훨씬 더 적었다고 주장했다.[5] 이 논쟁은 학자들이 특정한 분야들을 상세하게 연구함에 따라 계속될 것이다. 지금 우리로서는 다음 세 가지를 안전하게 가정할 수 있을 뿐이다.

---

[3] Origen, *Hom. Luc.* 6.9, trans. J. T. Lienhard, FC 94 (1996), p. 27. 이와 유사한 포괄적인 견해를 보여 주는 다른 구절들이 Clement of Alexandria, *Strom.* 6.18; Tertullian, *Apol.* 25.23, 25; *Fug.* 6.2; *Praescr.* 20.5; *Did. apost.* 6.8.1.에서도 나타난다.

[4] Rodney Stark, *The Rise of Christianity: A Sociologist Reconsiders History* (Princeton: Princeton University Press, 1996), p. 6. 『기독교의 발흥』(좋은씨앗).

[5] Ramsay MacMullen, *The Second Church: Popular Christianity, A.D. 200-400*, SBL Writings from the Greco-Roman World Supplement Series 1 (Atlanta: Society of Biblical Literature, 2009), pp. 102-104, 173nn17-18. 또한 Jan N. Bremmer, *The Rise of Christianity through the Eyes of Gibbon, Harnack and Rodney Stark* (Groningen: Barkhuis, 2010), pp. 50-51, 64-65를 보라.

- 처음 3세기 동안 그리스도인의 수가 인상적으로 증가하고 있었다.
- 이런 성장은 지역마다 굉장한 차이가 났다. 어느 지역들(소아시아와 북아프리카 일부 지역)에는 아주 많은 수의 그리스도인들이 있었다. 그러나 다른 지역들에는 신자가 거의 없었다. 메소포타미아의 하란 같은 몇몇 도시들은 사실상 '그리스도인이 없는' 지역으로 알려져 있었다.[6]
- 콘스탄티누스가 즉위할 즈음에 교회들은 상당한 수의 회원을 갖고 있었을 뿐 아니라, 지리적으로도 방대한 지역으로 확대되었고 그로 인해 제국 권력자들의 주목을 받았다.

범세계적으로 성장하던 이 운동이 활기와 확신에 차 있었던 것은 놀랄 일이 아니다.

우리는 이런 성장을 당연한 것으로 여기면서 그것이 얼마나 놀라운 일이었는지를 잊는 경향이 있다. 그 누구도 교회에 가입할 필요가 없었다. 사람들은 침략군이나 법률에 의해 교회의 회원이 되도록 강요받지 않았다. 사회적 관습도 그들이 그렇게 하도록 유도하지 않았다. 사실상 기독교는 법률과 사회적 관습의 반대에도 불구하고 성장했다. 오히려 그런 성장을 가로막는 요소들이 아주 많았다. 게다가 콘스탄티누스 이전의 교회에는, 비록 실제로 처형된 그리스도인은 거의 없었지만,[7] 늘 박해를 통한 죽음의 가능성이 어

---

6 Robin Lane Fox, *Pagans and Christians* (San Francisco: Harper & Row, 1986), p. 28. 소아시아의 아프로디시아스에서 나타난 유사한 경우로는, Laura Hebert, "Pagans and Christians in Late Antique Aphrodisias", in *Conversion to Christianity from Late Antiquity to the Modern Age*, ed. Calvin B. Kendall, Oliver Nicholson, William D. Phillips Jr., and Marguerite Ragnow (Minneapolis: Center for Early Modern History, University of Minnesota, 2009), pp. 85-114를 보라.

7 Candida Moss [*The Myth of Persecution: How the Early Christians Invented a Story of Martyrdom* (New York: HarperOne, 2013)]는 4세기에 있었던 "박해받는 교회라는 개념"의 발전에 대해 옳게 지적했다. 하지만 그녀는 콘스탄티누스 이전의 그리스도인들이 경험한 박해의 중요성을 이해하지 못했다. 그녀는 "주님의 이름을 위하여" 죽는 문제를 어떤 신자라도 다룰 필요가 있는 가능성으로서 냉정하게 다루는 비호교론적인 교회법과 교리문답 자료들을 고려하지 않는다(*Trad.*

른거렸다. 많은 곳에서 세례 후보자들은 "모든 그리스도인은 정의상 죽음의 후보자들"이라고 느꼈다.[8] 케이트 쿠퍼(Kate Cooper)가 지적하듯이, 그리스도인들은 자기들이 "의심스러운 집단"의 회원으로서 이웃에 의해 혹은 자기들이 특권을 박탈당하는 것을 보고 싶어 하는 다른 이들에 의해 "넘겨지는 일"에 취약하다는 것을 알고 있었다.[9] 240년대에 오리게네스는 그리스도인들이 경험했던 "나머지 사회에서의 치욕"에 대해 언급했다.[10] 그리스도인들은 조심해야 했다.

그럼에도 교회들은 성장했다.[11] 어째서인가? 콘스탄티누스 황제가 기독교에 가담해 그것을 장려하기 시작한 312년 이후에 발생한 교회의 성장을 설명하기는 어렵지 않다. 그러나 콘스탄티누스 이전에 교회의 확장은 잘 믿기지 않아서 그것을 이해하려면 지속적인 노력이 필요할 정도다. 그 성장은 이상했다. 우리가 활용할 수 있는 증거에 따르면, 교회들의 확장은 조직화된 선교 프로그램의 결과가 아니었다. 그것은 단지 일어났을 뿐이다. 더 나아가 그 성장은 신중하게 계획된 것도 아니었다. 초기 기독교 지도자들

---

ap. 19.2, BJP, p. 102); Cyprian, *Ad Quir.* 3.16-18; *Dis. apost.* 5.6.2, "만약 우리가 순교하도록 부르심을 받는다면"[trans. and ed. Alistair Stewart-Sykes, *The Didascalia Apostolorum: An English Version with Introduction and Annotation* (Turnhout: Brepols, 2009), p. 204].

8 Gustave Bardy, *La conversion au christianisme durant les premiers siecles* (Paris: Aubier, 1949), p. 170.

9 Kate Cooper, "Christianity, Private Power, and the Law from Decius to Constantine: The Minimalist View", *JECS* 19, no. 3 (2011): p. 339.

10 Origen, *Cels.* 3.9, trans. H. Chadwick (Cambridge: Cambridge University Press, 1965), p. 134; 참고. Tertullian, *Fug.* 3.2 [trans. E. A. Quain et al., FC 40 (1959), p. 282]는 그리스도인들이 회합에 참석할 때 "우리는 이교도들의 호기심을 불러일으키며, 혹시라도 그들의 반대를 불러일으키지 않을까 두려워한다"라고 보고한다.

11 최근 연구에 따른 고대 세계의 다섯 지역에서 나타난 교회의 성장을 이해하려면, 다음 논문들을 보라. Mark Humphries ["The West (1): Italy, Gaul, and Spain"], Eric Rebillard ["The West (2): North Africa"], Raymond Van Dam ["The East (1): Greece and Asia Minor"], David Brakke ["The East (2): Egypt and Palestine"], Lucas Van Rompay ["The East (3): Syria and Mesopotamia"], in *The Oxford Handbook of Early Christian Studies*, ed. Susan Ashbrook Harvey and David Hunter (Oxford: Oxford University Press, 2008), pp. 283-386.

은 서로 경쟁하는 '선교 전략'에 관한 논쟁에 참여하지 않았다. 그리스도인들은 많은 글을 썼다. 고전학자 로빈 레인 폭스(Robin Lane Fox)에 따르면, "[2세기 말과 3세기 이후] 남아 있는 최고의 그리스어 및 라틴어 문헌들 대부분은 기독교의 것이다."[12] 그리고 그들이 쓴 내용은 놀랍다. 그리스도인들은 우리가 이 책에서 그중 셋을 살펴보게 될 '인내'에 관한 논문들을 썼다. 그러나 그들은 전도에 관해서는 단 한 편의 논문도 쓰지 않았다. 더 나아가 그리스도인들은 그들의 성장하는 교회의 실제적 관심사들을 돕기 위해 '교회법', 즉 회중의 삶과 예배를 위한 매뉴얼을 작성했다. 2세기 그리스도인이 이방인을 설득해 신자로 만들었던 방법에 관한 최고의 연구서는 1970년에 런던에서 출판되었다![13]

우리가 선교 활동을 위한 지침들을 발견할 것이라고 기대하는 곳에서―예컨대, 성장하는 교회가 사람들이 세례를 받도록 준비시키는 교리문답 자료들―우리는 복음화에 대한 언급을 발견하지 못한다. 교리문답과 관련된 주제들을 요약하고 있는 현존하는 최고의 자료인 키프리아누스(Cyprian)의 "퀴리누스에게 3"(To Quirinus 3)은 카르타고의 세례 지원자들을 위한 120개의 수칙들을 포함하고 있는데, 그중 단 하나도 새 신자들에게 이방인들에게 복음을 전하라고 권고하지 않는다. 초기 기독교 설교자들은 그들의 회원들에게 "모든 민족을 제자로 삼도록" 권고하기 위해 마태복음 28:19-20에 실려 있는 '지상 명령'에 호소하지 않는다. 그들은 '사도들'(예수님의 열한 사도와 바울)이 교회의 가장 이른 시기에 그 일을 했으며, 교회의 범세계적 확장을 통해 이미 그 일이 성취되었다고 여긴다.[14] 작가들이 마태복음 28:19-20을

12　Lane Fox, *Pagans and Christians*, p. 270.
13　Michael Green, *Evangelism in the Early Church* (London: Hodder & Stoughton, 1970), chaps. 3, 5-6.
14　Martin Goodman, *Mission and Conversion: Proselytizing in the Religious History of the*

언급했다면, 그것은 선교 활동을 고무하기 위한 것이 아니라 삼위일체 교리를 지지하거나 세례의 문제를 다루기 위해서였다.

그리스도인들은 계속해서 '사도들'(apostolos)이라는 단어를 사용했다. 하지만 그 단어는 선교와 관련된 의미를 잃어버렸다. 순회하는 사도들이 그 공동체의 삶의 일부였던 아주 이른 시기에 쓰인 「디다케」(Didache 11.2, 5)를 제외한다면, 기독교 작가들은 사도들을 사도적 과업을 구현하고 이행하는 선교사들이 아니라 연속해서 사도적 진리를 수호하는 감독들로 여겼다.[15] 3세기 중반에 로마에 있던 크고 영향력 있는 교회에는 수십 명의 장로, 집사, 부집사, 복사, 퇴마사, 봉독자, 문지기 들을 포함하는 큰 규모의 스태프들이 있었으나 사도는 한 사람도 없었다.[16] 그 교회 그리고 우리에게 알려진 그 어떤 다른 교회도 '전도자들' 혹은 '선교사들'을 파송하지 않았다.[17]

물론 그 시기에는 선교 협회나 선교 단체들도 없었다. 놀랍게도 우리가 이름을 아는 선교사들은 단 두 명뿐이다. 알렉산드리아의 교사 판타에누스가 이집트에서 인도까지 여행했다는 이야기는 전설처럼 보인다. 하지만 3세기 중반에 오늘날 터키 북부에 해당하는 그의 고향 본도로 돌아왔던 오리게네스의 학생 그레고리우스의 이야기 배후에는 좀더 사실적인 역사가 있어 보인다.[18] 다른 사람은 없다. 신앙을 지녔던 이들은 이름이 없다. 5세기

Roman Empire (Oxford: Clarendon, 1994), pp. 106-108; Norbert Brox, "Zur christlichen Mission in der Spätantike", in *Mission im Neuen Testament*, ed. Karl Kertelge, Quaestiones Disputatae (Freiburg-im-Breisgau: Herder, 1982), pp. 196-198.

15 Einar Molland, "Besass die alte Kirche ein Missionsprogramm und bewusste Missionsmethoden?", in *Kirchengeschichte als Missionsgeschichte*, vol. 1, *Die alte Kirche*, ed. Heinzgünter Frohnes and Uwe W. Knorr (Munich: Chr. Kaiser, 1974), pp. 56-57.
16 Eusebius, *Hist. eccl.* 6.43.11.
17 Molland, "Besass die alte Kirche ein Missionsprogramm?", p. 59.
18 Eusebius, *Hist. eccl.* 5.10; 6.6; 6.13.2; Wolfgang Reinbold, *Propaganda und Mission im ältesten Christentum: Eine Untersuchung zu den Modalitäten der Ausbreitung der frühen Kirche*, FRLANT 188 (Gottingen: Vandenhoek & Ruprecht, 2000), pp. 288-295.

에 아일랜드의 전도자 패트릭이 그보다 앞선 세기에는 존재하지 않았던 것을 보여 주기 전까지는, 상징적인 선교적 영웅들/여자 영웅들, 즉 의식적으로 바울의 뒤를 이었던 이들은 존재하지 않았다.[19]

가장 믿기지 않는 것은 교회들이 그들의 예배를 새로운 사람들을 끌어들이기 위해 사용하지 않았다는 점이다. 68년에 있었던 네로 황제의 박해 여파로 제국 전역의 교회들은 다양한 지역에서 다양한 속도로 외부인들의 출입을 금지했다. 2세기 말에 대부분의 교회들은 전례학자들이 '비밀의 규율'(disciplina arcani)이라고 부르는 것을 제정했는데, 그것은 외부인들이 '비공개된' 기독교 예배에 참석하는 것과 신자들이 외부인들에게 닫힌 문 안에서 이루어지는 것에 관해 말하는 것을 금했다.[20] 이런 폐쇄를 유발한 것은 두려움, 즉 자신들의 집회를 방해하거나 염탐할 수도 있는 사람들에 대한 두려움이었다. 3세기에 이르러 몇몇 교회들은 문 앞에 집사들을 세워 놓고 도착하는 이들을 살펴보게 했다. 그들은 세례 지원자들이 예배의 공개적인 부분, 즉 성경 봉독과 설교로 이루어지는 말씀의 예배에 참여하는 것은 허락했으나, 이교도들에게는 그것을 허락하지 않았다. 그리고 이어지는 성만찬 예식에는 이교도들은 물론이고 세례 지원자들의 참여도 허락하지 않았다. 성만찬에는 오직 그 공동체의 세례받은 회원들과 다른 교회로부터 온 추천서를 지닌 신자들만 참석할 수 있었다.[21] 이교도들이 자신들이 기독교 예배에서 배제되는 것에 대해 의심과 뒷담화로 대응한 것은 놀랄 일이 아

---

19 Patrick, *Confessio* 40; Dale T. Irvin and Scott Sunquist, *History of the World Christian Movement* (Maryknoll, NY: Orbis Books, 2003), 1:239.
20 Edward Yarnold, SJ, *The Awe-Inspiring Rites of Initiation: Baptismal Homilies of the Fourth Century* (Slough, UK: St. Paul Publications, 1971), pp. 50-51.
21 Athenagoras, *Leg.* 1.3; *Did. apost.* 2.39; Gregory of Pontus, *Canonical Epistle* 11; Origen, *Cels.* 3.51. 추천서에 관해서는 AnneMarie Luijendijk, *Greetings in the Lord: Early Christians and the Oxyrhynchus Papyri*, HTS 60 (Cambridge, MA: Harvard University Press, 2008), chap. 4를 보라.

니다.[22] 다른 한편, 세례받은 그리스도인들은 그들의 삶에서 예배가 얼마나 강력한 것인지 알았다. 4세기 초 북아프리카의 신자들은 분명하게 말했다. "우리는 주의 만찬 없이 지낼 수 없다." 그들은 예배가 외부인들에게 복음을 전하는 것이 아니라 하나님께 영광을 돌리고 신자들을 교화시키는 것임을 알고 있었다.[23]

그러나 믿기지 않게도 그 운동은 성장하고 있었다. 수, 크기, 지리적 확산이라는 측면에서 교회들은 교회 성장을 위한 확실한 전제 조건 중 아무것도 없는 상태에서 확장되고 있었다. 초기 그리스도인들은 이것을 놀라워하며 지적했고 또한 그것을 하나님의 끈기 있는 역사 덕분으로 여겼다.[24] 오리게네스는 240년경에 가이사랴에서 세례 지원자들을 가르치면서 하나님이 이스라엘 백성에게 예언자들을 보내시고 그들을 죄에서 돌이키시면서 그들에게 신실하셨다고 말했다.

[하나님은] 모든 예언자들을 능가했던 예언자, 모든 치유자들을 능가했던 치유자이신 으뜸 치유자가 오실 때까지 치유하는 자들을 보내시면서 늘 인내하셨습니다. 그들은 오신 분을 저버리고 죽였습니다.…하나님은 다른 나라를 택하셨습니다. 일꾼들이 없음에도 추수가 얼마나 잘 되는지 보십시오. 그러나 하나님은 또한 다른 방식으로 늘 이생의 호수에 그물이 던져지고 온갖 종류의 물고기가 잡히도록 계획을 세우십니다. 그분은 많은 어부들과 많은 사냥꾼들을 보내십니다. 그리고 그들은 모든 언덕에서 사냥을 합니다. 열방의 구원에

---

22 Minucius Felix, *Oct.* 9.3.
23 *Acts of the Abitinian Martyrs* 12; in *Donatist Martyr Stories: The Church in Conflict in Roman North Africa*, trans. and ed. Maureen A. Tilley, TTH 24 (Liverpool: Liverpool University Press, 1996), pp. 36-37.
24 Brox, "Zur chritlichen Mission", p. 207.

관한 계획이 얼마나 위대한지 보십시오.²⁵

이것은 **끈기 있는 발효**였다. 오리게네스는 끈기 있는 하나님이 활동하고 계셨다고 확언했다. 하나님은 영향력이 있거나 강력한 사람들이 아니라 무명의 어부와 사냥꾼들을 사용해 거대한 목표를 이루셨다. 이 과정에는 저명한 독일 신학자 아돌프 하르낙(Adolf Harnack)이 '꾸준한 발효 과정'에 비유했던 거침없음이 존재한다.²⁶ 발효는 인간의 이해를 초월하는 방식으로 합력해서 작용하는 미생물들의 "신비하고 부글거리는 생명력"을 가리킨다.²⁷ 오리게네스가 말했듯이, 발효는 일어나고 있었다. 그것은 끓어오르고 있었다. 하지만 그것은 누군가의 통제하에 있지 않았다. 그것은 조율되지 않았고, 예측되지 않았고, 멈출 수 없는 것처럼 보였다. 발효는 자발적이었고, 때때로 취하게 만드는 요소들과 섞여 상승 작용을 했던 평범한 요소들을 포함하고 있었다. 교회는 여러 곳에서 다양한 형태를 취하며 성장했다. 교회가 급증한 것은 이런 어부들과 사냥꾼들이 구현했던 신앙이 자신의 낡은 문화적 혹은 종교적 관습²⁸에 만족하지 못했던 이들에게, 새로운 가능성을 찾아야 한다는 압박을 느꼈던 이들에게, 새로운 삶의 방식을 구현하는 그리스도인들을 만나 "중생"이라 불리는 새로운 삶으로 이끌린 이들에게 매력적으

---

25 Origen, *Hom. Jer.* 18.5.3, trans. J. C. Smith, FC 97 (1998), pp. 195-196.
26 Adolf Harnack, *Die Mission und Ausbreitung des Christentums in den ersten drei Jahrhunderten*, 4th ed. (Leipzig: Hinrichs, 1924), 1:226, "gleichsam ein stätiger Gärungsprozess"; Adolf Harnack, *The Mission and Expansion of Christianity in the First Three Centuries*, trans. J. Moffatt, 2 vols. (New York: Putnam's, 1904), 1:258; Reinbold, *Propaganda und Mission*, p. 296 에서 인용.
27 Sandor Ellix Katz, *The Art of Fermentation: An In-Depth Exploration of Essential Concepts and Processes from around the World* (White River Junction, VT: Chelsea Green, 2012), p. 19.
28 오늘날 많은 학자들처럼 나 역시 '관습'(habits)을 진지하게 다루며 그것들을 아비투스(habitus)라는 개념에 비추어 이해한다. 이 용어에 관한 논의는 3장을 보라.

로 보였기 때문이다.[29] 놀랍게도, 그 일은 끈기 있는 방식으로 일어났다.

---

[29] Justin, *1 Apol.* 61.3-4, 10, trans. E. R. Hardy, *Early Christian Fathers*, ed. C. C. Richardson, LCC 1 (1953), pp. 282-283; Cyprian, *Don.* 3-4.

2

인내의 유익

250년대 북아프리카 카르타고의 주교였던 키프리아누스는 여러 문제에 직면해 있었다. 교회 안에서 그는 고백자들(confessors: 초기 교회 박해기에 신앙을 고백하고 박해를 받았던 이들—옮긴이)과, 교회를 떠난 부유한 자들과, 심지어는 로마의 주교와도 갈등하고 있었다. 교회 밖에서 그와 그리스도인들은 제국 권력자들로부터 오는 적대감의 물결과 마주했다. 그리고 교회 안이든 밖이든, 수많은 이들을 죽이면서 북아프리카 전역을 공포에 떨게 했던 전염병에 영향을 받지 않은 사람은 아무도 없었다. 어떤 그리스도인들은 낙심하고 소망을 잃어버렸다. 비그리스도인 이웃에게서 폭력적인 대우를 받은 그리스도인들은 자기들을 괴롭힌 이들에게 복수하기를 원했다. 세계는 통제 불능 상태로 보였다.

그런 혼란 중에 키프리아누스는 주교로서 그리스도인들이 그들의 전통에 충실하기를 바랐다. 가장 좋은 의미에서 이것은 그리스도인들이 기독교의 좋은 소식을 구현하고 그들의 몸과 행위로 그 소식을 전함으로써 교회

밖에 있는 사람들이 그들이 어떤 존재인지를 깨닫고, 바라건대, 그들과 연합하기 위해 이끌림을 받는 것을 의미했다. 그래서 256년에 키프리아누스는 교인들을 격려하는 논문을 하나 썼다. 그는 이렇게 썼다. "사랑하는 형제들이여, [우리는] 말이 아닌 행동의 철학자들이다. 우리는 우리의 지혜를 우리의 옷이 아닌 진리를 통해 드러낸다. 우리는 덕을 그것에 대한 자랑이 아니라 실천을 통해서 알아본다. 우리는 위대한 일들에 대해 말하지 않는다. 오히려 우리는 그것들을 살아 낸다."¹

"우리는 위대한 일들에 대해 말하지 않는다. 오히려 우리는 그것들을 살아 낸다." 얼마나 놀라운 구절인가! 그러나 이것은 키프리아누스에게서 유래한 것이 아니다. 50여 년 전에 북아프리카의 그리스도인 논쟁가였던 미누키우스 펠릭스(Minucius Felix)가 그의 작품 『옥타비우스』(Octavius)에서 동일한 구절을 사용한 적이 있었다. 우리는 펠릭스가 그 구절을 어디에서 얻었는지 알지 못한다. 그것은 그에게서 유래했을까, 아니면 그와 키프리아누스 두 사람 모두가 북아프리카 그리스도인들 사이에서 유명했던 슬로건을 인용했던 것일까? 혹시 그들은 예수님의 산상수훈(마 7:24)을 반영하고 있었던 것일까? 우리로서는 확신할 수 없다. 어쨌든 키프리아누스는 이 문구를 사용해 그의 독자들에게 3세기 중반의 그리스도인들이 마주하고 있는 도전이 바로 믿음의 실천, 즉 그들의 믿음을 가시화하고 그들을 지켜보는 세상에 복음을 예시하는 것임을 알렸다.

키프리아누스는 그리스도인들이 예시해야 하는 믿음을 **인내**라는 특별한 덕과 연결시킨다. 그들의 믿음은 인내하는 믿음이다. "그러므로 우리는

---

1 Cyprian, *Pat.* 3, trans. G. E. Conway, FC 36 (1958), p. 265; "non eloquimur magna sed uiuimus"(우리는 위대한 일들에 대해 말하지 않는다. 오히려 우리는 그것들을 살아 낸다)라는 키프리아누스의 표현은 Minucius Felix, *Oct.* 38.6 [SC 291:186; trans G. H. Rendall, LCL 250 (1931), p. 432]와 동일하다.

하나님의 종과 예배자로서 영적 경의를 지니고 우리가 하늘의 가르침을 통해 배운 인내를 보여 주자. 그 덕으로 인해 우리는 하나님과 공통점을 갖는다."² 키프리아누스는 그리스도인들은 가시적으로 다른 이들과 구별되어야 한다고 말했다. 그들은 그들의 믿음을 실천하고 행위로 그것을 전해야 한다. 또한 그들의 행위는 인내를 구현해야 한다. **인내**(Patientia), 그리스도인들이 이 덕을 가시화하고 활성화할 때, 그들은 세상에 하나님의 성품을 예시한다. 키프리아누스는 구체적인 증언, 즉 하나님에 대해 참되고 기독교 전통에 대해서도 참된 증언을 고무하기 위해 "인내의 유익에 관하여"(On the Good of Patience)라는 논문을 썼다. 그것은 기독교 초기에 쓰인 인내에 관한 세 편의 논문³ 중 하나로, 초기 교회의 발효의 변화시키는 특성을 이해하도록 돕는다.⁴

인내에 관해 설명할 때 키프리아누스는 깊은 기독교 전통 안에서 쓰고 있었다. 그보다 50여 년 전 테르툴리아누스 역시 카르타고에서 특정한 덕

---

2 Cyprian, *Pat.* 3 (Conway, p. 265).
3 그 세 편의 논문들은 다음과 같다. Tertullian, *On Patience* (*De patientia*; ca. 204); Cyprian, *On the Good of Patience* (*De bono patientiae*; ca. 256); Augustine, *On Patience* (*De patientia*; ca. 417).
4 *Patientia*라는 단어는 번역하기가 어렵다. 라틴어를 말하는 그리스도인들은 (훗날 불가타 역에서처럼) *makrothymia*와 *hypomonē*라는 두 개의 그리스어 단어를 번역하는 데 *patientia*를 사용했다 (예컨대, Tertullian, *Pat.* 12.9). 그러므로 그들은 *tsedekah*와 *mishpat*라는 두 개의 히브리어 단어들을 *justicia*라는 단어로 뭉뚱그렸던 동시대의 스페인어 성경 번역자들과 유사하다. 4세기 말에 요한네스 크리소스토무스(John Chrysostom)는 그 두 개의 그리스어 단어들을 구별할 것을 제안했다. *makrothymia*는 힘을 가졌지만 그 힘을 복수에 사용하지 않기로 한 사람의 입장을 표시하는 것으로, *hypomonē*는 비폭력 외에는 다른 선택을 할 수 없는 무력한 사람의 입장을 표시하는 것으로 제안했다. Richard C. Trench, *Synonyms of the New Testament* (Grand Rapids: Eerdmans, 1953), pp. 195-196를 보라. 오늘날 라틴어와 그리스어 텍스트를 영어로 번역하는 이들은 때때로 문맥에 따라 다양한 번역을 한다. 가령 그들은 *patientia*를 patience로뿐 아니라 forbearance나 endurance로 번역하기도 한다. 독일어 번역에서 *patientia*는 *Geduld*로뿐 아니라 *Gelassenheit*로 번역될 수도 있다[Michel Spanneut, "Geduld", RAC 9 (1976): p. 264]. 일반적으로 나는 단어의 다의성이 저자의 의도에 대한 우리의 이해를 풍성하게 한다는 확신에서 *patientia*를 patience로 번역하는 것이 유용하다고 여긴다.

에 관해 그리스도인이 쓴 최초의 논문인 "인내에 관하여"(On Patience)를 썼다. 테르툴리아누스가 인내를 그렇게 강조하기로 한 것은 중요했다.[5] 어떤 의미에서 중요했을까? 우리는 어째서 초기 그리스도인들이 인내에 관해 그토록 많이 말하고 생각했는지 궁금하게 여길 수 있다. 그들의 교회들은 안정적으로 성장하고 있었다. 그렇다면 그들이 인내 대신 보다 쾌활하고 보다 실제적인 것에 대해 생각하는 것이 오히려 이치에 맞지 않았을까? 혹시 그들이 거룩한 조급증—**정당한** 조급증—을 옹호했다면, 그들의 교회는 훨씬 더 급속하게 성장했을까? 다른 한편, 초기 그리스도인들이 인내를 교회의 삶과 성장에 결정적인 요소로 생각했을 가능성이 있을까? 박해당하면서 성장하는 교회에게 인내의 유익은 무엇이었을까?

유스티누스: 로마에서의 인내

2세기 기독교 작가들이 우리가 이런 질문들에 답하는 것을 도울 수 있을지 모른다. 로마에서 그리스어로 작품 활동을 했던 철학자이자 교리문답 교사였던 유스티누스(Justin Martyr)로부터 시작해 보자. 150년대에 유스티누스(그는 165년에 순교했다)는 기독교를 조리 정연하게 옹호하는 『호교론』(*Apology*)을 써서 황제 안토니누스 피우스(Antoninus Pius)에게 바쳤다. 그 책에서 그는 그리스도인들이 수적으로 성장하는 것은 그들의 삶이 "그리스도의 아름다운 명령"을 구현하고 있기 때문이라고 주장한다. 예수님을 따르는 그리스도인들을 비판하는 자들은 바로 그들 안에서 자기들을 매혹하는 "유익한 소망"을 만난다.[6]

---

5 Robert L. Wilken, *The Spirit of Early Christian Thought: Seeking the Face of God* (New Haven: Yale University Press, 2003), p. 283.
6 Justin, *1 Apol.* 14.3, trans. E. R. Hardy, *Early Christian Fathers*, ed. C. C. Richardson, LCC 1 (1953), pp. 242-289.

유스티누스에 따르면, 예수님의 가르침은 그리스도인들이 지적으로 배워야 할 핵심 사항일 뿐 아니라, 그리스도인들이 매일 삶에서 반드시 따라야 할 지침이다. 유스티누스는, 만약 어떤 이들이 그리스도의 가르침을 단지 인용만 할 뿐 그것을 따라 살지 않는다면, 그의 공동체는 그들을 참된 그리스도인으로 여기지 않는다고 말한다.[7] 예수님 자신이 그렇게 주장하셨다. "나더러 주여 주여 하는 자마다 다 천국에 들어갈 것이 아니요, 다만 하늘에 계신 내 아버지의 뜻대로 행하는 자라야 들어가리라"(마 7:21). 더 나아가 유스티누스는 기독교 증언의 효율성은 신자들의 온전한 삶의 방식에 달려 있다고 믿었다. 그러므로 교회는 오직 그리스도께서 가르치시는 것을 행하며 사는 이들에게만 세례를 주고, 그들이 "그리스도께서 우리에게 전해 주신 대로 살 때"만 성찬식에 참여하도록 허락한다.[8]

신자들에게 중요한 그리스도의 말씀을 독자들이 알도록 돕기 위해 유스티누스는 그의 『호교론』 15장과 16장에서 그리스도의 말씀(대개 산상수훈이나 평지수훈에서 온 말씀들)을 광범위하게 인용한다. 그는 그 말씀들을 네 범주로 나눈다: 절제(성 윤리), 모든 사람에 대한 사랑(적을 사랑하고 곤궁에 처한 이들에게 나누어 주기), 인내(와 분노로부터의 자유), 참된 것을 말하기(와 맹세하지 않기).[9]

유스티누스에 따르면, 인내는 로마에 있는 그의 공동체의 삶에서 핵심적인 요소였다. 유스티누스는 예수님의 다양한 말씀을 사용해 그의 공동체 회원들에게 인내의 중요성을 예시한다. 누군가 한쪽 뺨을 때리면 다른 쪽 뺨

---

7 Justin, *1 Apol.* 16.8.
8 Justin, *1 Apol.* 61.2; 66.1 (Hardy, pp. 282, 286).
9 이 목록에 인내를 포함시키면서 유스티누스는 로마에 있는 교회의 앞선 시기의 관심사들에 의존했을지도 모른다. 1 Clem. 13.1; Ignatius, *To the Romans* 10; Herm. Mand. 8.9를 보라. 특히 Herm. Mand. 5.2.3을 보라: "그러나 인내(*makrothymia*)는 위대하고 강력하다. 그것은 넓은 공간에서 번성하는 강력한 힘을 갖고 있다. 그것은 명랑하고, 기쁘고, 근심에서 자유롭고, 어떤 상황에서든 주님께 영광을 돌리고, 비통해하지 않으며, 늘 온유하고 부드러운 상태에 머문다. 그러므로 이 인내는 믿음을 온전히 지키는 모든 이들에게서 나타난다"[trans. B. D. Ehrman, LCL 25 (2003), 2:259].

도 돌려 대라. 겉옷을 취하는 자에게 속옷까지 내주어라. 분노라는 자극적인 죄를 피하라. 만약 누군가로부터 그의 짐을 지고 오 리를 가 달라는 요구를 받는다면, 그와 함께 십 리를 가라. 유스티누스는 사람들이 그리스도인들이 이처럼 행동하는 것을 보면 흥미를 느낄 것이고, 그리스도인들이 말하는 바 그들의 행위의 동기가 되는 하나님에 대해 "궁금해할 것"이라고 말한다.[10] 그러므로 그리스도인들로서는 다른 이들처럼 싸우지 않는 게 중요하다. 또 그들은 반드시 다른 이들이 보기에 눈에 띄게 "선한 행실"을 하며 살아야 한다. 그리스도인들이 온전하게 그리고 두드러지게 살아갈 때, "[그리스도인들은] 우리의 인내[hypomonēs]와 온유함으로 모든 이들을 수치스럽고 악한 욕망에서 끌어낼 것이다."[11] 유스티누스에 따르면, 인내는 사람들을 매료시킨다.

그러나 인내는 어떻게 작용하는가? 한 예로, 유스티누스는 사업이라는 분야를 가리킨다. "한때 당신 편에 있던 많은 이들이…그들의 [그리스도인] 이웃의 일관된 삶을 지켜보면서, 혹은 자신들에게 상처를 입은 지인들의 낯선 인내[hypomonen xenen]에 주목하면서, 혹은 그들이 자신들과 사업하는 방식을 경험하면서 폭력과 횡포라는 방식으로부터 돌아섰고 그것들을 극복했다."[12] 이것은 실제로 무엇을 의미했을까? 그리스도인 사업가들은 월세를 체납한 임차인들을 내쫓는 일에 다른 이들보다 느렸던가? 가난한 이들이 음식이나 옷을 구하기 위해 빌렸던 돈을 갚도록 강제하는 일에 반문화적으로 주저했던가? 유별나게도 이자 없이 돈을 빌려줄 뿐 아니라 빚을 전적으로 탕감해 주었던가? 그리스도인들은 그들의 행위를 기독교의 메시

---

10 Justin, *1 Apol.* 16.2 (Hardy, p. 252).
11 Justin, *1 Apol.* 16.3 (Hardy, p. 252); C. Munier, *Saint Justin Apologie pour les Chrétiens* (Fribourg: Éditions Universitaires, 1995), p. 58.
12 Justin, *1 Apol.* 16.4 (Hardy, p. 252; Munier, p. 58).

지에 비추어 설명할 준비가 되어 있었을까? 우리는 상세한 내용을 알 수 없다. 그러나 유스티누스는 몇 가지를 분명하게 밝힌다. 그리스도인들도 사업에 종사했다. 하지만 그들은 예수님의 가르침 때문에 "낯선 인내"라는 삶의 방식에 헌신했다. 그리고 그리스도인 사업가들은 동시대 이교도들이 흥미롭게 여기는 참을성을 발휘하며 행동했다. 사실 어떤 이교도들은 그리스도인들의 행위가 자기들을 기독교로 개종시키기에 충분할 만큼, 혹은 유스티누스가 말하듯이, "폭력과 횡포의 방식"으로부터 돌아서서 기독교 공동체에 합류하도록 만들기에 충분할 만큼 동요시키는 것임을 발견했다. 이런 식의 과정이 오직 사업 분야에서만 발생했을 리는 없을 것이다. 그리스도인들은 일상의 여러 다른 분야에서 인내를 구현함으로써 다른 이들을 신자로 만들었다.[13] 인내는 여러 차원에서 유익했다. 그중 하나는, 유스티누스에 따르면, 그것이 사람들을 신앙으로 이끌었다는 점이다.

알렉산드리아의 클레멘스: 인내 – 삶의 방식

이제 우리의 관심을 제국 로마가 아닌 이집트의 알렉산드리아라는 복잡한 세계로 돌려 보자. 유스티누스 이후 두 세대가 지난 시점에 그곳에는 대표적인 기독교 교사 클레멘스(Clement)가 살고 있었다(160-215년경). 클레멘스의 견해에 따르면, 인내는 신자들을 불신앙에서 신앙으로 이끄는 회심이라는 "큰 변화"의 과정에서 신자들에게 찾아온다. 인내는 하나님의 성품을 반영하

---

13 또한 Justin, *1 Apol.* 14.3 (Hardy, pp. 249-250)를 보라: "서로 증오하고 죽였던 그리고 [그들의 다른] 관습들 때문에 다른 종족의 사람들과 교제하려고 하지 않았던 우리가 이제 그리스도의 현현 이후 함께 살면서 우리의 적들을 위해 기도하고 우리를 부당하게 미워하는 이들을 설득시키려 하고 있는데, 그것은 그들이 그리스도의 훌륭한 명령을 따라 살면서 우리와 함께 하나님 곧 만유의 주님으로부터 [우리가 받게 될] 동일한 것을 받으라는 멋진 소망을 공유하게 하기 위함이다."

고 서로를 지지하는 덕을 지닌 풍부한 생태계의 일부다.[14]

이 생태계 안에서 인내는 필수적이다. 특히 그것은 박해의 시기에 필요한데, 그 시기에 그리스도인들은 "그들의 삶, 행위, 말, 실천에서 밤낮으로 인내와 지구력을 통해 남성성을 드러낸다."[15] 그리스도인들을 위한 모델은 다니엘과 요나다. 다니엘은 사자 굴에 갇혔음에도 하나님으로부터 인내의 능력과 적대적인 제국의 심장부에서 "말과 삶과 행위"를 통해 증인이 되는 능력을 받았다. 요나는 물고기 배 속이라는 위협적인 상황 속에서 살아날 수 있었다.[16] 하지만 인내는 박해의 시기에만 필요한 것이 아니다. 그것은 또한 그리스도인의 매일의 삶의 한 측면이다. 성숙한 그리스도인(클레멘스는 이런 자를 '영지주의자'라고 부른다)은 "선을 행하는 습관을 형성한다." 그리고 이것은 "그가 가장 소중히 여기는 이들"(그의 가족과 친지들)을 "회개와 회심"으로 이끄는 삶의 방식이 된다.[17]

그리스도인들은 그들의 모든 활동에서 "주님의 교훈을 말하고 행하는 기쁨으로 가득 차 있으며" 자신의 자녀들에게 하나님의 명령과 소망을 결코 잃어버리지 말 것을 가르친다.[18] 그리스도인들은 그들의 마음에 다음과 같은 하나님의 율법을 새겨 놓았다. "살인하지 말라.…네 이웃을 네 몸과 같이 사랑하라." "네 뺨을 때리는 이에게 다른 쪽 뺨도 내주어라.…구원의 길의 엄중함을 인내하며 견뎌야[hypomenein] 한다."[19] 때로 이런 접근법은 순교로 이어질 수도 있다. 그럴 경우 순교자들은 그들의 행위를 통해 자신들의 말의 진실성을 확인하고, 자기들을 처형하는 자들에게 인내를 예시하며,

---

14 Clement, *Strom*. 2.31.1; 2.46.1, trans. J. Ferguson, FC 85 (1991), pp. 179, 190.
15 Clement, *Strom*. 2.81.3 (Ferguson, p. 213).
16 Clement, *Strom*. 2.104.1 (Ferguson, p. 226).
17 Clement, *Strom*. 7.12.80, trans. J. E. L. Oulton and H. Chadwick, LCC 2 (1954), p. 144.
18 Clement, *Strom*. 7.12.80 (Oulton and Chadwick, p. 144).
19 Clement, *Protr*. 10, trans. G. W. Butterworth, LCL 60 (1919), pp. 232-233.

주님을 향한 사랑을 드러내게 될 것이다.[20]

오리게네스: 지속적인 인내 – 기독교 증언의 핵심

신학자 오리게네스(254년경 사망)는 인내를 클레멘스보다 훨씬 음울하게 보았다. 그는 알렉산드리아에서 교사로서 클레멘스의 발자취를 따른 후 230년대에 팔레스타인의 가이사랴로 이주했다. 거기서 그는 신학자와 교리문답 교사로서 동시대인들이 이해할 수 있는 신앙을 표현하고자 했다. 오리게네스는 순교자의 아들이었다. 이웃 및 당국과의 충돌, 그리고 고문과 죽음의 가능성 등이 그의 사고를 형성했다. 이해할 만하게도, 인내(hypomonē)는 그가 큰 뜻을 품은 지식인들과 열정적인 세례 지원자들을 가르칠 때 거듭해서 언급한 주제였다. 그의 학생이었던 폰투스의 그레고리우스(Gregory of Pontus)에 따르면, 오리게네스는 자기가 분명하게 표현한 견해들을 구현할 것을 요구했다. 오리게네스는 "그가 가르쳤던 교리보다도 행한 일을 통해 우리를 자극했다."[21] 자신의 학생들을 "덕을 사랑하는 자들"로 만들고자 했던 오리게네스는 인내에 가장 주목했다. 그레고리우스에 따르면, 인내는 그리스도인들을 다른 이들과 구별해 주는 "특별하게 우리의 것인 덕"이었다.[22] 비록 그레고리우스가 오리게네스가 칭찬했던 인내가 무엇이었는지 상세하게 설명하지는 않았으나,[23] 오리게네스의 작품들을 읽어 보면 몇 가지 실마리가 나타난다.

---

20 Clement, *Strom*. 4.4. 또한 Annewies van den Hoek, "Clement of Alexandria on Martyrdom", StPatr 26 (1993): pp. 324-341를 보라.
21 Gregory Thaumaturgus, *Orat. paneg*. 9, trans. S. D. F. Salmond, *ANF* 6:31.
22 Gregory Thaumaturgus, *Orat. paneg*. 12 (Salmond, 6:33).
23 Henri Crouzeld은 그레고리우스가 *hypomonē*를 "우리의 것"이라고 부른 까닭은 "그것이 가장 두드러지게 기독교적인 덕, 즉 순교자들의 덕이기 때문"이라고 말한다. *Grégoire le Thaumaturge*, ed. H. Crouzel, SC 148 (Paris: Cerf, 1969), p. 65를 보라.

오리게네스에 따르면, 인내의 핵심에는 인내를 구현하셨던 예수 그리스도가 있다. 그분은 인내의 예시자, 즉 "인내 그 자체"이셨다.[24] 그리스도의 삶 전체를 통해 인내는 여러 방식으로 분명하게 드러났는데, 특별히 "그리스인들 중 그 누구의 것보다도 우월한 용기와 인내를 드러내셨던" 그분의 수난이 그러했다.[25] 인내를 구현하면서 그리스도는 하나님이 그분의 선교를 완수하기 위해 일하시는 방식을 완벽하게 표현했다. 하나님은 오랜 세월 이스라엘 백성을 다루시면서 결코 서두르지 않으셨다. 하나님은 그 백성을 가르치셨고, 그들에게 예언자들을 보내셨고, "치유하는 자들을 보내시면서 늘 인내하셨다." 때가 찼을 때, 하나님은 "으뜸 치유자, 예언자들을 능가하는 예언자, 치유자들을 능가하는 치유자를" 보내셨다. 그 백성은 예수님을 거부하고 죽였으나 하나님의 계획을 좌절시키지 못했다. 하나님의 사명은 서두르지도 중단되지도 않고 계속된다. 하나님은 계속 인내하면서 넓은 물에서 고기를 낚으심으로써 "생명의 호수에 그물이 [던져지고], 온갖 종류의 물고기들이 잡히게 하신다." 오리게네스는 열방의 구원을 위한 하나님의 계획이 그런 식으로 실현되리라고 가르친다.[26]

오리게네스에 따르면, 사람들이 그리스도를 따르고자 할 때 하나님은 그들이 이 인내를 구현하도록 이끄신다. 그리스도를 추종하는 자들은 서두르지 않는다. 그들은 말씀이 낭독되고 선포될 때 신중하게 듣는다. 그들은 예배에 불규칙적으로 참석하는 방황하는 그리스도인들을 인내하며 권면한다.[27] 인내하는 신자들은 하나님을 신뢰한다. 참회를 위한 징계를 받을 경

---

24 Origen, *Hom. Jer.* 17.4.2, trans. J. C. Smith, FC 97 (1998), p. 183.
25 Origen, *Cels.* 7.55, trans. H. Chadwick, *Origen: Contra Celsum* (Cambridge: Cambridge University Press, 1965), p. 441.
26 Origen, *Hom. Jer.* 18.5.3 (J. C. Smith, p. 195); 또한 *Hom. Jer.* 16.1.
27 Origen, *Hom. Jos.* 20.1; *Hom. Gen.* 10.3.

우, 그들은 "그 징계가 옳든 그르든 자기들에게 내려진 심판을 인내하며 견딘다."[28] 그들의 반사적 행동은 비폭력적이다. 다른 이들이 그들을 폭력적으로 다룰 때, 그들은 절대로 "눈에는 눈" 식으로 대응하지 않고 오히려 침묵과 인내로 대응하며 심지어 축복의 말을 전한다.[29]

230년대와 240년대에 사람들을 가르치면서 오리게네스는 세상이 그리스도인들에게는 불길하고 위험한 곳이라고 느꼈다. 그는 일부 이교도들이 그리스도인들의 자유를 제한하고 심지어 그들을 제거하려 한다는 것을 알고 있었다. 그래서 오리게네스는 그리스도인들이 박해 때문에 소멸하지 않도록 가이사랴에서 세례 지원자들(도제 그리스도인들)을 양성하기로 결심했다. 그는 그리스도인들이 적절하게 훈련을 받지 않을 경우, 박해가 그들을 파멸시키고 "그들의 모든 예비 인원들을 없애 버리고 갑자기 그들을 벌거벗겨 아무것도 남지 않게" 만들 수 있다는 것을 알았다. 이런 신자들은 인내라는 덕을 구현하도록 빚어질 때만 살아남을 수 있다. 그리하여 "우리의 인내로 인해 [이교도들의] 몰염치함이 극복될 수 있을 것이다." 오리게네스에게 인내는 소망의 근원이었다. 그는 바울의 로마서를 통해 용기를 얻었다(롬 5:3-4). "환난은 인내를 낳는데, 사실상 인내는 믿음에 대한 동의를, 그리고 믿음에 대한 동의는 소망을 낳는다."[30]

오리게네스는 세상을 구경꾼들로 가득 찬 커다란 극장으로 여겼다. 그 구경꾼들은 그리스도인들이 박해에 어떻게 대응하는지 지켜보고 있다. 그 극장에서는 이웃을 포함해 아주 다양한 사람들이 신자들을 비웃고 "우리를 바보로 여기며 고개를 젓는다."[31] 이 '장면'에서 그리스도인들이 그들의 역

---

28 Origen, *Hom. Ezech.* 10.1.4, trans. T. P. Scheck, FC 62 (2010), p. 129.
29 Origen, *Selecta in Psalmos*, Hom. 1 on Ps. 38 (PG 12:1394).
30 Origen, *Hom. Judic.* 7.2, trans. E. A. D. Lauro, FC 119 (2010), p. 97; 또한 Origen, *Mart.* 41을 보라.
31 Origen, *Mart.* 18-19, trans. R. Greer, *An Exhortation to Martyrdom*, Classics of Western

할을 하는 방식이 그들의 증언에서 중요하다. 하나님이 그들과 함께하신다. 그들은 그 사실을 잊어서는 안 된다. 그들이 고문을 당할 때, "하나님의 눈이 그 고문을 견디는 자들과 함께 계신다." 오리게네스는 예수님께서 그리스도인들을 위해 자신의 영혼을 내려놓으셨다고 주장한다. 그러므로 "우리의 영혼을 내려놓자. 그분을 위해서가 아니라 우리 자신을 위해서, 우리의 순교를 통해 세워질 이들을 위해서."[32] 오리게네스는 인내가, 즉 그리스도인들이 그들의 이웃을 잘 대하고 원형 경기장 안에서 용기 있게 행동하는 것이 교회의 증언의 핵심이라고 믿는다.

테르툴리아누스: 인내 – 하나님의 성품 그리고 소망의 생활 방식

이제 북아프리카로 가 보자. 그곳에서는 일련의 라틴 작가들이 인내 신학의 전통을 세웠다.[33] 이 전통의 창시자는 신학자이자 논쟁가였던 테르툴리아누스였다. 그는 204년에 "인내에 관하여"라는 논문을 썼다.[34] 거기에서 테르툴리아누스는 인내가 기독교 공동체의 삶에서 그때까지 해 온 그리고 앞으로도 계속할 핵심적 역할에 대한 성경적이고 신학적인 기초를 세운다. 그가 그런 글을 쓴 이유는 신자들이 자기들의 삶에 관해 생각해 봄으로써 인내하는 삶의 방식이 지닌 능력과 심원함을 이해하지 못하는 그들의 이웃과, 더 나아가 인내를 덕으로 여기려고 하지 않는 철학자들과 자신들을 구별할 수 있도

Spirituality (New York: Paulist Press, 1979), pp. 53-54.
32 Origen, *Mart.* 23, 41 (Greer, pp. 57, 72).
33 Michel Spanneut, "La Non-violence chez les peres Africains avant Constantin", in *Kyriakon: Festschrift Johannes Quasten*, ed. Patrick Granfield and Josef A. Jungmann (Münster: Aschendorff, 1970), 1:36.
34 나는 Emily Joseph Daly, FC 40 (1959), pp. 193-222가 번역한 테르툴리아누스의 *De patientia*를 사용했다; 그것의 라틴어 본문은 *Tertullien: De la patience*, ed. J.-C. Fredouille, SC 310 (Paris: Cerf, 1984)에서 찾을 수 있다.

록 돕기 위함이었다.[35]

어째서 테르툴리아누스의 학식 있는 동시대인들은 인내를 덕으로 여기지 않았던 것일까? 물론 그들이 그것을 늘 무시했던 것은 아니다. 고도로 수직적인 그리스-로마 사회의 상층부에 있는 이들은 때때로 인내를 투지 있는 결의를 가리키는 데 사용했다. 그런 이들에게 인내는 명예로운 목적을 추구할 때 불가피성에 저항하면서 어려움을 감내하기로 선택한 고귀한 영혼을 지닌 이의 태도를 의미했다. 그러나 일반적으로 고대 라틴 작가들이 '인내'(patientia)라는 용어를 사용할 때 염두에 둔 것은 영웅들이 아닌 하급자들과 희생자들이었다. 인내는 어떤 행위나 경험을 싫어도 할 수밖에 없는 형편에 있는 하찮은 이들에게나 적절한 태도인 것처럼 보였다. 그런 이들에게, 즉 힘없고, 가난에 찌들고, 종종 여성인 이들에게 인내는 불명예스러운 것이었다. 인내는 자신들의 목표를 규정하거나 무언가를 선택할 자유를 갖고 있지 않은 사람들의 반응이었다. 특히 인내는 노예들의 반응이었다. 그들에게 인내는 덕이 아니라 불가피한 것이었다.[36]

그러나 테르툴리아누스는 이교의 철학이나 관습적 용법에 주로 의지하지 않았다.[37] 그가 북아프리카 기독교 공동체의 일원으로서 '인내'라는 단어를 사용했을 때, 그는 그 단어가 성경의 전통에 깊은 뿌리를 두고 있음에 유

---

35 Wilken, *Spirit of Early Christian Thought*, p. 283.
36 Robert A. Kaster, "The Taxonomy of Patience, or When Is *Patientia* Not a Virtue?", *Classical Philology* 97, no. 2 (2002): pp. 135-138.
37 Simon Price, "Latin Christian Apologetics: Minucius Felix, Tertullian, and Cyprian", in *Apologetics in the Roman Empire: Pagans, Jews, and Christians*, ed. Mark Edwards, Martin Goodman, Simon Price, and Christopher Rowland (Oxford: Oxford University Press, 1999), p. 119. 그러나 Jean-Claude Fredouille을 참고하라. 그는 SC 310 (Paris: Cerf, 1984), p. 30에서 테르툴리아누스가 칭송하는 인내가 "제대로된 기독교라기보다는 훨씬 더 스토아주의적"이라고 주장한다. 대조적으로, Marcia L. Colish [*The Stoic Tradition from Antiquity to the Early Middle Ages* (Leiden: Brill, 1990), 2:26]는 테르툴리아누스에게서 "기독교적 인내를 위한 모델은 학교에서의 가르침이 아니라 하나님의 인내와 그리스도의 오래 참으심에서 발견된다"고 주장한다.

넘했고 그것을 북아프리카 기독교라는 하위문화의 삶에 핵심적인 것으로 만들었다.[38] 테르툴리아누스의 관점에서 볼 때, 그리스도인들에게 '인내'는 사회적 위치와는 아무런 관계가 없었다. 가난하든 안락한 생활을 하든, 노예든 자유자든, 모든 그리스도인들에게 인내는 "가장 높은 덕"이었다.[39] 그것은 테르툴리아누스 자신에게도 그러했다. 하지만 테르툴리아누스는 그런 흐름을 깨면서 자기가 인내에 관해 쓰는 것이 적절치 않다고 고백한다. 유감스럽게도 그는 성미가 급해서 "조급증이라는 열병으로 고통을 당하고 있었다." 전형적인 초기 그리스도인이었던 테르툴리아누스는 "말과 행위 사이에 불일치가 있어서는 안 된다"고 믿었기에 자기가 인내에 관해 쓰는 것을 주저했다. 특이하게도 테르툴리아누스는 그런 주저함을 극복하는데, 그것은 인내가 불가결하기 때문이었다. 가장 강한 용어로 테르툴리아누스는 인내는 그리스도인 됨의 핵심이라고 주장한다. 그리스도인이 된다는 것은 인내에 "하나님과 관련된 문제에서 특별하게 중요한 지위"를 부여했음을 의미한다.[40]

바로 이것이 테르툴리아누스에게 무엇보다도 인내가 특별하게 중요한 이유다. 그것은 하나님의 성품에 뿌리를 두고 있다. 테르툴리아누스에 따르면, 하나님은 인내의 표본이시다. 하나님은 무차별적으로 관대하시다. 그분은 창조 세계의 경이인 태양과 계절의 광휘를 모든 이들과, 즉 의로운 자와 의롭지 않은 자 모두와 공유하신다(마 5:45). 하나님은 우상을 숭배하는 배은망덕하고 탐욕스러운 자들을 인내하신다. 하나님은 믿음을 강요하지 않으

---

38 테르툴리아누스(예컨대, *Pat*. 12.9에서)는 고후 6:4-7에서 나타나는 신약성경 그리스어 명사인 *makrothymia*와 *hypomonē*라는 두 개의 단어 모두를 *patientia*라는 라틴어를 사용해 번역한다.
39 Tertullian, *Pat*. 1.7 (Daly, p. 194).
40 Tertullian, *Pat*. 1.1, 1.6 (Daly, pp. 193-194).

신다. 오히려 "그분은 인내를 통해 그들을 자신에게 이끌기를 바라신다."[41] 그리고 성육신은 하나님이 사람들을 자신에게 이끌기 위해 사용하시는 수단이다. "하나님은 자신이 육신이 되는 것을 허락하신다."[42] 이것은 그분이 스스로 인내의 위치에 서시는 것이다.

예수님의 이야기는 또 얼마나 이상한가? 그것은 키케로(Cicero)가 전형으로 삼고 있는 헤라클레스와 얼마나 다른가? 테르툴리아누스가 전하는 예수님의 이야기에는 (헬라클레스의 경우와 달리) 사람들을 죽이고 포로로 삼고 무언가를 훔치는 일이 포함되지 않는다.[43] 오히려 예수님은 낮은 지위를 지니셨고, 비난을 감내하셨고, 겁박하는 이들의 말을 듣지 않으셨고, 누구의 식탁에서든 잡수셨고, 대규모 천사의 개입을 요청하기를 거절하셨고, 복수의 칼을 사용하는 것을 거부하셨고, 적의 종을 치유해 주셨고, "칼을 사용하는 일을 늘 저주하셨다."[44] 십자가를 지셨을 때 예수님은 조롱과 침 뱉음을 당하셨다. "단순한 인간은 이런 인내를 실천해 본 적이 결코 없었다!"[45] 테르툴리아누스는 예수님 이야기가 모든 사람을 매료시키지는 않는다는 것을 인정한다. 어떤 이교도들은 오히려 그것을 기독교 신앙을 거부해야 할 이유로 여긴다. 그러나 그리스도인들에게 예수님 이야기는 "우리 주님이 그분의 가르침에서 사용하신 말씀"과 더불어 "인내가 하나님 자신의 성품"임을 보여 주는 증거다.[46]

물론 테르툴리아누스는 예수님 이전에 오랫동안 인간의 역사가 있었음을 인정한다. 아담과 하와의 타락은 인간의 조급증이라는 특징을 지녔다.

---

41 Tertullian, *Pat.* 2.3 (Daly, p. 195).
42 Tertullian, *Pat.* 3.2 (Daly, p. 195).
43 Spanneut, "Geduld", p. 250.
44 Tertullian, *Pat.* 3.2-8 (Daly, pp. 195-197).
45 Tertullian, *Pat.* 3.10 (Daly, p. 197).
46 Tertullian, *Pat.* 3.11 (Daly, p. 197).

그것은 "주님이 보시기에 원죄였다."⁴⁷ 그 이후로 인간은 조급증이라는 행위를 반복해 나갔다. 그것은 "눈에는 눈 그리고 이에는 이"라는 요구를 통해 뒷받침되었다.⁴⁸ 테르툴리아누스가 보기에 그런 행위는 놀랄 만한 것이 아니었다. 인내의 부재는 "아직 믿음이 존재하지 않았던" 세상의 특징이었다. 그러나 예수님이 오셨을 때, "주님이자 인내의 교사"이신 그분은 "믿음의 은총을 인내"와 결합하심으로써 상황을 바꿔 놓으셨다.⁴⁹ 예수님에게 인내는 단순히 근본적인 가르침(praeceptum universum)에 불과한 것이 아니었다. 그것은 또한 하나의 훈련(disciplina)이었다.⁵⁰ 그리고 인내에 대한 가르침을 통해 강화된 인내의 실천은 인간 경험의 어느 분야에서라도, 설령 그것이 합법적인 것일지라도, 다른 이에게 상처를 입히는 것을 금한다. 그러므로 예수님의 가르침을 따르는 그리스도인들은 다른 이들을 "바보"라고 부르지 말아야 한다.⁵¹ 그들은 주님이 구하신 적이 없었던, 그리고 절도나 폭력을 통해 잃어버릴 수도 있는 재산을 잃는 것에 대해 걱정하지 말아야 한다. "상실의 경우에 나타나는 인내는 베풂과 나눔의 훈련이다."⁵² 또한 예수님의 가르침에 따르면, 신자들은 적들에게 신체적 상처를 입혀서는 안 된다. 공격을 당하거나, 압력을 받거나, 복수하려는 유혹을 받을 때, 그들은 그들이 세례를 받기 위해 암기했을 예수님의 산상수훈을 떠올려야 한다. 테르툴리아누스는 그의 독자들에게 이렇게 훈계한다. "어떤 이가 당신을 도발하며 싸움을 부추길 경우, 주님의 가르침을 기억하라. '누가 네 오른쪽 뺨을 치거든 왼쪽 뺨마저 돌려 대라.' [그리고 만약 누군가가] 당신을 저주하거나 당신

---

47 Tertullian, *Pat.* 5,21 (Daly, p. 202).
48 Tertullian, *Pat.* 6,4 (Daly, p. 204).
49 Tertullian, *Pat.* 6,4-5 (Daly, p. 204).
50 Tertullian, *Pat.* 7,1.
51 Tertullian, *Pat.* 6,5 (Daly, p. 204).
52 Tertullian, *Pat.* 7,9 (Daly, p. 206).

과 승강이를 벌일 경우, 이 말씀을 기억하라. '사람들이 너희를 욕할 때, 기뻐하라.'"[53] 테르툴리아누스는 예수님의 가르침을 따라 살아가는 그리스도인들에게 인내심을 지니고 그들의 압제자들을 지치게 하라고 촉구한다. "당신의 인내로 [그들의] 잘못된 행동을 지치게 하라."[54]

그러나 그리스도인들이 어떻게 이런 인내를 실천하며 살 수 있을까? 어떻게 그들이 이 "명백하게 제시된 가르침, 즉 악을 악으로 갚아서는 안 된다"라는 가르침을 진지하게 취급할 수 있을까?[55] 그것을 가능케 하는 것은 부활에 대한 그들의 소망 어린 기대다. 테르툴리아누스에 따르면, 신자들의 인내하는 삶의 방식의 열쇠는 하나님이 예수님의 부활을 통해 그분의 가르침과 삶의 방식을 신원하셨다는, 그리고 그로 인해 자기들 역시 부활할 것이라고 기대한다는 그들의 고백이다. 테르툴리아누스는 "만약 우리가 그리스도의 부활을 믿는다면, 우리는 우리 자신의 부활도 믿는다. 왜냐하면 그분이 죽으시고 다시 사신 것은 우리를 위해서이기 때문이다"라고 단언한다. 그리스도인들은 죽음을 두려워하거나 슬픔에 짓눌릴 필요가 없다. 왜냐하면 죽음은 "여행의 시작"일 뿐이고, 우리보다 앞서간 이들은 그리움의 대상이 될지언정 슬픔의 대상이 될 필요는 없기 때문이다. 죽음은 불가피하게 "외로움"으로 이어진다. 하지만 인내는 그것을 완화시킨다.[56] 그리스도인들의 삶의 방식은 소망에 뿌리를 두고 있다.

대조적으로, 조급증에는 소망이 없다. 테르툴리아누스에 따르면, 조급한 행위는 그것들이 약속하는 것을 낳지 못한다. 오히려 조급한 행위는 상황을 악화시키고 커다란 불행을 가져온다. "조급증을 통해 이루어진 그 어떤 것

---

53 Tertullian, *Pat.* 8.2-3 (Daly, p. 207).
54 Tertullian, *Pat.* 8.2 (Daly, p. 207).
55 Tertullian, *Pat.* 10.3 (Daly, p. 210).
56 Tertullian, *Pat.* 9.2-3 (Daly, p. 209).

도 폭력 없이 처리될 수 없으며, 폭력으로 행해진 모든 것은 성공하지 못했거나, 붕괴했거나, 파멸하고 말았다."[57] 반면에, 인내는 새로운 가능성을 가져온다. 매주 행해지는 기독교 예배에서 인내는 화해를 가져오는 "평화의 실천"의 원천이다(마 5:24). 인내는 그리스도인들에게 지복의 삶과 바울이 고린도전서 13장에서 경축하는 사랑의 삶을 가져다준다. 그것은 "신앙의 가장 높은 성례"(*summum fidei sacramentum*)다.[58] 사실상 인내는 인간 경험의 모든 측면에 선을 가져다준다.

인내는 빈곤 속에서 위로를 제공한다. 부유함에 대해서는 절제를 강요한다. 이것은 병든 자를 파괴하지 않는다. 그것은 건강한 사람을 위해 그의 생명을 연장하지도 않는다. 믿음의 사람에게 그것은 기쁨의 원천이다. 그것은 이교도들을 매료시키고, 노예를 그의 주인에게 그리고 주인을 하나님께 천거한다. 그것은 여자를 꾸미고, 남자를 완전하게 만든다. 어린아이 안에 있는 그것은 사랑받고, 젊은이 안에 있는 그것은 칭송되며, 늙은이 안에 있는 그것은 존경을 얻는다. 모든 연령층의 남자와 여자 모두 안에서 그것은 대단히 매력적이다.[59]

테르툴리아누스는 인내가 하나님의 역사의 불가분한 일부라고 확신했다. 이것은 "하나님이 양육하시는 자녀"이자 성령의 "분리할 수 없는 동료"다. 물론 인내는 소중하다. 하지만 이것의 존재는 위태롭다. 테르툴리아누스는 인내를 소중하게 여겼지만 이것이 쉬이 사라질 수 있다고 느꼈다. 성령의 역사와 은사에 열려 있는 독자들을 다루는 은사주의자였던 그는, 만약 그들이 인내의 삶을 살지 않는다면, 성령께서 그들을 떠나실 것이라고 경고

---

57 Tertullian, *Pat.* 10,8 (Daly, p. 211).
58 Tertullian, *Pat.* 12,8-9 (Daly, p. 215).
59 Tertullian, *Pat.* 15,3 (Daly, p. 220).

한다. "성령의 동료와 조력자"인 인내가 없다면, 성령께서 "매우 불편해하실 것이고" 따라서 그들을 떠나실 것이다.[60]

테르툴리아누스는 대조를 통해 결론을 짓는다. 이생에서 하나님의 인내 없이 사는 이들은 압제적이고 착취적인 인간관계를 경험하고 사후에는 심판과 징벌, 즉 "땅 밑의 불"을 만난다.[61] 그러나 인내와 함께 사는 이들, 즉 부활을 믿고 성령의 능력을 입고 사는 이들은 하나님이 자기들에게 인내라는 은혜로운 선물을 주신 것에 대한 반응으로 그분께 자신들의 삶을 바친다.[62]

테르툴리아누스의 "인내에 관하여"는 주목할 만한 논문이다.[63] 우리는 이 논문을 덕에 관한 글로 읽을 수도 있고(분명히 그러하다) 윤리에 관한 글로 읽을 수도 있다. 그러나 그보다는 이를 초기 기독교의 선교적 접근법의 특징을 이뤘던 "이완과 긴급의 조합"을 이해하도록 돕는 선교에 관한 논문으로 여기는 편이 훨씬 더 도움이 될 것이다.[64] 테르툴리아누스는 이 논문을 북아프리카의 그리스도인들이 압박을 받으며 살아가던 시기에 썼다. 그 압박은 "인내에 관하여"와 동시대 작품인 『성 페르페투아와 펠리시타스의 수난』(The Passion of Saints Perpetua and Felicity)이 기록하고 있는 카르타고 원형 경기장에서 일어난 폭력적인 장면을 통해 잘 드러난다.[65] 테루툴리아누스는

---

60 Tertullian, *Pat.* 15.7 (Daly, p. 221).
61 Tertullian, *Pat.* 16.4 (Daly, p. 221); 또한 10.3 (Daly, p. 210).
62 Tertullian, *Pat.* 16.5 (Daly, pp. 221-222).
63 "인내에 관하여"는 테르툴리아누스의 저작 중 인내를 가장 집중적으로 다룬다. 하지만 그는 다른 여러 곳에서도 인내에 관해 언급한다. 예컨대, *Or.* 4.2-5; *Marc.* 4.16; 5.36; *Scorpiace* 12; *Scap.* 2; *Bapt.* 12 등을 보라.
64 George A. Lindbeck, *The Church in a Postliberal Age*, ed. James J. Buckley (Grand Rapids: Eerdmans, 2002), p. 82.
65 Kossi Adiavu Ayedze, "Tertullian, Cyprian, and Augustine on Patience: A Comparative and Critical Study of Three Treatises on a Stoic-Christian Virtue in Early North African Christianity" (PhD diss., Princeton Theological Seminary, 2000), pp. 151-152.

이 박해와 아주 근접해 있었고, 그리스도인들이 수적으로 얼마나 하찮았는지 아주 잘 알고 있었다.[66] 그러나 그는 이에 대해 걱정하지 않는 것처럼 보인다. 그는 미래를 걱정하지 않는다. 그는 하나님이 역사하고 계시며 인내가 하나님이 사람들을 자신에게 이끄시는 수단이라고 믿는다.[67] 그리스도의 끈기 있는 가르침과 사역을 통해 하나님은 세상에 자신의 성품을 드러내셨다. 그리고 하나님의 끈기 있는 성품은 그리스도인들에게 깊은 영향을 준다.

테르툴리아누스는 어떤 (분명히 많은 수의) 외부인들이 그리스도께서 모범을 보이고 가르치셨던, 그리고 그리스도인들이 배우고 있는 인내를 거부하리라는 것을 알았다. 그는 그들의 그런 거부에 놀라지 않는다. 그는 하나님이 인내하시며 그것을 허락하신다고 믿었다. 그러나 테르툴리아누스는 외부인들 중 다른 어떤 이들은 그리스도인들과 삶에 대한 그들의 끈기 있는 접근법을 보고 흥미를 느낄 것이라고 말한다. 그는 인내는 "이교도들을 매혹시킨다"고 단언한다.[68] 또 그것은 그들에게 질문을 제기한다. 이교도들은 그리스도인들이 어째서 그렇게 사는지 궁금해한다. 그러므로 그리스도인들은 당황해서 허둥거릴 필요가 없다. 우리가 나중에 살펴보겠지만, 그리스도인들은 자신들의 신앙을 전하고 사람들을 세례를 통해 하나님의 백성의 삶 속으로 이끌기 위해 그들이 할 수 있는 것을 하면 된다. 그리스도인들은 조급해하지 말아야 한다. 그들은 모든 것을, 즉 자신들의 생명과 모든 이들의 구원을 하나님께 맡겨야 한다. 그분은 인내하시면서 모든 것을 새롭게 하시는 분이다.

---

66 참고. Tertullian, *Nat.* 1.7; trans P. Holmes, *ANF* 2:115: 분명 소수파의 운동이었지만, 그리스도인들은 "붙잡히고, 공격을 당했으며, 실제로 그들의 비밀 회중에 죄수들을 숨겨 놓았다."
67 Tertullian, *Pat.* 2.3 (Daly, p. 195).
68 Tertullian, *Pat.* 15.3 (Daly, p. 220).

키프리아누스: 인내 – 그리스도의 발자취를 따라 걷는 것

이제 우리는 로마 제국 아프리카의 출중한 도시이자 테르툴리아누스의 도시였던 카르타고의 주교 키프리아누스에게 초점을 맞춘다. 테르툴리아누스보다 50여 년 이후인 키프리아누스 시절의 교회들은 테르툴리아누스가 글을 쓰던 때보다 수적으로 훨씬 많아졌고 조직적으로 훨씬 더 발전된 상태였다. 그러나 키프리아누스가 주교였던 10년(그는 248년부터 그가 순교한 258년까지 카르타고의 주교였다)은 여러 면에서 충격이 큰 시기였다. 250-251년에 황제 데키우스(Decius)는 제국의 모든 거주자들이 신들에게 희생 제물을 바쳐야 하는 칙령을 반포했다. 이에 맞서 키프리아누스는 망명길에 올랐다. 어떤 이들은 고향에 머물러 황제에게 분향하고 살아남았다. 다른 이들은 희생 제사를 거부하고 투옥되었다. 소수의 사람들은 처형되었다. 그 시기에 고통을 당했던 신자들과 배교했던 자들[고백자들(*confessores*)과 배교자들(*lapsi*)] 사이의 긴장은 강렬했다. 박해가 끝난 직후인 252년에는 전염병이 발발해 카르타고에 큰 상처를 입혔다. 그리고 그리스도인들을 포함해 많은 사람이 죽었다. 그렇게 10여 년이 흐르는 동안 아프리카에 있는 교회들과 로마에 있는 교회들 사이에는 또한 징계와 윤리의 문제와 관련해 긴장이 있었다.

이런 상황에서 키프리아누스는 인내에 관한 두 번째 논문을 썼다. 그는 어째서 그것이 필요하다고 여겼던 것일까? 아직 그 어떤 그리스도인도 그것에 관해 쓰지 않았던 여러 덕이 있었다. 어째서 그는 신중함, 정의, 혹은 용기에 관한 논문을 쓰지 않았을까? 인내에 관한 테르툴리아누스의 논문이 철저하지 않고 제대로 논증되지 않아서였을까? 그가 올바르게 말하지 못했던 것일까? 키프리아누스는 그의 논문에서 자기가 테르툴리아누스의 작품을 높이 평가한다는 것을 분명하게 밝힌다. 훗날 히에로니무스가 전하는 키프리아누스의 비서의 말에 따르면, 키프리아누스는 매일 그 비서에게 테르툴리아누스의 저작들을 보자고 하면서 "내게 그 걸작을 가져다주게"라고 말했다고 한다.[69] 비록 그가 아주 구체적으로 테르툴리아누스의 "인내에 관하여"를 언급하지는 않았을지라도, 키프리아누스가 논문을 쓸 때 그의 책상 위에 그 작품이 놓여 있었을 것은 분명하다. 키프리아누스의 작품은 모든 쪽에서 테르툴리아누스의 신학, 윤리, 선교학과 깊은 유사성을 드러낸다. 그리고 키프리아누스는 특별한 방식으로 테르툴리아누스의 논문이 말했던 것을 다시 말하고 강조한다.

256년경에 키프리아누스는 인내에 관한 새로운 글을 썼다. 의심할 바 없이 그는 자기가 **주교로서** 쓴 새로운 논문이 앞서 테르툴리아누스가 쓴 것보다 북아프리카의 그리스도인들에게 훨씬 더 큰 영향을 주리라는 것을 알았을 것이다. 아마도 그는 자기가 테르툴리아누스보다 훨씬 더 단순하게 쓸 수 있다고 생각했을 것이다. 그는 교회가 50여 년 전과는 다른 처지에 있다는 것을 확실히 알고 있었다. 특히 키프리아누스가 글을 쓰기 전 10년 동안 그리스도인들은 극심한 시련을 겪었다. 어떤 신자들은 지쳤고, 어떤 이들은 소망을 잃었고, 어떤 이들은 조급한 행동을 할 만큼 위험한 상황에 있었다. 심지어 어떤 이들은 자신의 적들에게 폭력적인 복수를 하기도 했다. 이렇게 변화된 상황에 직면한 키프리아누스는 교회의 특징적 덕인 인내가 압박당하고 있다고 느꼈을 수 있다. 그러나 인내는 그의 사람들이 그 압박으로 가득 찬 상황 속에서도 그리스도인으로서 살아가도록 도울 것이다. 그래서 키프리아누스는 인내에 **유익한** 무언가가 있다는 그들의 확신을 새롭게 하려고 했다. 그는 테르툴리아누스가 세운 전통을 따라 인내에 관한 논문을 썼다. 하지만 그는 그것의 제목을 바꿨다. 키프리아누스가 쓴 논문의 제목은 "인내에 관하여"(*De patientia*)가 아니라 "인내의 유익에 관하

---

[69] Jerome, *On Illustrious Men* 53, trans. T. P. Halton, FC 100 (1999), p. 74.

여"(*De bono patientiae*)였다.⁷⁰ 키프리아누스는 인내가 유익하다고 믿었다. 그는 사람들에게 그 유익이 무엇인지 보여 주고 어째서 그것이 중요한지를 예시해야 했다.

테르툴리아누스처럼 키프리아누스는 그의 논문을 초기 기독교의 특징인 전체론(holism: 어떤 현상의 부분이 아니라 전체성을 강조하는 이론—옮긴이)을 다시 확언하는 것으로 시작한다. 그리스도인들과 그들의 공동체들은 말과 행위 사이에 불일치가 없는 성실한 삶을 살아야 한다. 외부인들은 그리스도인들을 그들이 무슨 말을 하는지가 아니라(어쨌거나 대부분의 사람들은 그들의 말을 듣지 않을 것이다) 그들이 누구인지 그리고 어떤 행동을 하는지를 보고서 판단할 것이다. 키프리아누스가 그의 논문을 시작하며 말하듯이, "우리는 덕을 그것에 대한 자랑이 아니라 그것의 실천을 통해서 안다."⁷¹ 만약 인내가 인간의 삶의 경험에서 **유익**하지 않다면, 그것에 대해 말하는 것은 무가치하다.⁷²

키프리아누스는 테르툴리아누스와 함께 인내가 하나님의 속성이라고 단언한다. 실제로 인내는 그리스도인들이 "하나님과 공유하는" 덕이다.⁷³ 키프리아누스는 테르툴리아누스가 그의 "인내에 관하여"의 시작 부분에서 인용하는 것과 동일한 산상수훈의 본문을 인용하면서 하나님이 "그 해를 악인과 선인에게 비추신다"(마 5:45)고 확언한다.⁷⁴ 키프리아누스는 하나님이 모든 사람에게 관대하시다고 지적한다. 확실히 그분은 그들 모두에게 복을

---

70 여기서 나는 *De bono patientiae*, in FC 36 (1958), pp. 257-287에 실려 있는 G. E. Conway의 번역을 사용한다; 라틴어 본문은 *Cyprien de Carthage: A Donat; et, La vertu de patience*, ed. J. Molager, SC 291 (Paris: Cerf, 1982)이다.
71 Cyprian, *Pat.* 3 (Conway, p. 265).
72 이것(*Pat.* 3)이 키프리아누스가 "우리는 위대한 것들에 대해 말하는 것이 아니라 그것들을 살아 내야 한다"라는 유명한 슬로건을 사용하는 문맥이다. 각주 1을 보라.
73 Cyprian, *Pat.* 3 (Conway, p. 265).
74 Cyprian, *Pat.* 4 (Conway, p. 265).

주신다. 그분은 의로운 자와 불의한 자 모두에게 불어오는 바람과 흐르는 샘물과 풍성한 수확을 허락하신다. 분명히 사람들은 하나님이 탄식하고 진노하게 하는 일들을 한다. 그들은 신전을 방문하고, 우상숭배에 참여하고, 형상들을 예배한다. 하나님은 인내하시며 그 모든 일을 견디신다. 인내하시며 사람들이 우상숭배와 적의와 범죄로부터 돌아서서 충만한 삶으로 나아올 때를 기다리신다.[75]

키프리아누스는 사람들의 회심을 초래하는 예수님의 역할을 지적하면서 테르툴리아누스가 세워 놓은 터 위에서 시작한다. 이 역할에서 핵심은 예수님의 "구원을 위한 가르침"(praecepta in salute)이다. 이런 가르침은 예수님의 윤리적 가르침의 샘인 산상수훈으로부터 나오는데, 키프리아누스는 그것을 광범위하게 인용한다.

> 네 이웃을 사랑하고 네 원수를 미워하라 하였다는 것을 너희가 들었으나 나는 너희에게 이르노니 너희 원수를 사랑하며 너희를 박해하는 자를 위하여 기도하라. 이같이 한즉 하늘에 계신 너희 아버지의 아들이 되리니 이는 하나님이 그 해를 악인과 선인에게 비추시며 비를 의로운 자와 불의한 자에게 내려주심이라. 너희가 너희를 사랑하는 자를 사랑하면 무슨 상이 있으리요 세리도 이같이 아니하느냐.…그러므로 하늘에 계신 너희 아버지의 온전하심과 같이 너희도 온전하라. (마 5:43-48)[76]

이 구절을 인용하면서 키프리아누스는 독자들에게 그들이 "하나님과 같아질"(simile Deo) 수 있는 "거룩한 탄생"에 대해 말한다. 하나님이 그들을 완전

---

[75] Cyprian, *Pat.* 44 (Conway, p. 266).
[76] Cyprian, *Pat.* 5 (Conway, p. 267).

하게 하시면 "성부 하나님의 인내"가 그들 안에 거하고, 또한 그것이 그들이 인내하며 살아가도록, 즉 "우리의 덕 중 신적 가치와 동등한 것이 될 수 있는 것을 소유하게" 할 수 있다.[77]

그러나 바로 그 다음, 테르툴리아누스를 따르면서 키프리아누스도 이런 말들은 그것들이 그들의 삶을 통해 드러나지 않는 한 공허하다고 말한다. 그것은 예수님이 사셨던 방식이다. 그분은 "말로 가르치시기만 한 것이 아니라, 또한 행위로써 그것을 이행하셨다." 그분의 신성을 입증했던 기적 중 하나는 그분의 "습관적인 자제"였다. 그것을 통해 그분은 "자신의 아버지의 인내를 예시하셨다." 이것을 염두에 두고서 키프리아누스는 예수님의 삶의 사건들을 열거한다. 성육신, 세례, 마귀와의 싸움("그분은 그 싸움을 말을 넘어서까지 수행하지 않으셨다"), "종이 그의 동료 및 동무들에게 가져야 하는" 태도의 예를 가르치셨던 발 씻김의 실천, 유다의 입맞춤을 받으심 등. 키프리아누스에 따르면, 예수님의 모든 행위, 즉 그분의 모든 선교 방식은 인내였다.

> [그분이] 유대인들을 견디며 보여 주신 평정은 얼마나 놀라운가! 불신자들을 설득해 신앙을 받아들이게 하시고, 배은망덕한 자들을 친절함으로 이기시고, 자신에게 맞서는 자들을 부드럽게 대하시고, 오만한 자들을 긍휼로 견디시고, 박해자들에게 겸손하게 굴복하시고, 수난과 십자가의 때에 이르기까지 예언자들을 죽인 자들과 하나님께 계속 반역했던 자들을 얻고자 하면서 보여 주신 인내는 또 얼마나 놀라운가![78]

그리고 이것은 그분의 수난에서 절정에 이른다. 그때 예수님은 자신의 위엄

---

[77] Cyprian, *Pat.* 5 (Conway, p. 267).
[78] Cyprian, *Pat.* 6 (Conway, p. 269).

을 선언하시기보다는 오히려 침묵으로 죽음을 견뎌 내신다. 그리고 그 죽음에서 "온전하고 완전한 인내"가 실현된다.[79]

이 지점에서 키프리아누스는 테르툴리아누스를 넘어선다. 그는 예수님의 가르침과 삶과 수난이 북아프리카 그리스도인들에게 끼칠 영향을 숙고하면서 강조점을 그리스도의 교훈에 순종하는 것에서 그리스도의 발자취를 따라 걷는 것으로 옮긴다. 신자들이 복음을 구현하는 것은 교회의 선교를 위해 꼭 필요하다. 또 그렇게 할 때 그들은 그리스도의 가르침이 틀림없이 생명을 주는 것임을 발견한다. 그리스도의 모범은 가장 중요하다. 키프리아누스는 요한1서 2:6을 인용한다. "그의 안에 산다고 하는 자는 그가 행하시는 대로 자기도 행할지니라."[80] 키프리아누스에게 이것은 거룩한 땅이다. 시모네 델리아니(Simone Deléani)에 따르면, 키프리아누스의 영성의 핵심은 그리스도를 따르는 것이다.[81]

키프리아누스는 예수님을 따르는 것에 대한 이런 강조가 그의 사람들에게 중요하다는 것을 알고 있었다. 극심하고 다양한 위기들이 그들을 삼키려 위협하고 있었기 때문이다. 그들은 모든 사람에게 미치는 일과 죽음이라는 개인적 위기뿐 아니라, 그들이 그리스도인이라는 이유로 특별히 다가오는 위기들, 즉 땅의 상실, 투옥, 칼, 짐승, 불, 십자가 같은 것들과 마주하고 있었다. 이런 위기에 처한 신자들에게 키프리아누스는 인내를 그들의 "조력자와 동료"로 제시한다.[82] 키프리아누스는 그리스도인들 중 일부가 지쳐 있다는 것을 알고 있었다. 그럼에도 그는 그들에게 소망 가운데 인내하

---

79 Cyprian, *Pat.* 7 (Conway, p. 270).
80 Cyprian, *Pat.* 9. 거기에서 키프리아누스는 벧전 2:21-23을 인용한다. "그리스도도 너희를 위하여 고난을 받으사 너희에게 본을 끼쳐 그 자취를 따라오게 하려 하셨느니라"(Conway, p. 271).
81 Simone Deléani, *Christum sequi: Étude d'un thème dans l'oeuvre de Saint Cyprien* (Paris: Études Augustiniennes, 1979), p. 110.
82 Cyprian, *Pat.* 12 (Conway, p. 275).

고 그들의 소망을 그들이 소망하는 미래에 대한 맛보기인 삶을 통해 표현하라고 촉구한다. "우리가 이미 되기 시작한 것을 완료하는 데는 끈기 있는 기다림이 필요하다."[83] 신자들이 그들의 소망을 표현하는 방법은 선한 일을 수행하는 것이다. 키프리아누스는 자기가 사랑하는 바울의 본문(갈 6:10-9)을 인용하면서 자기 사람들을 권면한다. "그러므로 우리는 기회 있는 대로 **모든 이에게** 착한 일을 하되 더욱 믿음의 가정들에게 할지니라. 우리가 선을 행하되 낙심하지 말지니 포기하지 아니하면 때가 이르매 거두리라."[84] 키프리아누스는 그의 사람들에게—그들 중 일부는 탈진하고 낙심해 있었다—물러서지 말라고 촉구한다. 그들은 동료 신자들에게뿐 아니라 외부인들에게도 선한 일을 하는 것을 그쳐서는 안 된다.

하지만 그리스도인들은 나쁜 일을 하는 것은 그쳐야 한다! 키프리아누스는 그들에게 "그로 인해 영혼이 폭풍에 휩싸이고 사로잡히는 육체의 일"을 행하지 말라고 촉구한다. 간음, 속임수, 살인은 흔들리는 신자들을 언제라도 부추길 준비를 하고 숨어 있는 유혹들이다. 그리고 그것들은 치명적인 죄다. 그것들에 대한 신자들의 해독제는 인내다. "마음속에서 인내가 강건해지고 안정되게 하라. 그러면 성화된 몸인 하나님의 전이 간음에 의해 타락하지 않을 것이고, 정의에 헌신하는 무고함이 속임수에 의해 감염되지 않을 것이며, 성찬을 받았던 손이 피 묻은 칼에 의해 더럽혀지지 않을 것이다."[85]

그러나 보다 깊은 문제가 숨어 있었다. 키프리아누스는 일부 그리스도인들이 지쳤을 뿐 아니라 복수를 원한다는 것을 알고 있었다. 그들은 박해 기

---

83 Cyprian, *Pat.* 13 (Conway, p. 276).
84 키프리아누스는 갈 6:9에 앞서 6:10을 인용한다. Cyprian, *Pat.* 13 (Conway, p. 276); Pontius of Carthage, *Vit. Cypr.* 10을 보라.
85 Cyrian, *Pat.* 14 (Conway, p. 277).

간에 자기들을 공격했던 이들에게 복수하려는 열망을 갖고 있었다. 그런 생각은 상당히 많은 사람들에게 영향을 주었을 것이 분명하다. 키프리아누스에 따르면, "아주 많은 사람들[plurimos]이 압박이 심한 상처의 무게 때문에 혹은 자기들을 공격하는 이들에 대한 분노 때문에…즉각 복수하기를 원했다."[86]

우리가 여기에서 무슨 일이 진행되고 있는지를 알기는 어렵다. 키프리아누스는 북아프리카의 카테르바이(catervae, 청년 갱단)의 전통을 따라서 자기 보호를 위해, 심지어 복수를 위해 스스로 무장하고자 하는 그리스도인들을 상대하고 있었던 것일까?[87] 그런 이들이 누구였든, 키프리아누스는 "인내의 유익에 관하여"의 마지막 네 장(21-24장)에서 그들을 진지하게 다룬다. 그는 이렇게 말한다. "당신들에게 경고한다." 그리스도인들이 경험한 박해가 무엇이든, 그리고 그들을 거칠게 다룬 이들이 유대인들이든 이교도들이든, 그리스도인들은 스스로 복수해서는 안 된다. 키프리아누스는 자신을 그들 사이에 위치시킨다. "우리는 성난 속도로 그들의 고통에 대해 복수하려고 서둘러서는 안 된다." 어째서인가? 그것은, 그가 그의 논문 전체를 통해 주장하듯이, 그리스도의 교훈이 모든 신자들에게 그들의 다른 뺨을 돌려 대라고 가르치기 때문이 아니다. 또한 "그리스도를 따르는 것"에 자발적으로 고난의 삶을 사는 것이 수반되기 때문도 아니다. 오히려 키프리아누스는 '심판'을 내다본다. 폭력에 의존하려는 유혹을 받는 이들을 다루면서 키프리아누스는 묵시록의 주님께 호소한다(계 22:10-12). 그분은 자기 백성에게 "강한 인내력을 지니고 미래에 있을 복수의 날을 기다리며 견디라"고 명령하

---

86 Cyrian, *Pat*. 21 (Conway, p. 283).
87 Brent D. Shaw, *Sacred Violence: African Christians and Sectarian Hatred in the Age of Augustine* (Cambridge: Cambridge University Press, 2011), pp. 20-27. 나는 4세기 이전에 존재했던 기독교 군대(갱, catervae)에 관한 그 어떤 증거도 발견하지 못했다.

신다.[88]

이것은 새로운 주제였다. "인내의 유익에 관하여" 전체를 통해 키프리아누스는 산상수훈과 그리스도를 본받는 것에 관해 많은 말을 했으나, 그 논문의 끝부분에 실려 있는 이 구절에서 "복수하지 않음에 관한 그의 윤리는 그 기초를 '적들에 대한 사랑'이 아니라 하나님의 복수의 종말론적 강렬함에 둔다."[89] 결산하는 날이 오면, 심판자이자 복수자이신 예수 그리스도께서 권능에 휩싸여 오셔서 고통당하는 그분의 백성을 불로 신원하실 것이다.[90] 그리스도가 "몸소 복수하실 때", "[그분은] 우리, 그분의 교회의 회원들, 그리고 창세로부터 있었던 모든 의로운 자들을 위해 복수하실 것이다."[91] 그리스도의 날이 아직 오지 않았기에, 키프리아누스는 그리스도인들에게 그날을 기다리는 동안 인내하며 살아가라고 권한다. 그들은 주님의 날이 오기 전에 스스로 방어해서는 안 된다. 오히려 그들은, 늘 그랬듯이, 주님의 가르침을 따라야 한다. 어째서인가? 그것은 그들의 행위가 하나님의 성품에 대한 매력적인 표현이 되어야 하기 때문도 아니고, 인내 안에 자명하게 유익한 무언가가 있기 때문도 아니다. 오히려 그것은 그 교훈을 지키지 않음으로써 발생하는 영원한 결과가 두렵기 때문이다. 진노의 날이 올 때, 그리스도가 가르치신 것을 행하지 않는 조급한 그리스도인들은 경건치 않은 자들 및 죄인들과 함께 벌을 받을 것이다. 키프리아누스의 논문은 굉음으로 끝난다![92]

이 마지막 네 장 직전에 있는 17-20장에서 키프리아누스는 그의 주된

---

88 Cyprian, *Pat.* 21 (Conway, pp. 283-284).
89 Ayedze, "Tertullian, Cyprian, and Augustine", p. 213.
90 Cyrian, *Pat.* 22 (Conway, p. 285).
91 Cyprian, *Pat.* 24 (Conway, p. 286).
92 신적 복수에 관한 키프리아누스의 강조는 또한 *Demetr.* 17에서 분명하게 드러난다. "다가오고 있는 복수에 대한 우리의 확신이 우리를 인내하도록 만든다"[trans. R. J. Deferrari, FC 36 (1958), p. 182].

주제들을 요약하면서 그 논문의 첫 번째 결론을 내린다. 이 장들에서 인내의 덕은 광범위하고 유익하다. 인내는 그리스도인들을 하나님께 천거하고 또한 하나님을 위해 그리스도인들을 구원한다. 그것은 그리스도인들이 삶에서 피할 수 없는 위기들, 곧 "부의 상실, 불타는 듯한 열병, 상처의 고통, 사랑하는 이들의 죽음" 같은 것들을 그들의 이교도 이웃에게는 놀랍게 보일 수도 있는 강인함과 믿음을 갖고 견딜 수 있게 해 준다. "이런 역경 속에서 불의한 자들은 조급함 때문에 불평하고 신성을 모독하지만 의로운 자들은 인내를 통해 입증된다. 이것 이상으로 의로운 자들과 불의한 자들을 구별해 주는 것은 없다."[93] 인내는 그리스도인들의 특징적 표지다. 그것은 신자들이 삶의 위기 속에서 "그리스도의 방식으로" 살 수 있게 해 준다. 인내는 "분노를 누그러뜨리고, 혀에 재갈을 물리고, 마음을 다스리고, 평화를 지키고…불화의 불을 끄고, 부유한 자들의 힘을 제어하고, 우리에게 잘못한 자들을 빨리 용서하고, 다른 이들에게 용서를 구하는 것을 가르쳐 준다." 결어 부분에서 키프리아누스는 수사학자로서의 그의 위상을 보여 준다. "우리의 믿음의 터전을 강력하게 강화하는 것은 이 인내다. 소망의 성숙을 숭고하게 촉진시키는 것도 이 인내다. 그것은 우리가 그분의 관용으로 전진하는 동안 그리스도의 길을 따를 수 있도록 우리의 행동에 방향을 정해 준다. 그것은 우리가 성부 하나님의 인내를 모방하는 동안 하나님의 아들들로서 지녀야 할 우리의 인내를 보장해 준다."[94]

이 부양성 있는 인내가 키프리아누스의 "인내의 유익에 관하여"에 생기를 불어넣는다. 하지만 그뿐만이 아니다. 그것은 또한 초기 교회의 선교적 확장에도 생기를 불어넣는다.[95] 교회의 성장을 설명해 주는 것은 그 책 21-

---

[93] Cyprian, *Pat.* 17 (Conway, p. 280).
[94] Cyprian, *Pat.* 20 (Conway, p. 283).
[95] "인내의 유익에 관하여"는 키프리아누스의 저작 중 가장 집중적으로 인내를 다룬다. 그러나 그는 여

24장에서 언급되는 힘겨운, 그리고 심판을 기다리는 순종이 아니다. 오히려 그것은 독특하고 소망이 넘치는 "그리스도의 길"을 따르는 삶이다. 키프리아누스가 잘 지적했듯이, 당시에 그리스도인들이 수적으로 성장했던 이유는 그들이 이웃 및 적들과의 관계에서 인내하며 살면서, 그들에게 선을 행하면서, 그리고 그들이 신앙으로 나아오기를 기다리면서 "불의한 자들"과 구별되었기 때문이다.

락탄티우스: 인내 – 최고의 덕 그리고 예배와 선교의 열쇠

우리는 이 장을 인내의 신학이라는 전통의 세 번째 주인공인 락탄티우스(Lactantius, 250-325년경)와 함께 마무리하려 한다. 테르툴리아누스와 키프리아누스처럼, 락탄티우스 역시 북아프리카 사람이었다. 그는 그곳의 어느 작은 마을에서 그에게 우아하고 웅변적인 라틴어를 가르쳐 준 고전어학자에게서 수학했고, 곧 그 지방의 수도 카르타고로 이주해 그곳에서 직접 수사학을 가르쳤다. 그는 그의 삶의 초기에 이교에서 기독교로 회심했다. 4세기가 시작된 직후에 그는 소아시아로 이주했는데, 그곳에서 황제 디오클레티아누스(Diocletian)이 그를 고용해 니코메디아에 있는 궁정에서 그의 정교한 라틴어 수사학을 실천하고 가르치게 했다. 그곳에서 그는 제국의 소수파인 그리스도인들과의 결정적인 최후의 대결을 향해 나아가고 있던 논리 정연하고 강력한 이교도들을 만났다. 이런 상황에서, 즉 종교적 긴장과 박해의 초기 무대가 되었던 세상에서 락탄티우스는 그의 걸작 『거룩한 원리』(*Divine Institutes*)를 썼는데, 모두 일곱 권으로 이루어진 그 책은 그의 이교도 동료들의 문화

러 다른 곳에서도 그 주제를 언급한다. *Ad Quir.* 3의 120개의 '항목들'(세례 지원자들에게 가르쳤던 주제들) 중 3개가 인내와 관련이 있다(3.35, 45, 106); *Demetr.* 17, 20; *Zel. liv.* 15-16; *Mort.* 9-10; *Dom. or.* 15.

및 그들의 사고를 형성했던 문헌들에 비추어 이루어진 기독교에 대한 일관성 있는 호교론을 담고 있다.

대박해가 시작된 303년에 락탄티우스는 궁정을 떠나 아마도 이탈리아였을 서부로 여행했다. 310년 초에 새로운 황제 콘스탄티우스가 락탄티우스를 초청해 그를 자신의 아들 크리스푸스(Crispus)의 가정 교사로 삼았다. 그로 인해 락탄티우스는 북유럽의 수도인 트리어로 이주했다. 트리어에서 그는 『거룩한 원리』의 개정판을 내고, 그것을 궁정에서 큰 소리로 낭독했다. 때때로 그의 청중에는 그가 그 작품을 헌정하고 그것이 그의 종교 정책에 영향을 주었을 수도 있는 콘스탄티누스 황제가 포함되어 있었다.[96] 『거룩한 원리』의 초판과 개정판 모두에서 두드러지는 주제는 인내다.

일곱 권으로 이루어진 『거룩한 원리』에서 락탄티우스는 광범위한 주제를 다루면서 기독교를 위한 조직적인 논증을 제시한다. 인내는 그런 주제 중 하나일 뿐이다. 그리고 락탄티우스는 그것을 오직 한 장에서만 집중해서 다룬다(5권, 22장). 그의 아프리카인 선배들인 테르툴리아누스와 키프리아누스와 달리, 그는 특별히 인내에 집중하는 논문을 쓰지 않았다. 하지만 인내는 그에게 무엇보다도 중요했다. 『거룩한 원리』에서 그는 '인내'(patientia)를 150차례 이상 언급한다. 그가 그렇게 자주 언급하거나 지나칠 정도로 찬양하는 다른 덕은 없다. 인내는 "모든 덕 중 가장 크다." 그것은 "최고의 덕이다." 그리고 그는 이렇게 덧붙인다. "인내보다 더 참된 덕은 없다."[97] 락탄티우스는 인내라는 덕의 위대함을 다른 덕과 기꺼이 공유한다. 미셸 스파뇌트(Michel Spanneut)는 초기 기독교 저작에 나타난 인내에 관한 그의 연구에서

---

96 내가 『거룩한 원리』에서 인용하는 구절은 Anthony Bowen과 Peter Garnsey가 번역한 *Lactantius: Divine Institutes*, TTH 40 (Liverpool: Liverpool University Press, 2003)에서 가져온 것이다.
97 Lactantius, *Inst*. 6,18,16; 6,18,30; 6,18,19 (Bowen and Garnsey, pp. 370-371).

락탄티우스가 "궁극적으로 모든 덕을 인내와 뒤섞었다"고 주장했다.[98] 스파뇌트는 락탄티우스의 작품에서 명백하게 드러나는 것, 즉 인내가 선교에 대한 그의 이해를 심원하게 형성한다는 것에 주목하지 않았다.

테르툴리아누스와 키프리아누스처럼 락탄티우스 역시 인내에 관한 그의 이해의 단서를 하나님의 성품과 역사에서 찾는다. 특히 그는 그리스도의 재림의 문제를 다루면서 그렇게 한다. 그는 이렇게 지적한다. "사람들은 말보다 모범을 좋아한다. 말은 쉽고 모범은 어렵기 때문이다."[99] 바로 그것이 하나님이 하늘로부터 육체가 없는 말이 아니라 죽을 몸을 입은 성육신하신 아들을 보내기로 하신 이유다.

고전적인 사고에서 완전한 덕은 정의와 의무에 따라 고통을 인내하며 견뎌 낸다. 더 나아가 완전한 덕은 임박한 죽음도 두려워하지 않으며 그것이 다가올 때 용감하게 그것을 견딘다. 그러므로 완전을 가르치는 이는 이중의 의무를 지닌다. 바로 "모든 교훈으로 그것을 가르치는 것과 행위로 그것을 입증하는 것"이다.[100]

그러므로 하나님은 하나님이자 사람이신 예수 그리스도를 보내셔서 구원의 교훈을 말씀하시고 또한 그를 따라 영생을 향해 나아가는 모든 이들에게 의에 이르는 길을 열어 주는 일을 하게 하셨다. 그런 식으로 말하고 행동하는 것이 그리스도를 십자가로 이끌어 갔다. 락탄티우스는 묻는다. "왜 그분은 최소한 얼마간이라도 품위 있는 형태의 죽음을 겪지 못하셨는가?"[101] 락탄티우스는 그 이유가 그리스도는 오직 십자가형을 받아 죽음으로써만 "사회의 가장 낮은 자들"을 도울 수 있었기 때문이라고 주장한다. 자

---

98 Spanneut, "Geduld", p. 266.
99 Lactantius, *Inst.* 4.23.8 (Bowen and Garnsey, p. 265).
100 Lactantius, *Inst.* 4.24.7 (Bowen and Garnsey, p. 267).
101 Lactantius, *Inst.* 4.26.29 (Bowen and Garnsey, p. 272).

기를 낮춰 오셔서 고난을 당하심으로써 그리스도는 "그분을 모방할 수 없는 사람이 한 사람도 없도록, 사회의 가장 낮은 자들에게 흔했던 종류의 죽음을 죽어야만 했던 모든 이들에게 구원의 소망"을 가져다주셨다. 더 나아가 그리스도는 그분의 몸이 부활을 위해 "온전히 보존되도록", 그리고 그분의 몸이 십자가 위로 들어 올려질 때 "모든 나라가 하나님의 고난을 볼 수 있도록" 고난을 당하셨다.[102] 성부 하나님은 정의를 시행하시는 방법을, 그리고 자신의 자녀로 부르시는 이들 가운데 인내가 나타날 수 있게 도우시는 그분의 방법을, 성육신과 십자가를 통해 보여 주신다.

하나님의 자녀들이 살아 내야 하는 인내는 그리스도 안에서 이루어진 하나님의 행위에 의해 형성된다. 예수님을 따르는 자들은 그분의 삶에 대해 깊이 생각한다. 왜냐하면 그분이 오신 것은 "말씀으로뿐 아니라 행위를 통해서도 덕과 인내를 가르치기 위해서"이기 때문이다.[103] 그들은 그분을 바라보면서 "평정심을 지니고…고난을, 그것이 강요된 것이든 우발적인 것이든, 견딜 것이다."[104] 그들은 자기들이 가진 것에 만족하고, 진리를 말하고, 빌려 준 돈에 이자를 물리지 않고, 감정을 조절하고, 적을 만드는 일을 거부할 것이다.[105] 무엇보다도 그들은, 정치 철학자 키케로를 따르는 자들과 달리, 공격을 받을 때 복수하지 않을 것이다. 키케로는 이렇게 말한 바 있다. "훌륭한 사람은 자기가 도울 수 있는 사람을 돕고 부당한 대우 때문에 자극되지 않는 한 아무에게도 해를 끼치지 않는 사람이다."[106] 이에 락탄티우스는 분개하며 대응한다. "무엇 때문에 '부당한 대우 때문에 자극되지 않는 한'이라

---

102 Lactantius, *Inst.* 4.26.30-34 (Bowen and Garnsey, p. 272).
103 Lactantius, *Epit.* 43, trans. W. Fletcher, *ANF* 7:239.
104 Lactantius, *Inst.* 5.22.3 (Bowen and Garnsey, p. 326).
105 Lactantius, *Inst.* 6.18.7, 10, 32 (Bowen and Garnsey, pp. 369, 371).
106 Cicero, *Off.* 3.76; Lactantius, *Inst.* 6.18.15 (Bowen and Garnsey, p. 370)에서 인용됨.

는 단서가 필요한가? 그것은 선한 사람에게 끔찍한 꼬리를 핀으로 박아 덧붙이는 것이고, 그의 인내, 즉 가장 큰 덕을 부정하는 것이다."[107]

락탄티우스는 인내하며 사는 것을 배웠다. 이교에서 기독교로 회심한 사람이었던 그는 인내를 특징으로 갖는 공동체와 자신을 동일시했다. 그 공동체는 아주 다양한 배경을 지닌 사람들, 즉 함께 "하늘의 길"을 걷는 "모든 성별, 인종, 연령에 속한 사람들"을 한데 모은다.[108] 그들과 함께 그는 사람들을 환대하는 것, 포로들을 속량하는 것, 고아와 과부들을 부양하는 것, 그리고 병자들을 돌보는 것을 배웠다. 그들과 함께 그는 원치 않는 아기를 낙태하거나 유기하고 전장에서 사람을 죽이는 성급한 행위를 포함한 모든 폭력과 살인을 거부하는 것을 배웠다.[109] 그는 하나님을 신뢰하고 서두르지 않는 법을 배웠다.

인내는 또한 종교 간의 경쟁에 관한 그의 견해, 즉 그가 그 논문을 쓸 무렵에 그리스도인들을 박해하기 시작했던 기득권층이 된 이방 종교와 그들로 인해 위험에 처해 있던 소수파인 기독교 양쪽 모두에 대한 그의 견해를 변화시켰다. 그러나 그는 당시의 상황이 그에게 아무리 위협적으로 보였을지라도 차분하고 신중하게 글을 썼다. 그가 보기에 하나님은 크고 변할 수 없는 무언가를 하고 계셨다. 동쪽에서 서쪽까지 "모든 성별, 모든 세대, 모든 가족과 지역"이 강요받는 일 없이 하나님께로 이끌리고 있었다. "진리는 스스로 퍼져 나가는 힘을 갖고 있다."[110] 그러므로 박해는 소용없고 실패할

---

107 Lactantius, *Inst.* 6.18.16 (Bowen and Garnsey, p. 370).
108 Lactantius, *Inst.* 6.3.16 (Bowen and Garnsey, p. 335).
109 Lactantius (*Inst.* 6.20.17)는 "사람을 죽이는 것은 언제나 잘못이다. 왜냐하면 사람이 신성한 피조물이 되는 것이 하나님의 뜻이기 때문이다"; 6.20에서 그는 병역, 사형, 신생아를 질식시키는 것 등을 통렬하게 비난한다(Bowen and Garnsey, p. 375).
110 Lactantius, *Inst.* 5.13.1, 5 (Bowen and Garnsey, p. 306).

운명이다. "폭력과 만행은 필요하지 않다. 예배는 강제되어서는 안 된다."[111] 락탄티우스는 계속해서 말한다. "설령 당신이 유혈, 고문, 악을 통해 종교를 방어하고자 할지라도, 종교는 그런 식으로 방어되지 않을 것이다. 그럴 경우 그것은 오염될 것이고 격분하게 될 것이다. 종교만큼 기꺼움의 문제인 것은 달리 없다. 그리고 만약 제사를 드리는 어떤 이가 영적으로 흥미를 잃어버리면, 그 종교는 그것으로 끝난다. 그것은 아무것도 아니다."[112] 박해는 모든 살인과 마찬가지로 자기기만적이다. 대조적으로 락탄티우스는 기독교 교회의 지속적인 성장을 지적한다. "하나님에 대한 예배는 그들이 그것을 억압하려고 할수록 늘어난다." 이것은 무서운 고문 가운데서도 계속되는데, 거기에는 그리스도인들의 "불굴의 인내"가 있다.[113] 락탄티우스에 따르면, 박해 역시 실패한다. 박해가 그것을 지켜보는 이들의 도덕적 감성을 해치기 때문이다. 박해의 잔인성에 혐오감을 느낀 이들은 기독교의 새로운 회원이 되었다.[114]

락탄티우스는 그의 이교도 독자들에게 초청장을 내민다. 예배는 강요될 수 없다. 오히려 그것은

주먹보다는 말을 통해 이루어진다. 그러므로 그 안에는 자유의지가 있다. [이교도 사상가들은] 그들의 날카로운 지혜를 칼집에서 뽑아야 한다. 만약 그것의 논리가 타당하다면, 그들로 그것을 주장하게 하라! 그들이 말한다면, 우리[그리스도인들]는 들을 준비가 되어 있다. 그들이 침묵한다면 우리는, 그들이 폭력을 사용할 때 굴복하지 않듯이, 그들을 믿지 못한다. 그들이 우리를 본받

---

111 Lactantius, *Inst.* 5.19.11 (Bowen and Garnsey, p. 320).
112 Lactantius, *Inst.* 5.19.23 (Bowen and Garnsey, p. 321).
113 Lactantius, *Inst.* 5.13.4; 6.17.7 (Bowen and Garnsey, pp. 320, 366).
114 Lactantius, *Inst.* 5.22.18-19 (Bowen and Garnsey, p. 328).

게 하자. 그래서 그들의 모든 주장을 내놓게 하자. 그들은 우리가 속임수를 쓴다고 불평하지만, 우리는 속임수를 쓰지 않는다. 오히려 우리는 가르치고, 보여 주고, 입증한다.[115]

그와 동시에 락탄티우스는 자신의 그리스도인 독자들에게 선교에 대한 그들의 끈기 있는 접근법에 충실하라고 도전한다. 그리스도인들은 모든 이가 국가 권력의 강제를 통해 하나님께 예배해야 한다고 생각하지 않으면서도 확신 있게 그 일을 할 수 있다. "우리는…싫든 좋든 모든 이의 하나님이신 우리의 하나님이 누군가에게 억지로 예배를 받으셔야 한다고 요구하지 않는다. 또한 우리는 설령 그분이 예배를 받지 못하시더라도 심술을 부리지 않는다. 우리는 그분이 갖고 계신 최고의 권능을 확신한다."[116] 그리스도인들은 자기들을 비판하는 자들의 말에 기꺼이 귀를 기울이고("우리는 들을 준비가 되어 있다") 또한 그들과 격렬한 토론을 벌이려 해야 한다. 락탄티우스가 그의 『거룩한 원리』를 쓴 것은 그리스도인들이 그런 일을 하도록 돕기 위해서였다. 그러나 락탄티우스는 그리스도인들에게 더욱 중요한 도전은 그들이 신앙을 따라 사는 것이라고 확신했다. 그들은 하나님을 신뢰하고 그리스도께 충성을 다하며 살아야 한다. 그리스도는 하나님이 덕을 구현하고 나눠 주기 위해 보내신 분인데, 그것은 그리스도인들이 다른 이들에게 가르치고, 보이고, 증명할 견고한 무언가를 얻게 하시기 위함이었다. 틀림없이 락탄티우스는 많은 기독교 공동체들이 정확하게 이 시점에 경험했던 분투에 대해 알고 있었을 것이다. 그러나 그는 유스티누스, 테르툴리아누스, 키프리아누스처럼, 자기들이 선포한 대로 살아가는 기독교 공동체들에 대해서도 알고

---

115 Lactantius, *Inst*. 5.19.11-12 (Bowen and Garnsey, p. 320).
116 Lactantius, *Inst*. 5.20.9 (Bowen and Garnsey, p. 524).

있었다. 그리스도인들이 세상에 단지 신학적 진술만이 아니라 구체화된 덕을 제공했을 때, 그리고 그들이 자신들의 주장을 "단지 말이 아니라 현실로부터 끌어낸 실례로" 입증했을 때, 그들은 그들에게 합류하려는 저항하기 어려운 매력을 느끼는 이들을 끌어들였다.[117]

결론: 인내의 다차원적 유익

락탄티우스와 함께 우리는 인내에 관한 초기 기독교의 저작을 훑어보는 작업을 완료했다. 서로 다른 장소와 환경에서 살았던 저자들은 서로 다른 강조점을 갖고 있다. 그러나 그들의 저작에는 인내를 정의하는, 그리고 반복되고 어울리면서 인내의 형태(gestalt)를 구성하는 주제들이 포함되어 있다. 넓게 보아 그 주제들은 다음과 같다.

- **인내는 그 뿌리를 하나님의 성품에 둔다.** 하나님은 인내하시며, 자신의 선교를 이루기 위해 오랜 세월 멈추지 않고 역사하고 계시며, 정해진 때에 예수 그리스도 안에서 자신을 드러내셨다.
- **인내의 핵심은 예수 그리스도의 성육신을 통해 계시되었다.** 예수님의 삶과 가르침은 인내가 무엇인지 예시하고 그분을 따르는 자들을 불러 하나님의 선교에 참여하는 끈기 있는 삶의 방식을 따라 살아가게 한다.
- **인내는 인간이 통제할 수 있지 않다.** 참을성을 지니고 사는 이들은 하나님을 신뢰하며 결과를 조작하려고 하지 않는다. 그들은 무모하게, 활기차게 살아간다.
- **인내는 서두르지 않는다.** 인내하는 그리스도인들은 불완전함을 받아들이

---

117 Lactantius, *Inst.* 5,17,8 (Bowen and Garnsey, p. 314).

고 기다리면서 하나님이 주신 속도에 맞춰 살아간다.
- **인내는 관습에 얽매이지 않는다.** 인내는 많은 분야에서, 특히 부, 섹스, 힘 같은 분야에서 예수님의 가르침을 따라 행동을 바꾼다.
- **인내는 폭력적이지 않다.** 인내는 같은 방법으로 복수하지 않으며 상처를 받아들인다. 왜냐하면 폭력은 그들에 대한 하나님의 명령이 아니며 근본적인 변화를 가져오지 못하기 때문이다.
- **인내는 종교적 자유를 제공한다.** 인내는 종교적 신앙이나 관습을 강제하지 않는다.
- **인내는 소망적이다.** 인내는 미래를 자신 있게 하나님께 맡긴다.

이어지는 장들에서 우리는 초기 그리스도인들이 그들의 삶과 공동체 안에서 어떻게 인내를 실천했는지 살필 것이다. 때때로 그들은 썩 내켜 하지 않으면서 인내를 구현했다. 키프리아누스는 분통을 터뜨리는 식으로 행동하는 신자들을 만났던 유일한 지도자가 아니었다. 그럼에도 초기에 기독교 교회들은 계속해서 수적으로 성장했다. 거의 틀림없이, 이런 성장의 중요한 요인은 그리스도인들의 인내였다. 순교자 유스티누스가 이에 대해 증언한다. 그가 그리스도인들의 "이상한 인내"가 이교도들을 신자로 만들었다고 말했을 때, 그는 무언가에 대해 알고 있었다.[118]

---

118   Justin, *1 Apol.* 16.4 (Hardy, p. 252).

3

밀고 당기기

로마 제국 안에서 종교는 거대하고, 다면적이고, 피할 수 없는 것이었다. 그것은 다양한 상황에서, 즉 가정과 광장에서, 거리와 목욕탕에서, 아름다운 장소와 위험한 때에, 축하와 애도의 경우에 모습을 드러냈다. 그것은 아주 다양했고, 계속해서 새로운 신들을 통합했고, (거의) "무한히 관용적"이었다.[1] 그런 세상에서 기독교는 어떻게 개종자들을 끌어모았을까? 널리 경멸당하고 신뢰받지 못했던 지역(팔레스타인)에서 발생한 종교가 로마 세계의 다른 곳에서 상당한 진전을 이룰 수 있을 것이라고는 거의 아무도 예측하지 못했다. 또한 유대적 기원을 가진 이 종교가 4세기에 이르러 그 추종자들이 제국 인구의 상당수를 이루는 주된 세계 종교가 될 가능성은 매우 낮았다.

사람들은 왜 그리스도인이 되었을까? 적어도 처음 두 세기 동안 그리스

---

1 Mary Beard, John North, and Simon Price, *Religions of Rome*, 2 vols. (Cambridge: Cambridge University Press, 1998), 1:41; Ramsay MacMullen, *Christianizing the Roman Empire (A.D. 100-400)* (New Haven: Yale University Press, 1984), p. 14.

도인들은 작은 움직임에 불과했다. 어떤 곳에서 그들은 의심할 바 없이 빠른 속도로 성장하고 있었다. 그럼에도 통계적으로 볼 때 대부분 로마인들의 삶에서 그들은 하찮고 주변적인 존재에 불과했다.[2] 그리스도인이 되지 말아야 할 이유는 많았다. 의욕을 꺾는 요소들은 강력했다. 만약 당신이 그리스도인이 된다면, 당신은 가십거리가 될 것이고, 동료들에게 조롱거리가 될 것이고, 주인과 갈등을 겪을 것이고, 이웃에게 의심의 대상이 될 것이다. 때때로 신자가 되는 것은 당신을 감옥으로 보내거나, 탄광으로 보내거나, 죽임을 당하게 할 수도 있었다. 또한 당시에는 사람들이 택할 수 있는 아주 다양한 종교적 선택지들이 존재했다. 공적인 종교 집단들, 가족의 종교 집단들, 사적인 종교 집단들, 치유와 관련된 종교 집단들, 신탁 사당들이 존재했다. 그런 것들이 대다수 사람들을 충분히 만족시키고 있었기에 그들은 다른 무언가를 찾지 않았다. 대부분 사람들은 그리스도인이 되지 않았다.[3]

그러나 어떤 이들은 그리스도인이 되었다. 무엇이 그들을 움직였을까? 종교적 헌신의 변화를 연구하는 이들은 모든 개종에서 작용하는 '밀어냄'(push)

---

[2] Rodney Stark, *The Rise of Christianity: A Sociologist Reconsiders History* (Princeton: Princeton University Press, 1996), pp. 6-7. Ramsay MacMullen [*The Second Church: Popular Christianity, A.D. 200-400*, SBL Writings from the Greco-Roman World Supplement Series 1 (Atlanta: Society of Biblical Literature, 2009), pp. 102-103]은 스타크의 모델의 대체적 윤곽을 변경하지 않으면서도 훨씬 더 온건한 통계를 제시한다.

[3] 물론 일부 그리스도인들은 이교도가 되었다. 개종은 양방향으로 이루어졌다. 4세기 황제 '배교자' 율리아누스(Julian the Apostate)가 가장 잘 알려진 경우다. 그러나 112년에 이미 소(小) 플리니우스는 트라야누스(Trajan) 황제에게 보낸 그의 유명한 서신에서(*Ep.* 10.96) "[그리스도인]이었으나, 약 3년 전에, 여러 해 전에, 그리고 심지어 몇십 년 전에 그리스도인이 되기를 그친 사람들"에 대해 언급했다 [trans J. Stevenson, *A New Eusebius*, re. ed. (London: SPCK, 1987), p. 19]. 3세기는 유대교를 진지하게 연구했던 이방인 그리스도인들의 예를 보여 준다. Walter Ameling, "The Christian *Lapsi* in Smyrna, 250 AD (*Martyrium Pionii* 12-14)", VC 62 (2008): pp. 133-160를 보라. 키프리아누스가 처형될 때 "전에 그리스도인이었던 장교들[the *Tesserarius*] 중 하나가 그에게 자신의 옷을 제공했는데, 마치 그는 키프리아누스의 옷을 보다 잘 마른 것으로 바꿔 주려는 것 같았다"[Pontis, *Vit. Cypr.* 16, trans. M. M. Müller and R. J. Deferrari, FC 15 (1952), p. 22].

과 '당김'(pull)에 주목한다.⁴ 당시에 존재하던 종교적 선택지 중 무엇이 어떤 이들을 그토록 불만족스럽게 해서 그 종교의 지지자들을 **밀어내** 다른 선택지를 찾게 했던 것일까? 그리고 기독교 안에 있는 무엇이 사람들을 매료시켜 그 대가가 클 수도 있는 무언가를 찾도록 **당겼던** 것일까? 로마 세계의 이교 신앙 전문가인 존 노스(John North)는 그 문제를 이렇게 설명한다. "이교도들이 전통적 헌신에서 떠나는 꾸준한 흐름과 상당한 기간의 평화로운 공존과 토론이 있었다. 그러나…이교적 관습의 생존은 그들이 세대를 거듭하며 회원들을 유지하는 일에 달려 있었다. 물론 어째서 이교도들이 전통적 헌신에서 그렇게 떠났느냐 하는 심각한 질문은 남아 있다."⁵

이 장에서 우리가 광범위한 이교적 관습 전체를 살펴볼 수는 없다. 대신 우리는 우리가 참고할 수 있는 기록 문서를 남긴 이교적 경건의 세 가지 예를 살펴볼 것이다. 하나는 공적인 종교 집단이고, 다른 하나는 사적인 협회이고, 또 다른 하나는 신탁을 위한 사당이다. 이런 예들은 제국 전역에서 흩어져 나타났다. 로마 카피톨 신전에서 이루어진 공적 종교 집단, 로마 남동쪽에 있는 라누비움이라는 마을에 있었던 민간 협회, 소아시아 크라로스에 있던 사당(유명한 신탁소) 등. 이 각각의 경건의 예들은 많은 이들에게 호소했다. 우리는 무엇이 그것들에게 시간을 거스르는 생존력을 부여했는지 살펴볼 것이다. 또한 어떤 이들을 **밀어내** 새로운 선택지를 찾게 한 역기능, 불화, 좌절에 대해서도 살펴볼 것이다. 각각의 예에서 우리는 그것들과 상관관계가 있는 기독교 집단들(교회들)에 대해서도 살펴볼 것인데, 그것들 각각은 우리가 꽤 많은 증거를 갖고 있는 3세기의 북아프리카의 교회들이다. 각

4　예컨대, Robert Brenneman, *Homies and Hermanos: God and Gangs in Central America* (New York: Oxford University Press, 2012), pp. 89-90를 보라.
5　John North, "Pagans, Polytheists and the Pendulum", in *The Spread of Christianity in the First Four Centuries: Essays in Explanation*, ed. W. V. Harris (Leiden: Brill, 2005), p. 137.

각의 경우에 우리는 이렇게 물을 것이다. 그 기독교 집단 안의 무엇이 사람들을 **끌어당기고**, 그들의 관심사를 다루고, 그들의 갈망에 대해 말하고, 그들로 하여금 종종 굉장한 개인적인 대가를 치르면서 새로운 집단에 가입하도록 만들었는가? 종교들이 경쟁하는 상황 속에서 무엇이 기독교 집단으로 하여금 남자 그리스도인(Christianus)이나 여자 그리스도인(Christiana)이 되는 데 따르는 굉장한 방해 요소들을 극복할 수 있게 했는가?

인간은 변할 수 있는가? 아비투스의 현실

중요한 종교적 변화를 가로막는 가장 강력한 요소는 언제나 우리의 사회적 형성이다. 우리의 생각과 확신들은 우리의 의식의 표면에서 떠다닌다. 우리는 생각하는 피조물이다. 따라서 우리는 생각이 우리의 정체성을 결정하고 의사 결정이 우리의 윤리적 행위를 형성한다고 믿을 수 있다. 그러나 마르크스와 프로이트에 대해 배웠다면, 우리는 사회경제적 구조와 심리적 현실들 역시 우리를 심원하게 형성한다는 것을 알 것이다. 우리는 모두 빈곤이나 풍요 혹은 권력 관계에 의해 형성되며, 부모에 대한 우리의 경험은 강력하다. 그런데 프랑스의 반사적 사회학자인 피에르 부르디외는 이런 현실들을 부정하지 않으면서 우리에게 그가 '아비투스'(habitus)라고 부르는 보다 깊은 다른 동기를 지적한다.[6]

부르디외는 진정으로 우리를 형성하는 지식은 우리의 지적 지식이라기보다는, 보다 철저하게, 우리 자신의 일부라고 주장한다. 그것은 "신체적 지

---

[6] Bourdieu는 아리스토텔레스에게서 유래하고 아퀴나스에 의해 발전된 통찰들에 의존한다. Omar Lizardo, "Habitus", in *Encyclopedia of Philosophy and the Social Sciences*, ed. Byron Kaldis (Los Angeles: Sage, 2013), 1:405-407를 보라.

식", 즉 우리의 몸이 지니고 있는 "성향들의 체계"다.[7] 이 지식은 분명하지 않은 방식으로 훈련된다. 그것은 우리가 매일의 일을 수행하는 방식을 포함해 사회적 관습들에 의해 형성된다. 특히 부르디외는 우리의 식탁 매너, 즉 우리가 나이프와 포크를 사용하는 방식을 지적한다. 우리는 아주 이른 시기에 그것을 우리가 받아들일 수 있는 것으로 배운다. 그로 인해 그것은 우리의 두 번째 본성이 된다.[8] 아비투스는 이야기들에 의해, 즉 우리의 문화를 떠받치는 큰 이야기들만이 아니라 우리의 가족과 공동체의 작은 이야기들에 의해 강화된다. 아비투스는 모범을 통해, 즉 우리의 삶에 대해 권위를 지니는 부모와 동료와 롤 모델들을 통해 더 많이 형성된다. 무엇보다도 아비투스는 반복에 의해, 즉 어떤 일들을 거듭해서 행함으로써 습관적이고 반사적이고 우리의 몸에 내재되는 순전한 신체성(physicality)에 의해 형성된다. 부르디외에 따르면, "우리는 몸으로 배운다.…가장 진지한 사회적 금지 명령은 지성이 아니라 마치 '메모리 패드'처럼 취급되는 몸에 전해진다.…어떤 상황에서는 해서는 안 되는 일들이 있고('그것은 옳지 않다'), 하지 말아서는 **안 되는** 다른 일들이 있다."[9] 이것은 가르쳐진 것이 아니라 흡입된 지식이다. 그것은 우리가 배우고 있다는 사실을 인식하지 못한 채 습득하는 배움이다. 철학자 제임스 스미스(James K. A. Smith)가 부르디외를 따라 지적하듯이, "아비투스는 모호하고 암시적이고 교활한 방식으로 몸에 작용해 전인의 방향을 정하는 구체적인 교육에 의해 습득되고 학습된다."[10] 아비투스

---

7 Pierre Bourdieu, *Pascalian Meditations*, trans. Richard Nice (Stanford, CA: Stanford University Press, 2000), pp. 130-135. 『파스칼적 명상』(동문선).
8 Pierre Bourdieu, *The Logic of Practice*, trans. Richard Nice (Stanford, CA: Stanford University Press, 1980), p. 69.
9 Bourdieu, *Pascalian Meditations*, pp. 141, 146.
10 James K. A. Smith, *Imagining the Kingdom: How Worship Works* (Grand Rapids: Baker Academic, 2013), p. 98. 『하나님 나라를 상상하라』(IVP).

에 대한 학습에는 신체적 움직임(운동 감각)과 상상력의 개입(시학)이 포함된다.[11] 아비투스는 우리의 정체에 대한 가장 심원한 의식을 이룬다. 그것은 우리의 가장 깊은 확신, 충성, 혐오를 형성한다. 또 그것은 우리가 무엇을 위해 살 것인가, 죽을 것인가, 그리고 죽일(혹은 죽이지 않을) 것인가 하는 궁극적 질문들에 대한 우리의 답을 형성한다.[12]

부르디외에게 아비투스는 심원하다. 때때로 그는 아비투스가 사실상 고정된 인간의 자아의 일부라고 여기는 것처럼 보인다. "그것은 자발적이고 고의적인 변화에 의해 영향받을 수 없다."[13] 만약 그렇다면, 그것은 종교적 회심을 포함해 많은 형태의 변화를 불가능한 것으로 만들 것이다. 그러나 다른 곳에서 부르디외는 조심스럽게 아비투스의 변화가 가능하다고 인정한다.[14] 그리고 나는 이 장에서 다룰 세 가지 예에 기초해 우리 시대의 이른 세기에 심원한 종교적 회심이 발생했다고 주장할 것이다. 우리 이야기의 주인공들은—때때로 그들이 통제할 수 없었던, 무언가를 생각하고 논의할 시간이 거의 없었던, 그리고 위협적인 힘과 상상하기 어려운 위험에 반응했던 상황 속에서—그들이 자신들의 애초의 형성을 반영하지 않는 비인습적인 방식으로 행동했음을 보임으로써 이것을 알려 준다. 그들은 그들의 몸으로 비인습적으로 행동하고 있었다. 그들은 제니퍼 글랜시(Jennifer A. Glancy)가 "신체적 불순응"(corporal nonconformity)이라고 불렀던 것을 드러내고 있었다.[15] 그들이 그럴 수 있었던 것은 그들이, 적어도 한동안이라도, 종교적 변

---

11 같은 책, p. 15.
12 Tertullian, *Apol.* 39.7.
13 Bourdieu, *Outline*, in Richard Jenkins, *Pierre Bourdieu*, rev. ed., Key Sociologists (London: Routledge, 2002), p. 75. 인간이 얼마나 고정되어 있는가 하는 것은 인간이 갖고 있는 '신경 가소성'(neuroplasticity)의 범위에 대해 토론하는 신경과학자들 사이에서 계속해서 논쟁이 되고 있는 문제다.
14 Bourdieu, *Pascalian Meditations*, p. 149.
15 Jennifer A. Glancy, *Corporal Knowledge: Early Christian Bodies* (Oxford: Oxford University Press, 2010), p. 48.

화의 문제를 진지하게 다루는 운동의 참여자들이었기 때문이다.

초기 기독교 지도자들은 종교적 변화가 매우 어렵다는 것을 알고 있었다. 그들은 그리스도인이 되어 가는 과정에 있는 이교도들의 생각만이 아니라 몸의 태도와 반사적 행동까지 변화시키려고 했다. 기독교 지도자들은 교리 교육과 세례 이후에도 신자들의 사회적 반사적 행동 안에 심원한 연속성이 존재한다는 것을 알았다. 그런 연속성의 배선은 아주 단단했으나 완전히 굳어 있지는 않았다. 변화는 '유심론'(mentalism: 만물의 근본적인 구성 요소가 '마음'이라고 여기는 입장—옮긴이)에 사로잡혀 있는 역사가와 신학자들이 생각하는 것보다 훨씬 더 어려웠으나 불가능하지는 않았다.[16] 신체적 불순응은 가르쳐질 수 있었다. 이 책의 6장과 7장에서 살펴보게 되겠지만, 기독교 공동체는 자신들의 배선을 어설프게 고치면서 혹은 심지어 훨씬 더 근본적인 수준에서 배선을 변경하면서 그 공동체의 회원이 되고자 했던 이들의 아비투스를 다음 두 가지 수단을 통해 변화시키려 했다. 하나는 가르침과 교제(도제 관계)를 통해 후보자들의 행위를 다시 형성했던 **교리 교육**이었고, 다른 하나는 새로운 아비투스가 육체적 우아함을 통해 시행되고 표현되었던 공동체의 궁극적인 반형성적 행위인 **예배**였다.[17] 기독교 공동체들이 이처럼 배선의 변경을 시도할 수 있었던 것은 그 공동체의 회원이 되고자 했던 이들의 삶 속에서 그들을 뒤흔들고, 충격을 주어 삶을 흐트러뜨리고, 하나님과 그들 자신과 세상을 보는 대안적 방법에 대한 비전을 제공했던 무언가가 일어났기 때문이다. 우리는 종교의 세 장르—공적 종교, 사적 종교, 위기 상황—에서 이에 대한 예를 살펴볼 것이다.

16　Bourdieu, *Pascalian Meditations*, p. 136.
17　Smith, *Imagining the Kingdom*, p. 183.

공적 종교

로마, 69년―카피톨의 재건

공적 종교의 첫 번째 예는 1세기 중반 로마에서 일어났다. 68-69년에 있었던 내전은 유피테르, 유노, 미네르바 같은 로마 신들에게 바쳐진 카피톨리네 언덕 정상에 있는 신전인 카피톨을 폐허로 만들었다. 로마 종교에 관한 고전적인 본문에서 역사가 타키투스(Tacitus)는 그 신전의 재건에 관한 이야기를 한다.[18]

타키투스의 이야기는 로마 사회의 가파른 수직성을 보여 준다.[19] 성전 재건을 위한 영감은 제국 사회의 정점에 있는 황제 베스파시아누스(Vespasian) 자신으로부터 왔다. 베스파시아누스는 그 일을 위해 기사 계급에 속해 있었으나 "그의 영향력과 명성 때문에 귀족과 대등한 지위를 누렸던" 한 사람을 임명했다. 신전을 봉헌할 때가 되었을 때, 쟁쟁한 공무원인 법무관(praetor, 전례 담당관) 한 사람이 역시 로마 귀족인 대제관(pontifex)의 안내를 받으며 등장했다. 법무관과 대제관 자리는 모두 아주 많은 돈을 들여야 살 수 있었다.[20] 그 예식에는 여섯 명의 베스타 무녀들(Vestal Virgins)이 참석했는데, 그녀들은 모두 로마 귀족 가문의 딸들이었다.[21] 그 이야기는 성전 재건을 위한 돈과 값진 금속들이 어디에서 왔는지에 대해 말하지 않는다. 그것들은 아마도 로마의 엘리트 시민들의 사금고에서 왔을 것이다. "이교 신앙을 위해 값을 지불한 것은 부자들이었다."[22] 귀족들의 지위에 대한 사랑(philotimia)은

---

18 Tacitus, *Histories* 4.53, trans. C. H. Moore, LCL 151 (1931), pp. 98-103.
19 수직성에 관한 강조를 위해서는, Ramsay MacMullen, *Roman Social Relations, 50 B.C. to A.D. 284* (New Haven: Yale University Press, 1974), p. 94를 보라.
20 James B. Rives, *Religion in the Roman Empire* (Malden, MA: Blackwell, 2007), p. 115.
21 Beard, North, and Price, *Religions of Rome*, 2:202.
22 Ramsay MacMullen, *Paganism in the Roman Empire* (New Haven: Yale University Press,

그들의 자선(euergetism)으로 이어졌다.[23] 신전 봉헌 예식이 절정에 이르러 기초석을 끌어와 제자리에 놓을 때가 되자, 모든 참석자, 즉 "행정관들, 사제들, 원로원 의원들, 기사들, 상당수의 백성들"이 함께 그 돌을 끌어당겼다. 백성들이 필요했던 것은 그 공적 예식이 온 도시의 경건을 위한 수단이 되게 하기 위함이었던 것으로 보인다. 그러나 그 이야기는 모든 백성이 그곳에 있었다고 분명하게 말하지 않는다. 그 "상당수"에 속하지 않은 많은 이들은 아마도 "겨우 최저 생활 수준"이나 그 이하에서 살아가는 사람들이었을 것이다.[24] 어느 경우든, 그 사건은 귀족에 의해, 그리고 귀족의 이익을 위해 연출되었다. 카피톨리네 성전 봉헌에서 중요했던 것은 가파른 수직성이라는 특징을 지닌 사회의 상위 2퍼센트에 해당하는 로마의 엘리트들이었다. 로마의 종교(religio)는 그 수직성을 긍정하고 합리화했다.

로마의 모든 종교가 그러하듯, 성전을 봉헌하는 궁극적 목적은 제국과 도시를 보호하는 것이었다. 보호의 수단은 격식을 갖춰 정확하게 수행되는 의식이었다. 타키투스의 이야기에서 우리는 전문적인 점쟁이들(haruspices)의 조언, 공간과 건축 자재들에 대한 통제, 그리고 소, 돼지, 양을 통한 정화 제사의 정확한 수행(souvetaurilia) 등을 발견한다. 그것은 신과 인간이 교류할 때 신들이 인간의 부적절한 종교적 수행 때문에 불쾌감을 느끼지 않게 하기 위함이었다. 신들이 전쟁, 기근, 역병 같은 재앙으로부터 인간을 보호하는 것은 인간이 신들을 위해 적절한 방식으로 적절한 의식을 수행하기 때문이다. "도, 우트 데스"(Do, ut des)—"죽을 인간인 내가 주니, 불멸하

1981), p. 112.
23 Christine Trevett, *Christian Women and the Time of the Apostolic Fathers (AD c. 80-160): Corinth, Rome and Asia Minor* (Cardiff: University of Wales Press, 2006), 13n.
24 Walter C. Scheidel and Steven J. Friesen, "The Size of the Economy and the Distribution of Income", *JRS* 99 (2009): pp. 84, 89.

는 존재인 당신도 주시라."[25] 전례적 실수가 신들을 화나게 할 수 있고 그에 대한 보복으로 신들이 공동의 재앙을 내릴 수 있기에 예배는 "제의의 방정함"(orthopraxy of cult)을 확보하기 위해 엄격하게 감시되는 구두 공식과 의례적 동작을 통해 수행되어야 했다.[26] "지속적으로 존재하는 그것, 즉 신들의 진노"는 사람들의 삶의 방식이 아니라 예배 방식 때문에 촉발되었다.[27]

그러므로 신전 봉헌 의식이 타키투스의 말처럼 정확하게 통제되었던 것은 놀랄 일이 아니다. 어느 지점에서, 즉 모든 이들의 "열정적이고 즐거운 노력"이 그 돌을 정확한 자리에 올려놓았을 때, 사람들 사이에 얼마간 감정의 동요가 있었다. 하지만 전체적으로 그 행사는 정서적으로 차분했다. 그 이야기는 자기 통제와 감정의 절제를 강조한다. 그 이야기의 어조는 그 의식이 끝나고 필연적으로 이어지는 식사와 축제 때까지(타키투스는 그것에 대해 묘사하지 않는다) 가벼워지지 않는다. 그때에는 포도주가 흘러넘쳤고, 제물로 바쳐진 돼지, 양, 황소로 인해 많은 이들은 평소에는 먹을 수 없었던 고기를 먹을 수 있었다.

로마의 공적 종교는 카피톨 신전의 봉헌과 같은 행사의 참가자들에게 어떤 종류의 아비투스를 형성했을까? 분명히 그것은 '소속감'이라는 아비투스였다. 참가자들은 자기들이 출생을 통해 비자발적으로 얻게 된 공동체인 로마라는 시민 공동체의 회원이라는 것을 알았다. 또한 그것은 '경의'라는 아비투스였다. 참가자들은 자신들의 시혜자들에게 감사했고, 가파른 사회적 단계와 제의 활동에서 사실상 여성을 배제하는 것을 포함해 사회의 수

---

25 Roger Beck, "The Religious Market of the Roman Empire: Rodney Stark and Christianity's Pagan Competition", in *Religious Rivalries in the Early Roman Empire and the Rise of Christianity*, ed. Leif E. Vaage (Waterloo, ON: Wilfred Laurier University Press, 2006), p. 244.
26 Rives, *Religion in the Roman Empire*, p. 48.
27 Robin Lane Fox, *Pagans and Christians* (San Francisco: Harper & Row, 1986), p. 95.

직성을 존중했다. 더 나아가 그것은 참가자들이 사회적 질서를 위반하거나 정확하지 않은 예배를 드릴 경우 신들이 진노할 것을 우려하는 '두려움'의 아비투스였다. 물론 로마 제국의 아비투스는 타키투스가 우리를 위해 기록하고 있는 것과 같은 연중 내내 이루어지는 크고 공적인 제의 축제들 이상으로 많은 것들에 의해 형성되었다. 로마 제국처럼 잘 발달된 다신교 체제 안에는 수많은 다른 종교 활동들이 존재했다. 로마의 종교계는 관대했고, 로마의 많은 시민들은 아주 다양한 종교적 제의에 참여하면서 종교 생활을 했다. 때때로 그들은 키벨레(Cybele)나 미트라(Mithras) 같은 비밀 종교 의식들에 참여했는데, 그것들은 성전 봉헌이 면밀하게 통제되었던 것만큼이나 고삐가 풀어질 수 있었다. 더 나아가 로마의 아비투스는 종교가 지속적이기는 하나 주변적인 역할을 했던 온갖 종류의—사회적·가정적·경제적—경험들에 의해 형성되었다. 아비투스의 형성에서 종교의 역할은 복잡했다.

물론 우리는 이것을 입증하지 못한다. 그러나 카피톨 신전의 봉헌 같은 행사에 참여했던 이런저런 로마인들이 그런 행사를 지켜워하고, 그것에 대해 비판적 의식을 갖고, 다른 이들에게 그것에 대해 불평했을 가능성은 있어 보인다. 우리는 그런 이들이 다음과 같이 말하는 것을 상상할 수 있다. "그 의식에서는 아무 일도 일어나지 않았어. 그것은 지루하고 미리 짜여 있었어. 그것은 '그들', 그러니까 표면적으로는 공동체 전체를 위하는 듯 허풍을 떨지만 실제로는 그들 자신의 이익을 위해 살아가는 이른바 상류층(honestiores)에 의해 수행되었지. 결국 대다수 사람들에 해당하는 우리 하층민들(humiliores)은 수동적이었어. 우리는 그저 '자리나 채우고, 감탄하며 바라보고, 손뼉 치고, 음식이나 먹었을 뿐이야.'[28] 우리의 존재는 아무래도 상관이 없어. 물론 우리는 덕분에 고기를 먹고 술을 마시지만, 그것은 우리의

---

[28] Beck, "Religious Market", p. 248.

삶을 변화시키거나 우리에게 소망을 주지 않아. 이런 것들이 신들을 만족시킬까? 그것이 정말로 제국을 보호해 줄까?" 이런 생각은, 행사 참가자들 중 아무리 소수가 가졌다 해도, 그 소수의 불순응주의자들이 그리스도인들을 만났을 때, 그들을 그리스도인들을 향해 밀어붙이기에 충분했을 것이다.

카르타고, 203년—원형 경기장의 "게임들"

공적 종교의 두 번째 예는 그로부터 1세기 후에 아프리카의 주요 도시인 카르타고에서 나온다. 203년 5월에 지방 총독 힐라리아누스(Hilarianus)는 공적 행사 하나를 계획했다. 그것은 황제의 아들인 카이사르 게타의 생일을 축하하기 위해 그 도시의 원형 경기장에서 게임과 구경거리들을 펼치는 것이었다. 원형 경기장은 우연일 가능성이 거의 없이 그 사회의 수직성을 모사했던 로마 건축 공법의 경이였다.[29] 그 원형 경기장의 높은 구역에서는 각자의 부와 영향력을 따라 자리를 잡은 대중이 경기장을 내려다보며 좌석을 가득 채우고 있었다. 그보다 높은 상층부에는 일종의 자선 행위(*euergetism*)로서 그 게임들을 후원하는 이들이 앉아 있는데, 그들의 그런 행위는 대중을 즐겁게 하는 것이기도 하면서 자신들의 권위와 위신을 보강하는 것이기도 했다. 경기장보다 훨씬 아래에 있는 낮은 구역에는 희생자들, 즉 대중을 즐겁게 하기 위해 싸워야 하는 짐승들, 검투사들, 죄수들이 있었다. 검투사들 중 일부와 죄수들 전부는 죽을 것이다. 물론 검투사들은 비쌌다. 그러나 죄수들은 쌌다. 176년 제국법에 따르면, 행정 장관은 유죄 판정을 받은 죄수들을 지주들에게 검투사의 10분의 1 가격으로 팔아넘길 수 있었다. 죄수들은 지주들이 후원하는 게임에 투입되는 용도로 판매되었다.[30] 따라서 힐라리아누스는

---

29 Candida R. Moss, *Ancient Christian Martyrdom: Diverse Practices, Theologies, and Tradition* (New Haven: Yale University Press, 2012), pp. 137-138.
30 *Senatusconsultum* of 176 or 177, in *CIL* 2:6278; Kate Cooper, "A Father, a Daughter, and a

자기는 돈을 벌고, 그 지역의 후원자들은 돈을 절약하고, 또한 가능한 한 살인이 경제적으로 발생하게 하기 위해—물론 그와 동시에 대중을 흥분시키고 그들에게 그 죄수들이 했던 것과 같은 일을 하지 말라고 경고하기 위해—페르페투아(Perpetua)와 그녀의 친구들을 포함해 자기 관할 구역의 죄수들을 싸게 팔아넘겼을 것이다.

203년 5월 7일, 카르타고 시민들은 공적 행사에 참여하기 위해 원형 경기장으로 몰려갔다. 그들은 정상적으로 행동하는 이들이었다. 그들 중 많은 이들은 지역의 관습과 아비투스를 따라 행동하고 있었다. 그들은 즐기기 위해서, 황제와 지역 귀족들에게 경의를 표하기 위해서, 음식과 술을 얻기 위해서, 그리고 우리의 새해 첫날에 벌어지는 풋볼 경기에 상응하는 그들의 경기를 보기 위해서 원형 경기장으로 갔다. 짐승들은 서로를 뿔로 받았을 것이고, 검투사들은 능숙하게 싸우다가 죽었을 것이다. 비인간화된 죄수들은 짐승의 이빨이나 처형자들의 칼에 살해되기 전에 겁에 질려 움츠렸을 것이다. 그날의 행사는 그 사회의 수직적 가치들을 긍정하고 어떤 식으로든 그 가치들을 위협했던 자들을 깎아내렸을 것이다.

이런 세계 속으로 예기치 못했던 무언가가 들어왔다. 경기장을 자세히 들여다보던 구경꾼들(후원자들과 평범한 시민들)은 당시의 지배적인 사회처럼 굳어 버리지 않은 죄수들을 보았다. 그들은 특별한 충성심을 드러내 보이고 설명할 수 없는 반사적 행동으로 상황에 대응하는 이들을 보았다. 바로 그리스도인들이었다. 결과적으로 그리스도인들은 세심하게 연출된 생일 파티를 뒤집어엎고 그 파티의 토대가 되었던 가치들에 심각하게 도전하는 방식으로 행동했다. 그리스도인들의 존재로 인해 그날의 게임 의식은 그 사

Procurator: Authority and Resistance in the Prison Diary of Perpetua of Carthage", *Gender and History* 23, no. 1 (2011): pp. 696-697에서 논의됨.

회 전체를 하나로 묶지 못했다. 미신(*superstitio*)으로 하나가 된 집단이 존재했으며, 그들은 불안정한 대안을 예시했다. 『성 페르페투아와 펠리시타스의 수난』이라는 작품 안에 들어 있는 그날의 일들에 관한 이야기에 따르면, 그 광경을 목격한 군중들은 감정적으로 거기에 참여했다. 그들은 음모, 분노, 혐오 사이에서 갈등했다. 관련된 그리스도인들은 구경꾼들의 놀람을 이상한 것으로 여기지 않았다. 50여 년 후에 신학자 오리게네스의 말에 따르면, 그리스도인들은 그것을 그들이 의도적으로 "세상 앞으로 줄을 지어" 나아갔던 경우로 여겼다.[31]

『성 페르페투아와 펠리시타스의 수난』(이하 『수난』)은 이 두 여자와 기독교 공동체의 다른 회원들이 카르타고 원형 경기장에서 행한 공적 증언에 관한 긴 이야기다.[32] 그 이야기의 가장 큰 부분(3-10장)은 페르페투아가 감옥에서 쓴 회고록과 그녀가 보았던 환상에 할애되는데, 그것은 380년대까지 여자 그리스도인에 의해 쓰인 저작 중 가장 실질적인 예다. 그 공동체의 교리문답 교사였던 사투루스(Saturus)가 환상 하나가 포함된 11-13장을 썼고, 15장은 펠리시타스의 이야기를 다룬다. 『수난』은 익명의 화자가 원형 경기장에서 벌어진 공적 사건에 관한 이야기를 전하는 여섯 개의 장으로 마무리되는데, 그 부분에서 페르페투아와 사투루스는 작가가 아닌 주인공으로 등장한다.

16-21장에서 거명되는 여섯 명의 그리스도인들은 카르타고 서쪽에서 56킬로미터 떨어진 지점에 위치한 투부르보 미누스라는 작은 마을에 있는

---

31 Origen, *Mart.* 42; Robin Darling Young, *In Procession before the World: Martyrdom as Public Liturgy in Early Christianity* (Milwaukee: Marquette University Press, 2001), p. 14.

32 여기서 나는 Maureen A. Tilley의 번역인 "The Passion of Saints Perpetua and Felicity", in *Religions of Late Antiquity in Practice*, ed. Richard Valantasis, Princeton Readings in Religions (Princeton: Princeton University Press, 2000), pp. 387-397를 사용한다; 라틴어 본문은 *The Acts of the Christian Martyrs*, trans. and ed. Herbert A. Musurillo (Oxford: Clarendon, 1972), pp. 106-131에 있다.

기독교 공동체의 회원들이었다.³³ 『수난』에 따르면, 그들 모두는 세례를 준비하는 새 신자들이었고, 체포되어 그들과 합류했던 그들의 교리문답 교사 사투루스를 제외하고는 모두 투옥 상태에서 세례를 받았다.³⁴ 그들은 다 젊었다(adolescentes). 페르페투아는 스물한 살이었다. 펠리시타스를 포함한 그들 중 두 사람은 노예였고, 페르페투아를 제외한 그들 모두는 분명히 그 사회의 하층민들(humiliores)이었다. 대조적으로 페르페투아는 부유한 집안 출신이었다(honeste nata). 그러나 그녀가 엘리트 집안 출신이었던 것 같지는 않다. 행정 장관이 그녀의 아버지를 모욕하며 매질했던 것이 그것을 말해 준다.³⁵ 그러나 그녀의 글의 명쾌함과 확고한 처신은 적어도 그녀가 그 지방 상류층의 하류에 속해 있었음을 알려 준다.³⁶

마지막 날의 일들은 그리스도인들이 원형 경기장 안으로 행진해 들어가는 것으로 시작되었다.³⁷ 그들은 이미 몇 주 동안 투옥되어 있었다. 이 행진은 그들에게 그들이 스포트라이트를 받게 될 때 어떻게 행동할지에 대한 계획을 세울 시간을 주었다. 그들은 움츠러들지 않고 확신 있게 행동함으로써 관습적인 전형에 도전하기로 결심했던 것 같다. 그들은 단호하게 그리고 즐겁게 경기장 안으로 들어갔다. 페르페투아는 "관객들을 응시하면서" 그렇게 행동하기로 작정했을 수도 있다. 혹은 그녀의 행동은 반사적인 것이었을 수도 있다.³⁸ 죄수들은 만약 자기들이 기회를 얻는다면 힐라리아누스에

---

33 Brent D. Shaw, "The Passion of Perpetua", *Past and Present* 139 (May 1993): 10n에 있는 *Passion of Perpetua* 2.1의 그리스어 개정판을 보라.
34 *Passion* 3.5.
35 *Passion* 6.5.
36 Walter Ameling, "*Femina Liberaliter Instituta*—Some Thoughts on a Martyr's Liberal Education", in *Perpetua's Passions: Multidisciplinary Approaches to the "Passio Perpetuae et Felicitatis"*, ed. Jan N. Bremmer and Marco Formisano (Oxford: Oxford University Press, 2012), p. 84; Shaw, "Passion of Perpetua", p. 11; 참고. Cooper, "A Father, a Daughter", p. 696.
37 *Passion* 18.1.
38 *Passion* 18.2 (Tilley, p. 395).

게 공손하지 않게 행동하기로 결심했을 수도 있다. 우리는 그들이 펠리시타스가 출산할 수 있도록 뜨겁게 기도했고 그녀가 즉시(*statim*), 즉 원형 경기장에서의 사건들이 일어나기 이틀 전에 출산했다는 것을 알고 있다.[39] 그들은 자기들이 고립된 증언을 하지 않고 함께 증언할 수 있기 위해 펠리시타스가 자기들과 함께 있기를 바랐다.

그러나 그들이 준비할 수 없었던 것들이 있었다. 줄을 지어 원형 경기장 안으로 들어갈 때, 그들은 무엇을 예상해야 할지 알지 못했다. 그들은 즉흥적으로 행동해야 했다. 따라서 그날 행사의 연출자들이 남자 그리스도인들에게는 남신 사투르누스의 제사장처럼 그리고 여자 그리스도인들에게는 여신 세레스의 여사제들처럼 옷을 입도록 요구했을 때, 그들이 본능에 따라 그 요구에 응하지 않은 것임이 틀림없다. 그들은 자신들의 정체성을 빼앗기지 않으려 했다. 그들은 그 게임의 종교적 차원에서 이교의 사제들 같은 역할을 하려고 하지 않았다. 페르페투아가 그들 모두를 대신해 말했다. "우리는 우리 자신의 의지로 이곳에 왔으니 우리의 자유는 제약되지 않을 것입니다."[40] 그들의 비협조적인 태도 앞에서 호민관이 움찔했다. 나중에 페르페투아와 펠리시타스가 모두 암소(그들을 죽이도록 자극받은 암컷 동물)에 들이받힌 후 기절했을 때, 페르페투아가 먼저 일어나 펠리시타스 곁으로 다가가 그녀를 일으켜 세웠다. 그리고 그 두 여자는 나란히 섰다. 귀족과 노예였던 그 두 사람은 기독교의 수평성을 반사적으로 그리고 매우 가시적으로 표현하면서 나란히 섰다.[41]

그리스도인들은 물질적으로, 즉 몸으로 자신들의 의사를 전달했다. 그들은 자기들에게 일어나는 일을 통제할 수 없었다. 그러나 그들은 자기 자신

---

[39] *Passion* 15.5.
[40] *Passion* 18.5 (Tilley, p. 395).
[41] *Passion* 20.6.

일 수는 있었다. 그들은 말할 기회를 거의 얻지 못했다. 그러나 누군가가 그들에게 말을 하라고 권하더라도 그들은 거부했을 것이다.[42] 그들의 말은 개인적으로 그리고 집단적으로 그들의 몸을 통해 표현되었다. 그들은 경기장 안에 있었다. 그곳은 각 사람이 자신을 방어하고 혼자서 검투사들이나 짐승들과 싸우는 세상이었다. 그러나 대조적으로 그곳에서 그리스도인들은 공통성을 구현했다. 그들은 수직성을 적극 옹호하는 사회적·건축적 배경을 가진 원형 경기장 안에 있었으나, 그들의 몸은 수평성을 드러냈다. 유전적 가족을 중시하는 세상에서 그들은 서로를 '형제'와 '자매'라고 불렀고, 습관적인 몸짓을 통해 서로가 자신들의 우선적인 가족, 즉 자기들이 열정적으로 사랑하고 그들을 위해 죽을 수도 있는 가족임을 드러냈다. 네덜란드의 고대 역사가 얀 브레머(Jan Bremmer)에 따르면, "만약 우리가 그런 강렬한 감정을 고려하지 않는다면, 우리는 기독교의 발흥을 결코 이해하지 못할 것이다. 왜냐하면 우리는 동시대의 다른 이교 집단과 종교의 회원들에게서는 그런 것에 대해 결코 듣지 못하기 때문이다."[43]

『수난』은 외부자였던 군중(*populus*)이 그리스도인들과 상호 작용했던 경우들에 대해 기록한다. 이야기의 앞부분은 힐라리아누스가 죄수들에게 형을 선고하는 모습을 거대한 군중이 광장에 모여 지켜본 것을 서술한다.[44] 게임 전날 밤에 또 다른 일이 발생했다. 그리스도인들이 그들의 자유(*libera*), 즉 그들의 마지막 식사를 축하하며 즐기는 동안, 군중이 그들을 지켜보았다. 그리스도인들에겐 그것이 예배이자 교제의 애찬(*agapē*)이었다. 그리스도인들은 외부인들을 보았고, 그들에게 말을 걸었다. 그리스도인들은 그들

---

42 예컨대, Mart. Pol. 10.2를 보라.
43 Jan N. Bremmer, "Felicitas: The Martyrdom of a Young African Woman", in Bremmer and Formisano, *Perpetua's Passions*, p. 42.
44 *Passion* 6.1.

에게 자신들이 고난 중에 누리는 기쁨을 드러내면서, 하나님의 심판에 대해 경고했다. 그리고 다음 날 경기장에 와서 자기들을 보기를 권했다. 외부인들은 그 일로 인한 감정적 동요가 당황스러웠다. 『수난』은 "그들 중 많은 이들이 믿게 되었다"고 전한다.[45]

다음 날 원형 경기장에서 세 명의 남자 그리스도인들이 명시되지 않은 이유로 자기들을 "바라보는 군중"에게 경고하기 시작했다.[46] 모든 그리스도인 죄수들이 줄을 지어 행정 장관 힐라리아누스 앞을 지나갈 때, 그들은 죽음에 대한 두려움이나 황제를 대표하는 자들에 대한 존경을 표하는 대신 모두가 볼 수 있는 몸짓을 했다. 그 몸짓은 그들이 하나님의 공의와 그들 자신의 인내의 결과라고 여기는 것을 가리켰다. 그 몸짓의 의미는 이러했다. "당신들이 우리에게 하는 일을 하나님이 당신들에게 하실 것이다." 그들의 이런 가시적인 의사 표현은 군중을 분노하게 했다. 군중은 자기들에게 심판이 있을 거라고 위협한 자들을 검투사들을 시켜 채찍질하라고 요구했다.[47]

그러나 군중의 분위기는 다시 변했다. 페르페투아와 펠리시타스가 벌거벗겨지고 성난 암소가 그들을 들이받았을 때, 군중은 두려움에 움츠러들었다. 그 두 여자는 고통당하고 있었다. 페르페투아는 섬세하고 젊었고, 펠리시타스의 "가슴에서는 여전히 산후의 젖이 흘러나오고 있었다."[48] 그래서 군중의 요구로 그 두 여자는 경기장에서 끌려 나가 옷이 입혀졌다.

남자들이 고통을 당할 때는 군중의 반응이 덜 동정적이었다. 교리문답 교사인 사투루스가 표범의 공격을 받고 많은 양의 피를 쏟아냈을 때, 군중은 리듬을 실은 노래로 응답했다. "굉장한 목욕을 했군! 굉장한 목욕을 했

---

45 *Passion* 17.1-3 (Tilley, p. 395).
46 *Passion* 18.7 (Musurillo, p. 126).
47 *Passion* 18.8-9 (Tilley, pp. 295-296).
48 *Passion* 20.2 (Tilley, p. 396).

어!"(*Saluum lotum! Saluum lotum!*).⁴⁹ 게임의 마지막에, 대부분의 그리스도인들이 짐승들에 의해 심각하게 상처를 입은 후에도 군중의 흥미는 여전히 고조되어 있었다. 군중은 검투사들이 그들의 목숨을 거두는 모습을 자기들이 분명하게 볼 수 있도록 모든 그리스도인들을 경기장 한가운데로 끌어내라고 요구했다. 그들은 처형을 지켜보았다. 그러나 그들은 그리스도인들이 기를 쓰고 일어나 특정한 장소에서 그룹을 지어 모여 마지막으로 구체적인 증언을 하는 것도 보았다. 서로 이질적인 사람들, 즉 여자와 남자, 노예와 자유인, 가난한 자와 부유한 자들이 "서로 입을 맞춤으로써 자신들의 순교가 평화의 입맞춤으로 완결되게 했다."⁵⁰ 비록 탈진하고 고통스러웠으나, 죽음을 앞둔 죄수들은 반사적으로, 사실상 자동 조종되듯이, 그들이 그들의 예배에서 습관적으로 해 왔던 일을 했다. 그들은 사회적 장벽을 초월하는 사랑을 구현하면서 평화의 입맞춤을 나눴다.

이교도 구경꾼들은 그리스도인들의 이런 공적 증언에 어떻게 반응했을까? 아마도 그들 대부분은 원형 경기장에서 그리스도인들이 보인 행동을 불쾌하고, 무모하며, 조야한 열정으로 여겼을 것이다. 그러나 『수난』은 군중 중 일부가 그리스도인들이 자기들을 이전의 사고방식과 생활방식으로부터 벗어나게 했음을 알게 되었다고 전한다. 『수난』은 신자가 된 특별한 한 사람에 관한 이야기를 전한다. 그는 간수장으로서 죄수들을 직접 다뤘던 군인인 부관 푸덴스(Pudens)였다. 그리스도인들이 투옥된 후에 푸덴스는 그들을 잘 대해 주었는데, 그것이 그가 그들에게서 '큰 힘'(*magnam virtutem*),⁵¹ 즉 용기, 환상과 기도, 하나님의 오라(aura)에서 나오는 힘을 보았기 때문이었

---

49 *Passion* 21.2 (Musurillo, p. 128); Shaw, "Passion of Perpetua", p. 9.
50 *Passion* 21.7 (Tilley, p. 397).
51 *Passion* 9.1 (Musurillo, p. 118).

다. 몇 주 후에 푸덴스는 그리스도인이 되었다.[52] 『수난』 끝부분에서 그리스도인들이 원형 경기장에서 칼로 죽임을 당하기 직전 마지막 몇 분 동안 푸덴스는 그들과 함께 있을 수 있었는데, 교리문답 교사인 사투루스가 푸덴스를 훈계했다. "나를 기억하게. 그리고 신앙을 기억하게." 사투루스는 푸덴스에게 그의 반지를 달라고 했다. 그리고 그것을 자신의 피에 담갔다 꺼내 푸덴스에게 기념품으로, 즉 그들이 공유하기 시작한 신앙에 대한 구체적인 징표로 주었다.[53]

이런 아비투스, 즉 신앙에 대한 이런 독특하고, 반사적이며, 구체적인 표현은 어떻게 해서 형성되었을까? 북아프리카 그리스도인들이 압박을 받으면서도 신앙을 구현하도록 그들을 형성한 것은 무엇이었을까? 이 그리스도인들에 관해서는 우리가 모르는 게 아주 많다. 우리는 사투루스가 그들에게 가르쳤던 교리문답의 내용, 카르타고라는 큰 도시가 작은 마을 투부르보 미누스의 신자들의 사고와 실천에 끼친 영향, 도시의 교회들이 여전히 집에서 모이던 교회의 예배에 세례 지원자들이 참석하는 것을 기꺼이 허락할지 아니면 꺼릴지 등에 대해 알지 못한다.[54]

물론, 만약 우리가 그리스도인들이 그런 아비투스를 어떻게 배웠는지를 판단하려 한다면, 그것이 어떻게 형성되었는지에 대해서보다는 생각이 어떻게 전달되었는지에 관해 말하는 편이 쉽다. 월터 아멜링(Walter Ameling)은

---

52 *Passion* 16.4.
53 *Passion* 21.5-6 (Musurillo, p. 131).
54 *Passion of Perpetua* (10.13; 12.5; 21.8)에서 평화의 입맞춤은 최근에야 감옥에서 세례를 받은 그리스도인들의 반사적 행위였고, 그것은 그들이 세례 후보자들로서 그런 관습에 익숙했었을 가능성을 지적해 준다. 분명히 이것은 교회의 성만찬이 저녁에 실제 음식과 함께 이루어졌던 상황을 반영하는데, 여기에는 세례 지원자들이 참석했었을 것으로 보인다. 이 장면은 *Apostolic Tradition* 18.3이 묘사하는 아침에 이루어진 징표 형식의 성찬과는 다르다. 그것은 입맞춤을 '신실한 자들'에게 국한시킨다. Paul F. Bradshaw, *Reconstructing Early Christian Worship* (Collegeville, MN: Liturgical Press, 2010), p. 23를 보라.

생각의 전달에 관한 유용한 글을 쓴다.[55] 그는 발생한 가르침은 주로 글이 아니라 말을 통해서였다고 주장한다. 그는 페르페투아와 다른 이들이 성경을 일반적인 방식으로 인용했다고 지적한다. 아마도 그들은 그것을 구두로 배웠을 것이고 부정확하게 암기했을 것이다. 그는 페르페투아가 테르툴리아누스의 글에서, 그리고 아마도 구두로 전해진 것들 중에서 몇 구절을 뽑아내 그것들을 자신의 글에서 사용하고 있음을 발견했다. 페르페투아는 테르툴리아누스의 일부 신학적 개념도 받아들였다. 예컨대, 그리스도를 본받음, 내세의 복된 실제성, 고통당하는 그리스도인에게 그리스도가 임재하는 것, 하나님이 기꺼이 환상을 통해 기도에 응답하시는 것 등이다. 하지만 그것들은 북아프리카 그리스도인들 사이에 널리 공유되어 있던 신학적 개념들일 수도 있다. 페르페투아가 감옥에서 세례를 받았을 때 한 가지 예고적인 일이 발생했다. 세례를 받고 성령께 한 가지 은혜를 청할 수 있었을 때, 그녀는 육체의 인내(*sufferentiam carnis*)를 택했다. 그것은 테르툴리아누스의 주제 중 하나였으나 또한, 우리가 보았듯이, 북아프리카 교회의 강조점이기도 했다(3.5).[56]

그렇다면 페르페투아의 세계에서 끈기 있는 인내는 어떻게 해서 생각의 영역에서 구체적인 아비투스의 세계로 이동했을까? 네 가지 단서를 제시해 보겠다. 첫 번째 단서는 매력적인 방식으로 그 메시지를 구현하고 다른 이들에게 전하는 롤 모델들이 있었다는 것이다. 이 이야기에서 교리문답 교사 사투루스는 페르페투아를 격려하는 '영적 지도자'로 제시된다.[57] 그는 나중

---

55 Walter Ameling, "*Femina Liberaliter Instituta*", pp. 78-102.
56 Tertullian, *Paen*. 13; *Or*. 29.1; 참고. Ameling, "*Femina Liberaliter Instituta*", p. 100. 페르페투아와 『수난』은 대체로 *patientia*라는 라틴어를 사용하지 않는다.
57 Jan N. Bremmer, *The Rise of Christianity through the Eyes of Gibbon, Harnack and Rodney Stark* (Groningen: Barkhuis, 2010), p. 44.

에 투옥되는데, 그것은 자신의 세례 후보자들과 함께하기 위해, 그리고 그들과 함께 죽고자 했던 그 자신의 선택이었다. 사투루스는 페르페투아의 첫 번째 환상, 그리고 실제 경기장에서 고난을 받으러 나아간 첫 번째 사람이었다. 페르페투아에 따르면, 그는 "우리의 힘의 건축자"였으며, 그녀의 삶의 끝에서도 여전히 그런 식으로 그녀와 관계를 맺고 있었다(4.5; 21.8). 그러므로 사투루스의, 그리고 페르페투아의 권위 있는 영향력은 단지 그들이 본 환상 때문만이 아니라 자신들이 본 환상을 구현했던 그들의 삶 때문이었다. 두 번째 단서는 아비투스의 형성이 사람들이 매일 그리고 특히 그들이 문제에 빠졌을 때 반복할 수 있는 어떤 구절들을 암송하는 것으로부터 왔다는 것이다. 『수난』에서 "나는 그리스도인이다"라는 표현은 굉장히 중요한 의미를 갖는다.[58] 그 표현은 북아프리카의 순교 이야기에서 전형적으로 나타나는데, 그 이야기들에서 그것은 원형 경기장을 통해 구현되는 삶의 방식과 근본적으로 반대되는 삶의 방식과 가치 체계 전체를 함축하면서 반복적으로 나타나는 주제였다.[59] 세 번째 단서는 그리스도인들이 스스로 준비함으로써 고문 같은 어려운 상황에 특별한 방식으로 대응하는 것을 배울 수 있었다는 것이다. 모린 틸리(Maureen Tilley)는 테르툴리아누스가 그와 관련된 사람들이 금식이나 다른 고행의 실천을 통해 투옥을 준비하도록 도왔다고 주장했다.[60] 『수난』에서 우리는 그리스도인들이 그들의 강인함을 한계

---

58 *Passion* 3.2; 6.4.
59 Maureen A. Tilley, "The Ascetic Body and the (Un)Making of the World of the Martyr", *Journal of the American Academy of Religion* 59, no. 3 (1991): p. 470; Jan N. Bremmer, "'Christianus sum': The Early Christian Martyrs and Christ", in *Eulogia: Mélanges offert à Antoon A. R. Bastiaensen à l'occasion de son soixante-cinquième anniversaire*, ed. G. J. M. Bartelink, A. Hilhorst, and C. J. Kneepkens (The Hague: Nijhoff, 1991), pp. 11-20.
60 Tilley, "Ascetic Body", pp. 472-473. 테르툴리아누스 자신에게서 나온 한 예는 이러하다. "나는 늘 팔찌를 두르고 있는 손목이 사슬의 강도를 감수하면서 견딜 수 있을지 확신하지 못한다. 나는 지금 즐겁게 발찌를 착용하고 있는 발목이 족쇄의 견고한 조임을 견딜 수 있을지 의문이다. 그리고 때로 나는 지금 진주와 에메랄드 목걸이를 주렁주렁 달고 있는 목이 처형자의 칼이 들어올 여지를 내주려

점까지 시험하게 될 사건들에 대비해 기도하고 금식하는 것을 목격한다.[61] 마지막 단서는 매주 반복되었던 기독교 공동체의 예배가 그들에게 언어적 습관뿐 아니라 운동 감각까지 제공함으로써 예배자들의 아비투스를 형성했다는 것이다. 『수난』은 이에 대한 정보를 거의 제공하지 않는다. 그러나 그것은 형성적 성격을 지니고 있던 두 가지 의식에 대해 언급한다. 우리는 그중 하나를 죄수들의 마지막 식사에서 엿볼 수 있다. 죄수들에게 그것은 식탁에서 드리는 예배가 되었는데, 이 시기의 북아프리카 그리스도인들에게 그것은 애찬(*agapē*)이자 성찬(Eucharist)이었다.[62] 다른 하나인 평화의 입맞춤은 "초기 기독교의 가장 일반적인 특징 중 하나"였다. 그 입맞춤이 『수난』 전체에서 되풀이되며 나타나고 결론 부분에서도 다시 나타나는 것은 놀랄 일이 아니다. 그것은 순교자들이 그들의 신앙을 상징하고 로마 사회의 수직성을 전복시키는 방식으로 시행하는 반사적인 의식적 몸짓이었다.[63]

2세기 중반에 「디오그네투스에게 보낸 서신」의 저자는 참을성 있고 구체화된 증언이 갖고 있는 회심시키는 능력에 대해 다음과 같이 썼다. "당신들은 그들이 주님을 부인하도록 어떻게 사나운 짐승들에게 던져지는지, 그러고서도 어떻게 정복당하지 않는지 알지 못하는가? 당신들은 그들 중 많은 이들이 벌을 받을수록 다른 이들이 더 많이 늘어나는 것을 보지 못하는가?"[64] 순

하지 않을까 두렵다. [*Cult. fem.* 2.13.4, trans. E. A. Quain, FC 40 (1959), p. 148].
61 M. Therese Lysaught, "Witnessing Christ in Their Bodies: Martyrs and Ascetics as Doxological Disciples", *Annual of the Society of Christian Ethics* 20 (2000): pp. 247-248.
62 Andrew McGowan, "Rethinking Agape and Eucharist in Early North African Christianity", *SL* 34 (2004): pp. 165-176.
63 *Passion of Perpetua* 10.13; 12.5; 21.8; Michael Philip Penn, *Kissing Christians: Ritual and Community in the Late Ancient Church* (Philadelphia: University of Pennsylvania Press, 2005), p. 2.
64 *Diogn.* 7.8, trans. E. R. Fairweather, *Early Christian Fathers*, ed. C. C. Richardson, LCC 1 (1953), p. 219.

교자 유스티누스와 테르툴리아누스도 같은 맥락의 글을 썼다.⁶⁵ 역사가들도 유사한 판단을 내렸다. "모든 공적 처형은 교회를 위한 크고 종종 성공적인 홍보의 기회였다."⁶⁶ 외부인들에게 일차적으로 중요했던 것은 그리스도인들이 하는 말이 아니었다. 그들을 당황하게 만들고 회심시켰던 것은 그리스도인들이 행하고 구현하는 것이었다. 그리스도인들을 흥미롭고, 도전적이고, 살펴볼 만한 가치가 있는 존재로 만들었던 것은 그들의 아비투스, 즉 현실을 인식하는 다른 방법이 있음을 암시하는 그들의 반사적 행동과 삶의 방식이었다.⁶⁷

민간 협회들

두 번째 장르는 민간 종교 협회들이다. 2세기 로마 제국에서의 종교 생활은 복잡했다. 서로를 보완하는 예식을 제공하는 종교 조직들이 아주 많았다. 우리가 조사해 왔던 것과 같은 민간 종교들은 연중 내내 관습적인 축제들과 제국의 휴일들의 시간표를 따르는 의식들을 갖고 있었다. 이런 의식들에 대한 참여는 광범위했고 굉장한 사회적·문화적 힘을 갖고 있었다. 그러나 사람들은 또한 자신들의 사회적·종교적 필요들을 채우기 위해 다른 범주의 조직들을 살폈다. 그런 범주 중 하나는 흔히 '콜레기아'(*collegia*) 혹은 '헤타이리아'(*hetaeria*)라고 불리던 민간 클럽 혹은 협회들이었다. 이것들의 형태는

---

65 Tertullian, *Apol*. 50.15; Justin, *2 Apol*. 6.6 (5,6); Lactantius, *Inst*. 5.22.18-19.
66 Wolfgang Reinbold, *Propaganda und Mission im altesten Christentum*: *Eine Untersuchung zu den Modalitäten der Ausbreitung der frühen Kirche*, FRLANT 188 (Göttingen: Vandenhoek & Ruprecht, 2000), p. 314. 참고. 순교가 "가용할 수 있는 최고의 광고"였다는 Everett Ferguson의 평가; 그의 논문 "Early Christian Martyrdom and Civil Disobedience", JECS 1 (1993): p. 76를 보라.
67 메리놀의 사제인 William Frazier는, 20세기의 경험에 근거해, "신실한 그리스도인들이 죽는 방식이야말로 그리스도인이 되는 것의 의미가 갖고 있는 가장 전염성 있는 측면"이라고 주장했다. David Bosch, *Transforming Mission* (Maryknoll, NY: Orbis Books, 1991), p. 122에서 인용.

다양했다. 어떤 것들은 일차적으로 사회적이었는데, 주로 공예 집단이나 상점 주인, 소방수, 선원 같은 전문가 집단을 위한 것들이 그러했다. 특히 특정한 신에 대한 예배에 초점을 맞추는 협회도 있었다. 그들의 주된 의도가 무엇이든, 그런 협회들은 거의 언제나 사회적 기능과 종교적 기능과 장례 기능을 조합시켰다. 그것들은 깊은 매력을 지녔다. 그것들은 추종자들에게 대면 관계와 공적 종교 집단들이 제공할 수 있는 것보다 훨씬 큰 의미를 지닌 참여와 책임의 기회를 제공했다. 그 기관들은 사적 기관들이었기에, 제국 당국은 때때로 그런 기관들을 체제 전복을 꾀하는 운동을 키우는 장소로 보았다. 2세기 초에 황제 트라야누스는 한동안 모든 콜레기아를 금했다.[68] 뒤이은 제국 권력자들은 그것들의 존재를 기꺼이 허용하려 했으나 그것들을 신중하게 살피면서 한 달에 한 번씩만 회합하도록 제한했다.[69] 이런 제한에도 불구하고, 2세기와 3세기에 콜레기아는 제국 전역에서 번성했다.

그동안 민간 협회들은 기독교 집회가 제공하는 것과 가장 유사한 것을 제공하는 로마의 사회 조직의 영역처럼 보였다.[70] 그러나 그런 협회들에 대한 의문들이 일어났다. 지역 사회에서 그것들의 역할은 무엇이며 그것들은 이웃에게 어떤 매력을 갖고 있었는가? 그것들 안의 어떤 불일치와 불만족의 영역들이 때때로 사람들을 밀어내 기독교를 포함해 다른 집단들을 살펴보게 했는가? 그리고 기독교 그룹들 안의 어떤 관계와 활동들이 그런 협회의 회원들을 자신들에게로 끌어당겼는가? 얼마간 비슷한 두 가지 예를 살펴보자. 하나는 2세기에 라누비움에 있었던 협회이고, 다른 하나는 카르타

---

68 Pliny the Younger, *Ep.* 10.96.7.
69 "Regulations of the Worshippers of Diana and Antinous", AD 136, Lanuvium, in *Associations in the Greco-Roman World: A Sourcebook*, ed. Richard S. Ascough, Philip A. Harland, and John S. Kloppenborg (Waco: Baylor University Press, 2012), p. 195.
70 Robert Wilken, *The Christians as the Romans Saw Them* (New Haven: Yale University Press, 1984), p. 47.

고에 있었던 기독교 공동체다. 그 둘 모두 장례라는 개인적인 그리고 사회적 지위를 가리키는 문제를 다뤘다.

라누비움 장례 협회, 136년

디아나와 안티누스 협회(The Association of Diana and Antinoüs)는 136년에 로마에서 남동쪽으로 30킬로미터 떨어진 라누비움이라는 마을에서 설립되었다. 우리가 이것에 대해 아는 것은 그해에 협회의 규약이 새겨진 대리석 명판이 그 마을의 모든 거주자들이 볼 수 있도록 안티누스의 신전 벽에 놓였기 때문이다. 그리고 고고학자들이 그곳에서 찾아내 우리에게 알려 준 정보 때문이기도 하다.[71] 그 명판은 그 협회의 설립에 관해 말해 준다. 지방의 유지였던 루키우스 카세니우스(Lucius Casennius)가 사냥의 신 디아나와 최근에 황제 하드리아누스에 의해 신격화된 영웅이자 그의 연인이었던 안티누스에 대한 예배를 장려하고 싶어 했다. 다른 가족들과 협력하면서 그는 어느 콜레기움에 작은 액수의 기부금을 남겨 매년 800세스테르티우스(sestertii)를 제공하게 했다. 800세스테르티우스는 대략 노동자의 200-266일치 수입에 해당한다.[72] 이 기부금은 그 콜레기움이 디아나와 안티누스를 기리게 할 뿐 아니라 회원들의 장례식 비용도 지급할 수 있게 해 주었다. 더 나아가 그것은 음식과 좋은 포도주로 회원들의 교제와 연회에 윤활유 역할을 하면서 그 콜레

---

71 그 규약에 대한 번역은 Ascough, Harland and Kloppenborg, *Associations in the Greco-Roman World*, pp. 194-198에서 가져왔다. 라틴어 본문은 Andreas Bendlin, "Associations, Funerals, Sociality, and Roman Law: The *Collegium* of Diana and Antinous in Lanuvium (*CIL* 14:2112) Reconsidered", in *Apostoldekret und antikes Vereinswesen: Gemeinschaft und ihre Ordnung*, ed. Markus Öhler (Tübingen: Mohr Siebeck, 2011), pp. 210-212를 보라; 나는 Bendlin의 연구를 이 장에서 사용하기에는 너무 늦게 발견했다. 라누비움 협회에 관한 언급을 위해서는, Wilken, *Christians as the Romans Saw Them*, pp. 35-40를 보라.

72 1세스테르티우스(sestertius)는 노동자의 하루 임금의 4분의 1 내지 3분의 1에 해당한다. Ramsay MacMullen and Eugene N. Lane, eds., *Paganism and Christianity, 100-425 C.E.: A Sourcebook* (Minneapolis: Fortress, 1992), p. 67를 보라.

기움의 월례 회의 성격을 바꿔 놓았다.

규약에 따르면, 콜레기움에 가입하는 것은 어렵지 않았다. 예비 회원은 먼저 규약을 읽어야 했다. 규약에 대한 지식이 있어야 협회에 가입을 할 수 있었는데, 그것은 "나중에 불만을 제기하거나 [상속자에게] 소송 거리를 남기지 않기 위함"이었다. 예비 회원이 자기가 어떤 상황으로 들어가고 있는지 아는 것이 충분한 준비가 될 수 있었다. 따라서 그는 읽을 수 있어야 했다. 그가 노예인지 자유인인지는 문제가 되지 않았다. 하지만 그는 남자여야 했다. 규약은 후보자가 숙달해야 할 행위나 배워야 할 개념들에 대해 설명하지 않았다. 그가 이행해야 하는 입회식을 특정하지도 않았다. 그러나 후보자는, 그가 자유인이든 노예든, 돈을 갖고 있어야 했다. 라누비움 협회의 가입비는 어떤 협회들보다는 낮았지만, 그렇게 낮지는 않았다. 가입비 100세스테르티우스에 좋은 포도주 한 항아리가 필요했는데, 그것은 상당한 액수였다. 최근의 한 연구에 따르면, 당시 로마 제국 전역의 인구 중 65퍼센트는 그렇게 비용이 많이 드는 장례 협회에 가입할 만한 여력이 없었다.[73] 새 회원은 또한 3분의 1세스테르티우스의 월회비를 납부하기로 약속했는데, 이것이 얼마간 그들의 부담을 가중시켰다. 만약 그 회원이 월회비를 계속해서 납부한다면, 그가 죽을 경우, 협회는 300세스테르티우스(약

---

[73] Sheidel and Friesen, "Size of the Economy", p. 84를 보라. 그들은 로마 제국 전체의 민간 총수입 분포에 대해 '낙관적인' 시나리오를 제시한다(표 9). 그들의 추정에 따르면, 인구의 10퍼센트는 계속해서 식량 부족 상태에 있었다(즉, 그들은 최저생활 수준 이하에서 살았다). 55퍼센트는 '겨우' 최저생활 수준에 이르는 위험한 상태에서 살았다(경기가 좋지 않은 해에는 최저생활 수준 이하로 떨어질 수도 있었다). 19퍼센트는 가난하지만 상대적으로 안정적이었다. 약 12퍼센트는 '중간' 섹터에 있었다. 2퍼센트 미만의 사람들이 경제적 엘리트 계층을 구성했다. 도시에서는 일반적으로 시골에서보다는 부의 분포가 넓었다. 도시 인구의 8분의 1 내지 4분의 1은 '중간' 섹터에 속해 있었다. 하지만 "도시 환경에서조차 최저생활 수준의 가계들이 견고한 다수를 이뤘음에 틀림없다"(같은 책, pp. 84, 85, 90). 참고. Bruce W. Longenecker, "Socio-Economic Profiling of the First Urban Christians", in *After the First Urban Christians: The Social Scientific Study of Pauline Christianity Twenty-Five Years Late*r, ed. Todd D. Still and David G. Horrell (London: T&T Clark, 2009), pp. 44-45.

석달치 임금)이라는 큰 금액을 그의 장례식 비용으로 지급할 것이다. 협회 회원들은 곡을 하며 그의 장례 행렬을 따를 것이고, 그의 화장터 곁을 지킬 것이다. 만약 그가 라누비움에서 32킬로미터 이상 떨어진 곳에서 죽고 협회가 그 사실을 알게 된다면, 협회는 회원들을 그곳으로 보내 그의 장례 절차를 돌보고 비용을 지급할 것이다. 만약 그가 라누비움에서 32킬로미터 이상 떨어진 곳에서 죽고 협회가 그의 죽음에 대한 통보를 받지 못한 채 어느 지역민이 그를 매장했다면, 협회는 그 사람에게 장례 비용을 지급할 것이다. 일곱 명의 로마 시민이 그 이야기가 확실하고 아무런 거짓이 없음을 확인해 준다면 말이다. 그 규약은 그 콜레기움의 사회적·종교적 삶에 대해서는 장례 문제에 대해서보다 적은 정보를 제공한다. 그것은 월례 만찬에 대해 설명하고, 그중 여섯 개의 날짜 및 그날들과 연관된 기념할 만한 일이나 종교적 사건들에 대해 설명한다. 그 협회에 소속된 한 노예가 자유를 얻었을 때, 그는 자축하는 의미로 월례회에 좋은 포도주 한 항아리를 제공했다. 매년 협회 회원들의 순번을 따라 회장(*magister*)이 선출되어 모임을 주재했다. 네 명의 회원들이 좋은 포도주 항아리,[74] 빵 조각, 각각의 회원들에게 정어리 새끼 네 마리, 뜨거운 물을 제공하면서 회장을 도와야 했다. 회장은 식탁에서의 대화가 "평화롭고 흥겹게" 이루어지도록 모임을 자애롭게 주재해야 했다. 그 협회의 순환 책임자로 뽑힌 이들은 그 협회의 비서나 경호원들처럼 회비를 면제받았고 간헐적으로 있는 협회의 분배 때에는 두 몫을 받았다. 규약의 마지막 절들은 그것의 종교 활동에 대해 묘사한다. 엄숙한 날에 협회의 책임자들은 흰 옷을 입고 향과 포도주로 엄숙한 제사를 드려야 했다. 또한 디아나와 안티누스의 축제 때 그들은 신들을 기리며 공중목욕탕

---

[74] 라누비움 규약은 세 차례에 걸쳐 '좋은 포도주'라는 조항을 요구하는데, 이것은 그 협회의 일부 회원들이 경제적으로 어려운 상태에 있었고 그로 인해 충분히 좋은 포도주를 제공하는 데 어려움을 겪고 있었음을 보여 주는 것일 수 있다.

에 기름을 부어야 했다.

그 규약의 한 가지 특징은 자기 보호의 느낌이 강하다는 것이다. 협회의 설립자들은 일이 잘못될 수 있는 여러 경우들이 있음을 알고 있었다.

- **회비의 미납**: 회원들은 월회비를 내야 했다. 하지만 어떤 해에는 그렇게 할 수 없었다. 그들의 회비 납부가 추수에 의존하는 농업 경제에 달려 있기 때문이다. 규약에 따르면, 만약 어느 회원이 연속해서 6개월 동안 회비를 내지 못하면, 그는 회원 명단에서 빠지게 될 것이다. "인간 공통의 운명이 그에게 닥칠 때, 장례에 대한 그의 요구는 고려되지 않을 것이다." 그리고 그의 장례는, 만약 그에게 친척들이 있다면, 그들이 하는 게 최선일 것이다. 최악의 경우, 그 사망한 전 회원은 대규모 매장 구덩이에 던져져 거기에서 "포식성 개와 새들로부터 사후의 공격을 받게 될 것이다."[75] 부유한 회원들의 회비 미납에 대한 벌은 그다지 심하지 않았다. 만약 회장이 그가 회장직을 맡은 해에 협회 만찬을 위한 비용을 지불하지 않는다면, 그는 열흘치의 벌금(30세스테르티우스)을 내야 한다.
- **노예의 시신 억류**: 설령 노예의 주인이 협회에 속한 노예의 시신을 "불합리하게" 억류할지라도, 협회는 그 노예를 위한 장례식을 거행할 것이다. "그의 형상을 지닌 장례식이 열릴 것이다."
- **부정**: 협회 설립자들은 부정에 대해 아주 많은 두려움을 갖고 있었다. 회원들이 라누비움으로부터 32킬로미터 이상 떨어져 있는 회원의 장례식을 주관하도록 파견되었을 때, 그들은 "거짓 없이" 청구서를 내도록 명령을 받았다. 만약 협회가 그들이 "무언가 사기를 쳤음을" 발견한다면, 그들은 사기

---

[75] John Bodel, "Dealing with the Dead: Undertakers, Executioners and Potter's Fields in Ancient Rome", in *Death and Disease in the Ancient City*, ed. Valerie M. Hope and Eireann Marshall (London: Routledge, 2000), p. 129.

친 금액의 네 배를 지불해야 했다. 과도한 금액이 요구되지 않으리라는 안도감이 있어야 했다. "불신이 들어오지 않게 하라!"

- **식탁에서의 잘못된 행위**: 규약은 몇 개의 잘못된 행위에 대해 설명한다. 그리고 각각의 잘못에 합당한 벌금을 규정했다. 자리를 옮김으로써 식탁에서 소동을 일으킨 회원에 대한 벌금은 4세스테르티우스였다. "다른 사람에 대해 나쁘게 말하는 것" 혹은 "폭동을 일으킨 것"에 대한 벌금은 12세스테르티우스였다. 가장 큰 벌금(20세스테르티우스)은 회장을 모욕하는 이들에게 부과되었다.

대리석 명판에 기록된 디아나와 안티누스 협회의 규약은 문자를 깨우친 모든 라누비움의 사람이 읽을 수 있었는데, 그것은 그 도시의 소집단에서 인식한 필요들, 즉 장례, 연회, 종교 같은 필요들을 다루는 조직을 위한 구조를 제공했다. 종교는 그 규약이 가장 명시적이지 않게 다루는 것이었지만, 협회의 모든 활동에 퍼져 있었던 것으로 보인다. 협회는 이런 필요를 합리적인 방식으로 다뤘다. 때때로 협회는, 가령 노예들을 대할 때처럼, 지역의 가치들을 연민의 방향으로 구부렸을 수 있다. 협회는 노예들의 해방을 기뻐했고, 그들의 주인들의 "불합리한" 방해에도 불구하고 노예 회원들을 위한 장례식을 제공했다. 그러나 일반적으로 협회의 규칙들은 지역의 상식을 대표했다. 그것들은 그 지역의 아비투스를 구현했다. 예컨대, 그 규약은 모든 회원들을 엄격한 동등성의 기초 위에서 대한다. 그것은 또한 회원들을 재정적 부정을 저지르고, 포도주를 항아리째 마시는 것을 즐기다 못해 만찬 자리에서 소란을 부리는 인간적 성향을 가진 자들로 인식한다. 그리고 그런 성향들을 타당해 보이는 방식으로 통제한다.

이 모든 일에서 디아나와 안티누스 협회는 라누비움이라는 소도시의 삶 속에 있던 다른 기관들과 유사했다. 협회에 가입해 회비를 납부하기에 충분한 자원을 갖고 있던 지역민들에게 협회는 유용한 자원을 제공했다. 그것은 지역민들의 삶을 지탱하고 그들의 아비투스를 형성하기 위해 함께 작용했던 그 사회 내의 여러 종교적·사회적 기관들 중 하나였다. 우리는 라누비움의 주민들이 그 협회에 대해 어떻게 생각했는지에 관한 정보를 갖고 있지 않다. 하지만 우리가 아는 것은, 다른 도시에서 일부 사람들이 이와 비슷한 협회들이 가진 한계로 인해 어려움을 겪었다는 것이다. 그로 인해 그들은 대안적 협회를 만들 생각을 하게 되었다. 이런 협회들은 예수 그리스도에게 뿌리를 둔 가르침과 반사적인 행동에 의해 만들어졌는데, 그것들은 비록 존경할 만하고 겉보기에 불변할 것 같은 아비투스라도 변화되어야 하고 변화될 수 있다는 것을 확인시켜 주었다.

카르타고의 기독교 협회: 테르툴리아누스, 『호교론』 39

북아프리카에서 라누비움 장례 협회가 설립된 후 반세기쯤 지난 시점에 기독교 신학자 테르툴리아누스가 『호교론』이라는 책을 썼다. 그 책에서 테르툴리아누스는 여러 쟁점들과 관심사들을 다룬다. 하지만 전체적으로 그는 그리스도인들의 사상뿐 아니라 그들이 그것들을 구현하는 방식에도 관심을 갖는다. 『호교론』의 핵심적인 부분은 39장인데, 거기에서 테르툴리아누스는 그리스도인들이 모이는 지역 협회에 대해 묘사한다.[76] 그가 이런 협회를 묘사하기 위해 사용하는 단어들인 '팍티오'(*factio*), '코르푸스'(*corpus*), '섹타'(*secta*) 등은 라누비움의 '콜레기움'(*collegium*)처럼 민간 협회들에 대해 일반적으로 사용되는 단어들이다.[77] 테르툴리아누스는 기독교 협회들을 비그리스도인 독자들이 인식할 수 있는 용어로 설명하면서 공통되는 기반을 세우

---

76 『호교론』의 라틴어 본문과 영어 번역은 T. R. Glover, LCL 250 (1931), pp. 2-227를 보라.
77 Wilken, *Christians as the Romans Saw Them*, p. 46.

려고 했다. 그러나 테르툴리아누스는 기독교 협회를 콜레기아와 구분하는 데에도 관심이 있었다. 그는 특히 그 일을 그런 집단들의 문서화된 규약들이 아니라 그런 집단들의 아비투스를 구성하는 활동과 관습과 반사적 행동의 형태를 살핌으로써 수행했다. 테르툴리아누스는 그리스도인들이 행동하는 방식이야말로 그들의 가장 분명한 진술이라고 확신한다. 그가 『호교론』의 마지막 쪽에서 말하듯이, 그리스도인들은 "행위로 가르친다."[78] 그렇다면 이교도 협회들과 비교할 때 기독교 협회들은 어떻게 보였을까?

39장에서 테르툴리아누스는 기독교 협회의 절차들(negotia)을 소개한다. 그런 절차들의 핵심에는 특별히 종교적 활동에 전념하는 모임이 있다. 테르툴리아누스는 그런 모임이 얼마나 자주 열렸는지에 대해 말하지 않는다. 그러나 그런 모임들은 전형적인 콜레기움에서 매월 혹은 '축일에' 혹은 회원들의 생일에 열렸던 것보다는 훨씬 자주 열렸다. 카르타고의 그리스도인들의 모임은 라누비움의 모임보다 훨씬 더 강렬했다. 그 모임의 핵심은 기도였다. 그때 회원들은 함께 하나님 앞으로 나아가, 그분과 더불어 씨름했고, 심지어 그분이 자신들의 간청을 허락하시도록 그분께 "힘[vis]을 가하기도" 했다. 기도 때 그들은 하나님께 그들 자신의 관심사만을 위해서가 아니라 세상의 관심사들을 위해서도—가령, 황제를 위해, 세상의 평화를 위해, "종말의 연기"를 위해—탄원했다.[79] 그들은 "하나님의 책들"을 읽었는데, 테르툴리아누스는 그 책들이 그들에게 "시대의 본질"에 관한 견해들을 제공하고 그들의 소망과 확신을 증진시켰다고 말한다. 그 책들의 핵심 가르침은 "계율의 훈련"(disciplina praeceptorum)인데, 테르툴리아누스는 그들이 그것으로 그리스도의 가르침을 내면화하고 있다고 지적한다.[80] 그들의 모임

---

[78] Tertullian, *Apol.* 50.16 (Glover, p. 227).
[79] Tertullian, *Apol.* 39.2 (Glover, p. 175).
[80] Tertullian, *Apol.* 39.3 (Glover, p. 175). 테르툴리아누스의 작품 중 다른 곳에 등장하는 *praecepta*

은 훈련 유지라는 특징을 지녔는데, 여기에는 행동에 관한 가르침, 잘못된 행위에 대한 교정, 심지어 공동체의 기준을 따라 살지 않는 자들(월회비를 납부하지 못하는 자들이 아니라)에 대한 배제 등이 포함되었다. 이런 모임들을 관장하는 "회장들"은 이교도 협회에서처럼 순번을 따라 혹은 "값을 내고서"가 아니라 그들의 성숙과 성품 때문에 선출되었다. 이교도 협회들과 대조적으로(테르툴리아누스는 이런 대조를 지적하기를 좋아했다), "하나님의 것은 아무것도 값을 치르지 않는다."[81]

이런 값 없음이 기독교 협회들이 돈을 다루는 방식을 지배했다. 라누비움 장례 협회처럼 카르타고의 그리스도인들은 월 단위로 돈을 모아야 했다. 그러나 이런 민간 협회들에는 민간 종교 집단들과 달리 그들의 활동을 후원하는 부유한 후원자들이 없었다. 이런 협회들은 평범한 회원들의 정기적인 기부에 의존했다. 이교도 협회들은 모든 회원들에게 동일한 입회비와 월회비를 정확하게 규정했다. 반면에, 테르툴리아누스에 따르면, 기독교 협회들은 다른 접근법을 택했다. 그들은 회원의 자격을 일정한 재정적 요구를 충족시킬 수 있는 이들로 국한시키지 않았다. 또한 정해진 월회비를 납부하는 것을 조건으로 회원의 자격을 지속시키지도 않았다.[82] 대신에 그들은 회원들의 자발적 기부를 강조했다. 회원들은 그들이 할 수 있을 때 회비를 냈고 할 수 있는 것만큼만 냈다. 테르툴리아누스는 "아무도 강요당하지 않는다"고 주장한다. 그리스도인들이 기부한 것은 궤(arca)에 넣어졌다가, 협회의 사역을 지속시키기 위해 (분명히 그 공동체의 지도자들에 의해) 꺼내져 분배되

라는 표현을 보라. 거기에서 그것들은 분명하게 그리스도의 가르침을 가리킨다: 예컨대, *Or.* 3.4; 9.1, 26; *Pat.* 3.11; 7.1; 10.3.
81 Tertullian, *Apol.* 39.4 (Glover, p. 175).
82 여기에서 테르툴리아누스는 그리스도인 후보자들[세례 지원자들]이 충족시켜야 하는 부담이 큰 구조상의 요구들에 대해 묘사하지 않는다. 이에 대해서는 본서 6장을 보라.

었다. 이런 사역 중 두드러지는 것은 죽은 이에 대한 장례였다. 라누비움 협회처럼 기독교 협회도 장례 협회였다.

테르툴리아누스에 따르면, 그리스도인들은 기부금을 낸 회원들에게만 장례를 치러 주지 않았다. 그들은 기부금을 한 푼도 낼 수 없었거나 내다가 중단한 "가난한 이들"의 장례를 치러 주었다. 회장들은 그런 가난한 이들이 추수에 실패하거나 직업을 잃어버릴 경우 그들을 회원 명부에서 누락시키는 것이 아니라 오히려 그들에게 도움을 주었다. 덜 불안정한 상황에 있는 이들뿐 아니라 가난한 이들까지 포함해 모든 회원들에게 고상한 장례를 치러 주는 것은 아주 다양한 필요를 지니고 있던 회원들을 돌보는 것에 대한 기독교 협회의 비전 중 일부에 불과했다.[83] 그리스도인들은 곤경에 처한 다른 이들에게도 도움을 제공했다. "재산과 부모가 없는 소년과 소녀 들에게, 늙은 노예들과 파선한 선원들에게, 탄광이나 섬 혹은 감옥에 있는 누구에게나" 그렇게 했다. 기독교 협회의 사회적 사역은 그 범위가 아주 다양했는데, 그것은 박해 기간에조차 규모와 사회 경제적 다양성 측면에서 성장했던 것으로 보이는 회원들의 다양한 형편을 반영하고 있었다.[84]

테르툴리아누스는 그리스도인들의 경제적 행위가 이웃의 눈에 띄었다고 주장한다. 그들의 이웃은 이렇게 말했다. "보아라!"(*Vide!*) 그리스도인들의 모임은 사적인 것이었을 수 있으나, 그로 인한 결과들은 그들의 삶을 통해 드러났다. 테르툴리아누스에 따르면, 그들의 이웃은 이것에 이끌렸고 그것

---

[83] 4세기까지 기독교 협회들은 매장지를 갖고 있었던 것 같지 않다. 개별적인 그리스도인 후원자들이 그리스도인들을 위해 매장지를 제공했다. 가난한 자들을 매장하는 자애로운 활동에서는 종종 여자 그리스도인들이 앞장을 섰다. Carolyn Osiek, "Roman and Christian Burial Practices", in *Commemorating the Dead: Texts and Artifacts in Context; Studies of Roman, Jewish, and Christian Burials*, ed. Laurie Brink and Deborah Green (Berlin: de Gruyter, 2008), pp. 245, 263를 보라.
[84] Tertullian, *Apol.* 39.5-6 (Glover, pp. 175-177).

을 그리스도인들의 서로에 대한 사랑 때문으로 여겼다. "그들이 어떻게 서로 사랑하는지…그들이 어떻게 서로를 위해 죽을 준비가 되어 있는지." 테르툴리아누스는 그리스도인들의 행위를 회심의 산물로 여긴다. 회심은 그들을 "형제들"로 만들었다. 호교론자인 테르툴리아누스는 그리스도인들의 행위가 이교도들의 그것과 다르다고 주장하지 않을 수 없었다. 기독교의 형제애(*fraternitas*)는 그 공동체의 자원에 의해 유지되는 반면, 이교도 집단 안에서 가족의 자원은 "일반적으로 형제적 유대를 해체한다."[85]

기독교 협회들의 주된 모임은 식사였다. 이 점에서 그것들은 이교도 협회들과 유사했다. 그러나 그들의 은밀한 특성이 낭설을 낳았다. 그들의 이웃은 그 식사 때 식인 행위와 성적 방종이 있었다고 의심했다. 게다가 그리스도인들은 자신들의 식사를 "애찬"(*agapē, dilectio*)이라고 부름으로써 본의 아니게 그런 의심을 부추겼다.[86] 200년경 카르타고에서 이런 애찬은 "그 공동체의 핵심적인 전례적 행사"였다. 애찬은 적어도 주 단위로 저녁에 이루어졌고 공동체가 '성찬'(eucharist)이라고 불리는 거룩한 음식을 먹으면서 공동생활의 강화를 경험하는 기회가 되었다.[87] 테르툴리아누스는 그것이 참가자들이 상황에 따라 그리고 필요를 충족시키기 위해 평범하고 형식적이지 않은 음식을 적당한 양으로 먹었던 '실제 식사'였다고 전한다. "하나님은 낮은 계급의 사람들을 더 많이 배려해 주신다."[88] 식사 전에는 축복의 기도를 했다. 그리고 식사 후에는 로마의 식후 심포지엄(*symposium*)에 대한 기독교적 수

---

[85] Tertullian, *Apol.* 39.7-10 (Glover, p. 177).
[86] 유다서 12절에서처럼.
[87] McGowan, "Rethinking Agape and Eucharist", p. 168-169; Paul F. Bradshaw and Maxwell E. Johnson, *The Eucharistic Liturgies: Their Evolution and Interpretation* (Collegeville, MN: Liturgical Press, 2012), p. 31.
[88] Tertullian, *Apol.* 39.16 (Glover, p. 181).

용이었을 수 있는 자발적인 예배 시간이 있었다.[89] 기독교 관습에 따르면, 식사 때에는 누구도 너무 많이 먹거나 마시지 말아야 했다. 심포지엄이 진행되는 동안에는 예배에 이바지하도록 모든 회원에게 평정이 요구되었기 때문이다. "각각 [회원]은 나머지 사람들 앞으로 불려 나와 그가 성경에 대해 아는 것이나 그 자신의 마음에서 우러나오는 것으로 하나님께 찬양을 드린다." 이렇게 얼굴과 얼굴을 맞대는 상황에서 성령은 각각의 회원들이 지식이나 재산의 정도와 상관없이 공동체 전체를 세우는 데 이바지하도록 능력을 부여할 수 있었다. 이런 다양한 목소리의 참여가 가족 정체성에 대한 의식을 강화했고 그 공동체가 "형제들"로 이루어진 하나의 가족이라는 개념에 실체를 부여했다. 심포지엄을 마무리하는 기도 후에 그리스도인들은 자신이 "저녁 식사를 했다기보다 훈련을 받았다"고 여기며 집으로 돌아갔다.[90]

테르툴리아누스가 이 유명한 구절에서 묘사하는 것이 카르타고 사람들의 아비투스에 변화를 주었을까? 기독교 집회는 사람들의 성품과 반사 작용이 변화될 수 있는 기반을 제공했을까? 테르툴리아누스는 그의 책 『호교론』 전체를 통해 실제로 그러했다고 주장한다. 기독교 집회는 이교도들의 민간 협회들과 대조적으로, 그 안에서 사람들이 교정되고 개선되는 환경을 가지고 있었다.[91] 테르툴리아누스는 "우리는 당신들 중에서 왔다"라며 기뻐한다. "그리스도인들은 만들어지는 것이지 태어나지 않는다."[92] 그리스도인들은 더는 이교도들과 같지 않다. 그들의 아비투스는 변화된다.

이런 변화는 어떻게 일어났을까? 『호교론』 39장에서 테르툴리아누스는 그것이 특정한 상황에서, 즉 기독교 협회들(교회들)에서 발생했다고 지적한

89　Bradshaw and Johnson, *Eucharistic Liturgies*, pp. 31-32.
90　Tertullian, *Apol.* 39.16-19 (Glover, p. 181).
91　Tertullian, *Apol.* 3.3-4.
92　Tertullian, *Apol.* 18.4 (Glover, p. 91).

다. 이런 협회들이 이교도 협회들과 달랐던 점은 그들이 철저하게 밀집된 공동생활을 했다는 것이다. 그들은 매우 자주 만났다. 월 단위가 아니라 적어도 일주일에 한 번, 그리고 주중에도 자주 만났다. 기독교 집회는 도시의 로마인의 다양한 사회적 계약 중 하나가 아니었다. 오히려 그것은 그리스도인들의 삶의 핵심이었다. 그리스도인들은 공통의 사회 문제들에 대해 비순응주의적 접근법을 갖고 있던 대안 공동체를 창조하고 있었고, 바로 그것이 그 공동체에 참가하는 이들에게 개별적이고 집단적인 정체성에 대한 강력한 의식을 부여했다. 이것은 굉장한 형성 능력을 갖고 있었다.

그들의 사회적 기원이 무엇이든, 교회 회원들은 자신들을 하나의 새로운 가족, 즉 형제와 자매 들이라고 느꼈다. "한 분 성부 하나님을 알게 되고, 한 분 거룩한 성령에 취하고, 공통의 무지라는 자궁으로부터 경이롭게도 하나의 진리의 빛으로 나아온 이들이 형제라고 불리고 형제로 취급되는 것보다 더 적절한 것이 무엇이겠는가!"[93] 공동체 회원들의 사회 신분과 재산의 정도는 다양했다. 그 가족 중 많은 이들이, 아마도 대부분의 사람들이 가난했다. 동시대 북아프리카의 호교론자인 미누키우스 펠릭스는 "우리 중 대부분은 가난하다"라고 단언했다.[94] 물론 그들 중 어떤 이들은 글을 읽고 쓸 줄 알았고 얼마간의 재정적 자원을 갖고 있었다. 하지만 기독교 교회들은 로마의 인구 중 최저 생계 수준 가까이 혹은 그 이하에서 살아가는 65퍼센트의 사람들을 환영함으로써 라누비움 협회 설립자들의 입장에서는 지나치게 무책임하게 보일 수도 있는 방식으로 성장의 문을 열었다.

물론 기독교 가족은 보다 넓은 사회의 수직적 가치들에 의해 규정되지 않았다. 오히려 그것은 연대라는 측면에서 수평적이었고 모든 회원들을 '형제

---

[93] Tertullian, *Apol.* 39.9 (Glover, p. 177).
[94] "*Plerique pauperes*", in Minucius Felix, *Oct.* 36.2, trans. G. H. Rendall, LCL 250 (1931), p. 425.

들'로 만들었다. '자매들'도 마찬가지였다. 그 가족의 구성원에는, 라누비움 협회와 달리 남자들뿐 아니라 여자들도 포함되었다. 6장에서 보겠지만, 교회에 입회하기는 어려웠다. 하지만 그 어려움은 돈이 아니라 윤리와 도덕과 관련되어 있었다. 입회를 위해서는 후보자들의 사고와 반사적 행동을 변화시키면서 상당 기간 지속되었던 형성 기간이 요구되었다. 이런 윤리적이고 형성적인 과정은 부유한 사람들에게처럼 가난한 사람들에게도 열려 있었다. 일단 입회 허락을 받으면, 교회 회원들은 자신들의 기여가 중요한 의미를 갖는, 그리고 혹시라도 생계를 잃어버리는 경우 자기들을 먹이고 입혀 줄 수 있는 나눔 메커니즘을 가진 공동체에 속하게 되었음을 알았다. 우리는 경제적 안정에 대한 전망이 잠재적 그리스도인들에게 어느 정도 '당김'이 되었을지 알지 못한다. 그러나 그것은 어떤 이들에게는 분명히 그랬을 것이다.[95]

기독교 협회의 회합들은 분명히 다른 호소력을 갖고 있었다. 그것은 하나님의 임재에 대한 의식이었다. 테르툴리아누스의 저작은 기독교 회합이 갖고 있던 그런 기대에 찬, 그리고 일반적이지 않았던 분위기를 포착한다. 그런 회합들은 회원들이 하나님과 씨름하기 위해 "그들의 힘을 모으면서" 기도하는 기회였다. 테르툴리아누스가 그의 논문 "기도에 관하여"(On Prayer)에서 언급하듯이(29장), 그리스도인들은 그들의 기도에서 영적 주제들과 경제적·사회적 주제들을 구별하지 않았다. 그들은 질병, 유혹, 빈곤, 귀신에 사로잡힘 등과 마주할 때 하나님의 섭리와 보호를 얻기 위해 열정적으로 기도했다. 위태로운 매일의 삶 속에서 그들은 자기들이 오직 하나님이 그들에게 실재하시고 그들의 기도에 응답하실 때만 살아남을 수 있다고 느꼈다. 애찬·성찬 때 그들은 하나님 앞에서 음식을 나눴고, 식사 후 심

---

95 Wayne Meeks, *The Origins of Christian Morality: The First Two Centuries* (New Haven: Yale University Press, 1993), p. 213.

포지엄 때는 여러 회원들을 통해 성령의 풍성하고 다양한 역사를 경험했다. "각 사람"이 성경 구절 읽기, 간증, 노래를 할 수 있었다. 바로 이것이 회원들이 예언을 쏟아 내고 환상에 관해 말했던, 북아프리카에서 "기독교 생활의 정상적 일부"였던 환경이다.[96] 공동체의 예배는 모든 회원에게 능력을 부여하도록, 또한 용기 있는 삶과 담대한 증언을 통해 나타나는 자신들의 가치를 느끼도록 고안되었다. 그들의 보고에 따르면, 예배 시간에 성령께서는 그들 가운데서 신비한 증거를 통해 그들을 감동시키면서 놀라운 일을 하실 수 있었다. 예배는 그리스도인의 삶에 힘을 부여하는 핵심이었고 라누비움 콜레기움의 보호적 방어성과 강력하게 대조되는 그들의 부력의 근원이었다. 인습적인 북아프리카 사회 안에서 그리스도인들은 대안적 아비투스를 구현할 수 있었는데, 그것은 자기들이 하나님의 에너지가 넘치는 현실을 경험했다고 확신했기 때문이다.

그러나 외부인들이 본 것은 그들의 '예배'가 아니라 그들의 '아비투스'였다. 테르툴리아누스에 따르면, 외부인들은 그리스도인들을 살펴보았고 그들이 가난한 이들을 열정적으로 먹이고 매장하고, 재산과 부모가 없는 소년과 소녀들을 돌보고, 늙은 노예와 죄수들에게 관심을 기울이는 모습을 보았다. 그들은 이런 행위를 '사랑의 사역'으로 해석했다. 그리고 이렇게 말했다. "그들이 서로를 얼마나 사랑하는지 보라(Vide)."[97] 그들은 "그리스도인들의 메시지를 들으라(Aude)"고 말하지 않았다. 그들은 "그들이 쓴 것을 읽으라(Lege)"고 말하지 않았다. 듣기와 읽기는 중요했기에, 일부 초기 그리스도인들은 그런 방식으로도 소통하기 위해 애를 썼다. 하지만 우리는 현실을 놓치지 말아야 한다. 이교도들은 "**보라!**"라고 말했다. 기독교의 진리는 가시적

---

[96] Cecil M. Robeck Jr., *Prophecy in Carthage: Perpetua, Tertullian, and Cyprian* (Cleveland: Pilgrim Press, 1992), p. 2.
[97] Tertullian, *Apol.* 39.7 (Glover, p. 177).

이었다. 그것은 기독교 회원들에 의해 구현되고 시행되었다. 그것은 손으로 만질 수 있었고, 성례전적이었다. 어떤 이들, 의심할 바 없이 그 사회의 소수파였으나 성장하고 있던 작은 무리의 사람들이 이것에 이끌려 그리스도인들의 신앙을 알아보기 위해 그들에게 접근했다. 그리스도인들의 아비투스에 매료된 이들은 자기들이 속한 협회가 가난한 이들에게 어떻게 접근하고 있는지 물었을 수도 있다. (사람들이 경제적 어려움을 겪고 있을 때 그들을 잘라내는 것이 옳은 일인가? 만약 내가 생계 수단을 잃는다면, 내가 죽을 때 나에게 무슨 일이 일어날까?) 그리스도인들이 구현한 서로에 대한 사랑에 감동한 이들은 자신들이 그런 일을 경험할 가능성에 관해 물었을 수 있다. 하나님의 강력한 임재가 명백하게 드러나는 그리스도인들에게 매료된 이들은 자기들도 하나님을 경험할 수 있을지 궁금해했을 수 있다. 그들이 선한 일에 참여하기 위해 은밀한 교회에 접근할 수 있었을까? 카르타고 그리스도인들의 아비투스는 사람들을 신앙으로 이끌었다.

위기에 대응하는 종교

종교의 세 번째 장르는 신들 혹은 하나님의 말이 도시의 복지에 적용될 때 사람들이 그 말을 듣도록 만드는 활동을 수반한다. 이것을 예시하는 한 가지 방법은 사회 전체에 영향을 주었던 위협(역병)에 이교도들과 그리스도인들이 대응했던 방식을 살펴보는 것이다. 2세기와 3세기에 로마 제국에서 발생한 전염병은 아주 큰 위협이었다. 그리고 사람들이 그것에 대응했던 방식들은 놀라웠다.

고대 사회에서 (현대 세계 초기까지도) 역병은, 비록 자주 휴면 상태이기는 했으나, 사람들을 두려움에 빠지게 했다. 때때로 이런 두려움은 실제로 역병이 발생해 큰 재앙을 동반하며 사회 전체로 퍼져 나갈 때 현실화되었다.

우리가 살피고 있는 시대에 발생한 두 개의 큰 역병은 166-172년에 발생한 '안토니누스 역병'(Antonine Plague)과 251-270년에 발생한 이른바 '키프리아누스 역병'(Plague of Cyprian)이다. 이런 역병들이 무엇이었는지, 그리고 그로 인해 얼마나 많은 이들이 죽었는지는 분명하지 않다. 대개 학자들은 전자 역병을 천연두로, 후자 역병을 홍역으로 추정한다. 좋은 위생 상태와 항생제가 없던 세계에서 두 역병은 많은 사람을 죽였다. 그 역병들 때문에 얼마나 많은 이들이 죽었는지는 논쟁거리다. 어떤 학자들은 안토니누스 역병 때문에 제국 인구의 2퍼센트가 죽었다고 주장하는 반면, 다른 이들은 25퍼센트 혹은 그 이상이 죽었다고 주장한다.[98] 아마도 실제 숫자는 그 두 극단 사이 어디엔가 있을 것이다. 그러나 설령 죽은 이들이 '단지' 인구의 2퍼센트에 불과할지라도, 제국 전역에서 1백만 명 이상의 사람들이 죽었을 것이고, 그보다 훨씬 더 많은 이들이 심각한 질병에 시달렸을 것이다. 이교도들과 그리스도인들은 그 고통이 굉장했다는 것에 동의했다. 160년대에 클라로스에서 있었던 신탁의 내용이 그 역병의 고통을 묘사한다.

오호통재로다! 강력한 재앙이 땅을 덮친다. 곳곳에 만연한, 굴하지 않는 역병이 사람들을 죽인다. 한편으로는 손에 징벌하는 칼을 들고, 다른 한편으로는 얼마 전 죽은 비통한 슬픔에 빠진 인간들의 영혼을 불러낸다. 또 그것은 폐쇄된 도시의 모든 땅을 고통에 빠뜨린다. 짐승들을 죽이고, 온 세대를 종식시키고, 더러운 것으로 사람들을 압박하면서 인간들을 내쫓고 있다.[99]

---

[98] 참고. Christer Bruun, "The Antonine Plague and the 'Third-Century Crisis'", in *Crises and the Roman Empire: Proceedings of the Seventh Workshop of the International Network Impact of Empire (Nijmegen, June 20-24, 2006)*, ed. Olivier Hekster, Gerda de Kleijn, and Danielle Slootjes (Leiden: Brill, 2007), pp. 201-217. Also Walter C. Scheidel, "A Model of Demographic and Economic Change in Roman Egypt after the Antonine Plague", *Journal of Roman Archaeology* 15 (2002): pp. 97-114.

[99] R. Cagnet, G. Lafaye, et al., eds., *Inscriptiones Graecae ad Res Romanas Pertinentes*,

사람들은 이 "곳곳에 만연한, 굴하지 않는 역병"에 어떻게 대응해야 하는가? 이 질문에 대해 이교도와 그리스도인들은 각기 다른 답을 내놓았다.

이교도─아폴론의 신탁

위기 때 제국의 다른 지역들에서처럼 소아시아에서도, 사람들은 조언과 위로를 얻기 위해 신탁을 구했다. 비록 250년대의 역병에서 살아남은 신탁 텍스트는 없지만, 160년대의 안토니누스 역병에서 살아남은 텍스트는 여럿 있다. 그리고 그것들이 우리의 이해를 돕는다.[100] 도시들은 클라로스, 디디마, 델포이에 있는 유명한 신탁 사원들로 대표단을 파견해 역병의 위기에 대처할 방법에 관한 조언을 구했다. 자연의 아름다움을 갖춘 지역들에 위치한 신탁 사원들 각각은 신의 직접적 임재라는 분위기를 자아냈다. 물 게 있었던 방문객들은 멀리서부터 그곳으로 와서 여러 차례 제단을 찾고, 아폴론과 다른 신들의 거대한 동상들에 놀라고, 그곳의 제사장들과 대화를 나눴다. 적절한 때에, 즉 제사장이 거대한 제단 위에서 신들에게 제사를 드리던 상서로운 밤에, 예언자 한 사람이 땅 밑에 있는 성소 안으로 들어가 그곳에서 제우스의 대변인 아폴론의 암시적이고 모호한 말을 듣는다. 예언자는 그 말을 시인(thespode)에게 전하고, 시인은 그 말을 복잡하게 구성된 시로 바꾸어 신탁으로 온 대표단의 질문에 대한 답으로 만든다. 대표단은 상당한 값을 치른 후 자신들의 상황에 대한 신의 지침을 지니고 그들의 도시로 돌아갔다.[101]

대표단은 다음과 같은 긴급한 질문들을 지니고 클라로스 같은 신탁 사원들을 찾아갔다. 어째서 이런 끔찍한 역병이 우리의 도시를 덮쳤는가? 이 문

Inscriptiones Asiae II (Paris: E. Leroux, 1927; reprint, Chicago: Aries, 1975), 4:492, trans. Ryan Harker.
100 Lane Fox, *Pagans and Christians*, p. 231.
101 같은 책, pp. 169-177.

제를 해결하기 위해 우리가 무엇을 해야 하는가? 대표단은 관습적으로 재앙을 신들의 진노 때문으로 여겼다. 따라서 그들은 어느 신이 진노했는지 그리고 그들의 도시가 무엇을 했기에 신의 진노를 산 것인지 알고자 했다. 신탁의 답들은 관습적으로 신에게 충분한 주의를 기울이지 않았던 사람들, 혹은 사람들이 부정확하게 혹은 기계적으로 행한 제의 행위들, 혹은 그 사회를 오염시키거나 모독하고 있는 무언가를 지적했다. 그리스도인들은 이교도들이 종종 그들의 문제를 그리스도인들 탓으로 돌린다는 사실을 의식하며 초조해했다. "전쟁이 더 자주 일어나는 것 때문에, 역병과 기근이 극성을 부리는 것 때문에, 많은 이들이 우리에 대해 불평과 불만을 쏟아 내고 있다."[102] 이런 분석은 박해로 이어질 수 있었다.

그러나 신탁들은 종종 다른 원인과 해결책을 가리켰다. 160년대에 발생한 안토니누스 역병과 관련해 클라로스의 신탁은 리디아의 가이사랴 트로체타라는 작은 마을에서 온 질문자들에게 정화 의식과 예전을 수행함으로써 그 역병에 대응하라고 명령했다. 그 신탁은 그들에게 "조심스럽게 준비된 일곱 개의 샘에서 정결한 물을 떠 와" 그것을 그들의 집에 뿌려야 한다고 알려 주었다. 또 그들은 도시 밖에 있는 평원 한가운데에 오른손으로 위협적인 활을 들고 휘두르는 거대한 아폴론의 동상을 세워야 했다. 신탁은 그들이 그런 일을 하면 역병이 물러갈 것이라며 그들을 안심시켰다.[103] 역시 160년대인 그 무렵, 버가모(페르가뭄)라는 유명한 도시의 지도자들이 "고통스러운 역병"에 어떻게 대응해야 할지에 대한 조언을 얻기 위해 클라로스로 찾아왔다. 신탁은 그들이 구체적인 조치를 할 것을 시적 언어로 촉구했다. 지도자들은 마을의 청년들을 네 그룹으로 나눈 후 그들이 돌아가며 신

---

102 Cyprian, *Demetr.* 2, trans. R. J. Deferrari, FC 36 (1958), p. 168.
103 Cagnet, Lafaye, et al., *Inscriptiones Graecae*, 4:492, trans. Ryan Harker. See Lane Fox, *Pagans and Christians*, p. 232.

들에게 일주일간 희생 제사와 술을 바치게 해야 했다.

> 이레 연속으로 아테나의 제단에 허벅지 살을 올리라.
> 두 살배기 순결하고 짝짓기를 한 적이 없는 송아지 한 마리와
> 세 마리의 황소를 제우스와 하늘의 바쿠스 신에게 번제로 바치라.
> 같은 방식으로, 코로니스의 아들[아스켈피우스]을 위해서도
> 익숙한 황소의 허벅지 살로 미리 희생 제사를 준비하라.
> 그리고 당신들의 수만큼의 젊은 남자들에게 군복을 입히고,
> 당신들의 아버지들과 함께, 서로에게 제주(祭酒)를 부으며,
> 불멸하는 자들로부터 역병에 대한 좋은 치료법을 구하게 하라.[104]

그 신탁은 버가모의 지도자들에게 모든 사람이 볼 수 있는 기둥 위에 이런 응답을 새겨 넣으라고 명했다. 가이사랴 트로체타에 대한 신탁처럼, 페르가뭄에 대한 응답 역시 그 역병이 무엇인지 설명하지 않는다. 단지 치료법을 제공할 뿐이다. 그 치료법은 상징적이고 제례적이었으며, 두 공동체 모두의 관습, 사회 구조, 그리고 뿌리 깊은 반사적 행동과 잘 맞아떨어졌다. 그 신탁의 선언들은 그 위기에 대해 별난 접근법을 제시하지 않았고, 비인습적인 윤리적 행위—신들의 시계(視界) 안에는 윤리가 들어 있지 않았다—를 제시하지도 않았다. 소아시아에서 안토니누스 역병이라는 위기는 공동체들의 아비투스를 그대로 남겨 두었다.

---

104 Cagnet, Lafaye, et al., *Inscriptiones Graecae*, 4:360, trans. Ryan Harker. See Lane Fox, *Pagans and Christians*, pp. 232-233.

카르타고—키프리아누스의 설교

안토니누스 역병 이후 80여 년이 지난 250년대의 카르타고 기독교 공동체는 새로 발생한 역병에 대해 가이사랴 트로체타와 버가모의 이교도들과는 아주 다른 방식으로 대응했다. 키프리아누스 주교가 이끌던 기독교 공동체는 그 위기를 신들을 달래기 위한 '제례적 행위'가 아닌 고통당하는 사람들을 돕기 위한 '실천적 행위'로 대응했다. 이런 행위는 그리스도인들의 아비투스를 의식적으로 재확인했을 뿐 아니라, 그것을 새로운 상황에 적용하고 강화했다. 그렇게 하기 위한 통찰은 소아시아에서처럼 외부의 신탁을 참고하는 것에서 오지 않았다. 그 통찰은 내부로부터 왔다.

키프리아누스가 활동하던 250년대 이전 반세기 동안 카르타고의 교회는 크게 성장했다. 그럼에도 그것은 북아프리카 전체는 물론이고 그 도시 안에서도 여전히 작은 집단에 불과했다. 251년에 역병이 발생했을 때 교회도 큰 피해를 입었다. 그리스도인들은 교회에 대한 최초의 제국적 차원의 박해로부터 이제 막 벗어난 상태였다. 그 박해는 황제 데키우스가 249년에 그리스도인들을 포함한 제국 내의 모든 이들에게 신들에게 제물을 바치라고 명령하는 칙령을 반포함으로써 시작되었다. 북아프리카를 포함해 많은 곳에서 교회들은 고통스러운 일들을 겪었다. 몇몇 그리스도인들은 처형되었다. 많은 그리스도인들이 "배교했다."[105] 그들은 자기들이 신들에게 경배했다고 진술하는 문서에 서명하고 살아남았다. 250년 말에 박해는 사실상 끝났다. 그러나 그로 인한 여파로 신자들의 관계가 심각하게 손상되었다. 그리스도인들 사이에 고통스러운 분열이 나타났다. 신들에게 제물을 바쳤던 이들이 이제는 다시 교회의 삶 속으로 들어가기를 바랐다[배교자들(the lapsi)]. 또한 그

---

[105] Graeme Clarke, "Third-Century Christianity", in *The Cambridge Ancient History*, ed. A. Bowman, A. Cameron, and P. Garnsey, 2nd ed. (Cambridge: Cambridge University Press, 2005), 12:625-626.

지역의 그리스도인들과 그들을 위협하거나 위험에 빠뜨렸던 이교도들의 사이는 매우 소원해졌다. 그리스도인의 관점에서 그들은 적이었다.

이런 때에, 즉 키프리아누스와 다른 교회의 지도자들이 이 엄청난 문제들을 해결하려 하고 있을 때에, 이교도와 그리스도인들 모두를 위협하는 역병이 발생했다. 그것은 구토, 설사, 발열, 부패 등으로 사람들을 심각하게 병들게 했고 결국에는 그들 중 많은 이들을 죽음으로 몰아갔다.[106] 아직 감염되지 많은 이들은 전염을 피하려고 카르타고에서 도망쳤다. 어떤 이유로든 그 도시에 남아 있어야 했던 이들은 때때로 자신들을 보호하기 위해 역병 희생자들의 시체를 거리에 내던졌다. 분명히 그런 희생자들 중 몇은 여전히 살아 있었다. "병들고 죽어 가는 많은 이들이…행인들에게 자비를 요청했다."[107] 그것은 카르타고의 모든 도시 공동체에 위기였다. 교회는 그 위기에 어떻게 대처해야 하는가?

북아프리카의 지도자급 주교였던 키프리아누스는 교회들이 역병에 대응하면서 겪고 있는 어려움에 대해 알고 있었다. 그는 카르타고의 이교도 활동가들이 그리스도인들을 역병 발생의 원인으로 비난하고 있다는 것을 알았다.[108] 또한 그는 이 역병의 위기 속에서 많은 그리스도인들이 최근의 박해 기간에 그랬던 것처럼 흔들리고 있다는 것을, 즉 쾌락에 현혹되고 "확고하게 서 있지 못하고" 있다는 것을 알았다.[109] 신적 영감을 받은 말씀의 인도가 필요한 상황이었음에도 그들은 그런 것을 얻기 위해 신탁 사원을 찾아가지 않았다. 대신에 키프리아누스는 기독교 공동체 전체가 함께 모여 그들 가운

---

106 이에 대한 생생한 묘사는 Cyprian, *Mort.* 14를 보라.
107 Pontius, *Vit. Cypr.* 9, trans. M. M. Muller and R. J. Deferrari, FC 15 (1952), p. 13.
108 Cyprian, *Ep.* 59.6.1, ed. and trans. G. W. Clarke, *The Letters of St Cyprian of Carthage*, 3, ACW 46 (1986), pp. 73-74.
109 Cyprian, *Mort.* 1, trans. R. J. Deferrari, FC 36 (1958), p. 199.

데 이미 존재하는 말씀을 들으라고 요청함으로써 그 위기에 대응했다. 그는 교회의 본문들과 전통들을 끌어와 그것들을 사람들의 행동에 적용하면, 그리스도인들이 하나님의 음성을 들을 수 있으리라고 여겼다. 또 그는 만약 그들이 참으로 하나님의 말씀을 듣는다면, 그들이 그 역병에 용기와 인내라는 특징을 지닌 방식으로 대응하리라고 믿었다. 그는 이런 것들이 "우리와 하나님을 알지 못하는 다른 이들 사이의 차이"를 이룬다고 말했다.[110]

우리는 신자들이 카르타고 어디에서 모였는지 알지 못한다. 다양한 지역 모임들로부터 온 사람들의 이 특별한 모임은 그리스도인들이 만났던 가장 큰 공간에조차 부담이 되었을 것이 분명하다.[111] 또 우리는 그렇게 모인 그리스도인들이 무엇을 했는지도 알지 못한다. 그들은 기도를 했을까? 성찬식을 진행했을까? 키프리아누스의 전기 작가인 폰티우스(Pontius)는 키프리아누스가 그 모임에서 예언적이면서도 목회적인, 그리고 역병 시기의 신자들의 상황을 다루는 연설을 했다고 전한다. 폰티우스는 우리에게 그 연설의 요지 중 몇 가지를 요약해 준다.[112] 폰티우스에 따르면, 키프리아누스는 그 역병에 대해 설명하려고 하지 않았다. 키프리아누스가 나중에 썼듯이, 어떤 그리스도인들은 "이 질병의 힘이 이교도들과 동등하게 우리 사람들도 덮치는 것"을 보고 당황했다.[113] 키프리아누스는 아무 설명도 하지 않았다. 다만 그의 설교를 통해 사람들에게 예수님이 산상수훈에서 하나님이 의로운 자와 불의한 자 모두에게 비를 내리신다고 말씀하셨던 것을 상기시키고, 그

---

110 Cyprian, *Mort.* 11, 13 (Deferrari, pp. 207, 209).
111 Peter Oakes에 따르면, "'가정 교회'의 실체는…특별히 예배를 위해 건축된 건물이 아니라 어떤 이의 집(그것은 작업장일 수도 있다)에서 모이는 그리스도인들의 모임이다.…초기 기독교 그룹들은 그들이 임대용 주택 단지에서 모일 때조차 '가정 교회'라고 [불릴 수 있을 것이다]"[*Reading Romans in Pompeii: Paul's Letter at Ground Level* (Minneapolis: Fortress, 2009), p. 92].
112 키프리아누스의 설교에 관해서는, Pontius, *Vit. Cypr.* 9, trans. M. M. Muller and R. J. Deferrari, FC 15 (1952), pp. 13-14를 보라.
113 Cyprian, *Mort.* 8 (Deferrari, FC 36:204).

말씀을 확대해 역병 역시 모든 사람에게 차별 없이 닥칠 수 있다고 말했다. 키프리아누스에게 문제는 어째서 역병이 발생했느냐가 아니라 그리스도인들이 그것에 어떻게 대응해야 하는가였다. 키프리아누스는 그의 공동체 역사에서 엄중했던 이 시기에 압박을 받으며 활동하면서 반사적으로 그의 공동체의 텍스트들과 전통에, 그리고 그 자신이 선호하는 주제들에 의지했다.

키프리아누스의 첫 번째 요점은, 폰티우스에 따르면, 사람들에게 자비의 복을 상기시켰다. 그는 자선이 하나님의 은혜를 얻는다는 것을 보여 주는 성경 사례들을 지적했다. 또한 그는 사람들에게 그리스도인 회중이 "병자들을 효율적이고 조직적으로 돌보는, 고대 세계에서는 독특했던 조직"을 만들어 냈고 당시로서는 이미 2세기나 되었을 전통을 상기시켜 주었을 수도 있다.[114] 그렇게 해서 그리스도인들은 그들이 곤경에 빠졌을 때 서로를 돕도록 준비시켰던 아비투스는 물론이고 자선 기구들[공동체의 돈궤(*arca*), 세심하고 활동적인 여인들, 집사들]까지 갖게 되었다. 상호 부조라는 이런 전통과 아비투스를 가진 이들은 고통당하는 동료 신자들을 빵과 물 없이 죽도록 내버려 두지 않을 것이다. 그들은 그런 이들을 길에 내던지지 않을 것이다.

폰티우스에 따르면, 그 후에 키프리아누스는 의심할 바 없이 그의 청중을 긴장시키면서 더 앞으로 나아갔다. 키프리아누스는 그의 인내의 신학의 핵심을 이루는 성경 본문들에 대해 언급했다(2장을 보라). 특히 그는 예수님의 말씀에 대해 언급했다. 예수님께서 산상수훈을 통해 주신 충고와 격려는 절망적인 상황에 있던 그들에게 말을 걸었다. 이런 자원들에 의지하면서 그는 자신의 사람들에게 하나님을 본받음으로써 이 위험과 고통의 때에 대응하라고 촉구했다. "우리가 사랑을 적절하게 준수하면서 오직 우리 자신

---

[114] Gary B. Ferngren, *Medicine and Health Care in Early Christianity* (Baltimore: Johns Hopkins University Press, 2009), p. 114.

의 형제들만 소중히 여긴다면 그것은 결코 주목할 만할 일이 아니다." 오히려 그리스도인들은 "선술집 주인이나 이교도들보다 더 많은 것을" 해야 한다. 그들은 선으로 악을 이기고 "원수들조차 사랑하면서…그리고 자기들을 박해하는 자들을 위해 기도하면서 하나님과 같은 온유함을" 드러내야 한다. 하나님은 단지 그분 자신의 친구들에게만이 아니라 모든 사람에게 태양이 떠오르고 비가 내리게 하시지 않는가? 그리고 "자신이 하나님의 아들이라고 고백하는 이는 자신의 성부의 예를 본받아야" 하지 않는가? 키프리아누스의 교인들은 원수를 사랑해야 한다는 예수님의 가르침을 마음 깊이 새겼다. 키프리아누스는 그 가르침을 확대하면서 그것을 우리의 형제들을 위한, 그러나 "우리의 형제들뿐만 아니라" 다른 이들도 위한 위기 시의 돌봄을 제공하는 데 적용했다. 수사학자인 키프리아누스가 자신의 요점을 주장하느라 열을 올리는 것을 상상해 보라. 그리스도인들이여, 여러분은 나의 백성이고 나의 양 떼다. 여러분은 하나님의 자비에 대해 알고 있다. 그러니 여러분은 고통당하는 다른 신자들을 방문하고 그들에게 먹을 것과 마실 것을 제공함으로써 그것을 드러내야 한다. 나는 여러분의 신실함으로 인해 하나님을 찬양한다. 이제 나는 여러분에게 여러분의 관점을 확대해 여러분의 이교도 이웃을 사랑함으로써 "하나님과 같은 온유함을" 드러내 주기를 요구한다. 그들을 방문하라. 그들을 격려하라. 그들에게 먹을 것과 마실 것을 제공하라. 나는 최근 몇 달 동안 일부 이교도들이 여러분을 박해하는 일에 관여했다는 것을 알고 있다. 그들을 위해 기도하라. "그들의 구원을 위해 기도하라." 그리고 그들을 도우라. 여러분은 하나님의 자녀다. 선하신 성부 하나님의 자손들은 자기들이 "그분의 선하심을 본받고 있음을 입증해야 한다."[115]

폰티우스는 자기가 키프리아누스의 전기에서 언급하지 않은 다른 "중요

---

115 Pontius, *Vit. Cypr.* 9 (Muller and Deferrari, p. 14).

한 문제들"을 키프리아누스가 그의 설교에서 다뤘다고 전한다.[116] 우리는 그것에 대해 추측해 볼 수 있다. 키프리아누스는 사람들에게 그의 목회적 가르침의 핵심적 주제, 즉 그들이 신자로서 두려움 없이 죽을 수 있다는 것을 상기시켰을까?[117] 혹은 그가 선호하는 또 다른 주제, 즉 신자들이 이교도들과 나누는 대화는 그들이 삶이 그들의 말과 일치할 때 꽃을 피운다는 주제를 발전시켰을까? "우리가 하나님과 함께 살고 있다고 말하는 이들이 마치 전적으로 파멸되어 없어진 것처럼 우리가 그들에 대해 슬퍼한다는 이유로, 이교도들이 합당하고 정당하게 우리를 비난할 기회를 주어서는 안 된다.… 말로 덕을 드러내고 행위로 진리를 파괴하는 것은 아무 유익이 없다."[118]

폰티우스가 우리에게 알려 주는 것은, 키프리아누스가 사람들에게 인내의 아비투스라는 특징을 지닌 삶, 즉 하나님을 신뢰하고, 결과를 통제하려 하지 않고, 서두르지 않고, 비인습적으로, 그리고 적들을 사랑하며 사는 삶을 살도록 촉구함으로써 역병의 위기에 대응했다는 것이다. 우리는 그의 청중이 그런 말에 어떻게 반응했는지 알지 못한다. 의심할 바 없이 그들의 반응은 균일하지 않았을 것이다. 그러나 폰티우스에 따르면, 그들 중 어떤 이들은 요점을 파악했다. 그들은 동료 신자들뿐 아니라 이교도들에 대한 돌봄을 통해서 "단지 믿음의 가정에 속한 이들만이 아니라"[119] 모든 사람들에게 선을 행했다. 사회학자 로드니 스타크는 이것이 어떻게 진행되었는지 말해 준다. 스타크는 알렉산드리아의 디오니시우스(Dionysius) 주교가 키프리

---

116 Pontius, *Vit. Cypr.* 10 (Muller and Deferrari, p. 14).
117 *Mort.* 26 (Deferrari, p. 220)에서 키프리아누스는 낙원인 "우리의 나라"를 바라본다. 거기에는 족장들, 사도들, 순교자들이 이미 가 있다. 그리고 죽은 우리의 친지들과 우리가 사랑했던 이들도 있다. 그곳은 "주님의 율법을 지켜 땅의 유산이 하늘 금고로 옮겨진 가난한 자들에게 음식과 구호품을 주는 공의로운 일을 행한 자비로운 사람이 그들의 보상을 [즐기는] 곳이다."
118 Cyprian, *Mort.* 20 (Deferrari, pp. 215-216).
119 Pontius, *Vit. Cypr.* 10, 갈 6:10을 인용했다.

아누스가 죽은 후 2년 뒤인 260년에 이집트에서 발생한 역병에 대한 그리스도인들의 대응에 관해 쓴 편지에 의존하면서, 그리스도인들이 역병의 희생자들에게 제공했던 "기본적인 돌봄"을 재구성한다. 또한 그는 역병에 대한 그리스도인들의 대응이 이교도들에 비해 그리스도인들의 수를 현저하게 증가시켰다고 분석한다.[120] 기독교의 증언은 구체적이었다. 그것의 감동시키는 힘은 그리스도인들이 그것에 대해 설명을 했을 수도 있고 하지 않았을 수도 있는, 그러나 그것을 목격한 이교도들에게 분명하게 의문들을 제기했던 행위에 있었다. 그것이 새로운 무리의 질문자들과 세례 지원자들을 낳았을 수도 있다. 또한 모두를 포괄하는 방식의 교회의 위기 대응은 그 후로 교회가 의료적 돌봄을 불신자들에게까지 확대하도록 이끌었다.[121]

그러나 그 위기는 적어도 한 명의 그리스도인으로 하여금 질문을 던지도록 만들었다. 키프리아누스의 전기 작가인 폰티우스는 만약 기독교 예배가 외부인들에게 닫히지 않았더라면, 그리고 "만약 이교도들이 [키프리아누스의 말을 완전하게] 들을 수 있었다면…아마도 그들은 즉각 믿게 되었을 것이다"라고 추측했다.[122] 복음을 전하기 위한 보다 직접적이고 효과적인 방법, 즉 공중 예배와 스타 설교자들에게 더 초점을 두고 공동체에 의한 구현에는 덜 집중하는 방법이 있지 않았을까? 아마도 폰티우스는 이런 생각을 하면서 짜증을 냈을 것이다. 확실히 그는 시대를 앞서 있었다. 그는 4세기와 5세기의 선구자였다.

---

120 Eusebius, *Hist. eccl.* 7.22. 나의 설명은 Stark, *Rise of Christianity*, pp. 89-91에 많이 의존하고 있다; 또한 보다 앞서 나온 그의 영향력 있는 논문, "Epidemics, Networks, and the Rise of Christianity", *Semeia* 56 (1992): pp. 159-175를 보라. 전염병에 관한 스타크의 연구에 대한 평가를 위해서는, Steven C. Muir, "'Look How They Love One Another': Early Christian and Pagan Care for the Sick and Other Charity", in Vaage, *Religious Rivalries*, pp. 213-231를 보라.
121 Ferngren, *Medicine and Health Care*, p. 121.
122 Pontius, *Vit. Cypr.* 10 (Muller and Deferrari, p. 14).

결론

2세기와 3세기에 이교도들과 그리스도인들은 이웃이었다. 이 장에서 우리는 그들이 실제 상황에 대응하는 것을, 그리고 그들이 그 상황에 잘 대응할 수 있게 공적, 사적, 신탁 기관들을 발전시킨 것을 보았다. 대부분 사람들은 그리스-로마 문명이 그들에게 제공한 종교들 안에 남아 있었다. 그런 종교들에 만족하지 못할 경우, 그들은 자기들 마음에 드는 다른 종교 집단에 시간과 돈을 바칠 수 있었다. 이런 관대한 세상 속으로 기독교가 배타적 충성을 요구하며 들어왔다. 더 나아가 기독교는 그 자체의 아비투스와 함께 들어왔다. 매일의 삶 속에서, 그리고 특별히 압박을 받을 때, 그 아비투스는 이교도의 규범들과 달랐다.

그리스도인들의 행위는 사람들로 하여금 인습적인 길에서 벗어나게 하기에 불안을 야기하기도 한다. 이교도들과 그리스도인들은 때로는 그들의 신학적 성찰 때문에, 그리고 종종 그들이 자신들의 믿음을 행하고 구현하는 방식 때문에 유사한 상황에 서로 다른 방식으로 대응했다. 이교도들 중 소수의 사람들이—처음에는 용기 있는 아주 적은 수의 사람들 그러나 곧 보다 큰 집단이—살펴본 그리스도인들은 스스로 상황을 통제하려 하지 않을 때 가장 웅변적이었다. 그 소수의 사람들은 또 다른 삶의 방식이 가능하다는 것을, 그리고 기독교적 삶의 방식이 모든 것을 걸어 그것을 추구해도 좋을 만큼 가치가 있다는 것을 직감했다. 기독교 공동체를 진지하게 살피도록 **이끌렸던** 이들은, 자주 이교도 집단들이 불만족스럽다는 것을 경험했던, 그래서 자신들이 기독교 교회라는 미지의 영역 안으로 들어가도록 재촉당하고 있다고—**떠밀리고 있다고**—느꼈던 이들이었다. 그 과정은 발효 과정에 의해 점차적으로 일어났다. 다음 장들에서 우리는 그 과정이 어떻게 작동했는지 살필 것이다.

2부
·
발
효

4

성장의 요원들로서의 그리스도인

발효는 흥미로운 과정이다. 그것은 점진적이다. 이따금 나타나는 거품 외에는 아무 일도 일어나지 않는 것처럼 보인다. 그 과정의 후반부에 이르기까지 그것은 인상적이지 않다. 그러나 그것은 창조하고 변형시키는 누적적인 힘을 갖고 있다. 음식에 관해 통찰력 있는 글을 쓰는 마이클 폴란(Michael Pollan)이 지적하듯이, "발효는 그 자신의 에너지를 안으로부터 발생시킨다. 그것은 살아 있는 것처럼 보일 뿐 아니라 살아 있다. 그리고 이 살아 있음의 대부분은 우리가 현미경 없이는 접근할 수 없는 규모로 발생한다."[1]

초기 기독교의 상황도 그러했다. 황제, 원로원, 로마 군단이 보기에 기독교는 하찮은 미신(*superstitio*)에 불과했다. 중요한 사람들에게 기독교는 아무런 의미도 없었다. 그러나 보는 눈과 인지하는 직관을 가진 이들은 새로운

---

[1] Michael Pollan, *Cooked: A Natural History of Transformation* (New York: Penguin Press, 2013), p. 295.

에너지가 나타나고 있음을 알 수 있었다. 그것은 과묵하게 살아 있고 설명할 수 없는 방식으로 작동하는 그 무엇이었다.

이런 기독교적 발효는 어떻게 일어났을까? 이 장과 다음 장에서 우리는 이 발효 과정의 구성 요소들을 살펴볼 것이다. 도대체 무엇이 기독교 집단들이 중단 없이 그리고 불이익에도 불구하고 성장하게 했던 것일까? 이런 구성 요소들 사이의 시너지는 어떤 것이었을까? 우리는 아무런 계획과 통제가 없었음에도 성장이 발생했음을 보게 될 것이다.[2]

초기 그리스도인들은 그들이 '인내'라고 부르는 균형감을 갖고 있었다. 그들은 자기들이 아니라 하나님이 사건들을 통제하고 계시다고 믿었다. 그래서 그들은 교회의 성장이 고르지 않게 발생하는 것에, 그리고 그리스도인들이 집중된 지역과 그 어떤 신자도 없는 지역이 존재하는 것에 놀라지 않았다. 기독교 지도자들은 기독교의 확산을 체계화하는 방식에 관해 생각하거나 쓰지 않았다. 그들은 세계를 복음화하는 것에 관심을 두지 않았다.[3] 오히려 그리스도인들은 개별 그리스도인들이 기독교 공동체 전체의 특징을 이루는 아비투스에 이바지하는 습관을 개발하는 데 집중했다. 그들은 아비투스가 건강할 때 교회가 성장한다고 믿었다. 그들의 신학은 서두르지 않았다. 그것은 인내의 신학이었다. 그들의 접근법이 지닌 특징은 교회 성장의 담지자와 구현자들이 주변적이고 겸손하며 종종 익명이었던 남자들뿐 아니라 여자들, 그리고 공동체뿐 아니라 개인들이었다는 것이다. 이 장에서

---

2 초기 기독교의 확산을 Adolf Harnack이 말했던 "지속적인 발효 과정"이라는 개념에 비추어 보려는 연구는, Wolfgang Reinbold, *Propaganda und Mission im ältesten Christentum: Eine Untersuchung zu den Modalitäten der Ausbreitung der fruhen Kirche*, FRLANT 188 (Gottingen: Vandenhoek & Ruprecht, 2000), pp. 298, 306를 보라. 나는 Reinbold의 값진 연구에 많은 빚을 졌다.

3 테르툴리아누스가 *Fug.* 6.2에서 했던 "우리는 온 세상에 설교한다"라는 진술은 과장된 진술로, 테르툴리아누스나 다른 기독교 지도자들이 말한 우선순위와 어울리지 않는다.

우리는 개인들, 즉 분산을 통해 끈기 있는 발효에 참여했던 그리스도인들에 대해 살필 것이다.

이동하는 선교사들: 이주 선교

특별한 그리스도인들—12사도

초기 기독교 전승에 따르면, 본보기가 될 만한 남자들이 기독교의 전파를 이끌었다. 신약성경에서 부활하신 예수님은 자신의 제자들을 소환하신 후 그들에게 "모든 민족을 제자로 삼으라"는 명령을 내리셨다(마 28:19). 3세기 시리아의 교회법 "사도들의 가르침"(*Didascalia apostolorum*)에 따르면, 그분의 제자들은 함께 모여 그들 사이에서 선교 사역을 나누기로 했다. "[우리는]… 우리 가운데서 세상을 열두 부분으로 나누고 열방으로 [나아갔다]. 그로 인해 우리는 온 세상에 말씀을 전할 수 있었다."[4] 그 시나리오는 초기 기독교 저작들에서 공통적으로 나타났다. 테르툴리아누스에 따르면, 예수님의 제자들, 즉 사도들은 세상 속으로 나아가 열방을 향해 설교했다. "이어서 그들은 같은 방식으로 모든 도시에 교회를 세웠고, 다른 모든 교회들은 그 교회들로부터 차례로 신앙의 전통을 이끌어 냈다."[5] 초기 기독교의 공통적인 이해에 따르면, 먼 과거에 훗날 '지상 명령'이라고 불리게 될 무언가가 이미 특별한 그리스도인들, 즉 사도들에 의해 수행되었다. 그러나 그 이후에 그 발효를 계속해 나간 것은 평범한 그리스도인들이었다.

---

4 *Did. apost.* 6.8.1, trans. and ed. Alistair Stewart-Sykes, *The Didascalia Apostolorum: A English Version with Introduction and Annotation* (Turnhout: Brepols, 2009), pp. 229–230.

5 Tertullian, *Praescr.* 20.5, trans. P. Holmes, *ANF* 3:252. 교부들에 대한 추가적인 인용은, Norbert Brox, "Zur christlichen Mission in der Spätantike", in *Mission im Neuen Testament*, ed. Karl Kertelge, Quaestiones Disputatae 93 (Freiburg-im-Breisgau: Herder, 1982), pp. 194–199를 보라.

평범한 그리스도인들

평범한 그리스도인들이 열쇠였다. 우리가 1장에서 언급했던 판타에누스와 그레고리우스를 제외한다면, 기독교의 확산을 위한 일차적 책임을 맡았던 이들은 공식적으로 구성된 기독교 공동체의 지도자들이 아니라 무명의 그리스도인들이었다. 평신도 그리스도인들이 새로운 지역으로 여행하면서 교회들을 세웠다. 도대체 무엇이 평범한 그리스도인들이 그런 일에 개입하게 했을까? 종종 그것은 일이었다. 그리스도인들은 사업상의 기회나 그들의 직업의 요구를 따라 상인, 장인, 죄수, 노예, (3세기에는) 군인으로서 그들의 고향을 떠나 새로운 지역으로 이주했다. 여행할 때 그들은 자주 기존의 가족, 직업, 신앙(특히 유대인 공동체들의 경우)의 네트워크 안에서 움직였다. 믿음을 지니고 새로운 곳에 이른 이들은 그곳에 기독교의 셀(cell)을 세웠다.[6] 한 학자가 이 과정을 '이주 선교'(migration mission)라고 불렀다.[7] 페르 베스코브(Per Beskow)에 따르면, 그것은 "복음을 전파하는 일반적인 수단이었던 것으로 보인다."[8]

어떤 신학이 이런 신앙의 운반자들에게 영향을 주었을까? 어떤 이가 그들이 선교 활동을 하도록 준비시켰던 것일까? 틀림없이 그들 중 많은 이들

---

[6] Rodney Stark and William Sims Bainbridge, "Networks of Faith: Interpersonal Bonds and Recruitment to Cults and Sects", *American Journal of Sociology* 85 (1980): pp. 1376-1395; Rodney Stark, *The Rise of Christianity: A Sociologist Reconsiders History* (Princeton: Princeton University Press, 1996), pp. 20, 55-57.

[7] John Howard Yoder, *As You Go: The Old Mission in a New Day* (1961), in Yoder, *Theology of Mission: A Believers Church Perspective*, ed. Gayle Gerber Koontz and Andy Alexis-Baker (Downers Grove, IL: IVP Academic, 2014), pp. 404-406.

[8] Per Beskow, "Mission, Trade and Emigration in the Second Century", *Svensk Exegetisk Årsbok* 35 (1970): pp. 104-114. 또한 W. H. C. Frend, "A Note on the Influence of Greek Immigrants on the Spread of Christianity in the West", in *Mullus: Festschrift Theodor Klauser*, ed. Alfred Stuiber and Alfred Hermann (Münster: Aschendorff, 1964), pp. 125-129; Giovanni Battista Bazzana, "Early Christian Missionaries as Physicians: Healing and Its Cultural Value in the Greco-Roman Context", *Novum Testamentum* 51 (2009): pp. 232-251를 보라.

은 세례를 받기에 앞서 교육을 받았다. 하지만 우리가 아는 교리 교육 프로그램은 신자들을 새로운 교회를 개척하도록 준비시키는 것과 상관이 없다. 또 우리는 이런 이주 선교에 참여한 이들이 새로운 환경에서 만나는 이들을 향해 어떤 행동을 했는지에 대해서도 알지 못한다. 우리로서는 그들의 접근법이 지역 교회의 삶에 관여했던 그리스도인들의 일반적인 행동의 변형이었다고 가정하는 것이 옳다. 곧 보게 되겠지만, 기독교 초기 확산의 후기 단계에서 그랬던 것처럼 여자들이 이 과정에서도 핵심 참여자들이었을 가능성이 크다. 이집트에서 발견된 파피루스는 초기 기독교 시대에 그리스도인 여자들이 비그리스도인 여자들보다 지리적으로 훨씬 더 많이 움직였음을 보여 준다.[9] 또 최근의 연구는 5세기와 6세기에 아르메니아와 조지아의 복음화 과정에서 신분이 불명확한 여자들(종종 노예들)이 안드레아 스터크(Andrea Sterk)가 "낮은 계층의 선교적 성공"이라고 불렀던 것을 입증하면서 기독교의 셀 설립을 주도했음을 보여 준다.[10] 이와 같은 무언가가 보다 이른 시기에도 발생했을 수 있다. 예컨대, 2세기 시리아에서 순회하는 예언자들이 표면상 그리스도인이 살지 않는 마을들을 방문했을 때, 그들은 그곳에 이미 "한 명의 믿음을 가진 여자"가 이교적 환경을 지닌 가정에서 살고 있음을 알게 되었다. 때때로 그런 여자들이 미래의 교회 공동체를 위해 잠자는 듯 숨을 죽이고 있는 셀을 형성했을 수도 있다.[11]

---

9   AnneMarie Luijendijk, *Greetings in the Lord: Early Christians and the Oxyrhynchus Papyri*, HTS 60 (Cambridge, MA: Harvard University Press, 2008), p. 119.
10 Andrea Sterk, "'Representing' Mission from Below: Historians as Interpreters and Agents of Christianization", *Church History* 79, no. 2 (2010): p. 302; A. Sterk, "Mission from Below: Captive Women and Conversion on the East Roman Frontiers", *Church History* 79, no. 1 (2010): pp. 1-39; Cornelia Horn, "St. Nino and the Christianization of Pagan Georgia", *Medieval Encounters* 4 (1998): pp. 242-264.
11 Ps.-Clem. 2.5.1, trans. Hugo Duensing (from Syriac into German), "Die dem Klemens von Rom zugeschriebenen Briefe über die Jungfräulichkeit", *Zeitschrift für Kirchengeschichte* 63 (1950-51): pp. 166-188.

순회하는 예언자들

대체로 이런 순회하는 그리스도인들은 일반적인 평신도들이었으나, 때때로 그들은 예언의 은사와 놀라운 일을 행하는 능력을 지닌 사람들이기도 했다. 그런 이들은 「디다케」에서 두드러지게 나타나는데, 거기에서 공동체는 그들의 메시지를 테스트하는 수단을 개발했다. 그 예언자가 "주님처럼 행동했는가?" 그가 "자기가 가르치는 것을 실천했는가?" 그가 "성령 안에서 '나에게 돈이나 다른 무언가를 달라'고 말했는가?"[12] 많은 초기 기독교 작가들이 표현하는 살아 있는 신앙에 대한 관심을 반영하는 이런 테스트는 공동체가 참된 예언자들과 허풍선이들을 구별하도록 도왔다. 그리고 그들 중 일부는 불량배들이었다. 2세기의 이교도 작가 켈수스(Celsus)는 그렇게 생각했다. 그가 보기에 기독교 예언자들은 사기꾼들이었다. 그에게 그들은 배회하며 구걸하고 "무의미하고 엉터리없는" 말로 수수께끼 같은 모호한 예언을 하는 사기꾼들이었다.[13]

순회하는 예언자들을 켈수스보다 더 친절하게 바라보는 것이 가능했을까? 1세기 로마의 클레멘스의 스타일을 모방했던 2세기 익명의 시리아 작가로 '클레멘스'라고 불리는 이는 그의 작품 『처녀들에게 보낸 편지들』(Letters to Virgins)에서 그런 예언자들에게 더욱 친절해지려고 노력했다. '클레멘스'는 순회하는 예언자들이 일차적으로 복음 전도자들이 아니었음을 분명하게 밝힌다. 그리고 그들은 표준화된 접근법을 갖고 있지 않았다. 그들의 접근법은 마을의 사정에 따라 달랐다.

그들은 신자들의 작은 공동체가 있는 마을을 방문할 때, 그곳에 지역 교

---

12 *Did.* 11.8-12, trans. C. C. Richardson, in *Early Christian Fathers*, ed. C. C. Richardson, LCC 1 (1953): p. 177.

13 Origen, *Cels.* 7.9, trans. H. Chadwick, *Origen: Contra Celsum* (Cambridge: Cambridge University Press, 1965), p. 403.

회를 세우는 일에 집중했다. 그들은 고아와 과부 그리고 악령에 시달리는 그리스도인들의 필요를 다뤘다. '클레멘스'는 순회하는 예언자들에게 사람들이 아픈 곳에서 질병들을 어떻게 퇴치할지에 관한 지침을 제공했다. 그것은 "소란과 수다 없이…그러나 하나님으로부터 치유의 은사를 받은 사람들처럼…자신 있게 하나님께 찬양을 드리면서" 퇴치하는 것이었다. 그러나 '클레멘스'는 순회하는 예언자들의 퇴마, 치유, 그리고 가난한 자들에 대한 돌봄을 전도의 도구로 여기지 않았다. 오히려 그것들은 순회하는 예언자들이 그리스도인 형제와 자매들에게 연민이 지배하고 치유가 일어나는 장소로서의 지역 회중을 세우기 위해 제공한 자원이 되었다.[14]

순회하는 예언자들이 또 다른 종류의 마을, 즉 "오직 한 명의 그리스도인 여인이 있을 뿐 다른 그 어떤 신자도 없는" 마을에 들어갔을 때, '클레멘스'는 그들의 접근법이 더더욱 전도적이 아니었다고 보고한다. 그들은 마을에서 고립된 채 있었던 그 한 명의 여자 그리스도인을 발견하고도 놀라지 않았다. 그녀는 신자들, 아마도 여자 신자들이 그들로서는 거의 파악할 수 없었던 경제적 상황 때문에 이리저리 흩어졌던 시절에 만연했던 현상을 보여 준 것일 수도 있다. 고립된 그리스도인이었던 그 외로운 여인은 신자들이 자신의 삶과 기도에 동참해 주기를 기도해 왔을 수 있다. 하지만 우리의 순회하는 예언자들은 그런 일을 하지 않았다. 그들은 그 그리스도인 자매를 영적으로 격려하거나 그녀가 마을 사람들에게 복음을 전하는 것을 돕는 일에 관심을 보이지 않았다. 어째서 그랬을까? 어쩌면 그것은 당시에는 여자들에게는 저항하기 어려운 성적 매력이 있다는 인식이 있었기 때문일 수도 있다. 아니면 순회하는 예언자들이 "자신들의 명예가 특별히 여성의 성

---

14 Ps.-Clem. 1,12,5 (Duensing, p. 178).

적 순결과 관련해 정의된다는 것을 알았기" 때문이었을 수 있다.[15] 어떤 경우에도 '클레멘스'는 고립된 자매를 지원하는 것보다는 예언자들의 명성을 보호하는 데 더 많이 근심을 쏟아 냈다. 그들이 그녀를 방문한다면, 불신자들이 어떻게 생각할 것인가? 그 고립된 그리스도인 여자와 그들의 관계는 투명하리만큼 순결해야 한다. 성적 부적절함은 호리만큼도 있어서는 안 된다! 그러므로 순회하는 예언자들은 그녀와 함께 머물러서는 안 될 뿐 아니라, 그녀와 함께 기도하거나 성경을 읽어서도 안 되었다. 그들은 "뱀이나 죄로부터 도망치듯 그런 상황으로부터 도망쳐야 한다."[16] 아, 가엾은 전도자들이여! 그러나 누가 아는가? 다른 곳에서 그랬던 것처럼, 인내하는 그리고 남자 그리스도인들에 의해 성가심을 당하지 않은 그 여자가 믿음의 공동체를 세울 다른 방법을 찾아낼는지!

순회하는 예언자들은 세 번째 종류의 마을에 들어갔을 때 훨씬 더 마음이 편했을 수 있다. 그 마을은 그 어떤 그리스도인도 살지 않는 마을이었다. 그러나 다시 한번 말하자면, 그들의 일차적 관심사는 복음을 전파하는 것이 아니라 더할 나위 없는 행위로 자신들의 명성을 유지하는 것이었다. "우리의 행위가 하나님에 대한 찬양이 되게 하자." 그들은 "신자들은…무신론자들과 비슷하지 않기에, 이교도들에게 동화될 상황이 아니었다." 그러므로 순회하는 예언자들이 퇴마나 치유를 행할 때, 그들은 그것을 오직 기독교 공동체의 회원들만을 위해서 했다. 그것들은 이교도들을 위한 것이 아니었다. '클레멘스'에 따르면, 사실 순회하는 예언자들은 이교도들과 교류하기를 바라지 않았다. 우리는 "이교도들에게 노래하지 않으며, 그들에게 성경을 읽어 주지 않는다." 그들이 바라는 것은 "이미 신자인 자들과 언젠가

---

15 Margaret Y. MacDonald, *Early Christian Women and Pagan Opinion: The Power of the Hysterical Woman* (Cambridge: Cambridge University Press, 1996), pp. 252-253.
16 Ps.-Clem. 2.5.1 (Duensing, p. 182).

믿게 될 이들을 위한 모범"으로서 그들 자신의 순결함을 지키는 것이었다.[17] 순회하는 예언자들은 이교도들이 자기들과 교류하지 않으면서도 그리스도인이 되고 있다는 것을 알았다. 그렇다면 그들은 교회가 어떻게 성장한다고 여겼던 것일까? 순회하는 예언자들은 지역 그리스도인들의 더할 나위 없는 명성과 더불어 그들의 회중 안에서 나타나는 삶과 치유에 대한 소문이 외부인들을 끌어들였다고 여겼던 것임이 틀림없다.

가정에서의 그리스도인들

순회하지 않는 그리스도인들은 자신들의 매일의 삶에 대해 특별한 접근법을 갖고 있었는데, 그것은 저자세를 유지하는 것이었다. 그들은 "공개 석상에서는 침묵하지만 숨은 구석에서는 말이 많은" 것으로 알려져 있었다.[18] 그들은 소동을 일으키거나 자신들의 메시지를 전할 공공장소를 찾으려 하지 않았다. 순교를 앞둔 그들의 지도자들에게 대중을 상대로 말할 기회를 주었을 때조차도 그들은 말을 삼갔다. 2세기 서머나에서 지방 총독이 기독교 주교 폴리카르포스(Polycarp)에게 "사람들을 설득해 보라"고 촉구했을 때 폴리카르포스는 그 요구를 일축했다. "폭도들에 대해서는, 나는 그들이 나의 변론을 들을 만한 자격이 있다고 여기지 않는다."[19] 그로부터 몇 년 후인 고올에서 총독이 리옹의 주교 포티누스(Pothinus of Lyon)에게 법정에 모인 이들에게 기독교의 하나님에 대해 말할 기회를 주었을 때, 포티누스는 이렇게 말했다. "만약 당신들에게 그럴 만한 가치가 있다면, 당신들은 [그분에 대

---

17 Ps.-Clem. 2.6.2-4 (Duensing, pp. 183-184).
18 Minucius Felix, *Oct.* 8.3, trans. G. H. Rendall, LCL 250 (1931), p. 335.
19 Mart. Pol. 10, trans. and ed. Herbert A. Musurillo, *The Acts of the Christian Martyrs* (Oxford: Clarendon, 1972), p. 11.

해―옮긴이]] 알게 될 것이다."[20] 폴리카르포스와 포티누스는 자기들을 지켜 보는 세상에게 기독교 신앙을 보여 줄 수 있는 것은 자기들의 말이 아니라 순교라는 자신들의 행위라고 여겼음이 분명하다. 대체로 이것이 원리였다. 교회는 사람들의 관심을 끌려고 하지 않았고 오히려 다른 수단으로 복음을 전파했다. 그런 수단들은 무엇이었을까?

가정 생활

초기 교회들은 그 뿌리를 집(domus)에 두고 있었다. 집은 물리적 공간이자 그곳에서 사는 친족과 친족이 아닌 이들까지 모두를 포함하는 사람들의 무리를 뜻했다.[21] 그리스도인들은 그들의 도시와 마을 전역에 흩어져 있는 일반적인 거처들에서 살았다. 모든 도시인들과 마찬가지로 그들은 거처에서 예배를 드렸는데, 그 거처 중 많은 곳은 다양한 크기의 방을 지닌 다층 건물인 대규모 집단 주택들(insulae, 건축된 '섬들') 안에 있었다. 최근의 고고학적 연구에 따르면, 이런 방들은 대부분 작았고 대개 가난한 이들이 살았다. 그중 소수가 중간 크기였는데, 그것들은 재산이 늘어난 이들을 위한 것이었다. 그리고 극소수가 꽤 넓었는데, 그것들은 부자들을 위한 것으로 정교하게 장식된 방이 여러 개 있었다. 그런 집단 주택들에서는 사회의 여러 부류의 사람들이 서로 이웃해서 살았다.[22] 이웃은 서로를 지켜보았고 다른 이들이 들어오고 나가는 것을 지켜보았다. 어느 야심 많은 성공한 석공이 작은 집에

---

20 Eusebius, *Hist. eccl.* 5.1.29 (trans. Musurillo, *Acts*, p. 71).
21 Kate Cooper, "Closely Watched Households: Visibility, Exposure, and Private Power in the Roman *Domus*", *Past and Present* 197 (2007): p. 5.
22 초기 그리스도인들이 살았던 건조(建造) 환경에 대한 나의 이해는 주로 Peter Oakes, *Reading Romans in Pompeii: Paul's Letter at Ground Level* (Minneapolis: Fortress, 2009), chaps. 1-2에 빚을 지고 있다. 또한 Edward Adams, *The Earliest Christian Meeting Places: Almost Exclusively Houses?*, LNTS 450 (London: Bloomsbury T&T Clark, 2013), pp. 7-10를 보라.

서 큰 집으로 이사를 하면, 사람들은 그것을 알아차렸다. 그에게 그곳은 가족이 살 곳이자 사업장이었다. 또한 그들은 기독교 교회가 그의 집에서 모이기 시작하는 것도 알아차렸다. 시간이 흐르고 회중의 규모가 커지면 그들은 모임을 석공보다 부유한 다른 교인의 큰 집으로 옮겨 갔다. 어떤 일이 일어나고 있었는지에 대한 한 예가 3세기 중엽 팔레스타인의 가이사랴에서 나타나는데, 거기에서 기독교 공동체는 어느 형편이 좋은 사람의 집 혹은 집이었던 곳에서 모이고 있었다. 여러 개의 방을 가진 그 집은 사람들이 잘못된 행위를 할 기회를 제공했다. "어떤 이들은 교회에서 성경 본문이 낭독되는 동안 인내심 있게 기다리지 않았다. 다른 이들은 성경이 낭독되고 있는 것조차 알지 못했고, 주님의 집의 가장 먼 구석에서 속된 이야기를 나누느라 정신이 없었다."[23] 이것은 여전히 집, 가정집이었지만 큰 집이었다. 이런 패턴, 즉 그리스도인들이 가정집에서 모이는 패턴은 콘스탄티누스가 왕좌에 오른 후로도 백 년 가까이 기독교 운동 안에서 지배적인 형태였다. 기독교의 처음 4세기 동안 교회는 주로 가정적인 현상(domestic phenomenon)이었다.[24]

집단 주택에서는 은밀한 모임들을 많이 가질 수 없었다. 그리스도인들

---

23 Origen, *Hom. Exod.* 12.2, trans. R. E. Heine, FC 71 (1981), p. 369. 또한 Origen's *Hom. Jer.* 19.13.4, trans. J. C. Smith, FC 97 (1998), p. 212를 보라: "아래층에는 예수님이 원하시는 대로 유월절을 지키는 이가 아무도 없다. 만약 어떤 이가 예수님과 함께 유월절을 지키고 있다면, 그는 위에 있는 큰 방, 청소가 된 가구가 딸린 방에, 잘 장식되고 준비된 가구가 딸린 방에 있다."
24 Kim Bowes, "Early Christian Archaeology: A State of the Field", *Religion Compass* 2, no. 4 (2008): p. 581; Bradly S. Billings, "From House Church to Tenement Church: Domestic Space and the Development of Early Urban Christianity—the Example of Ephesus", *JTS* 62, no. 2 (2011): pp. 542, 552, 563. Bowes가 보기에, 시리아의 두라 유로포스(Dura-Europos)에 있었던 그 유명한 '가정 교회'는 가정집과 바실리카 사이에 속한 교회 건물(*domus ecclesiae*)이라는 범주의 한 종류이지 그 범주의 특색이 아니었다. Paul Post, "Dura Europos Revisited: Rediscovering Sacred Space", *Worship* 86, no. 3 (2012): pp. 222-243에 따르면, 두라 유로포스의 건물은 지역 교회가 모이는 집이 아니었을 수도 있다. 집(domus)에 대해 선교적 시나리오를 세우는 대조적인 접근법에 관해서는, Reidar Hvalvik, "In Word and Deed: The Expansion of the Church in the Pre-Constantinian Era", in *The Mission of the Early Church to Jews and Gentiles*, ed. Jostein Adna and Hans Kvalbein (Tubingen: Mohr Siebeck, 2000), pp. 281-282를 보라.

이 어느 장인의 작은 집이나 어느 상인의 큰 집에서 모일 때, 사람들은 그들의 움직임을 지켜보았다. 구경꾼들은 그리스도인들이 이교도 협회의 회원들과 달리 자주 만나는 것을 보았다. 2세기 로마에서 유스티누스는 "우리는 계속해서 함께한다"라고 보고했다.[25] 유스티누스가 한 말이 무엇을 의미했는지는 분명하지 않다. 하지만 200년경에는 로마 교회가 토요일 밤이나 주일 아침에 교회의 주된 모임인 주례 성찬식을 가졌을 가능성이 크다. 테르툴리아누스는 "당신들은 여드레에 한 번씩 축일을 갖고 있구려!"라며 크게 기뻐했다.[26] 그러나 그 교회는 또한 교리 교육과 기도를 위한 아침 활동과 식사를 위한 저녁 모임이 이루어지는 곳이었고, 먹을 음식을 가져오고 친구를 환대하고 자녀나 친구의 겉옷이나 신발을 얻기 위해 창고를 살피러 잠시 방문하는 곳이기도 했다. 커다란 건물들 안에 끼어 있는 교회의 집회실과 사교실들은 "눈에 띄지 않는 공동체의 센터"로서의 역할을 했다.[27]

건축 양식은 강력하다. 그것은 그 안에서 살며 예배하는 이들의 에토스(ethos)를 결정한다. 초기 그리스도인들이 모이던 가정집 공간들은 그들의 특징적인 아비투스를 발전시켜 주는 역할을 했다. 그리스도인들은 가정적이었다. 그들은 자기들이 알고 사랑했던 이들과 대면 방식으로 관계를 맺었다. 그리스도인들은 사회적으로 적극적이었다. 그들은 집중적이고 구체적인 형태로 회원들과 다른 이들을 돌보았다. 반면에, 안전과 비밀에 대한 그리스도인들의 우려 때문에 교회가 모이는 장소에 들어갈 수 없었던 외부인들은 그리스도인들이 들어가고 나가는 것을 보면서 그들에 대해 때로는 음란한 소문으로, 그리고 때로는 안달과 질투로 반응했다.

---

25 Justin, *1 Apol.* 67, trans. E. R. Hardy, LCC 1 (1953): p. 287.
26 Tertullian, *Idol.* 14, trans. S. Thelwall, *ANF* 3:70.
27 Richard Krautheimer, *Rome, Profile of a City, 312-1308* (Princeton: Princeton University Press, 1980), p. 33.

일상생활에서의 참여

우리가 보았듯이, 그리스도인들은 대체로 밀집된 환경에서 비그리스도인들과 이웃해 살았다. 사생활은 거의 불가능했다. 일상생활 과정에서 그리스도인들은 계단을 오르내리고, 노점상들로부터 물건들을 구입하고, 이런저런 모임이나 친구들의 집으로 음식을 가져갔다. 주변 사람들은 대체로 단순하고 수수한 옷차림을 했던 신자들의 정체를 즉각 알아차릴 수 없었다. 하지만 관계가 발전함에 따라 사람들은 그들의 정체를 알아차렸다. 때때로 그것은 놀라움으로 다가왔다. 그들은 이렇게 말했다. "이 사람 가이우스 세이우스는 좋은 친구야, 그가 그리스도인이라는 사실만 빼면은 말이지."[28] 때때로 그리스도인들이 병든 이웃을 위해 기도하겠다고 제안했을 때 돌파구가 생기기도 했다. 설령 초기 그리스도인들이 사람들을 회심시키기 위한 전략들을 갖고 있었다고 할지라도, 그들은 그것들에 대해 가르치거나 쓰지 않았다. 오리게네스가 어느 주일 설교를 통해 말했듯이, "세례 지원자들이여, 누가 여러분을 교회로 모았습니까? 무엇이 여러분을 자극해 집을 떠나 이 모임에 오게 했습니까? 우리는 여러분을 찾아 이집 저집 돌아다니지 않았습니다. 전능하신 성부께서 그분의 보이지 않는 능력으로 여러분의 마음에 이런 열심을 넣어 주셨습니다."[29] 오리게네스는 그리스도인들에게 이집 저집 찾아다니라고 부추기거나 그들의 전도 방법을 보다 효과적인 것으로 대체하라고 권하기는커녕 하나님의 "보이지 않는 능력"에 대한 자신의 끈기 있는 신뢰를 표현했다.

그렇다면 교회는 어떻게 성장했을까? 학자들은 교회의 성장이 온건한 무언가를 통해, 즉 "일상적 접촉"을 통해 일어났다고 보았다.[30] 접촉은 대부

28　Tertullian, *Apol.* 3.1, trans. T. R. Glover, LCL 250 (1931), p. 19.
29　Origen, *Hom. Luc.* 7.7, trans. J. T. Lienhard, FC 94 (1996), p. 31.
30　E. Glenn Hinson, *The Evangelization of the Roman Empire: Identity and Adaptability* (Macon,

분 사람들이 참여했던 가족과 직업의 초지역적인 네트워크를 통해 수많은 방식으로 이루어졌다. 주인들은 종들과 교류했다. 거주자들은 이웃과 만났다. 그리고 무엇보다도 신자들은 친척들 및 일터의 동료들과 네트워크를 형성했다. 이 모든 관계 속에서 "정서적인 유대"가 형성되었다.[31] 다른 이들에게 신앙의 매력을 전하고 그들이 더 많은 것을 살펴보도록 유인하는 가장 믿을 만한 수단은 그리스도인들의 성품, 태도, 행동이었다. 개별 그리스도인들의 아비투스가 결정적이었다.

신앙의 운반자였던 여성들

오랜 세월 동안 그리스도인들은 초기 교회에 관해 말할 때 핵심적 역할을 남자들에게 부여했다. 지식인들과 작가들은 남자들이었다. 그들은 '교부'라고 불렸고, 그들의 저작은 '교부학'이라고 불렸다. 공동체 지도자들의 명단은 언제나 남자들의 명단이었다. 초기 몇 세기는 역사가 크리스틴 트레벳(Christine Trevett)이 "기독교 역사의 무(여)성 지대"[no (wo)man's land of Christian history]라고 부르는 것에 해당했다.[32] 그러나 이것은 초기 기독교가 동시대인들에게 보였던 방식이 아니다. 학자들, 특히 여성 학자들의 세심한 연구는 우리가 교회의 성장을 새로운 눈으로 보도록 도왔다. 기독교 운동이 범세계적으로 회원들을 얻었을 때, 여성들은 그 이야기에서 없어서는 안 될

GA: Mercer University Press, 1981), p. 49. 또한 Everett Ferguson, "Some Factors in the Growth of the Early Church", *Restoration Quarterly* 16 (1973): p. 45; Brox, "Zur christlichen Mission", p. 221; Ramsay MacMullen, *Christianizing the Roman Empire (A.D. 100-400)* (New Haven: Yale University Press, 1984), pp. 40-41를 보라.

31 John Lofland and Rodney Stark, "Becoming a World-Saver: A Theory of Conversion to a Deviant Perspective", *American Sociological Review* 30 (1965): pp. 862-875.

32 Christine Trevett, *Christian Women and the Time of the Apostolic Fathers (AD c. 80-160): Corinth, Rome and Asia Minor* (Cardiff: University of Wales Press, 2006), p. 5.

역할을 감당했다.

여성들에 관해 쓰기

유감스럽게도, 여성 신자들에 관해 쓰는 것은 어렵다. 남아 있는 자료들이 적고 파편적이기 때문이다. 그런 자료들은 종종 기독교의 대적들로부터 온다. 그들은 그리스도인들을 자기들이 경멸하는 사회 집단들과 연결시키면서 기독교를 깎아내리려고 기를 썼다. 더 심각한 것은, 감옥에서 환상에 관한 일기를 남긴 (우리가 3장에서 만났던) 페르페투아의 경우를 제외하고, 기독교 작가들은 사실상 모두 남성들이었다. 케이트 쿠퍼와 다른 학자들이 지적했듯이, 여자들에 관해 썼던 남자들은 여자들을 남자들끼리 하는 교회와 교리 게임에서 일종의 수사학적 도구로 사용했다. 그들은 그들 자신의 관점에서, 그리고 그들 자신의 목적을 위해 글을 썼다.[33] 우리는 여성들에 관한 증거를 거의 갖고 있지 않으며, 우리가 갖고 있는 증거들은 자주 오염되어 있다. 물론 그 자료들은 우리가 여성들에 관해 개별적으로 혹은 한 묶음으로 삼아 통계적으로 말하는 것을 거의 허락하지 않는다. 주디스 류(Judith Lieu)는 충분한 이유를 갖고서, 작가들이 표면상으로는 여성들의 관행에 관해 말할 때조차 사실상은 여성들의 상대방인 남성의 "언어 수사(修辭)"에 대해 훨씬 더 많은 것을 말한다고 주장했다. 그렇다면 우리는 초기 그리스도인 여성들의 사회적 경험에 관해 말할 수 있을까? 류는 위험 없이는 그럴 수 없다고 결론짓는다.[34]

---

[33] Kate Cooper, "Insinuations of Womanly Influence: An Aspect of the Christianization of the Roman Aristocracy", *JRS* 82 (1992): p. 155; Elizabeth A. Clark, "Thinking with Women: The Uses of the Appeal to 'Woman' in Pre-Nicene Christian Propaganda Literature", in *The Spread of Christianity in the First Four Centuries: Essays in Explanation*, ed. W. V. Harris (Leiden: Brill, 2005), p. 43.

[34] Judith M. Lieu, *Neither Jew nor Greek? Constructing Early Christianity* (New York: T&T

그러나 이런 위험은 감행해 볼 만하지 않을까? 오랜 세월 여성들을 배제했던 남성 학자들이 여성들을 이야기 속에 포함시키기 시작할 때, 학자들 특히 여성 학자들이 의심을 품는 것은 옳은 일이다. 그러나 우리가 그런 의심 때문에 기독교 관행에 대해 연구해서는 안 되는가? 수사에 대한 분석에는 관여하되 그 수사의 토대를 이루는 습관과 반사적 행위들은 식별하지 않으려고 조심해야 하는가? 나는 그렇게 생각하지 않는다. 우리가 신중하게 그리고 적절한 의심을 품고 읽는 증거는 유용하기에 충분할 만큼 강력하다. 그런 증거는 20세기에 세계적인 것이 된 교회처럼, 처음 3세기의 기독교가 저명한 여성 선교학자 데이나 로버트(Dana Robert)가 말하는 "여성 운동"이었음을 보여 준다.[35]

여성 운동으로서의 초기 기독교

예외적인 몇 경우를 제외하고는, 여성들이 그 운동에서 공식적인 지도자 자리를 차지한 적은 없었다. 여성들이 주교가 된 적은 거의 없었다. 오직 예외적인 경우에만 그들은 '사도'와 장로들이었다. 그리고 이따금씩만—몇 경우에 그리고 몇 지역에서—그들은 집사나 '여집사' 노릇을 했다.[36] 아니다, 교회 초기 몇 세기 동안 여성들의 중요성은 그들의 제도적 리더십이 아니라 전적으로 그들의 숫자에 있었다. 이것을 입증하기는 어려울 수 있다. 하지만 나

Clark, 2003), p. 97.

35 Dana L. Robert, "World Christianity as a Women's Movement", *International Bulletin of Missionary Research* 30, no. 4 (2006): p. 180.

36 주교로서의 여성에 관해서는, Ute Eisen, *Women Officeholders in Early Christianity* (Collegeville, MN: Liturgical Press, 2000), pp. 205-209를 보라; 장로로서의 여성에 관해서는, Kevin Madigan and Carolyn Osiek, *Ordained Women in the Early Church* (Baltimore: Johns Hopkins University Press, 2005), pp. 163-198를 보라; 사도로서의 여성에 관해서는, Eisen, *Women Officeholders*, pp. 49-55를 보라; 집사와 여집사로서의 여성에 관해서는, Madigan and Osiek, *Ordained Women*, pp. 24-27, 107-118를 보라.

는 아주 이른 시기부터 그리스도인들의 대다수는 여성들이었다고 확신한다.[37] 더 나아가 여성 그리스도인들은 '스타들', 성인들, 그리고 그리스도인들과 이교도들 모두에게 영감과 불안을 안겨 주었던 블란디나와 페르페투아 같은 순교자들을 낳았다.[38] 그러나 아마도 여성들의 가장 큰 중요성은 그들이 공동체를 건설하는 자로서, 봉사하는 자로서, 그리고 겸손한 전도를 실천하는 자로서 보여 준 왕성한 활동이었을 것이다. 이 모든 일에서 그들은 기독교 운동 전체에 영감을 불어넣었다. 크리스틴 트레벳이 잘 말했듯이, "[여자들은] 최전선에 있었다." 그들은 "전도하기에 좋은 위치이자 공격에 취약한 위치"라는 두 측면 모두에서 이해되는 최전선에 있었다.[39]

나는 여자들의 숫자와 중요성에 관한 주장에 논쟁의 소지가 있다는 것을 인정한다. 저명한 학자들은 특히 본질주의(essentialism: 여성과 남성의 정체성이 생물학적, 심리적, 사회적으로 고정되거나 결정되어 있다고 보는 전통적인 생각—옮긴이)와 관련해 서로 의견이 다른데, 주디스 류는 그것을 '생물학주의'(biologism)라고 부른다. 류는 우리가 여성이 주로 사회적으로 구성된 것이 아니라 성적 특징을 반영하는 것으로 종교적이 되는 성향을 갖고 있다고 주장하는 "매우 논쟁적인 생물학주의적 관점"을 택하는 것은 잘못이라고 주장한다.[40] 그럴 수도 있으나, 그것과 반대되는 증거가 존재한다. 우리는 수 세기에 걸

---

37 Carolyn Osiek and Margaret Y. MacDonald, *A Woman's Place: House Churches in Earliest Christianity* (Minneapolis: Fortress, 2006), p. 12; Robin Lane Fox, *Pagans and Christians* (San Francisco: Harper & Row, 1986), pp. 309-310; Stark, *Rise of Christianity*, p. 98; Reinbold, *Propaganda und Mission*, p. 309. 보다 회의적인 관점에 대해서는, Lieu, *Neither Jew nor Greek?*, p. 90; Trevett, *Christian Women*, p. 13를 보라.

38 W. H. C. Frend, "Blandina and Perpetua: Two Early Christian Heroines", in *Les Martyrs de Lyon (177)*, Colloques internationaux du Centre national de la recherche scientifique 575 (Paris: Éditions CNRS, 1978), pp. 167-177; Brent D. Shaw, "The Passion of Perpetua", *Past and Present* 139 (May 1993): p. 14.

39 Trevett, *Christian Women*, p. 119.

40 Lieu, *Neither Jew nor Greek?*, p. 86.

쳐 그리고 전 세계에 걸쳐 만화경처럼 다양한 종교 안에서 여성이 우세하게 존재한다는 것을 안다. 오늘날 학자들은 현대의 종교적 삶에서 나타나는 여성의 인상적인 존재에 주의를 환기하고 있다. 로드니 스타크가 20세기의 종교적 참여에 관해 쓴 최근의 논문이 그에 대한 한 가지 예를 보여 준다.[41] 스타크는 49개국에 대한 비교 자료를 제공하는 1995-1996년도 세계 가치관 조사(World Values Surveys)에 기초해 그의 연구를 수행했다. 그는 모든 나라에서 사람들이 "당신은 종교적인 사람인가?"라는 질문을 받을 때 남자보다는 여자들이 더 높은 비율로 "그렇다"라고 답하고 있음을 발견했다. 응답의 비율은 다양했다. 알파벳 순서대로 살펴보자면, 아르메니아에서는 여자와 남자의 비율이 1.27:1이었다. 오스트리아에서는 1.15:1, 벨라루스에서는 1.45:1 등으로 나타났다.[42] 스타크는 "이런 결과는 종교성에 대한 다른 척도를 적용할 때도 완전하게 복제되었다"라고 지적한다.[43] 또한 그는 일본, 중국, 아제르바이잔 같은 비기독교 국가들에서도 유사한 비율을 발견한다.[44] 이 자료의 증거는 기독교와 '신흥 종교들' 내의 갱신 운동에 관한 나의 관찰 결과와 일치한다. 반복해서 말하는데, 이 모든 것에서 여자들은 남자들을 수적으로 능가했다.

그러나 역사적으로 고대 세계에서는 어떠했을까? 물론 고대 세계와 관련해 나는 직접적인 관찰 결과를 제시할 수 없다. 단지 한 가지 통계만 제시할 수 있을 뿐이다. 대박해 기간인 305년에 북아프리카 키르타(Cirta)에서 제국의 관리들이 어느 가정 교회를 급습했고 (우리의 목적에 유용하게도) 그 집의 소

---

41 Rodney Stark, "Physiology and Faith: Addressing the 'Universal' Gender Difference in Religious Commitment", *Journal for the Scientific Study of Religion* 41, no. 3 (2002): pp. 495-507.
42 같은 책, pp. 497-498.
43 같은 책, p. 496.
44 같은 책, p. 499.

유물 목록을 작성했다. 이 목록을 살펴본 이들은 성배, 촛대, 다른 전례용 기구들과 함께 옷가지들을 발견했다. 그 교회는 분명히 옷 창고였던 것을 갖고 있었는데, 교인들은 다른 교인들이 필요할 때 줄 수 있는 옷들을 그곳에 기부했다. 그 옷가지들에는 "82벌의 여성용 겉옷…16벌의 남성용 겉옷, 13켤레의 남성용 신발, 47켤레의 여성용 신발"이 포함되어 있었다.[45] 같은 시기에 교회 지도자들이 스페인 엘비라에서 모임을 갖고 그들의 관심사를 다루는 교회법을 반포했다. 그중 15항의 내용은 다음과 같았다. "소녀들의 숫자가 아무리 많을지라도, 그리스도인 처녀들이 이교도들에게 시집가서는 안 된다. 꽃처럼 피어나는 젊음이 영혼의 간음으로 끝나서는 안 되기 때문이다."[46] 키르타에서처럼, 그리고 3세기 초에 칼리스투스가 주교 노릇을 하던 로마에서처럼, 엘비라에서도 분명히 여자들이 남자들보다 많았다.[47] 어째서 그랬던 것일까? 가족 개종에 있어서 남편들이 아내들에게 그리스도인이 되도록 강요했던 경우를 제외하면—그런 일은 드물었던 것으로 보인다—여자들은 신자가 될 필요가 없었다. 그들은 모든 이들이 마주했던 불이익에도 불구하고, 그리고 교회의 가부장적 구조와 관습에도 불구하고 교회에 참여하는 쪽을 택했다. 여자들은 이교도로 있을 때보다 그리스도인이 될 때 훨씬 더 자유로워진다고 느꼈을 수도 있다. 실제로 때때로 그들은 자기들이 새로운 세상을 창조하는 일에 불가결한 협력자라고 느꼈을지도 모른다. 여자들이 그리스도인이 되었을 때, 어느 의미에서 그들의 삶은 훨씬 더 복잡해졌을 수도 있다. 그러나 그것은 또한 훨씬 더 풍요로워졌을 수도 있다.

---

45 *Gesta apud Zenophilum* 3, in *Optatus: Against the Donatists*, trans. and ed. Mark Edwards, TTH 27 (Liverpool: Liverpool University Press, 1997), p. 154.
46 Canons of Elvira 15, trans. Samuel Laeuchli, *Power and Sexuality: The Emergence of Canon Law at the Synod of Elvira* (Philadelphia: Temple University Press, 1972), appendix, p. 128.
47 Peter Lampe, *From Paul to Valentinus: Christians in Rome in the First Two Centuries* (Minneapolis: Fortress, 2003), pp. 118-122.

무엇이 여자들을 움직였는가?

여자들은 왜 그리스도인이 되었을까? 그들은 분명치는 않지만 강력한 방식으로 교회의 성장을 견인했는데, 도대체 그들은 왜 그렇게 했던 것일까? 스타크는 교회에 참여한 여자들에게 일어났던 유익들, 가령 그리스도인 남편들의 정절과 살인(낙태와 영아 살해)에 대한 기독교 교회의 거부 같은 것들을 지적한다.[48] 더 나아갈 수 있을까? 어째서 여자들이 남자들보다 기독교 공동체에 가입할 가능성이 더 컸던 것일까? 두 명의 영국인 사회학자 토니 월터(Tony Walter)와 그레이스 데이비(Grace Davie)는 여러 사회에서 여자들이 남자들보다 훨씬 더 종교적으로 적극적이 되는 이유는 여자들이 적어도 그들의 출산 경험을 통해 남자들보다 육체적으로 해를 입기 쉬웠던, 그리고 자신들의 삶의 환경을 제어하지 못했던 경험에서 기인한다고 주장한다. 또 여자들은 병든 아이과 죽어 가는 노인들 곁에 훨씬 더 많이 머무는 경향이 있다.

출생과 죽음은 "거룩한 것과의 만남을 얼마간 수반하는 것일까?"[49] 이것에 관해서 우리는 신비의 영역 안에 있다. 그럼에도 우리가 그 두드러지지 않는 사람들, 즉 상황을 통제하지 못하는 믿는 여자들을 단역 배우들 정도로 여기지 않는 것이 합당해 보인다. 비록 남아 있는 텍스트들이 그들을 그렇게 보이도록 만들고는 있지만 말이다. 아니다, 그들은 무대의 중심에 있었다. 그것은 단지 그들이 수가 많았기 때문만이 아니라, 또한 이야기의 줄거리를 형성하는 일에서 중요한 역할을 맡았기 때문이기도 했다.

---

[48] Stark, *Rise of Christianity*, pp. 117-122. 기독교 공동체 내 여자들의 수는 그리스도인들이 지역의 쓰레기더미에 유기된 아이들을 입양하고 키움으로써 늘어났을 수도 있다. 그리스어 이름 Kopreus는 "거름더미에서 벗어나다"를 의미한다(Lane Fox, *Pagans and Christians*, p. 343).

[49] Tony Walter and Grace Davie, "The Religiosity of Women in the Modern West", *British Journal of Sociology* 49, no. 4 (1998): p. 648.

행동하는 여자들

우리는 교회의 삶의 어느 분야에서 행동하는 여자들을 보는가? 그들의 분산에서다. 이 장 앞부분에서 우리는 그런 여인 하나를 만났다. 순회하는 전도자들이 자기들이 위태롭게 될까 봐 두려워하며 도망쳤던 시리아의 어느 마을에 살던 고립된 믿는 여자를.[50] 이 여자는 어쩌다 그곳에 가게 되었을까? 그녀는 그곳에서 회심했을까, 전쟁 때문에 그곳으로 이주한 신자였을까, 아니면 어느 큰 가정의 노예였다가 이교도 가장의 뜻으로 그곳으로 이주했던 것일까? 전도자들이 마을을 떠난 후 그녀에게는 무슨 일이 일어났을까? 그녀는 그곳에서 고립된 그리스도인으로서 죽었을까? 신앙을 잃었을까? 혹은 다른 흩어진 그리스도인들을 만나거나 그녀가 이상하게 인상적이라고 여겼던 다른 이들에게 자신의 삶의 방식과 끈기 있는 소망을 전함으로써 어떻게든 다른 그리스도인들과의 교제를 이뤄 냈을까?

또 여자들은 그룹을 형성했다. 텍스트들은 여자 그리스도인들이 남자 그리스도인들은 접근이 불가능했던 가정에 들어갈 수 있었음을 밝힌다. 알렉산드리아의 클레멘스는 3세기 이집트에서 "[여자들]을 통해 주님의 가르침이 비방을 일으키지 않은 채 그 가정의 여자들에게 소개되었다"고 전한다.[51] 어쩌면 우리의 "고립된 믿는 여자"도 그런 식으로 기독교적 우정을 찾거나 발전시킬 수 있었을지 모른다. 우리는 3세기의 교회법 "사도들의 가르침"을 통해 시리아의 여인들이 절제된 전복성을 지니고 물 흐르듯 기득권층 안으로 들어갈 수 있었다는 것을 알고 있다.[52] 기본적으로 스스로 행동하는 여자들에 의해 구축된 그런 관계로부터 이교도 철학자 켈수스가 발견했던 것과

---

50 Ps.-Clem. 2.5.1.
51 Clement of Alexandria, *Strom.* 3.6.53, trans. E. A. Clark, *Women in the Early Church* (Collegeville, MN: Liturgical Press, 1983), p. 53.
52 *Did. apost.* 3.12.4.

같은 그룹들이 나타났다.

180년대에 저술 활동을 했던 켈수스는 그리스도인들이 여자들을 포함해 하층민을 끌어들여 그룹을 만들었다고 혐오감을 드러냈다. 그런 그룹에는 "양털 세공업자, 구두 수선공, 세탁소 주인, 대부분 문맹이고 소박한 촌뜨기들"이 포함되었다. 그에게 이런 이들은 계급화된 세상에서 자기들이 사회의 쓰레기라는 것을, 그리고 남들에게 표현하거나 남들이 들어 줄 만한 가치가 있는 견해를 갖고 있지 않다는 것을 알고 있는 하찮은 사람들이었다. 만약 그들이 "장로들과 지적인 주인들" 앞에서 말을 한다면, 그들은 채찍질을 당할 것이다. 그러나 그들이 사적으로 아이들과 "어리석은 여인들"을 접촉할 경우, 그들은 자신들의 뜻을 분명히 밝혔다. 그들은 "사람들은 그들의 아버지와 학교 선생님들에게 주의를 기울일 것이 아니라 오히려 그들에게 복종해야 한다"고 말한다. 그러면서 그들은 "오직 그리스도인들만 올바로 사는 법을 안다"고 말한다.[53]

어떤 이들은 이런 그리스도인들—의심할 바 없이 가난한 사람들, 여인들, 하찮은 사람들이었다—이 어떻게 복음을 받았는지 궁금해한다. 그들은 자기들에게 인격적 존엄성이 있다는 것을 어떻게 알게 되었을까? 그들은 인습적이고 폭력적이고 수직적인 사회의 지혜에 창조적으로 대립하는 "올바로 사는 법"이 있다는 것을 어떻게 알게 되었을까? 그들은 그렇게 사는 것을 어떻게 배웠을까? 켈수스에 따르면, 그들은 그런 것을 그들의 일터에서 배웠다. 여자와 아이들은 도무지 그럴 것 같지 않은 장소에서, 즉 "양털 가게 혹은…구두 수선공이나 세탁부의 가게" 같은 곳에서 "완전"에 관해 배웠다. 켈수스는 조소하듯 결론을 내린다. "그리고 그렇게 말하면서 그들은 사람들을 설득했다." 켈수스는 우리에게 그 설득자들이 누구였는지 말하

---

53 Origen, *Cels.* 3.55 (Chadwick, pp. 165-166).

지 않는다. 하지만 그들이 양털 가게에 쉽게 들어갈 수 있었던 것을 고려한다면, 아마도 그들은 여자들이었을 것이다. 그는 또한 우리에게 양털 가게에 메시지를 전했던 이들이 하나님, 그리스도, 기도, 혹은 미래에 관해 무슨 말을 해서 자기들의 말을 듣는 이들이 믿도록 설득했는지에 대해서도 말하지 않는다. 그러나 그는 우리에게 그 메신저들이 새로운 세상에 관한 희망을 전했으며 주변화된 사람들과의 교제를 통해 그런 세상을 추구할 에너지를 나눠주었다고 말한다. 그렇게 해서 그들은 함께 "올바로 사는 법", 즉 그들의 주인들의 세계를 상대화시키고 그들의 삶에 의미를 주는 대안적 아비투스를 발견할 수 있었다.

이종교 간의 결혼을 한 노예들과 여자들

다른 여자들은 노예들 혹은 이종교 간 결혼 상태에 있던 여자들이었다. 여자 노예들은 그 가정의 가장들에 비해 거의 아무런 힘도 갖고 있지 않았다. 가장들은 그녀들에게 봉사를 요구할 수 있었을 뿐 아니라 잠자리를 같이하도록 명령할 수도 있었다. 그리스도인들을 만나 교회가 간음을 거부한다는 사실을 배운 젊은 여자 노예는 이것이 고통스러운 상황임을 알게 되었을 것이다. 유사하게, 어느 이교도의 그리스도인 아내는 삶이 유쾌하지 않다는 것을 알게 되었을 수 있다. 고대의 관습은 아내가 남편의 가족 종교를 따르는 것을 당연한 것으로 여겼다.[54] 이종교 간의 결혼은 무언가 흔하지 않은 일이 발생했다는 신호였다. 그런 경우에 여자는 그리스도인이 되는 놀랍고 불안한 일을 감행했거나, 아니면 그리스도인 남자들 중에서 적합한 남편을 찾는 게 불가능하다는 것을 알고서 이교도와 결혼했을 것이다.[55] 이런 상황에

---

54 Lane Fox, *Pagans and Christians*, p. 83.
55 "아직 신자가 아닌" 아내를 가진 그리스도인 남편에 대한 언급은 단 한 번만 발견했다[*Trad. ap.* 41.12 (BJP, p. 198)].

서 그리스도인 아내들은 어떻게 살아야 했을까? 그들은 베드로전서 3:1의 훈계를 배웠다. 그들은 자신들의 이교도 남편들이 "말로 말미암지 않고 아내의 행실로 말미암아 구원을 얻을" 수 있도록 그들에게 순종적으로 행해야 했다.[56] 시리아의 "사도들의 가르침"은 믿는 여인들에게 "겸손과 온유함으로 믿음을 입증하라"고 권했다. 그럴 경우 "이교도인들이 변하고 믿음을 갖게 될 수도 있다."[57]

전도를 위해 남편에게 순종적이 되고자 하는 아내의 바람은 기독교의 원리들에 대한 그녀의 헌신과, 그리고 자신의 종교 의식과 아비투스를 지키고자 하는 그녀의 바람과 상충할 수 있다. 얼라인 루셀(Aline Rouselle)은 우리에게 이교도와 결혼한 어느 여자 그리스도인의 고통을 환기시켜 주는 장면을 상상한다. "그녀는 여전히 아기를 낳았을 때의 자세로 다리를 벌린 채 침묵을 지켜야 했고, 그 아이가 가족에게 수용될 것인지, 죽도록 버려질 것이지, 아니면 노예가 될지를 결정하는 일에서 제외되었다."[58] 그녀의 남편이 그의 부권(*patria potestas*)를 행사했을 때 그녀가 느꼈을 당혹감과 슬픔은 얼마나 컸을까! 그녀는 아기를 갈망했고, 유아에 대한 유기가 중대한 죄라는 교회의 주장에 동의했고, 자기 남편의 구원을 위해 그를 기쁘게 해 주고 싶어 했으나, 정작 그 아기를 죽일지 살릴지를 결정할 법적 권리를 가진 이는 가장인 그녀의 남편이었다.[59]

그러나 이종교 간 결혼에는 복종 이상의 것이 있었다. 205년경에 테르툴

---

56 Trevett, *Christian Women*, p. 199.
57 *Did. apost.* 1.10.3, trans. Stewart-Sykes (2009), p. 116.
58 Aline Rouselle, *Porneia: On Desire and the Body in Antiquity* (Oxford: Blackwell, 1988), p. 4; cited in Trevett, *Christian Women*, p. 192.
59 Cornelia B. Horn and John W. Martens, "*Let the Little Children Come to Me*": *Childhood and Children in Early Christianity* (Washington, DC: Catholic University of America Press, 2009), pp. 20-21.

리아누스는 여자 그리스도인들―의심할 바 없이 상류층 여자들―에게 이교도와 결혼하는 것은 좋지 않은 생각이라고 설득하기 위해 『그의 아내에게』(To His Wife)라는 책을 썼다.[60] 이 책에서 그는 이종교 간 결혼에서 나타나는 삶의 시련들을 엿볼 수 있는 귀한 창을 제공한다.[61] 테르툴리아누스는 어느 좌절하는 여자 그리스도인에 대해 묘사하는데, 그녀의 남편―테르툴리아누스는 그를 "사탄의 종"이라고 부른다―은 그녀가 "기독교의 의무와 예배를 수행"하지 못하도록 훼방한다. 그녀의 남편은 기독교 공동체의 아비투스를 이루는 일련의 관습에 참여하고자 하는 그녀의 시도를 좌절시킨다. 그 공동체는 고행과 기도를 위해 일주일에 두 번씩 어느 공소(statio)에서 모임을 가졌는데, 그녀의 남편은 바로 그 시간에 목욕탕에 가는 일정을 세움으로써 그녀의 계획에 대응한다.[62] 그 공동체는 금식을 하는데, 그녀의 남편은 같은 시간에 연회를 마련한다. 그는 자기 아내가 카르타고의 평범한 여자 그리스도인이 사는 삶을 살지 못하도록 방해할 힘을 갖고 있다. 그는 이동하고자 하는, 즉 가난한 이들을 섬기러 가려는, 낯선 이들의 집으로 들어가려는, "형제들을 방문하기 위해 마을의 모든 오두막집에서" 멈추려는 그녀의 시도를 방해할 수 있다. 그녀가 공동체의 경건 생활에 참여할 수 있을까? 아주 어렵게만 가능할 뿐이다. 그녀의 남편은 그녀가 저녁 기도회에, 유월절 철야에, 주의 만찬에 참여하지 못하도록 방해한다. 그녀가 공동체의 박애의 실천에 참여할 수 있을까? 이 경우에도 그녀의 남편은 협조하지 않는다. 아내가 순교자의 사슬에 입 맞추기 위해 감옥을 찾아가고, 평화의 입

---

60 Georg Schöllgen, *Ecclesia Sordida? Zur Frage der sozialen Schichtung frühchristlicher Gemeinden am Beispiel Karthagos zur Zeit Tertullians* (Münster: Aschendorff, 1984), p. 210.
61 그 다음 내용은, Tertullian, *Ux.* 2.4-8, trans. W. P. Le Saint, ACW 13 (1956), pp. 29-32를 보라.
62 John F. Baldovin, *The Urban Character of Christian Worship: The Origins, Development and Meaning of Stational Liturgy*, Orientalia Christiana Analecta 228 (Rome: Pontificio Istituto Orientale, 1987), p. 143.

맞춤으로 형제를 환영하고, 공동체 회원들의 발을 씻기고, 여행하는 그리스도인들에게 음식과 숙소를 제공하고 싶어 할 때, 그녀의 남편은 "안 돼"라고 말한다.

그러나 테르툴리아누스에 따르면, 그 남편은 얼마간 융통성을 보였다. 그의 아내는 아침 식사 전에 먹는 미리 축성된 빵조각을 얻을 수 있었는데, 이것은 그녀가 최근에 교회의 성찬식에 참석했음을 보여 준다. 더 나아가 그는 자기 아내를 지켜본다. 그녀가 그와 함께 집에 있을 때, 그는 그녀가 그리스도인들이 하는 일을 하는 것을 지켜본다. 그녀는 자신의 침대와 몸에 성호를 긋는다. 그녀는 불결한 무언가를 쫓아낸다("숨을 불어서 날려보낸다"). 그녀는 한밤중에 일어나 기도를 드린다. 테르툴리아누스는 어떤 남편들은 이런 의식을 비웃었다고 알려 준다. 어떤 이들은 "아내들이 자기들을 불쾌하게 할 경우"에 이용하기 위해 그런 것들을 마음에 담아 두었다. 이종교 간 결혼은 힘든 일이었다. 이런 결혼 관계에서 "그리스도께 기도하는 것"은 어려웠다. 테르툴리아누스도 이런 어려움을 겪은 적이 있었다.[63] 그러므로, 여자 신자들이 이교도 남편들과 엮이지 않게 하기 위해, 그는 자신의 이야기를 암울하게 묘사한다.

여기서 테르툴리아누스는 두 가지 생각을 하고 있다. 그는 "거룩한 겸손의 행위로 인해" 무언가 선한 일이 일어날 수 있음을 인정한다. 분명히 그 남편의 싸움은 기독교 교리에 대한 것이 아니다. 그에게는 하나님의 하나 되심에 대한 상세한 설명이나 신들의 분노에 대한 논의가 필요하지 않다. 오히려, 테르툴리아누스가 반복해서 말하듯이 그 남편은 "[그리스도인들의] 매일의 삶에서 나타나는 구별되는 종교적 의식들" 때문에, "우리의 이

---

63 Tertullian, *Nat.* 1.4; *Apol.* 3.3; 참고. Cyprian in *Ad Quir.* 3.90는 어느 여자 그리스도인에게 그녀의 이교도 남편 곁에 머물라고 촉구한다. 하지만 만약 그녀가 떠나야 할 필요가 있다면, 그녀는 결혼하지 않은 채 남아 있어야 한다.

런 관습들"때문에, 그리고 "우리의 삶의 방식" 때문에 날카로워져 있다. 요약하자면, 그 이교도 남편의 문제는 그리스도인들의 아비투스였다.

그러나 그 아비투스는 막힌 곳이 아니라 도관이 될 수도 있다. 아내가 남편 앞에서 눈에 띄게 이런 의식들을 행할 때, "하나님의 은총의 후원이, 적어도 부분적으로는" 임했다. 그리고 남편은 "경외의 느낌"을 경험할 수 있었다. (여자 신자들이 이교도들과 결혼하는 것에 반대하는) 테르툴리아누스는 한 간결한 문장에서,[64] 이종교 간 결혼에서 선교적으로 어떤 일이 일어날 수 있는지를 제시한다. 그는 믿지 않는 남편이 하나님의 기적의 능력(magnalia)을 느꼈다고 전한다. 그는 진리의 증거를 보았다. 그는 자기 아내가 더 나은 사람이 된 것을 보았다. 그리고 마침내 그는 "하나님을 위한 후보자"가 되었다. "사탄의 종"이 하나님의 자녀가 되어 가고 있었던 것이다. 실제로 테르툴리아누스는 "이런 남자들은 하나님의 은혜가 그들을 신앙과 접촉하도록 이끌기만 하면 쉽게 넘어온다"라고 말한다. 테르툴리아누스의 여성관 중 일부가 갖고 있는 "냉담한 부정성"에도 불구하고,[65] 또한 이종교 간의 결혼에 대한 그의 지나친 결벽성에도 불구하고, 테르툴리아누스는 이종교 간의 결혼에서 그리스도인 아내들이 남편들의 지지를 얻으려고 애썼으며 바로 그들이야말로 새로운 신자들의 주된 모집자였다는 증거를 갖고 있었다.

---

64 Tertullian, *Ux.* 2.7.2, ed. C. Munier, SC 273 (1980), p. 142: "Sensit magnalia, uidit experimenta, scit meliorem factum; sic et ipse Dei candidatus est timore."

65 Elizabeth A. Clark, "Devil's Gateway and Bride of Christ: Women in the Early Christian World", in *Ascetic Piety and Women's Faith: Essays on Late Christian Antiquity*, Studies in Women and Religion 20 (Lewiston, NY: Edwin Mellen, 1986), pp. 25, 29; e.g., Tertullian, *Cult. fem.* 1.1.1-2.

결론

테르툴리아누스에 따르면, 그리스도인과 그리스도인의 결혼은 신자들이 그들의 삶을 충만하게 살 수 있게 해 준다. 그것은 결혼에 관해 거칠게 말했던 금욕적인 테르툴리아누스에게서 기대할 만한 것이 아니다.[66] 그러나 여기서 테르툴리아누스는 함께 동일한 주님을 섬기는 "하나인 두 사람"이 함께 된 것을 축하한다. 아무것도 그들을 갈라놓지 못한다. 그리고 그들은 함께 기독교적 아비투스를 드러내며 살아갈 수 있다. "그들은 방해받지 않은 채 병자들을 방문하고 곤경에 처한 이들을 돕는다.…그들은 어려움을 겪지 않으면서 예배에 참석한다.…그들은 은밀하게 성호를 긋거나 두려워하며 형제들을 반길 필요가 없다."[67] 그들은 작은 공동체, 그 안에서 신자들이 그리스도의 몸을 이루는 기독교 공동체의 축소판, 그리고 세상에서 이루어지는 하나님의 역사라는 발효의 일부였다. 이제 우리는 개별적으로 성장하는 그리스도인의 모습을 보여 주는 부부를 뒤로하고, 그 어떤 개인이나 부부가 할 수 있는 것보다도 온전하게 하나님의 끈기 있는 사역을 보여 주는 공동체에 대해 알아볼 것이다. 이 공동체는 다음 장에서 살필 것이다.

---

66 Tertullian, *Exh. cast.* 10, trans. W. P. Le Saint, ACW 13 (1956), p. 58: "어쩌다 남자가 그의 아내와 떨어져 있으면 그는 얼마나 기분이 좋아지는지."
67 Tertullian, *Ux.* 2.8.8, trans. W. P. Le Saint, ACW 13 (1956), p. 35.

5

인내의 문화로서의 공동체

끈기 있는 발효의 삶을 살기는 쉽지 않았다. 초기 그리스도인들은 할 수 있는 한 개별적으로 참을성 있게 예수를 따랐다. 그들은 인내하는 삶의 아비투스를 어디에서 배웠을까? 아마도 대부분은 기독교 공동체 안에서 배웠을 것이다. 거기서 개별 신자들은 다른 이들과 함께 새로운 문화, 즉 가시적이고 그들의 관점에서 세상에 소망을 주는 문화에 독특한 특성을 부여하는 규율 안에서 형성되었다.

우리가 살펴보았듯이, 이 새로운 문화에 대한 비전은 상당 부분 초기 그리스도인들이 큰 관심을 보였던 예수님의 산상수훈으로부터 왔다. 흥미롭게도 그것은 또한 히브리 성경에 들어 있는 시적인 구절들로부터도 왔다. 240년대 신학자이자 교리문답 교사였던 오리게네스는 그의 친구 율리우스 아프리카누스에게 보낸 편지에서 그런 구절 중 하나를 지적했다. 오리게네스는 이렇게 물었다.

신자 중 누가 이사야서에 나오는 말을 알지 못하는가? "말일에 여호와의 전의 산이 모든 산 꼭대기에 굳게 설 것이요 모든 작은 산 위에 뛰어나리니 만방이 그리로 모여들 것이라. 많은 백성이 가며 이르기를 오라 우리가 여호와의 산에 오르며 야곱의 하나님의 전에 이르자 그가 그의 길을 우리에게 가르치실 것이라. 우리가 그 길로 행하리라 하리니 이는 율법이 시온에서부터 나올 것이요 여호와의 말씀이 예루살렘에서부터 나올 것임이니라. 그가 열방 사이에 판단하시며 많은 백성을 판결하시리니 무리가 그들의 칼을 쳐서 보습을 만들고 그들의 창을 쳐서 낫을 만들 것이며 이 나라와 저 나라가 다시는 칼을 들고 서로 치지 아니하며 다시는 전쟁을 연습하지 아니하리라."[1]

오리게네스에 따르면, 이 본문(사 2:2-4; 미 4:1-4)은 모든 신자가 알고 있는 것이다. 그들은 그것을 어떻게 배웠을까? 그것은 세례 지원자들이 세례를 위한 준비 과정에서 배웠던 교리문답의 표준적인 내용이었을까? 오리게네스는 그가 가르쳤던 이집트의 알렉산드리아, 가이사랴, 팔레스타인의 예루살렘에 있는 교리문답 교사들, 그리고 그가 율리우스에게 편지를 썼던 곳인 니코메디아의 교회 지도자들을 대변해서 말하는 것일 수 있다. 그러나 고대 세계 다른 지역의 기독교 교리문답 교사들과 저자들 역시 "칼을 쳐서 보습을 만드는" 것에 관한 본문을 특별하게 언급한다.[2]

게르하르트 로핑크(Gerhard Lohfink)에 따르면, 이것은 초기 기독교 작가

---

[1] Origen, *Ep. to Julius Africanus* 15, trans. F. Crombie, *ANF* 4:392.
[2] Justin, *1 Apol.* 39.1-3; Dial. 110.3; Hippolytus, *Haer.* 6.11; Irenaeus, *Haer.* 4.34.4; Tertullian, *Adv. Jud.* 3; Marc. 3.21; 4.1; Cyprian, *Hab. virg.* 11; *Ad Quir.* 2.18; 3.10; Origen, *Cels.* 5.33; 또한 *Did. apost.* 6.5; Firmilian, in Cyprian, *Ep.* 75.1을 보라. 4세기 인용문 중에는 Eusebius, Praise of *Constantine* 6.3-7; *Preparation for the Gospel* 1.4.2-5; Athanasius, *On the Incarnation* 52; Cyril of Alexandria, *Comm. on Isaiah* 2.4; Jerome, *Comm. on Micah* 2.4.1-7 등이 포함된다.

들이 다른 어떤 것보다도 자주 인용했던 예언 구절이다.³ 작가들은 그 구절을 여러 방식으로 사용했다.⁴ 예컨대, 순교자 유스티누스는 그의 작품 『트리폰과의 대화』(*Dialogue with Trypho*)에서 그것을 기독교 공동체 안에서 형성되고 있는 새로운 문화를 묘사하는 데 사용했다. 확실히 이사야의 예언은 장대한 규모로 성취되지는 않았다. 세상은 불의와 전쟁으로 가득 차 있었다. 그러나 그것은 기독교 공동체의 삶 속에서 성취되고 있었다. 유대 그리스도인들은 물론이고 이방 그리스도인들도 율법으로부터 참된 예배를 배웠고 "예수님의 사도들을 통해 예루살렘으로부터 나온 말씀"을 통해 가르침을 받았다. 그로 인해 그들과 그들의 공동체들은 변화되고 있었다. "전쟁, 상호 간의 학살, 온갖 사악함으로 가득 찼던 우리 모두는 온 세상에서 우리의 전쟁 무기들을 바꿔 놓았다. 우리는 칼을 보습으로, 창을 쟁기로 바꾸었다. 또 우리는 경건, 의, 박애, 믿음, 소망을 함양하고 있는데, 우리는 그것들을 십자가에 달리신 분을 통해 성부 자신으로부터 얻는다."⁵ 예수님의 말씀은 예수님의 이런 추종자들을 기르는 일―그들의 **문화**―을 포괄적이기도 하고 서로 얽히기도 하는 방식으로 바꿔 놓았다. 이사야의 예언은 그들이 예수님으로부터 배운 것에 상상력 있는 표현을 제공해 주었다. 공동체들은 현세에서 하나님의 목적을 구현하는 아비투스를 따라 사는 것이 가능하다는 것을 알게 되었다. 더 나아가 이 아비투스는 그 공동체 회원들이 인내하면서 그리고 특별하게 기뻐하면서 미래를 마주할 수 있게 해 주었다.

---

3 Gerhard Lohfink, "'Schwerter zu Pflugscharen': Die Rezeption von Jes 2,1-5 par Mi 4,1-5 in der Alten Kirche und im Neuen Testament", *Theologische Quartalschrift* 166 (1986): pp. 184-209.
4 Robert L. Wilken, "In novissimis diebus", *JECS* 1 (1993): pp. 1-9.
5 Justin, *Dial*. 110.3, trans. A. C. Coxe, *ANF* 1:254.

문서화된 그리고 삶으로 살아 낸 호교론

초기 기독교의 호교론 저작들은 독특한 성육신적 특성을 갖고 있었다. 교회들은 당시 사회 전체와 마찬가지로 주로 교육받지 못한 사람들로 이루어져 있었다. 따라서 초기 기독교 작가들이 자신들의 삶의 방식과 확신을 옹호하는 조리 정연한 호교론(apologies)을 저작하도록 자극받았던 것은 놀랍게 보일 수 있다. 2세기 초 아테네의 아리스티데스(Aristides of Athens)로부터 2세기 후의 락탄티우스에 이르기까지 그리스도인들은 호교론을 썼다. 학자들은 종종 이런 호교론 저작들의 중요성을 과소평가한다. 그들은 초기 그리스도인들이 자신들의 저작들이 교회 밖 사람들에게 가닿는 정도에 대해 조심스러운 태도를 보였다고 말한다. 예컨대, 테르툴리아누스는 "그리스도인이 아니라면 아무도 길잡이로 사용하려고 하지 않는 우리의 저작들"에 관해 언급했다.[6] 그로부터 한 세기 후, 락탄티우스는 주후 처음 3세기 동안에 쓰인 기독교 저작들을 살펴보았고, 그중 아무것도 이교도 문학 대중에게 관심을 보이지 않았다고 보고했다. 락탄티우스가 보기에 대부분의 기독교 작가들은 "전적으로 웅변적"이지 않았으며, 부인할 수 없을 만큼 웅변적인 사람이었던 수사학자 키프리아누스조차 철학적으로 가벼웠다.[7]

최근에 사이먼 프라이스(Simon Price)는 호교론자들이 정한 주제의 범위가 얼마나 마구잡이였는지를 지적했다. 그는 호교론자들이 적절하게 다루지 못했던 주제들의 긴 목록을 제시한다. "성경에 관한 것이 거의 없고, 기독론에 관한 것도 거의 없으며, 성령이나 이제 막 출현하고 있던 삼위일체 교리에 관한 것은 아무것도 없고, 구속에 관한 것도 거의 없으며(오직 심판에

---

6 Tertullian, *Test.* 1, trans. S. Thelwall, *ANF* 3:175.
7 Lactantius, *Inst.* 5.1.22-28, trans. A. C. Coxe, *ANF* 7:136.

관한 것만 있다), 교회, 교회의 사역, 성례전, 그리고 다른 관습들에 관한 것 역시 아무것도 없다."[8] 또한 마이클 그린은 호교론 저작들을 그것들의 전도적 측면에서의 성공을 기준으로 평가하면서 "외부인들이 호교론 저작들을 읽고 기독교로 개종한 경우는 없었다"고 결론지었다.[9] 고대와 현대의 비평가들에게 호교론자들은 성공하지 못한 것처럼 보였다.

그럼에도 고대 그리스도인들은 계속해서 호교론을 썼다. 어째서였을까? 의심할 바 없이, 부분적으로는 영향력 있는 이교도들이 자신들의 저작을 읽기를 바라서였다. 그리고 어쩌면 180년 이후 그리스도인들의 존재가 커지고 기독교의 주장이 더욱 정교해짐에 따라 소수의 이교도들이 그렇게 하기 시작했을지도 모른다.[10] 호교론자들이 그들의 작품을 황제들과 제국의 행정 장관들 그리고 "잘 사는 법을 가르치는 교사로 간주되던" 철학자들에게 헌정했을 때, 의심할 바 없이 그들은 자신들의 저작이 비그리스도인 독자들의 보다 넓은 서클에 가닿기를 바라는 소망을 피력하고 있었던 것이다.[11] 더 나아가 호교론자들은 독자들에게 기독교 공동체의 행위의 무고함을 확신시키기 위해 글을 썼다. 사실 호교론자들의 저작에서 행위의 문제가 나타나는 이유는 그리스도인들의 은밀한 삶의 방식이 소문, 중상, 공격에 노출되었기 때문이다. 그러나 보다 일반적으로 말하자면 호교론자들이 행위에 대해 광범위하게 쓴 것은 사람들이 사는 방식이 그들이 실제로 믿는 것을 표현한다는 그들의 기독교적 확신 때문이었다.

---

8   Simon Price, "Latin Christian Apologetics: Minucius Felix, Tertullian, and Cyprian", in *Apologetics in the Roman Empire: Pagans, Jews, and Christians*, ed. Mark Edwards, Martin Goodman, Simon Price, and Christopher Rowland (Oxford: Oxford University Press, 1999), p. 123.
9   Michael Green, *Evangelism in the Early Church* (London: Hodder & Stoughton, 1970), p. 233.
10 Harry Y. Gamble, *Books and Readers in the Early Church* (New Haven: Yale University Press, 1995), pp. 112-113.
11 Lactantius, *Inst.* 1.8, trans. Anthony Bowen and Peter Garnsey, TTH 40 (Liverpool: Liverpool University Press, 2003), p. 58; Justin, *1 Apol.* 1-2; Tertullian, *Apol.* 1.1.

아비투스에 관해 쓰기

오늘날의 호교론 저작들에 대한 독서는 우리를 그런 결론으로 이끌어 주지 않는다.[12] 오늘날의 호교론은 이성적 전투를 포함하는 지적 훈련, 즉 지적 주짓수(Jiujitsu: 관절 꺾기나 조르기 등을 이용하여 상대방을 제압하는 무술―옮긴이)다. 대조적으로 초기 기독교 호교론자들은 '견해'에 대해서뿐 아니라 '아비투스'에 대해서도 말했다. 그들의 담론은 사람들이 무엇을 생각하는가 뿐 아니라 어떻게 사는가와 상관이 있었다. 호교론자들은 그들의 작품들을 통해 기독교적 회심이 자신들의 삶에 초래한 변화에 대해 증언했다. 2세기 중반에 유스티누스는 그의 책 『첫 번째 호교론』(First Apology)을 자신의 목표를 진술하는 것으로 시작했다. "그러므로 우리가 우리의 삶과 가르침을 살필 모든 기회를 제공하는 것은 우리를 위한 것이다."[13] 유스티누스에게 삶은 가르침만큼이나 중요했다. 실제로 가르침은 그것을 해석하는 살아 있는 반사적 행동 없이는 이해하기 어렵다.[14] 의미심장하게도 한 세기 후에 위대한 지식인 오리게네스가 이에 동의했다. 그는 그의 호교론서인 『켈수스를 논박함』(Contra Celsum)의 시작 부분에서 그리스도는 "그분의 참된 제자들의 삶을 통해 자신을 변호하신다. 왜냐하면 그들의 삶이 실제 사실을 외치기 때문이다"라고 진술한다.[15]

170년대에 호교론자 아테나고라스(Athenagoras)는 마르쿠스 아우렐리우스와 다른 황제들에게 보낸 그의 『탄원』(Plea)에서 그리스도인들이 그렇게 살도록 습관화된 방식에 관해 썼다. "우리는 우리를 때리는 누군가를 되받

---

12 Alan Kreider, "Ressourcement and Mission", *Anglican Theological Review* 96, no. 2 (2014): pp. 253-254.
13 Justin, *1 Apol.* 3, trans. E. R. Hardy, LCC 1 (1953): p. 243.
14 Justin, *1 Apol.* 16.8.
15 Origen, *Cels.*, preface 2, trans. H. Chadwick, *Origen: Contra Celsum* (Cambridge: Cambridge University Press, 1965), p. 4.

아치거나 우리의 물건을 훔치고 강탈하는 자들을 법정으로 끌고 가지 말라는 가르침을 받았습니다. 그뿐만이 아닙니다. 우리는 사람들이 우리를 나쁘게 이용하고 우리의 턱을 가격할 때 우리의 머리를 돌리고 다른 쪽 턱을 내어 주라고, 그리고 그들이 우리의 겉옷을 낚아채면 우리의 망토까지 내어 주라고 배웠습니다." 그 호교론서 후반부에서 아테나고라스는 이런 끈기 있는 아비투스를 강조한다. 그리스도인들은 맞을 때 축복한다.[16]

테르툴리아누스도 같은 전통에 속해 있었다. 그의 『호교론』은 아비투스에 대한 설명으로 가득 차 있다. 실제로 테르툴리아누스는 『호교론』을 그가 기독교 공동체의 공통적인 삶을 설명하는 39장에서 정점에 이르도록 구상했다. 분명하게 초기 그리스도인들은 자신들의 삶의 방식이 중요하다고 여겼다. 왜냐하면 삶의 방식은 단지 믿음의 산물에 불과한 것이 아니기 때문이다. 오히려 그것은 사람들이 참으로 믿는 것에 대한 표현이다. 교부학자 에버렛 퍼거슨은 이에 대해 특별히 예민하다. "가장 이른 시기의 호교론자들은 기독교적 삶에 대한 묘사를 기독교에 대한 그들의 설명의 주된 내용이 되게 한다.…[후대의 호교론자들에게서도] 기독교적 삶을 통한 논증이 여전히 우세한 자리를 차지하고 있다."[17] 초기 그리스도인들은 자신들의 아비투스가 자신들의 메시지를 외부인들에게 전하는 가장 진정성 있는 방법이라고 여겼다. 그들은 일부 외부인들이 그것을 좋은 소식으로 여기며 그것에 반응할 것이라고 믿었다.

---

16 Athenagoras, *Leg.* 1.3; 34.3, trans. W. Schoedel, *Athenagoras: Legatio* (Oxford: Clarendon, 1972), pp. 5, 83.

17 Everett Ferguson, *Early Christians Speak: Faith and Life in the First Three Centuries*, rev. ed. (Abilene, TX: ACU Press, 1987), p. 201. 또한 Gustave Bardy, *La conversion au christianisme durant les premiers siècles* (Paris: Aubier, 1949), p. 149를 보라.

내부 소비를 위한 저술

그러나 호교론자들은 "주로 내부 소비를 위해 쓰고 있었던 것"이 아닌가?[18] 아마도 그럴 것이다. 하지만 그것이 어느 의미로도 호교론의 중요성을 감소시키지는 않는다. 호교론자들은 자기들이 쓰는 내용이 내부자들, 즉 기독교 공동체의 회원들과 회원으로 형성되고 있는 중인 세례 지원자들에게 필요하다는 것을 알았다. 실제로 그들의 호교론 저작의 주된 기능은 그리스도인들을 세우고 그들의 공동생활을 강화시킴으로써 공동체의 사명에 이바지하는 것이었다. 외부인들은 비록 호교론을 읽지는 않을지라도 내부자들의 삶을 읽었다! 또 그들은 그리스도인들과 그들의 공동체들을 읽었다![19] 그 결과, 그리스도인들이 그들의 삶을 통해 독특한 비전을 드러냈을 때, 그들은 외부인들에게 기독교 신앙을 좀더 깊이 살펴보도록 도전하고 있었던 셈이다.

그렇게 호교론자들은 아래와 같은 몇 가지 방식으로 내부의 독자들을 섬겼다.

- 그들은 그리스도인들이 그들의 신앙이 그들의 경험에 깊이 뿌리를 내리고 있다고 느낄 수 있게 해 주었다.
- 그들은 그리스도인들에게, 비록 그들이 소수이고, 널리 조롱을 당하고, 때때로 박해를 당하고 있기는 하나, 그리고 비록 그들 중 많은 이들이 가난하기는 하나, 그들의 학자들이 널리 인정받는 철학자들과의 대화에서 기독교를 옹호할 수 있다고 알려줌으로써 그들의 자존감을 세워 주었다.

---

18 Ramsay MacMullen, *Christianizing the Roman Empire (A.D. 100-400)* (New Haven: Yale University Press, 1984), p. 21.
19 가령 Galen's response to the Christians in his *Summary of Plato's Republic* 3, in *Religions of Rome*, vol. 2, *A Sourcebook*, compiled by Mary Beard, John North, and Simon Price (Cambridge: Cambridge University Press, 1998), p. 338를 보라: "그러므로 이제 우리는 그리스도인이라고 불리는 사람들을 **본다**."

- 그들은 그리스도인들에게 이교도 이웃과 대화할 때 사용할 수 있는 논거들을 제공해 주었다.
- 그들은 교회의 지성인들이 철학자들과 대화할 수 있도록, 또 그들과의 공통의 기반을 찾을 수 있도록, 그리고 철학적 사고를 기독교 교리에 통합시킬 때 현명해질 수 있도록 도와주었다.[20]
- 그들은 이방인 그리스도인들이 그들의 이방인 시절을 되돌아보면서 자신들이 물려받은 신앙과 관습을 바꾸도록 이끎으로써 파괴적이었던 이전 것과 스스로 결별하고, 이제 그리스도의 제자로서 여전히 가치 있게 평가할 수 있는 옛것들을 표현하는 새로운 방식을 발견할 수 있게 해 주었다.[21]

호교론자들은 기독교 선교의 끈기 있는 발효 과정에 꼭 필요한 참여자들이었다. 무엇보다도 그들은 사람들의 흥미를 유발하고, 그들을 축복하고, 그들을 신앙으로 이끄는 그리스도인들의 구별된 삶의 방식을 육성하는 방식으로 그 과정에 참여했다.[22]

토착화 – 그리스도인들이 문화에 스며들다

그러나 초기 그리스도인들은 독특했을까? 그들의 지도자들은 계속해서 그들에게 독특해져야 한다고 말했다. 키프리아누스는 그의 교리문답을 위한

---

20 Peter Lampe, *From Paul to Valentinus: Christians in Rome in the First Two Centuries* (Minneapolis: Fortress, 2003), pp. 283-284.
21 Kwame Bediako, *Theology and Identity: The Impact of Culture upon Christian Thought in the Second Century and Modern Africa* (Oxford: Regnum Books, 1992), p. 32.
22 Robert Wilken, *The Christians as the Romans Saw Them* (New Haven: Yale University Press, 1984), p. 198: "기독교가 로마 세계 안에서 전진하는 데 성공했던 이유는 그리스도인들이 믿었던 내용 때문이라기보다는 그들이 살았던 방식 때문이었다."

가르침 중 하나에서 담대하게 이렇게 말했다. "신자는 이방인처럼 살아서는 안 된다."[23] 확실히 그리스도인의 이웃 중 어떤 이들은 그들을 포괄적으로 부적합한 자들로 여겼다. 테르툴리아누스는 그가 접촉했던 이들 중 하나로부터 그리스도인들이 "사업에 이롭지 않다"는 말을 들었는데 그것이 그의 장광설 중 하나에 불을 붙였다.

> 우리는 브라만(인도의 카스트 제도에서 최상층에 속하는 이들—옮긴이)이나, 벌거벗은 인도의 현인이나, 숲에 거주하는 자나, 삶에서 추방된 자들이 아니다. 우리는 우리가 주님이시요 창조주이신 하나님께 감사해야 한다는 것을 기억한다. 우리는 그분의 일의 열매를 거부하지 않는다.…그러므로 우리는 이 세상에서(*in hoc saeculo*), 당신들의 법정, 당신들의 정육점, 당신들의 목욕탕, 가게, 공장, 여관, 장날에서, 그리고 물건을 사고파는 여생을 당신들과 함께 살아간다. 우리는 당신들과 마찬가지로, 그리고 당신들과 함께 배를 탄다. 우리는 군대에서 복무하고(*militamus*), 다른 나라로 가고, 거래를 한다. 우리의 기술과 당신들의 기술은 합력하고, 우리의 노동은 공공연하게 당신들에게 도움이 된다. 우리가 당신들과 함께 살고 우리의 삶이 당신들에게 의존하고 있는데, 어떻게 우리가 당신들의 사업에 유익이 되지 않는다는 것인지 나는 알지 못하겠다.[24]

테르툴리아누스는 그리스도인들이 어디에나, 즉 거의 모든 곳에 있다고 말한다. 아마도 대부분 그리스도인들은 이교도들이 '리베랄리아'(*Liberalia*)라고 부르는 방탕한 절기 축제들에 참여하지 않았을 것이다. 그들은 신들에게 바칠 향을 구입하지도 않았을 것이다. 그리고 물론 그리스도인들은 그들 자

---

23 Cyprian, *Ad Quir.* 3.34, trans. E. Wallis, *ANF* 5:544.
24 Tertullian, *Apol.* 42.1, trans. T. R. Glover, LCL 250 (1931), p. 191.

신의 방법으로 어떤 일을 했을 수도 있다. 그들은 절제했다. 우리는 "[하나님의] 은사를 과도하게 사용하지 않는다."²⁵ 그러나 그리스도인들은 사회 속에서 이웃과 삶을 나누며 살아간다. 테르툴리아누스는 그리스도인들이 독특한 삶의 방식을 지니고 있다고 암시한다. 여기서 그가 '군대에서 복무하다'(militare)라는 라틴어 단어를 사용하는 것은 그리스도인들이 전투하거나 '죽이지'(bellare) 않으면서 군대 생활을 한다는 것을 의미하는 것일 수도 있다.²⁶ 테르툴리아누스는 사회를 긍정하지만, 또한 그런 긍정이 조건부임을 암시한다.

우리는 알렉산드리아의 클레멘스에게서 그런 긍정과 조건의 동일한 결합이 분명하게 드러나는 것을 볼 수 있다. "당신이 농부라면 땅을 경작하라. 그러나 당신의 농업에서 하나님을 인정하라. 해상 여행을 좋아하는 사람은 항해를 하라. 그러나 하늘에 계신 도선사께 호소하라. 만약 당신이 하나님에 대한 지식이 당신을 사로잡고 있을 때 전투에 참전해야 하는 군인이라면, 의의 신호를 보내는 사령관의 말씀에 귀를 기울이라."²⁷

테르툴리아누스와 클레멘스가 보다 넓은 문화와의 연대와 그것에 대한 비판 사이에서 줄타기를 했을 때, 그들은 선교학자들이 '토착화'(inculturation)라고 부르는 것에 개입하고 있었던 셈이다. 토착화는 그 근거를 기독교가 다른 모든 종교들처럼 문화에 속해 있다는 인식에 두고 있다. 기독교 사상가들로서 선교학자들은 기독교가 모든 문화에 해방을 가져다 줄 수 있다고

---

25 Tertullian, *Apol.* 42.2, 5-7 (Glover, pp. 191-193).
26 Henri F. Secretan, "Le Christianisme des premiers siècles et le service militaire", *Revue de Théologie et de Philosophie* 2 (1914): pp. 345-365; Jean-Michel Hornus, *It Is Not Lawful for Me to Fight: Early Christian Attitudes toward War, Violence, and the State*, trans. Alan Kreider and Oliver Coburn (Scottdale, PA: Herald Press, 1980), pp. 158-159, 174-175; Alan Kreider, "Military Service in the Church Orders", *Journal of Religious Ethics* 31, no. 3 (2003): pp. 423-425.
27 Clement of Alexandria, *Protr.* 10, trans. G. W. Butterworth, LCL 60 (1919), p. 219.

단언한다. 즉 기독교는 사람들이 그들의 문화 안에서 살고 가르치고 선을 찾으면서 그 가운데서 그리스도를 발견할 때, 그 문화의 가장 좋은 것을 번성하게 해 줄 수 있다. 그러나 선교학자들은 기독교를 포함하는 모든 종교가 문화의 포로가 될 수도 있다고 단언한다. 그것은 모든 문화 속에서 그리스도와 그분의 길을 거역하게 하고 불의와 폭력과 압제로 이어지는 중력에 굴복하게 한다. 스코틀랜드의 선교학자 앤드루 월스(Andrew Walls)가 주장하듯이, 기독교가 문화 속으로 들어갈 때 토착화는 불가피하다. 고대 그리스-로마 세계의 문화를 포함해 모든 상황에서는 두 가지 원리가 동시에 작동한다.[28]

토착화 원리: 기독교는 문화 속으로 들어가 그곳에서 그리스도의 길을 구현하는 이해와 관습을 발견하면서 새로운 표현을 찾아낸다. 그리스도인들은 문화를 찬양하고 그 안에서 편안해한다. 그들은 그 안에서 살아가는 거주자들이다.

순례자 원리: 기독교는 문화 속으로 들어가 문화가 그리스도의 길과 가르침을 반박하는 방식을 찾아낸다. 그래서 기독교는 문화를 비판하고, 문화에 도전하는 대안을 구현하려 하고, 그 문화를 불의와 폭력과 압제가 극복되는 삶으로 초대한다. 문화 속에서 그리스도인들은 완전하게 편안하지 않다. 그들은 그 안에서 살아가는 거주 외국인들(*paroikoi*)이다.

---

[28] Andrew F. Walls, *The Missionary Movement in Christian History: Studies in the Transmission of Faith* (Maryknoll, NY: Orbis Books, 1996), pp. 6-9; 또한 Robert Schreiter, "Inculturation of Faith or Identification with Culture", in *Christianity and Cultures: A Mutual Enrichment*, ed. Norbert Greinacher and Norbert Mette (Maryknoll, NY: Orbis), p. 22는 문화와의 '동일시'와 문화의 '변혁'에 관해 말한다.

고대 세계에서 그리스도인들이 최상의 상태에 있었을 때 그들은 토착화와 순례자가 되는 것 사이의, 즉 문화에 대한 긍정과 비판 사이의 역동적인 상호 작용을 느꼈다. 그들은 편안해지는 것과 나그네가 되는 것 사이의 실존적 긴장 속에서 살았다. 카르타고나 가이사랴에서 살아가는 그리스도인들은 두 가지를 경험했다. 하나는 그들의 지역 교회들 안에 존재하는 아름다움에 대한 감사였고, 다른 하나는 복음이 민감하게 만든, 그들의 문화 안에 존재하는 왜곡들에 대한 불편함이었다. 그리스도인들은 자신들의 문화에 대한 사랑 때문에, 그 문화의 치유를 위한 길을 가리키는 대안들을 구현하려 했다. 개별적인 신자들로서 그리고 또한 믿음의 공동체로서 그들은 '예'와 '아니요'를 모두 포함하는 삶을 살았다. 그 둘 모두와 함께 그들은 공동선에 적극적으로 이바지하고자 했다.

우리가 방금 살펴보았던 테르툴리아누스와 클레멘스의 구절들은 토착화 방식으로 사고했던 그리스도인들에 대한 좋은 예다. 그러나 초기 그리스도인들이 토착화의 유혹에 맞서 가장 분명하게 씨름하고 있음을 보여 주는 고전적인 본문이 있다. 2세기에 익명의 저자가 쓴 「디오그네투스에게 보낸 편지」가 그것이다.

그리스도인들은 그들의 국가, 언어, 혹은 관습이라는 측면에서 다른 이들과 다르지 않다. 어디에서도 그들은 그들 자신의 도시에 거주하거나, 낯선 방언을 사용하거나, 평범하지 않은 삶을 살거나 하지 않는다.…그들은 각자에게 주어진 운명을 따라 그리스와 야만인들의 도시 모두에서 살아간다. 또 그들은 입는 것과 먹는 것과 삶의 나머지 분야에서 지역의 관습을 따름으로써 놀랍고도 모순적인 방식으로 그들 자신의 시민권[*politeias*]의 특성을 드러내 보인다. 그들은 저마다의 나라들에서 살지만, **단지** 거주 외국인[*paroikoi*]으로서 그럴 뿐이다. 그들은 시민으로서 모든 것에 참여하고, **또한** 외국인으로서 모든 것을 견딘다.…그들은 다른 모든 이들처럼 결혼하고 아이들을 낳는다. **그러나** 그들은 일단 아이가 태어나면 그들을 유기하지 않는다. 그들은 자신들의 음식을 나눈다. **그러나** 그들은 자신들의 성적 파트너를 공유하지 않는다. 그들은 정해진 법에 순종하며, **또한** 자신들의 삶으로 그 법들을 대체한다.… 그들은 가난하고 **또한** 많은 이들을 부유케 한다.…간단히 말해, 영혼이 몸 안에 있듯이, 그리스도인들은 세상 안에 있다.[29]

이 편지의 익명의 저자는 그리스도인들을 그들의 이웃과 동일시한다. 그리스도인들은 평범하다. 그들은 다른 이들과 동일한 집단 주택(*insulae*)에서 살고, 같은 종류의 옷을 입고, 동일한 관용구와 억양으로 말하고, 지역의 음식물을 먹는다. 그러나 그리스도인들은 또한 특별하다. 그들은 자신들의 두 개의 시민권 사이에 존재하는 긴장에 대해 알고 있다. 그 긴장은 분명하기는 하나 조건부인 그 지역의 문화에 대한 헌신 속에서 모습을 드러낸다. 그리스도인들은 "카페에 앉아 있는 카르타고인들"이다. 그들은 **또한**(*kai*)과 **그러나**(*alla*) 모두의 사람들이다. 그들은 그들의 이웃이 하는 일을 하며, **또한** 때때로 그들의 비그리스도인 이웃보다 더 큰 강렬함과 에너지를 지니고 지역의 일을 한다. **그러나** 그리스도인들은 또한 불편한 존재들이다. 그들은 대부분의 사람이 정상적인 것으로 여기는 어떤 지역적 행위를 비인간적이고 파괴적인 것으로 여긴다. 그런 행위는 그리스도인들 자신에게 익숙한 가치들과 대립한다. 그리스도인들은 그런 행위를 하면서 동시에 참된 자신이 될 수 없다. 그래서 그들은 다른 모든 이들처럼 결혼하고 자녀를 낳지**만** 원치 않았던 아기를 지역의 쓰레기 매립지에 버리지 않는다. 그들은 음식을 나누지**만** 성적 파트너를 나누지는 않는다.

---

[29] *Diogn.* 5.1-6, 10; 6.1 (저자 강조), trans. B. D. Ehrman, LCL 25 (2003), pp. 139-141.

그러므로 그리스도인들은 복합형 인간이다. 그들은 특정한 지역에서 살고 그 지역의 사회에 참여하지만 온전한 시민은 아닌 거주 외국인(*paroikoi*)이다.[30] 그들은 자신들의 존재가 전체 사회에 유익이 된다고 믿는다. 그 작가가 모호하게 말하듯이, "영혼이 몸 안에 있듯이, 그리스도인들은 세상 안에 있다." 그들의 이웃은, 때로는 그럴 만한 이유로, 언제나 신자들에게 깊은 인상을 받지는 않는다. 「디오그네투스에게 보낸 편지」의 저자는 때때로 사람들이 그리스도인들이 많은 이들을 부유케 할 때조차도 그들을 박해한다는 것을 알고 있었다. 그러나 그리스도인들이 그렇게 사는 것은 전도를 위한 계산법을 따른 것이 아니다. 다만 그것이 그들의 본질이기에 그렇게 살 뿐이다.

독특한 공동체

그리스도인들의 삶의 방식은 그들의 아비투스, 즉 그들의 회심으로부터 유래된 내적 성품을 드러내는 반사적 반응을 구현한다. 그리고 그들의 성품은 그들의 신학의 독특함을 드러낸다. 우리가 2장에서 보았듯이, 초기 그리스도인들은 하나님의 성품과 예수 그리스도의 삶과 가르침에 대한 이해에 근거한 인내의 신학을 발전시켰다. 그들의 신학은 그들이 일을 끈기 있게 하는 방식을 지지하도록 이끌었다. 그런 방식들은 독특했고, 인습적 가치들에 도전했고, 삶의 여러 분야에서 가르쳐지고 모델이 되어야 했던 특별한 아비투스로부터 나타났다. 그리스도인들은 이런 아비투스가 사람들을 그리스도에 대한 믿음으로, 그리고 기독교 공동체의 회원이 되도록 이끈다고 믿었다. 이

---

[30] Pierre de Labriolle, "Paroecia", *Bulletin du Cange (Archivum Latinitatis Medii Aevi)* 3 (1927): pp. 196-207.

끈기 있는 기독교 공동체는 어떤 모습이었을까? 또 그런 공동체들은 어떻게 형성되었을까?

독특한 공동체 (1) — 사업에서의 인내

초기 그리스도인들은 그들의 사업상의 거래 과정에서 인내를 드러내는 방법을 찾으려 했다. 유스티누스는 그의 『첫 번째 호교론』에서 이것을 지적하는데, 거기에서 그는 그것이 어떻게 작동했는지 상세하게 묘사하지 않는다. 16장에서 그는 예수님의 산상수훈 중 "오래 참고 모든 이에게 종이 되라"는 가르침을 떠올리는 것으로 시작한다. 어떤 이가 한쪽 뺨을 치면, 다른 쪽 뺨을 돌려 대야 한다. 어떤 이가 오 리를 가자고 하면, 그와 함께 십 리를 가야 한다. 화내지 말아야 한다. 유스티누스는 이런 행위에 대한 선교적 이유를 제시한다. "당신의 선행이 사람들 앞에서 빛나게 하라. 사람들이 그것을 보고서 하늘에 계신 당신의 성부 하나님에 대해 궁금해하도록." 유스티누스는 계속해서 다음과 같이 말한다.

> 우리는 다투지 말아야 한다. 그분은 우리가 악한 자들을 모방하는 것을 바라지 않으셨다. 오히려 우리가 우리의 인내와 온유함으로 모든 이들을 수치와 악한 열망으로부터 끌어내기를 바라셨다. 우리는 이것을 한때 당신의 편에 있다가 폭력과 횡포의 길에서 돌이킨, 그리고 이웃의 일관성 있는 삶을 지켜봄으로써, 혹은 자신들의 상처 입은 지인들의 낯선 인내를 주목함으로써, 혹은 그들이 자기들과 사업하는 방식을 경험함으로써 그 길을 극복한 많은 이들의 경우를 통해 보여 줄 수 있다.[31]

---

31 Justin, *1 Apol.* 16.3-4 (Hardy, p. 252).

그리스도인들은 사업에서도 예수님께 충성하고자 애를 썼다. 사업이라는 어두운 분야에서 이런 일은 어떻게 일어났을까? 사업하는 그리스도인들에게 인내는 무엇을 의미했을까? 아마도 그것은, 남자들에 의한 것이든 "온전히 사업 활동에 참여했던" 여자들에 의한 것이든, 사람과 장소에 따라 달라지는 수많은 의미를 지녔을 것이다.[32] 아마도 인내는 그리스도인들이 채무자들에게 빚의 상환을 독촉하지 않는 것을 의미했을 것이다. 혹은 그리스도인들이 자기들이 판매하고 있는 물건에 관해 꾸밈없는 진실을 말하는 것을 의미했을 것이다. 때때로 그것은 다른 사업가가 자기들을 비윤리적으로 대할 때 그에게 복수하기를 거부하는 것을 의미했을 수도 있다. 혹은, 테르툴리아누스가 보고하듯이, 그리스도인들이 이교도들에게 돈을 빌릴 때 맹세로 지불을 보증하는(그것은 그리스도인들에게는 금지 사항이었다) 관습적 관례를 따르지 않거나 맹세와 동등한 서면 계약서를 작성하는 일에 휘말리지 않는 것을 의미했을 수도 있다.[33] 법정 소송에 개입하기를 거부하는 것을 의미했을 가능성도 아주 큰데, 그리스도인들은 그것을 "거룩한 인내의 가르침을 따르는 행위"에 대한 헌신을 거부하는 것으로 보았다.[34] 클레멘스에 따르면, 알렉산드리아에서 인내는 그리스도인 사업가가 자기가 판매하는 무언가에 대한 견적서를 제출할 때 오직 하나의 가격만 제시하고 "분명하고 정직하게" 말하는 것을 의미했다. 클레멘스는 마치 위로하듯이, 만약 이것이 그리스도인이 거래에서 실패하는 것을 의미한다면, 그는 영적으로 유익을 얻을 것이라고 지적했다. "그는 적어도 진리를 얻을 것이고 올바른 태도를

---

32 Jane F. Gardner, *Women in Roman Law and Society* (Bloomington: Indiana University Press, 1986), pp. 233-237.
33 Tertullian, *Idol.* 23.
34 Tertullian, *Scap.* 2, trans. R. Arbesmann, FC 10 (1950), p. 153.

취함으로써 부유하게 될 것이다."[35] 대조적으로 유스티누스는 인내의 유익을 교회 성장의 측면에서 말한다. 그는 비그리스도인들이 실제로 인내를 경험할 때 그들이 무장 해제되는 것을 보았다. 실제로 어떤 이교도들은 그리스도인 사업가들의 끈기 있는 행위에 깊이 매료되어 "폭력과 횡포의 길에서 돌아서서" 신자가 되었다.[36]

독특한 공동체 (2) – 성적 규율

그리스도인의 삶은 고립되어 있지 않았다. 지역 기독교 공동체의 예배와 공동생활은 신자들을 형성시켰고 그들에게 사회에서 모든 이들이 겪는 문제들에 대한 독특한 습관적 접근법을 제공해 주었다. 예컨대, 그 시대의 많은 이들이 그리스도인들이 성적 순결에 헌신했음을 지적했고, 또한 그로 인해 감탄했다. 유스티누스는 그것을 중시했다. 그는 그의 『첫 번째 호교론』에서 성적 절제(*sōphrosynē*)에 관해 논하면서 그리스도인의 삶에 적용되는 예수님의 말씀에 대한 설명을 시작한다. 그는 산상수훈의 가르침을 요약하면서 예수님이 제자들에게 무절제로 이어지는 배회하는 눈을 빼버리라고 명령하시는 말씀(마 5:29)을 인용함으로써 이것의 긴급한 중요성을 강조한다. 그는 부정한 눈길을 거부하고, 재혼을 피하고, 평생 절제에 헌신했던 로마와 "모든 나라" 안에 있는 그리스도인들을 가리킨다. 유스티누스는 그리스도인들의 성적 규율이 "무절제로부터 돌아선 셀 수 없을 만큼 많은 이들"을 신앙으로 이끌었다고 주장한다.[37]

북아프리카의 호교론자 미누키우스 펠릭스는 그리스도인들의 순결한 삶이 사람들에게 기독교를 탐구하도록 격려하면서 동시대의 문화 속에 존재

---

35 Clement of Alexandria, *Paed.* 3.11.78, trans. S. P. Wood, FC 23 (1954), p. 259.
36 Justin, *1 Apol.* 16.4 (Hardy, p. 252).
37 Justin, *1 Apol.* 15, 특히 15.7 (Hardy, p. 250).

했던 어떤 필요에 호소했다는 데 동의했다. 물론 그는 그리스도인들이 난교를 즐긴다는 소문이 회자되고 있음을 알았다. 사람들은 "우리가 자랑하는 순결에 대해 악명 높은 비방의 진흙을 집어 던진다."[38] 아테나고라스 역시 이것에 대해 알고 있었다. 그는 아네테에 있는 그의 공동체가 소문에 신빙성을 주지 않기 위해 성찬식에서 평화의 입맞춤을 세심하게 감시했다고 보고했다. 신자는 "그것이 즐겁기에 두 번 입을 맞춰서는" 안 되었다.[39] 3세기에 방대한 분량으로 쓰인 교회법인 『사도 전승』(Apostolic Tradition)은 교사들이 세례 지원자가 될 만한 잠재적 후보자들에게 제시한 질문들을 통해 초기 그리스도인들이 성적 규율에 동의하는 것의 중요성을 지적한다. 후보자들의 결혼에 대한 헌신은 어떠했는가? 그들의 성적 행위는 어떤 것이었는가? 적어도 교회에서는 성적 스캔들이 있어서는 안 되었다![40]

그러나 그리스도인들은 단지 스캔들을 피하는 것에만 관심을 두었던 게 아니다. 그들은 성적 순결이 기독교적 성품을 형성하고 생존 가능한 공동체를 만드는 데 아주 중요하다고 믿었다. 더 나아가 그리스도인들은 성적 순결이 외부인들을 끌어들이는 수단이라고 믿었다. "삶의 아름다움이…낯선 자들이 교인이 되도록 고무한다"는 미누키우스 펠릭스의 유명한 말은 성적 규율에 대한 그리스도인들의 명성과 상관이 있었다. 그는 그것을 교회의 성장에 영향을 끼치는 것으로 여겼다.[41] 멀리서 그런 상황을 지켜보던 철학자 갈레노스(Galen)는 그리스도인이 될 준비가 되어 있지 않았다. 하지만 그는 그리스도인들의 성적 행태에 깊은 감명을 받았다. 그들의 "부부생활에서 나

---

38 Minucius Felix, *Oct.* 31.1, trans. G. H. Rendall, LCL 250 (1931), p. 409. 얼마간 근거가 있는 소문들에 관해서는, Irenaeus, *Haer.* 1.25.3; 2.31.2; Clement of Alexandria, *Strom.* 3.2.10; Justin, *1 Apol.* 26; Epiphanius, *Pan.* 26.4-5를 보라.
39 Athenagoras, *Leg.* 32.5 (Schoedel, p. 81).
40 *Trad. ap.* 15.6-7.
41 Minucius Felix, *Oct.* 31.7 (Rendall, p. 413).

타나는 절도"는 그가 그들의 신앙을 철학적 의미를 지닌 운동으로 진지하게 고려하게 만들었다.[42]

독특한 공동체 (3) — 남자, 여자, 아이들

그리스도인들의 철저한 이종성(heterogeneity)보다 그들의 공동체를 독특하게 만들어 주는 것은 달리 없다. 그 공동체 안에는 남자와 여자들이 함께 있었을 뿐 아니라, 아이들과 노인들도 있었다. 2세기 말에 이교도 켈수스는 그리스도인들이 "여자와 어린아이들을" 끌어들이고 있다고 비난했다. 한 세기 후에 기독교 철학자 락탄티우스는 이교도들이 그리스도인들이 "사람들이 경멸하는 우리의 노파들과…우리의 아이들도" 데리고 있음을 비난했다고 보고한다.[43] 대부분의 협회들과 은밀한 종교 단체들과 달리, 교회는 여자들을 원하고 적극적으로 그들을 끌어모으는 공동체였다. 아이들도 마찬가지였다. 그리스도인들은 아이들을 유아 때부터 기르면서 그리스도인으로서의 아비투스와 사고방식을 형성했다. 165년에 로마에서 군대 지휘관 루스티커스가 철학자 유스티누스와 그의 학생들을 심문했을 때, 학생들 중 몇이 자신들이 부모에게 영향을 받았음을 밝혔다. 에벨피스투스는 "나는 유스티누스의 가르침을 기쁘게 받았습니다"라고 말했다. "그러나 나는 또한 나의 믿음을 [카파도키아에 계신] 나의 부모님으로부터 받았습니다." 다른 학생인 파에온도 자기가 자신의 믿음을 부모로부터 받았다고 비슷하게 말했다. 그리고 세 번째 학생인 히에락스 역시 비슷하게 "나는 오랫동안 그리스도인이었

---

42 Galen, *Summary of Plato's Republic* 3, in Beard, North, and Price, *Sourcebook*, p. 338. 또한 Athenagoras, *Leg.* 33.4를 보라.

43 Origen, *Cels.* 3.55 (Chadwick, p. 166); Lactantius, *Inst.* 5.19.14 (Bowen and Garnsey, p. 321). 또한 Tatian, *Or. Graec.* 32, trans. M. Whittaker (Oxford: Clarendon, 1982), p. 59를 보라: "그러므로 우리는 모든 이들이, 설령 그들이 노파든 젊은이들이든, 듣기를 바란다. 그리고 일반적으로 모든 연령대의 사람들이 우리와 함께 존경을 누린다."

고 앞으로도 계속 그럴 것입니다"라고 말했다.[44] 확실히 그들의 기독교 신앙은 깊어지고 개선될 수 있었는데, 그것은 유스티누스가 한 일이었다. 그러나 또한 그것은 그들의 가족과 지역 교회의 삶에 뿌리를 두고 있었는데, 그런 집단의 과업은 "그들의 아이들이 하나님을 경외하도록 훈련시키는 것"이었다.[45] 부모로부터 기독교 신앙과 아비투스를 배운 이런 아이들이 가정 안에서 일어나는 발효의 핵심적 구성 요소였을 가능성이 있다. 그리고 그들은 매일 그들과 삶을 공유했던 비그리스도인들을 교회로 끌어들이는 일에서 어떤 역할을 했을 것이다.[46]

아이들에 대해 말하자면, 초기 기독교 자료들이 우리에게 기독교 공동체 안에서 아이들의 역할에 관해 거의 말하지 않는 것은 놀라운 일이다.[47] 공동체 회원들의 명단에서 우리는 아이들이 하나의 범주로 묶여 있음을 발견하지만, 그 아이들을 각자의 이름을 가진 개인으로는 발견하지 못한다.[48] 3세기 시리아에서 어느 정도 규모가 있는 공동체들의 삶에 질서를 부여했던 "사도들의 가르침"(*Didascalis apostolorum*)은 아이들에게 굉장한 관심을 쏟는다. 아이들을 위한 공예와 "주님의 말씀"에 대한 훈련 책임은 주교에게 있었다. 그것은 또한 "청년들"과 "아이들" 그리고 "젊은 소녀들"이 앉거나 설 자리를 지시하는데, 그들의 자리는 예배 장소의 어느 한쪽 혹은 아버지나 어머니와 함께였다. 그러나 "사도들의 가르침"은 우리에게 교회의 예배와 그

---

44 *Acts of Justin* 4, Recension B, trans. and ed. Herbert A. Musurillo, *The Acts of the Christian Martyrs* (Oxford: Clarendon, 1972), pp. 50-51.
45 Pol. *Phil.* 4.2, trans. B. D. Ehrman, LCL 24 (2003), p. 339; *Did.* 4.9.
46 Margaret Y. MacDonald, "Was Celsus Right? The Role of Women in the Expansion of Early Christianity", in *Early Christian Families in Context: An Interdisciplinary Dialogue*, ed. David L. Balch and Carolyn Osiek (Grand Rapids: Eerdmans, 2003), pp. 157-184, 여기서는 특히 p. 174를 보라.
47 Horn and Martens, "*Let the Little Children Come*", p. 113.
48 예컨대, Clement of Alexandria, *Quis div.* 34, trans. G. W. Butterworth, LCL 60 (1919), p. 343.

것의 실제적 사역에서 아이들이 수행한 역할에 관해서는 사실상 아무것도 말해 주지 않는다.⁴⁹ 몇몇 곳에서 예배에 아이들이 참석했던 것은 그들이 어린 나이에 세례를 받았기 때문이었다. 간혹 아이들에 대한 세례가 시행되기는 했으나 그것이 일반적이지는 않았던 곳들에서 아이들은 "헌아"(infant dedication)의 결과로 예배에 참석할 수 있었는데, 헌아는 그들이 성찬식에 참여하는 것을 승인하지는 않았다.⁵⁰

여자들의 역할은 어느 정도 명확하다. 여자들은 정식적인 지도자가 아니었다. 그러나 교회가 포용성이라는 비전을 따라 살고자 한다면 여자들의 존재는 필수적이었다. 스스로 참되기 위해서 기독교는 두 가지 성별을 갖고 있어야 했다! 이것은 군인들에게 인기가 있었던 신비주의적 사교인 미트라(Mithras)와 얼마나 다른가. 물론 비판가들은 그리스도인들을 조롱했다. 신자들은 그런 조롱에 "우리의 노파들"의 존재를 기뻐하는 것으로 대응했다. 락탄티우스 같은 작가들은 기독교 공동체 안에 여자들이 있었던 것은 그들이 그것을 원했기 때문이라고 강조했다. 기독교는 자발적이었고 강요되지 않았다. 교회에 여자들과 남자들 모두가 있었던 것은 "그 안에 자유의지가 있기" 때문이었다.⁵¹

또 여자들은 그리스도인들을 그토록 광범위하게 매력적인 존재로 만들어 주었던 비전, 즉 가난한 자들을 돌보는 일에 대한 헌신을 따라 살아가도록 돕는 일에 필수적이었다. 분명히 모든 그리스도인들은 가난한 자들을 돌보는 일에 참여해야 했다. 『사도 전승』에 따르면, 여자들은 물론이고 남자

---

49 *Did. apost.* 4.11; 2.57.8.
50 David F. Wright, "Infant Dedication in the Early Church", in *Baptism, the New Testament and the Church: Historical and Contemporary Studies in Honour of R. E. O. White*, ed. Stanley E. Porter and Anthony R. Cross, JSNTSup 171 (Sheffield: Sheffield Academic Press, 1999), pp. 362-364.
51 Lactantius, *Inst.* 5.19.11, 14 (Bowen and Garnsey, pp. 320-321).

들 중에서도 오직 "과부를 공경하고…병든 자들을 방문했던" 후보자들만 세례를 받을 수 있었다.[52] 테르툴리아누스가 말했던 행복한 결혼생활을 하는 부부는 병자들을 방문하고 곤경에 처한 자들을 돌보는 과업에 함께 참여했다.[53] 그러나 2세기에 이미 이교도들은 죄수들을 돌보는 일에 개입했던 이들이 대부분 여자들이었다고 보고했다.[54]

교회는 여자들 없이는 기능할 수 없었다. 4세기 초 어느 교회법은 "이웃인 가난한 자에게 관심을 갖는 것"이 특별히 여자들의 과업이라고 지적했다.[55] 그런 일을 하기 위해서 여자들이 반드시 글을 알아야 할 필요는 없었다. 아마도 당시 그리스도인들의 90퍼센트 이상은 문맹이었을 것이다. 그러나 모든 그리스도인들처럼 여자들은 성경 본문들을 암기할 수 있었다. 예컨대, "칼을 쳐서 보습으로"라는 이사야서의 구절은 그들에게 새로운 세상에서 살아가는 방법에 관한 비전을 제공한다. 이 새로운 세상은 하나님이 약속하셨고, 그들이 실현하기 위해 노력하는 곳이다.[56] 어려운 이웃을 방문하고 자신의 남편에게 영향을 주었던 여자들이야말로 아마도 교회의 가장 효과적인 전도자들이었을 것이다.

여자들과 남자들은 어떻게 공동체의 공동생활에 참여했을까? 다양한 본문들이 당시 공동생활의 강도를 보여 준다. 대부분의 이교도 협회들과 달리, 기독교 교회들은 자주, 적어도 일주일에 한 번은 만났다. 유스티누스는 그의 로마 회중이 그보다 훨씬 자주 만났다고 보고한다. "우리는 계속해서

---

52 *Trad. ap.* 20.1 (BJP, p. 104).
53 Tertullian, *Ux.* 2.8.8.
54 Lucian, *Peregr.* 12-13.
55 *Canons of Hippolytus* (17), trans. Carol Bebawi, ed. Paul F. Bradshaw, Alcuin/GROW Liturgical Study 2 (Bramcote, UK: Grove Books, 1987), p. 19.
56 Origen, *Cels.* 3.55.

함께했다."⁵⁷ 신자들이 매일의 기도나 교리문답을 위해 혹은 실제적 도움이나 교제를 위해 모일 때, 그들은 가상의 가족에 속한 '자매'와 '형제'로 만났다. 3세기에 이르러서까지도 그들의 모임은, 비록 구조화되기는 했으나, 감정적 강렬함과 예측 불가능성이라는 특성을 지녔던 것으로 보인다. 북아프리카에서는 공식적인 지도자가 아닌 여자들이 황홀경 속에서 예언을 하고 시, 환상, 기도를 제공했다.[58] 여자들과 남자들이 감정적인 예배에서 하나님을 경험했을 때 그들은 용기와 열정적인 규율을 갖고 행동했다. 이것은 종종 통제할 수 없는 위태로운 상황 속에서 살았던 모든 그리스도인에게 필요했다. 특히 여자 그리스도인들에게는 더욱 그러했다. 여자 노예들이 이교도 주인의 성관계에 대한 요구에 맞서는 것은 극도로 어려웠다. 그리고 이교도와 이종교 간 결혼 상황 속에 있던 여자들은 남편이 원치 않는 아기의 유산이나 유기를 요구했을 때 의심할 여지 없이 몹시 슬펐고 혐오감을 느꼈을 것이다. 그러므로 여자 그리스도인들의 남편들이 신자가 되었을 때, 그녀들이 성적으로 그리고 살인을 거부한 사람으로서 해방감을 느꼈던 것은 놀랄 일이 아니다.[59] 마침내 그들은 남편들의 지원을 받으며 교회의 가르침을 따라 살 수 있게 되었다!

3세기에 들어와 기독교 공동체의 생활을 변화시키는 어떤 과정이 진행되었는데, 그것은 그 공동체를 가부장적인 그리스-로마 사회처럼 만들어 놓았다. 많은 기독교 공동체들의 규모가 커지고 있었다. 그리고 그들의 예배의 성격이 변하고 있었다. 특히 성찬의 관습이 그러했다. 많은 곳에서 원

---

57 Justin, *1 Apol.* 67.1 (Hardy, p. 287).
58 Tertullian, *An.* 9.4; *Marc.* 5.8.4; Cecil M. Robeck Jr., *Prophecy in Carthage: Perpetua, Tertullian, and Cyprian* (Cleveland: Pilgrim Press, 1992), pp. 128-134.
59 Rodney Stark, *The Rise of Christianity: A Sociologist Reconsiders History* (Princeton: Princeton University Press, 1996), p. 104.

래 감사 행위와 짝을 이룬 '실제 식사'였던 것이 상징적인 음식으로 이루어지는 '의식적인 식사'가 되어 가고 있었다.⁶⁰ 늘 남자 성직자들이 모임을 주관했고, (여자들을 포함해) 평신도들이 그들의 영적 은사를 발휘할 기회는 점차 사라졌다. 그들의 예배 참여를 제한하는 압력 앞에서 여자 그리스도인들은 『바울과 테클라 행전』(Acts of Paul and Thecla)에 그의 업적이 기록되어 있는 사도이자 바울의 제자였던 대담한 테클라의 사례에 호소했다.⁶¹ 테클라의 선례에 비추어 그들은 여자 그리스도인들이 가르치고 세례를 주는 것은 정당하다고 주장했다! 그러나 테르툴리아누스는 디모데전서 2:12을 언급하면 단호하게 말했다. "바울이 여자들에게 스스로 배우는 것조차 허락하지 않는 상황에서 어떻게 여자들에게 가르치고 세례를 주는 권한을 부여했다고 믿을 수 있는가?"⁶² 테르툴리아누스는 영적 은사를 지닌 여자들이 예배 시간에 예언할 수 있다는 데에는 동의했다. 그러나 그것은 오직 그들이 그 모임의 가장자리에 있을 때만 허용되었으며, 그때조차 남자 지도자들이 그들의 예언의 메시지를 조사할 필요가 있었다.⁶³ 테르툴리아누스 때로부터 50여 년이 흐른 후에 주교 키프리아누스는 이것을 카르타고의 모든 세례 지원자들이 배워야 할 원리로 삼았다. "여자들은 교회에서 침묵해야 한다."⁶⁴ 같은 시기에 시리아에서 만들어진 "사도들의 가르침"은 여자들에게

---

60 Andrew McGowan, "Rethinking Agape and Eucharist in Early North African Christianity", *SL* 34 (2004): pp. 133-146.

61 테클라에 관한 문헌은 아주 많다. 예컨대, Kate Cooper, *The Virgin and the Bride: Idealized Womanhood in Late Antiquity* (Cambridge, MA: Harvard University Press, 1996), pp. 50-56, 64-66; Stephen J. Davis, *The Cult of St Thecla: A Tradition of Women's Piety in Late Antiquity* (Oxford: Oxford University Press, 2001) 등을 보라.

62 Tertullian, *Bapt.* 17, trans. S. Thelwall, *ANF* 3:677. In *Virg.* 9, trans. S. Thelwall, *ANF* 4:33. 테르툴리아누스는 여자들이 교회에서 말하는 것만 금지한 것이 아니라, 그들이 가르치고, 세례를 주고, 성찬식을 주재하는 것도 금지했다. 여자들은 "남성적인 기능"을 하는, 또는 "성직자의 직책"과 관련된 그 어떤 역할도 하면 안 되었다.

63 Tertullian, *An.* 9.4.

64 Cyprian, *Ad Quir.* 3.46, trans. E. Wallis, *ANF* 5:46.

예배 때 예배실 동쪽에 있는 주교와 장로들의 자리에서 가장 멀리 떨어진 서쪽 평신도들 사이에 앉으라고 명령했다.[65] 예배를 드리는 동안 여자들과 남자들은 같은 방에 있었으나 여자들의 위치는 그들에게 그들의 열등함을 상기시켜 주었다.

물론 여자들의 사역은 계속되었다. 우리가 본서의 8장에서 보게 되겠지만, 4세기에 들어설 때까지도 시리아의 기독교 공동체 안에서 과부들은 계속해서 중요한 역할을 감당했다. 그러나 그들은 그 일을 집에서 수행했다. 집에서 그들은 주교와 장로들의 지도를 받으며 기도하고 양털을 짰다.[66] 성직자들은 전에 과부들이 담당했던 심방과 봉사 활동 같은 역할들을 점차 성직자의 통제를 더 잘 받아들이는 여집사들에게 위임했다.[67] 점점 더 교회 내의 리더십은 가부장적이 되었고, 결혼한 여자 그리스도인들은 그것을 감지했다. 교회 지도자들은 여자들을 남편들의 권위 아래에 묶어 두려고 했다. 물론 그것은 말처럼 쉽지는 않았다. 4세기 말에 주교 암브로시우스(Ambrose of Milan)는, 때때로 보다 이른 시기의 여자 그리스도인들의 그것과 유사한 동기를 지닌 행위 때문에 화를 내면서, 밀라노의 여자들에게 집에 머물고 거리로 나와 뛰어다니지 말라고 명령했다. 안디옥과 콘스탄티노플에서 주교 요한네스 크리소스토무스(John Chrysostom) 역시 유사한 지시를 내렸다.[68] 4세기 말에 이르러서도 여전히 교회 안에 있는 여자들은 남자들의 권위 아래에 있었다. 적어도 그들은 교회 안에 있어야 했다. 그러나 이른 시기의 그리스도인들의 삶에서 그토록 큰 부분이었던 그들의 전도에 대한 열정과 연민에 찬 부양은 질식되어 있었다.

---

65 *Did. apost.* 2.57.5.
66 *Did. apost.* 3.7.8.
67 *Did. apost.* 3.12.
68 Ambrose, *Comm. on Luke* 2.21; John Chrysostom, *Homily 61 on John* 160; *Homily on the Incomprehensibility of God* 11.39-40.

독특한 공동체 (4) – 신적 능력의 현시

우리가 지금껏 살펴본 신자들 대부분은 영향력 있는 사람들이 아니었다. 그들 중 사회 문화적 힘을 가진 이는 거의 없었다. 세 번째 세기가 진행되는 동안 도시의 귀족이자 기사단에 속해 있던 지역 원로원 의원들(decurions)을 포함해 부유한 이들이 교회 안으로 들어오기 시작했다. 교회의 부는 증대되었고 때로는 상당한 정도가 되었다.[69] 그러나 교회들은 계속해서 전체 사회의 모습을 반영했는데, 이것은 교회의 회원들 대부분이 다양한 정도의 빈곤에 처한 이들이었음을 의미한다. 그리스도인들은 또한 그들이 악한 것으로 여기는 사회적, 영적, 경제적, 종교적, 정치적 세력의 체계적인 구조와의 싸움에 휘말려 있었다. 때때로 이런 세력들은 그들을 박해했으며, 그들을 모욕하고, 협박하고, 괴멸시키려 했다.

그럼에도 초기 몇 세기 동안 그리스도인들은 사람들에게 대담하며 강력하다는 인상을 주었다. 어째서였을까? 부분적으로 그것은 그들이 자기들이 개입한 싸움이 무엇보다도 영적인 것이라고 믿었기 때문이다. 그들은 자신들이 일차적으로 인간이나 제도가 아니라 자기들에게 적대적이고 인간의 번영을 방해하는 영적 세력과 싸우고 있다고 여겼다. 그들은 자신들의 적을 마귀, 즉 굉장하기는 하나 제한된 힘을 지닌 인격화된 영적 세력으로 여겼다. 그리스도인들은 마귀를 사람들에게 유익이 될 수도 있고 불행이나 악을 초래하는 자가 될 수도 있는 낮은 단계의 중간적 영적 존재로 이해했던 이교도들과 대조적으로, 초기부터 마귀를 언제나 악한 존재로 여겼다.[70] 마귀

---

69 Wolfgang Wischmeyer, *Von Golgatha zum Ponte Molle: Studien zur Sozialgeschichte der Kirche im dritten Jahrhundert*, Forschungen zur Kirchen- und Dogmengeschichte 49 (Göttingen: Vandenhoeck & Ruprecht, 1992), pp. 171-175.

70 Ramsay MacMullen, *Paganism in the Roman Empire* (New Haven: Yale University Press, 1981), p. 79-82; Everett Ferguson, *Demonology of the Early Christian World*, Symposium Series 12 (New York: Edwin Mellen, 1984), pp. 108-117.

는 힘을 갖고 있었다. 그가 예수님의 십자가형을 배후에서 조정하는 역할을 한 것이 그에 대한 증거였다. 하지만 신자들은 예수님이 십자가 위에서 마귀의 힘의 참된 본질을 드러내셨고 그를 무찌르셨다고 믿었다. 그뿐만이 아니었다. 그분은 성령을 통해 선을 위한 상상하기 어려운 영적 능력을 세상에 풀어놓으셨다. 그리스도인들은 자기들이 이 능력에 접근할 수 있다고 주장했다. 그리스도인들은 자기들이 마귀의 힘이라고 여기는 것과 마주했을 때 퇴마 기도와 치유를 통해 그런 힘을 물리칠 수 있다고 믿었다.

퇴마를 위한 기도

이런 기도는 실제로 어떻게 작용했을까? 오리게네스의 교리문답 설교가 우리에게 아주 흥미로운 예 하나를 제공한다. 초기 기독교의 위대한 신학자였던 그는 240년대에 교리문답 교사의 신분으로 짧은 기간 동안 일하기 위해 예루살렘으로 갔다. 그는 매일 일정한 시간 동안 세례 지원자들에게 사무엘상에 관해 가르치면서 그들이 세례를 받도록 준비시켰다. 한 서기관이 오리게네스의 말들을 기록했다. 그 장면 안으로 들어가 보면, 우리는 오리게네스가 한나의 방문(삼상 2장)에 관해 장광설을 펼치는 모습을 발견한다.

바로 그것이 성경이 우리에게 한나가 "내 마음이 여호와로 말미암아 즐거워한다"라고 옳게 말한 것처럼, 소멸하고 부패할 수밖에 없는 속세의 기쁨을 거부하고 주님 안에 있는 영원한 기쁨을 즐거워하라고 가르치는 이유다. 이런 말을 한 그 순간, 거기에 참석하고 있던 이들 중 하나가 불순한 영으로 가득 차 소리를 질러 댔다. 그로 인해 사람들이 몰려들었다.…한나가 "내 마음이 여호와로 말미암아 즐거워한다"라고 말했을 때, 적대적인 영은 우리가 주님을 기뻐하는 것을 견딜 수 없었다. 그 영은 그 자리에 슬픔을 도입해 상황을 바꾸고 우리가 "내 마음이 여호와로 말미암아 즐거워한다"라고 말하는 것을 방해하고 싶어 했다. 그러나 우리는 그런 말을 중단하기는커녕, 더욱더 반대로 "내 마음이 여호와로 말미암아 즐거워한다"라고 말했다. 왜냐하면 우리는 불순한 영들이 고통당하는 것을 보았기 때문이다. 또한 이와 같은 일들이 많은 이들을 하나님께 돌아서게 하고, 많은 이들이 스스로를 개혁하게 하고, 많은 이들을 믿음에 이르게 하기 때문이다. 하나님은 어떤 일도 이유 없이 행하시지 않는다. 그리고 그분은 어떤 일도 헛되이 일어나게 하시지 않는다. 하나님의 말씀을 믿지 않고 그분의 가르침을 받아들이지 않는 사람들이 많다. 그러나 마귀가 그들을 붙잡으면, 그들은 믿기 시작한다.[71]

이 설명이 분명하게 밝히듯이, 오레게네스는 이 사건으로 인해 당황하지 않았다. 확실히 그는 전에도 유사한 일들을 경험한 적이 있었다.[72] 다른 곳에서 그는 자기가 이런 상황과 마주할 때 취하는 접근법에 대해 설명한다. 그는 "성경을 반복하고 하나님의 말씀을 지속적으로 되풀이하는 것"으로 마귀의 힘과 싸운다.[73] 그러므로 예루살렘에서 오리게네스는 하나님의 천사들이 자기와 세례 지원자들을 보호하고 있다는 확신에 차 있었다. 그는 하나의 기쁨에 찬 찬양을 주문 삼아 반복적으로 말하면서 악한 영을 몰아내는 데 집중했다. 그 후 마귀에게 사로잡혔던 이가 굴레에서 벗어나자 오리

---

71 Origen, *Hom. Sam.* 1.10, trans. and ed. Pierre Nautin and Marie-Therese Nautin, *Origene: Homélies sur Samuel*, SC 328 (Paris: Cerf, 1986), p. 133.
72 유사한 일들이 아프리카의 독립적인 교회들에서도 나타났다. "때때로 악한 영들에 의해 예배가 중단된다. 기도를 드리는 중에 혹은 찬양하거나 춤추는 동안에, 어떤 이가 영에 사로잡혀 큰소리를 지르며 바닥에 엎어진다.…즉시 예언자들이 그 고통당하는 이를 에워싼다.…그들은 그 고통당하는 자에게 안수한다." Dana L. Robert and M. L. Daneel, "Worship among Apostles and Zionists in Southern Africa, Zimbabwe", in *Christian Worship Worldwide: Expanding Horizons, Deepening Practices*, ed. Charles Farhadian (Grand Rapids: Eerdmans, 2007), p. 59.
73 Origen, *Hom. Jos.* 20.1, trans. B. J. Bruce, FC 105 (2002), p. 176. 오리게네스는 *Cels.* 8.58 (Chadwick, p. 497)에서 "'예수님의 이름으로'라는 공식"의 능력에 관해 말한다. 이것이 "참된 신자들에 의해 선언될 때, 그것은 적지 않은 사람들을 질병과 마귀에게 사로잡힘과 다른 고통들로부터 치유했다."

게네스는 자신의 세례 후보자들에게 방금 일어난 일을 자신의 가르침과 통합시키면서 그것에 대해 설명해 주었다. 오리게네스는 매주 자신이 하는 강의가 평범할 수 있고 세례 지원자들이 자신의 가르침에 반응하지 않을 수도 있음을 인정한다. 그러나 이런 종류의 일이 일어났을 때, 즉 하나님의 능력과 마귀의 능력이 맞부딪히고 어떤 이가 바닥에 엎어지고 사람들이 기도했을 때, **그때** 사람들은 하나님께로 돌아섰다. 그들은 믿었고 삶의 방식을 바꿨다.

우리는 이 이야기를 어떻게 이해해야 할까? 우리는 오리게네스를 비길 데 없는 신학자로 알고 있으나 그를 퇴마사로 여기는 경우는 거의 없다. 우리는 무슨 일이 벌어지고 있었는지 알고 싶다. 이 경우에 (학자들은 이것에 대해 거의 논의하지 않는다) 오리게네스는 과도하게 흥분했던 것일까, 아니면 상황을 과장해서 말했던 것일까?[74] 퇴마는 실제로 오리게네스가 여기에서 말하는 것처럼 중요했을까? 그것은 종종 회심으로 이어지는 그 무엇이었을까? 어떤 학자들은 오리게네스가 『켈수스를 논박함』에서 '흔적'(*ichnos*)이라는 단어를 네 차례 사용하는 것으로 위안을 삼아 왔다.[75] "비둘기 형태로 나타난 성령의 흔적들은 여전히 그리스도인들 가운데 보존되어 있다."[76] '흔적들'은 멀고, 대체되고, 불명료하고, 중요하지 않아 보인다. 오리게네스는 '흔적들'에 관해 말함으로써 하나님의 권능의 개입이 사도 시대에 그랬던 것

---

74 이 사건에 대한 간략한 논의를 위해서는, Joseph T. Lienhard, "Origen as Homilist", in *Preaching in the Patristic Age: Studies in Honor of Walter J. Burghardt, SJ.*, ed. David G. Hunter (New York: Paulist Press, 1989), p. 46; P. Nautin and M.-T. Nautin, *Origène: Homélies sur Samuel*, p. 67; Ramsay MacMullen, *Christianity and Paganism in the Fourth to Eighth Centuries* (New Haven: Yale University Press, 1997), p. 9를 보라.

75 예컨대, Gary B. Ferngren, *Medicine and Health Care in Early Christianity* (Baltimore: Johns Hopkins University Press, 2009), p. 69를 보라.

76 Origen, *Cels.* 1.46 (Chadwick, p. 42; PG 11:745); 또한 1.2; 2.8; 7.8를 보라. 다른 예들을 위해서는 *Passion of Perpetua* 1.5; Ambrosiaster, *Quaestiones Veteris et Novi Testamenti* 114.22; Bardy, *Conversion au christianisme*, 159n를 보라.

보다 희귀하며 덜 강력하다는 것을 전달하려고 했을 수도 있다. 그러나 우리는 '흔적들'이 오리게네스와 그의 학생들이 경험했던 것을 최소화시키게 해서는 안 된다. 예루살렘에서 발생한 이 극적인 사건은 하나의 흔적이었다. 『켈수스를 논박함』에서 오리게네스는 이런 흔적들의 결과로 "많은 이들이 자신도 모르게 기독교 안으로 들어왔다"고 말한다. 또 그는 이렇게 덧붙인다. "우리는 이와 같은 많은 예를 알고 있다."[77]

오리게네스는 이런 예들에 대해 증언하는 유일한 사람이 아니다. 제국의 다른 지역에 있던 다른 초기 작가들 역시 오리게네스가 했던 것과 같은 경험, 즉 기도를 통해 성공적으로 마귀의 세력과 대결함으로써 사람들이 그리스도인이 되고 교회가 규모 면에서 성장하는 경험을 했다. 2세기 말 고올에서 이레나이우스(Irenaeus)는 그리스도인들이 "예수님의 이름으로…마귀들을 몰아냈고, 그로 인해 악한 영에서 벗어난 이들이 자주 믿음을 갖고 교회에 가입하기도 했다"고 언급했다.[78] 그리고 나서 얼마 안 되어 북아프리카에서 테르툴리아누스는 퇴마 기도로 인한 마귀의 항복이 "정기적으로 그리스도인들을 만들고 있다"고 보고했다.[79] 4세기 초에 제국 서부의 수도인 트리에에서 신학자 락탄티우스는 자기들을 압박하는 마귀의 힘과 싸우고 있는 이들이 "자기들이 경험한" 하나님의 능력이 마귀의 능력보다 강하다는 것을 알게 되었다고 보고했다. 그 결과 아주 많은 외부인들이 신자가 되었다. 이런 일들은 "놀라운 방식으로 아주 많은 이들을 하나님께로 이끌었다."[80]

그리스도인들이 마귀와 맞서 싸우며 기도했던 것은 연민 때문이었다. 그

---

77 Origen, *Cels*. 1.46 (Chadwick, p. 42); 또한 2.8 (Chadwick, p. 72)를 보라: "우리의 말을 믿을 수 있다면, 우리도 [흔적들]을 보았다."
78 Irenaeus, *Haer*. 2.32.4, trans. A. Roberts, *ANF* 1:409.
79 Tertullian, *Apol*. 23.18 (Glover, p. 131).
80 Lactantius, *Inst*. 5.22.24 (Bowen and Garnsey, p. 329); 또 Minucius Felix, *Oct*. 27.5; Origen, *Cels*. 7.47를 보라.

리스도인들은 마귀를 인간의 삶을 총체적으로 망치고 파괴하는 하나님의 대적으로 보았다. 그들은 많은 이들이 자신들이 마귀에게 속박되어 있다고 느끼면서 두려움 속에서 살고 있다고 확신했다. 오리게네스는 "오랜 세월 동안 사탄은 우리를 구속하고 포로로 삼아 왔다"고 설교했다. 하지만 또한 그는 예수님이 우리를 자유케 하기 위해 오셨다고 말했다! 당시 사람들은 마귀에게뿐 아니라 마귀의 능력을 드러내는 특별한 질병들에도 사로잡혀 있었다. 예컨대, 사람들은 "보다 미묘한 형태의 우상숭배인 탐욕"에 사로잡혀 있었다. 바로 그런 이들에게 그리스도의 "말씀과 선언"이 해방을 가져다주었다.[81] 유스티누스는 마귀가 특별히 사람들을 사로잡고 있는 네 가지 특별한 중독의 목록을 제시했다. 성적 충동, 마술, 부와 재산을 늘리려는 열망, 증오와 폭력이 그것들이다.[82] 그러나 사람이 "마귀들을 공격하기" 시작할 때, 그리스도께서 포로된 자들을 자유케 하기 위해 행동하셨다. 우리가 6장에서 살펴보겠지만, 3세기에 이르러 교회는 사람들을 해방시켜 그리스도 안에서 자유를 누리는 삶을 살게 하는 발전된 교리 교육과 세례 과정을 갖고 있었다.

치유를 위한 기도

마귀에 맞서 하나님께 드리는 기도는 단지 퇴마만을 위한 것이 아니었다. 그것은 그저 사람들을 특정한 중독에서 해방시키기 위해 고안된 것이 아니었다. 그것은 또한 질병의 치유를 다뤘다. 기도를 다루는 여러 초기 본문들에서 치유는 퇴마와 아주 밀접한 관계에 있었다. "마귀를 내쫓는 것, 치유에 영향을 주는 것, 계시를 추구하는 것."[83] 질병이 곳곳에 웅크리고 있고 기대

---

81 Origen, *Hom. Jos.* 1.7 (Bruce, p. 35).
82 Justin, *1 Apol.* 14.2-3, trans. E. R. Hardy, LCC 1 (1953): pp. 249-250.
83 Tertullian, *Spect.* 29, trans. T. R. Glover, LCL 250 (1931), p. 295.

수명이 짧았던 세상에서 건강은 사람들이 열중하는 관심사가 될 수밖에 없었다. 고대 종교들에서 병자를 낫게 하려는 관심이 중요했던 것은 타당한 일이었다.[84] 게리 펀그렌(Gary Ferngren)이 강조했듯이, 그리스도인들은 그저 치유에 대한 퇴마적이고 비과학적인 접근법에만 관심을 가졌던 것이 아니다. 그들은 또한 그리스식 경험적 의학의 관습도 받아들였다.[85] 예컨대, 오리게네스는 그리스도인은 "그의 육체를 치유하기 위해 의학적 수단을 사용"해야 한다고 강조했다. 만약 그리스도인이 독특해지고 "다수의" 이교도들보다 우월해지고자 한다면, 그는 일반 의사들의 돌봄을 구하면서 최고의 하나님께 기도해야 한다.[86] 앞에서 우리는 키프리아누스가 251년에 있었던 대규모 역병의 한가운데서 그리스도인들에게 퇴마 기도를 하도록, 그리고 안전한 거리를 두고 절망적인 질병에 걸린 이들을 위해 기도하도록 촉구하지 않았다는 것을 보았다. 아니다, 오히려 키프리아누스는 그들에게 병자들을 돌보고 그들을 어루만지라고 권했다. 그는 그리스도인들에게 그들이 이렇게 치명적으로 위험한 방식으로 행동할 수 있는 것은 그리스도에 대한 그들의 믿음 때문임을 상기시켰다. 믿음은 그들에게 영생에 대한 소망을 주었고 죽음에 대한 두려움을 치유해 주었다.[87]

그럼에도 초기 기독교 안에서는 퇴마와 치유를 위한 기도가 거듭해서 나타났다. 알렉산드리아의 클레멘스에 따르면, 그리스도인들이 예배를 위해 모일 때, 그들은 기도의 전투에 개입했다. "하나님을 경외하는 남자들…하나님의 사랑을 받는 고아들…온유함으로 무장한 과부들…[그리고] 사랑으로 장식한 남자들로 구성된" 초라한 "무기 없는 군대"인 그들은 하나님께서

---

[84] MacMullen, *Paganism*, p. 49.
[85] Ferngren, *Medicine and Health Care*, p. 13.
[86] Origen, *Cels*. 8,60 (Chadwick, p. 498).
[87] Cyprian, *Mort*. 20.

"최고조에 이른 질병"을 제압해 주시기를, "안수할 때 그것이 도망치게" 해 주시기를, 또한 "확신에 찬 명령을 할 때 마귀의 폭력"을 분쇄하셔서 그것이 "무능해지게" 해 주시기를 간구했다.[88] 그들은 일어서서 기도상(orants: 초기 기독교 미술에서 자주 등장하는 기도하는 사람의 모습—옮긴이)처럼 양손을 들고 일어서서 기도했을 것이다. 그리스도인들이 손을 들어 올리고 하나님께 기도를 드리는 것은 그들이 질병과 귀신들림과 싸우기 위해 안수를 하는 것과 합력해 시너지 효과를 냈다. 그리스도인들은 동시대인들에게 치유자이자 퇴마사로 알려지게 되었다.

오리게네스는 누구나 마귀를 내쫓을 수 있다는 것을 관찰했다. 퇴마사는 정교한 훈련이 필요하지 않았다. 가장 단순한 그리스도인조차도 누군가의 영혼과 몸에서 마귀를 내쫓는 데 필요한 기도와 엄명과 공식을 익힐 수 있었다.[89] 테르툴리아누스 역시 "마귀에게 엄명하는 것"을 어떤 그리스도인이든 할 수 있는 것으로 보았다. 그러나 만약 어느 남편이 올바른 상태, 예컨대 자기 아내와 성관계를 하지 않는 상태에서 살고 있다면, 그는 그 일을 보다 큰 확신을 갖고 할 수 있다고 보았다![90] 3세기 중엽에 이르러 교회들은 특별한 사람들을 퇴마사로 지명했다. 250년대 로마에는 그런 사람들이 많았는데, 그들은 세례 준비 과정에서 일부 역할을 감당하고 귀신들림이 의심되는 경우에 대응하는 소규모의 성직자 집단이 되었다.[91]

유사하게, 초기 그리스도인들은 누구나 병에 걸린 이들의 치유를 위해

---

88 Clement of Alexandria, *Quis div.* 34 (Butterworth, p. 343). 또한 Tertullian, *Or.* 29를 보라.
89 Origen, *Cels.* 7.4.
90 Tertullian, *Exh. cast.* 10, trans. S. Thelwall, *ANF* 4:56.
91 Eusebius, *Hist. eccl.* 6.43.11; 얼마나 많은 퇴마사들이 있었는지를 아는 것은 불가능하다. 왜냐하면 퇴마사들은 다른 이들과 함께 뭉뚱그려졌기 때문이다. "52명의 퇴마사, 성경 봉독자, 문지기들." 로마 교회가 소규모의 퇴마사 집단을 갖고 있으면서도 (소규모든 대규모든) 전도자 집단은 갖고 있지 않았다는 것은 의미심장하다.

하나님께 기도할 수 있다고 믿었다.[92] 이레나이우스가 지적했듯이, 이런 기도들은 "자주" 효과적이었다.[93] 공동체들의 경험은 어떤 이들이 "치유의 은사"를 갖고 있었음을 알려 준다.[94] 『사도 전승』은 이 주제에 짧은 장 하나를 할애한다. 그것은 교회가 자기가 "계시에 의해 치유의 은사를 받았다"고 주장하는 누군가를 임명해서는 안 된다고 규정한다. 오히려 "사건들이 그가 진실을 말하고 있는지를 보여 줄 것이다."[95] 『사도 전승』은 기독교 공동체 내부의 생활을 규정하기 위해 쓰였다. 그것은 때때로 신자들이 기도했을 때 병자들이 치유되었다고 사무적으로 말할 뿐이다. 또 그것은 "사건들"은 어떤 이들(치유라는 영적 은사를 가진 이들)이 기도할 때 병자들이 훨씬 더 잘 회복된다는 것을 보여 준다고 전한다. 치유는 교회 생활의 정상적인 일부였고, "치유자들"의 은사 여부는 사실에 의해, 즉 그들 가운데서 병에 들었다가 이제는 건강해진 사람들에 의해 드러났다.[96]

그리스도인들은 자기들이 다른 이들보다 고통을 덜 당하고 불운도 덜 겪는 척하지 않았다. 키프리아누스는 자기의 사람들이 "육신의 고난과 몸의 고통"을 겪었다고 말한다. 다른 이들처럼 그들도 "타는 듯한 열, 상처의 고통, 사랑하는 이들의 죽음"과 싸웠다. 키프리아누스는 능력 있는 기도가 그리스도인들을 이런 시련들로부터 신속하게 빠져나올 수 있게 해 줄 수 있다고 말하지 않았다. 오히려 그는 그들에게 인내하기로 했던 그들 자신의 약속을 상기시켰다. "불의한 자들과 의로운 자들을 이것보다 잘 구분해 주

---

92 Justin, *Dial.* 39; Irenaeus, *Haer.* 2.31.2.
93 Irenaeus, *Haer.* 2.32.4, trans. A. Roberts, *ANF* 1:409.
94 R. J. S. Barrett-Lennard, *Christian Healing after the New Testament: Some Approaches to Illness in the Second, Third, and Fourth Centuries* (Lanham, MD: University Press of America, 1994), p. 57.
95 *Trad. ap.* 14 (Arabic) (BJP, p. 80).
96 Barrett-Lennard, *Christian Healing*, p. 252.

는 것은 달리 없다. 역경 속에서 불의한 자들은 참을성이 없기에 불평하고 불손한 말을 한다. 반면에 의로운 자들은 인내로써 입증된다."[97] 그리스도인들은 기도했고, 동시대인들은 그들에게 특별한 치유의 자원이 있다고 여겼다. 그리스도인들은 그것을 그리스도께서 중풍병 환자, 혈루병에 걸린 여자, 소경을 고치시는 것을 묘사하는 카타콤 그림으로 표현했다.[98]

퇴마와 치유, 그리고 교회의 성장

퇴마와 치유는 초기 그리스도인의 삶에서 중요했다. 하지만 교회의 성장과 관련해서는 얼마나 중요했을까? 지금껏 우리는 고대 작가들이 사람들이 기독교로 개종하는 원인으로 다른 무엇보다도 퇴마를 언급했음을 보았다. 현대의 저명한 역사가들도 고대인들의 이런 주장에 동의했다. 그런 이들 중에서도 램지 맥뮬런이 가장 두드러진다. 그의 견해에 따르면, 퇴마는 "회심의 주된 도구"였는데, 그것은 주로 그것이 달리는 설명할 수 없는 사람들의 기독교에 대한 수용을 홀로 설명할 수 있는 일종의 "예외적인 힘"에 대한 "증명 능력이 있는 증거"를 제공했기 때문이다.[99] 물론 모든 역사가가 퇴마와 치유가 그 정도로 중요했다고 동의하는 것은 아니다.[100] 하지만 나는 그쪽으로 기울어진다. 그러나 나의 접근법은 맥뮬런과 다르다.

고대 로마 제국이라는 경쟁적인 종교 시장에서 새로운 종교는 그것이

---

97 Cyprian, *Pat.* 17-18, trans. G. E. Conway, FC 36 (1958), p. 280.
98 Lee M. Jefferson, *Christ the Miracle Worker in Early Christian Art* (Minneapolis: Fortress, 2014), chaps. 3-4.
99 MacMullen, *Christianizing the Roman Empire*, p. 27. 또한 MacMullen, "Two Types of Conversion to Early Christianity", *VC* 37 (1983): pp. 180-182; Ferguson, *Demonology*, pp. 127, 129; Peter Brown, *The World of Late Antiquity* (London: Thames & Hudson, 1971), p. 55; Green, *Evangelism in the Early Church*, p. 123를 보라.
100 Robin Lane Fox, *Pagans and Christians* (San Francisco: Harper & Row, 1986), pp. 329-330; Ferngren, *Medicine and Health Care*, p. 51.

"효력이 있는" 경우에만 성공할 수 있었다.[101] 사람들은 오직 그 종교가 그들의 삶에 차이를 만들어 내고, 그들을 가두고 있던 것들로부터 그들을 구해 내고, 그들을 보다 온전한 것을 향해 이끌어 가는 무언가를 제공하는 경우에만 그것에 가담했다. 당시 사람들은 그들이 믿기에 영적 세력들로 가득 차 있는 세상에서 살았다. 그 세상 안에서 그들은 좌절하고, 작아지고, 덫에 걸렸다고 느꼈다. 때때로 이런 사람들은 자신들이 자기들을 구속하는 행위를 지시하는 관습들(아비투스)에 의해 형성된다고 여겼다. 그들은 불행했다.

이것이 퇴마가 들어맞는 지점이었다. 퇴마는 기도와 의식을 포함하는 인간의 행위였다. 사람들은 하나님이 사람들을 해방시키기 위해 그것을 통해 행동하신다고 믿었다. 퇴마가 사람들에게 무엇을 초래하는지는 그들이 경험하는 굴레가 무엇이었는지에 달려 있었다. 그것은 탐욕에 대한 중독이었는가? 섹스나 사교적 관습에 대한 몰입이었는가? 특정한 영적 힘에 의한 압박이었는가? 하나님을 찬양하지 못하는 것이었는가? 극복할 수 없는 적으로 인한 소외였는가? 아니면 육체적 혹은 정신적 질병이었는가?[102]

그 필요가 무엇이었든, 퇴마는 일차적으로 인격적이었다. 그것은 개인들과 그들의 공동체들의 관심사를 다뤘다. 공적 퇴마에 관한 이야기들이 있었던 것은 확실하다. 예컨대, 「요한행전」(Acts of John)에 나오는 에베소에서 일어난 사건에 관한 이야기 같은 것들이 있었다. 그 이야기에서 요한의 퇴마 기도는 아르테미스 신상이 부서지고 그의 신전의 절반이 파괴되는 일을 초래했다. 그리고 그것이 "모여든 에베소 사람들이 '우리는 개종했습니다'라

---

101 현재 아프리카에서 찾을 수 있었던 유사한 것들에 관해서는, Philip Jenkins, *The New Faces of Christianity: Believing the Bible in the Global South* (New York: Oxford University Press, 2006), p. 96를 보라.
102 이런 예들에 관해서는, Origen, *Hom. Luc.* 32.2; *Hom. Jos.* 1.7를 보라; 또한 Justin, 1 *Apol.* 14.2-3; Tertullian, *Or.* 29를 보라.

고 외치도록" 만들었다.[103] 그러나 그런 이야기들은 많지 않으며 얼마간 전설의 냄새를 풍긴다.[104] 초기 그리스도인들의 삶의 일부로서의 퇴마는 온 주민이 신상들을 깨부수고 신전들을 파괴하면서 회심하게 만들었던 공적 퇴마가 아닌 개인적인 퇴마였다. 그런 퇴마의 목적은 마귀로 인해 찢겨졌던 사람을 온전하게 회복시키는 것이었다. 그것은 그런 이들을 내적으로 그리고 사회적으로 통합시켜 이후에 그들이 자유롭게 살아갈 수 있도록 만들었다. 콘스탄티누스 이전의 그리스도인들이 행했던 대부분의 공통적인 활동처럼, 퇴마 역시 가정이라는 환경 안에서 일어났고 군중보다는 개인 및 소규모 집단들과 관련이 있었다. 오리게네스가 말하는 퇴마처럼, 가정에서 발생하는 퇴마는 때때로 시끄러운 것이었을 수 있다(오리게네스와 다른 이들은 아마도 하나의 구절을 마치 주문을 외우듯이 큰소리로 외쳤을 것이다). 그리고 오리게네스는 그것에 "불순한 영들이 고통당하는 것"이 포함된 것으로 여겼다.[105] 하지만 여기에 물리적 힘은 사용되지 않았다. 오리게네스와 다른 많은 퇴마사들은 비폭력을 추구했다. 때때로 퇴마는 교리문답 과정처럼 시간표가 짜인 교육 과정의 계획된 일부였다. 그러나 오리게네스가 언급한 사건에서처럼, 그것들은 자연스럽게 발생하기도 했다. 그런 일이 일어날 때, 그것들은 파란만장함이라는 느낌, 즉 하나님을 예배하는 사람들의 경험 속으로 신적 존재가 깨뜨리고 들어온다는 느낌을 초래했다. 그것들은 놀라운 일

---

103 Acts of John 42-43, in *New Testament Apocrypha*, ed. E. Hennecke, W. Schneemelcher, and R. McL. Wilson (Louisville: Westminster John Knox, 1992), 2:188.

104 MacMullen, *Christianizing the Roman Empire*, pp. 25-27는 두 가지 예를 제시한다. 하나는 에베소에서 있었던 아르테미스 이교를 무너뜨린(요한행전 42-43) 일이고, 다른 하나는 4세기 초 팔레스타인 가이사랴에서 있었던 아피아누스의 순교에 대한 응답으로 일어난 기적인데, 그것은 그 성읍의 모든 어른과 아이들이 그리스도인들의 하나님께 신앙을 고백하는 것으로 이어졌다(Eusebius, *Martyrs of Palestine*, 4.14-15).

105 퇴마와 관련된 시끄럽고 폭력적인 이미지에 관해서는, Cyprian, *Ep.* 69.15.2, trans. G. W. Clarke, ACW 47 (89), p. 44를 보라: "하나님의 권능과 결합된 인간의 목소리가 마귀를 비난하고 욕하고 괴롭힌다"; 또한 Cyprian, *Don.* 5를 보라.

(magnalia), 즉 하나님의 기적적인 역사였다. 그리스도인들은 그것을 자신들을 향한 하나님의 성실하심의 표현으로 여겼다.[106] 아스켈피우스의 사당에서 있었던 아주 값이 비쌌던 이교도의 치유와 달리, 이런 치유들은 공짜였다.[107] 그리고 그들의 경험은 그리스도인들이 계속해서 공동체로 돌아오게 만들었다. 그들은 자기들이 그 공동체 안에서 하나님의 실재를 경험했다고 말했다. 하나님은 거의 아무런 힘이 없는 사람들이었던 그들에게 능력을 부여해 어려운 상황 속에서 기대를 지니고 살아가게 하셨다. 그리스도인들의 모임 안에 하나님이 계시다는 소문은 또한 외부인들이 기독교를 살펴보도록 이끌었다. 그들은 다른 이들에게 그리스도인들이 경험하는 것에 대해 말했고, 그로 인해 교회는 성장했다.[108]

독특한 공동체 (5) — 가난한 자들에 대한 돌봄

가난한 자들에 대한 돌봄은 기독교 공동체들이 동시대인들에게 의문을 불러일으키는 아비투스와 접근법을 드러내 보였던 또 다른 분야였다. 외부인들은 이것을 보고 깊은 인상을 받았다. 그들의 세계에는 가난한 이들이 많았다. 1세기 로마 사회는 날카롭게 수직적이었다. 최근의 한 연구에 따르면, 제국 인구의 65퍼센트가 최저 생활 수준 언저리에서 살았다.[109] 아주 이른 때부

---

106 Tertullian, *Ux*. 2.7.
107 Tertullian, *Apol*. 37.9; Wolfgang Reinbold, *Propaganda und Mission im ältesten Christentum: Eine Untersuchung zu den Modalitäten der Ausbreitung der frühen Kirche*, FRLANT 188 (Göttingen: Vandenhoek & Ruprecht, 2000), p. 322.
108 방언은 초기 기독교 작가들이 교회의 삶과 성장에 관해 말했던 이야기의 일부가 아니었다. Everett Ferguson, *Early Christians Speak* (Abilene, TX: ACU Press, 2002), 2:112-114; 그리고 Tertullian, *Pat*. 12.10; *An*. 9.3; Cecil M. Robeck, *Prophecy in Carthage: Perpetua, Tertullian, and Cyprian* (Cleveland: Pilgrim Press, 1992), pp. 98, 130에 실려 있는 암시들을 참고하라.
109 Walter C. Scheidel and Steven J. Friesen, "The Size of the Economy and the Distribution of Income", *JRS* 99 (2009): p. 85. 1세기 그리스도인들의 상황에 대한 가혹한 추정에 대해서는, Justin J. Meggitt의 영향력 있는 책인 *Paul, Poverty and Survival* (Edinburgh: T&T Clark, 1998)을 보라.

터 기독교 교회에는 드물기는 하나 부유한 회원들이 있었는데, 그들의 숫자는 점점 늘어났다. 3세기 중반에 이르러 오리게네스는 부유한 자들, 특히 여자들이 교회 안으로 들어오고 있음을 관찰했다.[110] 그러나 대다수 기독교 공동체들은 여전히 직업의 불안정성, 보잘것없는 수확, 질병, 기근이라는 현실과 씨름하고 있었다. 테르툴리아누스는 외부인들이 "저들이 서로를 어떻게 사랑하는지 보라"고 말하도록 만들었던 것은 자기들 중에 있는 가난한 자들에 대한 기독교 공동체의 반응이었다고 지적한다.[111]

가난한 자들에 대한 이런 돌봄은 그리스도인들이 세례 때 행하는 근본적인 결단으로부터 나왔다.[112] 어떤 새로운 회원들은 하향 이동을 감행하는 것으로 이런 결단에 응답했다. 예컨대, 키프리아누스는 세례를 준비하는 동안 그의 옷, 음식, 생활 방식을 단순화했다.[113] 대부분의 공동체 회원들은 지도자들이 가난한 회원들에게 사용할 수 있도록 정기적으로, 자신들의 능력에 따라서 교회의 공동 기금에 기부했다. 일부 교회들은 또한 자기네 회원들을 위한 보충 가능한 음식과 옷을 갖고 있었다.[114] 「클레멘스 2」 16.4에 따르면, 기부는 교회의 잘사는 회원들뿐 아니라 모든 신자들에게 기대되었다. 그리고 그렇게 기부된 것들은 조심스럽게 재분배되어야 했다.[115] 기부에 대한 교

---

110 Origen, *Cels.* 3.9.
111 Tertullian, *Apol.* 39.7 (Glover, p. 177).
112 *1 Apol.* 61.7에서 오리게네스는 가난한 자들과 과부들을 돌보겠다는 세례 지원자들의 결단에 대해 상세하게 설명한다. 또한 *Trad. ap.* 20.1을 보라. 거기에서는 오직 과부를 존중하고 병든 자들을 방문하는 자들만이 세례 과정으로 들어갈 수 있다.
113 Pontius, *Vit. Cypr.* 2, 6; 참고. Tertullian, *Cult. fem.* 2.11.3, trans. R. Arbesmann, FC 40 [1959], p. 145, 거기에서 어느 이교도는 다음과 같이 말한다: "그녀는 그리스도인이 되었기에 가난한 복장을 하고 살아간다."
114 Tertullian, *Apol.* 39.11; *Gesta apud Zenophilum* 3, in *Optatus: Against the Donatists*, trans. and ed. Mark Edwards, TTH 27 (Liverpool: Liverpool University Press, 1997), p. 154.
115 David J. Downs, "Redemptive Almsgiving and Economic Stratification in 2 Clement", *JECS* 19, no. 4 (2011): pp. 493-517. Peter Rampe에 따르면, 2세기 로마는 가난한 그리스도인들과 부유한 그리스도인들 사이의 "강도 높은 교환"을 보여 준다. "그리스도인이 되는 이들의 사회적 지

회의 기대에 대한 반응은 다양했다. 어떤 공동체 안에는 의심할 바 없이 남에게 얻어먹기만 하는 사람들, 즉 "생필품에 대한 필요 때문에 그리스도인이 된 척 가장하고 있는" 사람들이 있었다.[116] 그리고 로마와 시리아에는 예배를 빼먹는 부유한 그리스도인들이 있었는데, 그들은 자신들에게 교회의 가난한 회원들을 위해 상당한 정도로 기부하라는 압력을 넣는 지도자들 때문에 짜증이 나 있었다.[117]

가난한 신자들을 부양하는 것은 기독교 공동체의 핵심적인 강조사항이었다. 키프리아누스는 그의 가르침 중 하나에서 이것을 활기차게 표현했다. "모두가 그들 자신의 사람들을, 그리고 특히 신자들을 돌보아야 한다."[118] 그러나 이른 시기부터 그리스도인들은 또한 교회 밖에 있는 가난한 자들을 부양했다. 3장에서 우리는 3세기 중엽에 역병이 발생했을 때 카르타고의 그리스도인들이 그들의 주교 키프리아누스의 권고를 따라 믿음의 가족뿐 아니라 비그리스도인들에게도 음식과 돌봄을 제공했던 것을 살펴보았다.[119]

외부인들을 돌보는 전통은 4세기까지 계속되었는데, 그것은 이집트의 도시 테베에서 주목할 만한 회심으로 이어졌다. 콘스탄티누스 재위 초기에 징집을 담당하던 군사들은 로마의 군단에서 복무할 사람들을 충원하기 위해 상부 이집트에서 농부들을 납치한 후 나일강에서 배에 태워 하류로 내려보냈다. 자원하지 않았던 신병들을 운반하던 배가 잠시 테베에 정박했을 때 군대의 책임자들은 신병들을 더 먼 곳으로 실어 보내기 전에 그들이

위가 변한다. 어떤 이의 지위는 사회적 수준 사이의 제한된 물질적 평준화[로 인해]⋯다소 올라간다." [*From Paul to Valentinus: Christians in Rome in the First Two Centuries* (Minneapolis: Fortress, 2003), p. 140].

116 Origen, *Cels*. 1.67 (Chadwick, p. 62); Lucian, *Peregr*. 11-12.
117 Herm. *Sim*. 9.20.2; *Did. apost*. 2.56.4.
118 Cyprian, *Ad Quir*. 3.75, trans. E. Wallis, *ANF* 5:552.
119 Pontius, *Vit. Cypr*. 10.

도망치지 못하도록 그들을 감옥에 집어넣었다. 테베에 살던 그리스도인들이 그 죄수들의 고통에 관한 소식을 듣고 그들에게 감옥에서는 얻을 수 없는 음식과 마실 것을 가져다주었다. 우리의 이야기는 그런 도움을 준 이들이 구체적으로 누구였는지 밝히지 않는다. 하지만 십중팔구 그런 실제적 사역을 이끈 이들은 여자 그리스도인들이었을 것이다.[120] 죄수 중 하나였던 파코미우스는 그 지역 사람에게 자기들에게 도움을 주는 이들이 누구냐고 물었다. 그는 "낯선 이들을 포함해 모두에게 자비를 베푸는" 이들이 그리스도인들이라는 말을 들었다. 파코미우스는 더 나아가 그리스도인이 어떤 사람들이냐고 물었다. 그의 정보원이 답했다. "그들은 하나님의 유일한 아들인 그리스도라는 이의 이름을 지닌 사람들입니다. 그들은 하늘과 땅 그리고 우리 사람들을 지으신 분에게 소망을 두고 모든 이들에게 선을 행합니다." 그 이야기에 따르면, 파코미우스는 그 말을 듣고 마음에 "불이 붙었다." 그는 하나님을 경외하며 기도했고 하나님을 섬기기로 작정했다. 그리고 자기에게 도움을 주었던 그리스도인들의 전통을 따라 "하나님의 명령을 따라 모든 사람을 사랑하고 그들의 종이 되기로" 약속했다. 군대 책임자들은 곧 파코미우스와 다른 징집자들을 다시 배에 태웠고 배는 계속해서 나일강을 따라 내려갔다. 그러나 오래지 않아 그들은 그 사람들을 모두 석방했다. 석방된 후에 파코미우스는 곧장 교회로 달려가 그곳에서 한동안 세례 지원자로 지낸 후 세례를 받았다.[121] 테베 그리스도인들의 연민에 찬 관대함은 자기네

---

120 2세기에 있었던 유사한 사건(틀림없이 허구일 것이나 아마도 실제 경험으로부터 나온 이야기였을 것이다)에 관해서는, Lucian, *Peregr.* 12, trans. J. Stevenson, *A New Eusebius*, rev. ed. (London: SPCK, 1987), p. 129를 보라. "당신들은 새벽부터 나이든 여자들이 감옥 근처에서 어슬렁거리는 것을 볼 수 있을 것이다."

121 *First Greek Life of Pachomius* 4-5, trans. Armand Veilleux, *Pachomian Koinonia*, vol. 1, *The Life of Saint Pachomius and His Disciples* (Kalamazoo, MI: Cistercian Publications, 1980), p. 300. 여기서 나는 두 차례 '남자들'이라는 표현을 '사람들'로 대체했다.

회원이 아니었던 이들의 필요에 대응했고, 그것은 파코미우스의 회심으로 이어졌다. 그리고 훗날 파코미우스는 수도원 전통의 창설자가 되었다. 이런 종류의 사역은 다른 사람들에게도 영향을 주었을 것이 분명하다. 헨리 채드윅(Henry Chadwick)에 따르면, "자선의 실제적 적용이야말로 기독교의 성공의 가장 강력한 단일 원인이었을 것이다."[122]

독특한 공동체 (6) – 목숨을 빼앗는 것을 금하는 인내

살해를 철저하게 배제하는 입장에 대한 그리스도인들의 헌신은 선교의 성공에 대한 그들의 전망에 영향을 주었을 것이 분명하다. 오리게네스에 따르면, "어떤 형태로든 인간의 목숨을 빼앗는 일"에 참여하기를 거부하는 것은 기독교적 헌신의 기본이었다. 그것은 그리스도인들의 인내, 복수에 대한 거절, 예수님의 길과 가르침에 대한 이해의 산물이었다. 테르툴리아누스, 아테나고라스, 미누키우스 펠릭스, 락탄티우스 같은 다른 작가들도 이 문제에 대해서는 오리게네스와 같은 입장을 보였다.[123]

목숨을 빼앗는 것을 금하는 것은 아주 광범위한 결과를 가져왔다. 그런 결과 중 하나는 검투사들의 경기와 관련되어 있었다. 테르툴리아누스에 따르면, 이런 금지는 이행하기가 쉽지 않았다. 분명히 세례받은 그리스도인들 중 어떤 이들은 동물과 인간의 피가 철철 흘러넘치는 것을 보는 데 중독되어 있었다. 이것이 테르툴리아누스를 격분하게 했다. 신자들은 그 경기의 에토스가 그들의 아비투스에 얼마나 큰 영향을 주는지 몰랐던 것일까?[124]

---

122 Henry Chadwick, *The Early Church* (Harmondsworth, Middlesex: Penguin Books, 1967), pp. 55-56.
123 Origen, *Hom. Num.* 19.5.1; Athenagoras, *Leg.* 35.6; Tertullian, *Apol.* 37.7; *Spect.* 2를 보라; 또한 Lactantius, *Inst.* 6.20; Minucius Felix, *Oct.* 30을 보라.
124 Tertullian, *Spect.* 2-3, 12, 25; Theophilus, *Autol.* 3.15.

그리고 장래의 그리스도인들은? 가장 대중적인 형태의 대규모 오락에 대한 그리스도인들의 거부가 그들의 선교적 전망을 향상시켰을지는 의심스럽다! 낙태나 원치 않는 유아들을 내다 버려 죽게 하는 것을 거부하는 가족들은 인내의 다른 결과들을 경험했다.[125] 그리고 물론 목숨을 빼앗는 것에 대한 금지는 로마의 군대에 속한 그리스도인들에게 영향을 주었다. 그리스도의 "영감을 받은 입법"에 충성하면서 군대에 대한 모든 참여를 배제하는 보수적인 그리스도인들[126]과 제국을 위한 전쟁을 정당화하는 진보적인 그리스도인들 사이에 논쟁이 있었다. 그 두 진영 사이에 『사도 전승』의 저자들이 있었다. 그들은 세례 지원자들이나 이미 세례를 받은 신자들이 군대에 들어가는 것을 금했으나, 만약 그들이 군대에 있는 동안 믿음에 이끌렸다면 다음 한 가지 조건 하에서 군대에 머무는 것을 허락했다. 그 조건은 "죽이지 말라"는 것이었다.[127] 이것은 어떤 이들에게 기독교의 매력을 제한했을 것이 분명하다. 반면에 순교자 유스티누스는 그 문제를 보다 큰 선교적 관점에서 바라보았다. 그는 사람들이 기독교로 개종할 때 자기들을 "노예와 종들"로 부리던 마귀들과의 관계를 끊은 것을 지적했다. 그 결과 적들에 대한 그들의 접근법이 변화되었다. "서로 증오하고 죽이고 [그들의 다른] 관습 때문

---

125 Athenagoras, *Leg.* 35.6; Minucius Felix, *Oct.* 30.5-6. Ronald J. Sider, ed., *The Early Church on Killing: A Comprehensive Sourcebook on War, Abortion, and Capital Punishment* (Grand Rapids: Baker Academic, 2012)에서 인용되고 있는 교부들의 여러 구절들을 보라; 또한 Erkki Koskenniemi, *The Exposure of Infants among Jews and Christians in Antiquity*, Social World of Biblical Antiquity 2/4 (Sheffield: Sheffield Phoenix, 2009), pp. 88-110를 보라.
126 Origen, *Cels.* 8.68 (Chadwick, p. 504)은 이교도인 켈수스가 고전적인 그리스도인들의 행위를 읽는 방식을 소개한다. "만약 모두가 당신처럼 행동한다면, 그가 유기되는 일, 즉 홀로 버려지는 일을 막는 것은 아무것도 없을 것이다. 그리고 세상의 모든 일들은 가장 무법하고 야만스러운 야만인들의 손아귀에 들어가게 될 것이다." 군대에 속한 절충주의적인 그리스도인들에 의해 제시된 논거들에 관해서는, Tertullian, *Idol.* 19를 보라. 그 논쟁에 관한 설명을 위해서는 Kreider, "Military Service", pp. 415-442; George Kalantzis, *Caesar and the Lamb: Early Christian Attitudes on War and Military Service* (Eugene, OR: Cascade Books, 2012), p. 119를 보라.
127 *Trad. ap.* 16.9-11 (Sahidic) (BJP, pp. 88-90).

에 다른 종족 사람들과 교제하지 않았던 우리가 이제 그리스도가 나타나신 후에 우리의 적들과 함께 살면서 그들을 위해 기도하고 우리를 부당하게 미워하는 이들을 설득하려고 노력한다." 유스티누스는 교회의 성장은 적들에 대한 그리스도인들의 독특한 접근법의 산물이었다고 확언한다. 어째서 그리스도인들은 그들의 적들을 사랑하고 위해서 기도하고 설득했던 것일까? 그렇게 함으로써 그 적들이 형제가 될 것이기 때문이었다. "그렇게 해서 그들[우리의 적들]은 그리스도의 공정한 명령을 따라 살면서 우리와 더불어 모두의 주인이신 하나님으로부터 [우리가 얻게 될 것과] 동일한 것을 얻으리라는 좋은 소망을 공유하게 될 것이다."[128]

독특한 공동체 (7) – 강요하지 않는 인내

로마 제국의 종교적 풍경은 만화경만큼이나 다양했고 "무한히 관용적"인 것을 자랑스러워했다.[129] 그것은 또한 그리스도인들이 그들의 불순응 때문에 때때로 치명적인 문제에 빠지는 환경이기도 했다. 처음 3세기 동안 그리스도인들의 반응은 일관되었다. 4세기 초 락탄티우스 이전의 기독교 작가들은 인내의 언어를 사용해 종교적 자유를 정당화하지 않았다. 그러나 선교에 대한 그들의 접근법은 인내였다. 그들의 경험이 그들을 이 방향으로 나아가게 했다. 그들이 기독교 신앙을 갖게 된 것은 그들 자신이 그리스도인과 그들의 공동체가 구현했던 특성에 감동되었고, 또한 기독교의 사상이 그리스도인들이 사는 방식을 이해하게 해 주었기 때문이다. 그들이 인습과 법의 강력한 힘에 맞서 그리스도인이 된 것은 자기들이 보고 경험한 것 때문이었다. 그들은 자기들이 믿음을 갖도록 강요받지 않았다는 것을 알고 있다. 오히려 그들

---

[128] Justin, *1 Apol.* 14.3 (Hardy, pp. 249-250).
[129] MacMullen, *Christianizing the Roman Empire*, p. 16.

은 믿기 위해 힘에 맞서면서 "참된 자유에 대한 단언"으로서의 기독교에 귀의했다.[130]

이런 사람들에게 기독교 저작들은 이치에 맞았다. 알렉산드리아의 클레멘스는 이렇게 썼다. "하나님은 강요하지 않으신다. 왜냐하면 그분에게 힘은 밉살스러운 것이기 때문이다. 대신 그분은 자기를 찾는 자들을 부양하신다."[131] 이레나이우스는 이렇게 썼다. 하나님은 "설득이라는 수단을 사용해 일하신다.…[하나님은] 자신이 바라는 것을 얻기 위해 폭력적인 수단을 사용하지 않으신다."[132] 「디오그네투스에게 보낸 편지」는 이렇게 진술한다. "강요는 하나님이 일하시는 방식이 아니다."[133] 테르툴리아누스는 의무적인 예배는 거짓 예배라고 덧붙인다. "누구라도, 심지어 사람조차도, 억지로 드리는 예배를 받고 싶어 하지 않을 것이다."[134] 문제는 어느 종교가 합법적이냐가 아니라 그것이 참되냐 하는 것이었다. 그리스도인들은 종교의 참됨을 일차적으로 그것의 지적 기준이 아니라 그것이 사람들에게 끼치는 영향이라는 측면에서 헤아렸다. 종교가 그것의 추종자들의 삶에 어떤 영향을 주는가? 그것은 그것이 접촉하는 다른 이들의 삶에 어떤 영향을 주는가? 콘스탄티누스 재위 초기에 활동했던 기독교 철학자 락탄티우스는 그리스도인들을 비판하는 자들을 향해 종교가 평범한 사람들, 단순한 사람들, "우리의 노파들…또한 우리의 아이들"에게 어떤 영향을 주는지에 따라 종교를

---

130 Minucius Felix, *Oct.* 38.1 (Glover, p. 431). 강압과 자유에 관한 초기 그리스도인들의 견해에 관한 해석적 틀을 위해서는, Everett Ferguson, "Voices of Religious Liberty in the Early Church", *Restoration Quarterly* 19 (1976): pp. 13-22; Peter Garnsey, "Religious Toleration in Classical Antiquity", in *Persecution and Toleration*, ed. W. J. Sheils, Studies in Church History 21 (Oxford: Blackwell, 1984), pp. 1-27를 보라.
131 Clement of Alexandria, *Quis div.* 10 (Butterworth, p. 289).
132 Irenaeus, *Haer.* 5.1.1, trans. A. Roberts, *ANF* 1:527.
133 *Diogn.* 7.4, trans. E. R. Fairweather, *Early Christian Fathers*, ed. C. C. Richardson, LCC 1 (1953), p. 219.
134 Tertullian, *Apol.* 24.6 (Glover, p. 133).

평가하라고 도전했다. 그는 실제 사람들의 경험에 근거한 토론을 하자고 요청했다.

> 폭력과 야만성은 필요하지 않다. 예배는 강제되어서는 안 된다. 그것은 주먹질이 아니라 말을 통해 이루어져야 하는 그 무엇이다. 그러므로 예배 안에는 자유의지가 있다. 그들은 그들의 날카로운 지혜를 발휘해야 한다. 만약 추론이 믿을 만하다면, 그것을 주장하게 하라! 그들이 말한다면 우리는 그 말을 들을 준비가 되어 있다. 만약 그들이 계속해서 침묵한다면, 우리는 그들을 믿지 못할 것이다. 마치 우리가 그들의 폭력에 굴복하지 않듯이 말이다.…그들이 우리를 본받게 하라. 그리고 그 모든 주장에 이유를 제시하게 하라. 비록 그들은 우리가 그런다고 불평하지만, 우리는 속임수를 쓰지 않는다. 오히려 우리는 가르치고, 보여 주고, 입증한다. 아무도 자신의 뜻과 무관하게 우리에게 붙들리지 않는다. 경건과 신앙이 없는 그 누구도 하나님께 소용이 되지 않는다. 그러나 진리가 붙잡으면 아무도 떠나지 않는다.…종교는 죽임에 의해서가 아니라 죽는 것을 통해서, 폭력이 아니라 인내에 의해서 옹호되어야 한다.[135]

락탄티우스는 교회의 성장이 압력이 아니라 증명에, 즉 과연 그들의 믿음에 진정성이 있는지를 시간을 통해 입증하는 신자들의 삶에 달려 있다고 믿었다. 물론 어떤 이들은 기독교 공동체를 떠날 것이다. 그리고 교회들은 종교적 강제에 반대하는 것과 동일한 이유로 그들이 떠나는 것을 허락할 것이다. 인내는 종교의 참된 옹호자다.

---

[135] Lactantius, *Inst.* 5.19.11-12, 22 (Bowen and Garnsey, pp. 320-321).

최후의 심판 – 그리스도인들의 경고

초기 신자들은 강제하거나 강요하지 않았다. 그들은 기독교 신앙을 방어하기 위해 강압을 사용하는 것을 승인하지 않았다.[136] 하지만 그리스도인들의 메시지에는 위협이 포함되어 있지 않은가? 그리고 그리스도인들이 복수하기를 거부한 것은 때때로 복수가 하나님의 일이라고 믿었기 때문이 아닌가? 이것은 합리적인 의심이다. 2세기 중반에 「디오그네투스에게 보낸 편지」의 저자는 하나님이 그리스도를 보내시면서 "강압이 아니라 설득을 통해 사람들을 구하고자 하신 것은 강압은 하나님이 일하시는 방식이 아니기 때문이다"라고 썼다. 그러나 그는 한 가지 조건을 덧붙였다. 언젠가 결산이 있을 것이다. 하나님이 그리스도를 "우리의 심판자로 보내실 것이다. 그분이 나타나실 때 누가 설 수 있겠는가?"[137] 한 세기 후에 키프리아누스는 보복하지 말아야 한다는 그리스도인들의 소명을 하나님이 심판하시리라는 그들의 확신과 결합시켰다. "잘못된 일을 당할 때 인내심을 유지해야 한다. 그리고 복수는 하나님께 맡겨야 한다."[138] 기독교 작가들은 과묵하게 그리고 멈춤 없이 일하시는 하나님에 대한 그들의 신뢰를 반복해서 진술했다. 하지만 그들은 언젠가 때가 차면 하나님이 "그분의 종들이 당한 불의한 고난에 대해 복수하실 수 있다"는 자신들의 확신을 덧붙였다.[139] 많은 그리스도인들에게 다가올 중대하고 가혹한 심판은 그들의 인내의 핵심적 구성 요소였다. 억압받는 사람

---

136 Justin, *1 Apol.* 16.14 (Hardy, pp. 252-253)에 쓰인 것과 같은 구절들은 때때로 기독교 작가들이 강압의 매력에 이끌릴 수도 있었음을 보여 준다. "그러므로 우리는 당신들 역시 [그리스도의] 가르침을 따라 살지 않으면서 단지 자기들이 그리스도인이라고 말만 하는 이들을 벌해 주기를 요청한다."
137 *Diogn.* 7.3-4 (Fairweather, p. 219).
138 Cyprian, *Ad Quir.* 3.106 (Wallis, p. 555).
139 Lactantius, *Inst.* 5.20.9 (Bowen and Garnsey, p. 324).

들이었던 그들은 자신들의 압제자들에 대한 심판을 하나님의 공의의 작용으로 여겼다. 또 그들은 때가 찰 때 하나님이 자기들에게 행하실 신원을 기대했다.[140]

심판의 확실성은 또한 그리스도인들이 잠재적 회심자들에게 호소하기 위해 사용하는 논거이기도 했다. 부활과 심판의 날이 다가오고 있다. 그날에 하나님은 모든 이들을 심판하실 것이다. 그분은 사람들이 생각하고 고백하는 것에 대해서만이 아니라 그들이 행동하는 방식에 대해서도 심판하실 것이다. 이어서 초청이 뒤따랐다. 지금 회개하고 정죄로부터 자신을 구하라! 2세기 중반에 순교자 유스티누스는 심판 때 하나님이 예수님의 가르침을 따라 살지 않는 이들을 "영원한 불 속으로" 보내실 것이라고 주장했다.[141] 독특하게도 유스티누스는 심판을 특별히 사람들이 예수님의 가르침을 따라 사는 방식과 연결시킨다.[142] 하지만 대부분의 기독교 작가들은 하나님이 사람들이 사는 방식과 관련해 그들을 심판하시리라는 것에 동의한다. 그리고 그 결과는 영원히 계속될 것이다. 유스티누스에 따르면, 어떤 이들은 "악한 마귀들과 함께…영원히 벌을 받을 것이다." 키프리아누스는 그의 논문 "데메트리아누스에게"(To Demetrianus)에서 이런 전망에 대해 다시 진술한다. "영원히 불타는 지옥(Gehenna)과 살아 있는 불꽃의 격심한 심판이 정죄된 자들을 소멸시킬 것이다. 그리고 어느 때에라도 그 고통이 유예되거나 끝나게 할 수단은 존재하지 않을 것이다."[143]

키프리아누스와 유스티아누스는 그들의 삶이 진정성을 드러냈던 용기

---

140 Cyprian, *Demetr*. 17, trans. R. J. Deferrari, FC 36 (1958), p. 182: "다가올 보복에 대한 확신이 우리를 인내하게 한다."
141 Justin, *1 Apol*. 16; 28; 52; 또한 *1 Apol*. 17; 21; 44를 보라.
142 마태복음의 예수님은 자신의 가르침을 따라 살지 않는 이들에 대한 심판을 예견한다(마 7:15-22).
143 Cyprian, *Demetr*. 24 (Deferrari, p. 189).

있는 사람들이자 미래의 순교자들이었다. 그들에게서 나온 이런 문장들은 그들이 고통으로부터 구해 내려 했던 이들에게 연민에 찬 경고로 이해되었을 수 있다. 그러나 다른 이들에게서 나온 이와 같은 말들은 사람들을 기독교 공동체로 몰아가기 위해 그들의 팔을 비트는 심리적 강압으로 보였을 수도 있다. 사실 종종 그것이 사람들이 회심하는 주된 동기였을 수도 있다. 물론 공적으로 그리스도인들은 심판이나 그것과 관련된 다른 무언가를 가르치지 않았다. 그러나 사석에서 그들은 때때로 불처럼 무서운 결과들에 대해 상세하게 설명했다. 바로 그것이 일부 이교도들이 그리스도인들을 경험한 방식이었다. 200년경에 카이킬리우스(Caecilius)는 그리스도인들이 "불에 의한 파멸이 있을 것이라고 온 세상을 위협하고 있다. 마치 신의 법을 따라 세워진 자연의 영원한 질서가 뒤엎어지기라도 할 것처럼 말이다"라고 비난했다.[144] 그러나 사람들은 그들의 메시지를 공허하게 듣지 않았다. 그리스도인들과 대화를 나눴던 이들은 신자들의 서로에 대한 사랑에 충분히 이끌렸기에 기독교에 대해 살필 때 그것을 하나의 배경으로 삼았다. 그리스도인들은 불같은 운명이 불신자들을 기다리고 있다고 참으로 믿었다. 그렇기에 그들은 그리스도인들의 경고를 사랑 어린 관심의 표현으로 이해했을 것이다.

위협이 있었다. 그리고 그것이 초기 그리스도인들 중 어떤 이들을 문제에 빠지게 했다. 그것은 테르툴리아누스를 우물쭈물하도록 만들었다. 하지만 그는 스스로를 격려했다. 왜냐하면 "영원한 형벌에 대한 두려움"이 사람들을 "더 나은 사람이 되도록" 내몰았기 때문이었다. 그것은 "어리석지만 유용한 것이었다"![145] 오리게네스는 테르툴리아누스보다 훨씬 더 심각하게 이 문제와 씨름했다. 그리고 그 역시 그 위협이 목적을 위한 정당한 수단이라

---

144 Minucius Felix, *Oct.* 11 (Rendall, p. 341).
145 Tertullian, *Apol.* 49.2 (Glover, p. 219).

는 결론을 내렸다. 오리게네스의 경험 안에서 그 위협은 일차적으로 "단순한 마음을 지닌" 사람들을 설득하는 데 사용되었고 그들이 "도덕적으로 향상되도록" 도왔다. "심판에 대한 두려움과 충고"가 없다면, 사람들은 "많은 마귀들로부터 돌이키고 회개하기 위한 다른 수단을 얻을 능력"을 갖지 못할 것이다.[146]

그리스도인들의 아비투스와 교회

초기 그리스도인들의 아비투스는 그들의 몸에 밴, 그리고 그들의 근본적인 가치들을 드러내는 독특한 행위들과 엮여 있었다. 우리가 이 책에서 지금껏 보아 왔던 것에 비추어 볼 때, 그 아비투스의 구성 요소들로는 다음과 같은 것들이 있다.

- **잦은 만남**: 기독교 공동체는 신자들의 기본적인 공동체다.
- **기도할 때 일어서서 팔을 들어 올림**: 그리스도인들은 자기들이 사람들을 사로잡고 있는 힘들을 쳐부술 수 있는 강력한 하나님과 접촉하고 있다고 확신한다.
- **하나님을 찬양하고 그분께 감사드림**: 예수님을 죽음에서 일으키신 하나님은 지금도 역사하신다. 그러므로 그리스도인들은 그분 안에서 모든 것이 가능하며 자기들의 어떤 행동도 긴급하지 않다고 믿으면서 인내할 수 있다. 인내심은 모든 것을 안전하게 통제하고 계시는 하나님을 찬양하는 것으로부터 자라난다.
- **성호 긋기**: 그리스도인들은 그리스도의 구속 사역을 기억하고 그분의 보호

---

[146] Origen, *Cels*. 3.7-9; 5.16 (Chadwick, pp. 180-181, 277).

하시는 임재를 인정한다.
- **공동 식사 (성찬식이나 다른 식사 때)**: 그리스도인들은 새로운 가족으로서 식탁을 공유한다.
- **평화의 입맞춤**: 그리스도인들은 사랑 안에서 동등하게 서로 연결되어 있다.
- **성경 본문 외우기 (산상수훈, 이사야 2:2-4, 여러 다른 구절들)**: 그리스도인들은 그들을 격려하고 새로운 가능성을 지적하는 자료들을 자신의 것으로 만든다.
- **가난한 자, 병든 자, 죄수들 방문하기**: 그리스도인들은 인간은 존엄성을 지니며 행위가 중요하다고 선언한다.
- **환대 실행하기**: 그리스도인들은 방문객들을 받아들이고 음식을 제공한다.
- **모금함에 기부하기**: 그리스도인들은 공동 기금에 자발적으로 기부하면서 가난한 사람들은 중요하며 나눔은 근본적인 가치라는 그들의 신앙을 실행하고 구현한다.
- **음식과 옷가지 재고를 보충함**: 그리스도인들은 서로를 돌본다.
- **곤경에 처한 이들을 먹임**: 그리스도인들은 외부인들과 적들을 돌본다.
- **신중하게 분별함**: 그리스도인들은 문화 속에서 '예'라고 말해야 할 대상과 '아니요'라고 말해야 할 대상을 판단한다.
- **진실됨**: 그리스도인들은 맹세하지 않는다.
- **성적 순결을 유지함**: 그리스도인들은 결혼 파트너에게 충실하며, 다른 이들을 음탕하게 바라보지 않는다.
- **참을성 없는 행동을 제약하는 규율을 준수함**: 그리스도인들은 복수하지 않고, 낙태하지 않고, 유아들을 유기하지 않고, 죽이지 않고, 피를 흘리는 경기를 보지 않는다.
- **기꺼이 지려고 함 (사업, 재판, 논쟁에서)**: 그리스도인들은 인내심을 발휘하고 소송하거나 강제하지 않는다.
- **사람들이 교회를 떠나는 것을 허용함**: 그리스도인들은 신앙을 강요하지 않

는다.

- **두려움 없이 죽음을 맞이함**: 그리스도인들은 모험적으로, 그리고 실험적으로 살 수 있다.

그리스도인들의 아비투스, 즉 그들의 구체적인 정체성을 드러내는 관습과 존재에 관한 이런 목록은 부분적이다. 하지만 그것은 그리스도인들의 반사적 행동을 보여 주며 그들의 모임의 특성을 알려 준다. 오리게네스에 따르면, 교회는 "하나님의 말씀에 의해 창조된 또 다른 종류의 나라"였다.[147] "도움을 받은 이들"의 모임으로서의 교회는 "예수님의 신성에 대한 증거"였다.[148] 테르툴리아누스는 교회를 "어둠 가운데서 빛을 비추고 맥없이 주저앉은 이들 가운데서 도드라지기 위해 산 위에 놓인 도시"로 보았다. "우리를 세상의 빛으로 만들어 주는 것은 우리의 선행이다." 테르툴리아누스에 따르면, 그리스도인들은 단지 선해질 뿐 아니라 또한 그들을 지켜보는 세상에 보이기 위해서도 노력해야 한다. "기독교적 겸손은 단지 그러한 것만으로는 충분하지 않으며, 그렇게 보이기도 해야 한다."[149]

이전 아비투스로의 회귀 (1) – "나쁜 그리스도인들"

상황이 좋을 때 자신들의 선함을 보이고 사람들의 눈에 띄는 것은 그리스도인들이 외부인들을 끌어들이는 주된 수단이었다. 미누키우스 펠릭스가 200년경에 말했던 것은 3세기에도 내내 옳았다. "우리의 수가 나날이 늘어나는 것은 오류에 대한 증거가 아니라 장점에 대한 증거다. 왜냐하면 삶의 아름다움은 추종자들에게는 인내하도록, 그리고 낯선 이들에게는 대열에 합

---

147 Origen, *Cels.* 8.75 (Chadwick, p. 510).
148 Origen, *Cels.* 3.33 (Chadwick, p. 150).
149 Tertullian, *Cult. fem.* 2.13.1-3 (Arbesmann, pp. 147-148).

류하도록 격려하기 때문이다."¹⁵⁰

그러나 상황이 늘 좋았던 것은 아니다. 이른 시기부터 위선이 심각한 문제가 되었다. 방금 진술한 증언에 대한 그리스도인들의 비전에 비추어 볼 때 이것은 불가피했다. 신약 시대 이후부터 일부 신자들은 강력한 헌신을 표명한 후 실제로는 그것에 충실하지 않았다. 「클레멘스의 두 번째 편지」(Second Epistle of Clement)라고 잘못 알려진, 살아남아 있는 최초의 설교에 따르면, 이것은 2세기 중반에 이미 문제가 되고 있었다. '클레멘스'라고 불리는 이에 따르면, 그리스도인들이 적을 사랑하는 것에 관해 말했을 때 이웃들은 그들의 말에 흥미를 가졌다. 그러나 그리스도인들이 자신들이 말한 대로 하지 않는 것을 보았을 때, 그들은 기독교를 "신화와 사기"라며 일축했다. 클레멘스는 교회가 성장하려면 그리스도인들이 그 메시지를 구현해야 한다고 보았다.¹⁵¹

3세기 중반 오리게네스 때에 이르러 위선이라는 주제는 훨씬 더 큰 문제가 되었다. 교회들은 여러 도시로 퍼져 나갔고 교회 회원들은 현저하게 증가했다. 그런 성장은 문제를 일으켰다. 240년대 팔레스타인 가이사랴에서 오리게네스가 세례 지원자들에게 세례를 위한 준비를 시키고 있었을 때, 그는 신실한 자들, 즉 그가 "나쁜 그리스도인들"이라고 불렀던 세례받은 자들의 불신실한 행위에 맞서 싸우고 있었다.¹⁵² 오리게네스는 오랜 기억 하나를 갖고 있었다. 그는 3세기 초에 그리스도인들이 신실하게 살았던 때와 세례 지원자들이 순교자들과 고백자들 사이에서 세례를 준비하던 때를 떠올렸다. 그러나 지금은 그리스도인들이 많아졌고, 그들은 유연해졌다. "만약 우리가 문제를 사실대로 그리고 기계적으로 판단한다면, 만약 우리가 문제

---

150 Minucius *Felix*, *Oct.* 31.7 (Rendall, pp. 411-413).
151 2 Clem. 13.3, trans. C. C. Richardson, LCC 1 (1953), p. 198를 보라.
152 Origen, *Hom. Ezech.* 6.8.4, trans. T. P. Scheck, ACW 62 (2010), p. 95.

를 많은 이들이 모인 광경이 아니라 그들의 의도에 따라 판단한다면, 지금 우리는 신실하지 않다."¹⁵³ 그리스도인들의 공적 행동은 그들의 확신이 거짓임을 나타냈다. 그들은 "소송으로 법정을 소란케 하고 언쟁으로 이웃을 피곤하게 만든다."¹⁵⁴ 교회에 대한 그들의 참여 역시 만족스럽지 않았다. 그들은 예배를 빼먹었고, 예배의 참석조차 그저 "하나님의 말씀이 아니라 잡담으로…시간이나 낭비하기 위해"¹⁵⁵ 있었다. 그들의 아비투스는 기독교적이지 않았고, 인습적 패턴으로 되돌아갔다. "그들의 행동과 삶의 습관은 완전히 혐오스럽고, 전적으로 '행동으로 낡은 자아를 벗어버리기'는커녕 악으로 포장되어 있다."¹⁵⁶ 오리게네스는 자신의 교리문답 수업을 빼먹는 이들에 대한 좌절감을 토로하면서, 성직자들에게 정중하게 공경을 표하기는 하나 실제 삶의 방식은 그들의 가르침에 관심을 보이지 않는 '그리스도인들'을 향해 분통을 터뜨렸다. "[그 사람들은] 교회에 와서 사제들에게 고개를 숙이고, 예의를 갖추고, 하나님의 종들을 공경하고, 심지어 제단이나 교회의 장식을 위해 무언가를 가져오기도 한다. 그러나 그들은 자신들의 습관을 개선하고, 충동을 제어하고, 잘못을 피하고, 순수함을 기르고, 분노의 폭력을 누그러뜨리고, 탐욕을 억제하고, 욕심을 제한하려는 성향을 보이지 않는다."¹⁵⁷

이런 이들이 변화라는 기독교적 소명에 유의할 수 있었을까? 오리게네스는 절망했다. 사람들은 "스스로 고치기를 원하지 않으며 오히려 완전히 늙을 때까지 그런 일들을 계속한다." 그에 대응하여 오리게네스는 자신의

---

153 Origen, *Hom. Jer.* 4.3.2, trans. J. C. Smith, FC 97 (1998), p. 34.
154 Origen, *Hom. Exod.* 1.5, trans. R. E. Heine, FC 71 (1982), p. 234.
155 Origen, *Hom. Jos.* 1.7, trans. B. J. Bruce, FC 105 (2002), p. 35.
156 Origen, *Hom. Jos.* 10.1 (Bruce, p. 110).
157 Origen, *Hom. Jos.* 10.3 (Bruce, p. 112).

청중에게 교리문답 시간에 불참하는 이들에게 다가가라고, 그래서 그들이 구원을 얻게 하라고 간청했다. "낮 동안에 선한 일을 하고 우리 자신을 고치기 위해 노력하자. 그래서 우리가 우리의 행동과 삶의 방식 그리고 우리의 습관을 통해 고귀해지고 '양자의 영'을 받을 만큼 가치 있는 존재가 되어, 되도록이면 하나님의 아들들 가운데 속한 자들로 간주되도록 하자."[158] 오리게네스는 곤경에 처했다. 240년대에 그리스도인이 되었던 많은 이들 중 세상에서 나쁜 행동을 하는 이들로 인해, 오리게네스의 기독교적 증언에 관한 신학, 즉 "사람들이 당신의 선한 일을 보고 하늘에 계신 당신의 성부를 찬양할 수도 있다"는 신학은 시험을 당하고 있었다.[159] 오리게네스의 활기찬 설교와 집중적인 교리문답 교육은 사라지지 않는 문제에 대한 교회의 대응에 이바지했다. 5세기 초에 그 문제는 아주 심각해졌다. 그래서 어떤 신학자들은 더 이상 그리스도인들의 모범적 행동을 강조하지 않는 쪽으로 교회의 증언 신학을 갱신했다.[160]

이전 아비투스로의 회귀 (2) — 의심스러운 토착화

그리스도인들이 그들의 소명에 신실했을 때 대규모로 토착화가 이루어졌다. 그러나 폰투스의 그레고리우스의 이야기에서처럼, 현지화는 통제를 벗어나 그리스도인들이 순례자로서의 소명을 잃어버리게 할 수도 있었다. 230년대에 폰투스(소아시아 북부)의 낙후된 마을 네오가이사랴의 한 기독교 가정에서 성장한 총명한 젊은이 그레고리우스는 법률을 공부하기 위해 시리아의 세

---

158 Origen, *Hom. Jos.* 10.3 (Bruce, p. 113).
159 Origen, *Hom. Lev.* 5.7.2, trans. G. W. Barkley, FC 83 (1990), p. 102. *Cels.* 2.63; 3.18, 21; 6.2, 14에서처럼, 240년대에 오리게네스는 '아주 많은 이들'(multitudes)이라는 용어를 사용해 기독교 신앙을 향해 나아오고 있던 많은 이들을 묘사했다.
160 예컨대, Augustine, *Serm.* 223A를 보라.

련된 도시 베리투스(오늘날의 베이루트)로 갔다. 베리투스 인근은 오리게네스가 가르치고 있던 가이사랴였다. 가이사랴로 여행을 간 그레고리우스는 그곳에서 오리게네스의 영향을 받아 방향을 전환해 신학을 공부하고 그리스도의 제자가 되었다. 오리게네스는 그의 학식과 웅변으로 그레고리우스를 매료시켰다. 그러나 그레고리우스에 따르면 그의 삶을 결정적으로 변화시킨 것은 오리게네스의 말이 아니라 행동이었다. "이 스승은 우리와 함께 덕에 관한 진리들을 단지 말로만 검토했던 게 아니다. 오히려 그는 덕의 실천에 관해 훨씬 더 많이 우리를 고무했고, 그가 가르친 교리를 통해서보다는 그가 한 행동으로 우리를 자극했다."[161]

238년에 그레고리우스는 선교사 겸 주교로서 그의 고향 폰투스로 돌아갔다. 거의 한 세기 반 후에, 니사의 그레고리우스(Gregory of Nyssa)가 자기보다 앞서 같은 이름을 가졌던 이의 모험담을 풀어내는 『그레고리우스의 생애』(Life of Gregory)라는 책을 썼다.[162] 『생애』는 그레고리우스와 마귀와의 싸움을 크게 강조한다. 그레고리우스가 폰투스로 돌아왔을 때 그의 사역은 어느 지역 이교도 신전 관리자와의 힘겨루기로 시작되었다. 그레고리우스의 기도로 인해 거대한 둥근 돌이 기적적으로 이동했고, 그로 인해 신전 관리자가 회심했다. 그 후에도 그레고리우스는 수많은 기적을 행했고 치유와 자연 기적을 일으켰다. 예컨대, 251년에 큰 역병이 발생했을 때, 사람들은 자기들이 기도하는 그레고리우스와 물리적으로 가까이 있으면 안전하다는 것을 알게 되었다. 키프리아누스의 카르타고에서처럼, 병자들을 돌보는 기독교 공동체는 "구원의 수단 중 하나"가 아니었다. 오히려 그 수단은 기도하는 주교 그레고리우스의 곁에 머무는 것이었다. "위대한 그레고리우스를 집

---

161 Gregory Thaumaturgus, *Orat. paneg.* 9, trans. S. D. F. Salmond, *ANF* 6:31.
162 그레고리우스와 그의 생애에 관한 개관을 위해서는, Henri Crouzel, "Gregor I (Gregor der Wundertater)", in *RAC* 12 (1983): pp. 779-793를 보라.

에 들이는 것을 통해…[그가 기도로써] 그 집에 닥친 질병을 쫓아냈다."[163] 『생애』 전체를 통해 사람들을 회심에 이르게 한 것은 그레고리우스의 기적 활동에 의해 뒷받침되는 그의 설교였다. "시각과 청각이 부합했고, 하나님의 능력의 증거가 그 둘 모두를 통해 조명되었다." 그레고리우스는 자신이 가이사랴에서 목격했던 것을 실행에 옮겼다. 그는 회심자들에게 교리문답 교사들을 배치했다. "그는 종들에게 그들의 주인들에게 의무를 다하라고 가르쳤다. 힘을 가진 자들에게는 그들의 지배하에 있는 이들을 자애롭게 돌보라고 가르쳤다. 가난한 자들에게는 자신들의 능력을 따라 소유할 수 있는 덕이야말로 유일한 부라고 가르쳤다. 자신의 부를 자랑하는 자들에게는 소유물의 주인이 아니라 청지기가 되라고 가르쳤다."[164]

251년에 데키우스 황제 치하에서 박해가 시작되었다. 당시는 그레고리우스가 네오가이사랴로 돌아온 후 13년이 지난 시점이었으나, 그 지역의 많은 이들은 그레고리우스가 행한 기적들에도 불구하고 여전히 이교도들이었다. 데키우스의 박해는 기독교 공동체를 갈가리 찢어 놓았다. 폰투스의 신자들은 큰 박해를 당하고 있었고, 그들 중 많은 이들은 그레고리우스처럼 그 도시를 떠났다. 이교도들이 들어와 그리스도인들의 재산을 취했다. 그리스도인들에 대한 보호는 그레고리우스의 기도를 통해 왔다. 그레고리우스는 (이제 집사가 된) 회심한 신전 관리자와 함께 가까이 있는 언덕 꼭대기로 올라가 박해하는 세력의 패퇴와 신자들의 보호를 위해 기도를 드렸다. 그레고리우스의 기도와 기적 행위는 모두 매우 성공적이었다. 그것들은 단지 박해자들을 격퇴했을 뿐 아니라 "모든 사람의 갑작스러운 변화"로 이어졌

---

163 Gregory of Nyssa, *Life of St. Gregory Thaumaturgus* 102-3 (957B-C), trans. in *Paganism and Christianity, 100-425 C.E.: A Sourcebook*, ed. R. MacMullen and E. N. Lane (Minneapolis: Fortress, 1992), p. 214.
164 Gregory of Nyssa, *Life of Gregory* 47 (924A), trans. M. Slusser, FC 98 (1998), p. 62.

다.¹⁶⁵ 혹은 거의 모든 사람들의 변화로 이어졌을 수도 있다. 니사의 그레고리우스는 우리에게 그레고리우스가 처음으로 폰투스로 돌아왔을 때 그곳에는 고작 17명의 그리스도인들이 있었으나, 13년 후 그가 죽었을 때는 고작 17명의 이교도들이 남아 있었다고 알려 준다.¹⁶⁶

폰투스 지역의 급속한 기독교화는 값을 치루며 이루어졌다. 만약 전기 작가인 니사의 그레고리우스의 주장이 믿을 만하다면, 그 지역의 기독교화는 폰투스의 주교인 그레고리우스 자신에게 뿌리를 두고 있다. 그는 이적을 사용해 치유된 자들의 몸에 영향을 주었고, 그로 인해 그들의 신앙을 변화시켰다. 오리게네스에게서 배웠던 그레고리우스는 구체적인 증언의 중요성에 대해 알고 있었다. 그러나 이것은 느린 방법이었고, 그레고리우스는 급했다. 세례 지원자들의 아비투스를 바꾸기에 충분할 만큼 신중한 교리문답 교육을 시행하려면 수십 년의 세월이 필요했다. 더 나아가 그레고리우스에게는 교리문답 교사들이 없었다. 만약 『생애』가 그의 교리문답 교육의 내용을 정확하게 기록하고 있다면("종들은 주인에게 의무를 다해야 한다" 등), 그레고리우스는 폰투스 사회의 지배적인 가치들에 큰 변화를 주려고 하지 않았으며 끈기 있는 아비투스를 형성하기 위한 방법도 요구하지 않았다.

흥미롭게도 그레고리우스는 다른 형태의 인내를 사용했다. 키프리아누스나 오리게네스와 대조적으로—그들에게 개종은 윤리적으로 요구되었고 몇 년간에 걸쳐 지속되었다—그레고리우스는 몇 세대 동안 지속될 현지화 과정을 통해 자신의 폰투스 이웃을 재교육시키려 했다. 그레고리우스는 사람들이 계속해서 자신들에게 친숙한 이교도 관습들을 지킨다면 그들 중 많은 이들이 그리스도인이 될 것이라고 계산했다. 그는 데키우스의 박해가 자

---

165 Gregory of Nyssa, *Life of Gregory* 85 (948A), 98 (956A) (Slusser, pp. 75, 84).
166 Gregory of Nyssa, *Life of Gregory* 98 (953D) (Slusser, p. 84).

신의 기독교 공동체를 파괴했다는 사실을 엄중하게 인식했다. 그레고리우스는 그 박해의 후유증에 대처하기 위해 새로운 접근법을 택하기로 결정했다. 그는 그 지역의 모든 이들을 그리스도인으로써 하나로 묶기 위해 그 지역의 순교자들의 기념일을 축복하고 그런 날들을 장례 식사(refrigeria)를 위한 기회로 삼았다. 장례 식사는 공동묘지에 있는 망자의 무덤 앞에서 열렸던 연회로 아주 오랜 옛날부터 지역 주민들이 자신들의 조상들을 기억하며 즐기는 방식이었다. 술을 마시고 흥청거리면서 자신들의 삶을 축하하는 것도 그러했다.[167] 그렇게 그레고리우스는 그것에 대한 교회의 반대를 약화시키고 약간의 떠들썩함이라는 값을 치르면서 장례 식사를 기독교화했다.

그의 모든 세대를 단번에 새로운 삶을 살도록 재교육시키면서…[그레고리우스는] 자신의 영향력 아래에 있던 이들이 즐거움을 통해 신앙의 굴레 안에서 조금 흥청거리도록 허락했다. 그는 많은 사람들의 미성숙함과 규율의 부족이 육체적 즐거움으로 인해 우상숭배라는 잘못에 갇혀 있게 되었다는 것을 이해했기에, 우선 그들 안에서 중요한 것이 성취되게 하기 위해, 즉 그들이 헛된 종교적 관습들 대신 하나님을 바라보게 하기 위해, 그들이 거룩한 순교자들에 대한 기억을 즐거워하고, 좋은 감정을 경험하고, 기뻐 날뛰는 것을 허락했다. 그렇게 그들의 삶이 시간이 흐름에 따라 자연스럽게 더 고귀한 [그리고] 더욱 더 엄격한 것으로 변화되면, 그들의 신앙은 그 목적을 향해 있을 것이다.[168]

---

167 장례 식사(refrigeria)에 대한 묘사를 위해서는 다음을 보라. Ramsay MacMullen, *The Second Church: Popular Christianity, A.D. 200-400*, SBL Writings from the Greco-Roman World Supplement Series 1 (Atlanta: Society of Biblical Literature, 2009), pp. 24-25, 77-80; Hugh Lindsay, "Eating with the Dead: The Roman Funerary Banquet", in *Meals in a Social Context: Aspects of the Communal Meal in the Hellenistic and Roman World*, ed. Inge Nielsen and Hanne Sigismund Nielsen (Aarhus: Aarhus University Press, 2001), pp. 67-80.
168 Gregory of Nyssa, *Life of Gregory* 95-96 (953B-C) (Slusser, p. 83).

3세기 후반에 기독교 세계의 다른 지역 교회 지도자들 역시 유사하게 일시적으로(pro tempore) 장례 연회와 연합했다.[169] 그렇게 하면서 그들은 많은 문화의 사람들이 공유하고 있던 깊은 관심, 즉 망자들에게 적절한 공경을 표하고자 하는 관심을 다루었다. 또한 그들은 지역 주민들이 여러 세대에 걸쳐 실천해 온 축제, 술, 춤의 일부 형태를 교회의 삶 속으로 들여왔다. 그런 것에 대한 교인들의 승인은 때때로 조심스러웠다. 그러나 그레고리우스 때부터 4세기 내내 일부 기독교 지도자들은 장례 식사를 사용해 교회를 더 현지화 시키되 덜 순례적이게 만들었고, 엄격했던 초기 기독교에 위압을 느낀 사람들에게 다가가기 위해 그런 수단을 사용했다.[170]

결론

3세기 중반에 활동했던 오리게네스와 그레고리우스 두 사람 모두는 당시에 교회가 어떻게 성장하고 있었는지 보여 준다. 효모는 거품을 내면서 여러 형태, 즉 아비투스의 끈기 있는 형성은 물론이고 치유와 토착화 같은 형태를 취하고 있었다. 많은 곳에서 기독교는 사회적 규모를 키우고 있었다. 기독교는 여전히 처음부터 우세했던 가난한 자들을 포함하고 있었으나 이제 점차 부유한 자들도 통합하고 있었다. 240년대에 가이사랴에서 오리게네스는 "다수의 사람들", "심지어 부유한 남자들과 명예로운 지위를 가진 사람들 그리고 세련되고 집안이 좋은 부인들까지" 신앙으로 나아오고 있다고 지적했다. 심술궂게도 그는 그들 중 어떤 이들은 "작은 위신을 얻기 위해 기독교 교육의 지도자가 되었다"고 추측한다.[171] 도시의 귀족들인 지역 원로원 의원

---

169 *Did. apost.* 6.22.2; MacMullen, *Second Church*, p. 77.
170 예컨대, Augustine, *Ep.* 29, to Alypius를 보라.
171 Origen, *Cels.* 3.9 (Chadwick, p. 134).

(*decurions*) 출신이었던 이런 이들은, 비록 주교와 장로로서의 리더십을 제공하기 위해 자신들의 학식과 문화적 자신감을 교회 안으로 들여왔지만, 교회가 자신들의 삶도 변화시켜 주고 있다는 사실을 알게 되었다. 그 부족한 것 없는 개종자들에게 그리스도인이 되는 것은 사회에서 한 단계 더 높이 올라가는 것이 아니었다. 오리게네스에 따르면, 비록 그 새로운 개종자들이 그들이 들어간 기독교적 하위문화 안에서 "약간의 위신"이라는 이점을 발견하기는 했을지라도, 그들은 "나머지 사회"(전체 인구의 90퍼센트가 넘는 이들이 속한 곳)에서는 "불명예"를 얻었다. 그러나 이제 그리스도인들의 존재는 더 넓은 사회가 알아차릴 만큼 충분히 커졌다.

나머지 사회에서 그리스도인들은 어떻게 보였을까? 목회적 설교가로서 오리게네스는 기독교 공동체들이 "나쁜 그리스도인들"로 가득 차 있다고 인정했다. 그는 그들에게 세상에서의 기독교적 증언을 위해서는 물론이고 그들 자신의 구원을 위해서 회개하라고 촉구했다.[172] 그러나 호교론자인 오리게네스는 전통적인 기독교적 입장, 즉 세상에서의 기독교적 증언은 그 뿌리를 그리스도로 인해 변화된 이들에게 두고 있다는 입장을 유지했다. 오리게네스가 『켈수스를 논박함』에서 주장하듯이, 그리스도의 가르침을 따라 살아가는 교회들은 "그들이 사는 곳에 있는 사람들의 집회들과 비교할 때 세상의 빛처럼" 눈에 띄었다. 그는 이것이 모든 사람에게 분명하다고 주장했다. "교회의 덜 만족스러운 회원들이나 훨씬 열등한 회원들 조차도 그들 집회의 더 나은 회원들보다 월등히 우월하다"는 것을 사람들은 알 수 있었다.[173]

그것이 사실이든 아니든, 로마 제국 안에서 교회는 성장하고 있었다. 이런 성장은 "전도가 교회의 모든 회원들의 특권과 의무"였기 때문이 아니었

172　Origen, *Hom. Ezech.* 6.8.5 (Scheck, p. 95).
173　Origen, *Cels.* 3.29 (Chadwick, p. 147).

다.¹⁷⁴ 오히려 그것은 무엇보다도 그리스도인들과 그들의 교회들이 다른 이들을 매료시키는 아비투스를 따라 살았기 때문이었다. 그리스도인들의 초점은 사람들을 구원하거나 모집하는 것에 있지 않았다. 오히려 그들의 초점은 신실하게 사는 것에 있었다. 자신들의 삶이 예수님의 방식에 익숙해지면 다른 이들이 자기들과 연합하고 싶어 하리라는 믿음이 있었기 때문이다. 그런 일은 점차적으로, 한 번에 한 사람씩, 주로 직접적인 접촉을 통해, 그중에서도 특히 부모로부터 아이들에게 이어지는 방식으로 일어났다. 유스티누스의 학생이 로마에서 자기들을 박해하던 군대 지휘관에게 "나는 이 좋은 믿음을 나의 부모님으로부터 받았습니다"라고 말했던 것처럼 말이다.¹⁷⁵

볼프강 라인볼트는 내가 신뢰할 만하다고 여기는 교회 성장 모델을 발전시켰다.

> 그리스도인들이 자신의 자녀들을 그리스도인으로 기른다면, 그리고 한 세대가 흐르는 동안 남자 그리스도인이 그의 이교도 이웃 중 오직 한 사람을 확신시키고, 여자 그리스도인이 그녀의 이교도 친구 중 오직 한 사람에게 믿음의 진리에 관해 지속적으로 확신시킬 수 있다면, 그와 그녀는 처음 3세기 동안에 있었던 교회의 성장을 설명하기 위해 전제해야 하는 것보다 훨씬 더 많은(!) 일을 한 셈이다.¹⁷⁶

모든 그리스도인들이 정확하게 이런 일을 한 것은 아니다. 어떤 이들은 그 이상의 일을 하기도 했다. 그들의 관계적 은사와 전염성 있는 믿음은 그들의 이웃과 친구 중 많은 이들이 기독교 공동체 안에서 생명과 치유를 발견

---

174 Green, *Evangelism in the Early Church*, p. 274.
175 *Acts of Justin* 4, Recension B (Musurillo, p. 51).
176 Reinbold, *Propaganda und Mission*, p. 351.

하도록 이끌었다. 어떤 그리스도인들은 적게 일했다. 어떤 아이들은, 의심할 바 없이, 그들의 부모와 신앙 공동체에 적극적으로 부응했다. 다른 아이들은 그러지 않았다. 그리고 자료들은 기독교 공동체의 회원이었다가 무슨 이유에선가 공동체에서 떨어져 나간 이들이 있었음을 알려 준다.[177] 그럼에도 그리스도인들의 수는, 비록 극적으로는 아니고 끈질기게 발효하는 형식이기는 하나, 상승 궤도를 타고 있었다. 그리스도인들은 이것이 자신들이 아니라 하나님의 역사였다고 믿었다. 그래서 그들은 세례받지 않은 이들을 구원하기 위해 광적인 행동을 하지 않았다. 오히려 그들은 외부인들을 하나님께 맡겼다. 또 교회는 인내하면서 교리 교육과 세례라는 끈기 있는 수단을 통해 사람들을 "진리에 참여하는 성도들의 공동체" 안으로 이끄시는 하나님께 의존했다.[178] 6장에서 우리는 교회 안으로 들어가는 이런 루트에 대해 살필 것이다.

---

[177] 예컨대, Pontius, *Vit. Cypr.* 16.
[178] Hippolytus, *Comm. on Daniel* 18.6, trans. T. C. Schmidt, *Hippolytus of Rome: Commentary on Daniel* (North Charleston, SC: Create Space, 2010).

3부

아비투스 형성하기

6

교리 교육과 세례

3세기 말에 이르러 통계적으로 무의미했던 1세기의 운동이 수많은 추종자를 거느린 중요한 종교적 소수파가 되었다. 사람들은 어째서 교회에 가입했던 것일까? 그들은 어째서 불이익을 감내했던 것일까? 앞선 장들에서 나는 기독교가 '매력'을 통해 성장했다고 주장했다. 예컨대, 외부인들이 그리스도인이 된 것은 그들이 그리스도인들이 자기들과 거래할 때 인내하는 방식을 보았기 때문이다. 우리는 몇몇 이방인들이 자신들의 종교적 의식에 불만을 느끼고 그리스도인들이 구현했던 대안적 접근법을 기꺼이 고려했던 것을 살펴보았다. 우리는 외부인들이 여자 그리스도인들의 확신에 찬 행위에 놀라움을 표시하고 그들의 능력의 근원에 대해 궁금해했던 것을 살펴보았다. 우리는 외부인들이 그리스도인들의 모임에서 나타나는 위대한 일(*magnalia*, 영적 능력의 사건들)에 관한 소문을 들었던 것을 살펴보았다. 우리는 외부인들이 그리스도인들이 구별된 방식으로 살아가는 것, 즉 가난한 자들을 매장해 주고, 원치 않았던 아기들을 유기하지 않고, 맹세하지 않는 것 등을 관찰했음을 살펴보았다. 비그리스도인들은 그리스도인들을 관찰하고 면밀하게 조사했다. 그들은 그리스도인들의 특성과 행위에 대해 알고 있었다. 테르툴리아누스에 따르면, 그들은 이렇게 말했다. "보아라…그들이 서로를 얼마나 사랑하는지…또한 그들이 서로를 위해 얼마나 기꺼이 죽을 준비가 되어 있는지를."[1]

그러나 우리는 그리스도인들이 어째서 그렇게 행동했는지 궁금해할 수 있다. 도대체 무엇이 그들로 하여금 외부인들이 "보아라!"라고 말하게 할 만큼 흥미로운 방식으로 살게 했던 것일까? 2세기 말 아테네에서 활동했던 철학자 아테나고라스는 그리스도인의 행위에 관한 질문에 답하면서 "우리는 가르침을 받았다"라고 말했다. 그리고 자신의 독자들에게 "우리의 가르침[logoi]이 말하는 것"을 가리켰다. '가르침'은 중요했고 실제적 영향을 끼칠 수 있었다. 아테나고라스에 따르면, 그것은 "큰 소리로 울려 퍼졌다."[2] 이 가르침에서는 '논리적 담론'이 가장 중요했다. 그러나 아테나고라스에 따르면, 개별 그리스도인들의 증언은 말보다는 사람들의 습관에 뿌리를 두고 있었다. 그들은 반사적 행위를 통해 "말을 연습하지 않고 [사람들이 볼 수 있는] 선행을 보여 주었다."[3] 이렇게 선한 일을 수행하는 태도는 의도적인 형성을 통해 이루어졌다. 신자들은 자기들의 실천이 유전적으로 습득되거나 이교 사회로부터 흡수한 것이 아니라는 것을 알았다. 200년경에 테르툴리아누스가 말했듯이, "그리스도인은 태어나는 것이 아니라 만들어진다."[4]

---

1 Tertullian, *Apol*. 39.7, trans. T. R. Glover, LCL 250 (1931), p. 177.
2 Athenagoras, *Leg*. 11.2-3, trans. W. Schoedel, *Athenagoras: Legatio* (Oxford: Clarendon, 1972), pp. 22-25.
3 Athenagoras, *Leg*. 11.4 (Schoedel, p. 25).
4 Tertullian, *Apol*. 18.4 (Glover, p. 91). 또한 Tertullian, *An*. 1를 보라. "사람은 그리스도인이 되는 것이지 그리스도인으로 태어나는 게 아니다", trans. S. Thelwall, *ANF* 3:176; 혹은 거의 2세기 후에 히에로니무스가 한 말을 보라: "우리는 그리스도인으로 태어나는 게 아니라 거듭남을 통해 그리스도인이 된다"(*Against Vigilantius* 7, trans. H. W. Fremantle, *NPNF*[2] 6:420).

그렇다면 그리스도인은 어떻게 만들어졌을까? 시간이 흐름에 따라 점점 더 자기를 의식하게 되었던 형성 과정을 통해서였다. 그것은 공동체의 아비투스, 즉 공동체의 반사적 행동에 뿌리를 두고 있었다. 그것은 그리스도인들의 공동생활을 이끌었던, 그리고 실천을 통해 스스로를 표현했던 성향에 뿌리를 둔 구체화된 지식이었다. 이런 성향들이 공동체 아비투스의 핵심적이고 형성적인 부분이 된 예배 관습을 만들어 냈다. 또 그런 성향들은 공동체의 회원이 되고자 하는 후보자들을 형성하는 세례가 정점이 되는 입회 과정에서 집중적인 형태로 나타났다.

그리스도인들은 만약 자기들이 매력적으로 보인다면 그것은 자기들이 그런 식으로 태어났기 때문이 아니라고 주장했다. 오히려 그것은 그들이 매력적으로 거듭났기 때문이다. 즉 그렇게 변화되고 개조되었기 때문이다. 외부인들은 그런 형성의 결과를 볼 수는 있었으나 그런 형성 자체를 볼 수는 없었다. 그것은 사적으로, 은밀하게, 대중의 눈 밖에서 일어났다.

이 장과 다음 장에서 나는 그리스도인들의 아비투스가 끈기 있게, 서두르지 않으면서, 공동체의 반사적 행동을 통해서뿐 아니라 신중한 교리 교육을 통해서 형성되었고, 기독교 집회의 정기적인 예배를 통해 새롭게 되었다고 주장할 것이다. 2세기 말에 이르러 많은 기독교 공동체들은 외부인들(비그리스도인들)이 자신들의 예배에 들어오지 못하도록 결정했다.[5] 그리스도인들은 외부인들이 자신들의 권능으로 가득 찬 예배의 핵심인 기도와 성찬에 참여하는 것이 적절하지 않다고 판단했다. 2세기가 진행되는 동안 아테네의 그리스도인들은 충분한 박해 경험을 통해 "거짓말하는 밀고자들"이 예배에 참여하는 것이 허락될 경우 그로 인한 결과는 "우리의 학살"이 되리

---

5 참고, Paul F. Bradshaw, *Reconstructing Early Christian Worship* (Collegeville, MN: Liturgical Press, 2010), p. 23. 200년경의 그리스도인들의 '은밀한' 집회에 관한 증거를 위해서는, Minucius Felix, *Oct.* 8.3; 9.4; and Tertullian, *Nat.* 1.7를 보라.

라는 결론에 이르게 되었다.[6] 그러므로 가시적으로 흥미로운 그들의 행동의 결과였던 기독교 공동체의 성장은 그 뿌리를 비가시적이고 외부인들은 접근할 수 없었던 그들의 삶의 일부에 두고 있었다. 이교도들은 그리스도인들이 경제적 측면에서 다른 이들에게 동정적이라는 사실을 관찰했고 그로 인해 "보아라!"라고 말할 수 있었다. 그러나 이교도들은 기독교 예배를 관찰하고 "보아라!"라고 말할 수 없었다. 그럼에도 나는 그리스도인들의 가시적인 삶의 방식을 매력적인 것으로 만들어 준 것은 그들의 비가시적인 활동이었다고 주장한다. 이런 비가시적인 활동이야말로 로마 제국 안에서 기독교가 성공하기 위한 필수적인 조건이었다. 외부인들을 매료시킨 것은 기독교 예배가 아니었다. 오히려 그들을 매료시킨 것은 그리스도인들 자신이었다. 그리고 외부인들이 그리스도인들이 매력적이라고 느낀 것은 그들의 아비투스 때문이었는데, 그것은 교리 교육과 예배를 통해 형성되었다.

물론 처음 3세기 동안 그리스도인들은 엄청난 변화를 경험했다. 그런 변화 중 으뜸은 수적인 성장이었다. 콘스탄티누스 직전 세기에 일부 기독교 공동체는 회원이 수백 명에 이를 정도로 규모가 있었다. 처음에는 그러지 않았다. 2세기 말에 쓰인 『안드레의 순교』(*Martyrdom of Andrew*)는 어느 집 침실에서 모였던 그리스(펠로폰네수스)의 한 회중에 관해 말한다.[7] 200년경에 카르타고의 테르툴리아누스는 그의 가정 교회 멤버들이 "너무 큰소리로 예배"해 커다란 아파트에서 함께 살던 이웃 방들의 거주자들을 괴롭힐 것을

---

6 Athenagoras, *Leg.* 1.3 (Schoedel, p. 5). 밀고자들의 계속되는 문제에 관해서는 4세기 초 스페인에서 만들어진 문서인 Canons of Elvira 73, in Samuel Laeuchli, *Power and Sexuality: The Emergence of Canon Law at the Synod of Elvira* (Philadelphia: Temple University Press, 1972), p. 134에서 나타나는 증거들을 보라.

7 Michael Philip Penn, *Kissing Christians: Ritual and Community in the Late Ancient Church*, Divinations: Rereading Late Ancient Religion (Philadelphia: University of Pennsylvania Press, 2005), p. 100.

우려했다.⁸ 테르툴리아누스는 여전히 작은 가정 교회 시대를 살아가고 있었던 것이다. 그러나 반세기 후에 상황은 크게 달라졌다. 적어도 어떤 그리스도인들에게는 그랬다. 예컨대, 시리아의 가이사랴 마리티마에서 오리게네스는 한 아파트 건물 거의 전부를 차지했던 것으로 보이는 커다란 가정 교회에서 교리 교육을 했다. 오리게네스가 가장 큰 방에서 출애굽기를 가르치는 동안, 다른 이들은 "주님의 집의 가장 먼 구석에서" 게으름을 피우며 불경스러운 이야기들을 나눴다.⁹ 테르툴리아누스와 달리, 오리게네스는 이웃을 괴롭히는 영적으로 과열된 회원들에 대해 염려하지 않았다. 오히려 그는 크게 그리고 비인격적으로 성장한 교회에서 자신의 가르침을 듣지 않아 손해를 보는 뜨뜻미지근한 회원들에 대해 염려했다.

다른 변화들 역시 동등하게 파장이 컸다. 예배 시간이 변경되었다. 전형적으로 초기 교회들은 그들의 주된 예배를 저녁에 드렸다. 그러나 3세기 전반에 대부분 교회들은 주된 예배를 아침에 드렸다. 교회는 '식사 공동체'에서 '예배를 위한 집회'로 변했고 그들의 주된 모임은 저녁에서 아침으로 옮겨졌다. 또 다른 변화는 전례 때 제공되는 음식과 관련되어 있었다. 초기 기독교 예배의 특징을 이뤘던 '제대로 된 식사'는 제의적 식사에서 제공되는 '상징적인 빵과 포도주'로 대체되고 있었다. 예배 때 나오는 말의 성격도 변하고 있었다. 저녁 식사 후에 여러 사람이 행하던 '자발적인 발언'이, 아침 대규모 집회에서 예배하는 회중에게 성직자가 전하는 '일인극 형태의 연설'이 되었다.¹⁰

---

8 Tertullian, *Or.* 17, trans. and ed. A. Stewart-Sykes, *Tertullian, Cyprian, Origen: On the Lord's Prayer* (Crestwood, NY: St. Vladimir's Seminary Press, 2004), p. 53.
9 Origen, *Hom. Exod.* 12.2, trans. R. E. Heine, FC 71 (1982), p. 369.
10 Andrew McGowan, "Food, Ritual, and Power", in *Late Ancient Christianity*, ed. Virginia Burrus, A People's History of Christianity 2 (Minneapolis: Fortress, 2005), chap. 6. 이런 변화에 관한 추가적인 논의는 7장을 보라.

이런 변화는 실제적이었다. 그러나 또한 의미 있는 연속성도 존재했다. 그런 변화 중 일부는 에토스와 관련되어 있었다. 예컨대, 초기 기독교 시대 내내 서로 다른 경제적·사회적 집단에 속한 신자들 사이의 수평적 관계는 지극히 중요했다. 그것은 기독교 복음의 표현이자 참된 예배의 전제 조건이었다. 또 다른 연속성은 교회 생활의 가정적 성격이었다. 기독교 초기에 그리스도인들은 공적인 건물이 아니라 사적인 공간에서 만나고 예배했다. 그들은 바실리카나 성전이 아닌 집에서 만났다.[11] 또 다른 연속성도 있었다. 그리스도인들의 예배는 은밀했고 외부인들에 대해 닫혀 있었다. 기독교 예배는 그리스도인들을 위한 것이었지, 호기심 가득한 제의 감정가들이나 심지어 잠정적인 탐구자들을 위한 것도 아니었다.

초기 기독교 시대 내내 교회의 삶에 근본적이었던 관습들은 확대되고 있었다. 심지어 교회가 성장하고 진화할 때조차 그러했다. 이 장에서 우리는 그런 관습 중 둘을 다룰 것이다. 하나는 교리 교육이고, 다른 하나는 세례다. 각각의 경우에 우리는 이런 관습들이 어떻게 그리스도인들을 그들의 아비투스가 매력적이었던 공동생활의 참여자가 되도록 형성시켰는지에 대해 관찰할 것이다.

키프리아누스의 회심에서 나타난 관습들

초기 기독교의 유명한 신입 회원 중 하나였던 키프리아누스의 이야기는 그리스도인들의 관습이 어떻게 작동했는지 이해하도록 도울 것이다.[12] 북아프

---

11 그러나 Edward Adams는 초기 기독교의 모임 장소가 단순히 집이 아니라 아주 다양하고 복잡했다고 강조했다. Adams, *The Earliest Christian Meeting Places: Almost Exclusively Houses?*, LNTS 450 (London: Bloomsbury T&T Clark, 2013), p. 10를 보라.
12 키프리아누스의 회심에 관한 자료로는 그 자신의 편지/논문인 *To Donatus*와 Pontius가 쓴 *Life*

리카의 유명한 귀족이었던 타스키우스 키프리아누스는 240년대 중반에 신자가 되었다. 그는 카르타고 출신이었고, 부유했고, 도시적이었고, 수사학의 세계에서―그 자신의 표현을 빌리자면, "풍부한 웅변이 수다스러운 야심가들의 영광이 될 수도 있는 정의의 법정에서, 공적 집회에서, 정치적 토론에서"―편안함을 느꼈다.[13] 키프리아누스는 그 세계의 매력에 대해 알고 있었다. 그것의 화려한 연회, 금색과 자주색으로 반짝이는 옷, 수많은 고객을 끌어들이는 명성에 대해 말이다.

비록 키프리아누스가 이런 세속적인 아비투스에 참여했고 그것의 사치와 과도함에 대해 습관적 동의를 표하며 반응하기는 했으나, 그때 그는 행복하지 않았고 자기가 행복하지 않았다는 것도 알았다. 회심 직후에 그는 자신의 친구인 도나투스에게 그동안 자기를 사로잡아 왔던 내적 동요를 보여 주는 편지 한 통을 보냈다. 키프리아누스에 따르면, 그의 문화적 아비투스는 그 자신 안에 "깊이 그리고 철저하게 새겨져 있었다." 또한 그에게는 여러 의문들이 있었다. 그는 궁금했다. 아비투스는 선천적인 것인가, 아니면 습득되는 것인가? 내가 자신의 아비투스에서 벗어나 그리스도인의 아비투스를 지니고 살아가는 것이 가능할까? 내가 이 매력적이기도 하고 압제적이기도 한 세상으로부터 해방될 수 있을까? "흥청망청한 연회와 사치스러운 축제에 익숙했던 이가…절약을 배울 수 있을까?" 내가 "평범하고 단순한 옷"에 만족하고, 알랑거리는 애원자들의 웅성거림 없이도 행복을 찾을 수 있을까?[14]

---

*of Cyprian*이 있다. 그의 회심에 관한 이야기는 다음과 같은 자료들에서도 발견된다. Michael M. Sage, *Cyprian* (Cambridge, MA: Philadelphia Patristic Foundation, 1975), pp. 128-135; Allen Brent, *Cyprian and Roman Carthage* (Cambridge: Cambridge University Press, 2010), pp. 25-29.

13 Cyprian, *Don.* 2, trans. E. Wallis, *ANF* 5:275.
14 Cyprian, *Don.* 3-4 (Wallis, p. 276).

어느 시점에 키프리아누스는 자기를 도울 수 있을 것 같다고 생각되는 한 사람을 만났다. 그는 그리스도인 장로 카이킬리아누스(Caecilianus)였다. 그의 삶은 키프리아누스의 삶이 제약된 정도만큼 자유로워 보였다. 카이킬리아누스는 키프리아누스의 우려를 다루면서 그가 "참된 신성"에 대한 지식을 얻게 하고, 그를 기독교 공동체로 이끌었다. 키프리아누스가 교회의 삶의 바깥 현관(세례 지원자 시절) 안으로 들어가기로 했을 때, 카이킬리아누스는 그의 후원자, 즉 "그의 영혼의 친구이자 동료"가 되어 주었다.[15]

키프리아누스가 세례 지원자로서 얼마나 오랜 기간을 보냈는지는 분명하지 않다. 우리는 그가 정확하게 무엇을 공부했는지도 알지 못한다. 폰티우스가 쓴 『키프리아누스의 생애』(Life of Cyprian)는 키프리아누스가 다른 세례 지원자들과 더불어 "가난한 자들을 사랑했다"고 전한다. 우리는 카르타고에서 세례 지원자들이 정기적으로 과부들, 병자들, 낯선 이들을 돌보는 교회의 일에 참여했다고 상상할 수 있다. 폰티우스에 따르면, 이때 키프리아누스는 그가 물려받은 부동산의 상당 부분을 그들을 구제하는 데 바쳤다. 더 나아가 폰티우스는 키프리아누스가 자기가 존경하는 그리스도인들의 삶을 모방했다고 전한다.[16]

키프리아누스가 그 공동체의 아비투스를 관찰하고 그리스도인들의 반사적 행위와 습관들을 배웠을 때, 그는 내적 동요를 겪었다. 키프리아누스가 도나투스에게 그 이야기를 했을 때, 그는 그리스도인들이 믿는 것을 '믿는' 문제로 갈등하지 않았다. 오히려 그는 그리스도인들의 아비투스를 견지하며 '사는' 문제로 갈등했다. 키프리아누스는 자신이 "[자신의] 이전의 삶의 수많은 잘못에 붙잡혀 있다"고 느꼈다. 그는 자기가 그런 것들로부터 빠

---

15 Pontius, *Vit. Cypr.* 4, trans. E. Wallis, *ANF* 5:268.
16 Pontius, *Vit. Cypr.* 2,3,6 (Wallis, pp. 268-269).

져나오는 게 정말로 가능한지 궁금했다. 그와 같은 이가, 즉 특권층에 속해 있고, 영향력을 갖고 있고, 안락함에 익숙한 사람이 "거듭날 수 있을까?"[17] 그가 압제적인 삶의 방식과는 다른 삶의 방식을 지니고 대안적 아비투스, 즉 기독교 교회의 아비투스 안으로 들어가는 것이 가능하기는 한 것일까? 그가 단순성, 충분성, 두려움 없음, 상호성이라는 삶의 방식을 따라 살 수 있을까? 이에 대해 절망하면서 키프리아누스는 때때로 자기가, 아마도 상습적인 폭식에 빠져드는 방식으로, "[자신의] 죄에 탐닉했다"고 보고한다.[18] 그러나 키프리아누스는 "그의 새로운 삶의 부모"였던 카이킬리아누스의 안내를 받으면서 결정적인 발걸음을 내디뎠다. 그는 기독교 세례를 받았다. 키프리아누스 자신이 말하듯이, 차이를 만들어 낸 것은 세례였다. 그것은 분수령이었고 카타르시스였다.

> 새로운 탄생의 물의 도움으로 과거의 얼룩이 씻겨 나갔다. 그리고 화창하고 순결한 위로부터 오는 빛이 화해를 이룬 나의 마음 안으로 주입되었다. 그 후 하늘로부터 불어온 성령의 중재로 두 번째 탄생이 나를 회복시켜 새사람이 되게 했다. 그 후, 놀라운 방식으로 의심스러웠던 일들이 즉시 나에게 확신을 주기 시작했다.…전에 어렵게 보이던 것이 성취의 수단을 제시하기 시작했고, 불가능하다고 생각되었던 것이 성취되기 시작했다.[19]

씻기고, 거듭나고, 깨우침을 받고, "성결의 영을 통해 생기를 얻은" 키프리아누스는 철저하게 변화되었다. 그가 그리스도인으로 다시 형성될 수 있게 해 준 것은 의식(ritual)의 실천을 통해 매개된 매우 감정적인 경험이었

---

17 Cyprian, *Don*. 3-4 (Wallis, pp. 275-276).
18 Cyprian, *Don*. 4 (Wallis, p. 276).
19 Cyprian, *Don*. 4 (Wallis, p. 276).

다. 세례의 결과로 키프리아누스는 마침내 그동안 불가능해 보이던 것을 할 수 있게 되었다. 그는 기독교 교회의 반문화적 아비투스를 받아들일 수 있게 되었다.[20] 세례 직후에 키프리아누스는 안수를 받아 장로로, 그리고 이어서 주교로 임명되었다. 오래지 않아 그는 논문 "퀴리누스에게 3"을 통해 세례 지원자들의 새로운 세대 안에서 이런 아비투스를 형성하는 데 도움이 될 만한 자료들을 정리했다. 키프리아누스는 자신이 이런 일을 자유인으로서 하고 있다고 여겼다. 이교도로서의 자신의 경험과 대조적으로, 세례받은 자들의 공동체의 회원이 된 키프리아누스의 삶은 "자유와 능력"으로 가득 차 있었다.[21] 물론 그 어떤 회심도 모든 것을 포괄하지는 않는다. 교리 교육과 세례라는 강력한 관습에 의해 초래된 변화는 키프리아누스를 전적으로 변화시키지는 않았으며 그렇게 해서도 안 되었다. 키프리아누스는 수사학 교사로 그리고 교육받은 아프리카의 귀족으로 남아 있었다. 그에게 익숙한 사회의 뿌리 깊은 가치들에 대한 이런 지속적인 토착화는 여러 가지 점에서 유익했다. 또 그것은 그가 위험한 시기에 교회에 지도력을 발휘하도록 도왔다. 그러나 그런 연속성에는 의심스러운 차원도 있었다. 예컨대 키프리아누스가 교회에 부여한 행정적 형태는 지울 수 없을 만큼 로마적이었다.[22]

이 시점에서 키프리아누스와 그의 전기 작가는 갑자기 멈춰 선다. 그들의 이야기들은 값지다. 그것들은 개인적이고, 상세하며, 감정을 드러내지만 불완전하다.[23] 그것들은 키프리아누스를 형성했음이 분명한 아프리카 기독

---

20 Elisabeth Fink-Dendorfer, *Conversio: Motive und Motivierung zur Bekehrung in der Alten Kirche*, Regensburger Studien zur Theologie 33 (Frankfurt-am-Main: Peter Lang, 1986), pp. 40-43; 참고. Maurice F. Wiles, "The Theological Legacy of St. Cyprian", *Journal of Ecclesiastical History* 14, no. 2 (1963): pp. 140-141.
21 Cyprian, *Don*. 5.
22 Brent, *Cyprian*, pp. 28, 75, 286-287.
23 Jean Molager는 "도나투스에게"(To Donatus)가 모험담을 포함하고 있지 않은 기독교 최초의 자전적 회심 이야기라고 말한다. Molager, ed., *Cyprien de Carthage: À Donat; et La vertu de*

교의 다른 측면들, 즉 기독교 공동체가 그의 세례 후에 그를 받아들이며 했었을 평화의 입맞춤과 그 공동체의 설교와 기도와 성찬 등에 대해 설명하지 않는다. 회심자들을 기독교 공동체 안으로 입회시키고 그 공동체의 아비투스에 익숙해지게 했던 관습들에 대한 충분한 설명을 위해 우리는 다른 자료들을 살펴보아야 한다.

「디다케」 – 기독교 공동체를 위한 훈련

「디다케」로부터 시작해보자. 「디다케」는 그런 자료 중에서도 가장 많은 것을 알려 주는 자료이고 또한, 일부 학자들에 따르면, 가장 이른 시기의 자료이기도 하다.[24] 「디다케」는 우리가 그것을 아마도 팔레스타인에 있었던 어느 공동체가 새로운 회원들을 받아들이기 위해 사용했던 '훈련' 혹은 '지시'로 여길 때 의미를 지닌다.[25] 그 본문은 잠재적 회원들이 쉽게 암기할 수 있을 만큼 짧았는데, 회원들은 그 본문이 의미하는 것을 기독교적 방식에 대한 본보기이자 장인들이었던 그 공동체의 회원들의 도제가 됨으로써 배웠다. 토머스 오로클린(Thomas O'Loughlin)에 따르면, 그 본문의 목적은 "이교식 생활 방식에서 빠져나오는 초보 신자들의 인식의 습관과 판단 기준을 돌이킬 수 없을 만큼 바꾸는 것"이었다.[26]

그것은 어떤 훈련 프로그램을 요구했을까? 훈련자로 섬겼던 그 공동체

---

patience, SC 291 (Paris: Cerf, 1982), p. 22를 보라.

24 「디다케」에 관한 모든 번역 인용은 C. C. Richardson, in *Early Christian Fathers*, LCC 1 (1953), pp. 171-179에서 가져왔다.

25 Aaron Milavec, ed., *Didache: Text, Translation, Analysis, and Commentary* (Collegeville, MN: Liturgical Press, 2003); Thomas O'Loughlin, *The Didache: A Window on the Earliest Christians* (Grand Rapids: Baker Academic, 2010), p. 35.

26 Thomas O'Loughlin, "The Missionary Strategy of the *Didache*", *Transformation: An International Journal of Holistic Mission Studies* 28, no. 2 (2011): 84n.

의 평범한 회원들은 이런 도제 교육을 어떻게 수행했을까? 첫째로, 그들은 초보 신자들의 관심을 그 공동체의 공동생활에 널리 퍼져 있던 핵심적인 성향들에 집중시켰다. 「디다케」는 그중 두 가지를 확증한다. 그중 하나는— 「디다케」는 그것을 처음부터 설명한다—그 공동체의 삶이 '급진적인 선택'을 요구한다는 것이다. 이것을 지적하기 위해 「디다케」는 신명기(30:19-20), 시편, 예언서들로 돌아가 '두 길', 즉 생명의 길과 죽음의 길이라는 고전적 이미지를 사용한다.[27] 도제들은 물론 교회의 기존의 회원들까지 포함하는 모든 이들의 삶은 그들이 매일의 삶의 모든 측면에서 그 두 길 사이에서 선택하는 것에 의해 형성된다. 「디다케」 전체에서 나타나는 두 번째 성향은 '예수님의 계명'을 삶의 방식의 핵심으로 삼는 것이다. 「디다케」의 반문화적 아비투스는 이런 성향들의 혼합으로부터 나온다. 생명의 길을 따라 사는 것은 예수님의 가르침을 따라 사는 것을 의미한다!

더 나아가 「디다케」는 이런 주제들이 구현되고 실천되어야 한다고 주장함으로써 이런 혼합에 무게를 싣는다. 예컨대, 「디다케」는 두 길에 대한 논의를 "너희를 저주하는 자들을 축복하고 너희 적들을 위해 기도하라"는 말씀을 인용하는 것으로 시작한다. 이어서 기독교적 아비투스가 "이방인들이 행하는 방식"과 구별되는 다른 방식들을 계속해서 제시한다.[28] 적을 축복하고 사랑하는 것이 어째서 그토록 중요했을까? 아마도 그것은 사람들이 그 공동체에 가입했을 때 그들이 날카로운 적대감과 마주해야 했기 때문이었을 것이다.[29] 그 공동체의 경험은 또한 빈곤에 대한 「디다케」의 접근법을 형성하는 데 중요했다. 어떤 회원들은 공동체로부터 도움을 받았다. 그들은

---

27 *Did.* 1.1-2 (Richardson, p. 171).
28 *Did.* 1.3-5 (Richardson, p. 171).
29 Aaron Milavec, *The Didache: Faith, Hope, and Life of the Earliest Christian Communities, 50-70 C.E.* (New York: Newman, 2003), pp. 113-114.

또한 기꺼이 베풀고자 해야 했다. "베푸는 일에 주저하지 말고 마지못해 베풀지 마라.…곤경에 처한 자들에게 등을 돌리지 말고, 너희의 형제들과 모든 것을 나누며 아무것도 자신의 것이라고 하지 마라. 만약 당신들이 영원한 것을 공동으로 갖고 있다면, 일시적인 것은 얼마나 더 많이 공동으로 가져야 하겠는가!"[30] 공동체의 아비투스에는 환대, 육체 노동, 매일 다른 회원들과 모이는 것, 일주일에 두 번씩 함께 금식하는 것 등이 포함되었다. 공동체의 공동생활은 강력했는데, 그로 인해 「디다케」는 "분쟁하는 이들과 화해하는 것"을 강조한다. 「디다케」는 동료 신자들과 소원한 상태에 있는 회원들이 서로 화해할 때까지 공동체의 식사에 참여하는 것을 금했는데, 그 식사는 성찬적 요소를 지닌 자양분이 많은 음식을 먹는 실제 식사였다.[31]

「디다케」 공동체의 아비투스는 그들이 행하는 것이었고, 「디다케」는 실천의 중요성을 강조한다. 한 예가 그것이 회원들에게 그 공동체를 찾아오는 순회 예언자들에게 반응하도록 요구했던 방식이다. 회원들은 예언자들을 환영하고 그들의 가르침을 받아야 했다. 그러나 조심하면서 그렇게 해야 했다. 그들은 참된 예언자들과 거짓 예언자들을 구별해야 했다. 참된 예언자들은 감동적인 말을 하는 이들이 아니라 "주님처럼 행동하는" 이들이었다. 「디다케」는 "거짓 예언자들과 참된 예언자들은 그들의 행동을 통해서 구별될 수 있다"고 지적한다. 예수님의 가르침에 순종하고 "모든 위선을 미워하라"고 가르침을 받았던 공동체 안에서 기독교적 권위의 척도는 신실한 삶이었다. "진리를 가르치되 자기가 가르치는 것을 실천하지 않는 모든 예언자는 거짓 예언자다."[32] 실천에 대한 강조는 또한 외부인들이 공동체에 가입하는 데 필요한 세례 의식에도 들어 있었다. 교육을 맡은 공동체의 회원은

---

[30] *Did*. 4,5-8 (Richardson, p. 173).
[31] *Did*. 4,3; 14,1-2; 15,3.
[32] *Did*. 11,8-10 (Richardson, p. 177).

후보자들에게 "이 모든 요점들"(공동체의 아비투스)을 가르쳤고, 후보자들은 주로 그것을 따라 삶으로써 아비투스를 배웠다. 그 후에 후보자들이 세례받을 준비가 되었다고 여겨지면 세례를 베푸는 자와 공동체의 다른 회원들이 그들과 함께 여러 날 동안 금식했다. 세례는 가능한 한 흐르는 물에서 시행되었다.[33] 오직 공동체의 삶의 방식의 반사적 행동을 계발하고 세례를 받은 이들만이 공동체의 성찬 식사에 참여할 수 있었다.[34] 그렇게 훈련을 받고 성찬의 음식을 먹는 공동체의 회원들은 공동체의 삶을 공유했다. 「디다케」의 저자는 공동체의 삶이 세상에 어떤 영향을 주었고 어떻게 새로운 회원들을 매료시켰는지에 관해 논하지 않는데, 아마도 그것은 그런 논의가 불필요해 보여서였기 때문일 것이다. 그 공동체의 아비투스는 그 공동체의 교리 교육을 통한 형성이 대처할 수 있을 만큼의 사람들을 그것의 삶으로 이끌어 들이고 있었다.

아리스티데스 – 가장 이른 호교론

그리스도인들의 매력적인 아비투스는 아리스티데스의 『호교론』에서도 핵심적이었다.[35] 아리스티데스는 2세기 중반에 아마도 아테네에서 황제 안토니누스 피우스에게 글을 쓰면서 황제에게 그리스도인들을 고려하라고 권한다. 그 글에서 그는 그리스도인들의 모범적인 관습을 제국의 이교도 거주자들의 그것과 대조한다. 그는 그리스도인들의 관습을 예수님의 가르침 덕분으로 여긴다. "그들은 주 예수 그리스도 자신의 계명들을 가슴에 새기고 그

---

[33] Did. 7.1-3 (Richardson, p. 174).
[34] Did. 9.5.
[35] 아리스티데스의 『호교론』에 관한 모든 인용은, J. Stevenson, *A New Eusebius*, rev. W. H. C. Frend (London: SPCK, 1987), pp. 52-55에서 가져왔다.

것들에 복종합니다."³⁶ 그 결과 그들의 공동생활은 독특한 특성을 지녔다. 그들은 성적으로 절제했고, 정직했고, 경제적으로 신뢰할 만했고(그들은 "보증금을 부정하지 않는다"), 이웃을 사랑했다. 더 놀랍게도, 그들은 적들을 사랑했다. "그들은 자기들에게 잘못하는 이들을 달래고 그들과 친구가 됩니다. 그들은 자신들의 적에게 선을 행하려고 애씁니다."³⁷ 그들은 서로를 사랑했고, 과부와 고아들을 돌보았고, 특히 장례와 관련해 경제적 나눔을 실천하는 놀라운 관습을 갖고 있었다.

> 그들의 가난한 회원들 중 하나가 세상을 떠나고, 그들 중 누구라도 그를 발견하면, 그때 그는 자신의 능력에 따라 그 사람의 장례를 치릅니다. 만약 그들 중 누구라도 그들의 메시아의 이름을 위해 투옥되거나 압제당하고 있다는 소식이 들려오면, 그들 모두가 그의 곤경을 뒷바라지합니다. 혹시라도 그들 중 가난하고 곤경에 처한 어떤 이가 있는데 자기들에게도 필요한 것들이 충분하지 않을 경우, 그들은 필요한 음식을 그에게 제공하기 위해 이틀이나 사흘간 금식을 합니다. (15.8-9)

그 공동체의 아비투스는 진실함, 육체적 정절, 식량, 보호, 장례 같은 계속 반복되는 문제들을 독특한 방식으로 다뤘다. 아리스티데스에 따르면, 그들의 아비투스의 핵심은 예배였다. 그 공동체는 매일 찬양을 했다. 그들은 아침 기도를 드렸고, 하루 종일 기도를 드렸다. 식사 때 그들은 음식과 음료를 두고 '감사'(eucharist)를 드렸다. 아리스티데스는 특히 그들의 삶에서 중보 기도의 강력함과 중심성을 강조한다. "나는 세상이 그리스도인들의 중보

---

36 Aristides, *Apol*. 15.3 (Stevenson, p. 53).
37 Aristides, *Apol*. 15.5 (Stevenson, p. 53).

에 의해 유지된다는 것을 의심하지 않습니다."³⁸

그러나 그 공동체는 세상 사람들이 그 공동체에 대해 들을 수 있도록 어떻게 회원들을 형성시켰던 것일까? 아리스티데스는 그리스도인들의 저술들에 대해 칭찬하는데, 그것들은 "새로운 인간, 그리고 그것과 섞인 신적인 무언가가 있다는 것"을 알려 준다. 하지만 그는 세례나 전도 같은 관습들에 대해서는 언급하지 않는다. 그리스도인들은 자신들의 신앙을 자신의 가속(종들 혹은 아이들)에게 내부적으로 전하면서 그들이 그리스도인이 되도록 설득했다.³⁹ 그러나 아리스티데스에 따르면, 외부인들 가운데 있을 때 그리스도인들은 과묵했다. 그들은 자신들의 선행을 "다수의 귀에 들리도록" 선포하지 않았다. 오히려 "그들은 아무도 자기들을 인식하지 않도록 조심하고 자신들의 은사를 숨겼다." 혹시 그들의 "행위"가 너무나 매력적이기에 ― 그것으로부터 "세상의 아름다움이 흘러나온다"⁴⁰ ― 그것이 그 공동체가 새로운 회원들을 형성할 능력을 넘어설 정도까지 빠르게 성장하도록 만들어서 결국 그것의 매력을 잃게 되지 않을까 두려워서였을까?

유스티누스 ― 중독에서 자유로

유스티누스가 150년경에 로마에서 쓴 『첫 번째 호교론』⁴¹은 기독교 공동체들의 아비투스를 아리스티데스의 『호교론』보다 훨씬 더 충분하게 설명한다. 유스티누스는 "영적인 교사", 즉 미르티니아누스의 목욕탕 위에 있던 그의

---

38 Aristides, *Apol.* 16.6 (Stevenson, p. 53).
39 Aristides, *Apol.* 16.5, 15.6 (Stevenson, pp. 54, 53).
40 Aristides, *Apol.* 16.1-2 (Stevenson, p. 54).
41 유스티누스의 『첫 번째 호교론』에 관한 모든 인용은, E. R. Hardy, trans., in *Early Christian Fathers*, ed. C. C. Richardson, LCC 1 (1953), pp. 161-182에서 가져왔다.

집에서 학생들에게 "진리의 말씀"을 전했던 철학교사였다.[42] 그 학생들 중 많은 이들은 유스티누스에게 왔을 때 이미 그리스도인들이었다. 비록 그가 당시 로마에서 발전하고 있던 그리스도인들의 교리문답 프로그램과 긴밀하게 연결되어 있었을 가능성은 있었으나, 그가 실제로 로마의 가정 교회들에서 공식적인 교리문답 교사로 일했는지는 분명하지 않다. 그러나 유스티누스는 로마의 어느 가정 교회에 참여하고 있었고 그로 인해 그 교회의 아비투스를 이해하고 있었다. 아리스티데스처럼 유스티누스도 그리스도인들의 아비투스를 자신의 호교론의 핵심으로 여겼다. 그리스도인들의 신앙을 탐구하는 누구라도 그들의 "삶과 가르침"을 고려할 필요가 있었다. 유스티누스에 따르면, 그들이 가르친 것은 그들의 삶의 방식과 밀접하게 관련되어 있었다.[43]

유스티누스는 로마 그리스도인들의 성향과 관습에 대해 상세하게 설명하지 않는다. 그러나 『호교론』 초반에서 그는 그리스도인들의 삶의 방식을 로마 제국의 비그리스도인 거주자들의 그것에 맞서는 일종의 반문화적 아비투스로 제시한다. 유스티누스는 로마인들의 삶을 다음 네 개의 주된 분야에서 나타나는 중독성 관습이라는 특징을 지닌 '비자유(un-freedom)의 아비투스'로 여긴다. 간음에 의해 훼손된 성적 윤리, 마술의 덫에 걸린 사고, 경쟁적인 물욕에 의해 왜곡된 부와 소유, 다른 관습에 대한 증오와 다른 종족에 대한 살해로 가득 찬 폭력과 혐오. 유스티누스는 당시의 그리스도인들 역시 이런 중요한 분야들에서 분투하고 있다고 전한다. 그리스도인들은 그것들 모두가 유혹적이며 강력하다는 것을 알았다. 그리고 그들은 아

---

[42] *Acts of Justin* 3, Recension B; trans. and ed. Herbert A. Musurillo, *Acts of the Christian Martyrs* (Oxford: Clarendon, 1972), p. 49; Ulrich Neymeyr, *Die christlichen Lehrer im zweiten Jahrhundert: Ihre Lehrtätigkeit, ihr Selbstverständnis und ihre Geschichte*, VCSup 4 (Leiden: Brill, 1989), p. 33.

[43] Justin, *1 Apol.* 1.3 (Hardy, p. 243).

주 열심히 그런 버릇을 버리려고 했는데, 그것은 무엇보다도 그것들이, 유스티누스가 보기에는, 마귀의 능력과 조작에 대한 표현들이기 때문이었다. 그러나 유스티누스는 그리스도인들이 새로운 아비투스 곧 새로운 정상 상태 안으로 들어가기 위해 낡은 아비투스로부터 해방되었다고 주장한다. "설득당한"[44] 그리스도인들은 그들의 낡은 아비투스를 포기하고 그 네 개의 분야 각각에서 대안적이고 생명을 제공하는 아비투스 안으로 들어갔다. 그 대안적 아비투스는 성적 절제, 마술이 아닌 하나님을 향한 헌신, 부가 아니라 "우리가 가진 것을 공동의 기금 안에 넣고 곤경에 처한 모든 이들과 나누는 것", 폭력과 혐오가 아니라 "우리의 적들과 함께 살며 그들을 위해 기도하고 우리를 부당하게 미워하는 자들을 설득하려 노력하는 것" 등이었다. 유스티누스는 이 새로운 아비투스가 "그분의 말씀이 곧 하나님의 능력이었던" 그리스도의 가르침에 뿌리를 두고 있다고 주장한다.[45] 유스티누스는 계속해서 그리스도의 가르침을 성, (적을 포함해) 모든 사람들에 대한 애정, 부와 나눔, 인내와 분노, 진실을 말하기 등에 적용하면서 그것들에 대해 길게 설명한다. 그리스도의 가르침은 회원들의 삶을 변화시켜 그들의 아비투스(그들의 성향과 관습)가 외부인들을 끌어들이는 독특한 공동체를 세우도록 만든다 (14, 16, 39). 그리스도의 가르침은 그리스도인들의 반문화적 아비투스의 핵심이었으며 그들에 의해 구체화되어야 했다. "**그분이 가르치신 대로** 살지 않는 것으로 밝혀진 자들은, 비록 그들의 입술에 그분의 가르침이 있을지라도, 자기들이 참된 그리스도인이 아님을 알아야 한다."[46]

이것은 강력한 말이다. 그리고 질문을 제기한다. 유스티누스가 언급하는 공동체들 안에서 사람들은 어떻게 그리스도의 가르침을 그들의 머리가 아

---

44 Justin, *1 Apol*. 14, 44, 55, 61.
45 Justin, *1 Apol*. 14.2-4 (Hardy, p. 249).
46 Justin, *1 Apol*. 16.8 (Hardy, p. 252).

니라 몸으로 배웠을까? 로마의 그리스도인들은 어떻게 반사적으로 그리스도의 길을 따라 살아가는 습관을 얻었을까? 유스티누스가 "우리는 참으로 이런 것들을 배웠고 가르친다"[47]라고 말하는 것과, 아비투스가 논쟁의 주제였던 상황에서 아비투스를 형성하는 교육을 발전시키는 것은 전혀 다른 문제였다. 이미 잘 확립되어 있고, 매우 유혹적이며, 그 사회의 엘리트에 의해 존중되고, 깊은 내러티브에 의해 설명되고, 어디에나 존재하는 가시적 예술에 의해 직접 매개되는 이교도의 아비투스에 맞서 새로운 삶을 유지하는 데 필요한 관습을 개발하는 것이 도대체 가능한 일인가? 그런 상황에서 그리스도인들이 육체적으로 낡은 아비투스를 포기하고 새로운 아비투스로 그것을 대체할 수 있었을까? 있었다면, 어떻게 가능했을까?

유스티누스의 『호교론』은 이에 대한 로마 그리스도인들의 접근법을 암시해 준다. 의심할 바 없이 그들의 접근법이 언제나 유스티누스가 바랐던 것만큼 효과가 있었던 것은 아니다. 예컨대, 유스티누스의 때보다 약간 앞선 시기에 로마에서 나온 헤르마스의 저작들은 자기들을 위해 너무 많은 부를 끌어안고 곤경에 처한 이들과 나누려 하지 않는 그리스도인들에 대한 그의 고뇌를 드러낸다.[48] 그럼에도 유스티누스의 『호교론』에는 아비투스의 변화에 적합한 기독교적 입문에 대한 접근법을 보여 주는 다음과 같은 일련의 관습들이 등장한다.

- **동반자가 되는 친구들**: 유스티누스의 접근법의 핵심에는 사회 속에서 살면서 신앙에 관한 중요한 문제들이 제기될 수밖에 없는 비그리스도인들과의 관계 속에 있는 그리스도인들이 있다. 그리스도인들의 친구들이 기독교에

---

47 Justin, *1 Apol.* 14.4 (Hardy, p. 250).
48 Herm. Vis. 3.9.1.

끌리는 이유는 삶의 문제들에 대한 그리스도인들의 독특한 접근법 때문일 수 있다. 가령 그리스도인들이 사업을 하면서 드러내 보이는 끈기 있는 방법 같은 것일 수 있다.[49] 유스티누스에 따르면, 그리스도인들의 대화 방식은 보다 많은 탐구를 초래하는 설득의 방식이다. 만약 질문자가 계속해서 탐구를 해 나간다면, 그의 그리스도인 친구들 중 어떤 이들이 그의 여행에 동반할 것이다. 유스티누스가 이런 친구들에게 사용하는 용어는 '우리'인데, 그것은 그 자신의 개입을 가리킨다.[50]

- **세례를 위한 교리 교육**: 다음 단계에서 관련된 당사자들이 세례를 받기 위해 나아온다. 유스티누스는 이 단계에 대한 정보를 제공하지 않는다. 그러나 그는 특정되지 않은 교리문답 교사들이 세례 후보자들을 가르친다고 보고한다. 유스티누스는 사람들이 얼마나 다양한지 알고 있고 그들의 아비투스를 재형성하는 일이 목회적으로 그리고 교리문답과 관련해서도 얼마나 큰 도전인지 인식하고 있다. 어떤 그리스도인들은 학문적이었으나, 대부분은 "교육을 받지 못했고 말이 거칠었다." 유스티누스는 "우리 가운데서 당신은 알파벳조차 알지 못하는 이들로부터 듣고 배울 수 있다"라고 쓴다.[51] 유스티누스는 비록 로마 인구의 90퍼센트가 문맹이었을지라도 그런 문맹이 기독교의 제자직을 훼방하지 못한다는 것을 알았다.[52] 매우 다양한 사람들이 기독교적 아비투스를 따라 살았다. 그렇다면 교리문답 교사들은 그들에게 무엇을 가르쳤을까? 의심할 바 없이 그들은 유스티누스가 그의 『호교론』에서 다루는 주제들을 가르쳤다. 그리고 예수님의 가르침이 반복되는

---

49 Justin, *1 Apol.* 16.4.
50 Justin, *1 Apol.* 61.2; 65.2.
51 Justin, *1 Apol.* 60.11 (Hardy, p. 280).
52 Harry Y. Gamble, *Books and Readers in the Early Church* (New Haven: Yale University Press, 1995), pp. 4-10; W. V. Harris, *Ancient Literacy* (Cambridge, MA: Harvard University Press, 1989), pp. 328-331.

주제로서 그 가르침 전반을 관통했다. 세례 후보자들은 그 가르침을 단지 배웠던(암기했던?) 것이 아니다. 오히려 후보자들의 믿음과 상상력은 그리스도인들이 예수님의 가르침을 그들의 아비투스를 통해, 즉 기독교 공동체들의 매일의 삶과 그리스도인들의 평범한 세상에서의 삶에서 구현하는 것을 볼 때 형성되었다. 교리문답 교사들은 후보자들에게 모든 그리스도인들이 행하고 세례 때 재확인하는 결단, 즉 그들이 가난한 자와 고아와 과부를 돌보는 것(사 1:16-20)을 가로막는 그 어떤 것으로부터도 자신을 씻어 내겠다는 결단을 상기시킨다. 이 지점에서 어떤 후보자들은 등을 돌릴 수도 있다. 헤르마스에 따르면, "참된 순결의 삶에 무엇이 포함되어 있는지 상기할 때, 그들은 마음을 바꾸고 자신들의 악한 욕망을 추구하는 일로 되돌아간다."[53] 그러나 다른 후보자들은 다음 세 가지 기준을 충족시키는 경우 세례를 받는다. 첫째, 자유롭게 그리고 강압 없이 행동한다(그들은 "자유로운 선택과 지식의 아이들"이라고 불린다). 둘째, 교회의 가르침이 참되다는 사실을 인정한다. 셋째, "자기들이 그것을 따라 살 수 있다고 약속한다."[54]

- **세례 의식**: 이 의식에 대한 유스티누스의 설명은 절제되어 있다. 그는 세례를 받기로 결단한 후보자들이 자신들의 죄(이교도의 아비투스에 의해 형성된 삶을 살았던 것)에 대한 용서를 얻기 위해 금식하며 기도했다고 알려 준다. 그러는 사이에 그는 "우리[후원자들과 동반자들]는 그들과 함께 금식한다"고 말한다. 세례에는 물로 씻는 것이 포함되는데, 세례를 받는 이들은 그것을 깨달음으로 경험한다. 유스티누스는 세례에 감정적 색채를 부여하지 않는다.[55]

- **세례 후 교회에 통합됨**: 이어서 '우리'는 새로 세례받은 신자들을 그들이 전에는 경험하지 못했던 무언가로 이끌어간다. 그 무언가는 곧 그들의 새로

---

53 Herm. Vis. 3.7.3, trans. B. D. Ehrman, LCL 25 (2003), p. 211.
54 Justin, *1 Apol.* 61.2 (Hardy, p. 282).
55 Justin, *1 Apol.* 61.2 (Hardy, p. 282).

운 가족('형제'라고 불리는 이들)이다. 그들이 함께 하나님께 드렸던 기도는 "진지했다." 그들은 새로이 형제와 자매가 된 이들, 그리고 나머지 기독교 가족 모두가 그리스도인들에게 위험한 세상에서 "명령받은 것을 지키며 살아가는 자들"이 되기를 간구했다. 그 기도는 교회의 회원들 간의 입맞춤으로 끝나며, 그 후에 찬양과 영광과 감사로 가득 찬 성찬식이 이어진다.[56] 성찬식은 비공개고, 식사에 대한 접근은 제한된다. 그러나 새로 신자가 된 이들은 이제 그 특권적인 서클의 일부가 되었다. 그들은 교회의 아비투스에 익숙한 이들, 즉 '우리'가 가르치는 것이 참되다고 믿고, 세례를 받았고, 메시지를 구현하는 데 헌신한 사람들("그리스도가 우리에게 전해 준 대로 사는 사람들") 사이에 있다.[57] 예배 후에 그들은 자기들이 아마도 그전부터 알았던 것, 즉 그리스도인들은 "계속해서 함께 모이며" 재분배 방식의 경제적 나눔에 참여한다는 사실에 대한 확증을 얻는다.[58]

- **일요일의 성찬**: 일요일 전야(토요일 저녁)나 일요일 아침에 공동체는 함께 모여 그것의 주된 주간 집회를 갖는다. 그것은 교회의 다른 관습들과 마찬가지로 공동체의 아비투스를 형성한다. 예컨대, **설교**는 의식적으로 아비투스의 형성을 목표로 삼는다. 복음서("사도들의 회고록")와 예언서를 읽은 후, 담화를 주관하는 이가 공동체를 향해 그들이 들은 것을 따라 살라고, 즉 "이런 고귀한 것들에 대한 모방"에 그들 자신을 바치라고 권한다.[59] 형성은 교회의 주간 모임에서도 계속되는데, 그것은 신자들이 예수님의 가르침을 자신들의 삶에 적용하기 때문이다. 모임의 주관자는 외부인들에게 복음이 신뢰

---

56 Justin, *1 Apol.* 65.1-2 (Hardy, p. 285).
57 Justin, *1 Apol.* 66.1 (Hardy, p. 286).
58 Justin, *1 Apol.* 67.1, 6-7 (Hardy, p. 287); 참고. Peter Lampe, *From Paul to Valentinus: Christians in Rome in the First Two Centuries* (Minneapolis: Fortress, 2003), p. 140: 로마의 교회들은 "사회적 계층들 사이의 제한된 물질적 평준화"를 제공했다.
59 Justin, *1 Apol.* 67.3-4 (Hardy, p. 287).

할 만한 것이 되려면, 공동체가 복음을 따라 살아야만 한다는 것을 알고 있다. **성찬** 역시 아비투스를 강화한다. 유스티누스가 단지 언급만 할 뿐인 기도 후에 이어지는 성찬에는 "비범한" 은사가 주어지고, 그때 모임을 주관하는 자는 "그의 최상의 능력을 다해" 감사의 기도를 올린다.[60] 상징적인 식사를 구성하는 요소들이 각 사람에게 배분되고, 빵은 비록 그 자리에 불참하기는 했으나 식사를 통해 서로 연결되는 공동체의 회원들에게 집사들을 통해 전해지도록 남겨진다. 마지막으로, **헌금**이 아비투스를 세운다. 유스티누스는 그것이 기독교의 다른 규칙들과 마찬가지로 강제적이지 않음을 강조한다. "잘사는 사람들과 원하는 사람들은 기부한다. 각자가 자신이 원하는 정도만큼씩." 헌금은 공동체의 대표에 의해 적립되고, 대표는 그것을 고아, 과부, 병자, 죄수, 교회 안에 머물고 있는 여행자들을 위해 사용한다. 유스티누스가 반복해서 강조하듯이, 곤경에 처한 이들을 돌보는 것은 교회의 아비투스의 핵심적 가치였다. 그리고 공동체가 그 일을 진지하게 행하도록 만드는 것이야말로 경쟁적인 물질주의의 굴레로부터 해방된 공동체를 유지하는 책임을 맡은 자인 공동체 대표가 해야 할 일이다. 그렇게 함으로써 대표는 "곤경에 처한 모든 이들의 보호자"가 된다.[61]

『사도 전승』 – 일반적인 모델?

처음 두 세기 동안 초기 기독교 공동체들의 전례적 관습 안에는 아주 큰 다양성이 존재했다.[62] 로마에서만 하더라도 유스티누스의 가정 교회의 관습은

---

60 Justin, *1 Apol.* 67.5 (Hardy, p. 287).
61 Justin, *1 Apol.* 67.7 (Hardy, p. 287).
62 Paul F. Bradshaw, *The Search for the Origins of Christian Worship: Sources and Methods for the Study of Early Liturgy*, 2nd ed. (New York: Oxford University Press, 2002), p. 53.

아주 가까운 거리에 있던 다른 가정 교회들과 달랐을 수 있다. 그리고 시리아나 이집트 혹은 북아프리카 같은 다른 지역 공동체들의 관습도 로마에 있는 공동체들과 아주 크게 다를 수 있다. 그럼에도 2세기 말에 이르러 여러 지역의 기독교 공동체들은 새로운 자신감을 얻어 가고 있었다. 180-200년 경에 그리스도인들은 수적으로 더 강력해지고 있었고, 고고학적, 미술적, 전례적으로 많은 기록들을 남기고 있었다. 세상의 다양한 지역에 흩어져 있는 그리스도인들 사이의 관계 역시 강력해지고 있었다. 그리스도인들이 서로에게 영향을 주고 공통의 문제들에 대해 유사한 접근법을 개발하는 경향이 늘어나고 있었다. 교리 교육과 선교 분야에서도 이와 같은 일이 일어났을 수 있다.

이처럼 성숙해 가는 과정을 보여 주는 본문 중 하나가 그 유명한 『사도전승』이다.[63] 대부분 학자들은 이것을 3세기 로마 사제/주교였던 히폴리투스의 것으로 여긴다. 또한 그들은 그 문서가 로마 교회의 관습을 기록하고 있다고 주장했다. 비록 지금도 일부 학자들이 여전히 그런 주장을 하고 있으나, 폴 브래드쇼와 그의 노트르담 대학교 동료들이 수행한 연구는 나에게 『사도 전승』이 어느 한 저자나 저자 집단의 산물이 아니며 어느 한 지역 교회의 기록도 아님을 확신하게 해 주었다.[64] 오히려 그것은 북아프리카와 로마 그리고 아마도 이집트 공동체들에 속한 저자들이 각 부분을 이어 붙여 만들어 낸 "살아 있는 문헌"이다. 지금 우리에게 남아 있는 형태의 『사도 전

---

[63] 여기서 내가 사용하는 번역은, Paul F. Bradshaw, Maxwell E. Johnson, and L. Edward Phillips, *The Apostolic Tradition: A Commentary*, Hermeneia (Minneapolis: Fortress, 2002) (이하 BJP) 에서 가져왔다.

[64] Bradshaw, *Search for the Origins*, pp. 80-83, 95-96. 『사도 전승』을 3세기 로마에 기원을 둔 다양한 층을 지닌 작품으로 여기는 다른 접근법에 관해서는, Alistair Stewart-Sykes, trans. and ed., *Hippolytus: On the Apostolic Tradition* (Crestwood, NY: St. Vladimir's Seminary Press, 2001), pp. 49-50를 보라.

승』을 모으는 작업은 아마도 2세기 중반부터 4세기 초까지 150여 년 사이에 그리스어로 쓰인 자료들을 통합하는 방식의 점진적인 과정이었을 것이다. 그러므로 우리는 초기 기독교의 관습들과 관련해 『사도 전승』의 권위에 의지해 무언가 엄격한 주장을 하지 않도록 조심해야 한다. 그럼에도 『사도 전승』은 상세하고 명료한 정보를 포함하고 있으므로 그것을 진지하게 다루는 것은 의미가 있다. 로마 제국 서부로부터 동부에 이르는 여러 지역의 공동체들이 이 문서를 받았고, 네 개의 언어로 번역했고, 때때로 그것을 상당한 정도로 개정했다.[65] 4세기에는 바로 그 전통 안에서 새로운 교회 헌법들이 쓰였다.[66] 이런 헌법들은 초기 교회의 문서들 가운데서도 『사도 전승』에 특별한 권위를 부여한다. 어느 의미에서 우리는 『사도 전승』이 편집되고 보급되는 과정을 인내의 훈련으로 여길 수 있다. 이 장의 주제인 교리 교육과 세례를 위한 자료로서 얼마나 매력적인가! 다음 단락들에서 나는 『사도 전승』의 15-21장 내용을 살피면서 유스티누스와 콘스탄티누스 시대 사이에 사람들이 어떻게 그리스도인이 되었는지 알아볼 것이다.[67]

그리스도인이 되는 것에 관한 『사도 전승』의 모델은 다음과 같이 도식화될 수 있다.

---

[65] BJP판 『사도 전승』은 라틴어, 사하딕어(시리아어), 아랍어, 에티오피아어 본문들로 이루어진 네 개의 병행하는 칼럼들에 대한 영어 번역을 제공한다.

[66] 330년대에 이집트에서 나온 *Canons of Hippolytus*; 380년대에 시리아에서 나온 *Apostolic Constitutions*; *Testament of Our Lord*는 기원과 관련해 논란이 있다(나는 G. Sperry-White를 따라서 300년대 말 소아시아 기원을 선호한다). 시기들에 관해서는, Bradshaw, *Search for the Origins*, pp. 83-87; Sperry-White, *The Testamentum Domini: A Text for Students* (Bramcote, Notts: Grove Books, 1991), p. 6를 보라.

[67] Paul F. Bradshaw는 『사도 전승』 15-20장에 실려 있는 '핵심적 의식'이 2세기 말에 유래한 것이라고 주장한다. 그가 쓴 "The Profession of Faith in Early Christian Baptism", *Evangelical Quarterly* 78, no. 2 (2006): p. 110; 또한 BJP, p. 124를 보라.

1. 전도		2. 학습 과정		3. 세례 준비		4. 세례
그리스도인들과의 만남, 후원자를 찾음	첫 번째 심사: 관계의 길	말씀을 들음	두 번째 심사: 아비투스의 성품	복음을 들음	세 번째 심사: 택함	새 노래를 부름*
몇 년 혹은 몇 달		"성품"이 형성될 때까지		몇 주 혹은 몇 달		일생

* '새 노래를 부름'이라는 표현은 『사도 전승』이 아니라 오리게네스의 Hom. Exod. 55.에서 가져왔다.

1단계: 전도―"그리스도인들과의 만남, 후원자 찾기"

오늘날 많은 교회와 달리 『사도 전승』이 묘사하는 3세기 교회는 교회 밖 사람들이 교회에서 환영을 받고 거기에 소속된다는 느낌을 갖게 함으로써 성장하려고 하지 않았다. 시민 사회의 이교들은 그렇게 했다. 대조적으로 교회는 들어가기가 쉽지 않았다. 교회가 성장한 것은 문화적으로 접근이 수월했기에 때문이 아니었다. 교회의 성장은 사람들에게 제의적 행위를 정확하게 수행하도록 요구하지 않는 대신 그들이 매우 비인습적인 방식으로 살아가도록 준비시키시는 인기 없는 하나님에 대한 헌신을 요구했기 때문이었다.

교회는 충분한 이유가 있어서 이런 접근법을 택했다. 첫 번째 이유는 신학적인 것이었다. 그들은 자기들이 경배하는 하나님이 사람이 어떻게 살아야 하는지를 가장 비싼 값을 치르면서 보여 주었던 구체적인 인간인 나사렛 예수님 안에서 자신을 계시하셨다고, 또한 예수님의 길이 개별적인 인간들과 그들의 공동체를 위해 구원과 생명을 제공했다고 믿었다. 그리스도인들이, 비록 특이하기는 하나, 그분의 길을 따라 사는 것은 중요했다. 왜냐하면 그들은 그 길이 참되다고 여겼기 때문이다. 두 번째 이유는 전도를 위한 것이었다. 교회의 주된 증언은 그리스도인들이 하는 말이 아니라 그들의 사는 방식의 산물이었다. 교회의 증언은 그 뿌리를 그리스도인과 공동체의 삶이 그들의 말의 진실성에 대한 구체적인 증거를 제공한다는 가정에 두고 있었다. 어떻게 해서 그리스도인들은 선교에 대한 이런 접근법을 약화시켰을까? 그리스도인들의 독특한 매력을 훼손하는 새로운 사람들을 너무 빨리 받아들임으로써였다.

일어난 일은 이러했다. 비그리스도인들과 그리스도인들은 함께 일했고 서로 가까이 살았다. 그들은 친구가 되었다. 비그리스도인들은 때때로 그리스도인들에게 매료되었고, 더 나아가 기독교에 대해 알아보려는 관심을 갖게 되었다. 그리스도인들은 그들을 주일 예배에 데려갈 수 없었다. 주일 예배는 교리문답을 마치지 못하고 세례를 받지 않은 이들에게는 제한되었다. 그러나 그리스도인들은 평일 아침 일찍 친구들을 초대해 교회의 '교사들'을 만나러 갈 수 있었다. 교사들은 공동체의 입회로 이어지게 될 공부와 아비투스화 과정―그것은 한동안 계속되었다―에 그들이 참여할 수 있도록 허락했을까? 교사들은 그들을 세례로 이어지는 과정을 밟는 세례 준비자들로 인정했을까?

비그리스도인 지원자들은 그들의 친구들/후원자들과 함께 교회의 교사들을 만나러 갔다. '첫 번째 심사'라고 불리는 이 만남에서 교사들―그들은 때로는 성직자들이었고 때로는 평신도들이었다―은 주로 후원자들에게 주목했고 그들에게 후보자들에 관해 "증언하라"고 요구했다.[68] 후원자들은 제기된 질문들에 답해야 했는데, 그 질문들은 후보자들이 무엇을 믿는지 혹은 (인습적인 민간 협회들에서처럼) 그들이 고액의 입회비를 지불할 수 있는지에 관한 것이 아니라(교회는 입회비를 요구하지 않았다), 그들이 어떻게 살고 있는지에 관한 것이었다.[69] 교회는 어째서 그들이 사는 방식에 이렇게 집중했던 것일

---

68 *Trad. ap.* 15.1.
69 H. A. Drake, "Models of Christian Expansion", in *The Spread of Christianity in the First Four Centuries: Essays in Explanation*, ed. W. V. Harris (Leiden: Brill, 2005), p. 5와 비교하라: "기독교 입회를 위한 상대적으로 낮은 기준."

까? 두 가지 이유가 있었다.

첫 번째 이유는 후보자들의 **교육 적합성** 때문이었다. 교사들은 후보자들이 "말씀을 들을" 수 있는 방식으로 살고 있는지 알고 싶어 했다. 그들이 교사들이 가르치는 것을 자신들의 것으로 받아들일 수 있을까? 『사도 전승』에 따르면, 교회는 이런 질문들에 큰 관심을 가졌고 충분히 그럴 만한 이유로 그렇게 했다. 초기 그리스도인들이 대체로 그러했듯이, 교사들은 사람들의 생각을 가장 분명하게 보여 주는 것은 그들의 삶의 방식이라고 믿었다. 또 그들은 후보자들의 행위야말로 과연 그들이 그리스도인들의 아비투스를 배울 수 있을지를 보여 주는 가장 믿을 만한 예측 변수라고 확신했다. 교사들은 곁에 후보자를 세워 둔 채 그의 후원자에게 우상숭배, 간음, 살인에 대한 교회의 뿌리 깊은 거부라는 측면에서 그 후보자의 행위에 대해 압박하듯 물었다. 후보자가 살아온 방식이 그/그녀가 "말씀을 듣도록" 만들 수 있겠는가? 그들이 머리뿐 아니라 몸으로 교회의 가르침을 습득할 수 있겠는가? 예컨대, 이교적인 극장에서 공연하는 배우들의 경우, 그들이 다신론을 격렬하게 거부하는 공동체 안에서 말씀을 들을 수 있겠는가? 원형 경기장에서 사람을 죽이는 검투사들의 경우, 그들이 생명을 빼앗는 것을 금하는 공동체 안에서 말씀을 들을 수 있겠는가? 매춘부의 경우, 그들이 순결과 절제를 강조하는 공동체 안에서 말씀을 들을 수 있겠는가? 『사도 전승』은 각각의 경우에 이런 이들이 잠재적 그리스도인으로 받아들여지고자 한다면, 그들의 직업을 버려야 한다고 명시한다. 그들의 직업이 그들이 그리스도인들의 가르침을 이해하는 것을 불가능하게 만들 수 있기 때문이었다.[70]

그러나 몇몇 다른 직업의 경우에는 상황이 조금 달랐다. 『사도 전승』은 그런 직업을 가진 이들이 이 한 조건을 충족시킨다면, 즉 그들의 행동을 수

70　*Trad. ap.* 16.4; 7.12.

정하는 데 요구되는 사회적으로 값비싼 단계를 밟는다면, "말씀을 들을" 수 있다고 주장한다. 예컨대, 화가들이 이교적 주제로 그림을 그리지 않는다면, 그들은 세례 지원자로 받아들여질 수 있었다.[71] 군인들의 경우에 『사도 전승』은, 다른 직업을 가진 이들의 경우와 마찬가지로, 그들이 말씀을 들을 수 있는 능력에 따라 그들을 평가한다. 그들의 외적인 직업적 헌신, 즉 그들의 직업에 따르는 과제와 환경과 종교적 헌신이 과연 인내를 강조하는, 그리고 소외된 형제와의 화해가 기도를 위한 전제 조건이 되는 기독교 복음을 받아들일 수 있게 해 주는가?[72] 『사도 전승』이 가정하는 것은 명확하다. 안과 밖은 불가분의 관계라는 것이다. 만약 당신이 매일의 삶 속에서 특정한 방식으로 살고 있다면, 당신은 기독교 공동체가 가르칠 뿐 아니라 구현하고자 하는 복음을 듣지도, 이해하지도, 따라 살지도 못한다. 교회는 그들이 이후에 변화되리라는 소망만 가지고 사람들에게 세례를 베풀지 않는다.

교회의 **증언**은 교사들이 첫 번째 심사에서 후보자들을 신중하게 살피는 두 번째 이유였다. 세례 지원자로서 후보자의 행동이 교회를 잘 대표할 것인가, 아니면 교회를 실망시킬 것인가? 그리스도인들은 그들의 모범적인 행동을 통해 "이교도들[gentes] 가운데서…경쟁자가 되어야 한다." 만약 그들이 인습적으로 행동한다면, 이교도들은 기독교에는 탐구할 만한 가치가 있는 것이 없다고 결론지을 것이다.[73] 그러므로 만약 어느 잠재적인 후보자가 (이교도일 수도 있는) 남편과 결혼한다면, 그녀는 "그녀의 남편에게 만족해야 한다"는 가르침을 기꺼이 받아들이는 것을 조건으로 세례 후보자로 받아들여진다.[74] 그녀의 입회 여부는 그녀가 가르침을 받아들인다는 것을 조

---

71 *Trad. ap.* 16.3.
72 *Trad. ap.* 16.10-11. 또한 Cyprian, *Dom. or.* 23를 보라.
73 *Trad. ap.* 29A (BJP, p. 152).
74 *Trad. ap.* 15.6 (BJP, p. 82).

건으로 이루어진다. 앞서 보았듯이, 교회는 이교도 남자와 결혼한 순결한 또는 성적으로 방정한 여자 회원들을 받아들이는 것에 열려 있었다. 그러나 교회는 그들의 직업이 교회의 가르침과 모순되는 후보자들을 학습 과정에 받아들이는 것은 단호하게 거부했다. 예컨대, 우상 제작자들이나 그들의 직업이 살인과 관련된 검투사들의 경우에 교사들의 판결은 냉정했다. "그들이 그 일을 그만두게 하거나 내쫓으라."[75]

하지만 교회의 증언을 위해, 직업이 적어도 부분적으로는 수용할 만했던 다른 후보자들은 그들이 교회가 수용할 수 없는 행동을 포기한다는 조건 하에서 받아들여졌다. 예컨대, 전장에서의 살인을 포함해 모든 형태의 살인을 거부하는 기독교 공동체에 매료된 군인들이 있었다. 그 경우에 교사들은 군인들에게 다음과 같이 요구했다. "살인하지 마라. 그런 명령을 받게 될지라도 그 일을 하러 가지 말고 그렇게 하겠노라고 맹세하지도 마라." 만약 그 군인이 자신의 직업적 행위에 대한 이런 제한에 굴복하려 하지 않는다면, 그에 대한 판결은 "그를 내쫓으라"였다.[76] 『사도 전승』 15장과 16장에서 교사들은 네 차례 지원자들을 그들이 자신들의 가르침을 받는다는 조건 하에서 받아들였다. 또 세 차례는 그들이 교회가 수용할 수 없는 행동을 포기한다는 조건 하에서 받아들였고, 열 차례는 지원자들을 단호하게 거부하는 것으로 대응했다. 그러나 어느 경우에 교사들은 놀라울 정도로 유연했다. 아이들을 가르치는 한 남자가 (그의 수업에는 이교적 이야기들이 포함되어 있었다) 다른 직업을 갖고 있지 않자, 교사들은 "그가 용서받아야 한다"고 결정했다. 후대 교회 지도자들이라면 이렇게 말했을지도 모른다. "그들을 현재 그들이 일하고 있는 상태 그대로 받아들이자. 결국 '말씀을 들으면', 그

---

[75] *Trad. ap.* 15.7; 16.3 (BJP, pp. 83, 88).
[76] *Trad. ap.* 16.10-11 (BJP, p. 90).

들은 새로운 삶의 길에 대해 생각하게 될 것이다." 그러나 『사도 전승』의 교회는 사실상 이렇게 말하고 있다. "아니다, 우리의 접근법은 정반대다. 우리는 사람들이 그들의 길을 따라 살면서 새로운 종류의 사고에 이른다고 믿는다. 만약 우리가 그들이 우상숭배, 부도덕, 살인을 행하는 상태에서 그들을 받아들인다면, 그들은 '말씀을 듣지' 못할 것이고, 결국 그들은 우리의 증언의 토대인 교회의 독특성을 치명적으로 훼손하는 방식으로 교회를 바꿀 것이다."[77]

2단계: 학습 과정 – "말씀 듣기"

이런 장애물들에도 불구하고, 교회의 교사들은 많은 이들을 학습 과정 안으로 받아들였다. 이 과정에서는 후보자들의 그리스도인 친구들이 핵심적 역할을 했다. 그 후원자들은 단순히 교사들과의 최초의 만남을 주선하는 중개자로서뿐 아니라 보통 3년이나 그 이상 계속되는 학습 과정 전체를 통해 세례 준비자들을 지원하는 자들로서도 중요했다. 이 장 앞부분에서 우리는 키프리아누스가 "그의 영혼의 친구이자 동반자"라고 불렀던 카이킬리아누스라는 사람을 만난 바 있다.[78] 견습생 그리스도인 키푸리아누스에게 카이킬리아누스는 일종의 장인 그리스도인의 역할을 했다. 카이킬리아누스 같은 후원자들은 후보자의 학습 과정 내내 그들과 동행했고, 후보자들은 그 기간에 굉장한 변화를 경험했다.

---

77 교사들이 학습 과정에 받아들이지 않았던 이들 중 한 가지 다른 범주의 사람들은 "귀신 들린 사람들"이었다. 그들은 정결하게 되기 전까지는 가르침의 말씀을 듣지 못하게 되어 있다(*Trad. ap.* 15.8). 나는 이 문단을 쓰면서 James K. A. Smith, *Imagining the Kingdom: How Worship Works* (Grand Rapids: Baker Academic, 2013), pp. 79-80에 많은 빚을 졌다; 또한 Richard Rohr, *Simplicity: The Art of Living* (New York: Crossroad, 1991), p. 59에게도 많은 빚을 졌다.
78 Pontius, *Vit. Cypr.* 4 (Wallis, p. 268).

학습 과정을 요약하는 표현은 '말씀 듣기'(hearing the Word)다.[79] 이것은 여러 형태로 나타난다. 확실한 것은, 세례 준비자들이 아주 많은 말을 들었다는 것이다. 그러나 세례 문답 교사들은 또한 모범과 경험을 통해 그들이 변화하도록 도전했다. 세례 준비자들은 당시 지배적인 사회와는 다른 가치관을 가진 공동체를 탐험하는 모험에 돌입했다. 배워야 할 새로운 이야기들, 암기해야 할 새로운 표어들, 행동해야 할 새로운 방식들이 있었다. 처음에 그들은, 의심할 여지 없이, 그중 어떤 것들에 불편함을 느꼈다. 후보자들은 이런 일련의 새로운 것들에 혼자 대응할 수 없었다. 많은 초기 그리스도인들이 이것을 인정했다. 알렉산드리아의 클레멘스는 200년경에 쓴 글에서 다음과 같이 말했다.

> 우리와 함께 자라난 열정들을 단숨에 잘라 내는 것은 아마도 불가능할 것이다. 그러나 하나님의 능력, 인간의 탄원, 형제들의 도움, 진지한 회개와 지속적인 실천을 통해 성공이 이루어진다. 그러므로 오만하고 힘 있고 부유한 당신이 당신 자신을 위해 어느 하나님의 사람을 당신의 훈련자와 안내인으로 임명하는 것은 절대적으로 필요하다. 여하튼 그가 당신을 섬기는 내내 당신이 존경하고, 두려워하며, 그가 거침없이 그리고 엄격하게 말할 때조차 당신이 그의 말에 순응할 수 있는 한 사람이 있게 하라.[80]

클레멘스 같은 후원자들은 학습 과정이 끝나고 교회 지도자들이 세례받을 후보자들을 선택하는 시간이 다가왔을 때, 그들(후보자들이 아니라 그들과 동행했던 "훈련자와 안내인들")이 두 번째 심사를 받으리라는 것을 알았다. 이 심사

---

79 *Trad. ap.* 15.1; 17.1.
80 Clement of Alexandria, *Quis div.* 40-41, trans. G. W. Butterworth, LCL 60 (1919), p. 355.

때 후원자들은 교회의 지도자들에게 후보자가 학습 과정 동안 이룬 진전에 관해 설명한다. 무엇보다도 후원자는 후보자가 변화되었음을 확언해야 했다. 단지 후보자의 사고뿐 아니라(그것은 쉬운 부분이었다) 그의 행동, 성품, 반사적 행위, 즉 그의 아비투스가 변화되었음을 확언해야 했다. 두 번째 심사는 후보자의 성품(*tropos*)에 대한 후원자의 평가를 중심으로 이루어졌다. 후보자의 성품이 변화되어 교회의 덕과 관습들을 반영하고 있는가?[81] 만약 그렇다면, 교회는 그에게 세례를 주어 그리스도인으로 삼을 것이다. 그러나 이런 질문에 답하는 것은 후보자 자신이 아니라 그의 후원자, 즉 그를 동반하며 지지하는 자였다.

교회는 세례 후보자들에게 후원자를 제공하는 것에 더하여 그들의 성품을 형성하는 자원들을 제공했다. 그중 하나가 **경계성**(*liminality*)이다. 이것은 교회가 모이는 건물 안에 있는 방, 즉 "사람들이 가르침을 받는 장소"에 의해 상징된다.[82] 새로 지명된 세례 준비자들이 이 방으로 들어갈 때, 그들은 아슬아슬하고 잠재적으로 위험한 어떤 일을 하는 셈이다. 이때 그들은 그들의 옛 세계와 함께 그것의 존경할 만한 것들, 그것이 상정하는 것들, 그것의 책무를 떠나보내면서, 멀리 세례의 저쪽 편에 있는 새로운 세계를 답사한다. 신학자 오리게네스는 세례 지원자들의 이런 경험을 이스라엘 민족이 홍해를 건너는 것에 비유했다. 이 비유에서 그 민족은 자신들의 굴레를 이집트에 남겨 두었으나 아직 요단강을 건너지는 않았다.[83] 이스라엘 민족처럼 세례 지원자들은 그동안 학습했던 것을 잊고 새로운 것을 배우는, 그리고 시험을 받고 결단을 하는 장소인 광야에 있었다. 이 경계 지점에서 세례 지

---

81 *Trad. ap.* 17.2 (BJP, p. 96).
82 *Trad. ap.* 41.2 (BJP, p. 194).
83 Origen, *Hom. Jos.* 4.1. 오리게네스는 이 비유에서 유연할 수 있었다. 또 다른 설교(*Hom. Exod.* 5.5)에서 그는 세례를 홍해를 건너는 것에 비유한다(참고. 고전 10:1-2).

원자들은 선택해야 했다. 옛 생활로 돌아갈 것인가, 아니면 새로운 삶 속에 잠기는 모험을 할 것인가?

'말씀 듣기'라는 이 시기에 적절한 두 번째 자원은 **교리 교육**(catechesis)이었다. 『사도 전승』에 따르면, 세례를 받은 신실한 자들과 세례 지원자들 모두가 종종 하루의 일을 하러 가기 전에 같은 장소에 모여서 교리문답 교사들(평신도일 수도 있고 성직자일 수도 있다)로부터 가르침을 받았다.[84] 유감스럽게도, 『사도 전승』은 그들의 교과 과정에 관해서는 암시만 할 뿐이다. 교리문답 교사들은 "모든 사람에게 유익한 것들"을 선포하고 세례 준비자들이 기대하지 않는 주제들("당신이 생각하지 않는 것들")을 제기한다. 더 나아가 그들은 매일의 삶과 관련된 문제들, 즉 "당신이 당신의 집에서 하기에 적합한" 일들을 다룬다.[85] 『사도 전승』은 교사들의 스타일을 분명하게 묘사하는데, 그들의 스타일은 권위적이고 영적인 것이었음이 분명하다. 세례 지원자들은 "[그들의] 마음으로 하나님은 [자기들이] 그가 하는 말을 듣는 바로 그 사람과 동일한 분이라고" 느꼈고 또한 그의 가르침을 성령으로부터 온 선물로 받아들였다. 이것은 그들의 믿음을 강화시켰다.[86] 그러나 『사도 전승』은 세례 지원자들이 그들이 여전히 광야에 있다는 사실을 잊도록 허락받지 못했음을 분명하게 밝힌다. 교리문답 수업은 세례 지원자들의 경계성을 강조하는 행사들로 마무리된다. 즉 세례 지원자들이 신실한 자들과 분리되어 기도하는 기도회와, 세례 지원자들의 입맞춤이 "아직 거룩하지 않기에" 그들을 배제하는 평화의 입맞춤으로.[87] 마지막으로, 교사들은 세례 지원자들이

---

84 *Trad. ap.* 19.1.
85 *Trad. ap.* 41.3 (BJP, p. 194).
86 *Trad. ap.* 41.2 (BJP, p. 194).
87 *Trad. ap.* 18.3 (BJP, p. 100).

떠나기 직전 그들에게 안수를 하고 그들을 보낸다.[88] 세례 지원자들은 교회에서 기도한 후 자기들이 "그날의 악에서 빠져나올" 능력을 입었다고 느끼며 자리를 떴다.[89]

세 번째 자원은 **실천**(practices)이다. 학습 과정에서 후보자들은 구두 교육을 통해, 그리고 아마도 더 중요하게는, 실제로 일을 해봄으로써 기독교 신앙에 관해 배웠다. 몸을 쓰는 행위는 운동 감각을 통한 배움을 활성화시킨다. 그런 행위는 육체적 습관을 만들고 공동체의 가치들을 표현하는 반사적인 반응을 형성한다. 우리가 앞 장 말미에서 보았듯이, 그리스도인들의 아비투스는 여러 육체적 행위들로 구성되었다. 『사도 전승』은 그중 네 가지에 집중한다. 그것은 그중 첫 번째 것인 '십자가 신호'에 대해 거듭 언급한다. 그것은 십자가를 긋는 것이 마귀에 맞서는 흉배임을 지적한다. 또 그것은 후보자들에게 그들의 이마와 눈 위에 그 표시를 하는 방법을 일러 준다.[90] 그것이 언급하는 두 번째 관습은 '가난한 자를 돌보는 것'이다. 과부를 공경하고 병자를 방문하는 것은 공동체의 우선적 관심사를 표현하는 관습이었다. 세례 지원자들은 그런 일에 참여해야 했다.[91] 교리문답 교사들이 세례 지원자들에게 가르치고 고무했던 세 번째 관습은 '기도'였다. 그리스도인들은 잘 짜인 시간표를 따라 집에서 기도해야 했다. 그러나 『사도 전승』은 세례 지원자들에게, 만약 그들이 가시적인 기독교적 행동이 문제를 일으킬 수 있는 곳에 있다면, 마음으로 신중하게 기도해야 한다고 가르친다.[92]

---

88 *Trad. ap.* 19.1. BJP, p. 102는 『사도 전승』이 세례 지원자들에 대한 안수와 해산이라는 전례적 의식에 대해 보고하는 4세기 말에 쓰인 『사도 헌장』(*Apostolic Constitutions*, 8.6.1-9.11) 이전에 존재하는 유일한 본문임을 지적한다.
89 *Trad. ap.* 41.2 (BJP, p. 194).
90 *Trad. ap.* 41.14; 42.1, 4.
91 *Trad. ap.* 20.1.
92 *Trad. ap.* 41.5; 42.1.

『사도 전승』이 언급하지 않는 관습은 일요일 아침 '성찬 예배'다. 팔레스타인 가이사랴에서 오리게네스가 했던 일요일 설교들은 그 교회의 세례 지원자들에 대한 교회의 가르침의 일부였다. 그 설교들은 세례 지원자들이 말씀의 예배에 참석하고 있음을 분명하게 밝힌다.[93] 그러나『사도 전승』은 주의 만찬(cena dominica)에 관해 언급하지 않는다.『사도 전승』공동체 안에서 이것은 비성찬적 애찬(agapē) 예배였을까? 아니면 그 공동체의 주된 평일 예배인 성찬 예배였을까?[94] 그런 예배들은 저녁에 드려졌다. 예배 때는 등이 밝혀지고, 사람들이 함께 식사하고, 식사 후 교육 시간에는 주교가 참여해 사람들의 질문에 답했다. 그것은 초심자들이 배울 필요가 있었던 강력한 관습이었다. 그리고 이 식사 예배 때 세례 지원자들의 지위는 다시 한번 경계선상에 있었다.『사도 전승』은 그들에게 (앉지 말고) 서 있으라고, 그리고 평범한 빵이 아니라 퇴마된 빵을 받으라고 지시한다.[95] 많은 활동에서 그들이 갖고 있는 경계적 지위에도 불구하고, 세례 지원자들은 전에 그들이 이교도 의식에 참여했을 때보다 훨씬 더 열심히 그리고 자주 기독교 공동체의 관습들에 참여했던 것으로 보인다.

네 번째 자원은 **다양한 기독교 공동체**였다. 후보자들은 서로 다른 배경으로부터, 즉 유대적 배경과 이교적 배경 그리고 그리스적 배경과 로마적 배경으로부터 왔다. 또한 그들은 남자와 여자 양성 모두로부터 그리고 다양한 사회적 계급으로부터 왔다. 대부분이 가난했고 일부는 노예들이었으나 경제적으로 안정된 이들도 몇 있었다. 후보자들 중 어떤 이들은 문맹이었다.『사도 전승』은 "만약 [후보자들이] 읽을 수 있다면" 얻을 수 있었던 가

---

[93] Origen, *Hom. Luc.* 21.4; 22.5; 32.2.
[94] "최근 연구는 고전적인 성찬 형태가 두드러지게 나타나기 전인 처음 2, 3세기 동안 아주 다양한 형태의 기독교적 거룩한 식사가 존재했음을 인정한다"(BJP, p. 160).
[95] *Trad. ap.* 27.1; 28.5.

르침의 한 형태를 명시한다.⁹⁶ 어쨌든 교회의 가르침은 그 모든 이들에게 가닿아야 했다. 왜냐하면 기독교 교회에서는 모두가 중요했기 때문이다. 교사들은 후보자들에게, 비록 그들이 교육을 중요하게 여기기는 하지만(가이사랴의 오리게네스는 이 사실을 솔직하게 인정했다), 세련된 학습이 중요한 게 아니라고 말했다. 교리 교육은 세련된 사상이 아니라 '성품'과 '덕스러운 삶'을 낳기 위해 고안된 것이었다. 교회의 성장은 그리스도인들의 설득력이 아니라 그들의 설득력 있는 삶의 방식의 산물이었다.⁹⁷

기독교 공동체 안으로 들어가는 것은 세례 지원자들에게는 하나의 도전이었다. 후보자들이 그리스도인이 되는 탐험을 할 때, 대체로 그들은 지리적으로 이동하지 않았다. 그들의 교리문답 교사들은 그 후보자들이 알려져 있고 무언가에 대한 책임을 맡은 곳에 그대로 머물 것을 기대했다.⁹⁸ 그럼에도 그들이 어느 한 지역에 머물 때조차 그들은 하나의 세계로부터 다른 세계로의, 하나의 아비투스로부터 다른 아비투스로의, 일련의 내러티브, 의식, 우선권, 반사적 반응으로부터 중요한 지점에서 현저하게 달라지는 또 다른 일련의 그런 것들로의 이동을 경험했다. 『사도 전승』에 따르면, 교회는 두 번째 심사 때 후보자의 아비투스의 변화를 평가했다. 세례 후보자들은 말씀을 듣는 기간에 얼마나 진전을 이뤘는가? 교회의 지도자들은 "세례를 준비하도록 선택된" 이들의 후원자들과 대면해 후보자들이 기독교적 성품의 개발과 관련해 얼마나 진전을 이뤘는지 물었다. "[그들의] 삶의 방

---

96 *Trad. ap.* 41.2 (BJP, p. 194).
97 *Trad. ap.* 17.2; 20.1.
98 상부 이집트에는 교리 교육을 얻기 위해 그들의 교회에 의해 다른 교회들로 보냄을 받은 세례 지원자들에 대한 기록이 남아 있다. 특히 어떤 세례 지원자들은 교리 교육에 탁월했던 옥시린쿠스의 파파 소타스(Sotas)라는 중요한 지도자에게 '교회를 얻기 위해' 보내졌다. AnneMarie Luijendijk, *Greetings in the Lord: Early Christians and the Oxyrhynchus Papyri*, HTS 60 (Cambridge, MA: Harvard University Press, 2008), pp. 83, 86, 111를 보라.

식은 검토되어야 한다. [그들은] 교리문답을 하는 기간에 덕스럽게 살았는가? 과부들을 공경하고, 병자들을 방문하고, 모든 선한 일을 행했는가? 만약 그들을 데려온 자들이 그들이 그렇게 했다고 증언한다면, 그들로 하여금 복음을 듣게 하라."[99]

교회 지도자들은 세례 후보자들의 정통적인 믿음에 관해, 교리에 대한 숙달 여부에 관해, 성경 구절들을 외우고 있는지에 관해, 그들의 경건과 기도 생활에 관해 묻지 않았다. 그들은 세례 지원자들이 숙달하려 하고 있는 여러 분야의 독특한 기독교적 아비투스에 관해 묻지 않았다. 그들은 후보자들의 견해와 태도에 관해, 예컨대, 그들이 가난한 자들을 어떻게 생각하고 있는지에 관해 묻지 않았다. 대신 그들은 그 후보자들이 가난한 자들을 실제로 어떻게 대하고 있는지에 관해 물었다. 행동이 모든 것을 말했다. 『키프리아누스의 생애』에서 폰티우스는 옳았다. 그는 키프리아누스가 세례 지원자로 지내는 동안 겪었던 일들을 간략하게 설명하면서 특히 한 가지에 주목했다. 그것은 "[키프리아누스]가 세례 지원자로서 가난한 자들을 사랑했다"는 것이었다.[100] 교회 지도자들은 세례를 베풀기 위해 사람들을 살피는 동안 후보자들의 아비투스에 관해 알고자 했다. 후보자들이 과부와 병자들을 대하는 것을 교회의 상징적이고 자기 정의적인 관습으로 삼으면서 자발적으로, 반사적으로 그리스도인처럼 살만큼 변화되었는가? 만약 그렇다면, 『사도 전승』은 "그들이 복음을 듣게 하라"고 선언한다.[101] 그들은 3단계로 들어갈 것이다. 그것은 4단계인 세례에서 절정에 이르는 마지막 준비 기간이다.

---

99 *Trad. ap.* 20.1-2 Arabic (BJP, p. 104).
100 Pontius, *Vit. Cypr.* 6 (Wallis, p. 269).
101 *Trad. ap.* 20.2 (BJP, p. 104).

교리 교육의 내용 (1)―일반적인 주제들

세례 지원자들은 두 번째 심사를 위해 그들을 준비시켰던 말씀을 듣는 기간에 무엇을 들었을까? 교회 지도자들은 그들에게 무엇을 나눠주려 했을까? 답답하게도, 『사도 전승』은 그것에 대해 알려 주지 않는다. 그것은 우리에게 큰 틈을 남긴다. 4세기에는 이런 틈이 존재하지 않았다. 키릴로스(Cyril of Jerusalem), 암브로시우스, 요한네스 크리소스토무스, 아우구스티누스는 모두 그들이 각각 예루살렘, 밀라노, 안디옥, 히포에서 진행했던 교리문답에서 역점을 두었던 것들을 보여 주는 문서들을 남겼다. 나는 3세기부터 만들어져 흩어져 있던 글들을 모아 콘스탄티누스 이전 시기의 틈을 메우려고 노력했다. 이것들은 어느 한 장소에서 나타난 교리문답적 접근법을 체계적으로 보여 주진 않는다. 그러나 그런 접근법들의 합성물은 시사하는 바가 크다. 나는 그것을 다음 아홉 가지 제목으로 제시한다.

아비투스 변화시키기. 이레나이우스는 교회의 포괄적 목표가 "[사람들이] 옛 습관에서 벗어나 그리스도의 새로움에 이르게 하는 것"이라고 주장했다.[102] 테르툴리아누스는 이에 동의하면서 하나님이 사람들에게 자유의지를 주신 것은 그들이 "계속해서 자발적으로 선을 준수함으로써 선을, 그리고 자발적으로 악을 피함으로써 악을 마주하게" 하기 위함이라고 말한다.[103] 그러나 아비투스의 자발성은 그저 발생하지 않는다. 그것은 형성되어야 할 필요가 있다. 특히 우상숭배와 관련해서는 더욱 그러하다.

우상숭배 피하기. 테르툴리아누스에 따르면, 우상숭배는 억압적이다. 그것은 사람들을 하데스로 빨아들인다. "[우상숭배에 대한] 두려움은 우리의 주된 두려움이다. 그 어떤 '필요'도 그것이 무엇이든 그런 위험과 비교하면

---

102 Irenaeus, *Haer.* 3.17.1, trans. A. C. Coxe, *ANF* 1:444.
103 Tertullian, *Marc.* 2.6, trans. P. Holmes, *ANF* 3:302.

너무 사소하다." 그러므로 그리스도인들에게만 해당되는 교회 법은 사회 안에 여러 가지 변형된 형태로 존재하는 우상숭배를 피하라고 말한다. 그리고 "그 안으로 들어가는 이들에게 주입된" 교회의 가르침은 세례 지원자들이 우상숭배에 대해 경계하고 모든 값을 치르고서라도 그것을 포기하도록 준비시킨다.[104]

주된 내러티브 배우기. 교리문답 교사들은 사람들이 자기들이 하는 이야기를 통해 심원하게 형성된다는 것을 알고 있었다. 그런 까닭에 교리문답 교사들은 세례 지원자들에게 성경 이야기를 제시하는 것을 우선시했다. 그 내러티브가 그들의 기억의 주된 자원이 되어 이교 이야기들을 대체할 것이다. 4세기와 5세기부터 예루살렘에서 키릴로스의 교리문답 설교를 들었던 순례자 에게리아(Egeria)가 작성한 이에 대한 보고가 존재했다. 아우구스티누스 역시 그가 교리문답 교사 데오그라티아스에게 제시한, 내러티브에 기초한 교리 교육법을 소개한 적이 있다.[105] 이런 비전이 이미 콘스탄티누스 이전 시기의 사람들에게 생기를 주었다. 2세기 말 리옹에서 이레나이우스는 그가 교리문답을 목표로 준비했던 구원사에 관한 방대한 개관에 대해 간략하게 설명했다.[106] 그리고 우리가 곧 보게 되겠지만, 가이사랴에서 오리게네스는 그가 행한 설교의 기초를 그가 서사적으로 그리고 풍유적으로 다뤘던 구약성경의 책들에 두었다. 오리게네스에게 그 이야기는 이해될 수 있기 전에 가르쳐져야 했다.

---

104 Tertullian, *Idol.* 24, trans. S. Thelwall, *ANF* 3:75-76.
105 Egeria, *Travels* 46.2-4, trans. and ed. John Wilkinson, *Egeria's Travels to the Holy Land*, rev. ed. (Warminster, England: Aris & Phillips, 1981), p. 144; Augustine, *First Catechetical Instruction* 1-2; Jean Danielou, "L'histoire du salut dans la catéchèse", *La Maison-Dieu* 30 (1952): pp. 19-20.
106 Everett Ferguson, "Irenaeus' *Proof of the Apostolic Preaching* and Early Catechetical Tradition", StPatr 18, no. 3 (1989): pp. 119-140.

예수님의 가르침에 대해 배우기. 많은 교리문답 교사들이 세례 지원자들에게 예수님의 가르침에 대해 가르치는 것이 그들의 교리 교육의 핵심이라고 여겼다. 170년대에 아테네에서 아테나고라스는 그곳의 그리스도인들이 배웠던 것에 관해 보고한다. 그는 그의 작품 『그리스도인들에 관한 탄원』(Plea regarding Christians)을 예수님의 산상/평지수훈의 한 구절을 느슨하게 인용하면서 시작한다. "우리는 우리를 때리는 누군가를 받아치거나 우리를 강탈하고 중상하는 자들을 법정으로 끌고 가지 말라고 배웠다." 11장에서 그는 계속해서 "우리의 가르침을 상세하게" 검토하고 다시 한번 예수님의 말씀을 인용한다. "그러면 우리는 어떤 가르침을 받으며 자랐는가? '너희에게 이르노니, 원수를 사랑하라, 너희를 저주하는 자들을 축복하라, 너희를 박해하는 자들을 위해 기도하라, 그리하여 악한 자들과 선한 자들 모두에게 햇빛을 비추시는 하늘에 계신 너희 아버지의 아들들이 되라.'" 예수님의 이런 가르침은 평범한 그리스도인들, 즉 "보통 사람들, 장인들, 노파들"이 "말을 연습하지 않고 선행을 보여 주는" 이유를 설명해 준다.[107]

성경 구절 암기하기. 오리게네스는 240년대에 자신의 친구인 율리우스 아프리카누스에게 편지를 쓰면서 지나가는 듯이 말했다. "신자들 중 이사야가 한 말을 알지 못하는 이가 있을까? '말일에 여호와의 전의 산이 모든 산꼭대기에 굳게 설 것이요…무리가 그들의 칼을 쳐서 보습을 만들고'" 등등.[108] 당시 대다수 그리스도인들은 문맹이었다. 하지만 오리게네스는 그들

---

[107] Athenagoras, *Leg*. 1.4; 11.1-4, 4-5, 22-25; Theophilus, *Autol*. 3.14. 다른 예들은 Everett Ferguson, "Love of Enemies and Nonretaliation in the Second Century", in *The Contentious Triangle: Church, State and University*, ed. Rodney L. Peterson and Calvin A. Pater (Kirksville, MO: Thomas Jefferson University Press, 1999), p. 92를 보라: "원수들에 대한 사랑과 복수하지 않는 것에 대한 예수님의 가르침이 초기 기독교의 도덕적 교리 교육의 핵심적 내용이었다는 방대한 증거가 존재한다."

[108] Origen, *Letter to Julius Africanus* 15, trans. F. Crombie, *ANF* 4:392.

이 종종 놀라운 기억력을 갖고 있다는 것을 알았다. 그래서 그리스도인 교사들은 그들의 가르침을 사용해 사람들의 기억을 이사야서의 이런 시적이고 시각적인 구절 같은 중요한 성경 본문들로 채우고자 했다. 테르툴리아누스 역시 암기가 가진 힘을 인정했다. 그의 논문 "인내에 관하여"에서 그는 자신의 독자들에게 공격에 대해 비폭력적으로 대응하라고 촉구했다. 테르툴리아누스는 그들이 기독교적 인내의 삶을 사는 것이 쉽지 않을 것이라고, 또한 그들이 새로 익힌 아비투스가 압박을 받으리라고 추측한다. 테르툴리아누스는 그의 아프리카 그리스도인 독자들에게 그런 일이 벌어질 경우 그들이 암기한 성경 구절들이 도움이 될 수 있다고 말한다. "만약 누군가 당신을 도발해 싸우려고 한다면, 당신을 위한 주님의 교훈이 여기에 있다. '누군가 너희의 오른뺨을 때린다면', 그분이 말씀하신다, '그에게 다른 뺨을 돌려대라.'…만약 어떤 이가 악의적인 말로 당신을 저주하고 당신과 논쟁하려고 한다면, '사람들이 너희를 비난할 때 즐거워하라'는 말씀을 떠올리라."[109]

교리문답 교사들과 목회자들은 종종 사람들에게 이런 기억할 만한 구절들을 받아 쓰게 했다. 그리고 때때로 그 구절들은, 마치 '전화 게임'(전화를 받은 사람이 다음 사람에게 전화를 걸어 자기가 받은 말을 전하는 게임—옮긴이)에서처럼, 얼마간 변화되었다. 이것은 그리스도인들이 글을 읽을 수 있을 때도 마찬가지였다. 예컨대, 페르페투아가 성경을 사용했던 방식에 관한 최근의 연구는 그녀의 "지식이 이런 본문들을 읽은 이의 지식이 아니라 들은 이의 지식이었다"는 결론을 내렸다.[110] 그녀는 훗날 심문을 당했던 북아프리카인들처럼,

---

109 Tertullian, *Pat.* 8.2-3, trans. R. Arbesmann, FC 40 (1959), p. 207.
110 Walter Ameling, "*Femina Liberaliter Instituta*—Some Thoughts on a Martyr's Liberal Education", in *Perpetua's Passions: Multidisciplinary Approaches to the "Passio Perpetuae et Felicitatis"*, ed. Jan N. Bremmer and Marco Formisano (Oxford: Oxford University Press, 2012), pp. 98-99.

"나는 [성경을] 갖고 있습니다. 그러나 그것들은 내 마음에 있습니다"라고 말할 수도 있었다.[111]

롤 모델 따라하기. 세례 지원자들은 자기들이 도제라는 것을 의식하고 있었고 자신들이 존경하는 신자들을 지켜봄으로써 그리스도인이 되는 법을 배웠다. 종종 그들이 처음으로 교회에 접근했던 이유는 행위와 태도가 특별히 그들에게 호소했던 그리스도인들 때문이었다. 이런 관계는 종종 세례 지원자들과 이제 그들의 후원자가 된 이들 사이에서 계속되었다. 키프리아누스가 세례 지원자로 지내던 기간 내내 카이킬리아누스는 계속해서 "그의 영혼의 친구이자 동료"였다. 키프리아누스가 세례를 받을 때, 카이킬리아누스는 "그의 새로운 삶의 부모"로서 그 자리에 있었다. 마침내 키프리아누스가 순교할 때, 그는 자신의 아내와 아이들을 카이킬리아누스에게 위탁했다. "언제나 다른 이들보다 나은 이들을 모방했던" 키프리아누스가 카이킬리아누스에 의해 깊이 형성된 것은 놀랄 일이 아니다.[112] 이런 종류의 모방은 장인-도제 관계가 교리문답 과정의 정상적인 일부였던 여러 곳에서 계속되었을 것이 분명하다.

평화의 문화 조성하기. 3세기 초 알렉산드리아의 철학자 클레멘스는 교리 교육을 신자들이 독특한 가치들에 대해 훈련을 받는 시간으로 보았다. 그는 아테네인과 스파르타인들이 솔론과 리쿠르고스가 제정한 유명한 법률 체계를 갖고 있음을 관찰했다. 그러나 하나님의 백성과 연합한 자는 다른 나라(천국)와 다른 법의 수여자(하나님)를 갖게 된다. 클레멘스는 하나님의 나라의 특징을 이루는 일련의 법들을 인용하는데, 그중 처음 두 개는 "살

---

111 *Acts of the Abitinian Martyrs* 12, in *Donatist Martyr Stories: The Church in Conflict in Roman North Africa*, trans. and ed. Maureen A. Tilley, TTH 24 (Liverpool: Liverpool University Press, 1996), p. 37.
112 Pontius, *Vit. Cypr.* 3-4 (Wallis, pp. 268-269).

인하지 말라"와 "간음하지 말라"였다.[113] 그의 글 전체를 통해 클레멘스는 살인하지 않고 간음하지 않는 이들을 교리 교육에 의해 형성된 평화의 사람들로 묘사했다. 하나님은 인간이 평화를 이루도록 창조하셨다. "인간은 평화를 위해 만들어진 도구다."[114] 그러나 인간은 죄로 인해 방해를 받았다. 학습 과정은 "기생충처럼 성장하는 죄를 끊어 내는" 시간이다.[115] 하나님의 사람들은 교리 교육 과정에서 "전쟁이 아니라 평화를 위한 교육을 받는다."[116] 클레멘스는 이렇게 말한다. "우리는 여자들을 아마존 사람들처럼 전장에서의 남성성을 키우기 위해 훈련시키지 않는다. 왜냐하면 우리는 남자들조차 평화로워지기를 바라기 때문이다."[117] 그리스도인들은 교리 교육 과정에서 "평화의 사람들", "평화의 갑옷"을 입은 하나님의 "피 흘리지 않는 군대"에 속한 "평화의 군사들"이 된다. 하나님에 의해 "평화의 대열"에 집결한 그들은 "악한 자에 맞서 정렬해 선다."[118] 그리스도인들의 문화의 평화성은 문서의 진위를 증명하는 데 사용하기 위해 시장에서 구입하는 인장 반지처럼 무언가를 밝혀주는 것들에 의해 표현된다. 그런 반지에는 어떤 이미지들이 있었을까? 클레멘스에 따르면, 그런 반지들은 "물고기나 전속력으로 달리는 배…혹은 배의 닻"의 음각을 지닐 수 있었으나 "칼이나 활"의 음각은 아니었다. "왜냐하면 우리는 평화를 만들기 때문이다."[119]

---

113 Clement of Alexandria, *Protr.* 10, trans. G. W. Butterworth, LCL 60 (1919), p. 233.
114 Clement of Alexandria, *Paed.* 2.4.42, trans. S. P. Wood, FC 23 (1954), p. 131.
115 Clement of Alexandria, *Strom.* 2.96.1-2, trans. J. Ferguson, FC 85 (1991), p. 221.
116 Clement of Alexandria, *Paed.* 1.12.99 (Wood, p. 87).
117 Clement of Alexandria, *Strom.* 4.8, trans. W. Wilson, *ANF* 2:420.
118 Clement of Alexandria, *Paed.* 2.2.32 (Wood, p. 121); *Protr.* 11 (Butterworth, p. 247).
119 Clement of Alexandria, *Paed.* 3.3.59 (Wood, p. 246); Paul Corby Finney, "Images on Finger Rings and Early Christian Art", in *Studies on Art and Archaeology in Honor of Ernst Kitzinger on His Seventy-Fifth Birthday*, ed. William Tronzo and Irving Lavin, Dumbarton Oaks Papers (Washington, DC: Dumbarton Oaks Research Library and Collection, 1987), pp. 181-186.

운동 감각. 세례 지원자들은 그리스도인들이 하는 일을, 특별히 그들이 몸으로 하는 일을 습관적으로 행하도록 배움으로써 그리스도인이 되는 것을 배웠다. 5장 끝부분에서 우리는 그리스도인들의 아비투스 중에 기도할 때 일어서는 것, 음식과 옷의 재고를 보충하는 것, 방문자들을 환대하며 받아들이는 것 같은 반사적 행동들이 포함되어 있음을 보았다. 그 아비투스에는 또한 그리스도인들이 삶의 과정에서 하루에도 여러 차례 행하는 육체적 관습들이 포함되었다. 특히 성호를 긋는 것이 그러했다. 테르툴리아누스가 말하듯이, "우리는 모든 경우에, 집으로 가거나 집에서 나올 때…그리고 매일의 삶의 모든 평범한 행위를 할 때 이마에 성호를 긋는다."[120] 이교도들은 그리스도인들이 이렇게 하는 것을 보고, 그것을 조롱하고, 그것을 의심스러운 행위로 여길 수도 있었다. 하지만 그리스도인들은 그것이 영적 흉배의 보호 능력을 갖고 있다고 믿었다. 도제 그리스도인들은 성호를 어떻게 그어야 하는지, 언제 그어야 하는지, 언제 성호를 긋는 것이 보이게 해야 하고 언제 보이지 않게 해야 하는지 배워야 했다. 『사도 전승』은 명백하게 세례 지원자들을 향해 말하는 한 구절에서 그들에게 그들보다 그것에 훨씬 더 많은 경험을 갖고 있는 이들을 모방하면서 이마와 눈 주변에 성호를 긋는 연습을 하라고 촉구한다.[121]

실제적인 문제들. 교리문답 교사들은 그들이 직면하게 될 상황에 관한 그들의 책임에 대해 가르쳤다. 그들은 공중 목욕탕에서 어떻게 행동해야 하는가? 교사들은 "사도들의 가르침"을 인용하면서 그들에게 정보를 제공할 수 있었다.[122] 옷차림과 관련해, 키프리아누스 같은 귀족은 어떻게 그의 옷

---

120 Tertullian, *Cor.* 3.4, trans. E. A. Quain, FC 40 (1959), p. 237.
121 *Trad. ap.* 42.1, 4.
122 *Did. apost.* 1.8.26-1.9.4. Alistair Stewart-Sykes [in *The Didascalia apostolorum: An English Version with Introduction and Annotation* (Turnhout: Brepols, 2009), 115n]는 1.8.26이 교리

을 "적절한 평균까지" 낮춰야 하는가?[123] 키프리아누스는 그것에 대해 배울 필요가 있었다! 교리문답 교사들은 "믿음 안에 있는 젊은이들과 세례 지원자들"에게, 박해에 대비해 심문을 받을 때 어떻게 대응할지에 관해 무엇을 가르쳐야 하는가?[124]

교리 교육의 내용 (2)—키프리아누스의 "퀴리누스에게 3"

『사도 전승』의 감질나게 하는 틈(교리 교육의 구조는 제공하지만 내용은 제공하지 않는다)을 메우는 또 다른 방법은 키프리아누스 주교가 쓴 "퀴리누스에게 3"을 살펴보는 것이다.[125] 이 본문이 남아 있는 것은 우리로서는 행운이다. 그것은 키프리아누스가 카르타고의 세례 지원자들을 가르치기 위해 추천했던 주제들에 대한 설명을 제공한다. 키프리아누스는 그것을 긴박한 시기에 썼다. 황제 디오클레티아누스의 박해가 발발하기 직전인 240년대 말, 카르타고에 있는 교회에서 교리문답 교사로 일했던 것으로 보이는 퀴리누스라는 사람이 최근에 주교로 임명된 키프리아누스에게 교리 교육과 관련된 교과 과정 작성을 도와달라고 부탁했다.[126] 퀴리누스는 "우리 학교의 종교적 가르침[*religiosam sectae nostrae disciplinam*]"을 요약하는 간결한 "표제들"의 목록을 요청했다. 그것은 "하늘의 가르침들"을 요약하고 기독교 신앙에 대한 전반적인 그림을 제공해 줌으로써 퀴리누스의 마음이 "그것에 대한 기억

문답적 기원을 갖고 있는 것으로 여긴다.
123 Pontius, *Vit. Cypr.* 6 (Wallis, p. 269).
124 *Did. apost.* 5.6.4 (Stewart-Sykes, p. 204).
125 *Ad Quirinum* 3의 라틴어 본문은 *Sancti Cypriani Episcopi Opera*, ed. R. Weber, CCL 3 (Turnhout: Brepols, 1976), pp. 73-179에 실려 있다. 여기서 나는 Ernest Wallis, *ANF* 5:528-57의 번역을 사용한다.
126 Johannes Quasten, ed., *Patrology*, vol. 2, *The Ante-Nicene Literature after Irenaeus* (Westminster, MD: Christian Classics, 1950), p. 363.

을 키우는 유익하고 광범위한 개요를 얻게" 해 주었다.[127] 그렇게 해서 그리스도인이 된 지 몇 년 되지 않았던 키프리아누스가 "퀴리누스에게 3"(이하 "퀴리누스에게"—옮긴이)이라고 알려진 본문을 만들어 냈다.[128] 그것은 120개의 진술[예컨대, "병자를 방문해야 한다"(109)]을 포함하고 있으며, 그 진술들 각각을 뒷받침하기 위해 키프리아누스는 성경 구절들을 인용한다. 그런 진술 중 일부는 오직 한 구절의 지지를 받고, 다른 것들은 몇 구절의 지지를 받는데, 가장 많게는 무려 36개 구절의 지지를 받는다. 키프리아누스는 창세기부터 요한계시록까지 성경 전체에서 성경 구절들을 인용하는데, 신약성경의 구절들의 수가 구약성경의 그것들보다 많으며, 가장 자주 인용되는 책은 마태복음이다.[129] 키프리아누스는 퀴리누스에게 이런 구절들을 읽기 쉽고 교육적으로 활용할 수 있는 문서 형태로 건네주었는데, 그것은 퀴리누스가 가르치는 세례 지원자들이 성경 본문의 가르침을 암기하고 자주 반복해서 말하게 (*frequenter iterantur*) 하기 위한 조치였다.[130]

"퀴리누스에게"는 교리문답용 교재였을까? 그것은 오늘 우리의 관심을 받을 만한 가치가 있을까? 대부분의 학자들은 "퀴리누스에게"를 무시했고 때로는 그것이 교부 문헌 중 가장 지루한 것 중 하나라고 넌지시 말해 왔다. 결국 그것은 그저 하나의 목록일 뿐이다. 어느 열의 없는 학자의 말처

---

127 Cyprian, *Ad Quir.* 3, preface (CCL 3:73; Wallis, p. 528).
128 그보다 앞서 키프리아누스는 퀴리누스를 위해 성경 본문을 발췌한 두 권의 책을 썼다. 그것들은 "당신의 신앙의 첫 번째 외형을 형성"하기 위해 고안된 보다 개인적이고 직접적인 책들이었다 (*Ad Quir.* 1, 서문). 또한 그것들은 보다 제한된 주제들을 다루고 있다: (24개의 표제를 지닌) *Ad Quir.* 1은 이스라엘과 교회의 관계에, 그리고 (30개의 표제를 지닌) *Ad Quir.* 2는 기독론에 관한 것이다. 비록 *Ad Quir.* 3가 나중에 쓰이긴 했으나, 그것은 다른 두 책과 함께 묶여 *Ad Quirinum* (*Testimonium libri III*)이 되었다.
129 *Ad Quir.* 3에서 키프리아누스가 인용하는 본문들의 횟수는 구약성경 183회, 신약성경 254회, '위경' 26회이다. 그는 마태복음 58회(그중 28회는 산상수훈에서다), 시편 50회, 고린도전서 36회, 잠언 26회, 누가복음 22회, 요한복음 22회, 로마서 21회 인용했고, 이런 식으로 다른 구절들을 인용한 횟수는 점차 감소한다.
130 Cyprian, *Ad Quir.* 3, 서문 (CCL 3:73; Wallis, p. 528).

럼, 그것은 "수많은 도덕적 가르침들을 무질서하게 열거한다."¹³¹ 초기 그리스도인들의 교리문답과 관련된 문헌에 대한 최근의 권위 있는 연구는 "퀴리누스에게"를 전적으로 무시한다.¹³² 분명히 "퀴리누스에게"는 신학을 논하는 작품이 아니다. 그것은 우아하지 않고 실용적이다. 그러나 오늘날 학자들은 교리문답에 관한 저작으로서 그것이 가진 중요성을 차츰 깨달아가고 있다. 그런 학자 중 하나인 에버렛 퍼거슨은 "그것은 디오클레티아누스의 박해가 일어나기 직전에 [북아프리카 교회에 의해] 주어진 가르침을 대표한다"고 주장한다.¹³³ 그것은 키프리아누스가 자신의 교회를 위해 두었던 목회적 우선권에 대한 흥미로운 통찰을 제공하고 또한 그가 갖고 있던 놀라운 성경 지식을 보여 준다. 당시 키프리아누스는 회심한 지 얼마 안 된 신자였을 수 있다. 그러나 "퀴리누스에게"는 그의 기독교 신앙의 도전들과의 분투가 그를 성경에 푹 잠기도록 이끌었음을 보여 준다. 앞서 보았듯이, 키프리아누스가 그리스도인이 되고자 했을 때 특별히 그를 괴롭혔던 것은 엘리트적 삶의 방식에 대한 그의 집착이었다. 의미심장하게도, "퀴리누스에게"에서 그는 "선행과 자비의 유익에 관하여"라는 제목을 달고 있는 계율 1에

---

131 R. Weber, "Introduction", in CCL 3:liii. 키프리아누스의 저작권은 Charles A. Bobertz, "An Analysis of Vita Cypriani 3.6-10 and the Attribution of *Ad Quirinum* to Cyprian of Carthage", *VC* 46 (1992): pp. 112-128에 의해 도전을 받아 왔다. 그리고 이런 주장은 다음과 같은 학자들에게 받아들여졌다. Everett Ferguson, "Catechesis and Initiation", in *The Origins of Christendom in the West*, ed. Alan Kreider (Edinburgh: T&T Clark, 2001), p. 239; Alistair Stewart-Sykes, "Catechumenate and Contra-Culture: The Social Process of Catechumenate in Third-Century Africa and Its Development", *St. Vladimir's Theological Quarterly* 47, nos. 3-4 (2003): pp. 299-300; Andy Alexis-Baker, "*Ad Quirinum* Book Three and Cyprian's Catechumenate", *JECS* 17, no. 3 (2009): p. 362.

132 Marcel Metzger, Wolfram Drews, and Heinzgerd Brakmann, "Katechumenat", *RAC* 20 (2005): pp. 514-515. Michel Dujarier (A History of the Catechumenate: The First Six Centuries, trans. Edward J. Haasl [New York: Sadlier, 1979])가 수행한 보다 오래된 연구 역시 그것을 무시한다.

133 Ferguson, "Catechesis and Initiation", p. 239.

서 그 문제를 직접 다룬다. 키프리아누스가 이 우선적인 계율을 뒷받침하기 위해 인용하는 36개의 성경 본문은 성경 안에서도 가장 강력한 것에 속한다. 그것은 이사야 58:7("주린 자에게 네 양식을 나누어 주며 유리하는 빈민을 집에 들이며…")로 시작하고 계속해서 마태복음 25:40("너희가 여기 내 형제 중에 지극히 작은 자 하나에게 한 것이 곧 내게 한 것이니라")로 나아간다. 키프리아누스는 자신의 계율들 안에 요약되어 있는 자기가 힘들게 얻은 성경과 삶에 대한 이해가 카르타고의 그리스도인들에게도 동등하게 유용하기를 바랐다. 그는 그들이 "말이 아니라 행위로 노력하기를" 바랐다.[134]

자신의 청중이 자신들의 믿음에 관해 단지 생각만 하는 게 아니라 그것을 따라 살게 하기 위해 골몰하는 모든 교리문답 교사들처럼, 키프리아누스 역시 그리스도인이 된 평범한 카르타고인 사람들—주로 가난한 이들이었다—을 자기가 말하는 것을 이해하고 기억할 수 있는 방식으로 가르칠 필요가 있었다.[135] 그것이 그가 그들에게 계율과 성경 본문 둘 모두를 제공했던 이유다. 계율은 개념적이고, 문법적이고, 언어적으로 단순했다. 그리고 그가 제공하는 성경 구절들은 그것들을 보강하고 확대했다. 예컨대, 키프리아누스는 계율 8("분노는 그것이 우리를 죄에 속박시키지 않도록 극복되어야 한다")을 "노하기를 더디하는 자는 용사보다 낫고 자기의 마음을 다스리는 자는 성을 빼앗는 자보다 나으니라"(잠 16:32)로 시작되는 예수님, 바울, 잠언의 본문들로 보강한다. 키프리아누스는 카르타고인들 중 대다수(약 85-90퍼센트)가 문맹이라는 것을 알았다.[136] 또 그는 그들 대부분이 종교적 본문이 중요하지

---

134 Cyprian, *Ad Quir.* 3.96 (Wallis, p. 554).
135 Minucius Felix, "Most of us are poor", *Oct.* 36.2, trans. G. H. Rendall, LCL 250 (1931), p. 425; Walter C. Scheidel and Steven J. Friesen, "The Size of the Economy and the Distribution of Income", *JRS* 99 (2009): p. 90: "도시적 환경에서조차 최저 생활 수준의 가속들이 견고한 다수를 이뤘음이 분명하다."
136 Gamble, *Books and Readers*, pp. 4, 10.

않았던 이교적 배경으로부터 왔다는 것도 인식하고 있었다.[137] 그리고 의심할 바 없이 그는 평범한 카르타고인들이 놀라운 기억력을 갖고 있다는 것을 경험을 통해 알고 있었다. 그는 문맹자들과 글을 아는 자들을 포함한 모든 신자들 안에서 성경 본문이 살아 움직일 수 있도록 그들의 기억을 자극하기로 결심했다. 이런 자극은 그들이 안으로는 본문들을 소중하게 간직하고 밖으로는 그것들을 따라 살 수 있게 했다. 50여 년 전의 테르툴리아누스나 50여 년 후의 아비티니아누스와 같은 북아프리카의 다른 그리스도인들처럼, 키프리아누스는 그리스도인들이 박해를 받을 때 성경 구절들을 사용해 그것에 대응하기를 바랐다. "내 가슴속에 그런 구절들이 있다."[138]

이런 암기는 어떻게 작용했을까? 고대인들의 암기에 관해 연구해 온 메리 카루더스(Mary Carruthers)는 자료들이 수용자의 '위치 기억'(locational memory)을 끌어올 수 있게 하기 위해 그것들의 순서와 위치의 중요성을 강조한다.[139] 그녀의 연구의 도움을 받아 이루어진 앤디 알렉시스베이커의 신중한 연구는 "퀴리누스에게"의 서론 부분(계율 1-23)이 키프리아누스가 그의 중요한 관심사 중 둘인 신자들이 경제적 나눔에 동참하는 것과 그들이 비폭력적으로 사는 것을 제시하는 "일관성 있고 독특한 패턴"을 갖고 있음을 보여 주었다.[140] 그 논문의 후반부에서 알렉시스베이커는 성경의 특정 책들을, 그리고 세례를 위한 마지막 준비 과정에서 세례 지원자들에게 특정

---

137 Robin Lane Fox, "Literacy and Power in Early Christianity", in *Literacy and Power in the Ancient World*, ed. Alan K. Bowman and Greg Woolf (Cambridge: Cambridge University Press, 1994), pp. 126-127.
138 Tertullian, *Pat.* 8.2; 또한 *Acts of the Abitinian Martyrs* 12, in Tilley, *Donatist Martyr Stories*, p. 37를 보라.
139 Mary Carruthers, *The Craft of Thought: Meditation, Rhetoric, and the Making of Images, 400-1200* (Cambridge: Cambridge University Press, 1998), pp. 11-12.
140 Alexis-Baker, "*Ad Quirinum* Book Three", p. 362.

용도가 있는 주제들을 다루는 일련의 주제별 계율들을 발견했다.[141] 그렇지 않다면 "퀴리누스에게"는 카루더스의 '위치-재고 구조'(locational-inventory structure)를 결여한 듯 보일 것이고 그로 인해 '무작위'(random)라는 단어가 계속해서 떠오를 것이다.[142] 만약 세례 지원자들이 키프리아누스의 계율들을 기억한다면, 그들은 어떻게 그것들을 자신들의 것으로 삼았을까? 그가 제시하는 성경 구절들이 그의 계율들을 마음에 떠올리게 하고 부연했을 것이 분명하다. 키프리아누스가 제시한 120개의 계율들은 그에게 퀴리누스와 다른 교리문답 교사들이 사용할 수 있는 일관성 있는 일련의 가르침을 대표했다. 그리고 키프리아누스가 그것들에 덧붙인 성경 구절들은 단지 그런 계율들의 타당성뿐 아니라 그것들을 살아 있게 만드는 구체성과 색조도 제공했다. 우리는 교리문답 교사가 계율 26을 읊조리는 소리를 들을 수 있다. "만약 당신이 행위와 말 모두로 유익을 끼치지 않는다면 세례를 받고 성찬을 받는 것은 중요하지 않다."[143] 그리고 나서 사람들이 그것을 뒷받침하는 성경 본문에 관해 들을 때, 그들이 그 본문을 되풀이해 말하는 소리를 들을 수 있다. "그들 가운데 빛들로 나타내며"(빌 2:15). 아마도 청중은 키프리아누스의 계율보다 그런 성경 본문들을 보다 기꺼이 자신들의 것으로 삼았을 것이다!

"퀴리누스에게"가 세례 지원자들의 마음과 삶에 새겨진 것은 그것이 그들의 관심사를 다뤘기 때문이다. 그들의 세상은 스트레스로 가득 차 있었다. 갈등, 빈곤, 그리고 때때로 박해가 존재했다. 키프리아누스의 120개 계율 중 48개는 믿음의 문제를 다루는데, 키프리아누스는 그것들을 평신도가 이해할 수 있는 언어로 표현한다. 예컨대, "아무것도 하나님과 그리스도에

---

141 같은 책, pp. 376-377.
142 Ferguson, "Catechesis and Initiation", p. 241.
143 Cyprian, *Ad Quir.* 3.26 (Wallis, p. 542).

대한 사랑보다 앞서서는 안 된다".[144] "죽음 때문에 슬퍼해서는 안 된다. 왜냐하면 죽음 안에는 평화와 부활에 대한 확신이 존재하기 때문이다."[145] 그의 다른 저작들에서처럼 키프리아누스는 여기서도 세상에서 마귀가 활동하고 있다고 여긴다. 그러나 또한 그는 하나님의 큰 권능을 본다.[146] 하나님은 역사하고 계시지만, 결코 서두르지 않으신다. 키프리아누스가 계율 35에서 확언하듯이, "하나님은 [인간들이] 자신들의 죄를 회개하고 변화되도록 끝까지 인내하신다."[147] 때가 차면 하나님이 세상에 종말을 초래하고, 모든 잘못된 일을 바로잡고, 모두에게 심판을 행하기 위해 "갑자기" 행동하실 것이다.[148] 반면에 키프리아누스는 세례 지원자들에게 "약속된 그런 일들에 관한 우리의 믿음은 끈기 있는 것이 되어야 한다"고 말한다. 키프리아누스는 이것을 로마서 8:24-25을 인용함으로써 강조한다. "우리가 소망으로 구원을 얻었으매."[149] 세례 지원자들은 소망으로 가득 찬 그리스도인들은 두 가지 수단을 사용해 마귀와 맞서는 "강력한 분쟁"에 개입한다고 배운다. 하나는 절박한 기도를 드리는 것이고["승리하기 위해 (기도하면서) 용감하게 서라"], 다른 하나는 키프리아누스의 대표적인 주제로 삶의 모범이신 그리스도를 따르는 것이다.[150] 기도와 그리스도를 따름은 세례 지원자들이 외부인들(이교도들)과 동료 그리스도인들 모두를 대하는 방식을 형성한다.

외부인들과 관련해, 키프리아누스는 세례 지원자들에게 그들이 다른 권위를 따르는 동료들이나 가족들과는 달리 행동해야 한다고 가르친다. 계율

---

144 Cyprian, *Ad Quir.* 3.18 (Wallis, p. 539).
145 Cyprian, *Ad Quir.* 3.58 (Wallis, p. 548).
146 Cyprian, *Ad Quir.* 3.80.
147 Cyprian, *Ad Quir.* 3.35 (Wallis, p. 544).
148 Cyprian, *Ad Quir.* 3.89, 99 (Wallis, pp. 553, 554).
149 Cyprian, *Ad Quir.* 3.45 (Wallis, p. 546).
150 Cyprian, *Ad Quir.* 3.117, 39 (Wallis, pp. 546, 556).

34에서 그는 직설적으로 말한다. "신자들은 이방인들처럼 살아서는 안 된다." 물론 그리스도인 세례 지원자들은 삶의 여러 단계에서 이방인들과 연관되어 있었다. 키프리아누스는 이교도 주인의 종인 자들에게 "속세의 주인을 더 잘 섬기라"고 가르친다.[151] 세례 지원자들이 이교도들과 결혼했을 수도 있다. 키프리아누스는 그들에게 그리스도인들은 이교도들과 결혼해서는 안 된다고 상기시킨다.[152] 그러나 분명히 그들 중 많은 이들 특히 여자들은, 회심 이후든 이전이든, 이교도들과 결혼했다. 그러므로 모든 그리스도인 여자들처럼, 이교도 남자들과 결혼한 여자 세례 지원자들은 그들의 남편들 곁에 머물러야 한다. 그러나 만약 어떤 이유로 그들이 "헤어진다면," 그들은 다시 결혼하지 않은 채 남아 있어야 한다.[153]

사업을 하는 세례 지원자들은 계속해서 이교도들과 교류했다. 키프리아누스는 그들에게 구별되게 행동하라고 촉구했다. 그들은 채무자에게 이자를 물려서는 안 되었고 노동자들의 임금을 즉각 지불해야 했다.[154] 만약 사업상 알고 있는 이교도들이 그들에게 무게나 값이 참되다는 것을 확인하기 위해 맹세를 요구할 경우, 그들은 그렇게 해서는 안 되었다. 키프리아누스는 그들에게 예수님의 말씀을 상기시켰다. "너희에게 이르노니 도무지 맹세하지 말지니"(마 5:34).[155] 분명히 세례 지원자들은 사업상 문제로 다른 신자들과 분쟁해서는 안 되었으나, 때때로 그런 일이 일어났다. 그런 일이 일어날 경우, 신자들은 그 문제를 이방인 재판관들 앞으로 가져가지 말아야 했다.[156] 물론 이교도와 그리스도인들은 서로 아주 가까이서 살아가는 이웃이

---

151 Cyprian, *Ad Quir.* 3.72 (Wallis, p. 552).
152 Cyprian, *Ad Quir.* 3.62.
153 Cyprian, *Ad Quir.* 3.90.
154 Cyprian, *Ad Quir.* 3.48, 81.
155 Cyprian, *Ad Quir.* 3.12 (Wallis, p. 536).
156 Cyprian, *Ad Quir.* 3.44.

었다. 환경이 어떠하든, 세례 지원자들은 계율 49를 기억해야 했다. "우리는 적들조차 사랑해야 한다." 여기서 키프리아누스는 하나님이 적들을 포함해 세상 모든 사람들에게 베푸시는 불편부당한 사랑을 강조하기 위해 그가 자주 인용했던 예수님의 말씀 하나를 인용한다. "이같이 한즉 하늘에 계신 너희 아버지의 아들이 되리니 이는 하나님이 그 해를 악인과 선인에게 비추시며"(마 5:45).[157]

그런 까닭에 "퀴리누스에게"에서 키프리아누스는 세례 지원자들에게 외부인들에게 어떻게 대응해야 하는지를 가르쳤다. 그는 도제 신자들에게 분명히 실재하는, 그리고 때때로 긴장된 삶의 상황에 대한 일련의 대응법을 형성하는 계율들을 제시했다. 피에르 부르디외를 따라 나는 이것을 **아비투스**(*habitus*), 즉 오랜 세월 동안 관습을 통해 구체화되고 습관화된—성경 구절들과 특히 예수님의 가르침에 뿌리를 둔— 삶의 방식이라고 부른다.[158] 세례 지원자들의 과업은 이런 삶의 방식을 따라 사는 법을 배우는 것이었다. 그들에게 학습 과정은 그들이 이런 삶의 방식을 그들의 제2 천성으로 삼을 수 있도록 몸과 마음의 반사적 반응을 훈련하고 실천하는 기간이었다. 키프리아누스는 세례 지원자들이 외부인들과 동료 그리스도인들에게 대응하는 기독교적 방식 안에서 형성될 때 자신들이 자유롭다는 사실을 발견하게 되리라고 확신했다. 그는 이런 아비투스를 "주님의 멍에"라고 불렀는데, 그것은 그리스도의 명령과 가르침에 뿌리를 두고 있기에 "쉬웠다."[159]

그러나 세례 지원자들은 동료 신자들을 어떻게 대해야 했을까? 건강한

---

157 Cyprian, *Ad Quir.* 3.49 (Wallis, p. 546).
158 Pierre Bourdieu의 아비투스에 관한 보다 상세한 진술을 위해서는, 그가 쓴 *Pascalian Meditations*, trans. Richard Nice (Stanford, CA: Stanford University Press, 2000), pp. 130-146를 보라. 아비투스에 관한 그 이상의 논의를 위해서는, 본서의 3장을 보라.
159 Cyprian, *Ad Quir.* 3.119 (Wallis, p. 556).

기독교 공동체 안에서 이루어지는 삶의 특징을 이루는 반사적 실천, 곧 아비투스의 구성요소는 무엇이었을까? 5장에서 우리는 초기 그리스도인들의 아비투스가 부분적으로 반사적인 몸짓으로, 예컨대, 일어서서 기도하는 것, 성호를 긋는 것, 평화의 입맞춤을 나누는 것 등으로 이루어졌다는 것을 살펴보았다. "퀴리누스에게"에서 키프리아누스는 오직 한 가지 몸짓에 대해서만 서술하는데, 그것은 신자들이 주교나 장로가 방안으로 들어올 때 일어서야 한다는 것이었다.[160] 여기에서 그는 육체적 행동으로 표현되어야 한다고 강조하는 보다 넓은 주제-그는 그것을 '행위'(*factis*)라고 부른다-에 집중한다. 세례 지원자들은 "말이 아니라 행위로 자세히 설명하는 법을" 배워야 한다. 행위의 중요성을 강조하기 위해 키프리아누스는 세례 지원자들에게 마태복음 7:24-27을 제시한다. 그 구절은 자신의 가르침을 듣기는 하되 행하지는 않는 이들에 관한 예수님의 이야기다. 그 이야기에서 그들이 모래 위에 세운 집은 무너진다.[161]

키프리아누스는 세례 지원자들에게 기독교 공동체가 그것을 따라 살아온 아비투스를 소개했다. 그에 따르면, 그리스도인들은 서로를 대하는 독특한 방식을 갖고 있다. 키프리아누스가 몇 가지 계율에서 되돌아가는 첫 번째 원리는 그리스도인들은 일차적으로 다른 신자들에게 헌신해야 한다는 것이다. 계율 75: "모든 사람은 자신의 사람들, 특히 신자들을 돌보아야 한다." 세례 지원자들은 "서로를 지원하는" 법과 "서로의 짐을 지는" 법을 배워야 한다.[162] 이 가정, 즉 [신자들] 자신의 사람들 속으로 들어가는 것은 귀한 일이

---

160 Cyprian, *Ad Quir.* 3.85. 집에서 모이는 교회들에서는 때때로 부유한 집 소유자들과 최근 생겨난 주교 제도 사이에 긴장이 있었다. 키프리아누스가 묘사하는 아비투스는 성직에 우선순위를 부여한다. 키프리아누스는 이런 관습을 위해 성경 본문 하나를 인용한다. 레 19:32이다.
161 Cyprian, *Ad Quir.* 3.96, 또한 3.26; CCL 3:168-169, 121을 보라.
162 Cyprian, *Ad Quir.* 3.9 (Wallis, p. 535).

었다. 그것은 큰 대가를 치러야 하는 일이었고 세례를 통해 이루어졌다. 그러나 키프리아누스는 기독교 공동체 안에서의 삶은 이교도 협회들의 그것과 달리 재정적으로 자유로운 "공짜"였음을 강조한다.[163] 이 가족 안으로 들어간 이들은 독특하게 살아야 했다. "신자들은 이방인들처럼 살아서는 안 된다."[164] 오히려 그들은 "그리스도 안에서 살아가는 것의 본보기[exemplum vivendi]"를 얻은 이들로 형성되어야 했다.[165] 키프리아누스가 이 계율을 설명하기 위해 사용하는 성경 본문들에 따르면, 기독교 공동체는 예수님이 그렇게 하셨듯이 보복하지 않음, 자기 비움, 다른 이들에 대한 섬김을 구현해야 한다.[166]

키프리아누스에 따르면, 이런 공통적인 삶의 방식은 예배에 의해 유지된다. 세례 지원자들은 세례가 공동체를 구성하며 구원에 핵심적이라는 것을 배운다. 계율 25에 따르면, 세례 지원자들은 "세례를 받고 거듭나기" 전에는 하나님의 나라를 얻지 못한다. 계율 97에서 키프리아누스는 그들에게 미적거리지 말고 "서둘러 믿음과 성취에 이르라"고 권한다.[167] 성찬 역시 "두려움과 공경함으로 받아들여야" 한다.[168] 그러나 세례와 성찬이 신자들의 삶에서 효과적인 것이 되려면, 그것들은 "행위와 일을 통해" 표현되어야 한다.[169] 키프리아누스는 이것을 마태복음 5:16로 강조한다. "너희 빛이 사람 앞에 비

---

163 Cyprian, *Ad Quir.* 3.100 (Wallis, p. 554).
164 Cyprian, *Ad Quir.* 3.34 (Wallis, p. 544).
165 Cyprian, *Ad Quir.* 3.39 (Wallis, p. 545); CCL 3:131.
166 *Ad Quir.* 3.38; **보복하지 않음**으로써(벧전 2:21-23: "그리스도도 너희를 위하여 고난을 받으사 너희에게 본을 끼쳐 그 자취를 따라오게 하려 하셨느니라…욕을 당하시되 맞대어 욕하지 아니하시고"); **자기를 비움**으로써(빌 2:7: "자기를 비워 종의 형체를 가지사 사람들과 같이 되셨고"); **섬김**으로써, 다른 이들의 발을 씻김으로써(요 13:14-15: "내가 너희에게 행한 것 같이").
167 여기서 Cyprian, in *Ad Quir.* 3.97은 아우구스티누스가 세례 지원자들에게 세례를 받기 위해 등록하라고 권하기 위해 사용하는 것과 동일한 본문인 Sirach 5:7을 사용한다(예컨대, *Serm.* 82:14).
168 Cyprian, *Ad Quir.* 3.94 (Wallis, p. 554).
169 Cyprian, *Ad Quir.* 3.96 (Wallis, p. 554).

치게 하라."[170] 예배는 성품을 형성한다.

이 독특한 기독교적 삶의 방식은 어떻게 표현되는가? 키프리아누스는 그에게 가장 중요한 한 주제였던 경제 문제로 설명을 시작한다. 알렉시스베이커는 키프리아누스의 첫 번째 계율들이 세례 지원자들에게 경제적 나눔에 개입하도록 촉구했음을 강조한다.[171] 계율 1에 따르면, 부유한 세례 지원자들(예컨대, 키프리아누스 자신 같은)은 "선행과 긍휼의 유익"을 발견한다. 하지만 계율 2는 모든 신자들 심지어 "가장 작은 힘"을 가진 자들조차 **상호간의 원조**였던 가난한 자들을 위한 지원에 참여하는 것이 중요하다고 강조한다. 계율 9는 "그리스도인들은 서로를 지원해야 한다"고 강조하는데, 키프리아누스는 그것을 갈라디아서 6:2로 뒷받침한다. "너희가 짐을 서로 지라." 계율 109는 세례 지원자들에게 병자들을 방문하라고 촉구한다. 세례 지원자들은 주로 주변에 있는 가난한 사람들이 아니라 곤경에 처한 동료 그리스도인들에게 경제적 도움을 제공하는 공동체 안으로 들어가게 될 것이다. 알렉시스베이커는 키프리아누스가 경제적 나눔에 관해 논한 후 즉시 또 다른 논쟁적인 주제인 폭력의 문제로 나아가는 것을 지적한다. 키프리아누스는 그의 계율 중 처음 23개에서 경제 문제와 함께 비폭력의 문제를 산발적으로 다루며 비폭력적인 삶의 방식과 관련해 14개나 되는 계율들을 제시한다.[172] 세례 지원자들은 말과 태도 그리고 신체적 자세에서 비폭력적이어야 한다. 그들은 겸손하고, 탄압을 받아들이고, 분노를 극복하고, 저주와 중상을 거부하고, 순교를 받아들이고, 다른 이들을 용서해야 한다.[173] 그의 계율 중 5개에서 키프리아누스는 특별히 그리스도인들에게 인내심(*patientia*)을

---

170 Cyprian, *Ad Quir.* 3.26 (Wallis, p. 542).
171 Alexis-Baker, "*Ad Quirinum* Book Three", pp. 363-366, 369-370.
172 같은 책, pp. 366-368, 371-373.
173 Cyprian, *Ad Quir.* 3.5, 6, 8, 12, 14, 16, 22.

지니고 살라고 명한다.[174] 키프리아누스는 악을 악으로 갚지 말라는 성경의 명령을 상기시키는 것으로 그리스도인들의 비폭력적 구별됨을 요약한다.[175] 이런 접근법은 당시 존중되었던 이교적 가르침과 달랐다. 그것은 세례 지원자들의 습관에 대한 재형성을 요구했는데, 의심할 바 없이 때때로 그것은 아주 고통스러운 일이었다.

말, 삶의 방식, 가족─이것들이 키프리아누스가 세례 지원자들에게 제시하는 그리스도인들의 독특한 아비투스의 다른 분야들이었다. 그들은 겸손하게, 판단하지 않는 방식으로, 시끄럽지 않게 또는 자랑하지 않으면서, 그리고 확실히 어리석거나 공격적이지 않은 방식으로 말하는 법을 배워야 했다. 그들은 거짓말을 하거나 다른 이들을 깎아내리거나 다른 이들에게 아첨하면 안 되었다.[176] 그들의 의복은 단순해야 했다. 여자 세례 지원자들은 여자 그리스도인들에게도 요구되었던 것처럼 세속적인 방식으로 옷을 입어서는 안 되었다. 남자 세례 지원자들은 머리에 털뭉치를 올리거나 턱수염을 뽑으면 안 되었다. 그리스도인이 되기 전의 키프리아누스와 달리, 세례 지원자들은 단순하게 먹어야 했고, "소유에 대한 욕망과 돈"을 추구해서는 안 되었다.[177] 가족과 가속들은 특별한 훈련을 통해 인도를 받아야 했다. 신약성경의 가족 규례를 떠올리게 하는 구절들에서 키프리아누스는 그리스도인 자녀들에게는 부모에게 순종하라고 그리고 그리스도인 부모들에게는 자녀들을 거칠게 대하지 말라고 촉구한다. 종들은 주인들의 잦은 징계에 순복해야 하고, 그리스도인 주인들은 종들을 부드럽게 대해야 한다.[178] 사

---

174 Cyprian, *Ad Quir.* 3.8, 35, 45, 106.
175 Cyprian, *Ad Quir.* 3.5-6, 8, 13, 16, 22, 23.5
176 Cyprian, *Ad Quir.* 3.5, 21, 40-41, 104, 107, 115.
177 Cyprian, *Ad Quir.* 3.36, 83-84, 60, 61.
178 Cyprian, *Ad Quir.* 3.70-73.

회 주변부에 속한 이들은 보호되어야 한다. 키프리아누스는 공동체가 과부와 고아들을 보호해야 하는 것을 강조하기 위해 7개의 성경 구절을 인용한다.[179] 그러나 공식적으로 "인정된" 과부들이 존중되어야 한다는 그의 계율은 그다지 열정적인 것이 아닐 수도 있다.[180] 키프리아누스는 간통죄는 함축적으로 여자들뿐 아니라 남자들에게도 심각한 것이라고 경고했다.[181]

왜 사람들이 이 공동체에 가입했을까? 앞서 지적했듯이, "퀴리누스에게"에서 키프리아누스는 세례 지원자들에게 교회의 안과 밖 모두에서 교회의 삶의 범위를 소개하기 위해 120개의 계율을 제시한다. 그러나 그는 세례 지원자들에게 선교에 개입하라고 촉구하는 계율은 단 하나도 포함시키지 않는다. 어째서일까? 어째서 키프리아누스는 "우리는 이방인들에게 복음을 제시하고 그것의 진리를 설득시켜야 한다"와 같은 121번째 계율을 덧붙이지 않았을까? 키프리아누스는 선교에 관심이 없었던 걸까? 나는 그가 선교에 관심이 있었고 "퀴리누스에게"야말로 그런 관심에 대한 증거라고 믿는다. 내가 생각하기에, "퀴리누스에게"는 키프리아누스가 카르타고의 그리스도인들을 본인이 이해한 방식으로 선교에 준비시키기 위한 시도였다.

"퀴리누스에게"가 어떻게 선교에 관한 작품일 수 있을까? 상황을 고려해 보라. 키프리아누스는 사람들이 막대한 불이익에도 불구하고 그리스도인이 되던 시절에 그 작품을 썼다. 그가 그렇게 한 이유는 세례 준비자들, 즉 세례 후보자들을 준비시키던 어느 교리문답 교사를 돕기 위해서였다. 그는 교회가 성장하는 것은 그것이 비그리스도인들의 관심을 끌었기 때문이라고 여겼다. 그가 북아프리카의 상투어를 반복하며 말하듯이, "우리는 위대

179　Cyprian, *Ad Quir.* 3.74 (두 개의 본문), 113 (다섯 개의 본문).
180　Cyprian, *Ad Quir.* 3.74, 113.
181　Cyprian, *Ad Quir.* 3.63.

한 것들에 대해 설교하지 않는다. 우리는 그것들을 살아 낸다."[182] 교회는 그것이 영위하는 삶의 흥미로운 온전함 때문에 성장했고, 키프리아누스는 하나님이 그 교회 안에서 돋보이지 않게 그리고 인내하면서 역사하신다고 느꼈다. 교회의 회원들이 외부인들의 관심을 끌고 그들을 매혹시키는 방식으로 살아간다면, 교회는 계속해서 성장할 것이다.

키프리아누스의 "퀴리누스에게"는 퀴리누스 같은 교리문답 교사들이 사람들이 그들의 주님을 증거하는 삶을 살도록 준비시키는 것을 돕기 위한 시도였다. 키프리아누스는 사람들이 어떤 중력에 끌리고 있음을 알아차렸는데, 이 중력은 사람들이 예배에 참여할 때 예수님이 보여 주신 반사 행동적 제자도에 자신의 아비투스가 변화되는 걸 허락하지 않게 그들을 끌어당긴다. 더 나아가 그는 그리스도인들이 그들의 신앙을 살아 내지 않으면서 신앙에 관해 많은 말을 하고 싶어 하리라는 것을 알아차렸다. 그는 그것을 "말로 자세히 설명하는 것"이라고 부른다.[183] 그리고 이것에 대해 키프리아누스는 "아니요"라고 말한다. 그는 전례 자체가 중요한 것은 아니라는 것을 안다. 말은 중요하지 않다. 계율 103에서 그는 이렇게 말한다. "우리는 많은 말을 삼가야 한다." 그가 계율 52에서 말하듯이, 사람들에게 신앙을 요구하는 것은 근본적으로 잘못된 것이다. "믿거나 믿지 않을 자유는 자유로운 선택에 속해 있다." 오히려 사람들이 가야 할 길은 "행위와 일 모두에서" 구별되게 삶으로써 성찬으로부터 유익을 얻는 것이다. 그리고 "행위로…자세하게 설명하는 것"이다.[184] "퀴리누스에게"에서 키프리아누스는 세례 지원자들에게 복음에 대한 살아 있는 반응, 즉 예수를 따르는 것이 반사적 반응이 되는 구체적인 아비투스의 여러 차원에 대해 가르친다. 습관적으로 그리스도

---

182 Cyprian, *Pat*. 3; Minucius Felix, *Oct*. 38.6.
183 Cyprian, *Ad Quir*. 3.96 (Wallis, p. 554).
184 Cyprian, *Ad Quir*. 3.26, 96.

인들은 경제적 나눔을 행하고 가난한 이들과 병자들과 과부들과 고아들을 돌볼 것이다. 습관적으로 그들은 진실하게, 고리(高利)를 받지 않으면서, 그리고 몇 푼 더 벌 요량으로 이교도 재판관을 찾아가지 않으면서 사업을 할 것이다. 습관적으로 그들은 만족과 성적 절제의 공동체를 이룰 것이다. 습관적으로 그들은 인내라는 다면적 비폭력성을 지니고 행동할 것이다.[185] 그리고 이것을 통해 "하나님은 인내하시며", 사람들이 죄를 회개하고 세례 지원자가 실제적이며 경험적으로 "회심하는 것이" 무엇을 의미하는지 발견하도록 이끄신다.[186]

어떤 이들은 퀴리누스가 "퀴리누스에게"를 어떻게 받아들였을지 궁금해 한다. 그는 실제로 키프리아누스의 계율들을 자신의 교리 교육에서 사용했을까? 만약 그렇다면, 그는 어떤 교육학적 기술을 사용했을까? 그가 그것들의 순서를 바꿔 어떤 계율들은 강조하고 어떤 계율들은 덜 강조했을까, 아니면 어떤 계율들은 아예 빼 버렸을까? 그는 계율들의 가르침과 그것들을 뒷받침하는 성경 구절들의 가르침을 어떻게 조화시켰을까? 퀴리누스는 세례 지원자들을 가르칠 때 키프리아누스에게 조언을 구했을까? 퀴리누스는 그의 세례 지원자들이 그 계율들과 성경 구절들을 암기하도록 하는 일에서 얼마나 성공했을까? 그는 그 계율과 성경 본문에 얼마나 충분한 설명과 권면으로 살을 붙였을까?

우리가 이런 질문들에 대해 어떤 추측을 하든, 당시에 "퀴리누스에게"가 영향력이 있었음은 분명하다. 258년에 키프리아누스가 죽은 직후 카르타고에서 쓰인 『몬타누스와 루키우스 행전』(Acts of Montanus and Lucius)에서 인용된 성경 구절 중 절반이 "퀴리누스에게"에서 나타난다.[187] 보다 넓게 보면,

---

[185] Cyprian, *Ad Quir.* 3.106 (Wallis, p. 555).
[186] Cyprian, *Ad Quir.* 3.35 (Wallis, p. 544).
[187] Alexis-Baker, "*Ad Quirinum* Book Three", 375n.

키프리아누스의 논문은 락탄티우스, 히에로니무스, 펠라기우스, 아우구스 투스, 쿠오불트데우스(Quodvultdeus) 등을 포함하는 후대의 기독교 작가들에게 큰 영향을 주었다.[188] 더 중요한 질문은 이것이다. 북아프리카에서 교회가 수적으로 그리고 부의 측면에서 성장했을 때, "퀴리누스에게"가 그리스도인들이 그리스도를 충실하게 따르는 공동체의 특별한 아비투스를 발전시키도록 도왔을까?[189]

교리 교육의 내용 (3)—오리게네스의 교리문답 설교

키프리아누스의 "퀴리누스에게"보다 더 잘 알려진 3세기 교회의 교리 교육을 위한 또 다른 자원은 오리게네스의 설교다. 230년대 초 알렉산드리아 출신의 탁월한 은사를 지닌 철학자이자 교사였던 오리게네스는 그의 주교 데메트리오스와 사이가 나빠졌다. 그로 인해 그는 전에 자기가 사람들에게 호평을 받았던 팔레스타인으로 이주했다. 그곳의 주교 가이사랴의 테옥티스투스는 그에게 안수해 장로로 삼은 후 가르치고 설교하는 임무를 부여했다. 이 임무는 오리게네스에게 새로운 교육 기술의 개발을 요구했다. 알렉산드리아에서 그는 주로 글을 읽을 줄 알고 철학적 성향을 지닌 소수의 사람들을 가르쳤다. 가이사랴에서 그는 신앙을 얻기 위해 나아오는 "다수"의 사람들—그들의 문자 해독력과 지적 은사는 아주 다양했다—과 마주했다.[190] 오리게네스는 이 과제를 위해 열심히 일했다. 몇 년간 그는 세례를 준비하고 있는 세례 지원자들에게 매일 교리문답 설교를 했다. 그리고 매주 성찬 예배

---

188 Quasten, *Patrology*, 2:363; R. de Simone, "The Baptismal and Christological Catechesis of Quodvultdeus", *Augustinianum* 25 (1985): p. 266.
189 Cyprian, *Ad Quir*. 3.39; 참고. Cyprian, *Laps*. 11-12.
190 John McGuckin, "The Life of Origen (ca. 186-55)", in *The Westminster Handbook to Origen*, ed. John McGuckin, Westminster Handbooks to Christian Theology (Louisville: Westminster John Knox, 2004), p. 17; Origen, *Cels*. 7.59.

설교를 했는데, 그 예배에는 세례 지원자 중 일부가 참석했다. 그가 한 설교 중 279편이 살아남았고, 그것들은 우리에게 오리게네스의 교리 교육의 내용과 접근법에 대해 알려 준다.[191]

『사도 전승』에서처럼 가이사랴에서도, 교회에 가입하고 싶어 하는 사람들은 그들의 "삶과 행위"에 대한 첫 번째 심사를 수행하기 위해 특별하게 지명된 그리스도인들에 의해 조사를 받았다. 그 지원자들이 "선한 삶을 살고자 하는 열망에 충분히 몰두해 왔고" "속임수에 빠져들 것처럼" 보이지 않는다고 판단될 경우, 심사자들은 그 지원자들을 학습 과정에 들어가게 했다.[192] 그들을 이미 세례 지원자 신분인 이들과 연합시키는 것은 그 새로 도착한 이들에게는 결정적인 단계를 의미했다. 오리게네스는 그것을 홍해를 건너서 광야로 들어가는 것에 비유했다. 그곳에서 그들은 "교회의 계율에 복종하고…하나님의 율법을 들을 것이다."[193] 그곳에는 모든 조건과 상황의 사람들이 있었다. 오리게네스가 알렉산드리아에서 가르쳤던 "보다 지적인" 사람들만이 아니라, 미숙한 소년들, 노예들, "보통 사람들"이 있었다.[194] 오리게네스는 그들 모두를 가르치고 약속의 땅에 이르는 입구가 될 세례 때까지 그들을 이끄는 일에 전념했다.

가이사랴에서 학습 과정은 두 단계로 이루어졌던 것으로 보인다.[195] 1단계는 도덕에 관한 가르침으로 시작된다. 후보자의 배경과 상관없이 오리게

---

191 Henri Crouzel, *Origen*, trans. A. S. Worrall (Edinburgh: T&T Clark, 1989), p. 43.
192 Origen, *Cels*. 3.51, trans. H. Chadwick, *Origen: Contra Celsum* (Cambridge: Cambridge University Press, 1965), p. 163.
193 Origen, *Hom. Jos*. 4.1, trans. B. J. Bruce, FC 105 (2002), p. 52.
194 Origen, *Cels*. 3.54; 7.46 (Chadwick, pp. 165, 434).
195 가이사랴에서의 학습 과정 구조는 다소 혼란스럽다. 그것의 내용이나 기간 모두 Pierre Nautind [*Origène: Sa vie et son oeuvre*, Christianisme Antique 1 (Paris: Beauchesne, 1977), p. 395]이 생각하는 것처럼 명쾌하지 않다. 그것은 3년짜리 성경 해설 프로그램이 아니었다. 왜냐하면 그것은 성경에 관한 교리 교육 이상을 포함하고 있었고, 그 기간이 다양했던 것으로 보이기 때문이다. 『사도 전승』에서처럼, 그것은 두 단계를 갖고 있었던 것으로 보인다.

네스는 그가 행동의 "젖"(성인들이 먹는 음식과 대조되는 표현—옮긴이)이라고 불렀던 기본적인 것들, 즉 "도덕에 대한 교정, 훈육을 통한 수정, 종교적 삶과 단순한 믿음의 첫 번째 요소들"로 시작한다.[196] 세례 지원자들은 "교회의 교훈에 순종하는 것"이 무엇을 의미하는지 배워야 할 필요가 있었다.[197] 오리게네스는 여기에 무엇이 수반되었는지에 대해 상세하게 말하지 않는다. 그러나 이교도 철학자 켈수스의 비판에 응답하는 과정에서 그는 한 가지 흥미로운 예를 제공했다.

180년대에 활동했던 켈수스는 그리스도인들이 "오래된 물건"을 팔고 있다고, 즉 오래전에 플라톤이 우아하게 진술했던 철학을 "저속한 말로" 가르치면서 되풀이하고 있다고 비난했다. 그에 대한 증거로 켈수스는 "너희를 모욕하는 이에게 맞서서는 안 된다.…만약 어떤 이가 너희의 뺨을 치면, 너희는 다른 쪽 뺨도 내주어야 한다"라는 그리스도인들의 "계율"을 지적했다.[198] 그에게 대응하면서 오리게네스는 그것이 실제로 그리스도인들이 가르치는 것이라거나 그런 기독교적 가르침이 플라톤이 가르쳤던 것과 유사하다는 주장에 대해 논박하지 않았다. 대신 그는 대화의 주제를 요리 쪽으로 옮겼다. 그는 철학자들이 건강에 좋은 음식을 만들었음을 인정했다. 하지만 그들은 그것을 오직 소수의 사람들, 즉 "소위 보다 나은 계급"을 구성하는 소수의 "부유하고 사치스러운 사람들"에게만 호소하는 흥미롭고 세련된 방식으로 만들었다. 대조적으로 그리스도인들은 건강에 좋은 음식을 단순하게, 즉 "농가의 빈곤 속에서" 성장한 "수많은 사람들"의 건강에 유익을 주는 방식으로 만들었다. 그리스도인들은 철학자들과 달리 "다수를 위해" 요리를 했고 "다수의 사람이 이해할 수 있는 문학적 스타일을 사용한

---

196 Origen, *Hom. Judic.* [*Judges*] 5.6, trans. E. A. D. Lauro, FC 119 (2009), p. 82.
197 Origen, *Hom. Jos.* 4.1 (Bruce, p. 51).
198 Origen, *Cels.* 7.58 (Chadwick, p. 443).

건강에 아주 좋은 음식"을 준비했다.¹⁹⁹ 오리게네스는 예수님과 플라톤 모두가 복수하지 않는 것에 관해 말했으나 예수님은 그것을 서로 유사하지 않은 많은 사람, 즉 교회를 구성하는 다양한 종류의 사람을 움직이는 방식으로 단순하고 포괄적으로 말씀하셨다고 주장했다. 또한 오리게네스는 실제 삶이 스타일보다 더 중요하다고 덧붙였다. "오래 참음에 관한 생각은 빈약한 문학적 스타일 때문에 손상되지 않는다."²⁰⁰ 오리게네스의 경험에서 비폭력은 교리문답 교사들이 1단계의 출발점에서 가르쳤던 "젖", 즉 도덕, 훈련, 계율 중 일부였다.²⁰¹ 그러나 오리게네스는 그들이 어떻게 후보자들을 훈련시켜서 이런 비폭력적 삶을 반사적으로, 즉 아비투스로 삼아 살게 했는지에 관해서는 말하지 않았다.

1단계에는 또한 성경의 내러티브라는 "젖"이 포함되었다. 세례 지원자들은 매일 아마도 아침에 일하러 가기 전에 함께 모여 오리게네스가 하는 설교를 들었다. 그때 그는 그 사람들에게 구약성경의 오경과 예언서들을 소개했다.²⁰² 어떤 이가 성경 한 구절을 읽으면 오리게네스가 그것에 대해 길게 설명했다. 그가 준비 없이 즉석에서 하는 강화(속기사에 의해 기록되었다)는 보통 한 시간 정도 계속되었다. 자신의 청중 중 많은 이들이 글을 배우지 못한 문맹이라는 것을 알았던 그는 단순하게 말했다. 하지만 그는 보다 깊은 의미들에 대해서도 언급했으며, 자기와 함께 그것들을 탐색하도록 청중들을 초청했다. 오리게네스는 자신이 어느 구절의 의미를 이해하지 못했을

---

199 Origen, *Cels*. 7.59-60 (Chadwick, pp. 444-445).
200 Origen, *Cels*. 7.61 (Chadwick, p. 446).
201 오리게네스는 그의 설교에서 빈곤에 대해 키프리아누스가 했던 것보다 덜 방대하게 말했다. 그 문제에 대해 설명할 때, 그는 늘 그것을 영적인 문제로 만들어 설명했다. Adele Monaci Castagno, "Origen the Scholar and Pastor", in *Preacher and Audience: Studies in Early Christian and Byzantine Homiletics*, ed. Mary B. Cunningham and Pauline Allen (Leiden: Brill, 1998), pp. 79-80를 보라.
202 Origen, *Hom. Jos*. 4.1.

때, 그 사실을 솔직하게 인정했다. 자신이 동의하지 않는 무언가를 발견했을 때, 그는 세례 지원자들에게 자신의 갈등에 관해 말했다. 가이사랴에 있던 교회는 세례 지원자들에게 성경 공부를 창세기로부터 시작하도록 요청했던 것으로 보이지만,[203] 그것 외에 구약성경의 내러티브 전체를 다루는 어떤 질서 있는 체계는 갖고 있지 않았다. 안정되지 않은 성경 읽기 순서가 있었을 수는 있다. 가이사랴와 예루살렘의 주교들은 오리게네스의 가르침을 면밀하게 확인했고 그가 가르쳐야 할 것에 관해 제안했다. 언젠가 오리게네스는 자신이 그들이 요구했던 주제를 다루고 있다고 보고했다.[204]

오리게네스는 구약성경의 책들을 연속적으로 다루지 않았다. 그는 예레미야서에 관한 설교를 마친 후 민수기서로 돌아갔다.[205] 그는 구약성경에 관해 설교하는 동안 주저하지 않고 신약성경 구절들을 인용했다. 예컨대, 그는 레위기서에 관해 설교하다가 "율법 조문은 죽이는 것이요"(고후 3:6)라는 바울의 언명에 대해 언급하는데, 그는 그 구절을 레위기서뿐 아니라 복음서 이야기에 실려 있는 구절에도 적용될 수 있다고 보았다. 그는 "검 없는 자는 겉옷을 팔아 살지어다"(눅 22:36)라는 예수님의 말씀에 대해 언급한 후 이렇게 해설했다. "보라, 이것은 복음서의 율법 조문이다. 하지만 '그것은 죽이는 것이다.'" 이어서 그는 "만약 여러분이 그것을 영적으로 다룬다면" 소망이 있다고 덧붙여 말했다.[206] 그러므로 오리게네스는 계속해서 그의 세례 지원자들에게 앞을 가리킨다. 단지 더 많은 "젖"이 아니라, 그들이 그들의 "감

---

[203] 오리게네스에게 명백한 빚을 지고 있던 상부 이집트 옥시린쿠스에 있던 한 교회는 1단계(초급) 세례 지원자들을 "창세기의 세례 지원자들" 혹은 복음의 시작 단계에 있는 세례 지원자들"이라고 불렀다(Luijendijk, *Greetings in the Lord*, pp. 86, 118). 새로 받아들여진 세례 지원자들이 세례 지원자들 전체가 서로 다른 훈련 단계에 있는 상태에서 창세기에 어떻게 집중할 수 있었는지는 분명하지 않다.
[204] Origen, *Hom. Ezech.* 13.1.1-2.
[205] Origen, *Hom. Jer.* 12.3.1.
[206] Origen, *Hom. Lev.* 7.5.5, trans. G. W. Barkley, FC 83 (1990), pp. 146-147.

각"을 발휘해 "하나님의 말씀에 대한 [보다 깊은] 이해"를 얻게 될 새로운 단계를 말이다.[207]

얼마간 시간이 흐른 후 후보자들은 2단계로 들어갔다. 그런 일은 두 번째 심사에서 그들을 조사했던 이들이 그들이 "온 힘을 다해 더 나은 삶을 살고자" 애쓰고 있다고 판단할 경우에 일어났다.[208] 이 시점에서 교리문답 교사들은 후보자들에게 딱딱한 음식을 제공하기 시작했다. 왜냐하면 그들은 그 후보자들이 세례를 받도록 준비시키고 있었기 때문이다.[209] 오리게네스는 세례 지원자들에게 기도를 요구했다. 그것은 그들이 "나와 함께 노력함으로써 이 모호하고 신비로운 구절들에서 주님이 우리에게 진리의 빛을 비춰주시게" 하기 위함이었다.[210] 매일 설교를 듣는 것 외에도 후보자들은 이제 일요일 성찬 예배 때 이루어지는 '말씀의 예배'에 참석할 수 있었다. 거기서 그들은 복음서에 근거한 설교들을 들었다.[211] 누가복음을 본문으로 삼았던 오리게네스의 설교들은 지금까지 살아남아 있다. 그 설교들에서 그는 특별히 세례 지원자들에게 움츠러들거나 두려워하지 말면서 예수님을 따르라고 호소했다.[212] 그는 그들에게 "선한 삶을 사는 데 시간을 씀으로써" 세례를 준비하라고 촉구했다.[213] 세례자 요한처럼 그는 그들에게, 즉 "남자들, 여자들, 세례 지원자들"에게 "독사의 자식들"이 되지 말고 그들의 옛 "버릇과 습관"을 버리라고 촉구했다.[214]

---

207 Origen, *Hom. Gen.* 14.4, trans. R. E. Heine, FC 71 (1982), p. 201.
208 Origen, *Cels.* 3.59 (Chadwick, p. 163). 옥시린쿠스에서 2단계에 속한 세례 지원자들은 "회중 안에 있는 세례 지원자들"이라고 불렸다(Luijendijk, *Greetings in the Lord*, pp. 115, 118).
209 오리게네스는 "소수"를 위한 작은 규모의 교리문답 그룹을 운영하고 있었을 수도 있다. 거기서 그는 "보다 지적인 사람들의…합리적인 경건"을 개발했다[*Cels.* 7.46 (Chadwick, p. 434)].
210 Origen, *Hom. Jos.* 20.4 (Bruce, p. 180).
211 Origen, *Hom. Luc.* 7.7; 22.6; 32.6.
212 Origen, *Hom. Luc.* 7.8.
213 Origen, *Hom. Luc.* 21.5, 7, trans. J. T. Lienhard, FC 94 (1996), pp. 90-91.
214 Origen, *Hom. Luc.* 22.5-6, 8 (Lienhard, pp. 94-95).

오리게네스가 특별히 마음에 두었던 것은 무엇일까? 그는 자신의 청중이 "그들의 습관을 개선하고, 충동을 바로잡고, 잘못된 일들에서 벗어나고, 순결을 도야하고, 분노의 폭력을 누그러뜨리고, 허욕을 제어하고, 탐욕을 억제하기" 바란다고 말했다.[215] 그는 언제 이런 것들에 대해 실제적인 방식으로 말하고, 그와 다른 교리문답 교사들이 세례 준비자들의 행동을 고치기 위해 시도했던 방법들을 지적했을까? 그는 설교를 통해서는 그런 일을 거의 하지 않았다. 세례 지원자들이 계속해서 참석했던 평일 설교에서 오리게네스는 청중이 예수님의 가르침에 귀를 기울이게 하려고 애썼는데, 그것은 그들을 싸움에, 특별히 영적 대적들에 맞서는 싸움에 맞서도록 준비시키기 위함이었다.[216] 또 그는 세례 지원자들에게 예수님의 가르침에 비추어 볼 때 과연 그들이 맹세를 해야 하는지 말아야 하는지에 대해서도 생각해 보라고 촉구했다.[217] 그는 그들에게 암기한 성경을 사용해 기도하는 아비투스를 개발하도록 촉구다. 만약 세례 지원자들이 핵심적인 성경 구절들을 암기하는 일에서 "끈기 있게 인내한다면", 악한 세력은 "성경의 주문에 의해, 그리고 신적 담화의 계속적인 반복을 통해 쫓겨날" 것이다.[218]

오리게네스는 그의 세례 지원자들과 씨름했다. 그는 그들 중 어떤 이들이 아침에 이루어지는 교리문답 교육에 불참한다는 것을 알고 있었다.[219] 다른 이들은 참석하기는 했으나, 함께 성경 본문을 읽고 비교하고 탐구하지 않으면서 그릇된 행위를 했다.[220] 오리게네스의 처신(그의 카리스마)은 폰투스

---

215 Origen, *Hom. Jos.* 10.3 (Bruce, p. 112).
216 Origen, *Hom. Lev.* 5.5.5.
217 Origen, *Hom. Jer.* 5.12.1.
218 Origen, *Hom. Jos.* 20.1 (Bruce, p. 176). 오리게네스는 예루살렘에서 퇴마를 행할 때, *Hom. Sam.* 1.10에서처럼, 성경의 주문을 외우며 기도하는 방식을 사용했다(5장의 논의를 보라).
219 Origen, *Hom. Gen.* 10.3.
220 Origen, *Hom. Exod.* 12.2.

의 그레고리우스에게 영감을 주고 그의 삶을 변화시켰으나, 그릇된 행동을 하는 가이사랴의 어떤 이들에게는 별 효과가 없었다.[221] 오리게네스는 그것으로 인해 근심했다. 그는 그들에게 그들의 행위가 심각하다는 것을 상기시켰다. 그들의 행위야말로 외부인들, 즉 그리스인들, 철학자들, "평범한 사람들"이 예수님을 따를 것인지 반대할 것인지를 결정하는 기초가 될 것이기 때문이었다. 그들은 과연 자신들의 삶이 예수님을 향한 문을 열고 있는지 아니면 사람들이 예수님을 부정적으로 평가하고 기독교에 등을 돌리게 하고 있는지를 스스로에게 물어야 했다.[222]

어느 시점에 세례 지원자들은 세례를 위한 평가를 받았다. 가이사랴에서는 『사도 전승』에서처럼 학습 과정이 끝나는 시점이 분명하게 정해져 있지 않았다. 그것은 개인에 따라 달랐다. 오리게네스는 어떤 이들이 "함부로 그리고 신중한 고려 없이" 세례를 받으려 하는 것을 우려했다.[223] 반면에 다른 이들은 꾸물거림으로써 그를 괴롭혔다.[224] 그는 "자신들의 습관을 교정하거나 바꾸려 하지" 않는 모든 이들에 대해 걱정했다.[225] 그는 그들에게 그들 앞에 놓여 있는 "큰 잔치"에 대한 갈망을 지니도록 요청했다.[226] 당시의 관례에 따르면 그는 세례와 성찬에 대해 오직 모호하게만 말할 수 있었다. 그는 이렇게 말했다. "이런 것들을 알도록 허락된 이들에게 알려진 그 유서 깊고 멋진 성례들."[227] 그러나 후보자들이 교회 지도자들에게 자신들의 아비투스가

---

221 Gregory Thaumaturgus, *Orat. paneg.* 9; Robert L. Wilken, "Alexandria: A School of Training in Virtue", in *Schools of Thought in the Christian Tradition*, ed. Patrick Henry (Philadelphia: Fortress, 1984), pp. 24-25.
222 Origen, *Hom. Jer.* 14.8, trans. J. C. Smith, FC 97 (1998), p. 143.
223 Origen, *Hom. Luc.* 21.4 (Lienhard, p. 90).
224 Origen, *Hom. Jos.* 9.9.
225 Origen, *Hom. Jos.* 10.3 (Bruce, p. 112).
226 Origen, *Hom. Gen.* 14.4 (Heine, pp. 201-202).
227 Origen, *Hom. Jos.* 4.1 (Bruce, p. 53).

변화되었고, 그들이 이전의 버릇과 습관을 버렸음을 확신시켜 주면, 그때야 말로 그들이 세례를 받기에 적절한 때가 된다. 세례 때 사람들은 광야를 떠났고 그들이 "약속의 땅으로 들어간" 지점인 "요단강이 갈라졌다."[228] 그 후에 오리게네스는 그들에게 예수님이 그들을 받으실 것이고 그들을 위해 "새로운 길의 지도자"가 되실 것이라고 약속했다.[229] 호교론적 태도를 취하면서 오리게네스는 자신의 독자들에게 그리스도인들의 입문 방법이 "단지 한두 사람이 아니라 아주 많은 사람들"을 변화시키고, 향상시키고, "선함"을 추구하게 한다고 주장했다.[230] 오리게네스는 이런 일이 어떻게 일어났는지에 대해서는 모호한 태도를 보였으나, 그 결과에 대해서는 아주 명확하게 말했다.

학습 과정에 관한 두 가지 질문

『사도 전승』이 말하는 그리스도인이 되기 위한 3단계로 옮겨 가기 전에 우리는 학습 과정과 관련해 남아 있는 두 가지 질문을 다뤄야 한다. 첫째, 어째서 회심자들은 회심한 후 즉시 세례를 받지 않았을까? 키프리아누스와 오리게네스가 교리문답에서 제기하는 의제들은 정교하며 천천히 움직인다. 대조적으로 신약성경의 그리스도인들의 접근법은 단순하며 신속했다. 사도행전 8:38에서 에티오피아의 내시는 예수님이 구약성경 예언의 성취라고 고백한 직후에 세례를 받았다. 또한 사도행전 10:47에서 사도 베드로는 백부장 고넬료와 그의 가속이 성령의 충만함을 받은 것을 보고서 이렇게 물었다. "이 사람들이 우리와 같이 성령을 받았으니 누가 능히 물로 세례 베풂을 금

---

228 Hom. *Exod.* 5.5에서 오리게네스는 세례 자체를 (단순히 세례 지원기로 들어가는 것보다는) 홍해를 건너는 것에 비유한다.
229 Origen, *Hom. Jos.* 4.1 (Bruce, p. 53).
230 Origen, *Cels.* 4.53 (Chadwick, p. 228).

하리요?" 그들이 세례를 받기 전에 아무도 그들의 삶의 방식을 살피지 않았다. 아무도 그들에게 성경의 이야기를 가르치거나 도덕적 혹은 신학적 교리 문답을 행하지 않았다. 초기 그리스도인들은 분명히 세례 후보자들이, 그들이 유대인이든 하나님을 경외하는 자들이든 간에, 이런 것들을 이미 알고 있다고 가정했을 것이다. 게르하르트 로핑크가 말하듯이, "유대교는 원시적 교회의 학습 과정이었다."[231] 사람들은 자기들이 알지 못했던 것을 세례 후에 배울 수 있었다.

그러나 2세기에 들어와 상황이 바뀌고 있었다. 그것은 그리스도인들이 신약성경의 선례들을 잊어서가 아니었다. 사실상 그들은 계속해서 그것들에 호소했다.[232] 그러나 많은 곳에서 그리스도인들과 유대교의 관계는 느슨해지고 있었다. 시간이 흐를수록 잠재적인 그리스도인들은 유대인이나 유대교와 연관된 이교도들이 아니라 평범한 이교도들로 바뀌어 갔다. 이런 이교도들은 치유와 퇴마의 능력을 경험할 수 있었다. 그들은 그리스도인들의 모범적인 삶과 그들이 구현하는 하나님의 사랑에 의해 감화될 수 있었다. 그러나 기독교 지도자들은 그들 중 누구도 스스로 회심할 수 없다고 판단했다. 그 후보자들의 내러티브, 신학적 이해, 도덕적 반사 작용은 여전히 이교적이었다.

2세기에 다양한 시간과 장소에서 그리스도인들은 그들의 회심자들이 예수님의 가르침과 성품을 반영하는 변화를 구현해야 한다고 주장함으로써

---

231 Gerhard Lohfink, *Does God Need the Church? Toward a Theology of the People of God*, trans. Linda M. Maloney (Collegeville, MN: Liturgical Press, 1999), p. 268.

232 Pontius, *Vit. Cypr.* 3 (Wallis, p. 268)가 예가 될 수 있다. 그것은 에티오피아의 내시에 대해 살피고 유대적 배경을 가진 이들과 "무지한 이교도 출신들"을 비교한다. 한 세기 반 후 북아프리카의 그리스도인들은 아우구스투스에게 세례 지원기에 이루어지는 '늦은 변화'를 포기하라고 촉구하면서 그 내시의 경우에 호소했다. 그들은 그가 후보자들에게 '신앙의 규칙'(rule of faith)을 가르치고 즉시 그들에게 세례를 베풀어야 한다고 했다. 아우구스투스는 그런 주장에 흔들리지 않았다(Augustine, *Faith and Works* 1.1; 9.14).

회심의 속도를 늦추기로 결정했다. 그들이 그런 주장을 한 이유는 부분적으로는 그들이 예배하는 예수님이 하신 말씀 때문이기도 했으나, 또한 부분적으로는 사람들의 구체적인 변화야말로 그리스도인들의 증언에서 무엇보다도 중요하다는 것을 알았기 때문이다. 만약 사람들이 그리스도인처럼 말하되 이교도처럼 행동한다면, 이교도들은 그리스도인이 되지 않을 것이고, 교회는 기독교적인 것으로 남아 있지 않게 될 것이다. 그러므로 기독교 지도자들은 점차적으로 지금 우리가 이 장에서 살피고 있는 회심에 대한 접근법을 개발했다. 그들은 회심에는 다양한 차원이 있다고 확신했다. 그들의 관점으로 보면, 회심은 단지 신적 능력에 대한 경험에 불과한 것이 아니다. 그것은 단지 감정에 불과한 것이 아니다. 그것은 단지 생각의 변화에 불과한 것이 아니다. 오히려 회심은 그 모든 것을 포함할 수 있으나 그럼에도 또한 여전히 두 가지 다른 것을 포함하고 있는 어떤 과정이다. 그 둘은 교리 교육을 통해 초래되는 회심으로 인한 구체적인 변화(아비투스의 변화)와, 후보자들이 예수님은 주님이시라고 선언하고 자신들을 우선적으로 기독교 가족과 동일시하고("나는 그리스도인이다") 스스로 기독교적 방식으로 살아가기로 결심하는 육체적 의식(세례)이다.[233] 2세기에서 4세기 사이에 그리스도인들은 회심에 대한 이런 이해를 후보자들을 참된 그리스도인으로 만드는 형성 프로그램과 결합시켰다. 그 과정은 급하지 않았다. 그것은 기독교 공동체 안에 있는 두 집단(신자들과 세례 지원자들) 모두에게 교회가 교리 교육을 통해 가르쳤던 소망 어린 인내심을 발휘하도록 요구했다.

학습 과정에 관한 두 번째 질문은 그 기간이 실제로 얼마나 걸렸는가 하는 것이다. 교리 교육의 문제를 다루는 초기의 본문들은 학습의 기간을 규

---

[233] 그러므로 초기 그리스도인들의 입장에서는 312년에 있었던 콘스탄티누스의 경험을 '회심'이라고 말하는 것이 불가능했을 것이다.

정하지 않는다. 그러나 『사도 전승』은 그렇게 한다. "세례 지원자들이 3년간 말씀을 듣게 하라."[234] 이것은 3년간의 학습 과정을 엄격하게 지정하는 것이 아니었다.[235] 만약 후보자가 "그 일에서 진지하게 인내한다면" 그 기간은 3년보다 짧아질 수 있었다. 반면에, 만약 후보자가 수용적이지 않다면, 그 기간은 더 길어질 수도 있었다. "시간은 판단의 대상이 아니다. 판단의 대상이 되는 것은 오직 성품[tropos]뿐이다."[236] 그렇다면 학습 과정은 얼마나 계속되었을까? 후보자의 성품이 형성되고, 그들의 아비투스가 변화되고, 그들이 정교회 신학자 비겐 구로얀(Vigen Guroian)이 "강렬한 존재론적 수리"(deep ontological repair)라고 부르는 것을 경험할 때까지였다.[237] 그것은 인내심을 확대하는 과정이었다. 교리문답 교사들은 사람들을 조작하거나 다그치지 않았다. 그리고 세례 지원자들은 자기들이 통제할 수 없는 그 과정에서 특정되지 않은 기간 동안 적극적으로 협력했다.[238]

교리문답 교사들과 학생들이 씨름했던 문제들의 중대성을 고려한다면, 3년은 결코 긴 기간이 아니었다.[239] 교리문답 교사들과 세례 지원자들이 다뤄야 했던 가르침과 성품 형성의 문제들에 대해서는 그저 간단하게 말이

---

[234] *Trad. ap.* 17.1 (BJP, p. 96).
[235] 참고. P. Nautin, *Origène*, pp. 395, 401.
[236] *Trad. ap.* 17.2 (BJP, p. 96).
[237] Vigen Guroian, *The Melody of Faith: Theology in an Orthodox Key* (Grand Rapids: Eerdmans, 2010), p. 50.
[238] Robin Lane Fox, *Pagans and Christians* (San Francisco: Harper & Row, 1986), p. 317: "사람들은 자기들이 깊은 신비를 한 걸음 한 걸음 탐험하고 있다고 느꼈다."
[239] Maxwell E. Johnson [*The Rites of Christian Initiation*, rev. ed. (Collegeville, MN: Liturgical Press, 2007), pp. 118-119]은 엘비라의 교회법에서 발견한 상대적으로 긴 학습 과정에 관한 예들(2, 3, 5년)을 제시하지만 "니케아 이전의 교회들이 3년 기간의 일반적인 학습 과정에 대해 알고 있었다"는 개념에 대해서는 조심스러움을 드러낸다. 나는 일반적인 3년짜리 학습 과정은 존재하지 않았다는 데 동의한다. 그러나 교리문답 교사들은 세례 준비자들의 아비투스를 형성하고 그들의 성품을 바꾸는 커다란 도전과 마주했다. 그런 까닭에 나는 3년짜리 (혹은 그보다 긴) 학습 과정을 갖는 것이 불가능하지는 않았을 듯하다고 본다.

나 하려 해도 상당한 시간이 걸렸을 것이 분명하다. 그러니 그런 것들이 삶이 되기 위해서는, 즉 그것들이 이제 막 그리스도인이 되어 가고 있던 도제들의 아비투스 안에서 습관이 되고, 제2의 천성이 되고, 구현되기 위해서는 훨씬 더 많은 시간이 걸렸을 것이다. 키프리아누스의 경우에서처럼, 세례 지원자들이 자기들 안에 깊이 새겨진 반사적 반응에 도전하는 변화와 마주했을 때, 아마도 그들은 자기들이 이제 더는 자신을 바꿀 수 없다고 느끼는 순간을 경험했을 것이다! 그들 중 어떤 이들—아마도 터무니없이 비싼 음식을 폭식하고 "자신의 죄에 탐닉했던" 키프리아누스 같은—은 발작적으로 상습적인 비행에 빠져들었을 수도 있다![240] 세례 지원자들은 수업이 자기들에게 지나치게 깊이 도전한다고 느낄 때 그냥 집에 머물고자 하는 유혹을 받았다.[241] 의심할 바 없이 어떤 이들은 이전 상태로 돌아가고 싶어 했다.[242] 그런 까닭에 교리문답 교사들과 후원자들의 역할이 아주 중요했다. 오늘날 12단계 프로그램['익명의 알코올 중독자들'(Alcoholics Anonymous, AA) 모임에서 술을 끊도록 돕기 위해 마련한 프로그램—옮긴이]에서 후원자들이 하는 역할과 유사하게, 그들은 아비투스의 변화가 이루어지는 불안정한 과정 전체를 통해 후보자들을 돌보았다. 타당한 이유로 현대의 어느 신학자는 세례 지원자 그룹을 "회복 그룹"이라고 부른다.[243] 또 다른 이는 인간의 반사 작용을 변화시키는 군사 훈련을 참고하면서 그것을 "신병 훈련소"라고 부른다.[244] 4세기 말

---

240 Cyprian, *Don.* 4 (Wallis, p. 269).
241 *Trad. ap.* 41.2-3는 세례 지원자들이 수업에 참가할 것인지 집에 머물 것인지 아니면 늦을 것인지 '선택해야' 했다는 것을 분명하게 밝힌다.
242 세례에 매료되었던 이들에 대한 「헤르마스의 목자」(Shepherd of Hermas)의 이른 언급을 참고하라. "참된 순결의 삶에 무엇이 수반되는지 떠올릴 때, 그들은 마음을 바꾸고 돌아서서 자신들의 악한 욕망을 추구한다"(Vision 3.7.3 [Ehrman, p. 211]).
243 Lee Camp, *Mere Discipleship: Radical Christianity in a Rebellious World* (Grand Rapids: Brazos, 2003), p. 114.
244 Philip Kenneson, "Gathering: Worship, Imagination, and Formation", in *The Blackwell Companion to Christian Ethics*, ed. Stanley Hauerwas and Samuel Wells (Malden, MA:

에 요한네스 크리소스토무스는 학습 과정을 "레슬링 학교"라고 불렀다.²⁴⁵ 교회가 개별적인 후보자들의 아비투스가 변화되는 방식으로 성장함으로써 세상이 복음의 능력에 대한 구체적인 증거를 볼 수 있게 하려면, 훈련된 집단 안에서 다른 이들과 더불어 분투하는 것이 필요했다.

3단계. 세례를 위한 준비―"복음 듣기"

지금까지 우리는 『사도 전승』이 전하는 교회의 회원이 되기 위한 4단계의 여행 중 두 번째 단계인 학습 과정에 대해 많은 설명을 했다. 우리는 그 과정이 얼마나 서두르지 않고 또한 얼마나 철저했는지 살펴보았다. 우리는 다음과 같은 이교도들의 험담을 이해할 수 있다. "설령 모두가 그리스도인이 되기를 원한다고 할지라도, 아마도 그리스도인들이 그들을 원하지 않을 것이다."²⁴⁶ 그러나 그리스도인들은 그들을 원했다. 그리고 많은 후보자들이 인내했다. 교회 지도자들은 두 번째 심사 단계에서 후보자들의 성품을 조사한 후 적합한 이들을 3단계로 받아들여 세례를 위한 마지막 준비를 하게 했다.²⁴⁷ 학습 과정 동안에 그들은 "말씀을 들었다." 이제 세례 직전 몇 주 동안 그들은 "복음을 들을" 것이다. 이 기간에는 가르침, 반복적인 퇴마, 세례 준비가 포함되었다.

복음 듣기(hearing the gospel)라는 표현은 무엇을 의미하는가? 전례학자 폴 브래드쇼의 논문 하나가 이에 대한 생각을 자극해 왔다. 브래드쇼는 세

Blackwell, 2004), p. 58.
245 John Chrysostom, *Baptismal Instructions* 9.29, trans. P. W. Harkins, ACW 31 (1963), p. 141. 오리게네스는 세례 지원자들을 "운동선수들", "종교라는 경기에" 뛰어든 자들, "싸우는", "대결하는" 자들에 비유했다[*Hom. Jer.* 27.3.7 (Smith, p. 255)].
246 Origen, *Cels.* 3.9 (Chadwick, p. 133).
247 몇몇 곳에서는 3단계("복음 듣기")에 들어간 세례 지원자들은 더 이상 '세례 지원자들'이 아니었다. 지역에 따라 그들은 이제 '선택된 자들'(*electi*, 로마), '함께 추구하는 자들'(*competentes*, 북아프리카), 혹은 '빛을 발하는 자들'(*phōtizomenoi*, 동방)로 불렸다.

가지 가능성을 제시한다.[248] 첫째, 복음 듣기는 "세례를 받았거나 세례를 받을 예정인 사람들 이외의 누군가에게 낭독되기에는…너무나 신성한 것으로 생각되었던" 예수님의 가르침과 말씀을 비로소 듣는 것을 의미할 수 있다. 둘째, 복음 듣기는 신약성경의 복음서들이 낭독되는 예배에 참석하도록 허락받는 것을 의미할 수 있다. 셋째, 복음 듣기는 그리스도인들의 핵심적 교리에 대한 설명을 듣는 것을 의미할 수 있다. 교회 지도자들은 그 설명을 학습 과정이 끝나갈 즈음에야 제시했는데, 그것은 그 이전에는 그들의 가장 큰 관심사가 세례 준비자들이 매력적으로 행동하도록 고무하는 것이었기 때문이다.

브래드쇼의 권위에도 불구하고, 이 중 첫 번째 것은 별 가능성이 없어 보인다. 복음 듣기가 세례 지원자들이 처음으로 예수님의 가르침과 말씀을 듣는 것을 의미할 수는 없었다. 왜냐하면 우리가 갖고 있는 자료들은 그런 일이 초기 기독교의 대화뿐 아니라 교리 교육의 핵심에도 있었음을 보여 주기 때문이다.[249] 분명히 교리문답 교사들은, 그동안 내가 반복해서 지적했듯이, 그리스도인들의 행동이야말로 기독교적 증언의 핵심이라고 강조했다. 또 그들은 자신들이 속해 있는 이교적 환경과 구별되는 공동체를 세우려고 했다. 하지만 그것은 그들이 '예수님 자신의 말씀'을 오직 세례받은 자들에게만 국한시켰음을 의미하지 않는다. 실제로 교리문답 교사들은 예수님의 가르침이 다른 그 무엇보다도 세례 지원자들의 행동을 변화시킬 수 있고

---

[248] Paul F. Bradshaw, "The Gospel and the Catechumenate in the Third Century", *JTS* 2/49, no. 1 (1998): pp. 143-152, 특히 pp. 150-152. Reprinted in his *Reconstructing Early Christian Worship* (Collegeville, MN: Liturgical Press, 2010), chap. 4.
[249] 예컨대, 2 Clem. 13.4, trans. C. C. Richardson, LCC 1 (1953), p. 198를 보라: "이방인들이 우리의 입술을 통해 하나님의 신탁을 들을 때, 그들은 그 신탁의 아름다움과 위대함에 놀란다.…예컨대, 그들이 우리를 통해 하나님이 "원수들과 너희를 미워하는 자들을 사랑하라"고 말씀하시는 것을 들을 때…그들은 그런 뛰어난 선하심에 놀란다."

또한 그렇게 고무한다고 확신했다.

교리문답 교사들은 예수님의 가르침이 그저 윤리적이기만 한 것이 아니라 그 자체가 복음인 하나님의 성품과 사역에 대한 긍정에 깊이 뿌리를 내리고 있다는 것을 알았다. 예컨대, "퀴리누스에게"에서 키프리아누스는 북아프리카의 세례 지원자들에게 "우리는 우리의 적들조차 사랑해야 한다"라고 말한다. 이것은 '윤리'였다. 그러나 그것을 구체화하기 위해 키프리아누스는 세례 지원자들에게, 그것을 지지하는 암기용 본문으로, 사람들이 그들의 적들을 사랑한다면 그들은 의로운 자와 불의한 자 모두에게 비를 내리시는 하나님의 포괄적인 사랑에 참여하는 "하늘에 계신 너희 아버지의 자녀"가 될 것이라고 말씀하는 마태복음 5:44-45을 제시했다. 이것은 '복음'이었다. 키프리아누스에게 윤리는 복음에 뿌리를 두고 있었다.

교리문답 교사들이 예수님의 가르침을 회피하는 일은 없었다. 그런 일은 4세기 말에 나타난 적이 있었는데, 그때 밀라노의 주교 암브로시우스 같은 교리문답 교사들은 그들의 윤리적인 교리 교육의 근거를 예수님의 교훈이 아니라 구약성경, 즉 "족장들의 삶과 잠언의 교훈들"에 두었다.[250] 행동에 관한 암브로시우스의 설교들은 그 근거를 예수님과 신약성경의 인물들이 아니라 아브라함, 요셉, 이삭, 야곱 같은 인물들에 두었다.[251] 암브로시우스가 이런 접근법을 택한 것은 당시 아리우스파 이단들이 그리스도를 모범으로 호소하고 있다는 것을 그가 날카롭게 인식하고 있었기 때문이다.[252] 그런 우려는 니케아 이전의 그리스도인들이 예수님의 가르침을 핵심적인 것으로

---

250 Ambrose, *The Mysteries* 1.1, trans. R. J. Deferrari, FC 44 (1963), p. 5. 보다 이른 시기의 라틴 전통에 대해서는 Tertullian, *Pat.* 3.11를 참고하라. 그리고 그리스 전통에 대해서는 Clement, *Strom.* 7.12.80를 참고하라: "그리스도인은 주님의 가르침을 말하고 행하면서 기쁨으로 가득 차 있다"[trans. H. Chadwick and J. E. L. Oulton, LCC 2 (1954): p. 144].
251 Ferguson, "Catechesis and Initiation", pp. 248-252.
252 Robert L. Wilken, *Remembering the Christian Past* (Grand Rapids: Eerdmans, 1995), p. 127.

만드는 것을 방해하지 않았다.

브래드쇼의 제안 중 두 번째 것은 가능하다. 몇몇 지역의 전승에 따르면, 복음서에 대한 전례적 읽기는 엄격하게 제한될 수 있었다. 그 결과, 몇몇 지역에서는 세례 직전에야 후보자들이 복음서가 낭독되는 회중 집회에 들어가도록 허락되었다. 예컨대, 시리아의 가이사랴에서는 매주 일요일 오리게네스가 고급반 세례 지원자들은 포함하되 아마도 초급 세례 지원자들은 포함하지 않았던 회중에게 설교하기 직전에 누가복음이 낭독되었다.[253]

복음 듣기와 관련해 제안된 세 번째 의미가 가능성이 가장 크다. 3세기에는 많은 지역 공동체들이 그들의 공통의 믿음을 간결하게 진술하는 '신앙의 규칙들'(rules of faith)을 갖고 있었다. 북아프리카에서 테르툴리아누스는 "[세례 때] 우리는 기독교 신앙을 그것의 규칙의 언어로 고백한다"라고 보고했다.[254] 다른 공동체들 역시 유사한 신앙의 규칙들을 갖고 있었다. 세례 이전 기간은 교회의 지도자들과 교리문답 교사들이 후보자들에게 이 규칙을 전하는 시기였고, 의심할 바 없이 후보자들은 그것을 암기했을 것이다. 교회 지도자들은 그 규칙을 자기들이 택한 방식으로 제시하고 통제했다. 그들은 교회 회원들이 외부인들과 기독교 교리에 관해 자유분방한 토론을 벌이는 것을 원치 않았다. 이것은 시리아 교회의 "사도들의 가르침"에서 당대의 한 주교가 그의 교회의 지원을 받던 과부들이 교회에 흥미를 느낀 외부인들과 자유롭게 이야기를 나눴을 때 분노했던 이유를 설명해 준다. 외부인들이 아무리 흥미를 느끼더라도, 과부들은 그들과 더불어 "그리스도의

---

253 Origen, *Hom. Luc.* 7.7; 22.6; 32.6; Charles Whitaker, "Baptism", in *Essays on Hippolytus*, ed. Paul Bradshaw, Grove Liturgical Study 15 (Bramcote, Notts: Grove Books, 1978), p. 53; Joseph T. Lienhard, ed., *Origen: Homilies on Luke; Fragments on Luke*, FC 94 (Washington, DC: Catholic University of America Press, 1996), p. xix.

254 Tertullian, *Spect.* 4, trans. S. Thelwall, *ANF* 3:81.

성육신과 고통…그리고 그분의 수난을 통한 구속"에 관해 이야기를 나눌 권리를 갖고 있지 않았다. 과부들은 신학자가 아니었다. 그들은 질서를 깨뜨리고 있었다. 탐구자들에게 선행되어야 할 것은 행동의 재습관화였다. 그들은 그런 후에야 비로소 교리를 배울 수 있었다. 만약 외부인들이 참으로 교리에 흥미를 느꼈다면, 과부들은 그들을 교회 지도자들에게 인도해야 했다. 그러면 지도자들은 그들을 세례 지원자로 삼아 그들이 자기들의 행동을 변화시키는 동안 그들을 안내하고 적절하게 가르칠 것이다![255]

테르툴리아누스에 따르면, 북아프리카에서 주교들은 후보자들이 적절한 때에 신학에 대해 논하는 것을 허락했다. 그 적절한 때란 세례를 받기 몇 주 전이었다. 교리 교육의 초기 단계에서 후보자들은 행동과 아비투스의 변화에 집중했다. 그러나 이제는 "언제나 신자들의 대다수를 구성했던… 단순한 자들"조차 신학적으로 복잡한 문제들을 탐구할 수 있었다. 한 예로, 테르툴리아누스는 후보자들이 하나님의 본성에 관해 토론했던 어느 수업에 대해 언급한다. 그 공동체의 신앙의 규칙은 물론이고 그 안에서 벌어지는 논쟁들은 사람들을 복수의 신들로부터 참된 유일신 하나님께로 이끌었다. 그러나 이제 교리 교육을 통해 사람들은 기독교의 하나님이 하나의 '경륜'(oikonomia), 즉 한 분 안에 계신 세 분이라는 것을 알게 되었다. 테르툴리아누스는 이것이 그들을 "놀라게 했고" 활발한 의견 교환으로 이어졌다고 넌지시 암시한다.[256] 어떤 이들은 이런 식의 대화가 얼마나 자주 발생했을지 궁금해할 수 있다. 어쨌거나 3세기에 교리는 세례 이전의 교리 교육의 마지막 단계에서 이미 중요한 역할을 했다. 4세기에 들어와 많은 곳에서 독특한 기독교적 행동에 대한 관심이 증발했을 때, 교리 교육의 압도적인 관심사가

---

[255] *Did. apost.* 3.5.5; 3.6.1; 3.5.3 (Stewart-Sykes, pp. 184-185).
[256] Tertullian, *Against Praxeas* 3.1, trans. P. Holmes, *ANF* 3:598-599.

된 것은 교리적 정확성이었다.

후보자들이 세례받을 때가 가까워지면 교리문답 교사들은 물러나고 퇴마사들이 그들의 자리를 대신했다. 『사도 전승』에 따르면, 퇴마사들은 매일 후보자들에게 안수했다. "그리스도인들이 자기들이 무엇으로부터 등을 돌렸는지에 대해 말하는 것은 자기들이 무엇을 향해 돌아섰는지에 대해 말하는 것만큼이나 중요했다."[257] 세례받는 날이 오면, 주교는 각각의 후보자들이 거룩하고 선하고 순수한지를 알기 위해 직접 그들에게 퇴마 의식을 행했다. 이것이 세 번째 심사였고, 그것은 결정적이었다. 만약 주교가 어느 후보자가 "만족할 만하지 않다"(깨끗하지 않거나 옳게 살고 있지 않다)고 여긴다면, 그는 사실상 "말씀을 충실하게 듣지" 않았기에, 즉 교리 교육이 그 사람을 장악하지 못했고 그의 행동이 변화되지 않았기에, 그는 세례를 받을 수 없었다.[258] "순결한" 다른 후보자들은 세례를 받을 수 있었다. 복음을 듣는 몇 주 동안 때때로 퇴마는 일상적인 것이 되었을 수도 있다. 그럼에도 그것은 중요했다. 참가자들의 마음속에서 세례 직전의 몇 주는 그리스도가 그 후보자의 삶 속에 들어가 있는 "낯선 자"를 정복하고, 그에게서 지배적인 문화의 "독을 빼내시는" 지속적인 해방과 깨끗함을 얻는 시간이었다.[259]

4단계. 세례 – "새 노래를 부름"

세례 전날, 금식한 후보자들이 주교의 지시를 따라 한데 모인다. 그들은 주

---

257 Margaret R. Miles, *Carnal Knowing: Female Nakedness and Religious Meaning in the Christian West* (Boston: Beacon Press, 1989), p. 44.
258 *Trad. ap.* 20.3-4; Henry Ansgar Kelly, *The Devil at Baptism: Ritual, Theology, and Drama* (Ithaca, NY: Cornell University Press, 1985), pp. 86-87.
259 *Trad. ap.* 20.4 (BJP, p. 104); Georg Kretschmar, "Das christliche Leben und die Mission in der frühen Kirche", in *Kirchengeschichte als Missionsgeschichte*, vol. 1, *Die alte Kirche*, ed. Heinzgunter Frohnes und Uwe W. Knorr (Munich: Chr. Kaiser, 1974), p. 104; William H. Willimon, *Peculiar Speech: Preaching to the Baptized* (Grand Rapids: Eerdmans, 1992), p. 59.

교의 명령을 따라 기도하고 무릎을 꿇는다. 그리고 마지막으로 주교가 그들에게 퇴마 의식을 행한다. 주교는 그들의 얼굴에 숨을 불어넣고 성호를 긋는다. 그 후에 그들은 낭독되는 성경과 권면의 말을 들으며 밤을 지새운다(Trad. ap. 20.8-9). 행사의 절정은 일요일 아침 닭이 우는 시간에 찾아온다. 후보자들은 흐르는 물가에 모인다. 의심할 바 없이 종종 그곳은 바다나 강이다.[260] 주교가 물에 복을 빈다. 그리고 이어서, 『사도 전승』이 침착하게 말하듯이, "그들이 옷을 벗는다." "고대 사회의 계급 제도가 의존하고 있던 구별시키는 표시들을 벗어버리고" 상처받기 쉬운 상태가 된 후보자들이 물속으로 내려간다.[261] 각 사람이 사탄과의 관계를 끊고 퇴마의 기름 부음을 받는다. 그 후 그들은 세 가지 신조와 관련된 질문에 답하면서 성부와 성자와 성령의 이름으로 세 차례 세례(침례)를 받는다.[262] 그들은 옛 자아에 대해 죽고, 새로 살아가는 그리스도인으로서 살아난다. 그들은 감사의 기름 부음을 받고, 옷을 입고, 교회 안으로 들어간다. 거기서 처음으로 그들은 새로운 가족과의 사랑스러운 연대를 경험한다. 그들은 의심할 바 없이 손을 들어 올린

---

260 참고. Tertullian, *Bapt*. 4.
261 Peter Brown, *The Body and Society: Men, Women and Sexual Renunciation in Early Christianity* (London: Faber & Faber, 1989), p. 49. 벌거벗고 받는 세례에서 나타날 수 있는 여자들의 정숙함에 관한 문제들에 대한 고대의 접근법에는 다음 세 가지가 포함되었다. 여자들 스스로 그 의식을 행함(반복적으로 금지됨); 옷을 입은 여자 집사들이 옷을 벗은 여자 세례 후보자들과 함께 물속으로 들어감; 여자들이 여자 집사들로부터 세례 전의 기름 부음을 받기 위해 옷을 벗기는 하나 남자들이 집례하는 세례를 받기 위해서는 가벼운 속옷을 입음. Paul F. Bradshaw, "Women and Baptism in the *Didascalia Apostolorum*," *JECS*, 20, no. 4 (2012): pp. 641-645를 보라.
262 *Trad. ap.* 21.3, 12-18. 세례의 순서는 중요하다. "스스로 말을 할 수 없는 이들을 포함해 어린 아이들이 먼저다(그들을 위해서는 부모나 다른 가족이 말을 한다); 다음은 성인 남자들이고, 마지막은 성인 여자들이다(*Trad. ap.* 21.4-5). 『사도 전승』에서 우리는 일상적으로 유아들에게 세례를 주는 공동체를 발견하지 못한다. (스스로 세례를 위한 질문에 답할 수 없는 이들을 포함해) '소자들'(little ones)에 대한 세례에 관해서는, David F. Wright, "At What Ages Were People Baptized in the Early Centuries?", StPatr 30 (1997): pp. 389-394; Everett Ferguson, *Baptism in the Early Church: History, Theology, and Liturgy in the First Five Centuries* (Grand Rapids: Eerdmans, 2009), pp. 366-379를 보라. 참고. Anthony N. S. Lane, "Did the Apostolic Church Baptise Babies? A Seismological Approach", *Tyndale Bulletin* 55, no. 1 (2004): pp. 109-130.

채 모든 이들과 함께 기도한다. 그들은 평화의 입맞춤을 교환한다. 이어서 처음으로 성찬에 참여한다. 그들은 빵과 포도주는 물론이고 우유와 꿀을 얻는다. 그들은 약속의 땅으로 들어갔다. 그리고 오리게네스가 의미심장하게 말하듯이, "새 노래를 부를" 준비를 한다![263]

이런 경험의 감정적 영향을 상상하기는 어렵지 않다. 마거릿 마일즈(Margaret Miles)는 세례가, 그 경험에 대한 신앙 공동체의 해석과 함께, 개인의 몸 안에서 "반문화적인 종교적 자아를 만들어 내는 강렬한 경험을 실현하는"—실제로 만들어 주는—방식에 관해 썼다.[264] 세례와 성찬 경험은 압도적인 것이 될 수 있었다. 에우세비우스(Eusebius)에 따르면, 황제 콘스탄티누스는 "거듭남을 통해 기독교에 입문했을 때" "하나님의 영감을 받은 능력의 발현을 보고 두려워했다."[265]

우리가 이 장에서 보았듯이, 대부분의 새 신자들에게 (비록 콘스탄티누스에게는 아니었으나) 세례와 성찬은 교리 교육의 긴 과정이 절정에 이를 때 주어졌다. 종종 몇 년간 지속되는 준비 기간 동안 세례 지원자들은 삶과 신체적 행동을 새롭게 하는 비전을 만나게 되는데, 그것은 때때로 그들이 불편해하는 행동을 하게 만들었다. 그들은 궁금했다. 과연 자신들이 사고와 반사 작용이라는 측면에서 교리문답을 통해 교육받은 것과 같은 사람이 될 수 있을까? 과연 자신들이 그리스도인들의 아비투스를 구현할 수 있을까? 세례 지원자들은 이런 문제들과 씨름하면서 자신들의 사고와 행위를 변화시키는 동안 인내를 배웠다. 그러나 교리 교육은 후보자들을 거기까지만 이끌어 갈 수 있었다.

---

263 Origen, *Hom. Exod.* 5.5 (Heine, p. 284).
264 Miles, *Carnal Knowing*, p. 24.
265 Eusebius, *Vit. Const.* 4.62.4, trans. A. Cameron and S. Hall, *Eusebius: Life of Constantine* (Oxford: Oxford University Press, 1999), p. 178.

그러므로 교회 지도자들은 후보자들이 준비가 되었다고 여길 경우 그들이 세례를 받도록 허락했다. 수년간의 인내 후에 행해지는 세례는 하나의 돌파구였다. 모험과 죽음을 표현하는 세례 의식은 결단의 대가를 요구했다. 그것은 그들이 불법적 미신(superstitio)에 빠졌다는 판단으로 인한 박해, 동료들의 눈에서 존경과 찬사가 사라지는 것, 가족 회원들과의 관계가 깨지는 것 등이었다. 그러나 또한 그 의식은 무언가를 행했다. 그것은 하나님의 일을 표현하고 시행했다. 키프리아누스는 그것에 대해 증언한다. 그는 "새로운 탄생의 물의 도움으로" 자신의 모든 죄에 대한 용서와 하나님과의 화해를 경험했다. 그는 "위로부터 불어넣어진 성령의 중재로" "새 사람"이 되었다. 흥미롭게도 키프리아누스는 이것을 교리 교육과 연결시킨다. 그가 교리 문답 교사들로부터 받은 비전을 따라 살아갈 수 있게 해 준 것은 세례였다. 그 비전은 여전히 매력적이고 도전적인 것으로 남아 있었다. 하지만 그것은 더는 도달할 수 없는 이상이 아니다. 마침내 키프리아누스는 그리스도인의 아비투스를 따라 단순하게 그리고 만족스럽게 살아갈 수 있게 되었다. "전에는 [나에게] 어려워 보였던 것이 성취의 수단을 제시하기 시작했다. [내가] 불가능하다고 여겼던 것이 성취되고 있다."[266] 훗날의 그리스도인들 역시 세례의 위대함을 강조했다. 440년대에 글을 쓰면서 교황 레오 1세(Leo I)는 그것을 "주요하고 가장 위대한 성례"라고 불렀다.[267]

초기 교회들이 성장했을 때, 교리 교육과 세례는 예배를 위한 문을 열었다. 이제 설교, 기도, 평화의 입맞춤과 성찬이, 교리 교육과 세례가 그랬던

---

[266] Cyprian, *Don.* 4-5 (Wallis, p. 276). 세례에 대한 키프리아누스의 신학은, Ferguson, *Baptism in the Early Church*, pp. 357-361를 보라.

[267] Leo I, *Ep.* 16, to Sicilian bishops; in Thomas M. Finn, *Early Christian Baptism and the Catechumenate: Italy, North Africa, and Egypt*, Message of the Fathers of the Church 6 (Collegeville, MN: Liturgical Press, 1992), p. 82.

것처럼, 그들을 하나님의 목적과 일치시키고 그리스도의 교회의 놀라운 방식들에 익숙해지게 하면서 그리스도인들의 성품을 형성했다. 하나님의 선교의 끈기 있는 발효는 예배가 없이 일어날 수가 없다. 다음 장에서 우리는 예배에 주목할 것이다.

7

예배

초기 기독교 교회는 어째서 성장했을까? 앞선 장들에서 보았듯이, 그것은 그리스도인들이 독특한 방식으로 그리고 어려운 문제들에 대해 새로운 접근법을 제시하는 방식으로 행동했기에 성장했다. 교회는 그리스도인들이 보여 준 인내가 반직관적으로 창조적이었기에 성장했다. 그러나 그리스-로마 세계에서 사람들을 그런 식으로 살도록 준비시키는 것은 쉽지 않았다. 제국 각지에서 그리스도인들은 세례 지원자들을 교회 회원으로 만들기 위한 교리 교육 프로그램들을 개발했다. 그들이 독특하게 구현해 낸 성품은 새로운 사람들을 신앙으로 이끌었다. 기독교의 교리문답식 접근법은 고대 세계에서는 달리 비길 데가 없었고 교회의 증언을 강력하게 형성했다.

그러나 기독교 공동생활에 지속적으로 힘을 불어넣었던 근원은 교리 교육이 아니라 예배였다. 그리스도인들은 매주 자신들이 예배를 통해 머리(정신)로뿐 아니라 마음(감정)으로도 하나님을 만난다고 주장했다.[1] 더 나아가 그들의 예배는 몸으로 드리는 것이었다. 예배를 통한 그들과 하나님의 만남에는 존재의 습관적이고, 반복적이고, 반사적인 방식이 된 몸짓과 의식들이 포함되었다. 이런 물리적 패턴들은 그들의 아비투스, 즉 "전승되는 존재의 방식"이 되었다.[2] 사람들은 그들의 몸에 자신들의 아비투스를 지니고 있었는데, 예배를 드리거나 다른 그리스도인들과 함께 있을 때만이 아니라 일터에서 그들의 이웃과 함께 매일의 삶을 살아갈 때도 그러했다. 예배 때 그리스도인들은 자기들이 활동적이고, 주권적이고, 예측이 가능하지 않은 하나님과 만난다고 믿었다. 놀라운 방식으로 일하시고 말씀하시는 예수 그리스도를 통해 그들에게 알려진 하나님은 인습적이지 않은 분이셨고 그들을 인습적이지 않은 존재로 만들고 계셨다. 그리스도의 말씀은 단지 그들이 예배 때 가르쳐야 하는 자료로서뿐 아니라 또한 예배 때 그들의 행위와 몸짓을 이끄는 조직적인 원리로서 작용했다. 특히 마태복음 5:23-24은 형성적이었다. "예물을 제단에 드리려다가 거기서 네 형제에게 원망들을 만한 일이 있는 것이 생각나거든 예물을 제단 앞에 두고 먼저 가서 형제와 화목하고 그후에 와서 예물을 드리라." 그리스도인들은 자신들의 예배를 통해 하나님이 자기들을 변화시키시고 자기들을 강건하게 하심으로써 변덕스러운 현실과 매일의 삶의 힘든 문제에 대처하게 하신다고 주장했다.

식사/성찬

초기 기독교 예배의 중심에는 식탁 교제가 있었다. 처음 3세기 내내 기독교 공동체들은 일주일에 한번 식사를 위해 모였다. 시간이 흐르면서 이런 공동체들은 테르툴리아누스가 "우리의 작은 잔치"라고 불렀던 초기의 모델로부

---

1 Tertullian, *Apol.* 30.4, trans. T. R. Glover, LCL 250 (1931), p. 151.
2 James K. A. Smith, *Imagining the Kingdom: How Worship Works* (Grand Rapids: Baker Academic, 2013), pp. 81, 182.

터 오리게네스가 "큰 잔치"라고 불렀던 훗날의 모델로 옮겨 갔다.³ 나는 이런 모델들을 '저녁 연회'와 '아침 예배'라고 부른다. 그 둘 모두 공동체가 빵을 먹고 포도주를 마시면서 예수님을 기억하는 것을 포함하고 있었다. 둘 다 사적인 것이었다. 두 모임 모두 종종 어느 가족에게 속해 있던, 그리고 외부인들은 배제될 수 있었던 건물에서 이루어졌다. 두 모임 모두 성경 봉독, 가르침, 기도 순서를 갖고 있었다. 각각은 형성될 필요가 있었던, 그리고 예배자들의 성품을 형성했던 독특한 아비투스를 갖고 있었다. 그러나 우리가 곧 보게 되겠지만, 이 두 모델 사이에는 중대한 차이들이 있었다.

저녁 연회

그리스-로마 문화는 연회를 중시했다. 그것은 관습적으로 두 부분으로 이루어졌다. 저녁 식사(그리스어로 *deipnon*, 라틴어로 *cena*) 후에 여흥(*symposion, symposium*) 시간이 이어졌다. 그때 사람들은 연설을 하고, 대화를 나누고, 포도주를 마셨다.⁴ 이 두 부분으로 이루어진 식사는 집안이라는 환경에서 이루어졌고, 몇 시간 동안 계속되었으며, 참석자들이 서로 얼굴을 마주 볼 수 있게 해 주었다. 우리가 갖고 있는 기독교 예배에 관한 가장 이른 서술은 고린도전서 11장에 묘사된 식사에 관한 것인데, 그때 모든 참석자들은 함께 저

---

3   Tertullian, *Apol.* 39.14 (Glover, p. 14); and Origen, *Hom. Gen.* 14.4, trans. R. E. Heine FC 71 (1982), p. 201.

4   Blake Leyerle, "Meal Customs in the Greco-Roman World", in *Passover and Easter: Origin and History to Modern Times*, ed. Paul F. Bradshaw and Lawrence A. Hoffman (Notre Dame, IN: University of Notre Dame Press, 1999), pp. 29-61. 이에 대한 언급은, Gerard Rouwhorst, "The Roots of the Early Christian Eucharist: Jewish Blessings or Hellenistic Symposia?", in *Jewish and Christian Liturgy and Worship: New Insights into Its History and Interaction*, ed. Albert Gerhards ad Clemems Leonhard (Leiden: Brill, 2007), pp. 295-307를 보라. Rouwhorst는 저녁 식사/심포지엄이 그리스인들뿐 아니라 유대인들에게도 알려져 있었으며, 기독교 공동체들이 단순히 자기들이 물려받은 모델들을 모방했던 게 아니었으며, 오히려 그것을 취해 자신들의 방식으로 변형시켰다고 지적한다.

녁을 먹었다. 그 식사 후에 14장에서 묘사된 심포지엄이 이어졌는데, 거기에는 참석자들 "각각이" 기여할 수 있었다(고전 14:26).

실제로 음식을 먹고 예수님을 기억하는 저녁 식사, 참석자들 모두가 함께 기도하고 나름의 기여를 할 수 있는 여러 음성이 들리는 심포지엄, 그리고 가정적인 환경에서 서로 얼굴을 마주하는 관계라는 특성을 지닌 바울식 모델은 150년이 지난 후에도 카르타고에 있었던 테르툴리아누스의 공동체 안에 여전히 존재하고 있었다.[5] 이런 지속성은 놀랄 일이 아니다. 두 부분으로 이루어진 식사는 고대 후기 문화 속에 깊이 자리를 잡고 있었고, 그리스도인들이 그 관습을 계속해서 행한 것은 그것이 자신들의 공동생활에 도움이 된다고 여겼기 때문이다. 시간이 흐르면서 기독교 공동체들은 그 연회를 기독교화했고 그것을 자신들만의 독특한 것으로 만들었던 아비투스를 개발했다. 테르툴리아누스에 따르면, 어느 시점에 그리스도인들은 그것에 새로운 이름을 부여했다. 그것의 특성이 사랑으로 표현되는 애찬(*agapē*)이라는 이름이었다.[6]

첫 번째 부분인 식사는 기도로 시작된다. 테르툴리아누스는 참석자들이 소비하는 음식과 음료의 양이 소박했음을 강조한다. 그것은 곤궁한 자들을 위해 음식을 남기고("하나님은 낮은 계급의 사람들을 크게 고려하신다") 또한 참석자들이 자정 기도를 위해 스스로 자리에서 일어날 수 있게 하기 위함이었

---

5 Tertullian, *Apol.* 39.16. 나는 테르툴리아누스가 "기독교 협회가 스스로 취하는 절차"를 묘사하는 이 책 39장의 첫 번째 부분이 특별한 기도가 아니라 그가 39.14-21에서 묘사하는 것과 동일한 "작은 잔치"의 심포지엄 부분을 묘사하는 것이라고 여긴다(Glover, pp. 173-183). 또한 Paul F. Bradshaw and Maxwell E. Johnson, *The Eucharistic Liturgies: Their Evolution and Interpretation* (Collegeville, MN: Liturgical Press, 2012), pp. 30-31를 보라.
6 테르툴리아누스와 처음 2세기의 다른 그리스도인들에게 '애찬'(*agapē*)이라는 단어는 성찬의 음식을 가리켰다(참고. 유 12); '성찬'(*eucharist*)이라는 단어는 성별된 빵을 의미했을 뿐 음식 전체/의식을 의미하지 않았다. Andrew McGowan, "Rethinking Agape and Eucharist in Early North African Christianity", *SL* 34 (2004): pp. 169-171.

다. 음식과 음료를 적게 소비하는 것은 또한 기독교적 단순성, 훈련, 기도와도 일치한다. 초기 그리스도인들의 전형인 테르툴리아누스는 음식의 제의적 차원에 관해 공적으로 말하지 않는다. 이 설명에서 그는 빵과 포도주에 대해 언급하지 않는다.[7]

그러나 테르툴리아누스는 두 번째 부분, 즉 저녁 식사 후의 심포지엄(symposium)에 관해서는 좀더 분명하게 설명한다. 연회 참가자들은 손을 씻고 불을 밝힌다. 이어서 각 사람(quisque)은 성경 본문뿐 아니라 자신들의 마음에서 우러나오는 대로 노래를 부르거나 말을 하면서 자유롭게 예배에 참여한다. 이것은 공동체 회원들이 간증과 예언을 하는 시간일 수도 있다. 그들이 성경을 암기하고 "계율들"을 배우고 반복할 때 그것들은 그들의 독특한 행동을 형성했을 가능성이 크다.[8] 그리스도인들은 그 심포지엄의 아비투스, 즉 그것의 세세한 내용뿐 아니라 그것의 근본적인 가치들, 다시 말해, 배우지 못하고 확신이 없는 자들에게 능력을 부여하고, 강한 자들을 소중히 여기되 그들을 제어하고, 모든 참가자들이 하나님의 임재와 공동체의 역학에 대해 민감해지게 만드는 것을 배울 필요가 있었다. 심포지엄은 신자들이 일어서서 "[하나님을] 에워싸기 위해" 힘을 모으는 기도 시간으로 마무리되지만, 실제로는 신자들이 "평화의 입맞춤"으로 그 기도를 마칠 때에야 비로소 끝이 난다.[9] 그 후에 예배자 겸 연회 참가자들은 집으로 가는데, 그때 그들은 "저녁 식사를 했다기보다는 훈련을 받았다"는 느낌을 받았다.[10]

이 식사에는 누가 참여했을까? 분명히 그 공동체의 세례받은 회원들이었을 것이다. 확신하기는 어렵지만, 세례 지원자들과 그 공동체 회원들의

---

7 Tertullian, *Apol.* 39.16-18 (Glover, p. 181).
8 Tertullian, *Apol.* 39.3 (Glover, p. 175).
9 Tertullian, *Apol.* 39.3-4, 17-18 (Glover, pp. 175, 181); Tertullian, *Or.* 18.
10 Tertullian, *Apol.* 39.19 (Glover, p. 181).

자녀들도 참석했을 가능성이 크다.[11] 참여자들은 그들과 상관이 없는 다른 이들, 즉 새로운 기독교 가족 안에서 형제(*Christiani*)와 자매(*Christianae*)가 된 이들을 만났다. 카르타고 그리스도인들의 일반적인 인구 통계적 특성을 감안한다면, 그 연회의 참가자 중 일부는 가난했다. 굶주린 그들은 실제 음식을 제공하는 종교 모임에 이끌렸다. 넓은 사회 안에서 무력하고 중요하지 않았던, 그리고 비기독교적인 연회에 참석할 만큼 충분한 돈이나 영향력을 가질 수 없을 많은 이들이 참석했다. 이 기독교 연회에서 그들은 가치 있는 사람들이었다. 그들은 먹을 수 있었을 뿐 아니라 말할 수도 있었다. 심포지엄에서 그들은 자기들에게 은사가 있음을 발견했다. 그들은 자기 목소리를 냈고 기여할 만한 가치 있는 것들을 갖고 있었다. 이런 경험이 그들을 형성했다. "기독교는 별 기대가 되지 않는 사람들이 자기 목소리를 내게 만들었다."[12] 그들은 다른 신자들 곁에 서서 함께 기도하는 법을 배웠다. 다른 신자들을 지켜보면서 공동체의 계율들에 의해 형성된 삶의 방식을 따라 사는 법을 배웠다.

모든 참가자들은 기독교적 연회의 아비투스를 배워야 했다. 연회에 참석해 본 적이 없는 가난한 이들은 공손함과 식사 예절을 배워야 했다. 이런저런 협회의 연회에 자주 참석했었을 부자 회원들은 사람들을 계급에 따라 앉히지 않고 가난한 이들을 자기들과 동등한 사람으로 여기는 공동체의 가치를 배울 필요가 있었다. 그리고 가난한 자와 부유한 자 모두가 자기와 다른 이들과 삶을 나누고 함께 예배하는 법을 배울 필요가 있었다. 모든 참가

---

11 세례 지원자들은 이때도 여전히 참석했을 수 있으나 성찬 행위에서는 배제되었다. 말씀 전례에서는 교회가 식사를 중단하고 아침 예배로 옮겨 갔을 때에만 참석이 가능했다. Paul F. Bradshaw, "The Reception of Communion in Early Christianity", *SL* 37 (2007): p. 167를 보라.
12 Robin Lane Fox, *Pagans and Christians* (San Francisco: Harper & Row, 1986), p. 330.

자들은 같은 음식을 먹었고, 같은 성찬을 받았다.[13]

호기심 많은 이교도들이 식사에 참여할 수 있었을까? 바울의 고린도 교회에는 "알지 못하는 자들이나 믿지 아니하는 자들이 있었다"(고전 14:23). 그리고 「디다케」는 그들이 비록 성찬 빵과 포도주를 먹거나 마시는 것은 허락받지 못했으나 공동체의 식사 자리에 참석했다고 알려 준다.[14] 박해가 고조되었을 때, 테르툴리아누스 시대 이전 그리스도인들은 외부인들을 성찬 식사에서 배제했을 가능성이 크다.[15] 이 시기 이교도들은 기독교 모임들은 은밀하며 외부인들은 들어갈 수 없는 것이라고 여겼다. 그럼에도 그들은 그리스도인들이 그들의 "밤에 행하는 은밀한 의식"에서 무엇을 하는지 궁금해했다. 특히 그들은 그리스도인들의 식사에 흥미를 가졌다. "그들의 잔치 형식은 악명이 높다. 그것은 모든 사람들의 입에 오르내리고 있다."[16] 그로 인해 수많은 소문이, 즉 폐쇄된 모임 안에서 발생하는 그리스도인들의 다채로운 잘못된 행위들과 불가사의한 일들의 발생에 관한 소문들이 퍼져 나갔다.[17] 그리스도인들은 자신들의 예배에 이교도들이 참석하지 못하는 것으로 인해 자기들이 선교의 기회를 잃어버리지 않을까 걱정하지 않았다. 그들의 예배는 전도를 위한 것이 아니었다. 그것은 '구도자 중심의 예배'가 아니었다. 그들이 예배를 통해 의도하는 것은 외부인들을 끌어들이는 것이 아니라 하나님께 영광을 돌리는 것이었다. 또 그들은 참된 예배가 예배자들을 형성한다고 여겼기에 시간이 흐름에 따라 그렇게 형성된 자들의 행동이 외부인들을 끌어들일 것이라고 믿었다. 기독교적 관점에서 보자면, 외부인들의 비

---

13 참고. Gregory of Nazianzus, *Oration* 40.27.
14 Did. 9.5.
15 Tertullian (Nat. 1.7, trans. P. Holmes, *ANF* 3:115)는 기독교 집회를 "우리의 은밀한 회중"이라고 부른다; 참고. Bradshaw, "Reception of Communion", *SL* 37 (2007): p. 167.
16 Minucius Felix, *Oct.* 9.3, 6, trans. G. H. Rendall, LCL 250 (1931), pp. 337-339.
17 Tertullian, *Apol.* 7.8-13; *Ux.* 2.7.

판이나 호기심은 무관심보다 나은 것이었다. 만약 외부인들이 직접 소문을 확인하기 위해 교리 교육을 받으러 그리스도인들에게 접근한다면, 그야말로 바람직한 보너스였다!

아침 예배

2세기에 들어와 어떤 기독교 공동체들은 그들의 주된 주례 모임을 토요일 저녁이 아니라 일요일 아침에 갖기 시작했다. 112년경에 총독 폴리니우스는 오늘날의 터키 북부에 있는 비시니아에서 황제에게 자기가 아는 기독교 집단들이 아침에 해 뜨기 전에 모인다고 보고했다. 그 집단들은 (황제가 반역의 중심으로 보았던) 협회들에 대한 제국의 박해에 대응해 저녁에 모이는 것을 중단했다.[18] 2세기 중반 로마에서 순교자 유스티누스가 쓴 그의 교회에 관한 기록은 저녁 모임에 대해 언급하지 않는다. 로마에 있었던 다른 가정 교회들의 사정이 어떠했든 간에, 유스티누스의 교회는 분명히 그것의 주례 모임을 아침에 가졌다.[19] 그러므로 일요일 아침 예배 전통은 일찍이 시작되었다. 하지만 그것이 저녁 연회를 신속하게 대체하지는 않았다. 우리가 보았듯이, 그 연회의 패턴은 200년경에 테르툴리아누스의 카르타고에서 여전히 수용되고 있었다. 그로부터 50여 년 후에도 그것은, 비록 그 무렵에는 많은 교회들이 아침 예배를 택하기는 했으나, 키프리아누스의 카르타고에서 여전히 일반적이었다.[20] 키프리아누스가 보고하듯이, 수적 증가로 인해 "식사를 할 때 우리는 모든 사람을 함께 부를 수가 없었다."[21] 일부 지역에서 여전히 그리스

---

18 Pliny the Younger, *Ep.* 10.96.
19 Paul F. Bradshaw, *Eucharistic Origins* (Oxford: Oxford University Press, 2004), pp. 68-69, 72-73.
20 McGowan, "Rethinking Agape and Eucharist", pp. 133-146.
21 Cyprian, *Ep.* 63.16.1, trans. G. W. Clarke, T*he Letters of St. Cyprian of Carthage*, ACW 46 (New York: Newman, 1986), 3:107.

도인들은 자주 공의회나 주교들에 의해 비난을 받았던 소수파의 관례를 따라 저녁 모임을 가졌으나, "표식화된" 음식이 제공되는 아침 예배가 점차적으로 표준이 되었다.[22]

아침 예배는 저녁 연회의 전통 안에 있었지만, 조금 색다른 형태를 지니고 나타났다. 그것은 훗날 서구 교회의 전례 전통에서 나타나는 연간 제식 규정서(ordo)의 전범이 되었다.[23] 거기에는 다음과 같은 몇 가지 요소들이 있었다.

- **예배의 순서**: 이제 '말씀'이 '성찬'을 앞섰다. 저녁 연회 때는 (빵과 포도주를 포함하는) 식사가 말씀(심포지엄)보다 앞섰는데, 아침 예배에서는 말씀(성경 봉독과 설교)이 식사(성별된 요소들의 수용)보다 앞섰다.
- **음식의 양**: 양은 약소했다. 저녁 연회의 실제 식사는 빵, 포도주, 물에 대한 "규범적 표식화"를 보여 주는 상징적 음식으로 대체되었다.[24]
- **말씀의 양**: 평범한 예배자들이 하는 말은 감소했고, 지도자들(성직자들)이 하는 말은 늘어났다. 설교가 길어졌고, 예배의 방식은 공동체적이기보다는 일인극처럼 되었다.

순교자 유스티누스는 그의 『첫 번째 호교론』 65-67장에서 아침 예배와 관련된 두 개의 이야기를 전한다. 그중 하나는 세례 예배에 관한 것이고, 다른 하나는 분명히 평범한 주례 예배에 관한 것이다. 아침 예배의 형성적 능

---

22 Andrew McGowan, "Food, Ritual, and Power", in *Late Ancient Christianity*, ed. Virginia Burrus, A People's History of Christianity 2 (Minneapolis: Fortress, 2005), p. 156; Synod of Laodicea, Canon 28, in C. J. Hefele, *Histoire des Conciles* (Paris: Letouzey & Ané, 1909), vol. 1, part 2:1015; Socrates, *Hist. eccl.* 5.22.
23 Gordon W. Lathrop, *Holy Things: A Liturgical Theology* (Minneapolis: Fortress, 1993).
24 McGowan, "Food, Ritual, and Power", p. 156.

력, 즉 그것이 신자들의 아비투스를 형성했던 방식을 이해하기 위해 우리는 그 두 이야기를 살피면서 유스티누스가 묘사하는 대로 그 예배들을 재구성해 볼 것이다.[25] 그것은 훗날 전례 전통에 속한 그리스도인들에게 익숙하게 될 순서를 갖고 있었다. 그것은 오랜 세월 동안 잘 준수되어 왔다. 그러나 처음부터 이 예배는 지역적 특성들을 갖고 있었다. 유스티누스의 공동체는 의심할 바 없이 로마의 인구 밀집 지역에 있는 어느 목욕탕 위에 있던 그의 거처에서 모이는 것으로 시작되었다.[26] 콘스탄티누스 시대 이후에는 초기 형태의 아침 예배가 지니고 있던 몇 가지 아비투스를 형성하는 관습들이 사라질 것이다. 이 예배에서는 어떤 일들이 일어났을까?

모임

일요일이라고 불리는 날에 신자들은 어느 장소(종종 집이었다)에 모였다. 거의 확실하게 그들은 이른 아침에 모였다. 그들이 그곳에 도착하기 위해 아침 일찍 일어나는 것은 쉽지 않았다. 모두가 시간의 압박을 느꼈다. 성경 봉독은 "시간이 허락하는 정도까지만" 계속되었다. 왜냐하면 당시에 일요일은 휴일이 아니었고, 회원들은 일하러 가야 했기 때문이다.[27] 콘스탄티누스 이전 시대 신자들에게 이런 배경은 일반적이었다. 건물은 개인의 소유였고, 눈에 띄지 않았으며, 유연했다. 때때로 그것은 커다란 공동 주택(*insula*) 안에서 이웃한 방을 통합하는 방식으로 확장될 수 있었다.[28] 혹은 교회가 그것의 집

---

25 우리는 *Trad. ap.* 21.25-38보다는 Justin, *1 Apol.* 65-67에 있는 이야기를 사용하는 것을 선호한다.
26 Harlow Gregory Snyder, "'Above the Baths of Myrtinus': Justin Martyr's 'School' in the City of Rome", *HTR* 100, no. 3 (2007): pp. 349, 359-360.
27 Justin, *1 Apol.* 67.3; 참고. Origen, *Hom. Luc.* 38.6; and Paul F. Bradshaw, *Eucharistic Origins* (New York: Oxford University Press, 2004), p. 69.
28 Edward Adams, *The Earliest Christian Meeting Places: Almost Exclusively Houses?*, LNTS 450 (London: Bloomsbury T&T Clark, 2013), pp. 8-9.

회를 보다 큰 건물로, 즉 그 공동체가 유스티누스의 교회가 정상적인 것으로 보았던 일—손님들에게 공간을 제공하고 신자들이 재정적 혹은 물질적으로 기증한 것들을 보관하는—을 할 수 있는 방들을 갖춘 가게나 큰 방으로 옮길 수도 있었다.[29] 요컨대, 집은 "공동체의 중심"이었다.[30] 또한 그것은 하나의 가정이었다. 회원들이 그곳으로 갈 때, 그들은 "계속해서 함께하는" 믿음의 가족을 발견했다. 그들은 "형제라고 불리는 이들"과 함께 모였다.[31] 그들은 그 안으로 들어가는 것이 오직 자신들의 동료 가족 회원들에게만 국한되어 있다는 것을 알았다. 또한 자기들이, 그들의 부나 사회적 지위가 어떠하든 간에, 그곳에서 다른 이들에게 알려지고 편안함을 느끼리라는 것을 알았다.

그 공동체의 예배는 친숙하고 사람들에게 동등함을 부여하는, 그리고 나눔이라는 관습적 프로그램을 지닌 환경에서 이루어졌다.[32] 예배는 "유토피아적 공간",[33] 즉 모든 것이 마땅히 그런 식으로 존재해야 하는 곳에서 이루어졌다. 저녁 연회처럼 아침 예배 역시 예배였다. 하지만 그것은 보다 검소하고, 보다 효과적이고, 보다 형식적인 예배가 되었다. 이제 예배자들은 더 이상 식탁을 중심으로 모이지 않았다. 많은 곳에서 그들은 다른 신자들의 뒤통수를 보면서 줄지어 앉았는데, 그것은 익명성과 불평등성의 아비투스

---

29 Justin, *1 Apol.* 67.1. 4세기 초 북아프리카에서는 크고 잘 갖춰진 교회들이 "집"이라고 불리는 건물들에서 모였다. 다음을 보라. *Acts of the Abitinian Martyrs* 2, in *Donatist Martyr Stories: The Church in Conflict in Roman North Africa*, trans. and ed. Maureen A. Tilley, TTH 24 (Liverpool: Liverpool University Press, 1996), p. 29; *Gesta apud Zenophilum* 3, in *Optatus: Against the Donatists*, trans. and ed. Mark Edwards, TTH 27 (Liverpool: Liverpool University Press, 1997), p. 153.

30 Richard Krautheimer, *Rome, Profile of a City, 312-1308* (Princeton: Princeton University Press, 1980), p. 33.

31 Justin, *1 Apol.* 65.1; 67.1, trans. E. R. Hardy, LCC 1 (1953): pp. 285, 287.

32 Justin, *1 Apol.* 67.6-7에서처럼.

33 Michel de Certeau, *The Practice of Everyday Life*, trans. Steven F. Rendall (Berkeley: University of California Press, 1984), p. 16. 나는 이 표현을 Tex Sample, *Hard Living People & Mainstream Christians* (Nashville: Abingdon Press, 1993), p. 70에서 빌려왔다.

로 이어질 가능성을 제공했다.[34]

성경 읽기와 가르침

유스티누스에 따르면, 그 공동체의 주례 예배는 "사도들의 회고록이나 예언자들의 저작들"을 읽는 것으로 시작되었다. 유스티누스는 누가 성경 구절을 택했는지, 혹은 성경 읽기가 복음서에 대한 읽기였는지 구약성경에 대한 읽기였는지, 혹은 둘 다에 대한 읽기였는지에 대해 말하지 않는다.[35] 봉독자는 성경을 집어 들고 사람들이 들을 수 있도록 분명하게 그리고 너무 오랜 시간이 걸리지 않도록 효과적으로 읽었다. 그중 많은 이가 문맹이었을 사람들은 아마도 주의 깊게 들었을 것이고 자기들이 들은 성경 구절을 암기하려고 했을 것이다. 이어서 그 공동체의 '회장'이 연설(*dia logou*)을 했는데, 그때 그는 방금 봉독된 성경 구절을 신자들의 삶에 적용했다. 그는 "우리에게 이런 고귀한 일들을 모방하라고 촉구하고 초대했다." 유스티누스에 따르면, 이 연설에서 회장은 신자들이 성경에 따라 살면서 그들의 아비투스와 행동이 변화될 수 있도록 말씀을 소상하게 설명한다. 이것은 "오직 그리스도가 우리에게 전해 주신 대로 사는 사람들만" "우리가 성찬이라고 부르는 식사"에 참여할 수 있다는 그 공동체의 규정 때문에 아주 중요했다.[36] 유스티누스는 독자들에게 훗날 설교자들이 그렇게 했듯이, 사람들이 질문을 함으로써 그 연설을 방해할 수 있었는지, 그래서 그 연설(*dia logou*)이 대화식(dialogic)이 되

---

34 이에 관해서는, *Did. apost.* 2.57.2-5를 참고하라.
35 Justin, *1 Apol.* 67.3 (Hardy, p. 287; Munier, p. 122). "예언자들"에 대한 읽기에는 모세오경의 저자로 여겨지는 모세가 포함되었을 수도 있다: Gerard A. M. Rouwhorst, "The Reading of Scripture in Early Christian Liturgy", in *What Athens Has to Do with Jerusalem: Essays on Classical, Jewish, and Early Christian Art and Archaeology in Honor of Gideon Foerster*, ed. Leonard V. Rutgers (Leuven: Peeters, 2002), p. 326.
36 Justin, *1 Apol.* 66.1 (Hardy, p. 286).

도록 만들었는지에 대해 말하지 않는다.[37] 3세기 세례 지원자들은 바로 이 지점에서, 즉 말씀의 예배가 끝날 무렵에 모임을 떠나게 될 것이다. 유스티누스는 이런 일이 그의 교회에서 일어났는지에 대해 기록하지 않았다.[38]

기도와 입맞춤

성경 읽기와 가르침이 끝나면 온 회중이 자리에서 일어나 기도를 드렸다. 의심할 바 없이 이때 많은 예배자들은 기도상처럼 두 손을 들어 올렸을 것이다. 유스티누스에 따르면, 그들은 강력하게/열정적으로(*eutonos*) 그리고 공동으로(*koinas*) 기도했다. 그 공동체에게 이것은 분명히 열정적인 영적 전투의 시간이었다. 그 시간에 예배자들은 여러 곳에 있는 신자들과 그들 자신을 위해서 기도했다. 유스티누스에 따르면, 기도가 끝날 즈음에 "우리는 서로 입맞춤으로 인사를 나눴다."[39] 물론 시간의 압박을 감안한다면, 기도와 입맞춤은 성경 읽기와 마찬가지로 너무 길어져서는 안 되었다.

주의 만찬

입맞춤 후에 즉시 빵과 포도주와 물이 들어왔다. 그리고 회장이 "기도와 감사를 올렸다." 그는 고정되고 문서화된 성찬 기도를 사용하지 않았다. 유스티누스에 따르면, 그는 "그의 최선을 다해" 기도했다. 기도할 때 회장은 관례적인 개요나 "전통"을 사용할 수 있었고, 즉흥적으로 할 수도 있었다.[40] 그

---

37 오리게네스가 설교할 때 일어난 방해에 대한 예를 위해서는, *Hom. Jer.* 1.7; 1.8; 5.13를 보라. 아우구스티누스의 설교에서 일어난 방해에 관해서는, F. Van der Meer, *Augustine the Bishop: The Life and Work of a Father of the Church*, trans. Brian Battershaw and G. R. Lamb (London: Sheed & Ward, 1961), pp. 427-428를 보라.
38 Bradshaw, "Reception of Communion", p. 167.
39 Justin, *1 Apol.* 65.1-2 (Hardy, pp. 285-286); 참고. C. Munier, *Saint Justin Apologie pour les Chrétiens* (Fribourg: Editions Universitaires, 1995), p. 129.
40 처음 3세기 동안에 나온 것으로 알려진 유일하게 문서화된 성찬식 기도(*Trad. ap.* 4)는 후대의 삽

는 자신의 표현을 사용해 기도하면서 사람들이 일반적으로 사용하는 찬송을 드리고 "성육하신 예수님의 살과 피인" 음식을 성별했다.[41] 예배자들은 열정적으로 응답했다. 그들은 "'아멘'이라고 말하면서 동의를 표했다."[42] 집사들은 성별된 음식과 음료를 작은 부분으로 나눠 모든 참석자들에게 나눠주고 예배 후에 그것을 그 공동체의 불참한 회원들에게 가져다주는 역할을 맡았다. 그 음식은 밖으로 퍼져 나가면서 그 공동체 예배자들의 성품을 형성했고 또한 고아와 과부와 죄수와 체류자들을 돌보는 데 헌신하는 그들 공동체의 삶의 핵심적 역할을 감당했다.[43]

아침 예배 참석자들의 아비투스는 여러 점에서 저녁 연회 예배자들의 그것과 달랐다. 하지만 연속성도 존재했다.[44] 회원들은 대안적 세상, 즉 모든

입일 수 있다. 그리고 어느 경우에든 *Trad. ap.* 9.3-4는 그것이 하나의 모델이 되어서는 안 되며, 각 공동체 회장이 그의 능력을 따라 기도해야 한다는 것을 분명하게 밝히고 있다(BJP, p. 37, 44, 70). 초기 기독교의 즉흥적인 성찬 기도 관습에 관해서는 다음을 보라. Allen Bouley, *From Freedom to Formula: The Evolution of the Eucharistic Prayer from Oral Improvisation to Written Texts*, Studies in Christian Antiquity 21 (Washington, DC: Catholic University of America Press, 1981), p. 90; R. P. C. Hanson, "The Liberty of the Bishop to Improvise Prayer", in his *Studies in Christian Antiquity* (Edinburgh: T&T Clark, 1985), pp. 113-116; Achim Budde, "Improvisation im Eucharistiegebet", *Jahrbuch für Antike und Christentum* 44 (2001): pp. 127-141.

41 Justin, *1 Apol.* 66.2 (Hardy, p. 286).

42 Justin, *1 Apol.* 67.5, trans. Everett Ferguson, *Early Christians Speak: Faith and Life in the First Three Centuries*, rev. ed. (Abilene, TX: Abilene Christian University Press, 1987), p. 81; 그리고 Munier, *Saint Justin Apologie*, p. 122. 대부분 번역자들은 epeuphēmei를 전적으로 무시하거나 그것을 창백하고 감정적으로 중립적인 방식으로 표현한다; 대조적으로 Ferguson은 그 용어가 "박수 치며 동의하는 것"을 의미하는 것으로 받아들임으로써 초기 기독교의 성찬 예배가 열광적이었던 것처럼 보이게 만드는 위험을 감수한다.

43 Justin, *1 Apol.* 67.6; Cyprian, *Pat.* 14, trans. L. J. Swift, *The Early Fathers on War and Military Service* (Wilmington, DE: Michael Glazier, 1983), p. 48: "성찬을 받은 후에는 손이 칼과 피로 더 럽혀져서는 안 된다."

44 일요일 예배가 표준이 된 어떤 교회들은 초기 기독교 전통 안에 있던 엄숙한 저녁 식사 관행을 계속해 나갔다. 때때로, *Trad. ap.* 25-28에서처럼, 성찬과 애찬(*agapē*) 사이의 선은 흐려질 수 있었다. BJP, pp. 144-145; Alistair Stewart-Sykes, trans. and ed., *Hippolytus: On the Apostolic Tradition* (Crestwood, NY: St. Vladimir's Seminary Press, 2001), pp. 140-143를 보라.

것이 바깥 세상과 다른 유토피아적 공간 안으로 들어갔다. 그곳에는 새로운 가족, 경제적 필요에 대한 민감성, 그리고 모든 것을 평등화시키는 경향이 존재했다. 성경과의 만남 그리고 그들이 상호 작용할 수 있는 지도자들의 가르침과의 만남이 존재했다. 평화 속에서 형제와 자매들을 반기고 그들과 화해할 뿐 아니라 함께 서서 기도할 기회가 존재했다. 그리고 무엇보다도 살아계신 주님과의 성례전적 만남을 가능하게 해 주는, 이제는 표식적 요소를 지닌 의식화된 식사가 존재했다. 실제로 회중이 성장하고 다른 신자들과의 관계가 점차 약해지면서 성찬의 요소들을 통한 하나님과의 관계라는 의식은 그만큼 더 강렬해졌다. 아마도 이것이 어째서 3세기 중반에 이르러 많은 교회가 외부인들을 집회에서 배제하는 일에 조직적이고 효과적인 되는 것이 필요하다고 여기게 되었는지를 설명하는 데 도움이 될 것이다. 집사들, 곧 문을 지키는 경비원들이 필요했던 것은 단순히 어떤 지역화되고 초자연적인 능력(mana)이 존재하는 장소를 지키기 위해서만이 아니라, 어느 침입자가 성찬을 무가치하게 먹음으로써 자초할 수도 있었던 "떨림과 경련"으로부터 그를 보호하기 위함이기도 했다.[45]

이제 설교, 기도, 평화의 인사에 대해 상세하게 살펴보자.

설교

초기 몇 세기 동안 그리스도인들은 설교에 대해 놀랄 정도로 관심을 기울이지 않았다. 물론 사도행전의 상황은 조금 다르다. 거기에서 이야기의 주인공들인 베드로와 바울이 수행한 고전적인 행위는 공적 연설이었다. 사도들은

---

45 능력에 관한 몇 가지 실례를 위해서는, Cyprian, *Laps*. 26, trans. R. J. Deferrari, FC 36 (1958), pp. 79-80를 보라; 집사들에 관해서는, *Did. apost*. 2.57.6-7를 보라.

낯선 이들의 모임에서 연설했다. 또 그들은 가정에서 자기들이 아는 이들과 대화식으로 더 많은 말을 했다. 그러나 그 두 사도가 처형된 후로 공적 연설은 대체로 사라졌다. 의심할 바 없이 그것은 박해 때문이었다. "우리는 사도 시대 이후 교회 밖에서 이루어진 공식적인 옥외 설교를 언급하는 역사적 본문을 갖고 있지 않다."[46] 그러나 교회는 선교적 설교가 거의 없는 상태에서도 꾸준히 그리고 멈춤 없이 성장했다.[47]

영감으로 가득 차고, 권고적이며, 교훈적인 말인 '설교'는 물론 크리스텐덤 이전 교회의 삶에서도 이루어졌다. 설교에 해당하는 단어들(*homiliae, sermones, exhortationes, dia logou*)은 모두 개인적인 환경에서 모였던 그리스도인들의 삶 속에서 나타났다. 우리가 6장에서 보았듯이, 말은 교리 교육의 수단이었다. 그리고 여기서 우리는 그것들이 또한 회중의 예배에서도 나타났음에 주목한다. 놀랄 것도 없이 말의 형식은 시간과 더불어 바뀌었다. 그리스도인들이 설교에 관한 논문들을 쓰지 않은 것은 주목할 만하다. 그들은 설교의 이론과 실천에 관해 성찰하거나 설교가 자신들의 삶에 공헌하는 문제에 관해서는 성찰하지 않았다. 그들은 설교들을 보존하기 위해 애쓰지도 않았다. 오리게네스의 경우를 제외하고, 처음 3세기 동안에 나온 설교 중 지금까지 남아 있는 것은 극소수에 불과하다. 우리는 사정이 어째서 이렇게 되었는지 궁금해할 수 있다. 예컨대, 카르타고의 주교 키프리아누스는 그의 청중을 상대로 반복적으로 말을 했던 재능 있는 수사학자였다. 그의 유산 중에는 81통의 편지가 포함되어 있으나 어떤 이유에선지 설교는 단 한 편도 들어 있지 않다.

곧 살펴보겠지만, 그럼에도 설교는 초기 기독교에서 중요했다. 설교는

---

46 Lane Fox, *Pagans and Christians*, p. 284.
47 Michael Green, *Evangelism in the Early Church* (London: Hodder & Stoughton, 1970), p. 197를 보라.

단지 그리스도인들과 그들의 공동체의 삶에 대해서뿐 아니라 교회의 수적 성장에도 기여했다. 선교적인 방식으로 외부인 집단을 다룸으로써가 아니라(그것은 위험한 일이 되었을 것이다), 이교도들이 신뢰할 만하다고 여길 수 있는 메시지를 구현하도록 신자들을 형성함으로써 그렇게 했다.

앞서 보았듯이, 신자들이 정기적으로 예배를 위해 모였던 처음 두 세기 동안 그들은 대체로 저녁 연회 식탁에서 만났다. 연회의 후반부인 심포지엄 때 참가자들은 상호 간 대화를 나누면 다양한 은사를 발휘했다. 그런 은사 중에는 예언적 연설도 있었다. 2세기 초 로마에 있던 교회 중 하나에서 예언자 겸 그 공동체의 지도자였던 헤르마스는 예언적 연설이 어떤 것이 될 수 있는지를 보여 주었다. 헤르마스의 교회에는 가난하고 힘없는 회원들이 많았다. 그리고 그는 그들이 "정의를 행하는"(*dikaiosynē*) 문제에 강한 관심을 갖고 있었다.[48] 그의 예언적 인식의 은사는 "오직 믿기만 할 뿐" 그들의 삶의 방식은 사업에 "휩쓸려 있던" 그의 공동체 내의 신자들로 인해 자극되었다. 이런 신자들은 "외부인들과 사업상의 거래, 부, 교제" 등으로 뒤섞여 있었다. 그러나 선견자인 헤르마스가 그 교회에서 "본" 것은 사업가들이 아니라 포도원, 즉 돌봄을 받지 못해 "가시와 여러 종류의 풀로 인해 황폐해진" 그래서 "아무것도 이해하지 못하는" 좋은 포도원이었다.[49] 헤르마스는 그의 교회 심포지엄에서 자기가 본 것을 형제와 자매들과 나누라는 말씀을 받았다. 헤르마스가 말을 할 때, 흥분으로 인한 전율이 그 모임 안에서 일어났을 수도 있다. 그는 초기 기독교 베스트셀러로 널리 알려진 그의 책「헤르마스의 목자」(The Shepherd of Hermas) 안에 그의 메시지 중 일부를 기록해 두었다. 상부 이집트에 있는 옥시린쿠스에서 나온 파피루스 문서에서 헤르

---

[48] Herm. Mand. 8.9-10, trans. Carolyn Osiek, *Shepherd of Hermas: A Commentary*, Hermeneia (Minneapolis: Fortress, 1999), p. 128.
[49] Herm. Mand. 10.1.4 (Osiek, p. 135).

마스 저술의 파편은 요한복음의 파편만큼이나 자주 나타난다![50]

헤르마스는 자신이 환상을 본 유일한 사람이 아니라는 것을 알고 있었다. 그래서 「목자」에서 그는 회중이 참된 환상가를 어떻게 알아보아야 하는지에 대해 지적한다. 기본이 되는 것은 윤리와 아비투스다. "당신은 하나님의 영을 가진 사람을 그의 삶의 방식을 통해 알아볼 수 있다." 참된 예언자는 단정적이지 않으며, "자신을 다른 모든 사람보다 가난하게 만들며", "사치스러운 습관을 지니고 살지 않는다."[51] 그러나 "그 사람 위에 내려앉는 예언의 영의 천사가 그를 채울 때", 그 예언자는 "주님이 원하시는 대로 온 군중을 향해 말한다."[52] 헤르마스에 따르면, 예언적 인식과 권면은 오직 한 사람의 예언자의 소명이 아니라 로마 그리스도인 전체의 저녁 예배의 규범적인 일부였다.

헤르마스의 로마 교회가 경험한 환상들의 근원은 성령이었다. 그 근원이 성경이었던 적은 거의 없었다.[53] 그러나 그다음 세기에 들어와 정경이 형성되기 시작하자 상황이 바뀌었다. 테르툴리아누스는 그의 『호교론』에서 카르타고의 그리스도인들이 저녁 식사 후에 드리는 예배에서 성경이 핵심적인 것이 되었다고 보고한다. 테르툴리아누스에 따르면, 식탁에서 그리스도인들은 기도를 드린 후에 "하나님의 책들을 읽었다." 그리고 그것은 참여자들의 다양한 발언으로 이어졌던 것으로 보인다. 더 나아가 그런 가르침은

---

50 AnneMarie Luijendijk, *Greetings in the Lord: Early Christians and the Oxyrhynchus* Papyri, HTS 60 (Cambridge, MA: Harvard University Press, 2008), pp. 20-21. 헤르마스가 얻었던 폭넓은 인기에 관해서는, Peter Lampe, *From Paul to Valentinus: Christians in Rome in the First Two Centuries* (Minneapolis: Fortress, 2003), p. 236를 보라.
51 Herm. Mand. 11.7-9, 12 (Osiek, pp. 139-140).
52 Herm. Mand. 11.9 (Osiek, p. 139).
53 Alistair Stewart-Sykes, "Hermas the Prophet and Hippolytus the Preacher: The Roman Homily and Its Social Context", in *Preacher and Audience: Studies in Early Christian an Byzantine Homiletics*, ed. Mary B. Cunningham and Pauline Allen (Leiden: Brill, 1998), pp. 41-42.

참가자들이 "계율들"(테르툴리아누스는 자주 그것들을 예수님의 말씀을 의미하는 데 사용한다)을 습관화함에 따라 깊어졌다. 그 후에 "권면들"이 이어졌다. 그것들은 훈계를 담은 연설, 아마도 그 공동체가 말씀을 진지하게 다루고 그것을 삶에 적용하도록 촉구했던 다양한 사람들에 의해 발설된 계획되지 않은 말들이었을 것이다. 테르툴리아누스가 언급한 "질책"과 "신성한 비난"에는 그 가르침들에 대해 생각만 할 뿐 그것들을 따라 살지 않는 것에 어떤 결과가 따르는지에 대한 말이 포함됐을 수도 있다.[54] 그의 다른 저작인 "인내에 관하여"에서 테르툴리아누스는 성경 읽기와 시편을 노래하는 것에 이어진 "연설들"(adlocutiones) — 분명하게 복수로 되어 있으며 참여자들에 의해 제공된 것들이다 — 에 관해 말한다. 한편, 그 공동체가 예배하는 동안에 한 "자매"가 계시를 받았다. 그녀는 예배자들이 떠난 후 그 내용을 공동체의 지도자들에게 말했다.[55] 우리는 성령과 말씀이 어떻게 상호 작용해 사람들에게 능력을 부여하고 그들의 행동을 이끌었는지 알고 싶어 한다. 우리가 헤르마스의 환상들에 관해 아는 정도만큼만 테르툴리아누스의 권면에 관해 알 수 있다면 얼마나 좋을까!

2세기 중반 로마에서 활동했던 순교자 유스티누스와 함께 우리는 예배를 토요일 저녁 연회에서 일요일 이른 아침 예배로 옮겼던 한 공동체 안으로 들어간다.[56] 유스티누스에 따르면, 성경은 예배에서 핵심적 지위를 얻었다. "시간이 허락하는 한 사도들의 회고록과 예언자들의 저작을 읽는다."[57] 예배 시간을 아침으로 변경한 것 때문에 모든 이들이 평소보다 한 시간 이

---

54 Tertullian, *Apol.* 39.3-4 (Glover, p. 175).
55 Tertullian, *An.* 9.4, trans. S. Thelwall, *ANF* 3:188; PL 2:660.
56 Bradshaw (*Eucharistic Origins*, pp. 68-69)는 유스티누스의 설명이 일요일 예배가 아침에 이루어졌다고 분명하게 진술하지 않는다고 지적한다. 하지만 그는 그것이 성찬이 뒤따르는 아침 예배였을 것이라고 말하는데, 나는 그것이 가능성 있는 주장이라고 여긴다.
57 Justin, *1 Apol.* 67.3 (Hardy, p. 287).

상 일찍 일어나야 했다. 그런 이유로 아마도 유스티누스는 가이사랴의 바실레이오스가 두 세기 후에 보고했던 것을 경험했을 것이다. "노동에 종사하고 매일 많은 시간 일을 해야 겨우 음식을 얻을 수 있었던 많은 장인들이 나를 에워싼 채 짧게 하라고 요구하고 있다."[58] 일하러 가기 전에 하나님을 예배하는 이들에게 그 집회의 회장은 실제적이고 요령 있는 방식으로 말을 했다. 그는 봉독된 성경을 다시 살피고 "담화[dia logou]를 통해 우리에게 이 아름다운 일들을 모방하라고 촉구하고 초대한다."[59]

유스티누스의 공동체에서 성경은 단지 봉독되고 사람들의 생각에 영향을 주는 것으로 충분하지 않았다. 성경은 또한 신자들이 서로를 대하고 외부인들을 상대하는 방식에 영향을 주어야 했다. 회장의 담화는 사람들이 예수님을 닮는 이들이 되게 할 수 있어야 했다. 그것은 신자들의 아비투스, 즉 그들의 반사적 행동이 주님의 것을 닮도록 그들을 형성해야 했다. 유스티누스의 공동체는 상황을 잘 이해하고 있었기에 여기에는 긴급성을 느낄 만한 충분한 이유가 있었다.[60] 유스티누스가 앞서 그의 『호교론』에서 말했듯이, 회장과 회원들을 포함해 모든 신자들은 자기들이 참된 그리스도인이 되는 것은 오직 그리스도가 가르치신 대로 살 때만 가능하다는 것을 알았다. 또 그들은 오직 "그리스도가 우리에게 전해 주신 대로 사는" 사람들만 성찬에 참여할 수 있다는 것을 알았다.[61] 아비투스에 변화 없는 사람은 그리스도인이 아니다. 장로는 아마도 즉흥적으로 메모 없이 말했을 것이다. 그는 사

---

58 Mary B. Cunningham, "Preaching and the Community", in *Church and People in Byzantium*, ed. Rosemary Morris (Birmingham: University of Birmingham, 1990), p. 33.
59 Justin, *1 Apol.* 67.4 (Hardy, p. 287).
60 그들은 Maxwell E. Johnson이 "행동의 법"(*lex agendi*)이라고 부르는 것을 따라 살 필요가 있었다. Maxwell, *Praying and Believing in Early Christianity: The Interplay between Christian Worship and Doctrine* (Collegeville, MN: Liturgical Press, 2013), pp. 97-98를 보라.
61 Justin, *1 Apol.* 16.8; 66.1 (Hardy, pp. 252, 286).

람들을 바라보고 그들을 향해 훈계했다. 그가 성경 본문을 회원들의 매일의 삶과 그들이 함께 형성하고 있는 공동체에 적용할 때, 교회의 안녕과 증언에 핵심적인 중요한 무언가가 일어났다.

유스티누스가 모델로 제시하는 아침 예배에서 설교가 하는 역할은 강력하다. **설교를 하기 전에 성경을 읽는다. 설교는 성경을 사람들의 삶에 적용한다. 사람들은 설교가 자신들의 매일의 삶과 일을 형성하도록 허락한다.** 유스티누스의 공동체가 실제로 그 모델을 따랐을까? 그리고 다른 공동체들이 그것을 따랐을까?[62] 우리가 이 문제를 살펴보기에 충분할 만큼의 설교가 남아 있었다면 얼마나 좋았을까! 분명히 유스티누스의 모델에 들어맞지 않는 몇 개의 설교 본문들이 존재한다. 멜리토가 쓴 "유월절에 관하여"(On the Pascha)의 "지나치게 수사적인 형태"는 전형적인 회중이 마주했던 실제적인 문제들에 대해 말하기에는 적절하지 않다. 또한 익명의 설교자가 쓴 "노름꾼들에 관하여"(On the Dice Players)는, 비록 생기가 있기는 하나, 오직 한 가지 문제만 다룬다.[63]

그러나 클레멘스가 고린도로 보낸 두 번째 편지는 유스티누스의 모델이 다른 공동체에서도 발견되었음을 알려 준다. 그것의 명칭에도 불구하고, 분명히 이 저작은 '편지'가 아니다. 오히려 그것은 유스티누스가 그의 『호교론』에서 묘사하는 '설교'와 비슷하다.[64] 그것은 저자가 "형제들" 혹은 "형제

---

62 Alistair Stewart-Sykes, *From Prophecy to Preaching: A Search for the Origins of the Christian Homily*, VCSup 59 (Boston: Brill, 2001), pp. 242-243; Paul F. Bradshaw, *The Search for the Origins of Christian Worship: Sources and Methods for the Study of Early Liturgy*, 2nd ed. (New York: Oxford University Press, 2002), pp. 98-100, 139.
63 Stuart G. Hall, ed., *Melito of Sardis: On Pascha and Fragments* (Oxford: Clarendon, 1979), p. xix; Scott T. Carroll, "An Early Church Sermon against Gambling (CPL 60)", *Second Century* 8 (1991): pp. 83-95.
64 Alistair Stewart-Sykes는 「클레멘스 2」(2 Clement)가 설교가 아니라 "세례 받기 이전의 사람들을 위한 권면"이라고 주장해 왔다(*From Prophecy to Preaching*, pp. 176-187). 대조적으로 나는, 내가 본문에서 인용하는 이유로, 또한 그 설교자가 단지 세례 지원자들만이 아니라 모든 공동체가 마

와 자매들"이라고 부르는 어느 공동체를 향해 하는 연설이다.⁶⁵ 그 연설은 성경 구절을 읽은 후에 제시된다. 그리고 그것은 청자들에게 그 성경 구절을 그들의 삶의 상황에 적용하라고 권한다. 이 모든 방식에서 「클레멘스 2」에서 나타나는 모델은 유스티누스의 모델과 유사하다. 하지만 그것은 한 가지 중요한 점에서 다르다. 그 연설이 즉흥적이지 않았다는 것이다. 거기엔 이렇게 쓰였다: "당신들에게 한 가지 권고를 **읽어 드리겠다**." 그 시대에 이례적이게도, 설교자는 자신의 설교가 살아남기를 바랐다.⁶⁶ 설교자가 「클레멘스 2」를 설교한 장소에 대해서는 의견이 분분하다.⁶⁷ 그러나 대부분 전문가들은 그것이 쓰인 시기에 대해서는 동의한다. 그것은 유스티누스의 시대 즈음인 2세기 중반에 쓰였다. 또한 전문가들은 그것이 2세기 그리스도인들의 삶과 예배에 관해 아주 많은 것을 알려 준다는 것에 대해서도 동의한다.

봉독자가 이사야 54장과 마태복음 9장의 구절을 읽은 후 설교자가 그것들에 대해 간략하게 설명한다. 그는 회중에게 그들이 소멸해 가고 있었을 때, 즉 그들이 "파멸 직전에 있었을 때", 하나님이 그리스도의 고난을 통해 그들을 구원해 주셨음을 상기시킨다. "그런 긍휼"이 그들의 삶을 변화시켰다. 신자들은 그리스도를 시인함으로써 그것에 응답해야 한다.⁶⁸ 설교자가 묻는다. 신자들은 어떻게 그분을 시인해야 하는가? 그는 예수님의 말씀(마 7:21)을 인용하면서 그들에게 단지 "주여, 주여" 하고 말만 할 것이 아니

주하고 있는 문제들을 다루고 있다는 이유로, 그것을 설교라고 여긴다.
65 2 Clem. 1.1; 4.4; 5.1; 10.1; 19.1을 보라.
66 2 Clem. 19.1, trans. C. C. Richardson, LCC 1 (1953), p. 201을 보라.
67 「클레멘스 2」가 유래한 장소와 관련해, Stewart-Sykes는 고린도를 제안한다(*From Prophecy to Preaching*, 185n); Robert Grant는 로마라고 확신한다[*The Apostolic Fathers* (New York: Thomas Nelson, 1965), 2:109]; C. C. Richardson는 이집트를 제시한다(LCC 1:186); P. F. Beatrice는 시리아나 이집트일 것이라고 말한다[*Encyclopedia of the Early Church*, ed. A. Di Berardino (New York: Oxford University Press, 1992), 1:181].
68 2 Clem. 2.7; 3.1-3, trans. B. D. Ehrman, LCL 24 (2003), p. 169를 보라.

라 "그분이 말씀하신 것을 행하고, 그분의 명령에 불복종하지 않음으로써" 그분을 시인하라고 촉구한다. 그는 자신을 포함해 회중에게 이렇게 말한다. "우리는 우리가 행하는 것으로 [그리스도를] 시인해야 합니다.…우리는 서로를 동정적으로 대해야 하고 돈에 집착하지 말아야 합니다."[69] 그는 회중 안에 긴장이 있음을 알고 있었다. 그들 중 어떤 이들은 분명히 세대 간의 분쟁 상태에 있었다. 젊은 그리스도인들과 장년 그리스도인들 사이에 긴장이 존재했다. 그런 긴장 중 어떤 것은 경제적 나눔과 연관되어 있었다.[70] 때때로 이런 긴장은 사랑의 결핍을 통해 모습을 드러냈다. 이것은 매우 안타까운 일이었다. 왜냐하면 그것은 교회의 증언을 심각하게 훼손시키기 때문이다.[71] 그 설교자에 따르면, 그리스도인들이 자신들의 신앙을 이교도 이웃에게 설명할 때, 그들은 그리스도의 가르침에 관해 말했고, 이교도들은 그것에 "그 가르침의 아름다움과 위대함에 놀람으로써" 반응했다. 그는 만약 그 이웃이 "우리의 행동이 우리의 말과 일치하지 않음"을 알아차린다면, 그들은 놀람으로부터 신성모독으로 돌아설 것이고 기독교를 "모종의 신화와 오류"로 여기며 일축할 것이라고 경고한다.[72]

그들은 우리에게서 하나님께서 "너희가 너희를 사랑하는 자들을 사랑하는 것은 큰 일이 아니다. 너희가 너희의 적들과 너희를 미워하는 이들을 사랑한다면, 그것은 굉장한 일이다"라고 말씀하셨다고 듣는다. 그리고 그들이 이런 것들에 대해 들을 때, 그들은 그것의 특별한 선함 때문에 놀라워한다. 그러나 그 후에 그들이 우리가 우리를 미워하는 사람들뿐 아니라 우리를 사랑하는 사람

---

69 2 Clem. 3.4; 4.2-4 (Ehrman, pp. 169, 171)를 보라.
70 2 Clem. 19.2; 20.1을 보라.
71 2 Clem. 9.6을 보라.
72 2 Clem. 13.2-3 (Ehrman, p. 185)를 보라.

들마저도 사랑하지 못하는 것을 발견할 경우, 그들은 우리를 조롱하고 그분의 이름은 모독을 당한다.[73]

그 설교자에 따르면, 그들의 증언을 위한 옳은 길은 원수 사랑에 관한 예수님의 가르침에 관해 말하는 것을 중단하는 것이 아니다. 그는 그런 생각은 해 본 적이 없다! 오히려 그 길은 자신들의 위선에 대해 회개함으로써 다시 한번 예수님의 가르침을 따라 살고 그로 인해 그 가르침에 대해 진실하게 말할 수 있게 되는 것이다. 그들의 공동생활에 사랑이 결여된 부분이 있을 때, 그들은 그것에 대해 회개하고 그것을 고쳐야 한다. 그 설교자의 회중에게 이것은 모든 회원이 서로의 사랑을 표현하는 상호적 도움이라는 관습의 회복을 포함한다.[74] 또한 그 설교자는 사람들이 더 자주 예배를 위해 함께 모여야 한다고 덧붙인다. 예배는 그들의 삶의 생성력 있는 핵심이다. 그 안에서 그들은 "서로 돕고 약한 자들을 선한 상태로 돌려놓는다." 그들은 이런 일을 서로 권면함으로써 한다. 그들은 "서로를 돌아보고 서로 훈계한다." 장로들은 사람들을 잘 훈계하고, 그들의 훈계는 회원들이 그들의 비전을 지켜 나가도록 돕는 데 필수 불가결하다. 그러므로 "집으로 돌아갈 때 우리는 주님의 명령을 기억해야 하고 세상의 욕망에 끌려다니지 말아야 한다."[75] 회원들 간의 상호 훈계와 지도자들의 설교를 포함하는 예배는 그리스도인들의 삶과 증언을 지속시키기 위해 꼭 필요했다.

「클레멘스 2」의 설교자 이후 세기에도 수많은 설교가 행해졌으나 그중 살아남은 것은 거의 없다. 이 시기의 설교는 즉흥적이었고(그때그때를 위해

---

[73] 2 Clem. 13.4 (Ehrman, pp. 185-187)를 보라.
[74] 2 Clem. 16.4; David J. Downs, "Redemptive Almsgiving and Economic Stratification in 2 Clement", *JECS* 19, no. 4 (2011): p. 511를 보라.
[75] 2 Clem. 17.2-3 (Ehrman, p. 193)를 보라.

고안되었다) 일시적이었다. 그러나 230년대와 240년대의 설교들은 살아남기 시작했다. 가이사랴에서 오리게네스가 세례 지원자들과 지역의 회중에게 설교하기를 시작했을 때, 부유한 지원자들 덕분에 속기사들이 그의 설교를 기록할 수 있었다.[76] 보다 앞선 시기의 설교자들과 달리, 오리게네스는 말할 때 그의 청중에는 당장 자기를 마주하고 있는 사람들뿐 아니라 후세의 사람들까지 포함될 것이라는 의식을 지니고 말할 수 있었다. 그는 아주 많은 설교를 했는데, 현재 그중 약 300여 편이 남아 있다. 그중에는 그가 가이사랴에서 이른 아침 예배 때 행한 누가복음에 관한 39편의 설교가 들어 있다.[77] 그가 회중에게 자신의 목표에 대해 말했을 때, 그는 겸손했다. "우리는 새벽에 일어나 우리가 그분의 식탁에서 떨어지는 부스러기라도 먹을 수 있게 해 달라고 기도해야 한다."[78]

오리게네스의 일요일 설교는 짧았다. 길어야 6분에서 15분 정도였는데, 이것은 그가 주중에 교리 교육 때 했던 설교보다 훨씬 짧은 것이었다. 각 설교는 누가복음의 한 구절을 순서를 따라 읽는 것으로 시작되었다. 어느 한 경우에는 신약성경 복음서의 구절을 읽기도 했다.[79] 오리게네스는 자신의 청중에게 이런 구절에 대해 설명했다. 그 청중에는 다양한 집단이 포함되어 있었다. "세례 지원자들, 신실한 자들…여자들, 남자들, 어린아이들."[80] 때때로 그는 이들을 구별된 집단들로 여기며 말을 했다. 예컨대, 22번째 설교에

---

76 Eusebius, *Hist. eccl.* 6.36.1.
77 Henri Crouzel [*Origen*, trans. A. S. Worrall (Edinburgh: T&T Clark, 1989), p. 30]에 따르면, 오리게네스는 그의 *Homilies on Luke*를, 그가 즉흥적으로 하고 속기사들이 받아썼던 그의 주중 설교들과 달리, 설교 전에 문서로 작성했을 수 있다. 그러나 오리게네스의 누가복음 설교에는 수많은 임의적인 언급(예컨대, *Hom. Luc.* 11.5; 12.2 같은)이 있다. 따라서 나는 속기사들이 그것들 역시 받아썼을 것이라고 추측한다.
78 Origen, *Hom. Luc.* 38.6, trans. J. T. Lienhard, FC 94 (1996), p. 158.
79 Origen, *Hom. Luc.* 12.2.
80 Origen, *Hom. Luc.* 32.6 (Lienhard, p. 133).

서 그는 누가복음 3장을 설명하면서 세례 지원자들을 향해 말했다. 그는 준비 기간의 마지막 단계에 있던 세례 지원자들에게 그들의 세례에 진지하게 접근하라고 호소했다. 세례 후보자는 "회개에 합당한 열매를" 맺어야 한다. 그는 "자신의 원래의 상태에 머물러" 있어서는 안 된다. 그는 "그의 습관과 관습에서 떠나야" 한다.[81]

이것은 오리게네스의 청중에게 무슨 의미였을까? 누가복음 3장에서 세례 요한은 세례를 받고자 하는 자신의 청중에게 날 선 가르침을 제공한다. 그는 세리, 군인, 두 벌 옷을 가진 사람들에게 그들의 아비투스를 바꾸라고 요구한다.[82] 세례 요한과 비교해, 오리게네스는 구체적이지 않다. 그는 자신의 청중에게 "평화와 인내와 선함을 지니라"고 촉구한다. 하지만 그는 요한이 그의 청중에게 그들의 삶을 바꾸라고 도전하는 구절(눅 3:12-14)을 건너뛴다. 어린아이들에 대해 오리게네스는 자기 부모에 대한 예수님의 순종(눅 2:49-51)을 언급하면서 그들을 향해 말한다. "어린아이들이여, 우리는 우리의 부모에게 순종하는 것을 배워야 한다." 그러나 그는 어린아이들에게 특별히 무언가에 대해 말하지 않는다. 대신 그는 그의 모든 청중에게 어린아이들처럼 하나님이 그들을 위해 택하신 아버지(주교 혹은 장로)에게, 설령 그가 "보다 나은 사람들을 책임지고 있는 보다 못한 사람"일지라도, 순종하라고 촉구한다.[83] 또한 오리게네스는 누가복음 2:33-39에 관한 그의 가르침에 근거해 여자들에게 다음과 같이 말한다. "여자들이여, 안나의 증언에 주목하고 그것을 모방하라." 그러나 오리게네스의 메시지는 사실상 모든 신자를 향하고 있다. 그들은 재혼에 내포된 영적 위험을 피해야 한다.[84]

---

81 Origen, *Hom. Luc.* 22.5, 8 (Lienhard, pp. 94-95).
82 Origen, *Hom. Luc.* 22.1, 4-6 (Lienhard, pp. 92-94).
83 Origen, *Hom. Luc.* 20.5 (Lienhard, p. 86).
84 Origen, *Hom. Luc.* 17.10 (Lienhard, p. 74).

물론 오리게네스는 그의 일요일 설교에서 그가 성경에서 발견하는 기쁨과 그 자신의 비할 바 없는 학식을 보여 준다. 그는 열정적인 영성을 표현한다. 그는 예수님을 사랑하고 자신의 청중이 "예수님을 바라보기를" 갈망한다. "당신이 그분을 바라보면, 당신의 얼굴은 그분의 눈빛으로 인해 빛날 것이기 때문이다."[85] 오리게네스는 목회적 관심도 드러낸다. 그는 자신의 청중의 삶의 일부가 그들의 세례에 합당하지 않다고 느낀다. 그가 보기에 이것은 이 세상과 다음 세상 모두에서 그들을 문제에 빠뜨릴 것이다. 오리게네스는 원칙들을 진술하는 것만이 아니라 "그것들을 적용하며 따르는 것"이 중요하다고 단언한다.[86] 무슨 일이 일어나든—"강이 넘치든" "박해가 일어나든"—그의 청중은, 만약 그들이 자신들의 믿음을 따라 살면서 "하나님의 명령이라는 다양하고 견고한 돌로 집을" 짓는다면, 안전할 것이다.[87] 이런 말을 할 때 오리게네스는 유스티누스와 「클레멘스 2」의 설교자 같은 그의 선배들의 전통 안에 서 있었다.

오리게네스는 적용에 대한 자신의 관심에 대해 진술한다. 하지만 누가복음에 관한 그의 일요일 설교에서 그는 메시지를 거의 적용하지 않는다. 오히려 그는 지역의 현실로부터 벗어나 있는 듯 보인다. 오리게네스는 그의 청중이 그들의 상황에서 "모방해야" 할 예수님의 특별한 가르침에 대해 거의 언급하지 않는다. 의심할 바 없이 이것은 부분적으로는 오리게네스가 설교하는 누가복음의 구절들 때문이다. 예컨대, 누가복음에 대한 오리게네스의 39편의 설교는 누가복음 4:27로 끝나는 33번째 설교 때까지는 연속적으로 진행된다. 그런데 그것과 누가복음 10:25로 시작되는 34번째 설교 사이에는 적어도 여섯 장의 커다란 간격이 존재한다. 그 간격 안에 예수님의 "평

---

85 Origen, *Hom. Luc.* 32.6 (Lienhard, p. 133).
86 Origen, *Hom. Luc.* 1.5 (Lienhard, p. 8).
87 Origen, *Hom. Luc.* 26.5 (Lienhard, p. 111).

지수훈"(눅 6장에 나오는 지복과 원수들에 대한 사랑을 포함하고 있다), 예수님이 여자들을 대하시는 장면(눅 7장과 8장), 예수님이 열두 사도와 70명의 제자들에게 선교에 대한 사명을 주어 파송하시는 장면(눅 9장과 10장) 등이 들어 있다. 마지막 다섯 개의 설교(35-39)는 누가복음 마지막 열네 장을 망라하고 부에 관한 예수님의 가르침(눅 12장)을 건너뛴다. 그 간격 안에 들어 있는 이런 본문들은 분명하게 아비투스, 즉 그리스도인들의 반사적이고 독특한 행동의 형성을 다룬다. 만약 오리게네스의 설교가 현실로부터 반쯤 물러서 있는 것처럼 보인다면, 아마도 그것은 그가 이런 구절들을 건너뛰었기 때문일 것이다. 그의 설교는 누가의 수난 내러티브도 다루지 않는다. 이런 간격은 어째서 나타나는 것일까? 이런 본문에 대한 그의 설교가 그의 여러 다른 설교처럼 사라졌기 때문일까? 가이샤랴 공동체가 한쪽으로 치우친 성구집을 갖고 있어서였을까? 아니면 때때로 오리게네스의 주중 교리 교육을 위한 주제 선정에 영향을 주었던 주교들이 어떤 이유에선가 그로 하여금 이런 구절들을 멀리하게 해서였을까?[88] 우리로서는 알 수 없다. 하지만 우리는 다음과 같은 사실을 관찰한다. 살아남은 형태대로 보자면, 오리게네스의 일요일 설교는 포괄적이라는 인상을 준다. 그것들은 믿음을 구현하기 위해 싸우고 있는 특정한 회중을 상대로 하지 않으며 비인격적이고 적용이 없다. 오리게네스의 설교들은 "스콜라 철학화되었다."[89]

그러나 250년대에도 순교자 유스티누스와 「클레멘스 2」 같은 앞선 전통은 여전히 남아 있었고, 여러 교회에서 표준이 되어 있었다. 그 전통을 보여 주는 한 예가 주교 키프리아누스가 250년대 초기 치명적인 역병이 발발했던 기간에 카르타고에서 그의 회중에게 했던 설교다.[90] 우리가 이 설교에 대

---

[88] Origen, *Hom. Ezech.* 13.1.1.
[89] Stewart-Sykes, *From Prophecy to Preaching*, p. 269.
[90] 키프리아누스의 전기 작가인 폰티우스는 그의 저술 *Vit. Cypr.* 9 [trans. M. M. Muller and R. J.

해 아는 것은 키프리아누스의 본문이 살아남아서가 아니라(아마도 그는 그 시점에 그 설교를 즉흥적으로 했을 것이다), 그의 전기 작가인 폰티우스가 그것을 기록해 두었기 때문이다. 본서 3장에서 나는 이 설교에 대해 길게 설명한 바 있다. 여기서는 간략하게 두 가지 핵심 사항만 강조하고자 한다.

첫째, 키프리아누스는 이 압도적인 위기에 직면한 상태에서 사람들에게 성경, 즉 "거룩한 문서로부터" 이야기를 꺼냈다. 폰티우스는 우리에게 키프리아누스의 설교 본문이 무엇이었는지 말해 주지 않는다. 그러나 그의 기록은 그것이 키프리아누스의 핵심적 본문 중 하나인 마태복음 5:44-48에 관한 것이었음을 알려 준다. 그 본문에 의지해 키프리아누스는 그리스도인들이 절망적으로 병들어 있는 이들에게 실제적인 도움을 제공하는 것이 매우 중요하다고 말한다. 그 위기는 "자선에 대한 적절한 준수"를 요구한다. 여기에는 병자들의 집을 방문하고, 그들의 몸을 만지고, 그들에게 빵을 먹이고 물을 제공하고, 심지어 그들이 기독교 공동체 밖에 있는 이들일지라도, 또한 그리스도인들이 그들을 박해자요 적들로 여길지라도, 그들을 사랑하는 것이 포함된다. 예수님을 인용하면서 키프리아누스는 자신의 청중에게 그들이 이런 일을 할 때 그들은 단지 자신의 친구나 가족들만 사랑하는 이교도들보다 훨씬 더 나은 일을 하는 셈이라고 말한다. 신자들은 어째서 이렇게 해야 하는가? 어째서 감염의 위험을 무릅써야 하는가? 하나님이 관대하시고 관대하게 행동하시기 때문이다. 하나님이 그분의 자녀들이 자신을 본받기를 바라시기 때문이다. 폰티우스에 따르면, 키프리아누스는 마태복음 5:45을 다음과 같이 의역했다. 하나님은 "계속해서 해가 뜨게 하시고 갑작스러운 비를 내리셔서 씨앗에게 영양을 공급하시면서 이 모든 친절을 단지

Deferrari, FC 15 (1952), pp. 13-14]에서 그 이야기를 전한다.

그분 자신의 친구들에게만이 아니라 모두에게 보이신다."[91]

둘째, 키프리아누스에 따르면, 그가 인용하는 성경 본문의 목적은 신자들의 생각이 아닌 그들의 삶을 바꾸는 것이다. "하나님의 아들이라고 고백하는 이는 그의 아버지의 모범을 따라야 하는 것 아닌가? 우리가 자신의 출생에 상응하는 것은 적절한 일이다. 그리고 하나님 안에서 분명하게 거듭난 자들은 타락해서는 안 되며, 오히려 아들로서, 즉 선한 아버지의 후손으로서 자신이 그분의 선하심을 모방하고 있음을 입증해야 한다."[92] 설교자로서 키프리아누스는 그 본문에 대해 숙고하고 그것을 설명하면서 사람들에게 이것이 그들이 공유하고 있는 보화임을 상기시킨다. 이어서 그는 그것을 사람들의 상황에 적용함으로써 그들이 그것을 따라 살도록, 그래서 그것이 그들의 삶을 변화시키고 그들이 모험하는 삶을 살도록 준비시킨다. 이것을 통해 사람들은 의심할 바 없이 이미 그들에게 익숙한 그러나 다른 사람들의 것과는 다른 아비투스 안에서, 즉 적들을 사랑함으로써 하나님을 모방하는 아비투스 안에서 성장할 것이다. 폰티우스가 말하듯이, 청중은 키프리아누스의 설교에 응답하면서 "단지 믿음의 가속들만이 아니라 모두에게 선한 일을 수행했다."[93]

카르타고에서 키프리아누스는 유스티누스가 로마에서 청중에게 요구했던 일을 하고 있었다. 그는 성경을 봉독한 후 "[사람들에게] 이 아름다운 일들을 모방하라고 촉구하고 초대했다."[94] 키프리아누스는 성경을 신자들의 삶에 적용했고, 그들은 그것에 응답하면서 외부인들에게 기독교의 메시지

---

91 Pontius, *Vit. Cypr.* 9 (Müller and Deferrari, p. 14). 키프리아누스가 마 5:45을 인용하는 다른 본문을 위해서는, *Pat. 5; Ad Quir.* 3.49; *Zel. liv.* 15를 보라.
92 Pontius, *Vit. Cypr.* 9 (Müller and Deferrari, p. 14).
93 Pontius, *Vit. Cypr.* 10 (Müller and Deferrari, p. 15), 갈 6:10를 인용.
94 Justin, *1 Apol.* 67.4 (Hardy, p. 287).

를 전하는 독특한 방식을 따라 살도록 장려되었다. 이런 일이 벌어졌을 때, 설교는 교회의 성장에 기여했다.

공동 기도

초기 기독교 작가들은 기도에 특별한 관심을 기울였다. 그들은 설교에보다 기도에 훨씬 더 많은 관심을 기울였다. 세 명의 초기 작가들(테르툴리아누스, 키프리아누스, 오리게네스)이 기도에 관한 논문을 썼다.[95] 그들의 목적은 신자들에게 함께 드리는 기도의 실효성에 대해 알려 주는 것이었다. 기도하는 신자들은 어떤 자세를 취해야 하는가? 그들은 어떤 몸짓을 해야 하는가? 효과적으로 기도하기 위해 서로 어떤 관계를 가져야 하는가? 기도의 대상으로 삼아야 할 올바른 관심사는 무엇인가? 어떤 말을 사용해야 하고, 그것들은 얼마나 정확해야 하는가? 기도할 때 감정을 어느 정도까지 허용할 수 있는가? 이런 문제들을 다룰 때 그 작가들은 또한 기도의 효험, 능력, 필요성에 관한 신학적 질문들을 다루고 있었다. 그들은 공동 기도에서 경험되는 신성한 것에 대한 강렬한 의식을 지니고 글을 썼다. 그리스도인들에게는 이런 경험이 필요했다. 기도는 그들이 매일의 삶의 위험들에 대처하게 해 주었을 뿐 아니라 또한 교회가 성장할 수 있게 하는 모험적인 일들, 즉 새로운 곳을 찾아가고, 역병에 걸린 이들을 어루만지고, 적들을 잠재적인 형제들로 보는 일들을 즐거이 수행할 수 있게 해 주었다. 그리스도인들의 삶은 그들의 기도에 달려 있었다. 그들은 제국의, 사실상 세계의 안녕 역시 그러하다고 믿었다. 2세기의 호교론자 아리스티데스가 말하듯이, "세계는 그리스도인들의 중보 기도

---

[95] Tertullian, *On Prayer* (*De oratione*); Cyprian, *On the Lord's Prayer* (*De dominica oratione*); Origen, *On Prayer* (*De oratione*). 대조적으로, 성찬에 관한 그 어떤 초기 기독교 논문도 남아 있지 않다.

때문에 존속한다."[96]

자세와 몸짓

유스티누스와 『사도 전승』에 따르면, 새로 세례를 받은 신자들은 기도 시간에 예배하는 공동체에 소개되었다.[97] 이것은 우발적인 것이 아니었다. 왜냐하면 기도 시간은 초기 기독교 예배의 권능의 중심이었기 때문이다. 새로운 신자들은 그리스도인들의 기도에서 무언가 익숙한 것들을 발견했다. 그들은 어떤 익숙한 아비투스를 만났다. 남자와 여자들은 이교도들처럼 서서 기도했다. 그들은 기도상처럼 눈을 뜨고 양손을 들어 올려 펼쳤다.[98] 이교의 도상학에서 기도상은 가족에 대한 충성이나 죽은 자의 영혼을 의미했다. 그리스도인들은 그들의 초기 미술에서 그리스도인을 묘사하는 가장 일반적인 것으로 기도상(전형적으로 여성이었다)을 채택했다. 그들은 확신을 갖고 그렇게 할 수 있었다. 왜냐하면 기도상의 자세가 그리스도인들이 공적인 집회에서든 사석에서든 기도할 때 취하는 자세와 같았기 때문이다. 오리게네스는 기도에 관한 그의 논문에서 이렇게 썼다.

> [기도할 때] 취하는 여러 몸가짐이 있기는 하나, 양손을 펼치고 눈을 들어올리는 자세가 다른 모든 것보다 우선시되어야 한다는 것에는 의문의 여지가 없다. 왜냐하면 몸이 취하는 자세는 기도 행위에서 영혼에 적합한 자질들을 상징하기 때문이다. 우리는 이것이, 특별한 상황에서는 예외가 되겠지만, 우리가 취

---

96 Aristides, *Apol.* 16, trans. J. Rendel Harris, Texts and Studies 1 (Cambridge: Cambridge University Press, 1891), p. 50
97 Justin, *1 Apol.* 65.1; 또한 *Trad. ap.* 21.25를 보라.
98 Graydon F. Snyder, *Ante Pacem: Archaeological Evidence of Church Life before Constantine* (Macon, GA: Mercer University Press, 1985), pp. 19-20; Robin Margaret Jensen, *Understanding Early Christian Art* (London: Routledge, 2000), pp. 32-37.

해야 할 일반적인 자세가 되어야 한다고 주장한다. 어떤 상황에서, 예컨대 발에 심각한 질환이 있을 때, 우리는 앉아서 예의 바르게 기도할 수 있다.[99]

그러므로 기도상 자세는 새로운 그리스도인들에게 친숙했다. 그러나 또한 많은 것이 새롭게 느껴졌을 것이다. 그리스도인들은 그 자세에 새로운 의미를 부여했다. 뜬 눈은 하늘을 바라보았다. 펼친 손은 순수함을 가리켰으나 십자가를 모방하는 것이기도 했고 그리스도인들의 "고문에 대한 준비"를 나타내는 것이기도 했다.[100] 더 나아가 그리스도인들은 이교도들에게서는 찾아볼 수 없는 방식으로 함께 기도를 드렸다. 그들의 예배 장소는 공동으로 기도하는 장소였다. 많은 이들이 서로 가까이 서서 그리고 (그들이 믿기로) "하나님 앞에" 서서 함께 기도를 드렸다.[101] 이런 기도를 주관한 것은 분명히 성직자가 아니었다. 교육을 받지 못한 이들을 포함해 많은 신자들이 자신들이 그것에 자유롭게 기여할 수 있다고 느꼈다. 처음 3세기 동안 그리스도인들의 공동 기도가 침묵의 경청이라는 특징을 지닌 적은 거의 없었다. 오히려 그리스도인들은 자주 말로 감사를 표현하는 기도를 드렸다. 유스티누스의 로마 교회에서 사람들은 하나님께 "우리를 지으시고 모든 건강의 수단을 주신 것에 대해, 그리고 다양한 피조물들과 계절의 변화를 주신 것에 대해" 찬양을 드렸다.[102] 또 신자들은 탄원과 중보의 기도를 드렸다. 이런 기도들은 뜨거워질 수 있었다. 어떤 공동체에서 신자들은 기도할 때 신음하고 소리를 질렀다.[103] 북아프리카에서 사람들은 동시에 기도를 드렸다.[104] 기도하는 신

---

99 Origen, *Or.* 31.2, trans. J. J. O'Meara, ACW 19 (1954), p. 131.
100 Tertullian, *Apol.* 30.7 (Glover, p. 153). 또한 Tertullian, *Or.* 14; Minucius Felix, *Oct.* 29.6를 보라.
101 Origen, *Or.* 11.4; Cyprian, *Dom. or.* 4, trans. and ed. A. Stewart-Sykes, *Tertullian, Cyprian, Origen: On the Lord's Prayer* (Crestwood, NY: St. Vladimir's Seminary Press, 2004), p. 67.
102 Justin, *1 Apol.* 13.2 (Hardy, p. 249).
103 Justin, *1 Apol.* 65.1; Cyprian, *Dom. or.* 4.

자들은 몸짓을 사용할 수 있었다. 클레멘스에 따르면, 알렉산드리아에서 어느 병자의 고열이 "안수를 통해 달아났다." 기도는 "마귀의 폭력"을 부수는 "확신에 찬 명령"과 함께 퇴마적 어조를 지닐 수 있었다.[105]

반복적인 구절들

북아프리카의 회중 기도회 참석자들은 특정한 공식을 반복했던 것처럼 보인다. "오 하나님, 자비를 베푸소서. 당신께 감사드립니다.…어떻게 감사를 드려도 모자랍니다." "기도합니다, 오 그리스도여. 당신께 찬양을 드립니다."[106] 계획되지 않은 상태에서 공동으로 기도하는 예배자들은 "약속된 기도들" 즉 그들이 집에서 사용하던 기도문의 구절들을 사용했을 수 있다.[107] 때때로 그들은 자기들이 집에서 하루에 몇 차례씩 드렸던 "적절하고 일반적인 기도"인 주기도문의 일부 구절들을 자발적으로 공동 예배에 가져와 사용했을 수도 있다. "우리는 자주 반복해서 드리는 기도를 드리면서 그분의 나라의 시대가 오기를 탄원하고 간청한다."[108] 4세기 말까지는 성찬에서 주기도문이 사용되는 것에 대한 분명한 기록이 존재하지 않는다.[109] 그러나 이른 시기의 성찬에서 주기도문이 기록되지 않은 채 사용되었을 수 있다. 그리고 우리는 신자들이 회중 기도회에서 주기도문 전체를 암송하는 것을 상상해 볼 수 있다. 테르툴리아누스가 주기도문을 소상하게 설명하는 그의 논문 "기도에 관하여"를 고안한 것은 세례 받기 이전의 세례 지원자들을 위한 마지막

---

104 *Passion of Perpetua* 7.1.
105 Clement of Alexandria, *Quis div.* 34, trans. G. W. Butterworth, LCL 60 (1919), p. 343.
106 *Acts of the Abitinian Martyrs* 6, 12 (Tilley, pp. 32, 37). 그리스도인들이 박해와 고문을 겪을 때 발설한 이런 구절들은 교회의 공동 기도회에서 습관적으로 사용했던 표현들이었을 수도 있다.
107 Origen, *Cels.* 6,41, trans. H. Chadwick (1965), p. 356.
108 Tertullian, *Or.* 10, trans. A. Stewart-Sykes, *Lord's Prayer*, 10; Cyprian, *Mort.* 18, trans. E. Wallis, *ANF* 5:473.
109 Kenneth W. Stevenson, *The Lord's Prayer: A Text in Tradition* (London: SCM, 2004), p. 47.

교육의 일환이었을 수 있다. 키프리아누스는 그의 논문 "주님의 기도에 관하여"(On the Lord's Prayer)를 동일한 청중을 위해 기획했을 수 있다.[110] 이 논문에서 키프리아누스는 주기도문이 **우리의** 아버지께 드리는 공동의 기도라고 주장한다. 그것은 "개별적으로 그리고 홀로" 기도하는 누군가에게 주어진 것이 아니다. 키프리아누스에 따르면, 그리스도인들은 주기도문을 사람들이 어떤 결론에 이르도록 하는 수단으로 적절하게 사용한다. "만약 우리가 그분 자신의 기도를 사용하며 간구한다면 우리는 우리가 그리스도의 이름으로 구하는 것을 얼마나 더 효과적으로 얻을 수 있겠는가."[111]

특정한 필요 충족시키기

가이사랴에서 오리게네스는 부유하고 가난한 신자들이 서로 가까이 서서 기도하느라 서로의 말을 우연히 엿듣는 것을 자연스러운 것으로 여겼다. 그들은 자기들이 들은 것 때문에 상호 부조 행위에 참여해 서로의 필요를 충족시킬 수 있었다. 오리게네스는 우연히 엿듣는 것을 우발적인 것으로 여겨 무시하는 것을 거부했다. 그의 논문 "기도에 관하여"에서 그는 그리스도인들이 함께 모여 기도할 때 천사들이 그곳에 임재하며 "우리와 함께 행동한다"고 말한다. 한 의사가 "병든 상태에서 건강을 위해 기도하는 어떤 이 곁에 서 있다.…그가 기도하는 그 사람을 돕기 위해 움직이리라는 것은 분명하다." 어느 부유한 사람이 "자신의 곤경 때문에 하나님께 호소하는 가난한 사람의 기도를 듣는다. 그가 그 가난한 사람의 기도에 응답하리라는 것은 분명하다."[112]

그리스도인들의 기도는 이교도들의 기도와 어떻게 달랐을까? 이교도들에게는 '언어적 정확성'이 아주 중요했다. 기도가 효력을 발휘하기 위해서

---

110 Stewart-Sykes, *Lord's Prayer*, pp. 23-24.
111 Cyprian, *Dom. or.* 3, 8 (Stewart-Sykes, *Lord's Prayer*, pp. 66, 69).
112 Origen, *Or.* 11.4-5 (Stewart-Sykes, *Lord's Prayer*, 136). 또한 Origen, *Or.* 31.5를 보라.

는, 그것을 드리는 자들이 무언가를 생략하거나 변경하지 않으면서 정확한 공식을 사용해 기도해야 했다. 기도가 흠이 없게 하기 위해 감시인이 귀를 기울이며 기도의 품질을 살폈다. 대조적으로, 테르툴리아누스에 따르면, "우리는 감시인 없이[sine monitore] 마음에서 우러나오는 대로 기도한다."[113] 초기 그리스도인들의 공동 기도는 원고 없이 즉흥적으로 드리는 기도였다. 그것은 종이 없이 드리는 기도였다. 그것은 단지 직업적인 종교인들, 단지 글을 아는 자들만을 위한 기도가 아니라, 각 사람의 필요와 그들의 영적 은사에 의존한 모두를 위한 기도였다. 아달베르 함만(Adalbert G. Hamman)에 따르면, 그리스도인들의 기도는 "실존적 기도"였다.[114] 그것은 세차고 실제적이고, 열정적이고 직접적이었다. 그것은 기도하는 이의 분투와 관심사로부터 나왔는데, 그들 중 많은 이들은 자기들의 삶을 통제할 수 없었다. 때때로 기도가 소란스러웠다고 할지라도, 그것은 놀랄 일이 아니었다. 그리스도인들의 실제적인 기도는 제의적 정확성보다는 자기를 예배하는 자들의 필요를 채우시고 그들이 자신을 향해 부르짖을 때 그들의 잘못을 바로잡으시고 그들의 고통을 치유하시는 데 더 관심을 기울이시는 기독교 하나님의 성품을 반영했다. 테르툴리아누스에 따르면, 기도는 기독교 예배의 핵심이었다. 왜냐하면 그것은 무력한 사람들에게 힘을 주었기 때문이다. 하나님의 명령을 따라 드리는 기도는 그리스도인들의 "풍성하고 커다란 희생 제사[opimam et maiorem hostiam]"였다.[115]

---

113 Tertullian, *Apol.* 30.4 (Glover, p. 151).
114 Adalbert-G. Hamman, *La prière*, vol. 2, *Les trois premiers siècles* (Tournai: Desclée, 1963), p. 109.
115 Tertullian, *Apol.* 30.5 (Glover, pp. 152-153).

스트레스에 대처하기

사람들은 왜 매주 예배에 참석했을까? 많은 이들이 기도가 없이는 살 수가 없어서—생존할 수 없어서—왔다. 그리스도인들은 아주 다양한 사회적 배경을 갖고 있었다. 부유한 이들은 그리스도인으로서 차별에 직면했다. 또 그들은 때때로 자신들의 직업에서 불순응주의적으로 행동하여 거부를 직면하기도 했다. 다른 많은 그리스도인들은 가난했고, 많은 이들은 문맹이었으며, 대부분은 엘리트 계층이 아닌 사람들이었다. 최근의 한 연구에 따르면, 그들은 "강력한 사회적 스트레스 요인들과 직면했다."[116] 이런 스트레스 요인들은 초기 기독교의 설교에 대한 설명에서 반복해서 나타난다. 1세기 말 로마에서 드려졌던 한 유명한 기도(1 Clem. 59.4)는 다음과 같은 종류의 스트레스에 대해 언급한다. 질병, 약함, 굶주림, 투옥, 절망, "넘어짐"(배교?). 한 세기 후 카르타고에서 테르툴리아누스는 곤경에 처해 기도하는 그리스도인들을 열거했다. 죽어 가는 사람, 약한 사람, 병든 사람, 마귀에 사로잡힌 사람, 투옥된 사람과 묶여 있는 사람, 강도들의 위협을 받는 사람, 지원이 필요한 가난한 사람과 다스림을 받아야 할 필요가 있는 부유한 사람, 박해받는 사람, 배교자들.[117] 알렉산드리아에서 클레멘스는 그들의 "가라앉는 배가 오직 성도의 기도만으로 조종되어 떠올랐던" 여행자들에 대해, 그리고 "강도들의 위협을 받았으나 경건한 기도가 그들의 무장을 해제해 해를 입지 않았던" 도시의 거주자들에 대해 언급한다.[118] 기도는 생명, 그리고 알려지고 두려움의 대상이 된 고통과 상관이 있었고, 그리스도인들은 "현존하시며 자신들의 기도를 들으시는 하나님께 말씀을 드렸다."[119]

---

116 Jerry Toner, *Popular Culture in Ancient Rome* (Cambridge: Polity Press, 2009), p. 74.
117 Tertullian, *Or.* 29.
118 Clement of Alexandria, *Quis div.* 34 (Butterworth, p. 343).
119 Origen, *Or.* 8.2 (Stewart-Sykes, *Lord's Prayer*, p. 130). 또한 Origen, *Or.* 12.1를 보라.

사람들의 기도는 단지 그들의 삶을 떠받치기만 했던 것이 아니라 그들의 지평을 넓히기도 했다. 그리스도인들의 기도는 지중해 세계 전역에 미쳤다. 유스티누스는 우리에게 로마에서 있었던 어느 세례 예배에서 회중이 그들 자신의 회중과 새로 세례받는 한 사람만을 위해서가 아니라 "다른 모든 곳에 있는 모든 이들"을 위해서도 공동 기도를 올렸다고 알려 준다.[120] 같은 시기에 소아시아 서머나에서 주교 폴리카르포스는 화형당하기 직전에 밤낮으로 "그의 습관을 따라 온 세상의 교회들을 위해" 기도했다.[121] 많은 곳에서 그리스도인들은 또한 그들의 적들과 황제들을 위해 기도했다. 테르툴리아누스는 적들을 위해 기도하라는 예수님의 명령과 관련해 이렇게 물었다. "우리를 반역자로 만든 권위자들보다 더 위험한 그리스도인들의 적과 박해자들이 누구인가?" 그들은 바로 황제들이었다.[122]

무질서한 기도

위기가 심각했기에 공동 기도는 과열되고 무질서해질 수 있었다. 제이컵 타우베스(Jacob Taubes)는 초기 바울 공동체의 기도를 이렇게 설명했다. "당신은 기도를 기독교 교회 안에서 노래를 부르는 것과 다른 무언가로 상상해야 한다. 오히려 그곳에는 비명과 신음이 있었다. 사람들이 기도할 때 하늘에서는 폭풍우가 몰아쳤다."[123] 200년경에 테르툴리아누스는 카르타고에서 여전히 일반적이었던 저녁 연회 때조차 일어서서 눈을 뜨고 손을 들어 올리

---

120 Justin, *1 Apol.* 65.1 (Hardy, p. 285).
121 Mart. Pol. 5.1, trans. B. D. Ehrman, LCL 24 (2003), p. 373.
122 Tertullian, *Apol.* 31.2 (Glover, p. 155).
123 Jacob Taubes, *The Political Theology of Paul*, trans. Diana Hollander (Stanford, CA: Stanford University Press, 2004), p. 73. 또한 Henry Chadwick and Peter Brown, "Prayer", in *Late Antiquity: A Guide to the Postclassical World*, ed. G. W. Bowersock, Peter Brown, and Oleg Grabar (Cambridge, MA: Harvard University Press, 1999), p. 650를 보라: "다른 집단들에서처럼, 그리스도인들 가운데서도 기도의 몸짓은 산파적이고 시끌벅적할 것으로 여겨졌다."

고 드리는 기도라는 기독교적 아비투스가 시위성 몸짓으로 인해 왜곡될 수 있다고 인정했다. 그는 "[우리의 손은] 허공으로 아주 높이가 아니라 단지 살짝 그리고 적절한 자세로 들어 올려져야 한다"고 말했다.[124] 50여 년 후에 그 도시에서 새로운 기준이 된 보다 큰 규모의 아침 예배 모델 안에서 키프리아누스는 신자들이 여전히 그들의 기도를 "거친 목소리로 마구" 그리고 "사납고 시끌벅적하게" 드리고 있다며 안타까워했다. 이런 이들은 일어나면 안 되는 것이었다. 신자들이 사제와 함께 공동 기도를 드리기 위해 모일 때, 그들은 "겸손과 규율을 염두에 두어야 한다." 하나님이 "고함으로 훈계를 받으셔서는 안 된다."[125] 오리게네스는 그리스도인들은 "수다 떠는 이교도처럼" 되지 말아야 한다고 여겼다. "그 수다쟁이들은 너무 많은 말을 한다."[126] 기독교 집회가 크기와 교양의 측면에서 성장해감에 따라 교회의 지도자들은 훈련과 예절에 점점 더 많은 관심을 기울였다.

인내

테르툴리아누스는 또 다른 문제, 즉 열렬한 기도의 대상인 하나님이 언제나 즉각 응답을 주시지는 않는다는 신자들의 경험에 대해 말했다. 그는 교회는 마태복음 8:24에 나오는 작은 배와 같다고 썼다. 그 배 안에서 예수님의 제자들은 큰 물결(박해와 유혹)에 이리저리 흔들리고 있으나 그들의 주님은 응답하지 않으신다. "[그분은] **인내**하며, 말하자면, 잠들어 계시다." 테르툴리아누스는 신자들에게 인내하도록 촉구한다. 적절한 때가 오면, 사람들의 기도에 응답해 주님께서 깨어 일어나 "세상을 잠잠케 하고 평온을 회복시키실 것이다."[127]

---

124 Tertullian, *Or.* 17, trans. E. J. Daly, FC 40 (1959), p. 172.
125 Cyprian, *Dom. or.* 4, trans. R. J. Deferrari, FC 36 (1958), pp. 129-130.
126 Origen, *Or.* 21.1-2 (O'Meara, p. 71).
127 Tertullian, *Bapt.* 12, trans. Ernest Evans, *Tertullian's Homily on Baptism* (London: SPCK,

영적 전투

때때로 기도에 대한 응답은 천천히 왔다. 사람들은 교회의 공동 기도에 참여하면서 인내했다. 왜냐하면 그들은 이런 기도가 자신들의 삶에 변화를 가져왔다고 믿었기 때문이다. 그리스-로마 세계에서는 글을 깨우치고 비교적 부유한 그리스도인들조차 여러 방식으로 무력하고 연약했다. 부자와 가난한 자 할 것 없이 모두가 전국적인 전염병과 출산의 위험에 노출되어 있었다. 그러나 기도가 사람들이 그런 위험에 대처하는 것을 도왔다. 테르툴리아누스에 따르면, 모든 그리스도인들에게 "기도는 우리의 적[마귀]에 맞서 모든 면에서 우리를 보호해 주는 신앙의 담이자 우리의 무기와 병기다." 그는 즐거이 외친다, "우리는 결코 무기 없이 나아가지 않는다."[128]

영적 전투로서의 기도는 또한 알렉산드리아의 클레멘스의 핵심적 주제였다. 그리스도인들은 "무기 없는, 전쟁 없는, 피 흘림 없는, 분노 없는 군대다." 이 군대, 즉 "하나님을 두려워하는 늙은 남자들, 하나님이 사랑하시는 고아들, 온유함으로 무장한 과부들, 사랑으로 장식한 남자들로 이루어진 군대"의 군사들은 얼마나 반문화적인가! 이들은 하나님과 경쟁하는 비폭력적인 군대를 이룬다. 클레멘스는 "이것은 하나님을 강제하고 그분으로부터 생명을 강탈하는 유일하게 선한 힘이다."[129] 혹은 테르툴리아누스가 말하듯이, 카르타고의 신자들이 함께 기도할 때, 그들은 "[그들의] 힘을 한데 모아 하나님을 에워싼다.…그들이 그분에게 행하는 이 폭력은 그분을 기쁘게 한다."[130]

일부 그리스도인들은 자신들이 기도하면서 마귀의 세력(정사와 권세)과

1964), p. 29.
128 Tertullian, *Or.* 29, trans. Everett Ferguson, *Inheriting Wisdom* (Peabody, MA: Hendrickson, 2004), p. 251.
129 Clement of Alexandria, *Quis div.* 34, 21 (Butterworth, pp. 343, 315).
130 Tertullian, *Apol.* 39.2 (Glover, p. 175).

벌이는 전투보다 하나님과의 투쟁을 덜 강조해 왔다. 오리게네스는 이 투쟁에 대해 아주 분명하게 말했다. 그는 가이사랴에 있는 신자들을 향해 이렇게 도전했다. "그리스도를 통해 구속된 당신들의 손에서 물리적인 칼이 제거되었다." 그러나 이것은 그들이 무력하다는 의미가 아니었다. "그 자리에 '성령의 칼'이 제공되었고 당신들은 그것을 붙잡아야 한다."[131] 그리스도인들은 "기도와 금식, 정의와 경건, 온유, 박애, 자기 통제의 모든 덕"을 수단으로 싸운다. 그리고 그 결과는? "기도하는 신자 한 명이 전쟁을 벌이는 무수한 죄인들보다 훨씬 더 강력하다."[132] 그러므로 오리게네스는 가이사랴의 신자들에게 기도하고 충실하게 살라고 촉구한다. "승리를 바란다면, 당신들의 손과 행위를 들어 올려라."[133] 신실한 행동과 함께 기도는 그리스도인들이 사회적으로 책임 있는 존재가 될 수 있는 수단이었다.

기도의 능력

그러나 그리스도인들은 무책임했다! 그것은 50여 년 전 이교도 켈수스가 그의 작품 『참된 말씀』(*True Word*)에서 웅변적으로 진술했던 흔한 일이었다. 그리스도인들이 로마 군대에 참여하는 것을 거부했을 때, 켈수스는 그들에게 다음과 같이 도전했다. "만약 모두가 당신들처럼 한다면, [황제가] 홀로 곁에 아무도 없이 버림받는 것을 막을 길은 존재하지 않을 것이고, 세상의 일들은 가장 무법하고 미개한 야만인들의 손아귀에 들어가게 될 것이다."[134]

50여 년 후 이에 응답하면서 오리게네스는 사실 로마 군대 안에 그리스

---

131 Origen, *Hom. Num.* 20.4.3, trans. T. P. Scheck (Downers Grove, IL: IVP Academic, 2009), p. 131.
132 Origen, *Hom. Num.* 25.2.2; 25.4.1 (Scheck, p. 154).
133 Origen, *Hom. Exod.* 11.4, trans. R. E. Heine, FC 71 (1982), p. 359.
134 Origen, *Cels.* 8.68 (Chadwick, p. 504).

도인들이 일부 있었다고 지적하면서 방어적인 입장을 취할 수도 있었을 것이다.[135] 그러나 그는 그렇게 방어적인 태도를 취하지 않았다. 오히려 그는 그리스도인들이 "전선으로 나아가 자기들이 할 수 있는 한 모든 적을 죽이는" 로마 군대보다 로마 제국의 평화와 안전에 훨씬 더 많은 기여를 한다고 받아쳤다. 그리스도인들이 평화와 안전을 가져오는 데 더 효과적이었던 것은 그들이 "하나님의 전신 갑주"(엡 6:11)를 입었기 때문이다. 다른 이들이 싸우는 동안 그리스도인들은 기도했다. 신자들은 그들의 기도로 "전쟁을 일으키고, 맹세를 깨뜨리고, 평화를 어지럽히는 모든 마귀들을 물리친다." 그리스도인들은 기도와 금욕적 관습들을 수행하는 것을 통해 "공동체의 과업에 협력하고" 있었다. 그렇다. 그들은 황제를 위해 싸우지 않을 것이다. 그러나 그리스도인들은 "하나님께 드리는 [그들의] 중보를 통해 특별한 경건의 군대" 역할을 했다. 영적 전쟁은 "옳게 행동하는 이들에게 적대적인…모든 것"의 파멸로 이어진다.[136]

오리게네스는 기도가 실제로 차이를 만든다고 확신했다. 초기 기독교 전통 안에서 오리게네스는 기도를 상상할 수 없는 힘을 지닌 자원으로 보았다. 중보 기도는 군대보다 강력하다. 따라서 그리스도인들은 그들의 기도로 공동선에 크게 기여한다.[137] 실제로 초기 그리스도인들에게 힘과 부력을 제공한 것은 그들의 기도 습관이었다. 그들은 하나님이 기도에 응답하신다고 믿었기에 모험을 감행하고, 파란만장하고 무모한 삶을 살고, 그들을 곤경에 빠뜨릴 수도 있는 미신(superstitio)에 충실할 수 있었다. 여기에 능력이 있었

---

[135] Origen, *Cels*. 8.73 (Chadwick, p. 509).
[136] Origen, *Cels*. 8.73 (Chadwick, p. 509).
[137] 그와 비슷하게 믿었던 다른 이들에 대한 예는, Aristides, *Apol*. 16.6; Hippolytus, *Comm. Dan*. 3.24.7를 보라.

다. 그리고 외부인들은 그것을 슬쩍 맛보고는 그것에 참여하고 싶어 했다.[138] 학자들은 초기 그리스도인들이 외부인들의 회심을 위해 기도하는 데 많은 시간을 쓰지 않은 것을 지적하며 당혹스러워했다.[139] 오히려 그 초기 그리스도인들 중 많은 이들은 그들이 예배를 통해 경험한 하나님의 권능에 힘입어 흥미로운 삶을 살았다. 그리고 소문들이 퍼져 나갔다. 기독교 예배는 힘을 얻는 장소였다. 오리게네스는 이렇게 물었다. "누가 이런 일들에 대해 듣고도 하나님의 군대에 소환되지 않을까? 누가 진리의 적들에 맞서 교회를 위해 싸우도록 고무되지 않겠는가?"[140] 외부인들은 기도라는 힘의 중심에 접근하고 싶어 했다.

기도에 울타리 치기

"사도들의 가르침"을 만들어 낸 3세기 시리아 공동체는 회개하고 "내가 믿습니다"라고 말하는 외부인들을 받아들이는 데 열려 있었다. 그 공동체는 외부인들이 설교를 들을 수 있도록, 얼마간 거리를 두고 회중 안으로 받아들였다. 하지만 그 공동체는 그들이 "기도 때 말하는 것"은 허락하지 않았다. 적어도 빨리 그렇게 하지는 않았다. 먼저 그들은 학습 과정에 참여해야 했다. 그동안에 그들은 말씀을 듣고, 복종하고, 설교가 끝난 후 공동 기도가 시작되기 전에 예배 장소에서 떠나야 했다. "그들이 자기들이 교회와 **소통하지**

---

138 예컨대, *Passion of Perpetua* 9.1를 보라.
139 Yves Congar, "Souci du salut des paiens et conscience missionaire dans le Christianisme postapostolique et préconstantinien", in *Kyriakon: Festschrift Johannes Quasten*, ed. Patrick Granfield and Josef A. Jungmann (Münster: Aschendorff, 1970), pp. 4-6. 나는 Congar가 인용하는 예(1 Clem. 59.4; Ignatius, *To the Ephesians* 10.1; Aristides, *Apol.* 17.2; Justin, *Dial.* 108; *Did. apost.* 2.56; Cyprian, *Dom. or.* 17)에 다음을 덧붙인다: Clement of Alexandria, *Strom.* 7.7.41; 7.12.80; *Did. apost.* 5.16.3; Justin, *Dial.* 35.8; Pol. *Phil.* 12.3; Cyprian, *Demetr.* 20; Pontius, *Vit. Cypr.* 9; *Const.* 8.10.16.
140 Origen, *Hom. Num.* 25.4.3 (Scheck, p. 157).

않고 있음을 깨달을 때", 그리고 이것이 그들을 지치게 할 때, **그때** 그들은 참으로 자신들을 복종시키려 할 것이다. 그들은 "자신들의 이전 행위에 대해 회개하고 **기도를 위해** 교회 안으로 받아들여지기를 바랄 것이다." 외부인들이 원했던 것은 기도였다. 그리고 교회가 그토록 세심하게 보호했던 것 역시 기도였다.[141]

이 공동체는 어째서 기도에 울타리를 치는 것에 그토록 관심을 가졌던 것일까? 아마도 그 공동체의 지도자들이 기도가 그들의 삶과 증언에 얼마나 중요한지를 인식하고 있었기에 그랬을 것이다. 또 만약 그 공동체 안에서 관계가 깨진다면, 그들의 기도가 좌절되고 심지어 무효화될 수도 있다는 것을 알았기 때문일 것이다. 물론 서로에게 화가 난 회원들 사이에서 긴장이 일어날 수 있었다. 그런 긴장은 즉각 해소되어야 했다. 왜냐하면 지속되는 분노는 죄를 낳기 때문이다. "사도들의 가르침"은 그 공동체가 아주 진지하게 다뤘던 예수님의 전례적인 말씀을 가리킨다. "그러므로 예물을 제단에 드리려다가 거기서 네 형제에게 원망들을 만한 일이 있는 것이 생각나거든 예물을 제단 앞에 두고 먼저 가서 형제와 화목하고 그 후에 와서 예물을 드리라"(마 5:23-24).[142] 그 공동체가 하나님께 드리는 예물은 그 공동체의 "기도와 성찬"이었다. 그러나 "사도들의 가르침"은 "만약 네가 너의 형제와 계속해서 불화하거나 그가 너와 계속해서 불화한다면", 이것들은 방해를 받거나 질식될 것이다. "너희의 기도는 상달되지 않을 것이고, 너희의 성찬은 용납되지 않을 것이다." 설령 신자들이 자주 기도할지라도, 심지어 한 시간에 세

---

141 *Did. apost.* 2.39.6, trans. and ed. Alistair Stewart-Sykes, *The Didascalia apostolorum: An English Version*, Studia Traditionis Theologiae 1 (Turnhout: Brepols, 2009), p. 162(저자 강조). 유사하게, 3세기 중반에 폰투스에서 주교 그레고리우스는 참회자들과 세례 지원자들을 "성경과 교리" 공부에는 받아들이되 "기도의 특권"에서는 배제하는 정책에 대해 말했다(Gregory, *Canonical Epistle* 11, trans. S. D. F. Salmond, *ANF* 6:20).
142 *Did. apost.* 2.53.2-3 (Stewart-Sykes, p. 172).

번씩 기도할지라도, 그들의 기도는 열매를 맺지 못할 것이다. 왜냐하면 "하나님은 너희가 너희의 형제에게 품고 있는 적대감 때문에 너희의 기도를 듣지 않으실 것이기" 때문이다. 그러므로 "사도들의 가르침"은 그 공동체 회원들에게 가서 그들의 형제와 자매들과 화평하라고 촉구한다. "너희의 이웃을 용서하라. 그러면 너희의 기도가 상달될 것이고 너희가 드리는 예물이 주님께 용납될 것이다."[143] 화해를 촉진하기 위해 "사도들의 가르침"은 주교가 이끄는 갈등 해결 과정을 수립한다.[144] 강력한 기도에 이끌려 "사도들의 가르침" 공동체로 새로운 사람들이 갑자기 물살처럼 밀려오면 어떻게 할 것인가? 그로 인한 결과는 무서운 것이 될 수 있다. 만약 교리 교육의 형성 과정에 적응하지 못한 새로운 사람들이 넓은 사회에서 형성된 분노를 유발하고 원한을 품는 아비투스를 교회 안으로 들여온다면, 그것이 공동체의 기도와 예배에 끼치는 영향은 파괴적인 것이 될 것이다. 불화 속에 있는 공동체 회원들은 자유롭게 기도하지 못할 것이다. 그들은 그 공동체를 둘러싼 사회의 압력 앞에서 무력해질 것이다. 그들의 힘이 기도에 있었던 공동체가 기도할 수 없게 될 경우, 그 공동체가 위축되리라는 것을 그들은 알고 있었다!

예수님의 기도의 법칙

마태복음 5:23-24에서 발견되는 예수님의 전례적 말씀에 구속력 있는 권위를 부여한 것은 "사도들의 가르침"을 만들어 낸 시리아 공동체만은 아니었다. 다른 공동체들 역시 올바른 관계가 진정한 예배의 조건이라는 것을 인식했다. 키프리아누스는 그의 논문 "일치에 관하여"(On Unity)에서 그 조건에 예수님의 "기도의 법칙"이라는 명칭을 부여한다. 이 법칙은 화가 난 상태로

---

[143] Did. apost. 2.53.4-5, 9 (Stewart-Sykes, pp. 172-173).
[144] Did. apost. 2.54.1-2.56.4. 이에 대한 논의는 본서의 8장을 보라. 또한 Alan Kreider, "Peacemaking in Worship in the Syrian Church Orders", SL 34, no. 2 (2004): pp. 177-190를 보라.

예배에 오는 회원은 그가 형제와 화해하기 전에는 기도를 드릴 수 없으며, 오직 그 후에야 하나님께 예물을 드릴 수 있다고 규정한다.[145] 또한 키프리아누스는 그의 논문 "주님의 기도에 관하여"에서 이것을 "분명한 규칙"이라고 반복해서 말한다. "하나님은 분쟁하는 이의 제사를 받지 않으신다. 하나님은 그를 제단에서 돌려보내시면서 그에게 먼저 그의 형제와 화해하도록 명하시는데, 그것은 그가 평화를 만드는 자가 되어 기도함으로써 하나님과 평화를 이룰 수 있게 하시기 위해서다. 하나님이 더 기뻐하시는 제사는 우리가 성부와 성자와 성령의 하나되심 안에서 하나가 되어 누리는 평화와 형제와의 합의다."[146]

테르툴리아누스도 이에 동의한다. 그의 "기도에 관하여"에 따르면, 기도에 관한 교회의 가장 중요한 가르침은 단순하다. 그것은 화해가 기도를 위한 전제 조건이라는 것이다. 기도를 시작하기 전에 그리스도인들은 다른 신자들과 관련된 "죄나 불화"를 해결해야 한다. 테르툴리아누스는 익숙한 구절인 마태복음 5:23-24를 인용한다. "형제들과의 관계에서 초래된 죄나 불화가 있다면 우리는 그것이 무엇이든 하나님의 제단으로 올라가기 전에 그것을 해결해야 한다." 그는 형제를 향한 분노를 살인과 동일시한다. "우리가 평화를 이루지 않은 채 어떻게 하나님과의 평화를 얻을 수 있겠는가?"[147] 테르툴리아누스와 키프리아누스는 뉘앙스는 살짝 다르지만 같은 말을 하고 있다. 테르툴리아누스에게 그리스도인들의 기도는 그들의 "풍요롭고 더 나은 제물"(*optimam et maiorem hostiam*)이었다. 키프리아누스에게 형제와 화해를 이룬 합의는 그리스도인이 "하나님께 드리는 보다 큰 제물"(*sacrificium*

---

145 Cyprian, *Unit. eccl.* 13 (Wallis, FC 36, p. 108).
146 Cyprian, *Dom. or.* 23 (Stewart-Sykes, *Lord's Prayer*, pp. 82-83, 저자 강조).
147 Tertullian, *Or.* 11 (Stewart-Sykes, *Lord's Prayer*, pp. 49-50).

Deo maius)이었다.[148] 두 저자 모두에게 기도는 기독교 예배의 핵심이었다. 그것은 "하나님의 평화 안에" 있는 이들이 드리는 제물로, 서로 누리는 평화를 통해 표현되었다. 이 평화는 기도에 대한 접근을 제한함으로써 평화를 보호했던 교회 지도자들에 의해 감시되고 가능하게 되었다. 그리고 그 평화는 어떤 의식을 통해 몸으로 표현되었다. 바로 형제와 자매들이 성찬 예배 때마다 서로를 반기며 나눴던 평화의 입맞춤이다.

평화의 입맞춤

테르툴리아누스에 따르면, 기도를 마친 후에 신자들은 "평화의 입맞춤을 나눈다." 테르툴리아누스는 "평화의 입맞춤"이라는 용어를 만든 사람이다.[149] "기도에 대한 인증"으로서 그것은 그보다 앞서 이루어진 기도를 유효하게 한다. 그는 이렇게 묻는다. "어떻게 기도가 거룩한 입맞춤과 결별하고도 완성될 수 있는가?…우리가 평화 없이 떠날 수 있는 제사란 도대체 무엇인가?"[150] 여기서 테르툴리아누스는 저녁 연회 전통을 보여 주는데, 거기서는 기도를 포함하는 자유로운 예배가 식탁에서 주님의 만찬으로 시작되는 저녁 모임을 끝낸다. 그러나 유스티누스, 키프리아누스, 그리고 점차 저녁 연회를 대체했던 아침 예배 전통에 속한 다른 이들에게 평화의 입맞춤의 교환

---

148 Tertullian, *Apol.* 30.5 (Glover, p. 153); Cyprian, *Dom. or.* 23 (Stewart-Sykes, *Lord's Prayer*, p. 83).
149 Tertullian, *Or.* 18. 평화의 입맞춤에 관한 연구를 위해서는 다음을 보라. Michael Philip Penn, *Kissing Christians: Ritual and Community in the Late Ancient Church* (Philadelphia: University of Pennsylvania Press, 2005); L. Edward Phillips, *The Ritual Kiss in Early Christian Worship*, Alcuin/GROW Joint Liturgical Studies 36 (Cambridge: Grove Books, 1996); Eleanor Kreider, "Let the Faithful Greet Each Other: The Kiss of Peace", *Conrad Grebel Review* 5 (1987): pp. 29-49.
150 Tertullian, *Or.* 18 (Stewart-Sykes, *Lord's Prayer*, p. 54).

은 또한 앞을 내다본다. 그것은 사람들을 기도 직후에 이어지는 성찬을 위해 준비시킨다. 테르툴리아누스가 글을 쓸 무렵에 예배에서 평화를 이루는 것은 이미 오랜 전통이 되어 있었다. 아주 이른 시기부터 「디다케」와 「헤르마스」의 저자들은 모두 화해를 공동체가 주님의 만찬을 거행하기 위한 전제 조건으로 여겼다. 2세기 중반 아침 예배 전통의 초기 단계에서 순교자 유스티누스는 로마에 있는 그의 가정 교회에서 공동 기도 직후에 계속된 성찬을 위한 관계를 만들기 위한 수단으로서 "우리는 서로 입맞춤으로 인사한다"고 보고했다.[151]

아침 예배 전통에서 평화의 인사는 초기 기독교의 예배, 기도, 주님의 만찬 같은 핵심적 행위 사이에서 예민하고 중요한 지위를 차지했다. 평화의 입맞춤은 나름의 중요성을 지니고 있는 그것들 사이에 의식적인(ritual) 다리를 놓았다. 기독교 예배의 핵심에는 그들의 아비투스가 평화를 축하하기도 하고 만들기도 하는 공동체가 있었다.

입맞춤의 토착화

입맞춤은 토착화의 매력적인 한 예다. 그리스도인들은 보다 넓은 문화의 관습을 택해 그것에 독특하고 강력한 의미를 부여했다. 그리스-로마 사회에서 입맞춤은 중요했다. 하지만 사람들은 그것에 관해 논하는 것을 꺼렸다. 입맞춤에 관한 이교도의 문헌은 거의 없다.[152] 물론 가족은 사람들이 서로 입맞춤을 하는 관계의 주된 연결 고리였다. 부모와 자식들은 결혼한 부부가 하듯이 서로 입맞춤을 했다. 때때로 친구들도 서로 입을 맞췄다.[153] 그러나 입맞춤에

---

151 *Did*. 14.2; 15.3; Herm. Vis. 3.9.10; Justin, *1 Apol*. 65.2 (Hardy, p. 286).
152 William Klassen, "The Sacred Kiss in the New Testament: An Example of Social Boundary Lines", *New Testament Studies* 39 (1993): p. 126.
153 Klaus Thraede, "Kuss", in *RAC* 22 (2007): p. 549.

는 경계가 있었다. 그것은 수용될 수 있는 한계 안에서의 애정과 사랑에 대한 표현이었고 대개는 사적인 것이었다. 그런 한계를 넘어서 공적인 삶 속의 입맞춤은 표현적이고 실용적이었다. 그것은 "사회적 계층과 지위에 대한 상징", 즉 계급 구조의 의식(儀式)이었다.[154] 인사로서의 입맞춤은 궁중 의식에서 나름의 역할을 했다. 사람들은 그들이 속한 계급에 따라 황제의 옷자락, 무릎, 혹은 손에 입을 맞췄다. 또한 기득권자들과 열등한 사람들, 아첨꾼들, 야망을 가진 자들 사이의 입맞춤도 있었다. "당신은 어떻게 해서 재판관이 되었는가? 당신은 누구의 손에 입을 맞췄는가?" 계급은 아주 중요했다. 그리고 오직 같은 계급에 속한 사람들끼리만 "수준에 따라 입맞춤을 했다."[155]

그리스도인들은 이런 세상 안으로 들어갔는데, 그들은 입맞춤에 대해 언급하는 것을 주저하지 않았다. 신약성경에서 이미 저자들은 이제 막 생성되고 있던 기독교 공동체의 회원들에게 서로 입맞춤으로 인사하라고 권한다. 신약성경 최초의 책에서 바울은 데살로니가의 신자들에게—분명히 모두 "같은 계급"에 속한 사람들이 아니었다—"거룩하게 입맞춤으로 모든 형제에게 문안하라"(살전 5:26)고 촉구한다. 다른 서신 세 개도 동일한 구절로 끝을 맺는다.[156] 베드로전서 5:14은 "사랑의 입맞춤"이라는 표현을 사용한다. 종종 이런 구절들은 평화에 대한 언급들로 둘러싸여 있다. "마음을 같이하며 평안할지어다. 또 사랑과 평강의 하나님이 너희와 함께 계시리라. 거룩하게 입맞춤으로 서로 문안하라. 모든 성도가 너희에게 문안하느니라"(고후 13:11-12). 학자들은 이런 "입맞추는 그리스도인들" 배후에 예수님 자신이 있다고 추측해 왔다. 한 제자는 충격적인 순간에 분명히 습관적이었던 방식으로 그분에

---

154 같은 책, p. 551.
155 Ramsay MacMullen, *Corruption and the Decline of Rome* (New Haven: Yale University Press, 1988), pp. 63, 127.
156 롬 16:16; 고전 16:20; 고후 13:12을 보라.

게 인사했다. 유다의 입맞춤이 그것이었다(마 26:49).[157]

종교 운동들은 입맞춤을 거의 강조하지 않는다. 윌리엄 클라센(William Klassen)이 비꼬면서 지적했듯이, "윤리 교사들은 사람들에게 입맞춤을 촉구하는 것으로 주목을 받지 않는다."[158] 그것은 의문을 불러일으킨다. 그렇다면 초기 교회의 지도자들은 어째서 입맞춤이 중요하다고 여겼던 것일까? 바울과 다른 기독교 지도자들이 사람들에게 입맞춤의 인사를 교환하라고 권한 것은 그것이 시대를 가로질러 그리스도인다운 아비투스를 지탱해 줄 수 있었기 때문이었을까? 그러나 종교적 환경 안에서 입맞춤은 사실상 반문화적인 것이었다. 그리고 그것은, 오늘날 다른 사람의 발을 씻겨주는 것이 많은 그리스도인들에게 그러하듯이, 초기 그리스도인들을 불안하게 만들었다.[159] 그러므로 그들은 그것을 연습해야 했다. 또한 그들은 그것을 연습하도록 **상기시킴**을 받아야 했다! 그들에게는 지속적인 반문화적 형성이 필요했기에 단지 세례나 다른 특별한 예배의 일부로만이 아니라 회중의 정상적인 삶의 일부로, 즉 그들의 예배의 필수 조건으로 서로 입을 맞출 필요가 있었다.

이 관습은 어째서 그토록 중요했을까? 그것은 평화의 입맞춤이 구체적인 방식으로 그들의 정체성을 규정했기 때문이고, 또한 그것이 평화의 공동체로서의 그들의 삶을 유지시켜 주었기 때문이다.

- **정체성**: 그리스도인들은 회원들이 세례를 통해 그 안으로 들어오는, 그리스도 안에서 형제와 자매된 자들로 이루어진 '새로운 가족'이었다. 그 가족

---

157 Klassen, "Sacred Kiss", pp. 128-129; Penn, *Kissing Christians*, pp. 18-19.
158 Klassen, "Sacred Kiss", p. 130.
159 Thomas O'Loughlin, "From a Damp Floor to a New Vision of Church: Footwashing as a Challenge to Liturgy and Discipleship", *Worship* 88, no. 2 (March 2014): pp. 137-150.

은 모든 면에서 유전적이지 않았고, 국가와 민족을 초월했고, 보편적이었다. 그 안에서는 보다 넓은 사회에서는 분명히 동일하지 않았던 사람들이, 즉 가난한 사람들과 덜 가난한 사람들, 글을 깨우친 사람들과 깨우치지 못한 사람들, 여자들과 남자들이 자신들의 동일성을 드러냈다. 이 몸짓으로 서로에게 속해 있지 않았던 이들이 새롭게 구획된 사회 안에서 '동일성'을 경험했다. 입맞춤을 통해 가족 구성원들은 하나님의 임재 안에서 서로에 대한 사랑을 표현하고 "급진적인 친밀함"을 경험할 수 있게 해 주는 아비투스를 개발했다.[160] 그 입맞춤 안에서 회원들은 구체적인 예배를 경험했다. 그들은 오순절주의 신학자 스티븐 랜드(Steven Land)가 '정감'(正感, Orthopathy)이라고 부르는 것의 실제를 감정적으로 그리고 열정적으로 경험해 알았다.[161] 그들의 마음이 동요되었던 것은 특히 보다 넓은 사회의 관점에서 그들이 서로에게 행하는 것이 있을 법하지 않고 비난할 만한 것이었기 때문이다. 매주 그들이 교환하는 입맞춤은 그들에게 그 새로운 사회적 현실이 견고하고 만족스러운 것임을 확신시켜 주었다. 또 그것은 그들을 서로에게 새롭게 묶어 주었다.

- **화해**: (동종이지 않은) 사람들로 이루어진 폭넓은 집단인 그리스도인들은 더불어 사는 법을 배워야 했는데, 그것은 쉽지 않았다. 그들은 서로의 문화적 신호들을 놓쳤고 서로를 불쾌하게 만들었다. 그들 모두는 자기들이 발전시키고 있는 새로운 아비투스의 신호들을 배워 가는 과정에 있었다. 그러나 그런 일에는 시간이 걸렸다. 그들은 자신들의 공동생활을 기적으로 여겼다. 하지만 그들은 잘못된 신호와 오해가 나타날 수밖에 없는 여행을 하고 있는 중이었다. 그러므로 그들이 기도하고 주님의 만찬을 나누는 주례 예배를 위

160　L. Edward Phillips, "The Ritual Kiss in Early Christian Worship" (PhD diss., University of Notre Dame, 1992), p. 270.

161　Steven J. Land, *Pentecostal Spirituality: A Passion for the Kingdom* (Sheffield: Sheffield Academic Press, 1993), pp. 13, 136.

해 함께 모일 때, 그들은 평화의 입맞춤을 통해 그리스도 안에서 자신들의 하나 됨을 축하하고 서로를 해쳤던 죄에 대한 용서를 구했다. 이런 관습에 대해 알았던 주교 키프리아누스는 그것을 "평화의 유지"라고 불렀다. 키프리아누스는 예수님의 일곱 번째 지복을 인용하면서 정의상 하나님의 자녀들은 "평화를 만드는 자들"임을 강조했다. 그들은 "마음이 온유하고, 혀에 악함이 없고, 감정이 조화롭고, 공동의 유대감이라는 끈에 의해 서로에게 진정으로 밀착되어 있다."[162] 그러나 그는 그리스도인들이 항상 그와 같지는 않다는 것과 종종 그들이 서로 갈등하고 분쟁한다는 것, 그리고 그로 인한 결과가 아주 무섭다는 것을 알았다. "하나님은 분쟁하는 이의 제사를 받지 않으신다." 그러므로 하나님은 "그를 제단에서 돌려보내시면서 그에게 먼저 그의 형제와 화해하도록 명하시는데, 그것은 그가 평화를 만드는 자가 되어 기도함으로써 하나님과의 평화를 이룰 수 있게 하시기 위해서다."[163] 매주 예배에서 이루어진 평화의 입맞춤은 그것을 통해 평화로운 상태에 있는 신자들이 그리스도의 평화 안에서 서로를 축복했던, 그리고 서로 화해가 이루어지지 않았음을 알았을 때 (주교의 감독하에서) 하나님의 화평케 하심을 경험할 수 있었던 관습이었다. 그렇게 함으로써 그들은 하나님의 가족 안에서 화해를 이룬 형제와 자매로서 함께 주님의 식탁에서 먹을 수 있었다.

전형적인 주례 예배 때 그 평화의 인사는 어떤 모습이었을까? 우리가 갖고 있는 자료는 그에 대한 몇 가지 암시를 제공한다. 200년경 테르툴리아누스가 사역하던 카르타고에서 기도는 교회의 저녁 만찬 예배 끝에 행해졌다. 그러나 그보다 50여 년 전에 로마에서 순교자 유스티누스는 아침 예배 모

---

162 Cyprian, *Unit. eccl.* 24, trans. Maurice Bevenot (Oxford: Clarendon, 1971), p. 97.
163 Cyprian, *Dom. or.* 23 (Stewart-Sykes, Lord's Prayer, p. 83). 병행 구절을 위해서는, Tertullian, *Or.* 11를 보라.

델과 예배 때 이루어지는 입맞춤에 관한 최초의 서술에서 그 입맞춤을 기도와 성찬 사이에 놓인 다리로 묘사했다. 분명히 로마에 있던 자신의 가정교회에 관해 묘사하면서 유스티누스는 "형제라고 불리는 사람들이 모여 있는 곳에" 새로 세례를 받은 신자 한 명이 도착하는 것에 관해 설명한다. 회중은 자기들 가운에 그 새로운 형제를 세워 놓고 그 형제에 관한 것을 포함해 자신들의 여러 관심사에 대해 "진지하게" 공동 기도를 드렸다. 기도를 마친 후 그들은 "입맞춤으로 서로 인사했고" 이어서 주님의 만찬을 거행했다.[164] 그로부터 얼마 후에 나온 『사도 전승』은 추가적인 내용을 제공한다.[165] 주중에 신자들과 세례 지원자들 모두가 참석하는 아침 교육을 마친 후 참석자들은 서로 입맞춤을 교환했는데, 신실한 자들만 그렇게 했다. 남자들은 남자들끼리 그리고 여자들은 여자들끼리 입맞춤으로 인사를 나눴다. 세례 지원자들은 따로 기도를 드렸고 평화의 입맞춤은 나누지 않았다. "그들의 입맞춤은 아직 거룩하지 않다."[166] 그들의 입맞춤은 그들이 세례를 받은 후 주교가 그들에게 입을 맞출 때 비로소 거룩해졌다. 그 후에 그들은 "모든 사람들과 함께 기도하기 위해" 회중 가운데로 이끌렸다. 이어서 『사도 전승』은 이렇게 말한다. "그들이 입으로 평화를 제공하게 하라." 그 후에 성찬이 이어졌다.[167]

이런 설명 중 어느 것도 우리에게 그 공동체의 지도자들과 회중이 어떻게 행동했는지 혹은 새 신자들이 그들의 기도와 입맞춤을 통한 통합을 구체적으로 어떻게 경험했는지에 대해 말해 주지 않는다. 그러나 우리는 조금 덜 체계적인 문서들을 통해 그 집회의 분위기와 기도하는 이들의 행동에

---

164 Justin, *1 Apol.* 65.2 (Hardy, p. 286).
165 BJP, p. 124는 『사도 전승』의 "핵심적 재료가 2세기 중반까지 거슬러 올라갈 수도 있다"고 주장한다.
166 *Trad. ap.* 18.2-4 (BJP, p. 100).
167 *Trad. ap.* 21.25-26 (BJP, p. 120).

관한 암시를 얻는다. 테르툴리아누스는 기도 후의 입맞춤이 "모두가 참여하는 활동"이었음을 강조한다. 그 "모두"에는 다양한 사람들이 포함되었을 것이다. 그리고 거기에는 분명히 부유한 여자들이 포함되었을 것인데, 그들의 이교도 남편들의 폭력은 그녀가 입을 맞추는 그리스도인 형제들이 그녀가 속한 새로운 가족의 구성원들이라는 생각에 누그러지지 않았을 것이다.[168] 마이클 필립 펜(Michael Philip Penn)은 입맞춤을 교회 안에서 "집단의 일치를 만드는 도구"로 여긴다.[169] 입맞춤이 그런 역할을 하는 것은 그것이 그 집단을 감정적으로 묶는 구현된 관습이 됨으로써다. 250년에 추방된 키프리아누스는 신들에게 향을 피워 올리기를 거부했던 카르타고의 고백자들에게 보낸 편지에서 이런 유대감을 전달했다. "지금 이 순간 나에게 주님을 고백한 당신들에게 입을 맞추는 것보다 더 큰 기쁨과 더 고귀한 즐거움을 줄 수 있는 것은 아무것도 없습니다."[170] 그러나 그것이 기독교 공동체에 끼친 유익이 무엇이듯 간에, 입맞춤은 그리스도인들의 실제 가족들에게 문제가 될 수도 있었다.[171]

평화의 입맞춤은 의심할 바 없이 그리스도인들 사이에서 벌어지는 난잡한 행위에 관한 소문의 주된 원인이었다. 때때로 어떤 기독교 집단들은 분명히 무도하게 행동했다.[172] 비교적 잘 행동하는 집단의 지도자들조차 불가피한 위험에 대비해 신경을 곤두세웠다. 아테나고라스는 2세기 말 아테네의 그리스도인들에 대해 언급한 적이 있는데, 그들은 때때로 평화의 인사

---

168 Tertullian, *Or.* 18 (Stewart-Sykes, *Lord's Prayer*, p. 54); *Ux.* 2.4.
169 Penn, *Kissing Christians*, p. 45.
170 Cyprian, *Ep.* 6.1.1, trans. G. W. Clarke, ACW 43 (1984), p. 63.
171 Penn, *Kissing Christians*, p. 45.
172 Stephen Benko, "The Libertine Gnostic Sect of the Phibionites according to Epiphanius", *VC* 21 (1967): pp. 103-119.

를 나눌 때 "그것이 즐거웠기에 두 번씩" 입을 맞췄다.[173] 3세기 초에 클레멘스는 시끄럽게 입을 맞추는 알렉산드리아의 신자들에 대해 불평했다. 그는 "집회를 온통 그들의 입맞춤 소리로 가득 차게 만드는 이들이 있다"며 비통해했다. 그는 그들이 서로 "순결하고 자기 통제적인 입술로" 인사를 나눠야 한다고 말했다.[174] 그의 삶의 초기에 순교자들에게 열정적으로 입을 맞췄던 오리게네스 같은 기독교 지도자들은 훗날 평화의 입맞춤이 순결한 것이 되어야 한다고 걱정했다. 『사도 전승』처럼 그는 입맞춤을 같은 성별의 사람들에게 국한시킴으로써 화해하는 일의 보편성을 꾸준히 감소시키게 될 타력에 힘을 보탰던 것으로 보인다.[175] 그럼에도 입맞춤은 중요했다. 그리스도인들의 잘못된 행동에 관한 소문 때문에 교회에 대한 흥미를 잃었을 수도 있는 외부인들이 있었던 반면, 예배 때 자기들과 동등하지 않은 이들에게 입을 맞추는 그리스도인들에 관한 소문 때문에 놀라 교회에 관심을 갖는 이들도 있었다. 그리스도인들은 평등과 화해가 가능한 새로운 세상을 만들어 가고 있었다.

일치와 평화

초기의 많은 기독교 지도자들의 경우에서처럼, 테르툴리아누스의 경우에도 "주된 가르침"은 입맞춤의 성적 함축을 어떻게 다룰 것이냐에 관한 것이 아니었다. 오히려 신자들을 급진적이며 새로운 방식으로 일치와 평화 안에서 기도하도록 준비시키는 것이었다. 이것은 아주 핵심적인 것이었다. 왜냐하면 많은 초기 기독교 사상가들처럼 테르툴리아누스도 하나님이 동료와의 관계가 깨진 화가 난 그리스도인의 기도는 듣지 않으신다고 확신했기 때

---

173 Athenagoras, *Leg.* 32.5, trans. W. R. Schoedel (Oxford: Clarendon, 1972), p. 81.
174 Clement, *Paed.* 3.11.81-82, trans. S. P. Wood, FC 23 (1954), p. 261.
175 Eusebius, *Hist.* eccl. 6.3.4; Origen, *Comm. Rom.* 10.33; *Trad. ap.* 18.2.

문이다.¹⁷⁶ 이 문제에 관해 키프리아누스는 테르툴리아누스보다 훨씬 더 엄격했다.¹⁷⁷ 우리는 테르툴리아누스와 키프리아누스의 교회에서 예배 때 평화의 인사가 어떻게 시작되었는지 알지 못한다. 시리아의 "사도들의 가르침"을 만들어 낸 교회들에서 그것이 시작되는 방식은 아주 확실하다. 먼저 주교들이 마태복음 23-24을 상기시키면서 평화의 인사를 시작해야 했다. "주교들이여, 그러므로 당신들이 교회에서 서서 기도할 때 집사 한 사람이 큰소리로 '여전히 이웃에 대한 분노를 품고 있는 사람이 있는가?'라고 외치게 해야 한다. 그것은 당신들의 기도와 봉헌이 용납될 수 있게 하기 위함이다. 또한, 만약 그들 중에 서로 소송이나 분쟁을 벌이고 있는 이들이 있다면, 그들을 설득해 서로 화해할 수 있게 하기 위함이다."¹⁷⁸

"사도들의 가르침"에 따르면, 이어서 신자들은 이리저리 다니면서 인사를 나눴고 (만약 그들이 서로 불화하고 있다면) 화해를 이뤘다. 입맞춤은 인사의 일부였을 수 있다. 그러나 "사도들의 가르침"은 그것에 대해 언급하지 않는다. 한 세기나 그보다 좀더 늦게 예루살렘에서 주교 키릴로스는 새로 세례를 받은 이들에게 행한 예배에 관한 그의 가르침을 통해 입맞춤에 관해 언급했다. 그것은 예배가 이루어진 바로 그 장소에서 집사가 화해를 촉구한 직후에 이루어졌다.¹⁷⁹ 같은 시기에 소아시아의 주교였던 몹수에스티아의 테오도로스 역시 그것에 대해 언급했는데, 그는 그 집회 때 사람들이 많았기에 입맞춤 시간에 상처받은 당사자들을 함께 모으는 것이 어렵다고 여겼다.¹⁸⁰

---

176 Tertullian, *Or.* 11.
177 Cyprian, *Dom. or.* 23.
178 *Did. apost.* 2,54,1 (Stewart-Sykes, p. 173).
179 Cyril, *Mystagogic Catechesis* 5.3. 이런 교리 교육의 창시자와 시작 시기에 관해서는 Maxwell E. Johnson, "Christian Initiation in Fourth-Century Jerusalem and Recent Developments in the Study of the Sources", *Ecclesia Orans* 26 (2009): pp. 143-161를 보라.
180 Theodore of Mopsuestia, *Mystagogic Catechesis* 4.34-41.

시리아, 예루살렘, 소아시아에서 교회 지도자들은 테르툴리아누스와 키프리아누스의 북아프리카에서처럼 평화의 몸짓이 신자들 사이에 화해를 이루고 타당한 성찬 예식을 위한 조건을 만드는 일에서 핵심적 역할을 한다고 언급했다. 그러므로 평화의 인사는 매주 이루어졌다. 많은 지역에서 그 인사에는 평화의 입맞춤이 포함되었고, 그것은 그리스도인들의 아비투스를 형성했다.

평화가 흘러넘치다

이런 관습은 어떤 결과를 낳았을까? 공동체 구성원들을 화해시키고 그들의 예배를 가능케 하는 것에 더하여, 평화의 인사는 그들의 삶 속으로 흘러들어 갔다. 그리스도인들은 평화를 가지고 다녔다. 테르툴리아누스에 따르면, 그리스도인들이 어느 집을 방문할 때 그들은 이렇게 기도했다. "이 집에 평화가 있기를." 그는 신자들에게 "만약 당신들이 받은 것에 대한 답례로 그 집에 있는 이들에게 평화를 제공하지 않는다면" 어떻게 이 일을 할 수 있겠느냐고 물었다.[181] 그리스도인들은 투옥된 고백자들을 방문해 그들이 차고 있는 사슬에 입을 맞췄다.[182] 페르페투아의 북아프리카 공동체에서 평화의 입맞춤은 꿈과 환상을 통해 나타났다.[183] 그 평화는 지리를 초월하는 가족이라는 의식을 구축했다. 이집트에 있는 공동체들은 다른 도시들로부터 온 낯선 이들이 다른 교회의 추천장을 갖고 "평화를 빌며" 왔을 때 그들을 "형제"로 받아들이고, 그들이 주님의 만찬에 참여하도록 그리고 의심할 바 없이 자신들과

---

181 Tertullian, *Or.* 26 (Stewart-Sykes, *Lord's Prayer*, p. 62).
182 Tertullian, *Ux.* 2,4.
183 *Passion of Perpetua* 10.13: 페르페투아의 네 번째 환상에서는 그녀를 훈련시키는 사람이 그녀에게 입을 맞추고 이렇게 말했다. "딸아, 너에게 평화가 있기를"; 12.6: 사투루스의 환상에서는 장로들이 일어나서 "평화의 입맞춤을 했다"; trans. Maureen A. Tilley, in *Religions of Late Antiquity in Practice*, ed. Richard Valantasis (Princeton: Princeton University Press, 2000), pp. 393-394.

물질을 공유하도록 허락했다.[184] 평화의 입맞춤은 페르페투아와 그녀의 동료들은 물론이고 하비브와 아무나와 다른 이들의 순교에도 두드러지게 나타났다.[185]

평화의 입맞춤은 또한 기독교의 증언을 형성했다. 대부분이 가난했던 신자들은 예배를 마치고 나올 때 자기들이 신분이 높은 이들과 입을 맞췄다는 아주 기분이 좋아지는 지식을 갖고 나왔다. **겨우 살아가는 석공에 불과한 내가 참사회 의원과 입을 맞췄어!** 다른 이들이 그들에 관해 무슨 말을 하든, 신자들은 자기들이 가치 있는 사람들, 즉 그리스도 안에서 형제와 자매가 된 자들이라는 것을 알았다. 그들은 이것을 자신들의 몸으로 알았다. 그들을 바라보는 외부인들은 도대체 예배 때 그들에게 무슨 일이 일어났기에 그들이 그런 위엄과 확신을 갖게 되었는지 궁금했다. 물론, 그리스도인들이 그들의 적들을 사랑하는 것 때문에 얻은 명성에도 불구하고, 그들이 늘 서로를 평화롭게 대했던 것은 아니다.[186] 화해를 이루지 못한 갈등은 증언에 좋지 않은 영향을 주었다. 혹시라도 이교도들이 자신들의 위선을 알아차릴까 두려워하는 그리스도인들은 서로 불화하고 있는 형제들에게 압력을 넣어 그들이 "평화롭게 화해해 그리스도의 이름으로 평화를 기뻐하도록" 했다.[187] 아침 예배 전통에 속해 있는 모든 곳에서 평화의 입맞춤은 그리스도인들이 성찬에 참여하도록 준비시켰다.

184　Luijendijk, *Greetings in the Lord*, pp. 86, 88, 123.
185　*Passion of Perpetua* 21.7; *Martyrdom of Shamuna, Guria, and Habib* (ANF 8:700); Eusebius, *Hist. eccl.* 2.8.
186　2 Clem. 13:4를 보라.
187　*Gesta apud Zenophilum* 9; in *Paganism and Christianity, 100-425 CE: A Sourcebook*, ed. Ramsay MacMullen and Eugene N. Lane (Minneapolis: Fortress, 1992), p. 253.

결론

초기 교회의 성장은 교회 예배의 산물이었다. 사실 이것은 직관에 반하는 주장이다. 왜냐하면 이 시기의 대부분 기간 동안 교회는 세례받지 않은 이들을 예배에서 제외시켰기 때문이다. 그러나 그들의 접근법을 분명하고 완전하게 설명해 주는 초기 기독교 문서가 존재한다. 330년대 말 이집트의 어느 곳에서 한 무명의 작가가 『사도 전승』을 개작한 교회법인 『히폴리투스의 규범들』(Canons of Hippolytus)이라는 책을 편찬했다. 가끔씩 그 편찬자는 변화하는 상황을 반영하도록 본문을 바꿨다. 그리고 때때로 그 편찬자는 일종의 상상력 있는 돌파구를 사용해 『사도 전승』의 관습들을 떠받치는 가정들을 표현했다. 그런 돌파구 중 하나는 그 편찬자가 세례 후보자들의 여행에 관한 긴 설명을 끝냈을 때 나타났다. 후보자들은 신앙을 탐험하는 것으로부터, 심사와 교리 교육을 거쳐 그 모든 과정의 정점과 절정인 세례와 성찬에 이르기까지, 오랜 여행을 해 왔다. 새로 세례받은 그리스도인들은 "어린아이들처럼 다시 태어나" 자리에서 일어나 다가올 세대의 젖과 꿀을 받았다. 편찬자는 이렇게 환호한다.

> 그렇게 해서 [세례받은 세례 후보자들은] **완전한** 그리스도인이 되었고 그리스도의 몸을 먹게 되었다. 이제 그들은 지혜롭게 노력할 것이다. 그들의 삶이 그저 서로 앞에서만이 아니라 이방인들 앞에서도 덕으로 빛나게 함으로써 이방인들이 자기들을 모방해 그리스도인이 되고, 그리하여 교화를 받은 이들이 크게 진전하고 있다는 것과, 그 진전이 사람들의 평범한 행동보다 낫다는 것을 **보게** 할 것이다.[188]

---

188 *The Canons of Hippolytus* (19), ed. Paul F. Bradshaw, trans. Carol Bebawi, Alcuin/GROW

예배와 교리 교육은 새로운 그리스도인들이 완전해지도록(*kāmil*, 아랍어), 즉 완벽하고, 성취되고, 온전해지도록 그들을 형성했다.[189] 이 완전하게 발전한 그리스도인들을 본 다른 이들은 그들이 일반적이지 않은 방식으로 매력적이게 행동한다는 것을 볼 수 있었다. 그 결과 새로운 이들이 호기심을 갖게 되었고 세례 지원자가 되기 위해 나아왔다. 그리고 그들은 충분하게 형성되었을 때 세례를 받았다. 이번에는 그들이 예배를 통해 자양분을 얻는 새로운 그리스도인들이 되어 자신들의 독특한 증언을 통해 다른 이들을 매료시켰다. 그 과정은 반복되었고, 그렇게 해서 교회는 성장했다.

Liturgical Study 2 (Bramcote, UK: Grove Books, 1987), pp. 24-25 (저자 강조). 병행 구절[*Trad. ap.* 21.38 (BJP, p. 122)]은 폭이 넓지 않다: "이런 일들이 끝나고 나면, 각 사람은 서둘러 선한 일을 하도록 하라."

189 *Les Canons D'Hippolyte*, ed. René-Georges Coquin, Patrologia Orientalis 31, fascicle 2 (Paris: Firmin-Didot, 1966), pp. 384-385.

8

"디다스칼리아"가 말하는 '지혜로운 비둘기'

이제 우리는 좀더 인내심을 발휘해야 한다. 지금은 속도를 늦추고 초점을 좁혀야 할 때다. 우리에게는 초기 그리스도인들을 폭넓게 일반화하려 하는 유혹이 존재한다. 그들에 관한 정보가 거의 남아 있지 않기 때문이다. 우리는 대부분의 초기 교회에 관해 거의 아무것도 알지 못한다. 그리고 많은 지역에 대해 단편적인 정보만 갖고 있을 뿐이다. 따라서 초기 교회에 대해 구체적으로 말하기는 어렵다.

그러나 때때로 "사도들의 가르침"(The Teaching of the Apostles) 같은 자료들이 우리에게 도움을 준다. 보통 그것의 라틴어 명칭인 "디다스칼리아 아포스톨로룸"(*Didascalia apostolorum*)으로 불리는 이 문서는 그 무렵 어느 특정한 지역에서 일어나고 있던 일을 잘 이해할 수 있게 할 만큼 충분히 밀도 있는 여러 정보를 제공한다. "사도들의 가르침"은 우리에게 실제로 활동하고 있는 사람들을 보여 준다. 병자들의 발을 씻기는 여집사들, 가난한 이들에게 기부하라는 요구를 받는 것이 싫어서 예배를 빼먹는 부자들, "지혜로운 비둘기처럼 서로 평화롭게 지내면서 교회를 채우기 위해 애쓰는" 평신도들을.[1] 물론 "사도들의 가르침"조차 우리가 어느 특정한 날이나 특정한 해에 어느 공동체의 모습을 정지 화면으로 보도록 허락하지는 않는다. 그러나 "사도들의 가르침"은, 비록 지리적 제약은 갖고 있을지라도, 연대기적으로 범위가 넓으며 어느 한 공동체의 스냅샷이 아니라 일정한 기간에 이루어진 활동들에 대한 연속적인 사진들을 보여 준다.

"사도들의 가르침"은 "큰 빛이신 우리 주 예수 그리스도를 보았던" 3세기 시리아의 한 무리의 공동체로부터 나온 교회법이다.[2] 다른 교회법처럼 그것도 교회 지도자들에게 기독교 공동체의 삶을 구성하는 방법에 관한 안내를 제공한다. 공동체의 리더십, 전례적 삶, 사회적·도덕적 문제들에 대한 접근법 등. "사도들의 가르침"은 가장 최근에 나온 영어 번역이 160쪽이 넘어가는 꽤 큰 작품이다. 그 문헌의 유일하게 완전하게 남아 있는 본문은 시리아어로 되어 있다. 그러나 대부분 학자들은 그 문헌이 원래는 그리스어로 쓰였을 것이라고 여긴다.[3] "사도들의 가르침"은 그것을 만들어 낸 기독교 공동체들에 관한 견고하고 구체적이며 "풍성한" 정보를 제공한다. 그것은 동방이나 서방 어느 곳의 관점으로 보더라도 콘스탄티누스 이전 시기의 교회 공동체에 관한 가장 상세한 자료다. 또 그것은 우리의 목적을 위해서도 가치가 있다. 아직 권력과 연합하지 않은 교회가 매력을 통해 성장하는 시기에 기독교 공동체가 가진 모습을 보여 주기 때문이다.

---

1 *Did. apost.* 2.56.4, trans. and ed. Alistair Stewart-Sykes, *The Didascalia apostolorum: An English Version*, Studia Traditionis Theologiae 1 (Turnhout: Brepols, 2009), p. 174를 보라.
2 *Did. apost.* 5.16.3 (Stewart-Sykes, p. 218).
3 Paul F. Bradshaw, *The Search for the Origins of Christian Worship: Sources and Methods for the Study of Early Liturgy*, 2nd ed. (New York: Oxford University Press, 2002), p. 79. 상당한 파편들이 6세기의 라틴어 문서 안에 살아남아 있다.

유대인과 이방인들의 공동체 형성하기

"사도들의 가르침"을 만들어 낸 공동체들은 어디에 있었을까? 아마도 유대인과 이방인들이 가까운 이웃으로 살아가던 시리아의 어느 한 지역이었을 것이다. 그들은 "같은 길을 걸었고, 공동 시장에서 물건을 샀고, 동일한 질병과 역병과 전쟁으로 고통을 당했고, 그런 까닭에 여러 생각과 개념을 공유하며 대화를 나눴다."⁴ 흥미롭게도 "사도들의 가르침"은 유대인과 이방인들이 단지 이웃일 뿐 아니라 동일한 믿음의 공동체 안에서 함께 살아가는 세상 속으로 우리를 안내한다. 3세기 시리아에서는 우리가 이 시기와 관련해 추정하는 범주들인 '랍비 유대교'와 '기독교'가 아직 확립되어 있지 않았다.⁵ "사도들의 가르침"은 "예수님에 대한 믿음에 이르고…큰 빛이신 우리 주 예수 그리스도를 만난 [유대] 사람들인 너희"를 다룬다. 그리고 즉각 계속해서 "이방인인 너희"를 다루는데, "우리의 주님이자 선생이신 예수 그리스도께서 나타나시자, 영원한 나라에 대한 약속을 바라보고 그것을 신뢰한 너희에게 빛이 비추었다. 너희는 이전의 습관적 행동에서 벗어났고…그분을 믿고 그분 안에서 세례를 받았다"라고 전한다.⁶ 문체와 어조라는 측면에서 보자면, "사도들의 가르침"의 관용어들은 유대적이다. 샤를로테 엘리셰바 폰로베르트(Charlotte Elisheva Fonrobert)가 언급하듯이, 그것은 "유대교의 목소리 중 하

---

4 Han J. W. Drijvers, "Syrian Christianity and Judaism", in *The Jews among Pagans and Christians*, ed. Judith Lieu, John North, and Tessa Rajak (London: Routledge, 1992), p. 128; Charlotte Elisheva Fonrobert, "The *Didascalia apostolorum*: A Mishnah for the Disciples of Jesus", JECS 9, no. 4 (2001): p. 488에서 인용됨.

5 Fonrobert, "*Didascalia apostolorum*", pp. 485, 508; Daniel Boyarin, *Dying for God: Martyrdom and the Making of Christianity and Judaism* (Stanford, CA: Stanford University Press, 51999), chaps. 1-2.

6 *Did. apost.* 5.16.4-6 (Stewart-Sykes, p. 218).

나"다.[7] "사도들의 가르침"은 그런 관용 어구를 통해 예수님이 메시아임을 고백한다. 그리고 그것을 만들어 낸 공동체들의 구성원 중에는 유대인들은 물론이고 이방인들도 있었다.[8]

이 매력적인 본문은 언제 쓰였을까? 그동안 학자들은 어느 정도 확신을 갖고 "사도들의 가르침"의 제작 시기를 230년대로 잡아 왔다. 그러나 최근 한 새로운 판본에서 알리스테어 스튜어트사익스(Alistair Stewart-Sykes)가 이에 도전했다. 스튜어트사익스는 "사도들의 가르침"이 한 번에 쓰인 것이 아니라, 다른 교회법처럼 한 세기나 그 이상의 기간—아마도 3세기 초부터 4세기 초 사이—에 쓰인 자료들을 편집해 만든 "살아 있는 문헌"이라고 주장한다.[9] 모든 학자가 스튜어트사익스의 접근법과 그가 "사도들의 가르침"의 특정한 부분에 부여하는 연대에 동의하는 것은 아니다.[10] 그러나 그의 접근법은 도움이 된다. 그것은 우리가 "사도들의 가르침"을 삼가면서 읽고 그것의 얼마간 고르지 못함과 일관성 없음을 이해할 수 있게 해 준다. 그러나 유감스럽게도 그의 이런 접근법은 또한 좌절감을 안겨준다. 왜냐하면 그것의 행(과 행간)을 읽을 때 그것의 발생 시기를 정확하게 헤아릴 수 없는 중요한 변화가 발생하는 유동적인 공동체가 목격되기 때문이다. 리더십 스타일, 부자와 가난한 자들의 관계, 봉사 활동에 대한 여자들의 참여 등 모든 것이 변하는데, 그 본문의 각 부분의 제작 연대와 관련된 불확실성은 우리가 그

---

7 Fonrobert, "*Didascalia apostolorum*", p. 487.
8 "사도들의 가르침"에 대한 다른 식의 읽기에 관해서는, Anders Ekenberg, "Evidence for Jewish Believers in 'Church Orders' and Liturgical Texts", in *Jewish Believers in Jesus: The Early Centuries*, ed. Oskar Skarsaune and Reidar Hvalvik (Peabody, MA: Hendrickson, 2007), pp. 649-652; Robin Lane Fox, *Pagans and Christians* (San Francisco: Harper & Row, 1986), pp. 557-560를 보라.
9 "사도들의 가르침"에 대한 그 자신의 판본에 실린 서문과 54항에 관한 그의 주장에 대한 요약을 보라. "살아 있는 문학"(living literature)에 관해서는, Bradshaw, *Search for the Origins*, pp. 82-83를 보라.
10 예컨대, Paul F. Bradshaw in *Worship* 84, no. 5 (2010): pp. 474-475의 서평을 보라.

런 변화의 시기를 확신 있게 추정하지 못하게 한다. 따라서 우리의 결론들은 임시적인 것이 될 수밖에 없을 것이다.

그럼에도 "사도들의 가르침"은 아주 흥미롭다. 그것의 저자들은 분명히 서로 쉽게 소통할 만한 거리에 있었던 다양한 규모를 지닌 한 무리의 공동체들을 위해 그것을 쓰고 있다. 그 공동체 중 일부는 분명하게 성장하고 있었다. 확실히 어떤 공동체들은 다른 공동체들보다 작았다. 예컨대, "사도들의 가르침"은 너무 작아서 그 구성원들 중에서 적어도 나이가 50세가 넘고 "문자를 익힌" 주교를 지명하기가 어려운 공동체들에 관한 지침을 제공한다. 다른 공동체들은 주교의 나이와 문해력을 당연한 것으로 여길 만큼 충분히 컸다.[11] 어떤 공동체들은 과밀함과 공간의 문제로 씨름해야 할 만큼 큰 규모였다. "만약 공간 없다면", 교회는 "공간이 있을 때" 할 수 있는 것과는 다른 일들을 해야 한다.[12] 대체로 교회들은 분명히 성장하고 있었고 이웃과 평화롭게 지내고 있었으나 박해가 자신들을 위협하고 있음도 인식하고 있었다 ("만약 우리가 순교하도록 부르심을 받는다면"). 잠재적인 위험에도 불구하고, 교회들이 성장함에 따라 "사도들의 가르침"은 예수님을 믿는 새로운 신자들에게 "그분의 가르침과 인내를 본받으라"고 가르쳤다.[13]

성장에 대처하기

"사도들의 가르침"의 저자들은 선교에 특별한 관심을 두지 않았다. 그들은 교회들이 성장하고 있음을 염두에 두고 있었으나 성장에 관해 많은 것을 쓰

---

11 *Did. apost.* 2.1.2 (Stewart-Sykes, pp. 117-118). 그러나 "문자를 익히지 못한" 사람들은 "설득력이 있고, 말에 능하며, 나이가 많아야" 했다.
12 *Did. apost.* 2.57.8 (Stewart-Sykes, p. 176).
13 *Did. apost.* 5.6.2; 5.7.24 (Stewart-Sykes, pp. 204, 210).

지는 않았다. 의미심장하게도 그들은 성직자들이나 평신도들에게 전도를 종용하지 않았다. 그들의 이해에 따르면, 메시지가 퍼져 나가는 것은 하나님의 일이었고 그들의 소명은 "하나님의 조력자"가 되는 것이었다.[14] 그러나 그들은 자신들의 공동체가 그 구성원들과 외부인들과의 관계에서, 그리고 특별히 서로에 대한 행동이라는 측면에서 복음을 성실하게 표현하는 관습을 발전시키기를 바랐다. 또 그들은 그 공동체들이 교회 성장의 결과로 2세기 말부터 경험하고 있는 변화를 살펴보는 것에 관심을 가졌다. 그런 변화에는 다음과 같은 여러 차원이 있었다.

- 전통적으로 보수를 받지 않고 이중직으로 섬기던 공동체 지도자들이 그들에게 다가오는 도전에 대처하기가 점점 더 어려워졌다.
- 비성직자 그리스도인들(평신도들)의 기부를 통해 재정적으로 지원을 받는 전문적인 성직자(주교들과 집사들) 계급이 출현했다.
- 성직자들은 자원봉사 시대에 교회의 삶에서 핵심적 역할을 했던 그리스도인들, 즉 유력한 평신도들, 부와 사회적 영향력을 지닌 가구주들, 열성적인 평신도들, 특히 교회의 선교적 봉사 활동을 자발적으로 주도했던 여자들의 영향력을 줄이고자 했다.
- 회원들과 회심자들의 수가 증가함에 따라 공동체 안에서 죄와 잘못된 행동 역시 증가했다.
- 늘어난 잘못된 행동들은 교리 교육과 참회 프로그램의 발전으로 이어졌다.[15]

---

14 *Did. apost.* 2.54.4 (Stewart-Sykes, p. 173).
15 이 변화의 목록과 관련해서는, Georg Schöllgen, "From Monepiscopate to Monarchical Episcopate: The Emergence of a New Relationship between Bishop and Community in the Third Century", *The Jurist* 66 (2006): pp. 114-128에 많은 신세를 졌다.

이런 변화들이 진행되고 있었기에 "사도들의 가르침"은 유대인들과 이방인들 두 방향으로 초점을 맞추었다. 유대인들을 다룰 때 "사도들의 가르침"의 저자들은 유리했다. 그들은 이방인들보다는 유대인들에게 더 쉽게 접근했던 것으로 보인다. 분명히 그들은 유대인 지인들, 친구들, 가족들과 자주 접촉했다. 그러나 그들은 예수를 메시아로 인정하지 않는 많은 유대인들에 대해서도 알고 있었다. "사도들의 가르침"의 사회적 그리고 지적 지평 위에는 그들이 "이전 사람들"이라고 불렀던 이들이 있었다. "사도들의 가르침"의 저자들은 소망을 지니고 그들을 "그분에 대한 믿음에 이르게" 될 사람들이라고 불렀다.[16]

"부차적인 법률"로부터 유대인들을 해방시키기

"사도들의 가르침"의 저자들은 그들의 관심의 대부분을 다른 유대인들에게 기울였다. 그 유대인들은 "사도들의 가르침" 공동체의 구성원이었을 수도 있고 그렇지 않았을 수도 있다. 그들은 메시아 예수님에 대한 헌신을 공유했으나 계속해서 토라 전체를 따르며 살았다. 저자들은 이런 유대인들을 "친애하는 형제들"이라고 불렀으나, 그들의 접근법이 부담스러울 뿐 아니라 지속 가능하지도 않다는 것을 우려했다.[17] "사도들의 가르침"의 저자들은 그들에게 히브리 성경을 읽는 대안적 방법을 제공했다. 그들은 율법의 권위를 인정했다. 그들이 생각하는 율법은 출애굽기 32장의 황금 송아지 사건보다 앞서는 출애굽기 20장의 십계명이었다. 그들은 이것을 "율법"이라고 불렀고 그것을 "부차적인 법률"(*deuterōsis*), 즉 모세가 이스라엘 백성의 불충을 벌하기

---

16 *Did. apost.* 5.14.18; 5.16.4 (Stewart-Sykes, pp. 216, 218).
17 *Did. apost.* 6.22.10 (Stewart-Sykes, p. 257).

위해 제공한 의식법, 정결례, 도덕법 등과 대조했다. 그들이 규정하는 바 '율법'은 확고한 것이었다. 그러나 '부차적인 법률'은 일시적인 것이었다. 왜냐하면 그것의 조항들이 사람들에게 견딜 수 없는 "사슬"과 "무거운 짐"이 되었기 때문이다.[18] 예수님이 오셨을 때, 그분은 사람들에게 자유를 가져다주셨다. 그분은 "생명을 주는 것이 무엇인지 보이셨고, 아무 소용 없는 것을 파괴하셨고, 생명을 주지 않는 것을 폐지하셨다." 그리고 거기에는 부차적인 법률이 포함되었다.[19] "사도들의 가르침"의 저자들은 출애굽기로부터 신명기에 이르기까지 폭넓게 나타나는 부차적인 법률과 관련된 구절들을 마태복음 11:28에 나오는 예수님의 초대의 말씀에 비추어 읽었다. "수고하고 무거운 짐 진 자들아 다 내게로 오라. 내가 너희를 쉬게 하리라." "사도들의 가르침"의 저자들은 구주께서 "히브리 사람 중에서 그분의 제자가 된 우리를" 이끌어 주시고, "…우리의 무거운 짐들을 우리로부터 멀어지게" 해 주신다고 주장했다.[20] 그 저자들에 따르면, 이런 접근법은 예수님을 따르는 유대인들의 삶을 실제적으로 변화시켰다. 예컨대, 메시아가 그들을 부차적인 법률로부터 해방시키셨으므로 생리 중에 있는 여자들은 더 이상 교회의 기도와 성찬에 빠질 필요가 없었다. 더 나아가 "사도들의 가르침"의 저자들은 "부차적인 법률"을 거부한 유대인들이 로마의 지배하에서도 자유롭게 살았음을 관찰했다. 이런 모습은 율법 전체를 지키며 살고자 하는 유대인들에게는 가능하지 않은 일이었다. 저자들은 이런 유대인들에게 직접 호소했다. 당시에는 로마인들이 세상을 지배하고 있었고 유대인들은 이방인들 사이에 흩어져 있었기에 율법 전체를 지킬 수 없었다. "너희는 악행하는 자를 돌로 쳐서는 안 된다, 간음한 자를 처형해서는 안 된다, 희생 제사 사역을 못하게 해서는 안

---

[18] *Did. apost.* 6.17.6 (Stewart-Sykes, p. 244).
[19] *Did. apost.* 6.19.1 (Stewart-Sykes, p. 249).
[20] *Did. apost.* 6.17.6 (Stewart-Sykes, p. 244).

된다" 등등. 그러나 율법에 순종하면서 그리스도를 따르는 유대인들은 풍성한 복을 누릴 수 있었다.[21] "[하나님은] 율법을 통해 '살인하지 말라'고 말씀하셨다. 살인하는 자는 누구나 로마법에 따라 그리고 율법에 따라 정죄된다. 만약 너희가 모든 일에서 교회의 규칙과 복음의 형식을 따른다면, 너희는 주님께 소망을 두는 일에서 실망하지 않을 것이다."[22] 출애굽기 20:13의 "살인하지 말라"라는 계명은 구주의 법과 일치한다. 그것은 구주께서 자신의 이름을 그 안에 두신 순전하고 거룩하며 단순한 법으로 모든 살인을 금하는 "교회의 규칙"이다.[23] "사도들의 가르침"은 율법을 이렇게 읽으면서 제의적 순결에 대한 그것의 이해를 여러 초기 기독교 공동체들의 특성을 이루는 거룩한 삶에 대한 헌신과 결합시켰다.[24] "사도들의 가르침"의 저자들은 일부 유대인들이 이런 접근법에 공명한다는 것을 알았다.

"이전의 잘못된 습관적 행위"로부터 이방인들을 해방시키기

그러나 "사도들의 가르침"의 저자들은 단지 유대인들에게만 호소하지 않았다. 그들은 모든 사람들, 즉 유대인뿐 아니라 이방인들에게까지 예수님께 나와서 그분의 멍에를 메고 그들의 영혼을 위한 안식을 얻으라고 청했다. 그들이 지적했듯이, 멍에는 무언가를 효율적으로 들어 올리는 것을 가능케 하고 서로 힘을 합하는 양편 사이에서 동등하게 공유되도록 고안된 것이었다. "사도들의 가르침" 공동체 안에서 유대인들과 이방인들은 그리스도 안에서 함

---

21 *Did. apost.* 6.19.3 (Stewart-Sykes, p. 249).
22 *Did. apost.* 6.19.5 (Stewart-Sykes, p. 250).
23 *Did. apost.* 6.15.2 (Stewart-Sykes, p. 238).
24 Ronald J. Sider, ed., *The Early Church on Killing: A Comprehensive Sourcebook on War, Abortion, and Capital Punishment* (Grand Rapids: Baker Academic, 2012), pp. 168-171.

께 멍에를 메고 있었기에 율법(십계명과 메시아 예수님의 가르침)도 함께 운반할 수 있었다. 그들은 율법에 대한 자신들의 공동 순종이 "우리를 단일하게 지배하고 묶는다"며 기뻐했다.[25] 더 나아가 이제 이방인 신자들은 유대인 신자들과 합세해 "사람들"을 위한 기도에 많은 유대인들이 "용서를 받고…주 예수 그리스도께 돌아올 수 있도록" 기도했다.[26]

유대인들에 대한 "사도들의 가르침"의 접근법은 그 뿌리를 친구들과의 토론에 두고 있다. 그러나 이방인들에 대한 그것의 접근법은 썩 잘 알지는 못하는 주변 사회의 사람들과의 접촉에 그 뿌리를 두고 있다. 이방인들은 어디에나 있었다. 그들은 시장, 목욕탕, 극장에 있었고, 예수님을 따르는 유대인과 이방인 제자들 모두에게 유혹적이었던 문화를 대표했다. 복음은 이방인들에게 열려 있었다. "우리는 이교도들이 회개하고 그들의 잘못을 멀리하고 거부할 때 그들에게 생명을 제공하는 것을 유보하지 않는다."[27] 그러나 이교도들이 그 공동체의 삶에 이르는 과정은 아주 힘들었다. 교회는 그들에게 우상숭배를 포기하고 더 이상 "이전의 잘못된 습관적 행위"에 빠져들지 않도록 성품 형성 과정에 순종할 것을 요구했다.[28]

"사도들의 가르침"의 저자들은 기독교 공동체 안에서 이방인들의 수가 증가하는 것에 주목했다. 그럼에도 그들은 그리스도인들에게 그 잠재적 회원들에게 교회 안에서의 삶에 관해 말해 주도록 촉구하지 않았다. 사실 그들은 이교도들이 그리스도인들의 실패, 즉 그들 내부의 갈등과 소송 그리고 가난한 자들에 대한 돌봄이 무너졌던 경우들에 관해 알게 되는 것을 원치 않았다. 또 그들은 이교도들에게 기독교 공동체의 예배에 대해 알려 주는

---

25 *Did. apost.* 6.18.5 (Stewart-Sykes, p. 245).
26 *Did. apost.* 5.16.7 (Stewart-Sykes, p. 218).
27 *Did. apost.* 2.39.4 (Stewart-Sykes, p. 161).
28 *Did. apost.* 5.16.6 (Stewart-Sykes, p. 218).

것도 원치 않았다. 그 저자들이 말하듯이, "사람들이 교회 안에서 무슨 일을 하고 무슨 말을 하는지를 드러내고 알리는 것은 적절하지 않다."[29] "사도들의 가르침"의 저자들은 전도 방법에 관해 논하거나 신자들에게 이방인들을 개종시키는 것을 우선시하라고 조언하지 않는다. 단 한 번 예외적으로 그들이 회원들에게 외부인들, 곧 "거친 사람들"의 개종을 추구하라고 권한 적이 있다.[30] 그러나 대개 저자들은 그들의 관심을 생존 가능한 기독교 공동체를 형성하는 데 맞췄다. 분명히 그들은 신자들의 삶의 방식과 덕이 그들의 신비로운 공동생활과 더불어 이교도들을 이끌어 기독교 공동체 안으로 들어오게 하리라는 믿음을 갖고 있었다.

형성 – 아비투스를 형성하는 예배

이런 형성은 어떻게 일어나는가? "사도들의 가르침"이 어떻게 공동체의 성품을 형성하려고 했는지를 알아보기 위해 그 공동체 중 하나의 예배를 살펴보자. "사도들의 가르침" 공동체 중 일부는 분명히 작았으나 우리가 살펴보려고 하는 공동체는 상당한 규모를 갖고 있었다. 대부분의 초기 기독교 공동체처럼, 이 공동체 역시 '집'에서 모였다. 집안의 동쪽 끝에 장로들이 주교의 자리를 둘러싸고 앉아 있다. 장로들에게서 멀지 않은 곳에는 그들과 구별되어 앉은 평신도들이 있다. 먼저는 남자들이고 그다음이 여자들이다. 젊은이들과 노인들은 성별로 구분된 채 특정한 자리를 차지하고 있다. 그리고 아이들은 한쪽에 서 있다. 주교가 그 모임의 질서를 책임지고 있고, 집사들이 그를 대리해 질서를 유지하고 있다.[31]

---

29 *Did. apost.* 3.10.7 (Stewart-Sykes, p. 190).
30 *Did. apost.* 2.56.4 (Stewart-Sykes, p. 174).
31 *Did. apost.* 2.57.3-6 (Stewart-Sykes, p. 175).

우리가 방문하고 있는 공동체 안에는 두 명의 집사가 있다. 그들 중 하나인 집안에 있는 집사는 아무도 부적절한 곳에 앉거나 잘못된 행동을 하지 않도록 감시하며 모임의 맨 앞줄에 서 있다. 만약 누군가 "속삭이거나 계속해서 잠을 자거나 큰소리로 웃거나 큰 몸짓을 하면", 그 집사가 그들을 제지할 것이다.[32] 집밖에 있는 집사는 경비원처럼 문가에 서 있다. 그는 예배에 참석하러 오는 모든 이들을 살피고 그 공동체의 회원이 아닌 방문객들에 대해 판단한다. 만약 어느 방문객이 이단적이지 않은 회중 안에서 좋은 평가를 받는 "교회의 딸"이라면, 집사는 그녀를 자신의 회중 안으로 안내해 적합한 자리에 앉힐 것이다. 만약 방문객이 장로라면, 그 사람은 다른 장로들과 함께 앉을 것이다. 만약 방문객이 주교라면, 그 사람은 주교와 함께 앉을 것이고 모임 중에 사람들에게 한 말씀 해 달라는, 그리고 아마도 성찬의 잔을 위해 기도해 달라는 부탁을 받을 것이다.[33]

그런데 만약 예배가 진행 중이고 주교가 말을 하고 있는데 다른 회중에 속한 남자나 여자가 늦게 도착한다면 어떻게 해야 하는가? 만약 그 사람이 "세상에서 존경을 받는" 사람이라면 어떻게 해야 하는가? "사도들의 가르침"은 회원들에게 주교의 가르침이 가장 중요하며, 따라서 아무것도 그것을 방해해서는 안 된다는 것을 분명히 밝힌다. 그러니 어떤 유력한 평신도가 늦게 도착하더라도 그것을 방해해서는 안 된다. 그런 경우에는 한 형제가 그 부자를 위해 자리를 마련해 주어야 한다. 만약 그를 위한 자리가 없다면, "자애롭고 선한 의지로 가득 찬" 그리고 예의 바른 어느 한 형제가 자발적으로 일어나 자기의 자리를 내주고 자기는 그 곁에 서 있어야 한다. 주교는 그의 가르침을 늦추지 않으면서 이것을 지켜보아야 한다. 그런데 만약

---

32 *Did. apost.* 2.57.10 (Stewart-Sykes, p. 176).
33 *Did. apost.* 2.58.1, 3 (Stewart-Sykes, p. 176).

회중 중 어느 젊은이가 그 상황에서 자기의 자리를 내주지 않아 나이 든 남자나 여자가 계속해서 서 있어야 하는 상황이라면, 주교는 그 의무 태만자를 나무라서 부끄럽게 하고 일어나 다른 사람들 뒤에 서 있게 해야 한다. 그런 일은 좋은 이유에서 필요하다. 그렇게 함으로써 "다른 사람들이 존경받는 이들에게 자신의 자리를 양보하는 것을 배울 수 있을 것이다."[34]

만약 "어떤 가난한 남자나 여자가 도착하면" 어떻게 할 것인가? 만약 "같은 지역으로부터든 혹은 다른 회중으로부터든" 가난에 찌든 어떤 이가 도착한다면 어떻게 할 것인가? 그리고 "무엇보다도 만약 그들이 나이가 많은데 자리가 없다면" 어떻게 할 것인가? 그때는 감독이 예외적인 무언가를 해야 한다. "사도들의 가르침"은 이렇게 명령한다, "너, 주교는" 설교를 멈추고, 그 가난한 이를 위해 자리를 마련하고, 그들에게 주교 자신의 자리를 내어 주어야 한다. 너(주교)는 "충심으로 그들을 위해 행동해야 한다. 네가 땅바닥에 앉는 한이 있더라도 그렇게 해야 한다."[35] 공동체의 리더인 주교는 소란을 피워야 한다! 구체적인 예를 통해 공동체의 확신을 예시하는 행동을 가르쳐야 한다. 그 확신이란, 교회 안에서는 모든 그리스도인들이 가치가 있다는 것이다. 교회에는 부자나 유력한 사람들을 특별하게 존경하지 않는다는 것이다. 교회는 가난한 이들을 높인다는 것이다. 집회 안에는 "사람들에 대한 존경"(혹은 세속적 유력함에 대한 존경)이 있어서는 안 된다.[36]

---

34 *Did. apost.* 2.58.4-5 (Stewart-Sykes, p. 177).
35 *Did. apost.* 2.58.6 (Stewart-Sykes, p. 177).
36 Georg Schöllgen, *Die Anfänge der Professionalisierung des Klerus und das kirchliche Amt in der syrischen Didaskalie*, Jahrbuch für Antike und Christentum, Ergänzungsband 26 (Münster: Aschendorff, 1998), pp. 180-183. "사도들의 가르침"이 만들어진 시리아 세계에서 주교의 우선권은 연줄이 많은 사람들에게 환심을 사기 위함이 아니라 그들의 권력을 줄이기 위함이었다는 것은 의미심장하다. 주교는 부유한 자들이 공동체 안에 머물고 돈을 지불/제공하다가 때가 되면 주교 제도를 식민지화하리라고 여겼던 것처럼 보인다. 3세기에 이르러 참사회 의원들이 주교가 되었을 때, "사도들의 가르침"의 전략은 성공한 것처럼 보였다.

이 이야기는 그 공동체의 리더들이 회중의 아비투스, 즉 그 공동체의 깊은 가치들을 표현하는 구체적인 질서와 행위를 의식적으로 형성하는 것을 보여 주는 한 예다. 앞선 장들에서 보았듯이, 아비투스는 반복적인 육체적 행위를 통해 시간이 흐르면서 학습되는 반사적 행동이다. 모든 집단이 그러하듯이 모든 사람은 나름의 아비투스를 갖고 있다. 신참자가 그들의 낡은 아비투스를 기독교적 아비투스로 교체하기 위해서는 가르침을 받아야 한다. 그리고 몸으로 연습해야 한다. 비록 그들의 아비투스는 천천히 그리고 때로는 서투르게 변화되겠지만, 그럼에도 그것은 변화될 수 있다.[37] "사도들의 가르침" 공동체에서는 사람들에 대한 존경과 관련된 변화가 일어나고 있었기에 이런 종류의 아비투스 훈련은 필수적인 것이 되었다.

주교들 – 사람을 존경하는 자가 되기를 거부하기

그렇다면 "사람들에 대한 존경"과 관련해서는 어떤 일이 벌어지고 있었던 것일까? "사도들의 가르침"은 한동안 공동체들 안에서 리더십과 기능의 변화로 이어졌던 변화들이 일어나고 있었음을 암시한다.[38] "사도들의 가르침" 회중들 안에서 일어난 중대한 변화는 그들의 신중한 전도의 산물이었던 것으로 보인다. 그들의 수가 증가하고 있었다. 초기 기독교 공동체들은 상대적으로 작았다. 그들은 다양한 형태의 가족적 환경에서 만났고 종종 그들 중 가장 부유한 사람이 모임을 이끌었다. 이런 공동체의 지도자들은 종종 그들이 모이는 가정집의 소유자들이었다. 그리고 사람들이 그런 집주인들이나 다른 유력한 사람들에게 존경을 표하는 것은 자연스러운 것이었다. 처음부

---

37 Pierre Bourdieu, *Pascalian Meditations*, trans. Richard Nice (Stanford, CA: Stanford University Press, 2000), pp. 141-146, 161.
38 Schöllgen, *Die Anfänge der Professionalisierung des Klerus*, pp. 3, 182-183.

터 교회는 곤경에 처한 이들을 돌보는 것을 강조했다. 그리고 거기에는 많은 신자들이 자발적으로 참여하는 것이 포함되었다. 외부인들(유대인과 이방인들)과의 전도적 성격을 지닌 대화는 은사와 기회를 따라 우발적으로 일어났다. 그리고 교리 교육과 세례를 위한 준비가 시작되었을 때, 그것들은 격식이 없었고 조직적이지도 않았다. 그러나 2세기 말에 교회는 티핑 포인트(tipping point: 작은 변화들이 쌓여 큰 영향을 초래할 수 있는 상태가 된 단계—옮긴이)에 이르렀다. 게오르크 쉘겐(Georg Schöllgen)에 따르면, 교회의 수는 그들의 질서와 행동의 패턴이 더 이상 작동하지 않고 변화가 필요한 지점까지 늘어났다.[39]

그로 인한 결과는 우리가 "사도들의 가르침"을 통해 그들의 아비투스가 형성되는 것을 지켜보는 공동체들이었다. "사도들의 가르침" 공동체들은 공동체 전체의 안녕에 대해 책임을 지는 주교들의 지휘하에 있었다. 주교들의 권위는 점점 더 그 뿌리를 그들의 사회적 명망, 교육, 부가 아닌 그들의 직무와 영적 소명에 내리게 되었다. 주교들은 장로들과 집사들처럼 평신도와 뚜렷이 구분되는 성직자 사회의 일부가 되어 갔다. 주교들이 모든 것을 할 수는 없었기에, 그들은 권위를 위임했다. 그러나 "아버지", "의사", 심지어 "왕"이라고 불렸던 이 지도자들은 교회의 공동생활, 가난한 자들에 대한 구제, 교리 교육에 대한 책임을 맡았다.[40]

"사도들의 가르침"에 따르면, 주교들은 사람을 존경하는 자, 부자에게 경의를 표하는 자, 혹은 그들을 적절한 정도 이상으로 기쁘게 하는 자가 되어서는 안 되었다.[41] "사도들의 가르침"이 직접 언급하는 "부자들" 중 많은 이들이 주교들을 탐탁하게 여기지 않았다. 그들은 주교들이 가난한 자들을 적절하게 돌보지 않고 심지어 그들을 "경멸한다"고 주장하면서 주교들에 대

---

39 Schöllgen, "From Monepiscopate to Monarchical Episcopate", pp. 115-116.
40 *Did. apost.* 2.33.1; 2.34.1; 2.41.3 (Stewart-Sykes, pp. 155-156, 162).
41 *Did. apost.* 2.5.1 (Stewart-Sykes, pp. 120-121).

해 신랄한 비난을 퍼부었다.⁴² 주교들이 징계에 관한 그들의 말을 묵살했을 때, 부자들은 짜증이 났다. 누군가를 파문으로부터 보호하기 위해 주교의 귀에 무슨 말을 속삭이거나 그들의 손에 기부금을 쥐어 주는 것은 괜찮지 않았을까?⁴³ 때때로 부자들은 교회로부터 "스스로 거리를 둠으로써" 자신들의 부동의를 몸으로 표현하면서 완강히 거부했다. 그들은 집사들이 자기들에게 주교들이 통제하는 중앙 금고에 돈을 내라고 압박하는 예배에 참석하는 것을 원하지 않았다.⁴⁴ 부자들의 입장에서, 주교들이 사람들(자기와 같은 부자들—옮긴이)을 존경해야 하는 것은 그들이 지닌 힘에 대한 합리적인 제한처럼 보였다.

주교들은 자신들의 직무에 따르는 힘을 행사함으로써 대응했다. 그들은 "율법과 부차적인 법률"을 구별할 수 있는 교사들이었다.⁴⁵ 그들은 목회적 전례주의자들이었다. 세례 때 "주교의 안수를 통해, 주님이 너희들 각자에 대해 증언하셨다. 그때 그분의 거룩한 음성이 말씀하셨다. '너는 내 아들이다. 오늘 내가 너를 낳았다.'"⁴⁶ 주교들은 신자들이 내는 기부금을 수령했는데, 그것은 그들이 집사들과 협력해 모든 사람의 짐—음식, 옷, 다른 필수품들—을 함께 감당하기 위해서였다.⁴⁷ 가장 중요한 것은, 부자 회원들이 아니라 바로 그들이 그 공동체의 가장 높은 가치인 평화의 관리자이자 촉진자들이었다는 것이다.

---

42 *Did. apost.* 2.31.2 (Stewart-Sykes, p. 154).
43 *Did. apost.* 2.43.5.
44 *Did. apost.* 2.36.3-4 (Stewart-Sykes, pp. 158-159).
45 *Did. apost.* 2.5.4 (Stewart-Sykes, p. 121).
46 *Did. apost.* 2.32.3 (Stewart-Sykes, p. 155).
47 *Did. apost.* 2.25.8.

평화의 생태계

평화는 "사도들의 가르침"에서 반복해서 나타나는 주제다.[48] 저자들의 관점에서 평화는 복음서에 나타난 예수님의 사역의 핵심이었다. 거기에서 그분은 자신을 따르는 자들에게 평화를 만드는 일에서 자신을 본받으라고 촉구하신다.[49] "사도들의 가르침"의 저자들은 예수님의 평화의 길이 구원적 성격을 갖고 있다고 확신했다. "평화의 길은 우리의 구주이시다."[50] 그리고 그들은 예수님이 그분의 교회가 올바른 관계와 영의 일치 안에서 살아감으로써 자신의 사역을 반영하기를 요구하셨다고 믿었다. 이를 위해 그들은 주교들이 주도권을 잡아야 한다고 확신했다. 주교들은 "평화를 선포"하고, 평화를 구현하고, "모두와 더불어 평화를 이루기 위해 노력해야" 한다.[51] 주교들은 그들의 사역의 모든 측면에서 교회의 특성의 핵심을 이루는 평화를 세우고 보존해야 한다. "사도들의 가르침"이 말하듯이, 그들은 "사람들 전체를 평화롭게 보살펴야" 했다.[52] "사도들의 가르침"의 저자들에 따르면, 본질상 교회는 평화의 생태계였다.[53]

"사도들의 가르침"이 평화 만들기의 실천적 차원에 관심을 두는 이유는 당시 교회의 생태계가 위협을 받고 있었기 때문이다.[54] 공동체 안에는 갈등

---

48 특히 *Did. apost.* 2.19-21와 2.44-58에서.
49 *Did. apost.* 2.24.4.
50 *Did. apost.* 2.21.5 (Stewart-Sykes, p. 139).
51 *Did. apost.* 2.54.3; 2.37.3 (Stewart-Sykes, pp. 173, 159).
52 *Did. apost.* 2.19.3 (Stewart-Sykes, p. 137).
53 Wolfgang Wischmeyer는 "적어도 예배에서만큼은 종말론적인 평화의 공동체를 실현하려고 하는" "사도들의 가르침"의 시도에 대해 언급한다[*Von Golgatha zum Ponte Molle: Studien zur Sozialgeschichte der Kirche im dritten Jahrhundert*, Forschungen zur Kirchen-und Dogmengeschichte 49 (Göttingen: Vandenhoeck & Ruprecht, 1992), p. 145].
54 Alan Kreider, "Peacemaking in Worship in the Syrian Church Orders", *SL* 34, no. 2 (2004): pp. 177-190.

이 존재했다. 놀랄 일도 아니지만, 때때로 돈과 지위의 오용에 관한 비난과 오해가 오갔다. 의심할 바 없이 어떤 갈등은 유대인과 이방인들이 섞여 있는 공동체 안에서 불가피하게 나타났던 문화와 전통의 차이를 반영했다. "사도들의 가르침"의 저자들은 이런 갈등들을 진지하게 다뤘다. 그들은 예수님의 산상수훈을 인용했다. "그러므로 예물을 제단에 드리려다가 거기서 네 형제에게 원망들을 만한 일이 있는 것이 생각나거든 예물을 제단 앞에 두고 먼저 가서 형제와 화목하고 그 후에 와서 예물을 드리라"(마 5:23-24).[55] 예수님은 갈등을 해결하는 것이 예배보다 앞서야 한다고 말씀하시는 것 같다. "사도들의 가르침"에 따르면, 기도는 교회의 심장 박동이었다. 실제로 "사도들의 가르침"의 저자들은 일부 외부인들이 교회 안에서 일어나는 특별한 권능을 알아보고 신자들과 함께 기도할 수 있기 위해 교회에 들어가는 것을 허락받고 싶어 했다고 주장했다.[56] 저자들은 종종 기도를 성찬과 결합시켰다. 그들은 그리스도인들이 그 둘 모두 안에서 하나님을 만난다고 믿었다. 그리고 평화가 없을 때, 즉 회원들 사이에 불의가 있거나 관계가 깨졌을 때, 그 교회의 예배는 무효이고 소용이 없다고 보았다.

우리가 하나님께 드리는 예물은 기도와 성찬이다. 그러나 만약 당신이 계속해서 당신의 형제에게 화를 내거나, 혹은 당신의 형제가 당신에게 화를 낸다면, 당신의 기도는 들리지 않게 될 것이고, 당신의 성찬은 받아들여지지 않을 것이다.…사람은 언제나 신중하게 기도해야 한다. 하나님은 자신의 형제를 향해 화를 내고 비난하는 자들의 기도를 듣지 않으신다. 설령 당신이 한 시간에 세

---

55 *Did. apost.* 2.53.3 (Stewart-Sykes, p. 172).
56 *Did. apost.* 2.39.6: 사람들은 "기도를 위해 교회 안으로 받아들여지기를 바란다"(Stewart-Sykes, p. 162).

차례씩 기도할지라도, 아무런 소용이 없을 것이다.[57]

공동체 안에서 깨어진 관계의 결과는 치명적이었다. 그것은 예배를 위축시켰다.

평화를 만드는 예배

이런 재앙을 막기 위해, 그리고 교회의 "기도와 봉헌이 용납될 수 있게" 하기 위해, "사도들의 가르침"의 교회들은 하나의 의식을 개발했다. 매주 일요일 전례 때 주교의 촉구를 받은 집사가 다음과 같이 외쳤다. "이웃과의 불화를 풀지 못하고 있는 사람이 있습니까?"[58] 이 지점에서 평화의 인사가 발생할 수도 있었다. 그때 형제와 자매들은 함께 섞여서 입맞춤을 교환했다.[59] 회원들 사이의 관계가 심각할 만큼 긴장되어 있을 경우, 주교로부터 회원들 사이의 갈등과 잘못된 행동을 살피라는 임무를 받은 집사들이 고통을 겪고 있는 당사자들을 주교 앞으로 데리고 갔다. 자신의 삶을 통해 평화를 선언하고 선포해 왔던 주교는 이제 평화를 만드는 위치에 있다. 만약 당사자들의 불만이 깊지 않다면, 주교는 그 지점에서 분쟁을 해결할 수 있었다. 그러나 만약 사람들의 갈등이 처리하기가 어려운 상태라면, 일종의 주교 법정에서 청문회가 진행되었는데, 청문회는 그 다음 주 화요일에 시작되었다. 주교는 피고소인의 말뿐 아니라 고소인의 말도 들었고 또한 그들의 "세상에서의 행위와 행동"에 대해서도 평가했다. 그 후, 만약 다음 일요일에 가능하다면, 그는 그들

---

57 Did. apost. 2.53.4-5 (Stewart-Sykes, p. 172).
58 Did. apost. 2.54.1 (Stewart-Sykes, p. 173).
59 4세기 말에 작성된 Apostolic Constitutions 2.57.17에 실려 있는 병행 구절에서처럼; 또한 Cyril of Jerusalem, Mystagogic Catechesis 5.3를 보라.

사이에 "평화를 가져오는" 판결을 내렸다.⁶⁰ 만약 한 주 이상의 시간이 필요하다면, 주교는 전 시간에 걸쳐 청문회에 참여할 수 있었다. 지연되었던 청문회가 끝나고 마침내 주교가 판결을 내릴 때, 때때로 그는 당사자들 중 어느 한 쪽을 파문해야 할 필요를 발견했다. 그러나 이것은 관계의 단절을 의미하지 않았다. "사도들의 가르침"은 '참회자들'로 불리는 파문된 회원들이 공동체 안으로 재편입하는 과정에서 주교가 해야 할 역할을 상세하게 설명한다. "사도들의 가르침"의 저자들은 이런 수단들이 교회가 교회의 "아름다움"과 "적절한 형태"인 "평화"를 보존할 수 있게 하는 데 필요하다고 확신했다.⁶¹

우리는 이런 평화 만들기 과정을 어떻게 보아야 하는가? 그것은 갈등 해결인가? 확실히 그렇다. 그것은 전례적 신학인가? 비록 그런 주장이 억지스러워 보일지라도, 평화 만들기 과정은 분명히 그러하다. 예배에서 화해가 시작되고 완료된다. "사도들의 가르침"의 저자들은 만약 공동체가 평화를 유지하지 못한다면 그 공동체가 드리는 예배는 가치가 없을 것이라고 확신했다.

평화를 만드는 전도

상상해 보라! 이런 평화 만들기 과정이 전도를 위한 것이 될 수 있었을까? 평화 만들기가 교회가 성장하도록 도울 수 있었을까? "사도들의 가르침"의 저자들은 주교가 그의 회중 안에서 평화를 만들 때, 그는 "하나님의 조력자이며, 그로 인해 구원받는 자들의 수가 늘어날 것"이라고 주장했다. "왜냐하면 바로 그것이 주 하나님의 뜻이기 때문이다." 사람들을 구원하는 것은 하

---

60 *Did. apost.* 2.45.3-2.50.1 (Stewart-Sykes, pp. 167-169).
61 *Did. apost.* 2.43.4 (Stewart-Sykes, p. 165).

나님의 일이다. 하나님은 사람들을 불러 주의 기도를 드리게 하시고("당신의 뜻이 하늘에서와 같이 땅에서도 이루어지게 하십시오") 또한 평화를 만들게 하심으로써 자신을 돕게 하신다.[62] "사도들의 가르침"은 하나님의 갈망은 "모두가 믿고 구원을 얻는 것이다.…그분의 뜻은 모두에게 생명을 주시는 것이고, 그분의 기쁨은 구원받은 자들의 수가 늘어나는 것이다"라고 주장한다. 그러나 성직자든 평신도든 다투기 좋아하는 사람들은 하나님께 도움이 되지 않는다. 실제로 그들은 하나님의 백성의 수를 줄인다. 그들은 자기들이 고발하는 이들을 교회로부터 내쫓든지 스스로 교회를 떠나든지 한다. 두 경우 모두에서 그들은 하나님의 양 떼를 흩음으로써 하나님께 맞서는 죄를 짓는다.[63] 그러나 시리아에 있는 신자들의 소명은 평화를 만들고 "거친" 외부인들을 교회 안으로 불러들이는 "지혜로운 비둘기"가 되는 것이었다.

우리는 주 하나님의 권능에 의해 모든 나라와 언어로부터 모여들었고 많은 노력과 수고와 위험을 통해 사람들을 교회로 이끌었다. 그것은 우리가 하나님의 뜻을 행하고, 거룩한 보편 교회인 그분의 집을 자기들을 불러 생명에 이르게 하신 하나님을 즐거워하고 기뻐하고 찬양하고 그분께 영광을 돌리는 손님들로 채우기 위함이다. 그러므로 너희 평신도들은 **지혜로운 비둘기**가 되어, 서로 평화를 이루고, 교회를 채우기 위해 힘쓰고, 거친 사람들을 개종시키고 길들이고, 그들을 교회로 데려와야 한다. 만약 너희가 그들을 불에서 구해 내고 교회로 이끌어 안정되고 신실한 자들이 되게 한다면, 그것은 너희에게 큰 보상이 될 것이다.[64]

---

62 *Did. apost.* 2.54.4-2.56.1 (Stewart-Sykes, p. 173).
63 *Did. apost.* 2.55.2-2.56.3 (Stewart-Sykes, pp. 173-174).
64 *Did. apost.* 2.56.3-4 (Stewart-Sykes, p. 174).

"지혜로운 비둘기"—마태복음에 의해 심원하게 형성된 "사도들의 가르침"의 세계에서[65] 이 표현은 예수님의 선교 명령에 나오는 두 단어의 조합일 수 있다. "보라 내가 너희를 보냄이 양을 이리 가운데로 보냄과 같도다. 그러므로 너희는 뱀같이 지혜롭고 비둘기같이 순결하라"(마 10:16). 이런 이들은 평화로우며 위협적이지 않은 사람들이다. 그들은 평화가 이루어지고 평화를 만드는 이들이 형성되는 기독교 집회 안으로 외부인들을 끌어들였다. 이런 지혜로운 비둘기들은 어떤 이들이었을까? 모든 회원은 그와 같이 되도록 부르심을 받았다. 모든 그리스도인은 서로 평화롭게 살면서 그런 삶을 외부인들과 나눔으로써 그들과의 교제를 만들어 내고 그들을 교회의 지도자들과 교리문답 교사들에게 소개할 수 있었다. 흥미롭게도, "사도들의 가르침"에 따르면 교회의 성장에서 핵심적 역할을 감당했던 이들은 여자 그리스도인들이었던 것 같다.

증언하는 여자들 – 아내들과 여집사들

어떤 여자들은 그리스도인이거나 이교도인 남자들과 결혼한 부인들이었다. "사도들의 가르침"의 저자들은 아내들에게 그들의 남편들의 기분을 상하게 하지 말고 오히려 "겸손과 온유함으로 믿음을 보이라"고 촉구했다. 우리가 4장에서 보았던 것과 유사한 방식으로, "사도들의 가르침" 공동체의 아내들은 "이교도인 자들이 돌아서서 믿음 안으로 성장할 수 있도록" 행동해야 했다. 그 공동체들에 속한 믿는 남자 중 많은 이들이 자기 아내의 끈기 있는 증언 덕분에 그 안으로 들어왔을 것이다. "사도들의 가르침"은 그리스도인 아

---

[65] "사도들의 가르침"은 마태복음(84회), 마가복음(5회), 누가복음(19회), 요한복음(4회), 바울 서신의 몇 구절을 인용한다: 고린도전서(2회), 에베소서(2회), 디모데전서(1회). 그러나 로마서나 갈라디아서는 인용하지 않는다.

내들의 행위가 그들의 가속의 구성원들이었던 이교도 여자들에게도 유사한 영향을 주었을 것이라고 지적한다.[66]

"사도들의 가르침" 공동체 안에서는 여집사들이 중요했다. 그들은 공동체 안에서 존경받는 역할을 갖고 있었다. 그들은 "성령의 한 형태"였다. 그들은 주교들에 의해 임명되었고 낮은 계급의 성직자로 간주되었다.[67] 그들의 우선적인 임무는 "여자들의 사역"이었다. 여집사들은 남자 그리스도인들에게는 닫혀 있던 곳들 안으로 들어갈 수 있었다. 특히 이교도들의 집 안으로 들어갈 수 있었다. 그런 곳에서 그들은 믿는 여자들을 찾아내 돌보았다. 그들은 병든 자들을 돌보고 회복되기 시작한 이들을 목욕시켰다.[68] 이런 새 신자들이 세례를 받을 때가 닥치면, 여집사들이 핵심적 역할을 감당했다. "여자가 남자에게 몸을 보이는 것은 옳지 않았기에" 주교가 세례를 집례할 때 여자들의 머리에 안수할 수는 있었으나, 여자들의 몸에 "기름 부음의 기름"을 붓고 그들과 함께 물속으로 들어간 이들은 여집사들이었다.[69] 새로 세례를 받은 여자들이 물에서 나오면, 여집사들이 그들을 맞이했고 "세례의 표식이 순결하고 거룩하게 유지되게 하기 위해" 그들에게 계속적인 가르침을 제공했다.[70] "사도들의 가르침"에 따르면, 여집사들은 모범적인 봉사를 제공했다. 그들 덕분에 기독교 공동체는 회원들에게 희생적이고 실제적인 돌봄을 행하는 것으로 알려졌다. 그런 돌봄은 이교도들의 집안에서도 나타

---

66 *Did. apost.* 1.10.3 (Stewart-Sykes, p. 116).
67 *Did. apost.* 2.26.6 (Stewart-Sykes, p. 151). 이 밖에도, 주교는 하나님의 한 형태고, 집사는 그리스도의 한 형태고, 장로들은 사도들의 한 형태고, 과부들과 고아들은 제단의 한 형태다.
68 *Did. apost.* 3.13.1 (Stewart-Sykes, p. 194).
69 세례를 받는 여자들은 주교가 그들의 머리에 안수할 때 분명히 완전하게 옷을 입고 있었다. 그들은 여집사들이 그들의 맨몸에 기름을 부을 때 겉옷을 벗었다. 그리고 남자 성직자가 진행하는 세례를 위해 입수식 때는 속옷을 입었다. Paul F. Bradshaw, "Women and Baptism in the *Didascalia Apostolorum*", *JECS* 20, no. 4 (2012): p. 643를 보라.
70 *Did. apost.* 3.12.3 (Stewart-Sykes, p. 193).

났고, 이교도들은 자기들이 목격하는 여집사들의 행동에 의심할 바 없이 호기심을 느꼈다.

과부들 억제하기

그러나 "사도들의 가르침" 공동체 안에는 또 다른 여자 사역자들 집단이 존재했다. 과부들이었다.[71] 과부들은 교회 지도자들에게 문제가 되었다. 그들은 결혼하지 않았고, 50세 이상이었으며, 신자들이 교회에 기부한 것 중에서 주교가 나눠주는 것으로 생활을 해 나갔다. "사도들의 가르침"은 과부들을 "하나님의 제단"이라고 불렀는데, 그것은 폴리카르포스가 2세기에 이미 사용한 용어였다.[72] "사도들의 가르침" 세상의 구조 안에서 과부들에 대한 요구는 간단했다. 집에 앉아서 가난한 이들의 유익을 위해 실을 잣고 무엇보다도 기부자들과 교회 전체를 위해 기도하라는 것이었다.[73] 그러나 "사도들의 가르침"의 좌절감 섞인 언급들을 통해 분명하게 드러나듯이, 사정이 언제나 그렇게 간단하지는 않았다.

과부들의 활동을 제한하고 금하고자 하는 "사도들의 가르침"의 시도 속

---

71 과부들에 관한 문헌은 아주 많다. 다음을 보라. Bonnie B. Thurston, *The Widows: A Women's Ministry in the Early Church* (Minneapolis: Fortress, 1989), 특히 chaps. 6-7; Charlotte Methuen, "Widows, Bishops and the Struggle for Authority in the *Didascalia apostolorum*", *Journal of Ecclesiastical History* 46 (1995): pp. 197-213; C. Methuen, "'For Pagans Laugh to Hear Women Teach'. Gender Stereotypes in the *Didascalia apostolorum*", in *Gender and Christian Religion*, ed. R. N. Swanson (Woodbridge, Suffolk: Boydell Press, 1998), pp. 23-35; Michael Penn, "'Bold and Having No Shame': Ambiguous Widows, Controlling Clergy, and Early Syrian Communities", *Hugoye: Journal of Syriac Studies* 4, no. 2 (2001): pp. 159-185; Jan N. Bremmer, "Pauper or Patroness: The Widow in the Early Christian Church", in *Between Poverty and the Pyre: Moments in the History of Widowhood*, ed. Jan N. Bremmer and L. P. Van den Bosch (London: Routledge, 1995), pp. 31-57.
72 Pol. *Phil.* 4.3.
73 *Did. apost.* 3.5.2; 3.7.8.

에서 우리는 처음 두 세기 동안 교회 성장의 주된 원동력 중 하나에 대한 증거를 만난다. 그 원동력은 변화에도 불구하고 3세기에도 지속적인 힘을 갖고 있었다. 과부들은 활동성이 강했다. 그들은 "사도들의 가르침"의 저자들을 낙심시키면서 "집에서 집으로" 돌아다녔다. 그들은 신자들은 물론이고 불신자들의 집들까지 "휘젓고 다녔다." 그것은 용납될 수 없는 일이었다. 제단은 움직이지 않고 "한 장소에 고정되어" 있어야 했다.[74] 일상생활에서 과부들은 사람들의 삶 속에 있었다. 그들은 사람들과 대화하고, 그들과 밥을 먹고, 그들과 함께 금식했다. 과부들이 방문하는 집의 어떤 이들은 이교도들이었다. 다른 이들은 신자들, 때로는 "회당에서 쫓겨난" 신자들이었다.[75] 그런 이들 중 어떤 이들은 직접 과부들을 재정적으로 지원했다. 그것은 기금의 관리를 주교의 통제하에 집중시키려는 교회의 지도자들을 짜증나게 만들었다. 또 과부들은 사람들에 대한 영적 사역에도 개입했다. 그들은 사람들에게 안수하고 그들을 위해 기도했다. 그들은 이 모든 일을 주교나 집사들의 감독 없이 했다.[76] 심지어 그들은 새로운 개종자들에게 세례를 베풀기까지 했는데, 그것은 세례를 주교에게 국한시키는 "사도들의 가르침"의 관습에 어긋나는 것이었다.[77] 과부들의 사역이 관련된 이교도들의 삶에 얼마나 밀접하게 연결되어 있었든 간에, 그들의 사역은 조정되지도, 허가받지도, 통제되지도 않았다. 과부들이 이렇게 행동하면, 주교들이 어떻게 "모든 사람들을 평화롭게 보살필" 수 있는가?[78]

---

74 *Did. apost.* 3.6.3 (Stewart-Sykes, pp. 185-186).
75 *Did. apost.* 3.8.3; 직후에(3.8.5) "사도들의 가르침"은 "교회에서 쫓겨났던" 사람들에 대해 언급한다 (Stewart-Sykes, p. 189). "사도들의 가르침"의 세상에서 '회당'과 '교회'는 때때로 같은 회중을 가리키는 단어들이었다.
76 *Did. apost.* 3.8.1.
77 *Did. apost.* 2.41.2; 3.9.1.
78 *Did. apost.* 2.20.3 (Stewart-Sykes, p. 137).

"사도들의 가르침"의 저자들이 보기에 더 나쁜 것은 그 과부들이 기독교를 탐색하는 자들과 전도적 차원의 대화를 나눴다는 것이다. 그리고 불가피하게 때때로 그런 대화들은 감당할 수 없는 것이 되었다. 그리스도인들은 —의심할 바 없이 수많은 이교도들을 포함한—사람들의 호기심을 자극했다. 어떤 이교도들은 그리스도인들의 태도, 가치, 삶의 방식에 흥미를 느꼈다. 또 이교도들은 여러 중요한 주제들과 관련해 질문들을 갖고 있었다. 그리고 그들은 자기들이 그런 것들에 관해 함께 논의할 수 있는 과부들이 있다는 것을 기뻐했다. 불신자들에 대한 심판과 관련된 기독교의 가르침에 놀란 이교도들은 자신들의 두려움에 대한 확증을 얻거나 떨쳐버리거나 하고 싶었다.[79] "그리스도의 이름으로 불리는 나라와 하나님의 계획"에 관해 들었던 이교도들은 그것에 관해 호기심을 느끼고 더 많은 것을 알고 싶어 했을 수 있다. 어떤 과부들은 분명히 자기들이 그런 주제들에 관해 이야기할 준비가 되어 있다고 느꼈다. "사도들의 가르침"의 관점에서 그들은 "지식이 없이" 이런 일을 했기에 때때로 "말씀을 모독했다." 여기에 과부들이 있다. 그들은 훈련을 받지 않았을 뿐 아니라 신임을 얻지도 못한 선교사들로서 "과부들과 모든 평신도"에게 주어진 예수님의 명령, 즉 "진주를 돼지 앞에 던지지 말라"는 명령에 불순종하고 있었다.[80] 과부들은 때때로 가장 민감한 분야인 "그리스도의 성육신과 고난"을 다루기도 했다. 이런 주제들은 악명 높을 정도로 어렵다. "사도들의 가르침"의 저자들에 따르면, 그것들에 관해 말하는 이들이 여자들일 경우, 이교도들은 그런 말에 콧방귀를 뀌고 조롱하면서 대응했다.[81] 만약 선교의 핵심이 그리스도인 제자들을 형성하는 것이 아니라 올바른 교리를 전하는 것이라면, 이것은 선교적 재앙이나 다름 없었다.

---

79 이 작품에서 하나님의 심판을 다루는 여러 구절은, *Did. apost*. 1.3.3; 2.17.5; 5.4.4; 5.6.7를 보라.
80 마 7:6, in *Did. apost*. 3.5.5 (Stewart-Sykes, pp. 184-185).
81 *Did. apost*. 3.5.6 (Stewart-Sykes, p. 185).

과부들은 이 영역을 넘지 말았어야 했고, 사실 그것은 허가받지 않은 남자 평신도에게들도 마찬가지였다. 과부들이 간단한 질문에 대해 간단한 답을 하는 것은 괜찮았다. 예컨대, "의와 하나님에 대한 믿음", 우상의 파괴, "오직 한 분 하나님이 계시다" 같은 문제들에 대해서는 괜찮았다. 그러나 다른 주제들은 그들의 능력을 넘어섰다. 그들은 그런 문제들에 대해 "가르침을 받고 싶어 하는 이들을 교회 지도자들에게 보내야" 했다.[82] 과부들은 지나치게 확신에 차 있었다. "너희는 단지 남자들보다가 아니라 장로들과 주교들보다도 많이, 그리고 더 잘 알고 싶어 한다."[83] "사도들의 가르침"의 저자들은 이 단들이 퍼져 나가고 있다는 것을 알고 있었다.[84] 몇몇 다른 3세기 지도자들처럼, 그들은 세례 후보자들을 그리스도다운 삶의 아비투스 안에서 형성하는 것보다 정통적 사고(성직자들의 영역) 안에서 가르치는 것에 더 관심을 두었다. 교리 교육의 무게 중심이 변하고 있었다. 과부들은 다른 평신도 여자들과 남자들처럼 이런 변화에 휩쓸렸다. 그들이 전도라는 측면에서 아무리 은사가 있고 이교도들의 필요와 고민을 아무리 잘 알고 있다고 할지라도, 그들은 교리적 부정확성에 휘말림으로써 이런 변화를 전복시켜서는 안 되었다.

평화의 생태계를 만들려 하고 있던 "사도들의 가르침"의 저자들에게 과부들과 관련된 문제들은 분명했다. 만약 이상적인 여자가 "성직자의 수동적이고 순종적인 도구"라면, "사도들의 가르침"의 과부들은 그것과는 아주 달랐다![85] 3세기가 진행되는 과정에서 이런 문제들은 주교들의 리더십의 패턴과 성직자의 통제가 보다 확실하게 수립되었을 때, 그리고 공동체들이 보

---

82 *Did. apost.* 3.5.3 (Stewart-Sykes, p. 184).
83 *Did. apost.* 3.8.3 (Stewart-Sykes, p. 189).
84 *Did. apost.* 6.1.1-6.10.5.
85 Penn, "'Bold and Having No Shame'", p. 175.

다 질서가 잡히고, 여집사들—성직자지만 명백하게 남자 성직자의 권위 아래 있던—이 그들 자신의 자리를 잡았을 때, 해소되었다. 과부들은 휘젓고 다니는 일을 그쳤으며, 교회의 선교에 제어되지 않고, 반문화적이며, 사소한 공헌을 하는 일을 멈췄다. 그러나 잠재적인 신참 신자들은 적절한 채널들을 통해 어떻게든 계속해서 교회에 접근했다.

소속을 위한 통로

다른 교회법과 달리, "사도들의 가르침"은 이런 통로에 대해 많은 정보를 제공하지 않는다. 기독교 공동체의 구성원이 되기 위한 방법에 대해서는 앞선 장들에서 개략적으로 살펴본 바 있다. 그리스도인이 되는 것에 진지하게 관심을 갖고 있던 이들은 교리문답 교사들에게 인도되었다. "사도들의 가르침"은 교리문답 교사들이 다뤘던 주제들에 대한 몇 가지 샘플들만 제공할 뿐이다. 그들은 세례 후보자들에게 "회개의 열매를 드러내는" 방식으로 살라고 가르쳤다.[86] 그들은 사람들이 박해에 대처하도록 준비시켰다.[87] 그들은 사람들에게 그리스도의 부활에 관한 설명과 그들 자신의 부활에 관한 소망을 제공했다.[88] 그들은 사람들을 영원한 삶에 대한 약속으로 위로하고 배교의 결과들에 대해 경고했다. "끊임없이 그리고 영원히 불에 타고 고통을 받을 것이다."[89] 의심할 바 없이 교리문답 교사들은 유대인 가정 출신의 후보자들에

---

[86] *Did. apost.* 2.39.6 (Stewart-Sykes, p. 161).
[87] *Did. apost.* 5.6.4.
[88] *Did. apost.* 5.7.11-12.
[89] *Did. apost.* 5.6.7 (Stewart-Sykes, p. 205). 하나님이 모든 사람을 부르셨다는 "사도들의 가르침" 저자들의 활기는 이내 차분해졌다. 부르심에 응답하지 않는 이들에게는 "절대 꺼지지 않고 견딜 수 없는 무서운 불에 의한 하나님의 심판"이 있으리라는 것을 그들이 믿었기 때문이다(*Did. apost.* 2.17.6 [Stewart-Sykes, p. 132]).

게 "부차적인 법률"에 대한 "사도들의 가르침"의 해석을 제공했다. 그것이 그리스도의 가르침과 길에 관련되어 있기 때문이다. 무엇보다도 그들은 후보자들에게 "[그리스도의] 가르침과 그분의 인내를 본받으라"고 가르쳤다.[90] 후보자들의 행위와 성품은 도제 생활을 통해, 즉 그 공동체의 아비투스를 목격함으로써, 그리고 "가르치시는 것과 행하시는 일에서 우리의 주인이자 교사가 되시는 우리 주님을 모방하는" 교리문답 교사들과 주교를 지켜봄으로써 형성되었다.[91]

매주 일요일 성찬 때마다 후보자들은 참회자들과 함께 집회에 나와 "다른 이들에게 평화를 선언하는" 주교의 설교를 들을 수 있었다.[92] 그들은 그 공동체의 질서, 엄숙함, 아비투스를 목격했다. 그러나 주교는 기도가 시작되기 전에 그들을 해산시켰다. 왜냐하면 그들의 성품은 여전히 형성 중이었고 아직 그들은 "회개의 열매"를 보이지 않았기 때문이다.[93] 세례받을 준비가 된 후보자는 어떤 성품을 갖고 있었을까? "사도들의 가르침"은 주교에게 세례받을 준비가 되었다는 증거를 믿음직하게 제시하는 이들에 대한 힌트를 하나 준다. 주교는 다음 같은 것을 알고 싶어 했다.

과연 그가 겸손하고, 성마르지 않고, 중상하지 않는지, 과연 그가 과부들과 가난한 이들과 낯선 이들에게 친절한지, 그리고 불순한 이익을 사랑하지 않는지. 그리고 과연 그가 평화를 사랑하고 모든 이에게 우호적이고 모든 이에게 친절한지, 과연 그가 동정심이 많고 베푸는 일에서 인색하지 않은지, 음식을 탐하지 않는지, 탐욕스럽지 않은지, 착취하지 않는지, 술 취하지 않는지, 방탕

90　*Did. apost.* 5.7.24 (Stewart-Sykes, p. 210).
91　*Did. apost.* 5.5.2 (Stewart-Sykes, p. 203).
92　*Did. apost.* 2.54.3 (Stewart-Sykes, p. 173).
93　*Did. apost.* 2.39.6 (Stewart-Sykes, p. 161).

하지 않는지, 게으르지 않은지…과연 그가 간음과 음행을 하여 세상 사람들이 하듯이 악하게 행동하지 않는지.[94]

이와 같이 기독교적 아비투스를 구현하고 "내가 믿나이다"라고 말할 수 있었던 이들은 세례 예식 때 주교 앞으로 나왔고, 주교는 그들에게 퇴마 의식을 행한 후 세례를 베풀었다. "사도들의 가르침"은 그 후를 이렇게 진술한다. "주교의 안수를 통해 주님께서 너희 각자에 대해 증언하셨고, 그분의 거룩한 음성이 다음과 같이 말씀하셨다. '너는 내 아들이다. 오늘 내가 너를 낳았다.'"[95] 마침내 새로운 신자들은 공동체의 기도와 성찬에 참여할 수 있었다. 그들은 지혜로운 비둘기들로, 즉 흥미로운 행동과 적절한 말로 교회의 주된 성장 방법인 **매력**에 공헌하는 "하나님의 조력자들"로 다시 태어났다.

---

94 *Did. apost.* 2.49.2 (Stewart-Sykes, p. 169).
95 *Did. apost.* 2.32.3 (Stewart-Sykes, p. 155).

4부

인내의 변형

9

콘스탄티누스의 조급증

이제 우리는 콘스탄티누스에 이르렀다. "사도들의 가르침"이 분명하게 밝히듯이, 교회는 콘스탄티누스 이전에도 성장하고 있었다. 시리아의 "사도들의 가르침" 회중은 3세기 내내 성장하고 있었다. 그들의 성장은 환상적이라기보다는 끈기 있는 것이었고, 하나님에 대한 그들의 예배의 결과였다. 예배가 신자들을 격려했고 그들의 삶을 형성했다. 그러나 4세기의 두 번째 십 년 기간에 예기치 못했던 변화가 발생했고, 로마 제국 전체에서 교회들은 새로운 방식으로 급속도로 성장하기 시작했다. 312년에 황제 콘스탄티누스 1세―그는 6년 전 요크에서 그의 아버지 콘스탄티우스가 죽자 만장일치로 황제로 추대되었다―는 하늘에 떠 있는 십자가의 환상을 보고 "이 표식으로 정복하라"라는 말을 들었다. 그 후에 그는 로마의 변두리에서 군사적 승리를 거뒀고 그로 인해 제국의 서방 지역 전체에 대한 지배권을 얻었다. 콘스탄티누스는 제국적 차원에서 이루어지는 그리스도인에 대한 박해를 종식시켰다. 곧이어 그는 자신이 그리스도인임을 밝혔고, 324년에는 경쟁자인 리키니우스를 물리치고 서방뿐 아니라 동방까지 아우르는 로마 제국 전체의 유일한 황제로 등극했다. 31년간의 통치 기간(그는 337년에 죽었다) 내내 콘스탄티누스는 사회 안에서 교회의 지위를 보장해 주었고 교회가 선교를 이해하고 실천하는 방식을 변화시키기 시작했다.

"사도들의 가르침"의 많은 부분이 쓰인 230년대와 콘스탄티누스 시대 사이 80여 년의 기간 중에 제국 정부가 그리스도인들을 극도로 힘들게 만들었던 박해 시기가 있었다. 250년대에 황제 데키우스와 발레리아누스는 두 차례에 걸쳐 (유대인을 제외한) 모든 로마인들이 신들에게 제사를 드림으로써 그들을 달랠 것을 강요했다. 그리고 303년에서 312년 사이에 막시미아누스와 사두 정치를 했던 다른 황제들은 제국 전역에서 잔인한 박해를 시작했다. 그러나 그리스도인들에게 분열과 위험을 초래했던 이런 시절에조차 교회가 상대적으로 안전했던 40여 년의 기간이 있었다. 260년에서 300년 사이의 이 기간은 종종 "평화의 40년"이라고 불린다.[1] 이 기간에 그리스도인들은 제국 내에 뿌리를 내리고, 확신을 얻고, 수적으로 상당히 성장할 수 있었다. 그 세기가 끝나갈 즈음에 그리스도인들은—3세기가 시작할 무렵에 어떤 이들은 그들을 "의심스럽고 배척해야 할 무법자들"[2]로 여겼다—지역 공동체에서 존경받는 한 부분, 그들의 특이한 관습이 관용될 수 있는 좋은 이웃이 되었다. 그러므로 그리스도인들이 303년과 콘스탄티누스가 승리를 거둔 312년 사이에 겪은 새로운 박해는 신자들과 그들의 지도자들에게 큰 충격이 되었다.

콘스탄티누스 이전의 이 50년 동안에도 교회는 여전히 성장하고 있었다. 그러나 우리가 그 성장을 자세히 살피고 설명하기는 쉽지 않다. 확실히 어

---

1 W. H. C. Frend, *Martyrdom and Persecution in the Early Church* (Oxford: Blackwell, 1965), p. 465.
2 Caecilius, in Minucius Felix, *Oct.* 8.4, trans. G. H. Rendall, LCL 250 (1931), p. 335.

떤 지역에서 그 확산은 다른 지역에서보다 훨씬 더 급속했다. 예컨대, 이집트에서 교회는 교외에서든 도시에서든 특별히 급속하게 성장했던 것으로 보인다. 그러나 서방의 시골 지역에는 교회의 성장이 거의 없었던 곳도 많았다.[3] 종종 성장이 쉽게 눈에 띄는 도시 지역에서 그 사회의 중간 계급에 속한 이들이 신자(와 지도자)가 되기 시작했다. 수적으로 보면 가난한 이들이 여전히 교회의 주축을 이루고 있었다. 얼마나 많은 그리스도인이 존재했을까? 언급하기가 쉽지 않다. 아직 제국의 많은 부분이 기독교화되지 않았음을 감안한다면, 제국 전역에서 교회의 지지자들은 널리 받아들여지고 있는 10퍼센트(6백만 명)보다 적었을 가능성이 있다.[4] 그러나 이것은 추정일 뿐이다. 우리는 보다 정확한 수치를 내놓을 수 있을 만한 자료들을 갖고 있지 않다. 하지만 사회 속에서 변화하는 교회의 지위를 살필 때 좀더 확신을 갖게 해 줄 수 있는 자료들이 남아 있는 몇몇 장소들이 있다. 그런 장소들은 303-312년의 박해 기간뿐 아니라 디오클레티아누스 이전의 평화로운 시절에 무슨 일이 벌어지고 있었는지 알게 해 준다.

내가 택한 자료는 상부 이집트로부터, 특히 카이로에서 북쪽으로 161킬로미터 거리에 있는 나일강변의 도시 옥시린쿠스로부터 나왔다. 고고학자들이 기뻐할 만하게, 옥시린쿠스의 건조한 기후는 수많은 파피루스 파편들이 쓰레기 더미에서 살아남게 해 주었다. 그 파편들은 다양한 기독교 집단의 매력적인 활동에 관한 세부적인 사항들을 알려 주었다. 우리는 조리 정연한 기독교 지도자들이 출현한 나일강 삼각주 지역의 도시 트미우스도 살

---

3 Peter Brown, *Through the Eye of the Needle: Wealth, the Fall of Rome, and the Making of Christianity in the West, 350-550 AD* (Princeton: Princeton University Press, 2012), pp. 22, 38.

4 Ramsay MacMullen, *The Second Church: Popular Christianity, A.D. 200-400*, SBL Writings from the Greco-Roman World Supplement Series 1 (Atlanta: Society of Biblical Literature, 2009), pp. 102, 173n18.

펴볼 것이다. 나는 앤마리 라이엔다이크(AnneMarie Luijendijk)가 옥시린쿠스 파피루스와 관련해 큰 도움을 주는 안내자임을 알게 되었다.[5]

라이엔다이크는 이집트의 도시와 마을에 존재했던 그리스도인들의 중요성을 과도하게 강조하지 않으려 조심한다. 콘스탄티누스 이전 50여 년 동안 그리스도인들은 사람들이 밀집한 상황에서 그들의 유대인 및 이교도 이웃과 어깨를 부대끼며 살았던 소수자들이었다. 그들은 자신들의 기독교적 충성심을 비밀에 부치는 것이 불가능하다는 것에 대해 염려하지 않았다. 그들은 여러 종교 집단 사이의 관계가 우호적이고 관용적이었던 환경을 즐겼다.[6] 라이엔다이크는 옥시린쿠스 파피루스를 읽고서 그리스도인들이 주로 "종종 그들의 이웃과 구별되지 않는 방식으로" 살아감으로써 사회에 융합되었음을 발견했다. 하지만 그녀는 그리스도인들이 "어떤 측면에서 독특"했음을 관찰했다.[7] 물론 교회가 다른 모두와 같았다면, 성장하지 않았을 것이다. 만약 그리스도인들이 다른 이들과 차이가 없다면, 어째서 사람들이 그들에게 합류하려 했겠는가?

라이엔다이크가 발견한 특성 중 많은 것이 주교 (파파) 소타스의 편지들에서 나타난다. 270년대에 활동했던 소타스는 옥시린쿠스 최초의 주교였을 것이고 비그리스도인 이웃 사이에서 "그리스도인 소타스"로 잘 알려져 있었다.[8] 그는 그의 끈기 있는 성품을 반영하는 편지들을 썼다. 설령 그가 그의 교회의 성장을 촉진하기 위한 길을 찾느라 분투하고 있었을지라도, 그의 편지는 그런 동기를 드러내지 않는다. 오히려 그의 편지는 그가 현실적인

---

5 AnneMarie Luijendijk, *Greetings in the Lord: Early Christians and the Oxyrhynchus Papyri*, HTS 60 (Cambridge, MA: Harvard University Press, 2008).
6 유사하게 좋은 관계가 북아프리카에서도 분명하게 나타났다. Claude Lepelley, "Chrétiens et paiens au temps de la persecution de Dioclétien: Le cas d'Abthugni", StPatr 15 (1984): pp. 226-232.
7 Luijendijk, *Greetings in the Lord*, pp. 188, 228.
8 같은 책, chap. 4.

문제, 즉 재산 분쟁, 상업상의 거래, 특히 넓은 지역의 기독교 세계와 네트워크를 형성하는 문제들을 다루고 있음을 보여 준다. 소타스는 이런 네트워크에 참여했다. 270년에 그는 교회 회의에 참석하기 위해 안디옥으로 여행했다.[9] 그러나 그때 여행을 했던 이는 그 주교 한 사람만이 아니었다. 그의 동료 그리스도인들 여럿도 먼 길을 여행했다. 그들이 집을 떠나기 전에 소타스는 그들의 손에 추천서를 한 장씩 쥐여 주었다. 그들이 찾아갈 교회에 보내는 추천서에 그는 그들을 환대해 달라고, 즉 그들에게 음식과 숙소를 제공하고 성찬 예배에 참여할 수 있게 해 달라고 부탁했다. 신자들은 소타스와 자기네 회중의 추천서를 들고서 자기들이 찾아갈 교회가 교회들 사이에 가족적인 유대 관계를 세우는 방식으로 자기들을 맞아 주리라고 확신하며 "사랑받는 형제들"의 신분으로 여행을 시작했다.[10] 그렇게 이동하는 신자 중에는 분명히 여자들도 있었다. 그들은 "다른 자료에서는 유례를 찾기 어려운 방식으로" 사업, 건강, 교육을 포함하는 여러 이유를 가지고 여행하고 있었다.[11] 때때로 편지는 틀에 박힌 듯 보였다. 다른 교회의 지도자들은 그들의 추천서를 쓸 때 소타스를 모방했다. 파피루스 중에는 필사가가 쓴 편지도 있었는데, 훗날 다른 누군가가 거기에 여행자의 이름을 넣은 예도 있다.[12]

소타스는 신자들이 목적지에 도착할 때 그들을 맞이할 이들이 그들을 "평화롭게" 받아 주리라고 확신했다. 라이엔다이크에 따르면, 이 표현은 그들의 예배의 강력한 요소일 뿐 아니라 가족적인 연합의 인사였던 의식적인 평화의 입맞춤을 의미했다. 그 평화의 인사는 학습된 반응, 즉 그 공동체의 깊은 가치를 표현하는 아비투스였다. 그것은 공동체를 세웠다. 가장 깊은

---

9 같은 책, p. 91.
10 같은 책, pp. 111, 114.
11 같은 책, pp. 119-120.
12 같은 책, p. 112.

단계에서 그 입맞춤은 가족, 즉 주님 안에서 서로에게 속한 "모든 형제와 자매"를 결합한 가족을 가리키는 표시였다.[13] 평화롭게 살아가는 이들의 믿음과 습관을 배우기 위해서는 영적이고 실천적인 형성이 필수적이었다. 그러므로 소타스가 교회의 학습 과정의 운영과 관련해 많은 양의 편지를 쓴 것은 놀랄 일이 아니다. 그는 그 과정의 다양한 단계에 있는 세례 지원자들에 관해 썼다. "창세기 단계의 세례 지원자들", "복음서 시작 단계의 세례 지원자들", "회중 속의 세례 지원자들." 또 소타스는 세례 지원자들이 여행할 경우, 회중이 그들을 형제와 자매로 따뜻하게 받아들여야 한다고 촉구했다. 때때로 그 편지는 작은 교회들로부터 세례 지원자들이 옥시린쿠스에 있는 소타스에게 교리 교육을 받기 위해, 즉 "단련"을 위해 찾아오는 경우들을 보여 준다.[14] 라이엔다이크에 따르면, 평화의 인사는 세상에서 그리스도인의 행위를 형성하는 "독특한 특징"이었다.[15] 이 편지 어디에서도 우리는 소타스가 이런 형태의 행동에 대해 평가하거나 그것들이 어떻게 가장 큰 선교적 성공을 초래할 수 있는지 계산하는 것을 발견하지 못한다. 그러나 편지 중 하나가 여섯 명의 세례 지원자들을 이름으로 언급한다.[16] 그리고 모든 편지는 희망 섞인 인내의 어조를 갖고 있다. 이교도들이 그들의 그리스도인 이웃을 보고 그들 중 어떤 이들에게 매력을 느껴 "평화롭게" 살아가는 공동체에 접근했던 것으로 보인다.

이집트의 그리스도인들이 평화로운 시기에 인내심을 갖고 행동했다면, 박해에 대해서는 어떻게 대처했을까? 303년에 그 위대한 평화가 끝났다. 디오클레티아누스와 그의 동료 황제들은 제국의 안녕이 신들을 진노하게

---

13 같은 책, p. 85.
14 같은 책, p. 121.
15 같은 책, p. 123.
16 같은 책, p. 84.

하는 그리스도인들의 존재로 인해 위협받을까 두려워 기독교 공동체들을 위협하는 연속적인 칙령들을 반포했다. 제국 전역의 그리스도인들은 그것에 여러 방식으로 대응했다. 이집트에서 나온 자료는 두 가지 접근법을 보여 준다. '교묘한 저항'이라는 작은 행동들과 '순교'라는 담대한 몸짓을.

신중한 저항의 한 예가 옥시린쿠스 파피루스에 기록되어 있다. 304년 2월에 이집트 지방 총독 클로디우스 쿨키아누스(Clodius Culcianus)가 제국의 고위직 공무원 세 사람을 옥시린쿠스 외곽의 주요한 통상로에 있는 키시스(Chysis)라는 마을로 찾아가게 했다. 그들에게 주어진 명령은 그곳에 있는 교회 물품을 몰수하라는 것이었다. 파피루스는 그때 그 교회의 성직자가 어디로 갔었는지에 대해 보고하지 않는다. 그때 그곳에서 총독의 사절들을 맞이한 이는 아우렐리우스 암모니우스(Aurelius Ammonius)였다. 당국이 작성한 보고서에서 그는 자신을 "키시스 마을의 이전 교회의 성경 봉독자"라고 불렀다. 아마도 집이었을 그 '이전' 교회는 파괴되었던 것일까, 아니면 단순히 가정집으로 복구되었던 것일까? 암모니우스는 당국에 "그 이전 교회는 금도, 은도, 돈도, 옷도, 소떼도, 노예도, 땅도, 소유물도 갖고 있지 않았습니다. 발견되어서 당국에 넘겨진 청동 물품들이 전부였습니다"라고 보고한다.[17] 뭐라고? 304년에 존재했던 교회에 값진 성찬용 그릇도 없고 나눌 만한 옷가지도 없었다고? 그 시대의 다른 교회들과 비교하면 이것은 거의 가능성이 없는 일로 보인다.[18] 아마도 누군가가 은으로 된 물건들을 숨기고 청동으로 된 물건들만 남겨 놓았던 것으로 보인다! 기록된 바에 따르면, 진술

---

17 같은 책, pp. 193-194.
18 이것을 누미디아 키르타에 있는 어느 집에서 모였던 교회의 다양한 소유물 중에 있던 2개의 금 성배, 6개의 은 성배, 6개의 은 항아리, 82벌의 여자용 겉옷, 다른 옷의 목록과 비교해 보라. 이것은 303년에 집정관 제노필루스 앞에서 진행된 공판에서 나온 정보에 의한 것이다. Mark Edwards, trans. and ed., *Optatus: Against the Donatists*, TTH 27 (Liverpool: Liverpool University Press, 1997), p. 154, appendix 1을 보라.

의 마무리 단계에서 암모니우스는 "우리의 주님들인 황제들의 천재성"을 두고 맹세를 했다. 하지만 진술서에 서명한 이는 아우렐리우스 네레누스라는 이였는데, 그것은 "그[암모니우스]가 글자를 모르기 때문"이었다.[19] 글자를 모르는, 그러니까 오직 콥트어만 알 뿐 그리스어는 모르는 성경 봉독자? 순교자로 죽는 것도 원치 않지만, 우상숭배와 도둑질에 대한 공모를 나타내는 서류에 서명하는 것도 원치 않았던 그는 누구인가? 그는 그리스도인으로서 "맹세하지 말라"(마 5:33)는 가르침을 받았던 것일까? 우리는 암모니우스가 왜 그렇게 했는지 모른다. 하지만 라이엔다이크는 그를 "글쓰기 및 재산을 숨기는 일과 관련해 작은 협상과 반역"을 수행한 사람으로 간주한다.[20] 우리가 암모니우스를 독창적인 인내를 수행한 사람으로 여겨도 무방할 것이다.

나일강 삼각주 지역에 있는 트무이스라는 큰 도시에서 필리아스는 보다 큰 형태의 저항을 시도했다. 우리가 그에 대해 아는 것은 『필리아스 행전』(*Acts of Phileas*)을 통해서다. 그 행전은 필리아스가 총독 클로디우스 쿨키아누스를 키시스에서처럼 중개자들을 통해서가 아니라 직접 대면해서 만났다고 전한다. 필리아스는 트무이스의 주교이자 옥시린쿠스보다 훨씬 큰 기독교 공동체의 지도자였다. 『행전』에 따르면,[21] 필리아스가 그의 다섯 번째 공판을 위해 소환되었을 때, 그는 적어도 20명의 다른 성직자들의 수행을 받았다! 쿨키아누스는 필리아스는 결의를 깨뜨려야 했다. 트무이스에서 있었던 그의 첫 번째 변론 때 이미 쿨키아누스는 그 주교를 모욕한 후 즉각 고문을 가했다. 그는 군인들에게 그를 "네 번째 말뚝 넘어까지" 고문하라고 명

---

19 같은 책, p. 194.
20 같은 책, pp. 208-210.
21 이어지는 설명에서 나는 주로 다음 판본을 사용한다. Greek Recension, trans. and ed. Herbert A. Musurillo, *The Acts of the Christian Martyrs* (Oxford: Clarendon, 1972), pp. 328-353.

령했다(말뚝에 묶어 가랑이를 찢는 고문과 관련된 표현으로 보인다―옮긴이).[22] 필리아스가 끝까지 신들에게 제물을 바치기를 거부하자 쿨키아누스는 그를 알렉산드리아에 있는 감옥으로 보냈다. 그곳에서 그는 맨발에 사슬에 묶인 채 더 많은 공판을 받아야 했다. 총독은 그 주교에 대한 처형을 서두르지 않았다. 이 공판 과정에서 쿨키아누스와 필리아스는 이전에 있었던 총독들과 주교들의 만남이 지금은 어떻게 달라졌는지를 보여 준다. 쿨키아누스는 이전의 총독들보다 훨씬 많은 정보를 갖고 있었다. 이제 기독교는 그의 담론 세계의 일부였다. 그리고 필리아스는 이전의 주교들보다 말을 훨씬 더 능란하게 잘했다. 쿨키아누스는 자기가 많은 정보를 갖고 있다는 확신에 차서 기독교에 관한 자신의 지식을 사용해 주교를 압박하기로 결심했다. 바울은 "믿음을 부정한 사람이었다." 예수님은 "아람어를 말하는 평민이었고…플라톤과 같은 계급에 속해 있지 않았다." 어째서 예수님은 "자기가 하나님이라고 스스로 말하지 않았는가?" 필리아스는 쿨키아누스가 초반에 우세를 확보하기 위해 던진 이런 말에 응답하면서, 이전의 주교들인 폴리카르포스와 포티누스와 대조적으로 적극적으로 발언했다.[23] 예수님이 자기가 하나님이라고 말씀하시지 않은 것은 그분의 행동이 "하나님의 일을 힘 있게, 그리고 실제적으로 수행했기" 때문이다. "그분은 문둥병자를 정결케 하시고, 눈먼 자를 보게 하셨다."[24] 필리아스는 예수님은 "플라톤보다 우월하시다.…[만약 당신이 원한다면 나는 당신에게 그분의 말씀 중 몇 가지를 들려 드리겠다]"라고 말했다.[25] 총독은 "내가 맹세했으니…이제 당신도 맹세하라"고 말하면

---

22 *Acts of Phileas* 1 (Musurillo, p. 329).
23 Mart. Pol. 10; 리옹의 주교 포티누스에 관해서는, Eusebius, *Hist. eccl.* 5.1.29, trans. Musurillo, *Acts of the Christian Martyrs*, pp. 11, 71를 보라.
24 *Acts of Phileas* 6 (Musurillo, p. 333).
25 *Acts of Phileas* 8 (Musurillo, p. 339).

서 필리아스를 반박했다. 그러자 필리아스는 이렇게 대응했다. "우리는 맹세하도록 허락받지 못했다.…거룩한 하나님의 성경이 이렇게 말씀하시기 때문이다. '오직 너희 말은 옳다 옳다, 아니라 아니라 하라.'"[26] 총독과 주교 모두가 탈진하자, 쿨키아누스가 말했다. "만약 네가 어떤 필요 때문에 [기독교 신앙에—옮긴이] 자신들을 넘겨준 무지한 자들 중 하나라면, 나는 너를 살려 둬서는 안 된다. 그러나 너는 네 자신뿐 아니라 도시 전체를 부양하고 지탱할 수 있을 만큼 풍부한 자원을 갖고 있다. 그러니 네 자신을 구하고 제물을 바치라." 그 말을 들은 필리아스는 이렇게 답했다. "나는 그렇게 하지 않겠소."[27] 필리아스는 단지 기독교 주교에 불과한 사람이 아니었다. 그는 부유한 사람이었다. 그는 수많은 가난한 회원들을 포함하고 있는 큰 기독교 공동체를 지탱할 수 있는 자원을 갖고 있었다. 그는 문화적이고 지적인 확신을 갖고 있었다. 『행전』의 라틴어 본문은 쿨키아누스가 필리아스의 굴복을 끝까지 바랐다고 전한다.[28] 그가 결국 필리아스의 참수를 명했을 때, 그것은 굉장한 패배감을 안고서 내린 명령이었다. 초기 기독교 사상에서 늘 비폭력적 고난과 연결되었던 인내는 필리아스와 함께 여전히 살아 있었다.

콘스탄티누스와 회심

4세기의 두 번째 십 년기에 들어서 박해가 잦아들었을 때, 우리는 콘스탄티누스 황제, 그리고 그의 통치와 함께 일어난 인내의 변화와 만나게 된다. 콘스탄티누스 치하에서 인내라는 분야에서 변화가 발생했다. 이것이 그 황제와 동시대 그리스도인의 경험에서 어떤 역할을 했는지 살펴보자.

---

26 *Acts of Phileas* 5 (Musurillo, p. 335).
27 *Acts of Phileas* 11-12 (Musurillo, p. 343).
28 *Acts of Phileas* 6-9, Latin Recension (Musurillo, pp. 350-353).

콘스탄티누스에 대한 연구는 쉽지 않다. 그의 생애에 관한 자료는 복잡하고 서로 모순된다. 역사가들은 그 황제에 대해 서로 다른 견해를 갖고 있다. 오랫동안 그들은 그에 관해 논쟁을 벌여 왔다. 콘스탄티누스는 몇 차례나 꿈을 꾸고 환상을 보았는가? 그 환상들에 대한 그의 설명은 믿을 만한가? 콘스탄티누스가 312년에 보았던 꿈과 환상들이 그를 그리스도인으로 만들었는가? 역사가 찰스 오달(Charles M. Odahl)은 자신의 승리와 그것에 수반했던 표식들에 대한 콘스탄티누스 자신의 의견에서 결정적인 중요성을 발견한다. "콘스탄티누스는 바로 이때 기독교의 하나님께로 회심했다."[29] 고전학자 티모시 반스(Timothy Barnes)는 콘스탄티누스의 회심이 갑작스러운 것이었다는 데 동의한다. 그것은 "심리적 확신의 순간"에 찾아왔다.[30] 반면 다른 학자들은 콘스탄티누스가 그리스도인이었다는 것을 부인한다.[31]

내 생각에 콘스탄티누스는 그리스도인이 되기는 했으나 그가 죽기 전까지는 아니었다. 그리고 그의 회심은 어느 한순간에 일어난 것이 아니라 회심의 과정의 정점에서 이루어졌다. 콘스탄티누스가 그리스도인이 된 것은 그가, 그보다 앞서 오랫동안 그리스도인들이 그러했듯이, 교리 교육과 세례를 받았을 때였다. 그 이전의 콘스탄티누스는 기독교 문턱에서 살아가는 '경계선상의 그리스도인'이었다. 콘스탄티누스는 기독교 신학에 매료되었고 그것의 전문가가 되었다. 그는 성직자들을 포함해 수많은 그리스도인 친구들을 갖고 있었다. 그는 교회와 교회 건물을 후원했고, 교회의 안녕을 증

---

[29] Charles Matson Odahl, *Constantine and the Christian Empire* (London: Routledge, 2004), p. 106.

[30] Timothy D. Barnes, *Constantine and Eusebius* (Cambridge, MA: Harvard University Press, 1981), p. 43.

[31] Jakob Burckhardt, *The Age of Constantine the Great* (Garden City, NY: Doubleday Anchor Books, 1956); Alistair Kee, *Constantine versus Christ: The Triumph of Ideology* (London: SCM, 1982).

진하려 했고, 교회의 신학을 형성했고, 신학자들이 틀렸을 경우 그들을 파문했다. 심지어 그는 자신의 궁정이기도 한 파라처치(parachurch)에서 예배에 참여하기도 했다. 하지만 그는 그의 삶이 끝나기 직전까지도 그리스도를 주님으로 여기며 그분께 절하지 않았다. 그는 죽을 때가 되어서야 겨우 그리스도와 그분의 교회가 자신의 선택을 제한하고 오래된 중독적이고 반사적인 아비투스로부터 자신을 해방시키는 것을 허락했다. **그제서야** 그는 세례를 받고 그리스도인이 되었으며 다른 그리스도인들과 함께 성찬 테이블에 앉아 예배를 드릴 수 있었다. 그전까지는 아니었다.

에우세비우스가 전하는 바에 따르면, 콘스탄티누스는 일찍이 312년에, 즉 그가 그 "놀라운 환상"을 본 직후에 그리고 그가 로마와 서방에 대한 유일한 통제권을 위해 막센티우스와 싸웠던 밀비안 다리 전투 전날 밤에 이런 문제들에 직면했다. 콘스탄티누스는 자신이 본 환상에 대해 다음 네 가지 일을 함으로써 대응했다.[32] 첫째, 그는 성직자들에게 사람을 보내 자기가 본 환상과 하나님에 관해 물었다. 우리가 읽는 바로는 콘스탄티누스는 이 모든 문제에 대해 "가르침을 받았다." 둘째, 그는 자신의 기독교 교사들과의 공부를 그만 두기로 결정했다. 그는 자기가 전쟁터에서 받은 하늘의 환상을 신학자들이 자기에게 말해 준 것과 비교하고 "거룩하게 영감을 받은 저작들을 직접 연구하기로 결심했다." 주교들이 잘 알고 있듯이, 이를 통해 콘스

---

32 Eusebius, *Vit. Const.* 1.32.3; 에우세비우스의 훗날 설명과 크게 다른 락탄티우스의 설명을 위해서는, *On the Deaths of the Persecutors* 44를 보라. 그 차이 중 하나는 그 환상의 실체와 상관이 있다. 락탄티우스가 지적하듯이, 그것은 단순한 '크리스토그램'(Christogram: 그리스어로 그리스도의 첫 두 글자인 X와 P를 합쳐 만든 교회의 상징물―옮긴이)이었는가? 아니면 에우세비우스가 주장하듯이, 보다 정교한 상징, 즉 크리스토그램을 포함하면서 위에 화관을 갖고 있는, 그리고 거기에 "이것으로 승리하라"라는 그리스어가 딸린 십자가였을까? 그 환상의 실체가 무엇이었든, 그것은 콘스탄티누스를 심원하게 감동시켰다. 그 환상에 관한 토론과 그림을 위해서는, Paul Corby Finney, "Labarum", in *Encyclopedia of Early Christianity*, 2nd ed., ed. Everett Ferguson (New York: Garland, 1997), pp. 659-660를 보라.

탄티누스는 혁신을 일으키고 있었다. 그는 그 자신의 교리 교육에 대해 직접 책임을 지기로 함으로써 교회의 전통과 결별하고 있었다. 하지만 그는 그것으로부터 전적으로 독립하려고 하지는 않았다. 그래서 셋째로 그는 "하나님의 제사장들을 자신의 고문으로" 삼았다. 주교인 코르도바의 호시우스는 그의 측근 중에서도 뛰어났다. 그리고 의심할 바 없이 다른 성직자들도 있었다. 콘스탄티누스는 성직자들을 존경심을 지니고 대했으며 얼마 후 주교들을 초대해 자신의 궁정에서 만찬을 함께했다.[33] 그리고 넷째, 콘스탄티누스는 기독교 예배를 육성했다. 그는 "자기에게 나타나셨던" 하나님에 대한 예배가 "모든 적절한 의식으로" 이행되기를 바랐다. 그래서 콘스탄티누스는 큰 기독교 건물들을 세우고 그 건물들에서 이루어지는 예배를 재정적으로 지원하기 시작했다.[34]

그러나 다섯 번째 것이 있었다. 그것은 초기 그리스도인들이라면 콘스탄티누스가 시작한 여행에 불가결하다고 말했을, 그럼에도 그가 하지 않은 그 무엇이었다. 콘스탄티누스는 세례를 준비하는 세례 지원자가 되지 않았다. 어째서였을까? 만약 콘스탄티누스가 312년에 자신을 그리스도인으로 여기기 시작했다면, 어째서 그는 죽기 며칠 전인 337년까지 세례를 받지 않았던 것일까? 어째서 그는 세례를 25년간이나 미뤘을까? 황제로서 콘스탄티누스는 교회와 연계했다. 그는 주교들을 자신의 "사랑하는 형제들"이라고 불렀다. 그는 라테란 바실리카를 건립했다. 그는 성직자들에게 보조금을 제공하고, 시민의 의무를 면제시켜 주었다. 그는 일요일을 휴일로 제정했다. 그런 그가 어째서 세례 지원자가 되지 않았던 것일까? 그리고 어째서 이 모든 것이 그의 세례로 이어지지 않았던 것일까?

33　Eusebius, *Vit. Const.* 1.42.1.
34　Eusebius, *Vit. Const.* 1.32.3; 1.42.2, trans. and ed. Averil Cameron and Stuart Hall, *Eusebius: Life of Constantine* (Oxford: Clarendon, 1999), p. 82, 86; Eusebius, *Hist. eccl.* 10.5.

콘스탄티누스는 왜 세례를 받지 않았을까?

콘스탄티누스가 세례를 미룬 것은 그렇게 하는 것이 '정상적인' 관습이었기 때문일까? 역사가 찰스 오달에 따르면, "의심스러운 직업에 종사하는 이들, 예컨대, 사형 선고를 집행해야 하거나 군사적 행동을 수행해야 하는 정치인이나 장군 같은 이들이…그들의 세속적인 직업을 떠날 수 있을 때까지 그 의식을 [늦추는 것]은 정상적인 일이었다."[35] 이런 세례는 종종 병상 세례, 즉 병상(*klinē*, '침대'에 해당하는 그리스어로 종종 '임종의 자리'를 의미한다) 위에서 받는 세례라고 불린다. 그리고 그것은 콘스탄티누스 이후 일반화되었다. 하지만 그것은 결코 정상적인 것이 아니었다. 콘스탄티누스 이전에 임종 세례는 일반적인 관습이 아니었다. 세례를 늦춘 사람들에 관한 몇 가지 초기의 이야기들이 존재한다. 그러나 그중 오직 하나만 특별한 병상 세례였다.[36] 세례를 늦추는 것은 신학적으로도 정상적인 것이 아니었다. 나지안주스의 그레고리우스(Gregory of Nazianzus)가 지적하듯이, 세례를 받지 않고 죽은 이는 영원한 형벌을 받을 "큰 위험"이 있었다.[37] 그렇다면 우리가 알기로 지옥을 두려워했던 콘스탄티누스는 불장난을 하고 있었던 셈이다.[38] 더 나아가 임종 세례는

---

35 Odahl, *Constantine*, p. 274.
36 세례를 늦추는 것에 관해서는, *On Penitence* 6; Origen, *Hom. Jos.* 9.9를 보라. 병상 세례에 관한 예는 노바티안의 경우였다. 그는 250년대에 로마에서 병상에서 세례를 받았다가, 훗날 회복되어 안수를 받아 장로가 되었다. 로마의 많은 성직자와 평신도들은 그의 병상 세례가 그가 안수를 받는 데 장애가 된다고 여겼다 Everett Ferguson, *Baptism in the Early Church: History, Theology, and Liturgy in the First Five Centuries* (Grand Rapids: Eerdmans, 2009), p. 382를 보라; 또한 F. J. Dölger, "Die Taufe Konstantins und ihre Probleme", in *Konstantin der Grosse und seine Zeit*, ed. F. J. Dölger (Freiburg-im-Breisgau: Herder, 1913), pp. 429-431를 보라. Maxwell E. Johnson [*The Rites of Christian Initiation*, rev ed. (Collegeville, MN: Liturgical Press, 2007), p. 117]은 세례를 늦추는 것은 "콘스탄티누스 **이후에** 변화된 정치적·사회적 환경 속에서" 일반적인 것이 되었다고 말한다"(저자 강조).
37 Gregory of Nazianzus, *Oration* 40.14.
38 Constantine, *Oration* 13, "an unquenchable and unceasing fire", trans. and ed. Mark

그것이 세례 후보자가 교회의 훈련과 가르침에 순종하기를 머뭇거린다는 것을 보여 주기에 정상이 아니었다. 임종하는 자리에서 세례를 받는 이들은 그들의 삶의 방식을 변화시키지 않은 채, 그리고 그들의 사고를 교회에 책임 있게 맞추지 않은 채 살아온 셈이다. 콘스탄티누스가 임종 세례를 존중할 만한 것으로 만듦으로써 그것에 심대한 영향을 준 것은 분명하다. 사람들은 군주들을 모방한다. 실제로 콘스탄티누스 이후 세기에는 수많은 병상 세례가 있었다. 특히 귀족들 사이에서 그러했다. 그러나 신학자들은 시종일관 세례를 늦추는 것을 해롭고 비정상적인 것으로 여겼다.[39]

혹시 콘스탄티누스가 세례를 받지 않은 까닭이 주교들이 그를 교리 교육과 세례 과정에 받아들이려 하지 않아서는 아니었을까? 그들은 그가 아직 정상적인 방식으로 발전하고 세례 지원자가 될 준비가 되어 있지 않다고 판단했을 수도 있다. 만약 그렇다면, 그것은 아주 어려운 결정이었을 것이 분명하다. 주교들은 대박해의 공포를 경험했다. 의심할 바 없이 그들은 콘스탄티누스의 승리에 깊이 감사했고 그의 환상에 대한 그 자신의 설명에 기꺼이 귀를 기울이고 있었다. 하지만 그들은 사람의 말은 그가 사는 방식에 의해 검증된다고 주장하는 전통의 수호자들이었다. 그 주교들은 교회의 새로운 회원을 받아들이는 과정을 묘사하는 『사도 전승』에 의해 안내를 받았을 가능성이 있다. 3세기에 널리 사용되었고 로마에도 뿌리를 내리고 있

Edwards, *Constantine and Christendom: The Oration to the Saints*, TTH 39 (Liverpool: Liverpool University Press, 2003), p. 31.

39 4세기 카파도키아 교부들은 세례를 늦추는 것에 대해 거듭해서 비통해했다. 아우구스티누스는 여러 설교를 통해 그것에 대해 비난을 퍼부었다. 카파도키아 교부들에 관해서는, Everett Ferguson, "Exhortations to Baptism in the Cappadocians", StPatr 33 (1997): pp. 121-129; Ferguson, "Basil's Protreptic to Baptism", in *Nova et Vetera: Patristic Studies in Honor of Thomas Patrick Halton*, ed. John Petruccione (Washington, DC: Catholic University of America Press, 1998), p. 74를 보라. 아우구스티누스가 세례 후보자들에게 세례를 받으라고 호소하는 것에 관해서는, Alan Kreider, *The Change of Conversion and the Origin of Christendom* (Harrisburg, PA: Trinity Press, 1999; reprint, Eugene, OR: Wipf & Stock, 2006), pp. 57-60를 보라. 『회심의 변질』(대장간).

던 그 문서는 간음, 우상숭배, 살인에 대한 교회의 역사적 반대를 강력하게 재진술했다.[40] 그런 책무에 비추어 『사도 전승』은 교리문답 교사들에게 모든 잠재적 세례 지원자들의 직업적 행위들을 살피고 그들에게 자색 옷 입기를 중단하고 칼 휘두르는 일을 포기하게 하라고 요구했다.[41] 주교들은 콘스탄티누스에게 과연 그가 그의 삶을 기꺼이 교회의 권위와 훈련에 복속시킬 것인지 물었을 수도 있다. 그는 세례 지원자가 되어 그의 성품과 행위와 믿음을 예수 그리스도의 형상을 따라 변화시킬 준비가 되었을까? 그는 기꺼이 공동체 안에서 형성되어 세례를 향해 나아가는 구도자들(competentes)과 함께하는 여행에 참여할 의향이 있었을까? 우리는 알지 못한다. 그러나 주교들이 콘스탄티누스와 대화한 후에 그에게 '아니요'라고 말하기로 결정했을 가능성은 있다.

혹시 콘스탄티누스가 환상을 보고 승리를 거둔 후 여러 해가 지나도록 세례를 받지 않은 까닭이 그 자신이 주교들에게 '아니요'라고 말해서였을까? 에우세비우스는 콘스탄티누스 자신이 세례 지원자가 되지 않기로 결정했다고 말하는 것 같다. "[콘스탄티누스는] 거룩하게 영감을 받은 저작들을 직접 연구하기로 결심했다."[42] 콘스탄티누스는 주교들과 신학자들을 살펴보고는 자기가 그들 중 누구보다도 지적으로 우월하다고 판단했을 수도 있다. 만약 그가 스스로 연구한다면, 그는 더 많은 것을 배우게 될 것이다! 혹은 그는 교회의 전통이 자신의 일에 거슬리고 방해가 된다는 결론을 내렸을

---

40 『사도 전승』에 대한 상세한 논의는 본서의 5장과 6장을 보라.
41 *Trad. ap.* 16.9-10 (BJP, pp. 88-90)를 보라: "권한을 가진 군인이 있다면, 그에게 사람을 죽이지 못하게 하라. 만약 그가 명령을 받았거든, 그 일을 하러 가지 말게 하고, 맹세하지 말게 하라. 만약 그가 그렇게 하려고 하지 않는다면, 그를 내쫓으라. 칼을 사용할 권한을 가진 사람이 있다면, 혹은 자주색 옷을 입은 어느 도시의 통치자가 있다면, 그가 그런 일을 그치게 하거나 [세례 지원자 집단에서] 내쫓으라."
42 Eusebius, *Vit. Const.* 1.32.3 (Cameron and Hall, p. 82).

수도 있다. 그의 일은 단지 교회 뿐 아니라 제국 시민 전체의 안녕을 위해서도 중요했기 때문이다. 혹은 콘스탄티누스는 세례 의식에 관해 염려했었을 수도 있다. 그리스도인들이 자신들의 전례에 대해 말하는 것을 꺼려했음에도, 퇴마사들이 후보자들의 얼굴에 대고 소리를 지른다는 소문과 사제들이 몸에 향수를 뿌리는 부자들을 잘 씻지도 않는 가난한 자들과 같은 물에 담그면서 세례를 준다는 소문을 들었을 수도 있다. 혹은 어쩌면 콘스탄티누스가 학습 과정에 들어가기를 머뭇거렸던 것은 그 과정에서 자신의 반사적인 내적 정체성이 노출되고 재형성되리라고 느꼈기 때문이었을 수도 있다. 콘스탄티누스는 황제였다. 그는 자기가 그리스도인의 아비투스를 발전시킬 준비가 되어 있지 않다는 것을 알았을 수도 있다.[43]

콘스탄티누스의 아비투스

콘스탄티누스의 아비투스는 어떤 것이었을까? 그의 내면화된 반사작용은 어떤 것이었을까? 콘스탄티누스는 귀족 정치, 궁정, 군대에 의해 형성되었다. 콘스탄티누스는 귀족 가문에서 성장하면서 '위엄'(*dignitas*)이라는 가치를 습득했다. 램지 맥뮬런이 설명하듯이, 위엄은 우월함을 표현하는 행동, 예컨대, "부의 과시, 길에서 먼저 가면서 소리를 치는 전령, 과시적인 옷과 큰 무리의 수행원, 따로 서는 것, 친숙한 연설을 제한하는 것" 등으로 구체화되었다. 그리고 위엄에는 '위협'이 뒷받침을 하고 있다. "그것은 필요할 경우 힘으로 자신의 모습을 방어하고, 자신이나 자신에게 의지하는 자들을 공격하거나 해치는 자에게 반격하고, 자신과 다른 이들을 위해 복수를 하고, 그 모

---

43 아비투스에 대한 정의와 논의를 위해서는 본서의 3장에 있는 "인간은 변할 수 있는가? 아비투스의 현실"이라는 단락을 보라.

든 과장되고 놀라운 행위를 할 수 있는 자로 인식될 수 있는 능력을 의미했다."⁴⁴ 콘스탄티누스가 성장했던 황제 디오클레티아누스의 궁정에서 위엄은 하나의 구성 원리였다. 그리고 궁정에서 콘스탄티누스는 매우 특별한 사람, 즉 서방의 황제인 콘스탄티우스의 아들이었다. 그런 사람으로서 그의 삶은 위험했다. 성장하는 동안 그는 살아남기 위해 기민하고 조심스러워야 했다. 콘스탄티누스의 아비투스는 투명성과 사랑이 아니라 의심과 반사적 보복의 아비투스였다. 콘스탄티누스는 또한 군대 안에서 성장했다. 아이 시절에 그는 군사적 영웅들의 무공을 기렸다. 십대 때 그는 이집트와 페르시아에 대한 군사적 원정에 참여했다. 그가 군인으로서 습득한 아비투스에는 기민함, 용감함, 위협 등이 포함되었으나, 가난한 자와 병든 자들을 섬기는 것은 포함되지 않았다. 물론 궁정과 군대에서 성장한 남자들의 아비투스는 이교의 예배를 통해 형성되었다.⁴⁵ 콘스탄티누스의 성장 배경을 고려한다면, 예수 그리스도의 제자로서의 반사적 반응과 신체적 아비투스를 개발하는 것이 그에게 도전이 되었으리라는 것은 이해할 만하다.

콘스탄티누스는 아비투스의 변화라는 도전에 직면했던 유일한 사람이 아니었다. 그것은 예수 그리스도의 "삶의 모범"을 따라 성장하고자 했던 모든 잠재적 그리스도인들에게 공통되는 도전이었다.⁴⁶ 후보자들의 성장 배경이 무엇이든, 그들 모두는 교리 교육 과정에서 그들의 아비투스가 거론되고, 이해되고, 잊히고, 변화되는 과정에 참여해야 했다. 교리 교육을 마친 후에 파코미우스 같은 어떤 이들은 그들의 옛 세계를 떠나 광야에서 새로운

---

44 Ramsay MacMullen, *Corruption and the Decline of Rome* (New Haven: Yale University Press, 1988), p. 69.
45 Jan N. Bremmer, "The Vision of Constantine", in *Land of Dreams: Greek and Latin Studies in Honour of A. H. M. Kessels*, ed. A. P. M. H. Lardinois, Marc Van der Poel, and Vincent Hunink (Leiden: Brill, 2006), p. 70.
46 Cyprian, *Ad Quir*. 3.39, trans E. Wallis, *ANF* 5:545.

삶을 사는 방식, 즉 그리스도를 따르는 쪽을 택했다. 유스티누스가 말하는 사업가 같은 다른 이들은 그들의 매일의 삶 속에서 그리스도를 따르는 것이 가능하다는 것을 발견했다. 자신들의 직업적인 삶 속에서 신실한 제자로 살 수 있는 새로운 가능성이 나타났기 때문이다. 이제 그들은 끈기 있는 사업가가 될 수 있었다.[47] 후보자들이 세례를 향해 갈 때, 그들의 반사적 반응이 변화되었고, 그로 인해 그들은 기독교 교회의 아비투스를 구현할 수 있었다. 테르툴리아누스가 말하듯이, "그리스도인은 태어나는 것이 아니라 만들어진다."[48]

이유가 무엇이었든, 콘스탄티누스는 세례 지원자가 되지 않았다. 그는 외부인으로, 그러나 강력한 외부인으로 남아 있었다.

락탄티우스가 콘스탄티누스에게 호소하다: 인내로 다스리시라

신학자들은 콘스탄티누스와 드잡이하려고 진지하게 노력했을까? 우리는 그것에 대해 우리가 원하는 것만큼 알지 못한다. 그러나 콘스탄티누스가 로마에서 승리를 거둔 후 몇 년 내에 락탄티우스라는 신학자가 황제와 긴밀한 접촉을 가졌다는 것은 알고 있다. 락탄티우스는 그 시대의 가장 위대한 작품인 7권으로 이루어진 『거룩한 원리』(*Divine Institutes*)를 쓴 작가였다. 이르게는 310년, 늦어도 312년 이전에 콘스탄티누스가 락탄티우스를 트리에라는 서방의 수도로 초청했다. 그것은 단지 그가 궁정에서 수사학을 가르치게 하기 위함만이 아니라, 황제의 아들이자 후계자인 프리스쿠스의 가정 교사 노릇을 하게 하기 위함이었다. 더 나아가 트리에에서 락탄티우스는 『거룩한

---

47 *Life of Pachomius, First Greek Life* 3-4; Justin, *1 Apol.* 16.
48 Tertullian, *Apol.* 18.4, trans. T. R. Glover, LCL 250 (1931), p. 91.

원리』의 개정판을 냈는데, 그는 그것을 궁정에서 큰 소리로 읽었다. 아마도 때때로 콘스탄티누스 자신이―락탄티우스는 그 작품을 그에게 헌정했다―그 강연에 참석하기도 했을 것이다.[49] 물론 락탄티우스는 콘스탄티누스를 세례 지원자로서 가르치지 않았다. 그럼에도 오달에 따르면, 『거룩한 원리』는 "콘스탄티우스의 기독교 교육을 위한 긴 커리큘럼"이었고, 락탄티우스는 그것을 그렇게 여겼을 것이다.[50] 락탄티우스는 그가 314년에 완성한 『거룩한 원리』의 두 번째 판에 콘스탄티누스에게 아첨하는 헌사를 집어넣었다. "가장 위대한 황제,…로마의 황제 중 거짓을 부인한 첫 번째 황제."[51] 그 책의 6권과 7권에서 락탄티우스는 아첨을 넘어서 직접 콘스탄티누스에게 호소했다. 그는 콘스탄티누스에게 끈기 있는 그리스도인 황제로서 다스리라고 촉구했다. 그리고 자신의 그런 호소의 근거를 신명기 11:26에 실려 있는 모세의 가르침까지 거슬러 올라가는 가장 기본적인 초기 기독교 전통인 "두 길"의 전통에서 찾았다. "오 콘스탄티누스 황제시여, 인간의 삶이 그것을 따라 진행될 수밖에 없는 두 개의 길이 있습니다. 하나는 천국으로 이어지고 다른 하나는 지하 세계로 뛰어듭니다."[52] 락탄티우스는 콘스탄티누스가 마주하게 될 문제와 유혹을 예견하면서 그가 특별히 "[그의] 인내를 깨뜨리지 말고 유지해야" 하는 두 분야를 지적했다.[53]

첫째, 황제는 약자를 높여야 한다. 이 일에서 황제는 로마의 전형적인 정치철학자 키케로를 넘어서야 한다(락탄티우스는 키케로의 우아한 라틴어로 인해 감

---

49 Elizabeth DePalma Digeser, "Lactantius and Constantine's Letter to Arles: Dating the *Divine Institutes*", *JECS* 2, no. 1 (1994): pp. 50-52.
50 Odahl, *Constantine*, p. 127.
51 Lactantius, *Inst*. 1.1.13, trans. Anthony Bowen and Peter Garnsey, *Lactantius: Divine Institutes*, TTH 40 (Liverpool: Liverpool University Press, 2003), p. 59.
52 Lactantius, *Inst*. 6.3.1 (Bowen and Garnsey, p. 333).
53 Lactantius, *Inst*. 6.4.11 (Bowen and Garnsey, p. 336).

명을 받았지만, 그의 정치적 견해로 인해 실망했다). 사실상 『거룩한 원리』는 락탄티우스가 정치력과 관련해 키케로와 나누는 일종의 대화였다. '그리스도인' 락탄티우스는 콘스탄티누스를 염두에 두면서 계속해서 '로마인' 키케로를 넘어섰다. 예컨대, 락탄티우스는 키케로가 (기독교적 관점에서 볼 때) 차라리 그렇게 하지 않았더라면 존경스러웠을 사상을 망치는 말을 삽입했던 구절들을 지적했다. 예컨대, 키케로는 사람은 "곤경에 처한 적절한 사람을" 지원해야 한다고 말했다. 여기서 문제는 그가 '적절한'(idoneis)이라는 단어를 삽입한 것이었다. 키케로는 그의 독자들에게 '적절한' 사람, 즉 보답할 수 있는 사람에게 베풀라고 지시함으로써 경건과 인간성을 "지워 버렸다."⁵⁴ 키케로와 대조적으로, 그리스도인들은 상호주의를 낳기 위한 계산된 기부를 거부했다. 기도에서처럼 베푸는 일에서도 그들은 '네가 주기에 나도 준다'(do ut des)는 식의 접근법을 거부했다. 그렇게 락탄티우스는 콘스탄티누스에게 계산하지 말고 베풀도록 촉구했다. "맹인, 병자, 절름발이, 극빈자들에게 베푸소서. 황제께서 그렇게 하지 않는다면, 그들은 죽습니다. 그들은 사람들에게는 별 소용이 없으나 하나님께는 소용이 있습니다. 그분은 그들이 살아있게 하시고, 그들을 숨 쉬게 하시고, 빛으로 존중하십니다.…죽어 가는 사람을 도울 수 있으나 돕지 않는 이는 누구나 살인자입니다."⁵⁵ 이런 의무에는 "적절하지 않은" 자들에게 돌봄을 제공하는 것, 즉 숙소가 필요한 "가난하고 절망에 빠진" 이들에 대한 환대, 궁핍하고 보호를 받아야 할 필요가 있는 고아와 과부들에 대한 지원 등이 포함된다. 그런 이들 중 누구도 되갚지 못한다. 그러나 그리스도인들은 그런 이들을 돕는 행위가 "특별히 우리가 해야 할 일"임을 알고 있다. "왜냐하면 우리는…우리를 가르치시는 하나님

---

54 Lactantius, *Inst*. 6.11.12 (Bowen and Garnsey, p. 353); S. Brandt, CSEL 19 (1890), p. 521; 참고. Cicero, *Off*. 2.54.
55 Lactantius, *Inst*. 6.11.18-19 (Bowen and Garnsey, p. 354).

자신의 말씀을 받았기 때문입니다."⁵⁶ 기독교적 경건에 대한 또 다른 독특한 표현은 그들이 낯선 이들과 가난한 이들에게 품위 있는 장례를 치러 줬다는 것이다. 키케로는 이런 섬김을 완전히 무시했는데, 왜냐하면 그는 "[그의] 모든 의무를 유용성에 비추어 헤아렸기" 때문이다. 그러나 그리스도인들은 겉보기에 쓸모없는 이 사람들 안에서 "하나님의 솜씨"가 분명하게 드러난다고 믿었다.⁵⁷ 만약 콘스탄티누스가 살아계신 하나님의 호의를 얻고자 한다면, 그는 키케로를 넘어서 "하나님의 살아계신 형상"인 모든 사람을 존중해야 한다.⁵⁸

둘째, 황제는 악을 인내심을 갖고 다뤄야 한다. 키케로는 여기서도 다시 잘못을 저질렀는데, 이번에는 한 단어가 아니라 두 단어를 삽입함으로써 그렇게 했다. 그는 선한 사람은 "상처에 의해 자극되지 않는 한[*lacessitus iniuria*] 다른 이에게 상처를 주지 않는다"고 말한다.⁵⁹ 락탄티우스는 이 두 개의 라틴어가 기독교적 방법이 아닌 복수를 위한 문을 열어 준다고 말한다. 갈등에 대한 기독교의 독특한 접근법은 "불굴의 인내"다.⁶⁰ 인내라는 덕을 갖고 있지 않은 이교도 키케로와 달리, 끈기 있는 그리스도인은 공적인 삶과 사적인 삶 모두에서 복수하지 않는다. 그는 "자신의 분노를 통제하고 줄이는 법"을 배운다. 락탄티우스는 더 나아가 키케로가 복수를 옹호하는 잘못을 저지르는 것을 비난한다. 만약 키케로가 "자극을 받았을 때 인내심을 가졌더라면" 그는 자신과 공화국에 큰 재앙을 입히지 않았을 것이다.⁶¹ 궁극적으로 락탄티우스는 콘스탄티누스에게 기독교 전통은 복수를 거부

---

56 Lactantius, *Inst*. 6.12.22 (Bowen and Garnsey, p. 357).
57 Lactantius, *Inst*. 6.12.25, 30, trans. W. Fletcher, *ANF* 7:177.
58 Lactantius, *Inst*. 6.13.13 (Bowen and Garnsey, p. 369).
59 Lactantius, *Inst*. 6.18.15 (Fletcher, p. 184); Brandt, CSEL 19:549; 참고. Cicero, *Off*. 3.76.
60 Lactantius, *Inst*. 6.18.23 (Fletcher, p. 184).
61 Lactantius, *Inst*. 6.18.27-28 (Bowen and Garnsey, p. 371).

할 뿐 아니라 모든 형태의 살인을 거부한다는 것을 상기시켰다. "인간을 죽이는 것은 언제나 잘못입니다. 왜냐하면 사람이 거룩한 피조물이 되는 것이 하나님의 뜻이기 때문입니다." 그리스도인들은 갓 태어난 아기를 죽이는 것을 "가장 큰 불경"이라고 여겼다. 또 그들은 원형 경기장, 사형 집행, 전쟁에서 사람을 죽이는 일에 개입하는 것도 동등하게 거부했다. "의로운 사람은 군인이 되면 안 됩니다. 그의 전쟁은 정의 그 자체이기 때문입니다. 그는 누구도 사형 선고를 받게 해서는 안 됩니다."[62] 모든 형태의 살인은 편법, 즉 그리스도인들에게는 적절하지 않은 조급증의 징표들이다. 그들의 전통은 인내를 "최고의 덕"으로 여긴다.[63]

락탄티우스는 세 번째 관심사를 추가한다. 그것은 종교적 자유다. 그가 직접 콘스탄티누스에게 말한 것은 아니지만 아마도 궁정에서 발표했을 것으로 보이는 『거룩한 원리』의 5권에서 락탄티우스는 종교는 사람들의 심원한 동의 곧 그들의 내적 '기꺼움'으로부터 성장해야 한다고 열정적으로 주장한다. 종교는 강압으로 촉진되어서는 안 된다. 종교의 옹호자들은 그들의 주장을 인내심을 갖고 펼쳐야 한다. 사람들이 어느 종교를 피 흘림과 고문을 통해 옹호하고자 할 때, 그 종교는 "오염되고 분노의 대상이 된다."[64] 오히려 종교의 옹호자들은 그들의 주장을 논증해야 한다. 그러므로 이교도들이 "그들의 날카로운 지혜를 칼집에서 뽑아 들게 하라.…그들이 말한다면, 우리[그리스도인]는 들을 준비가 되어 있다. 그들이 침묵한다면, 우리는 그들을 믿지 못한다." 더 나아가, 만약 사람들이 그들에 맞서 폭력을 사용한다면, 그리스도인들은 굴복하지 않을 것이다.[65] 락탄티우스는 테르툴리아누스

---

62 Lactantius, *Inst.* 6.20.16-18 (Bowen and Garnsey, p. 375).
63 Lactantius, *Inst.* 6.18.30 (Bowen and Garnsey, p. 371).
64 Lactantius, *Inst.* 5.19.23 (Bowen and Garnsey, p. 321).
65 Lactantius, *Inst.* 5.19.11 (Bowen and Garnsey, p. 320).

에게까지 거슬러 올라가는 기독교 전통 안에서 종교에 대한 끈기 있는 접근법, 즉 강압을 거부하는 접근법을 옹호한다.[66] "진리는 폭력의 파트너가 될 수 없고, 정의는 잔인함의 파트너가 될 수 없다.…종교는 죽임이 아니라 죽음을 통해서, 폭력이 아니라 인내를 통해서, 죄가 아니라 믿음을 통해서 옹호되어야 한다. 그것은 선과 악 사이의 대조다. 종교에서의 실천은 악한 것이 아니라 선한 것이 되어야 한다."[67] 락탄티우스는 종교를 설득력 있게 만드는 것은 그것이 사람들의 삶에 영향을 주는 방식에 달려 있다고 확신했다. 그리스도인들은 사람들이 그들의 믿음을 도전할 때 자신들의 독특한 호교론을 사용했다. 그들은 자기들이 어떻게 **사는지**에 관해 말했다. "우리는 가르치고, 보여 주고, 입증한다."[68] 이런 호교론에서는—글을 아는 그리스도인들만이 아니라—모든 신자가 중요하다. "우리의 노파들과 우리의 아이들" 역시 기독교를 옹호할 수 있다.[69] 락탄티우스는 단호하다. 평범한 이들에게 활기찬 생명을 가져다주지 않는 종교는 위축될 것이다. 그리스도인들은 아무리 강력한 힘도 종교를 안전하고 심원하게 세워 줄 수 없다는 것을 알았다.

콘스탄티누스가 락탄티우스에게 답하다

락탄티우스는 콘스탄티누스에게 끈기 있는 황제가 되라고 호소했다. 락탄티우스의 글을 분명히 읽었고 그와 교류했던 콘스탄티누스는 이런 호소 앞에

---

66 Everett Ferguson, "Voices of Religious Liberty in the Early Church", *Restoration Quarterly* 19 (1976): pp. 13-22; Peter Garnsey, "Religious Toleration in Classical Antiquity", in *Persecution and Toleration*, ed. W. J. Sheils, Studies in Church History 21 (Oxford: Blackwell, 1984), pp. 1-27; Bowen and Garnsey, *Lactantius: Divine Institutes*, pp. 46-48.
67 Lactantius, *Inst.* 5.19.17, 22 (Bowen and Garnsey, p. 321).
68 Lactantius, *Inst.* 5.19.12 (Bowen and Garnsey, p. 320).
69 Lactantius, *Inst.* 5.19.14 (Bowen and Garnsey, p. 321).

서 뒤로 물러섰다. 그는 자기 나름의 신학적 사고를 했고 기독교 전통으로부터 자기가 신뢰할 만하고 자기에게 유용한 것을 취했다. 맥뮬런이 말하듯이, 콘스탄티누스는 "자기 방식으로 명백하게 그리스도인이었다."[70]

그의 방식이 무엇이었는지를 우리가 어떻게 알 수 있을까? 그것은 무엇보다도 그의 행동을 통해서이겠지만, 또한 그의 말을 통해서도 알 수 있다. 그는 "성도의 집회를 향한 연설"(Oration to the Assembly of Saints)이라는 긴 연설을 한 적이 있다.[71] 학자들은 그가 이 연설을 언제 어디서 했는지에 대해 오래도록 논쟁을 해 왔다.[72] 나는 콘스탄티누스가 314년이나 315년 부활절 시즌에 로마에서 그 연설을 했다고 주장하는 마크 에드워즈(Mark Edwards)의 입장을 지지한다. 내가 그렇게 여기는 이유는, 부분적으로는 그 연설이 그런 태도가 낯설고 논쟁거리가 될 수 있었던 때에 분명히 교리 교육을 받지 않았고 세례도 받지 않았던 무늬만 그리스도인이었던 콘스탄티누스 자신의 입장을 옹호하려는 것처럼 보이기 때문이고, 또한 부분적으로는 그 연설이 그 시점에 로마의 궁정에 거주하고 있던 락탄티우스에 대한 응답처럼 보이기 때문이다.[73]

---

70 Ramsay MacMullen, *Constantine* (London: Croom Helm, 1969), p. 113.
71 Constantine, *Oration to the Assembly of Saints*, trans. Edwards, *Constantine and Christendom*, pp. 1-62.
72 Robin Lane Fox는 이 연설이 324년 성금요일에 안디옥에서 있었다고 여긴다[*Pagans and Christians* (San Francisco: Harper & Row, 1986), p. 635]; Timothy D. Barnes는 그것이 325년 부활절에 니코메디아에서 있었다고 여긴다["Constantine's *Speech to the Assembly of the Saints*: Place and Date of Delivery", *JTS* 2/52, no. 1 (2001): p. 34]; H. A. Drake는 이 연설을 장소와 시간에 얽매이지 않는 "일반적이고 기본적인 연설"이라고 여긴다: "황제가 늘 하는 형태의 연설"[*Constantine and the Bishops: The Politics of Intolerance* (Baltimore: Johns Hopkins University Press, 2000), p. 294].
73 내가 받아들이는 그 연설의 장소와 시기에 대한 Mark Edwards의 주장과 관련해서는 그의 책 *Constantine and Christendom*, p. xxix에 있는 그 자신의 서론을 보라; 또한 다음을 보라: "The Constantinian Circle and the Oration to the Saints", in *Apologetics in the Roman Empire: Pagans, Jews, and Christians*, ed. Mark Edwards, Martin Goodman, Simon Price, and Christopher Rowland (Oxford: Oxford University Press, 1999), p. 268. Edwards(p. 252)는 콘

이 연설에서 콘스탄티누스는 이교에 대한 전통적인 비난에 뛰어들었다. 그는 다신론과 운명론을 공격하고 일신론을 찬양했다.[74] 보다 흥미로운 것은, 그가 이 연설을 통해 자신을 정당화하고 있다는 것이다. 그는 교리문답과 세례를 받지 않은 자신과 자신의 그리스도인 청중("성도") 사이에 존재하는 거리를 인정했다. "나의 경우에…그 어떤 인간의 교육도 나에게는 도움이 되지 않았다."[75] 그럼에도 그는 청중에게 제공할 무언가를 갖고 있었다. 모든 그리스도인은 물론이고 그 자신에게도 "나의 삶을 통해 그리스도를 찬양하는 것"은 도전이었다. 콘스탄티누스에게 삶의 방식은 중요했다.[76] 그러나 그는 자기가 그리스도로부터 "이른바 정치적 덕"에 대해서보다는 "지적 세계에 이르는 길"에 관해 더 많이 배웠다고 확신했다.[77] 그러므로 콘스탄티누스의 접근법에서는 '이성'이 핵심적이었으나, 그가 보기에 그 이성은 모든 사람이 동일한 방식으로 살도록 이끌지는 않았다. 콘스탄티누스는 모든 사람이 "동일한 습관[homotropos]을 가져야 한다"고 믿는 많은 그리스도인들과 달랐다. "그들은 모든 것이 단번에 하나의 형태가 되기를 요구한다." 콘스탄티누스는 이것이 비이성적이고 "완전히 터무니없다"고 여겼다. 그는 사람들이 서로 다른 습관을 갖는 것은 단지 그들의 선택 때문만이 아니라 이성을 버리고 "열정에 휩쓸리는" 그들의 성향 때문이기도 하다고 보았다.[78]

스탄티누스의 "주된 목적은…교회와 그 자신의 관계를 규정하는 것이었다"고 주장한다. 또 그는 그 연설의 (라틴어 원문에서 파생된) 그리스어 본문의 편집자인 Ivan Heikel이 콘스탄티누스가 락탄티우스에게 분명하게 빚을 지고 있는 여러 문장을 지적한다는 것에 주목한다(pp. 269, 269n).

74 Constantine, *Oration* 3, 6, 8
75 Constantine, *Oration* 11 (Edwards, p. 20).
76 Constantine, *Oration* 5 (Edwards, p. 7).
77 Constantine, *Oration* 11 (Edwards, p. 25).
78 Constantine, *Oration* 13 (Edwards, pp. 30-31); PG 20:1273. Drake (*Constantine and the Bishops*, p. 303)는 콘스탄티누스가 "널리 포괄적이고 관용적인 일신론에 찬성하면서" 신앙의 일치에 반대하고 있다고 주장한다. 그와는 반대로, 콘스탄티누스는 **행동**의 일치에 반대하고 있는 중이다. 그는 그 안에 속한 모두가 "동일한 습관"을 갖지 않는, 그래서 신앙을 따라 살아가는 다양한 방식이 존재하게 될 제국 내의 교회를 갈망하고 있다.

콘스탄티누스는 락탄티우스의 저작이 논했던 분야에서 이성적이고 냉정하게 살기를 바랐다.

약자에 대한 존중. 콘스탄티누스는 그리스도께서 병자들을 방문하고 극도로 가난한 자들을 위로하는 것을 강조하셨던 것에 대해 언급했다. 그러나 콘스탄티누스의 격정이 살아났다. 그는 불평등을 비판하고 "영예로운 사람이 열등한 사람보다 위에 서는 것"을 부당하다고 여기는 사람들(분명히 전통적인 그리스도인들)을 비난했다. 콘스탄티누스는 이성이 보수적이고 귀족주의적인 자비를 베풀게 한다고 여겼다. 그렇기에 부유한 자들이 "자선적인 분배를 통해 자기들이 가진 것을 가난한 이들과 공유한다."[79]

적들에 대한 끈기 있는 접근. 놀랍게도 콘스탄티누스는 비폭력에 대해서는 마음을 열었다. 그는 마태복음 26:52에서 예수님이 베드로를 만류하면서 칼을 거두라고 말씀하셨다는 것을 인정했다. "부당한 행동을 하거나 불의를 선동하는 자에 맞서 칼을 사용하는 [모든 이는] 폭력으로 멸망할 것이다." 콘스탄티누스는 거의 정확하게 락탄티우스의 말을 반영하면서 이렇게 덧붙인다. "상처를 주기보다 상처받는 쪽을 택하는 것, 그리고 필요할 경우 악을 행하기보다 악의 고통을 겪는 것이야말로 하늘의 지혜다."[80] 콘스탄티누스는 폭력에 대한 개인적인 경험을 갖고 있었다. 그리고 하나님은 그를 "두려움으로부터" 구해 주셨다. 성경에서 콘스탄티누스는 구조와 유사한 행위를 하시는 하나님을 발견했다. 출애굽 사건 때 하나님은 "화살을 쏘고 창을 던지는 것이 아니라 단지 거룩한 기도와 온유한 경배를 통해" 이스라엘 백성을 해방하셨다.[81] 최근에 콘스탄티누스는 로마에 있는 그의 청중들처럼 폭군 막센티우스가 초래했던 잔혹한 일들을 경험했다. 그는 자신의 청중을

---

79 Constantine, *Oration* 13, 15 (Edwards, pp. 32, 34).
80 Constantine, *Oration* 15 (Edwards, p. 35).
81 Constantine, *Oration* 16 (Edwards, p. 38).

향해 이렇게 말했다. "[너희는] 하나님에 대한 너희의 믿음에 의지해 앞으로 나아가면서 너희 자신을 포기했다." 너희는 "처형자들과 고문관들"에 맞서 용감하게 분투했다.[82] 그러나 대조적으로 나는 전사로 살았다. 나는 전쟁을 보았고 "하나님이 우리의 기도에 협력하시는 것"을 목격했다. "인간은 때때로 실패하지만, 하나님이 인간의 실패 때문에 비난을 받으셔서는 안 된다." 콘스탄티누스는 피 흘림에 책임이 있었던 자신의 손을 바라보았다. 그리고 말했다. "모든 사람은 이 손이 행한 가장 거룩한 헌신이 하나님 덕분이라는 것을 안다."[83] 콘스탄티누스는 인간은 서로 다른 습관을 갖도록 허락받아야 하며 이런 습관에 대한 억제는 이성을 존중하고 "지식인들 사이에 자리를 잡으시는" 하나님으로부터 올 것이라고 말했다.[84]

이 연설에서 콘스탄티누스는 '인내'라는 단어를 결코 사용하지 않았다. 하지만 그는 그 개념에 가까이 다가갔다. 우리가 보았듯이, 그는 자신을 평등주의적인 그리스도인과 구별했다. 그는 '존엄한 자'(*Augustus*)로 남았다. 그럼에도 콘스탄티누스는 그 자신의 삶이 이성에 의해 지배되기를 바랐기 때문에 '성도들'에게 그리스도인이 되는 관습적인 방식이 하나 이상으로 존재할 것이라고 말했다. 그렇기에 그는 그리스도인들이 사법 체계 안에서 그리고 전투에서 살인하는 것은 합법적이라고 말했다.[85]

---

82 Constantine, *Oration* 22 (Edwards, pp. 54-55).
83 Constantine, *Oration* 26 (Edwards, pp. 61-62).
84 Constantine, *Oration* 15 (Edwards, p. 36).
85 락탄티우스는 아마도 320년대에 『거룩한 원리 개요』(*Epitome of the Divine Institutes*)라는 작품을 썼을 것이다. 그는 그것을 통해 그의 거대한 작품(*Divine Institutes*)의 내용을 모두 73개의 짧은 장들로 가다듬으면서 간접적으로 콘스탄티누스에게 응답했다. Louis J. Swift [*The Early Fathers on War and Military Service* (Wilmington, DE: Michael Glazier, 1983), pp. 65-66]는 락탄티우스가 콘스탄티누스의 영향을 받아 『개요』에서 전쟁에서 살인하는 문제에 대한 자신의 앞선 반대를 철회했다고 주장했다. 예컨대, 『거룩한 원리』에서는 "의로운 사람은 군인이 되어서는 안 된다"라고 명시했지만, 『개요』에서는 자살을 금했다. 이것은 락탄티우스에게서 나타난 사고의 변화를 보여 주는 것일 수 있다. 그러나 다른 한편으로, 이것은 락탄티우스가 외교적 태도를 보이면서도 신학적으로는 자신의 견해를 고수하고 있는 것일 수도 있다. 확실히 『개요』는 하나님의 섭리를 신뢰하는 실천적 '인

두 종류의 기독교적 아비투스. 콘스탄티누스는 가이사랴의 에우세비우스를 앞지른다. 에우세비우스는 훗날인 330년대에 『복음의 증거』(*Proof of the Gospel*)라는 작품을 통해 "두 종류의 삶", 그리스도인의 삶과 이교도의 삶이 아니라, 그리스도인들에게는 두 종류의 삶이 있어야 한다고 주장했다. 하나는 "완벽한 삶의 방식을 따라 사는 삶이고 다른 하나는 보다 겸손하고 보다 인간적인 삶"이다. 전자는 비폭력적인 삶이고, 후자는 싸우며 사는 삶이다. 이런 타협은 크리스텐덤을 예견하면서 황제들과 군인들을 신자 중에 포함시킬 수 있었다.[86]

법의 기독교화

지금껏 우리는 콘스탄티누스의 사상에 대해 살펴보았다. 그렇다면 그의 행동은 어떠했을까? 경계선상의 그리스도인 황제로서 콘스탄티누스는 무슨 일을 했을까? 비록 그가 세례받은 신자는 아니었으나, 피터 레이하르트(Peter

---

내'의 삶을 거침없이 추천한다. 인내에는 정부의 목적—"말에 의한 죽음의 위험"(사형)을 적용한—을 위해 이루어지는 살인과 살해 명령에 대한 절제가 포함된다(*Epit.* 64, trans. W. Fletcher, *ANF* 7:249).

86 Eusebius, *Proof of the Gospel* 1.8, trans. and ed. William J. Ferrar, *Eusebius: The Proof of the Gospel* (Grand Rapids: Baker, 1981), pp. 48-49. 일부 신학자들과 주교들의 거리낌에도 불구하고 평신도가 칼을 사용하는 것을 정당화하는 두 단계의 기독교가 점차 강력해졌다. 예컨대, 370년대에 성 대 바실레이오스(St. Basil the Great)는 규범적인 것으로 여겨지는 그의 *Ep.* 188.13에서 이것을 '양보'의 문제로 보면서 전장에서 살인한 사람들은 "오직 3년 동안만 성찬을 받지 못한다"라고 선언했다(trans. B. Jackson, *NPNF*[2] 8:228). 바실레이오스는 분명히 이것을 보다 엄격하게 만들고 싶었을 것이다. 그러나 12세기의 비잔틴 교회법 학자인 발사몬 (*Commentary on the Canons* 13.2.65) 같은 후대 그리스도인들은 바실레이오스가 엄청나게 까다롭다고 보았다. 그가 보기에 그로 인한 결과는 분명했다: 만약 바실레이오스의 규범이 강화된다면, "연속적인 전쟁에 개입하는" 전투원들은 "축성된 성찬에 결코 참여하지 못할 것이다." 발사몬에 따르면, 이것은 "견딜 수 없는" 것이며 개정을 요구하는 것이다[Patrick Viscusso, "Christian Participation in Warfare: A Byzantine View", in *Peace and War in Byzantium: Essays in Honor of George T. Dennis, SJ*, ed. Timothy S. Miller and John Nesbitt (Washington, DC: Catholic University of America Press, 1995), pp. 33-40].

Leithart)에 따르면, 그는 "법의 기독교화"에 관심이 있었다.[87] 가장 좋게 말하자면, 그는 상상력이 풍부하고 용기가 있었다. 이것이 그가 사법 절차를 개혁하도록 이끌었다. 그는 주교들을 재판관처럼 세우고, "억압받는 낮은 계층의 사람들"도 법의 도움을 받을 수 있게 했다.[88] 더 나아가 그것은 해방, 즉 교회에서 노예를 자유케 하는 것으로 이어졌다. 콘스탄티누스는 그것을 하나님을 기쁘게 하는 행동으로 여겼다.[89] 콘스탄티누스가 법을 기독교화한 것은 계속해서 물결을 치며 나아가 결국 십자가형, 사람들의 얼굴에 낙인을 찍는 것, 유죄 판결을 받은 죄인들을 원형 경기장에서 맹수의 밥이 되게 하는 것(ad bestias) 등을 불법화했다.[90]

그러나 콘스탄티누스의 변화되지 않은 아비투스는 계속해서 잔인하고 폭력적인 방식으로 모습을 드러내면서 그의 기독교적 인격을 훼손시켰다. 그가 로마에 있는 성도들에게 연설했던 314년, 그는 아프리카 가톨릭교회의 주교들이 도나투스파들과 맞서는 투쟁에서 "안내심을 보였기에" 그들에

---

[87] Peter J. Leithart, *Defending Constantine: The Twilight of an Empire and the Dawn of Christendom* (Downers Grove, IL: IVP Academic, 2010), p. 232.

[88] Cod. theod. 1.16.4; *Sirmondian Constitution* 1, trans. and ed. Clyde Pharr, *The Theodosian Code and Novels, and the Sirmondian Constitution* (Princeton: Princeton University Press, 1952), pp. 28, 477. 더 나아가 Drake, *Constantine and the Bishops*, pp. 326-349; Leithart, *Defending Constantine*, p. 217를 보라.

[89] Leithart, *Defending Constantine*, pp. 223-224; Cod. theod. 4.7.1.

[90] Ramsay MacMullen, "What Difference Did Christianity Make?", *Historia* 35 (1986); pp. 332-334; 또한 333n를 보라. 거기에서 맥뮬런은 맹수형(ad bestias)이 적용된 것은 오직 다른 이들의 아이들을 훔친 자들을 벌하라는 테오도시우스의 법규에서뿐이라고 말한다[315년에 아프리카 주교에게 보낸 편지에서 언급된 Cod. theod. 9.18.1 (Pharr, p. 240)]. "만약 그가 노예이거나 자유를 얻은 사람이면, 그는 첫 번째 구경거리 행사 때 맹수들에게 던져져야 한다." 만약 그가 자유민으로 태어났다면, 그는 "자신을 지키기 위해 무엇이든 하기 전에 칼에 의해 파멸되어야 한다"는 이 자비로운 "일반 법칙"을 따라 검투사와의 결투에 넘겨져야 한다. 325년에 콘스탄티누스가 공적 구경거리와 검투사들에 대해 느꼈던 불편함에 관해서는, Cod. theod. 15.12.1 (Pharr, p. 436)를 보라. 콘스탄티누스는 죄수들을 원형 경기장보다는 탄광으로 보낸다. "피가 넘쳐흐르는 구경거리는 공적 평화와 국내 안정 속에 있는 우리를 불쾌하게 한다. 우리는 검투사의 존재를 전적으로 금하기 때문에, 범죄 때문에 관습적으로 그 조건과 형량을 유지하고 있는 이들을 광산에서 일하게 함으로써 그들이 피를 흘리지 않고 그들의 죄에 대한 처벌을 받게 해야 한다."

대한 지지를 표명했다. 그러나 조급하게도 그는 부하들에게 "이 이루 말할 수 없이 나쁜 종교 사기꾼들을 나의 법정으로 끌어와 죽음보다 나쁜 무언가가 있다는 것을 배우게 하라"고 명령했다.[91] 경계선상의 그리스도인 황제에게 고문은 여전히 정상적인 것으로 남아 있었다. 두 번째 예를 살펴보자. 어느 정부 관리가 빚진 여자의 재산을 압류하면서 공개적으로 그녀를 부끄럽게 했을 때 그에게 어떤 일이 일어났을까? 콘스탄티누스는 그가 "사형을 받아야 한다"고 명령했다. 그러나 좀더 생각해 본 후에 콘스탄티누스는 이렇게 덧붙였다. "혹은 그는 격렬한 고문을 받고 죽어야 할 것이다."[92] 세 번째 예를 살펴보자. 만약 어떤 남자가 젊은 여자를 유혹해 그녀의 뜻에 반하는 성관계를 했다면, 그에 대한 벌은 무엇이 되어야 할까? 콘스탄티누스는 악을 선동한 그 남자의 입을 "녹은 납을 부어 막아 버리라"고 명령했다.[93] 이런 예들은 성마른 그리고 개조되지 않은 아비투스를 지닌 황제의 모습을 보여 준다. 그는 여전히 위엄과 폭력에 속박된 채 반사적으로 살아가고 있었다. 그러므로 326년에 그는 자기 아들 크리스푸스와 자기 아내 파우스타가 무슨 죄를 지었는지 (혹은 짓지 않았는지) 모르면서도(콘스탄티누스는 그들이 간통했다고 여겼다―옮긴이), 그들을 용서하지 않고 그들에 대한 처형을 명령했다.[94] 만약 콘스탄티누스가 삶의 방식과 아비투스의 회심을 경험했더라면, 그는 이처럼 고통스럽게 깨어진 관계에 달리 반응했을 수도 있을 것이고, 또한 그렇게 함으로써 제국에 감동적인 기독교적 증언을 제공했을 수도 있을 것이다.

---

91 Constantine to African Catholic Bishops, after the Synod of Arles (314), in Edwards, *Optatus*, pp. 190-191, in appendix 5.
92 Cod. theod. 1.22.1, January 316 (Pharr, p. 30).
93 Cod. theod. 9.24.1, April 320 (Pharr, p. 245).
94 크리스푸스와 파우스타의 행위와 그들의 죽음의 방식에 관한 다양한 설명은, Hans A. Pohlsander, "Crispus: Brilliant Career and Tragic End", *Historia* 33 (1984): pp. 97-106를 보라.

사고 실험: 그리스도인 콘스탄티누스와 끈기 있는 선교

한 가지 간단한 '사고 실험'(thought experiment)을 해 보자. 내가 말하는 사고 실험이란, 만약 312-314년 사이에 콘스탄티누스가 교리 교육을 받고 세례를 받아 그리스도인이 되었다면 그의 통치 기간에 상황이 어떻게 변화되었을지 알아보기 위해 반(反)사실적인 역사를 살펴보는 것이다. 우리는 콘스탄티누스가 그리스도인들에게 영향을 받았으나 337년까지 주님이신 그리스도께 무릎을 꿇지 않았다는 것을 알고 있다. 그러나 만약 콘스탄티누스가 그의 통치 기간 내내 그리스도인이었다면 상황이 어찌 되었을까? 그의 확신과 아비투스가 그의 회심으로 인해 변화되었다면 어찌 되었을까? 그 결과 그가 지속적으로 인내심을 보이는 황제가 되었더라면 어찌 되었을까? 그의 기독교적 확신과 반사 작용들이 교회 선교에 대한 그의 접근법을 어떻게 형성했을까? 오랜 세월 동안 수많은 '상상 속의 콘스탄티누스들'이 존재해 왔다. 나는 거기에 하나를 더 추가하고자 한다. 교리 교육을 받은 '그리스도인' 콘스탄티누스다.[95]

콘스탄티누스가 교육받은 로마인이었음을 떠올려 보자. 『성도의 집회를 향한 연설』에서 그는 자신이 받은 교육을 인상적으로 과시했다. 아마도 그는 그의 교육(*paideia*, 귀족으로서의 형성) 과정에서 2세기 초에 쓰이고 귀족 사회에서 문체와 공공 정책의 모델로 회자되던 소 플리니우스(Pliny the

---

[95] A. Kazhdan, "'Constantin Imaginaire': Byzantine Legends of the Ninth Century about Constantine the Great", *Byzantion* 57 (1987): pp. 196-250. Garth Fowden ["The Last Days of Constantine: Oppositional Versions and Their Influence", *JRS* 84 (1994): p. 169]은 "상상 속의 콘스탄티누스들에 대한 연구를 위한 새롭고 우호적인 환경"이 존재한다고 지적한다. 또한 Rodney Stark, *One True God: Historical Consequences of Monotheism* (Princeton: Princeton University Press, 2001), p. 227를 보라. 거기에서 그는 독자들에게 "콘스탄티누스가 기독교에 대한 국가적 선호를 제공하지 않았고 보편적인 정통성을 고수할 것을 요구하는 이들을 지지하지 않았더라면 어떤 일이 일어났을지 생각해 보라"고 권면하면서 한 가지 흥미로운 시나리오를 제시한다.

Younger)의 편지들을 읽었을 것이다. 112년에 폰투스의 총독이었던 플리니우스는 트라야누스 황제에게 기독교 교회의 초기 생활에 대한 소중한 설명을 제공하는 편지를 써 보냈다.[96] 2세기 후에 이 설명은 그리스도인 황제 콘스탄티누스에게 적합한 것이 될 수도 있었다. 콘스탄티누스는 다른 모든 그리스도인처럼 이교의 제사 때문에 불쾌해졌을 것이다. 그러나 그는 그것에 대해 어떻게 해야 했을까?

플리니우스의 편지들을 읽으면서 콘스탄티누스는 점점 힘과 지역에 대한 영향력을 얻어 가고 있는 기독교 공동체와 마주했던 폰투스의 어느 로마인 총독을 만났을 것이다. 플리니우스가 아마도 부분적으로는 고문을 통해서 얻어 낼 수 있었던 정보에 따르면, 그리스도인들은 성적 순결과 진실함이라는 삶의 방식을 갖고 있었다. 그들은 경제적으로 재산을 공유했다. 그리고 여자들의 지위를 높였는데, 그들 중 둘은 그 공동체의 지도자 노릇을 했다. 그들의 삶은 예배 모임을 중심으로 이루어졌다. 기독교 공동체의 영향력 때문에 그 지역 사람들이 지역의 이교 신전에서 이루어지는 제사에 참여하는 일을 중단했다. 플리니우스는 "거의 버려진 신전들"에 대해 언급한다. 이교의 관습이 이처럼 버려진 것이 그 지역의 사업가들과 농부들을 분노하게 했다. 그들은 자기들이 키우는 제사용 짐승들에 대한 수요가 줄어들고 있다고 보고했다. 이교는 힘을 잃어 가고 있었다. 이교에서 생명을 찾지 못했던 이들이 다른 곳을 찾아 향했다.

편지를 계속해서 읽으면서 콘스탄티누스는 플리니우스가 하는 어떤 일을 보았을까? 플리니우스는 로마인처럼 사고했다. 그는 그가 행하는 관례 때문에 유명했던 관례적인 총독이었다. 그는 무력을 사용했다. 사람들이 자

---

[96] Pliny the Younger to Trajan, *Ep.* 10.96, trans. J. Stevenson, *A New Eusebius*, rev. ed. (London: SPCK, 1987), pp. 18-20.

신들이 그리스도인임을 부정하려고 하지 않을 때, 그는 그들 중 낮은 계급에 속한 이들은 직접 처형했고, 로마 시민이었던 신자들은 로마로 보내서 처형했고, 이교의 제사 관습을 회복시켰다. 그로 인해 한동안 폰투스에서 기독교는 쇠퇴했다[하지만 한 세기 반 후에 기적을 행하는 사람 그레고리우스(Gregory the Wonderworker) 주교의 지도하에 크게 부흥했다].[97]

사고 실험을 계속해 나가면서 우리는 콘스탄티누스가 서방의 유일한 권력이 되었던 312년에 자신의 성장 배경을 되돌아보면서 자기가 읽은 적이 있는, 폰투스에서 기독교 공동체가 매력적인 대안을 제시했을 때 이교 제사가 쇠퇴했음을 보고하는 플리니우스의 유명한 서신을 떠올리는 모습을 상상해 볼 수 있을 것이다. 만약 콘스탄티누스가 여행을 계속해 세례를 받았다면, 그는 자기가 교리 교육 때 배운 것, 즉 기독교 전통은 강압을 가르치지 않는다는 것에 대해 생각했을 것이다. 그의 교리문답 교사들은 키프리아누스를 연구했을 것이다. 키프리아누스의 교리 교육과 관련된 문서인 "퀴리누스에게 3"는 이렇게 진술한다. "믿거나 믿지 않을 자유는 자유로운 선택에 속해 있다."[98] 콘스탄티누스가 그와 함께 거주하던 지식인 락탄티우스의 가르침을 통해 영향을 받았을 것은 분명하다. "예배는 강제되어서는 안 된다. 그것은 주먹질이 아닌 말을 통해 이루어져야 하는 그 무엇이다. 그러므로 예배 안에는 자유의지가 있다.…우리는 가르치고, 보이고, 증명한다."[99]

그러므로 우리의 상상 속의 시나리오 안에서 '그리스도인' 콘스탄티누스는 다음과 같이 초기 그리스도인들의 인내 전통에 들어맞는 선교 정책을 택하기로 결정한다.

---

[97] Raymond Van Dam, *Becoming Christian: The Conversion of Roman Cappadocia* (Philadelphia: University of Pennsylvania Press, 2003), chap. 3.
[98] Cyprian, *Ad Quir.* 3.52, trans. E. Wallis, *ANF* 5:547.
[99] Lactantius, *Inst.* 5.19.11-12 (Bowen and Garnsey, p. 320).

- **이교와 관련해**: 콘스탄티누스는 이교 신전과 제사를 위한 정부의 보조금 지급을 폐지할 것이다. 그러나 제사 자체를 폐지하거나 (귀족들이 원한다면 그들이 그것을 위한 비용을 지불하게 하라) 신전들을 약탈하지는 않을 것이다. 여러 형태의 이교들이 합법적으로 남아 있게 될 것이다.
- **기독교와 관련해**: 콘스탄티누스는 기독교에 대한 모든 법적 장애물을 철폐할 것이고 그리스도인들을 다른 모든 종교인과 동등하게 대우할 것이다. 그리스도인들은 함께 만나고, 예배하고, 개종 활동을 벌이고, 그들 자신의 자산을 소유하게 될 것이다. 기독교는 성장하고 있었고, 콘스탄티누스는 이런 끈기 있는 성장에 간섭하려고 하지 않을 것이다. 따라서 그는 그리스도인들에게 제국의 보조금을 지급하거나 그들의 지도자들에게 특권을 부여하지 않을 것이다. 그는 기독교의 성장은 하나님의 일이라고 여길 것이고 정부의 수단이 그것을 어지럽힐 수 있다고 직감할 것이다.
- **'이단' 그리스도인들과 관련해**: 콘스탄티누스는 자기가 선호하는 정통적인 보편 교회의 경쟁자들에 맞서기를 거부할 것이다. 그는 만약 노바티아누스파, 발렌티누스파, 몬타누스파 등이 옳지 않다면 그들의 영향력이 감소할 것이라고 확신할 것이다.

우리의 상상 속의 콘스탄티누스는 이런 확신을 어디에서 얻었을까? 아마도 교리 교육을 통해 형성되고 자기 이전의 그리스도인들과 공유했던 믿음, 즉 하나님이 일하고 계시며 그리스도의 교회 안에는 풍성한 생명이 있다는 믿음을 통해서일 것이다.[100] 콘스탄티누스는 이교 제사를 혐오했고 이단을 증오했다. 우리의 사고 실험 안에서 그리스도인인 그는 모든 이가 조

---

100 Alan Kreider, *Worship and Evangelism in Pre-Christendom*, Alcuin/GROW Joint Liturgical Studies 32 (Cambridge: Grove Books, 1995), pp. 10-14.

금이나 방해 없이 자신이 원하는 것을 예배하도록 내버려 두는 것이 바로 이교와 이단에 맞서 싸우는 방법이라고 배웠을 것이다. 교회가 하나님을 옳게 예배했을 때, 예배자들의 삶은 예수 그리스도의 상징이 되었고, 도시적 삶, 계급 제도, 여자들, 장례, 역병 등에 대한 그들의 접근법은 모범적이고 매력적인 것이 되었다. 우리의 상상 속의 콘스탄티누스는 교회를 포함해 모든 종교에 자유를 주고 미래를 하나님께 맡길 것이다.

그러나 유감스럽게도 콘스탄티누스는 이런 일들을 하지 않았다. 그렇다면 그는 무슨 일을 했을까?

콘스탄티누스의 종교 정책

콘스탄티누스는 기독교 전통에 속한 세례받은 신자의 입장에서 종교 정책에 접근하지 않았다. 오히려 그는 종교적 제의가 사회를 통합하는 데 핵심적 역할을 한다고 확신하는 기독교 친화적인 전통적인 로마인으로서 그것에 접근했다. 그의 종교 정책의 핵심은 '일치'(*bomonoia*)였다. 일치는 사회의 모든 이들에게 복을 내리는 신을 확보하기 위한 수단이었다.[101] 교리 교육을 받지 않은 콘스탄티누스가 보기에 제국 정부가 일치를 확보하기 위해 자신의 힘과 후원과 부를 사용할 의무가 있음은 자명한 것이었다. 콘스탄티누스가 교회와 연계하고 이런 사고를 교회의 선교에 적용했을 때, 그는 선교에 대한 교회의 이해와 실천에 변화를 초래하기 시작했다.

우리가 보았듯이, 콘스탄티누스 이전에도 교회는 꾸준히 성장하고 있었다. 그러나 교회의 지도자들은 교회의 수적 성장을 위한 수단에 대해 깊이 생각하지 않았다. 그들은 하나님을 예배했고, 하나님은 그 예배자들과 그들

---

101 Eusebius, *Vit. Const.* 3.20.3; MacMullen, *Constantine*, p. 165.

의 공동체를 변화시키셨고, 외부인들은 그들의 삶과 공동체가 하나님의 성품을 반영했던 그리스도인들에게 매력을 느꼈다. 성장은 신비, 즉 하나님의 "보이지 않는 권능"의 산물이었다.[102] 성장에 대한 그리스도인들의 접근법은 끈기 있는 하나님의 협력자가 되는 것이었다.

콘스탄티누스와 함께 우리는 '신비'에서 '방법'으로 넘어간다. 황제는 올바른 종교(기독교)의 성장을 촉진하기 위해 각종 수단과 방법들을 사용할 수 있었다. 그 수단과 방법 중에는 "인간이 나의 수단을 통해 계몽될 수 있다는 소망을 지니고" 국가의 권력과 조작을 사용하는 것이 포함된다.[103] 콘스탄티누스의 반사 작용은 로마 행정가의 그것이었지, 기독교 전통에 속한 신실한 신자의 그것이 아니었다. 콘스탄티누스는 조급하게 그리고 방편적으로 사고했다. 그의 통치하에서 국가는 두 개의 측면을 지닌 선교 프로그램의 도구가 되었다. 한 측면은 올바른 종교를 육성하고 확립하는 것이었고, 다른 한 측면은 올바른 종교와 경쟁하는 잘못된 집단들을 벌하고 불법화하는 것이었다.

받아들일 만한 교회에 대한 편애

콘스탄티누스의 방편적 접근법의 첫 번째 측면은 그가 주도해 만들고 이끌었던 법과 운동에서 분명하게 드러난다. 콘스탄티누스는 교회의 예배가 "많은 사람으로 채워질 수 **있도록**", 그리고 지역의 귀족들이 교회에 매력을 느낄 수 **있도록** 성직자들을 세금과 공적 봉사에서 면제시켜 주었다.[104] 그는 주의 날에 "모든 사람이 하나님을 경배할 수 있도록" **돕기 위해** 매주 노동자

---

102 Origen, *Hom. Luc.* 7.7, trans. J. T. Lienhard, FC 94 (1996), p. 31.
103 Eusebius, *Vit. Const.* 2.28, trans. E. C. Richardson, *NPNF*² 1:507.
104 Cod. theod. 16.2.10 (in May 320) (Pharr, pp. 442, 442n).

들을 위한 휴일을 명령했다.[105] 그는 "구주의 가르침으로 향하게 하는 유인"이 **생기도록** 가난한 자들을 위한 많은 지원책을 마련했다.[106] 교회를 사회 안에 정착시키는 것을 목표로 하는 이런 방편적 사고는 또한 바실리카식 성당들을 건축하기 위한 토대가 되었다.[107] 확실히 이 모든 것에는 순응주의자들, 출세주의자들, '라이스 크리스천들'[rice Christians: 신앙적 목적이 아닌 물질적 도움(아시아 국가들의 경우 주로 '쌀')을 얻기 위해 교회에 나오는 기독교 신자들을 가리키는 용어-옮긴이], 즉 위선자들을 양산할 위험이 존재했다. 에우세비우스는 이렇게 말한 적이 있다. "참으로 나는 교회 안으로 스며들어 온, 그리고 그리스도인이라는 이름과 특성을 가장한 자들의 추악한 위선에 대해 증언할 수 있다."[108] 물론 이것은 콘스탄티누스에게서 시작된 새로운 현상이 아니었다. 사도행전 이후에 교회 안에는 늘 위선자들이 있었다. 콘스탄티누스 이전에도 기독교 지도자들은 위선이 자신들의 증언을 약화시킨다고 믿었다. 그들은 교회 안에 위선이 자리 잡지 못하도록 자기들이 할 수 있는 모든 것을 했다.[109] 그러나 콘스탄티누스 치하에서 변화가 발생했다. 콘스탄티누스는 위

---

105 *Codex Iustinianus* 3.12.2 (ca. 321); Eusebius, *Vit. Const.* 4.18 (Richardson, p. 544).
106 Eusebius, *Vit. Const.* 3.58.4 (Cameron and Hall, p. 147).
107 Eusebius, *Vit. Const.* 3.58.3; 3.30-32.
108 Eusebius, *Vit. Const.* 4.54 (*NPNF*[2] 1:554)는 에우세비우스의 견해를 제시한다; 반면에 *Vist. Const.* 3.58.4는 콘스탄티누스의 견해를 제시한다. 그는 자신을 "겉치레로 하나 참으로 하나 무슨 방도로 하든지 전파되는 것은 그리스도니"라고 말했던 이[바울, 빌 1:18]와 거의 동일한 말을 사용하면서" 자신의 입장을 드러냈다.
109 *Trad. ap.* 15-16이 잠재적 세례 지원자들을 대상으로 수행했던 삶의 방식에 대한 심사를 논한 것을 보라. 기독교의 증언에 손상을 입히는 위선을 근절하려는 이른 시기의 노력에 내해서는, 2 Clem. 13을 보라. 또한 콘스탄티누스 이전의 박해 기간에 북아프리카 키르타에 있던 교회의 지도자들이 자기들의 사람들의 수치스러운 행동이 "이교도들에게 한 예를 제공해, 우리를 통해 하나님을 믿게 된 이들이 우리가 대중 앞에 나설 때 우리를 저주할 수도 있다"고 우려했던 것을 보라[*Gesta apud Zenophilum* 9-10, trans. and ed. Ramsay MacMullen and Eugene N. Lane, *Paganism and Christianity*, 100-425 *CE: A Sourcebook* (Minneapolis: Fortress, 1992), p. 253]. 그 전통은, 아마도 아타나시우스에 의해, 콘스탄티누스 이후의 본문에서도 계속된다. "이방인들이 우리를 통해 하나님의 이름에 욕을 퍼붓지 못하게 하라"[*Canons of Athanasius* 9, trans. and ed. W. Riedel and E. Crum, *The Canons of Athanasius, Patriarch of Alexandria, ca.* 293-373 (Amsterdam:

선을 삶의 방식보다 숫자를, 그리고 아비투스보다 합리성을 높이 평가하는 새로운 형태의 선교의 어쩔 수 없는 부산물로 여겼다. 기독교 전통 측면에서 보자면, 콘스탄티누스가 국가 권력을 사용해 교회를 장려한 것은 불필요할 뿐 아니라 불순물을 섞는 방식으로 하나님의 선교 사역에 쓸데없는 참견을 하는 것이었다.

더 나아가 콘스탄티누스가 국가 권력을 사용한 것은 교회에서 기독교적이지 않은 행위를 근절하기 위함이 아니라 사회에서 이단을 근절하기 위함이었다. 바로 그것이 콘스탄티누스가 325년에 주교들을 소환했던 니케아 공의회의 목표였다. 그는 거기에서 채택된 신조와 정경들에 추방이라는 조건을 달았다. 콘스탄티누스가 몰입했던 것은 신학적이고 제의적인 일치였다. 그는 적절한 예배를 통해 하나님을 달래 드릴 하나의 교회, 즉 보편적이고 사도적인 교회가 있어야 한다고 믿었다. 그의 종교 정책과 선교적 접근법에는 이런 교회를 장려하고 보호하기 위해 국가의 권력을 사용하는 것이 포함되어 있었다.

다른 의견을 가진 자들 다루기

콘스탄티누스의 정책의 두 번째 측면은 보편적 기독교에 대한 대안들과 관련되어 있었다. 콘스탄티누스는 이런 집단들—이교, 도나투스파, 유대인, 이단들—을 좌절시키기 위해 그가 할 수 있는 일들을 했다. 이 중 가장 수가 많은 집단은 우리가 흔히 '이교'(paganism)라고 부르는 관습과 믿음을 지닌 이들이었다. 이교는 콘스탄티누스가 그들의 힘을 예의 주시해야 했던 이들, 특히 로마의 원로원 의원들, 군인들, 제국의 행정가들 안에 깊이 뿌리를 내리고 있었다. 비록 콘스탄티누스가 (에우세비우스에 따르면) "모든 형태의 제사"를

Philo Press, 1973), p. 18].

금하기는 했으나, 어떤 학자들은 과연 그런 칙령이 존재했는지에 대해 의문을 품고 있다. 설령 존재했다고 하더라도, 그것은 널리 시행되지는 않았던 것으로 보인다. 380년대에도 이교도들은 많은 곳에서 계속해서 제사를 드렸다.[110] 콘스탄티누스가 이교의 신전을 훼손하려고 한 것은 확실하다. 하지만 그는 이교도들을 벌하고 싶어 하지는 않았다.[111] 324년에 동부 지방으로 보낸 편지에서 콘스탄티누스는 자기가 락탄티우스에게서 배운 기독교 전통을 드러내 보였다. "아무도 자기가 내적 확신을 통해 받은 것을 이웃을 해치는 수단으로 사용해서는 안 된다. 각 사람은 자기가 보고 이해한 것을, 가능하다면, 다른 이들을 돕는 데 사용해야 한다. 그러나 만약 그렇게 하는 것이 불가능하다면, 그것은 버려져야 한다. 불멸을 위한 경쟁에 기꺼이 참가하는 것과 그것을 제재를 통해 시행하는 것은 다른 문제다."[112]

314년에 '분파적인' 도나투스주의자들이 콘스탄티누스의 분노에 불을 지폈다. 321년에 콘스탄티누스는 자신의 권력의 한계를 인식했다. 그는 북아프리카 사회에 깊숙이 뿌리를 내린 운동을 진압하려는 시도를 계속하는 대신, 더 나은 대안이 없는 상태에서는 '지속적인 인내'에 의존해야 한다는 것을 인정했다. 초기 기독교 전통을 수용하면서 콘스탄티누스는 이렇게 말했다. "받은 피해에 대응하기 위해 아무것도 하지 말라. 왜냐하면 하나님께 맡겨야 하는 복수를 가로채는 자는 바보이기 때문이다."[113] 9년 후에 쓴 편

---

110 Eusebius, *Vit. Const.* 4.23 (Cameron and Hall, p. 161). 설령 그것이 실제로 존재했다고 할지라도, 이 칙령이 반포된 해는 알려져 있지 않다(Cameron and Hall, *Eusebius: Life of Constantine*, pp. 243-244). Alan Cameron [*The Last Pagans of Rome* (Oxford: Oxford University Press, 2011), pp. 45, 61]은 그것이 일반적인 칙령이라기보다는 어느 지역의 상황에 대한 대응이었을 수도 있다고 주장한다.
111 콘스탄티누스 치세에 훼손되었다고 알려진 이교의 부지는 단지 6개뿐이다(Lane Fox, *Pagans and Christians*, pp. 671-672).
112 Eusebius, *Vit. Const.* 2.60.1 (Cameron and Hall, p. 114).
113 Constantine to the [North African] Catholics, 321, trans. Edwards, *Optatus*, pp. 196-197, appendix 9.

지에서도 아무것도 바뀌지 않았다. 거기에서 콘스탄티누스는 "지존하신 하나님의 인내"를 본받고 있는 주교들을 칭찬했다.[114] 콘스탄티누스가 자신의 개입주의가 아무런 효과가 없음을 알았을 때, 전통적인 기독교가, 비록 최소한으로였기는 하나, 그 상황에 적용되었다.

그러나 콘스탄티누스가 한 말 중 일부는 음산했다. 락탄티우스의 영향력이 미치던 315년에 이미 콘스탄티누스는 제3의 집단, 즉 유대인들이라는 '떠돌이 종파'에 대해 분개했다. 그리고 320년대에 그는 조급하게도 유대인들과 동일한 달력을 고집스럽게 따르는 십사일파 그리스도인들(Quartodeciman: 유월절인 니산월 14일 저녁에 시작하는 유월절 축제를 지키는 초기 기독교의 한 분파―옮긴이)을 "혐오스러운 [유대인] 폭도들…존속 살해자와 주님을 죽인 자들"이라고 부르며 맹비난했다.[115] 이것은 어떤 결과를 낳았을까?

당시에 부상하고 있던 정통 교회에 부합하지 않는 '이단들'은 어찌 되었을까? 콘스탄티누스는 두 개의 편지에서 이단들에 대한 자신의 접근법을 지적했다. 330년에 그는 노바티아누스파, 발렌티누스파, 마르키온파, 그리고 나머지 다른 이단에게 보내는 편지를 썼다. 그 편지에서 그는 참을성 없는 아비투스를 드러내면서 족쇄가 풀린 듯한 표현을 사용했다. 콘스탄티누스에 따르면, 이단들은 해로운 독으로 가득 차 "마치 전염병처럼" 그리고 "무고하고 순결한 양심에 상처를 주면서" 사람들을 오염시킨다.[116] 콘스탄티누스는 진저리를 치면서 인내심을 잃었다. "왜 내가 상세한 설명을 해

---

114 Constantine to Numidian Bishops, February 5, 330, trans. Edwards, *Optatus*, p. 200, appendix 10: 주교들의 인내를 칭찬한 콘스탄티누스는 가톨릭교회의 성직자들에게 혜택(힘겨운 공적 의무에서의 면제)을 부여함으로써 도나투스파에 대한 압력을 계속해 나갔다.

115 Cod. theod. 16.8.1. 315년 당시에 콘스탄티누스에게 락탄티우스의 영향력은 아직 미미했다(Pharr, p. 467); *Vit. Const.* 3.18.2.

116 Eusebius, *Vit. Const.* 3.64 (Cameron and Hall, pp. 151-152). 330년이라는 연대와 콘스탄티누스의 언급에 관해서는, Stuart G. Hall, "The Sects under Constantine", in *Voluntary Religion*, ed. W. J. Sheils and Diana Wood (Oxford: Blackwell, 1986), pp. 1-13를 보라.

야 하는가?…왜 우리가 그런 악을 계속해서 견뎌야 하는가?" 그의 명령으로 당국은 이단들을 억누르고, 그들이 모이는 집을 몰수하고, 그들을 "오염되고 파괴적인 일탈"로부터 회복시켜 줄 가톨릭교회 안으로 이끌기 위해 "엄중한 공적 조치"를 취해야 했다.[117] 독, 전염병, 오염. 이 모든 수사학적 주제들은 콘스탄티누스가 최근의 박해 때 제국의 동부에서 그리스도인들에게 무도한 폭력을 행사했던 황제 막시무스 다이아와 당혹스럽게 연결되어 있음을 보여 준다.[118] 333년에 콘스탄티누스는 두 번째 편지를 썼다. 이번에는 '주교들과 백성'에게 쓴 것이었다. 그는 그들에게 니케아에서 파문된 이단자 아리우스의 "타락한 교리"와 싸우기 위해 그가 쓴 모든 논문을 불태우라고 명령했다. 만약 어떤 이가 아리우스가 쓴 논문을 숨김으로써 이런 파기에 저항한다면, 그 사람은 사형에 처해져야 했다.[119] 책들을 불태움으로써 콘스탄티누스는 자신의 힘을 과시하고, 다른 이들의 "오염된" 종교적 견해에 대한 경멸을 드러내고, 암묵적으로 그 자신의 견해(그것은 국가의 힘 없이는 살아남을 수 없었다)의 무기력함을 인정하고 있었다. 책을 불태우는 것은 콘스탄티누스가 훗날의 그리스도인 통치자들에게 유감스러운 선례를 남긴 또 다른 분야였다.[120]

---

[117] Eusebius, *Vit. Const.* 3.65 (Cameron and Hall, pp. 152-153). 콘스탄티누스는 기독교 성직자들을 세금과 힘든 공적 봉사에서 면제시켜 주었다. 이어서 326년에 그는 이런 유익이 오직 가톨릭 신앙을 옹호하는 자들에게만 적용되어야 한다고 명시하는 칙령을 발표했다[Cod. theod. 16.5.1 (Pharr, p. 450)]. "이단들과 분리주의자들은 이런 특권에서 제외되어야 하며 다양한 공적 봉사에 묶이고 속박되어야 한다."

[118] Maijastina Kahlos, "The Rhetoric of Tolerance and Intolerance: From Lactantius to Firmicus Maternus", in *Changes and Continuities in Christian Apologetic*, ed. A. Jacobsen, M. Kahlos, and J. Ulrich (Frankfurt: Peter Lang, 2009), p. 90를 보라. 에우세비우스가 인용한 막시무스 다이아에 관한 구절들(*Hist. eccl.* 9.7.3-12)은 그리스도인들이 "맹목적인 오류의 안개"(9.73), "심각한 질병"(9.7.11), "오염과 불경"(9.7.12)을 품고 있다고 비난한다.

[119] Socrates, *Hist. eccl.* 1.9.30, trans. A. C. Zenos, *NPNF*[2] 2:14.

[120] Daniel Sarefield, "Bookburning in the Christian Roman Empire: Transforming a Pagan Rite of Purification", in *Violence in Late Antiquity: Perceptions and Practices*, ed. H. A. Drake

맹세하기

우리가 콘스탄티누스의 종교 정책과 관련해 마지막으로 주목하는 것은 맹세하기와 관련되어 있다. 334년 8월에 콘스탄티누스는 다음과 같은 칙령을 반포했다. "이전에 우리는 증인들이 증언하기에 앞서 맹세의 신성함에 구속되어야 하고, 더 명예로운 지위를 지닌 증인에게 더 큰 신뢰가 주어져야 한다고 명령한 바 있다."[121] 따라서 법정에 설 때 사람들은, 다른 종교의 옹호자들은 물론이고 정통 그리스도인들도 그들의 증언이 참되다는 '성별된' 맹세를 해야 했다. 얼핏 이것은 문제가 되지 않을 것처럼 보일지 모른다. 그러나 초기 그리스도인들의 관점에서 보자면, 그것은 큰 문젯거리였다. 초기 기독교 신학자들과 교리문답 교사들은 법정과 사업장을 포함해 온갖 경우에 맹세가 행해지는 세상에서 살았다. 사람들이 맹세하는 이유는 맹세가 "사회의 기초 그 자체"였기 때문이다. 주전 4세기 아테네의 전설적인 입법자였던 리쿠르고스에 따르면, 맹세는 그의 사회를 하나로 엮는 "힘"이었다.[122] 그러나 초기 그리스도인들은 그들이 타당한 이유라고 여기는 것 때문에 이런 고대의 일반적인 주장에 동의하지 않았다. 콘스탄티누스 이전의 그리스도인들은 그들의 경험을 통해 맹세가 신뢰할 만한 사회를 만들어 주지 않는다고 주장했다. 맹세의 과잉에도 불구하고 위증이 만연했다. 그러나 보다 근본적으로 그들에게는 예수님의 가르침이 권위를 지녔다. 산상수훈에서 예수님은 이렇게 말씀하셨다. "도무지 맹세하지 말지니… 너희 말은 옳다 옳다, 아니라 아니라 하라"(마 5:34, 37). 예수님이 이런 가르침을 주신 데에는 어떤 이유가 있었다. 그것은 그리스도인들이 진실한 사람들이 되고 진실하다고 알려지게 하기 위함이었다. 2세

(Burlington, VT: Ashgate, 2006), pp. 288-289.
121 Cod. theod. 11.39.3 (Pharr, p. 340).
122 Everett Ferguson, *Backgrounds of Early Christianity* (Grand Rapids: Eerdmans, 1987), p. 184; Lycurgus, *Against Leocrates* 79, trans. K. J. Maidment, LCL 308 (1941), pp. 71-73.

기 말의 순교자인 로마의 아폴로니우스(Apollonius of Rome)가 말하듯이, "우리는 그분으로부터 절대 맹세하지 말고 모든 일에서 진실을 말하라는 명령을 받았다. 진실이 '예'라는 말에 의해 확증될 때 그것은 이미 큰 맹세로 간주된다. 그러므로 그리스도인이 맹세하는 것은 악한 일이다. 왜냐하면 속임수로부터 불신이 나오고, 이어서 불신을 통해 맹세가 나오기 때문이다."[123]

많은 초기 기독교 작가들이 아폴로니우스의 말에 동의했다.[124] 그들 중에서도 두드러진 이는 요한네스 크리소스토무스였다. 그는 4세기 말 안디옥에서 세례 지원자들이 맹세하는 "악한 습관"을 깨뜨리도록 돕는 것을 자신의 교리 교육의 핵심적 강조 사항으로 만들었다.[125] 예수님의 가르침이 사회 문제에 새로운 해답을 줄 실천 가능한 지혜의 표현이라는 의식은 갑자기 사라지지 않았다.[126] 그러나 334년에 콘스탄티누스가 제국의 정책으로 그리스도인들에게 맹세하라고 요구했을 때, 그는 그 사람들에게 (이교도 총독 쿨키아누스가 주교 필리아스에게 시도했던 것처럼) 예수님이 그의 제자들에게 하지 말라고 말씀하셨던 무언가를 법정에서 하도록 강요하고 있었다. 이것이 그가 추구했던 '법의 기독교화'였을까?

물론 콘스탄티누스가 제정한 대부분의 법률처럼 맹세에 관한 그의 칙령도 늘 시행되지는 않았다. 4세기 내내 많은 그리스도인은 계속해서 맹세하기를 거부했다. 4세기 말에 히포의 아우구스티누스는 어떤 필요한 경우에 행

---

123 *Martyrdom of Apollonius*, trans. Musurillo, *Acts of the Christian Martyrs*, pp. 91, 93.
124 Justin, *1 Apol.* 16; Irenaeus, *Haer.* 2.22.4; 2.32.1; Tertullian, *Idol.* 23; Origen, *Mart.* 7; *Martyrdom of Potamiaena* (Eusebius, *Hist. eccl.* 6.5); Cyprian, *Mort.* 4; *Ad Quir.* 3.12.
125 John Chrysostom, *Ninth Baptismal Instruction* 38-47, trans. and ed. P. Harkins, *St. John Chrysostom: Baptismal Instructions*, ACW 31 (1963), pp. 143-147; 또한 Chrysostom, *Against the Judaizers* 1.3.4; *Hom. Gen.* 15.17, trans. R. C. Hill, FC 74 (1986), p. 205를 보라: "정당한 이유로든 부당한 이유로든 맹세를 하라는 명령은 존재하지 않는다. 그러므로 너희의 입을 그 어떤 맹세로부터도 깨끗하게 지키고, 너희의 혀와 입술과 마음을 그런 모든 것으로부터 지켜 내라."
126 Karlmann Beyschlag, "Zur Geschichte der Bergpredigt in der Alten Kirche", *Zeitschrift fur Theologie und Kirche* 74 (1977): pp. 291-322.

하는 맹세를 정당화했다. 이른바 "정당한 맹세"였다.[127] 크리스텐덤 시대 내내 맹세는 이교적인 아테네에서처럼 기독교적인 유럽의 모든 곳에서도 존재했고 피할 수 없었다. 그것은 사회를 하나로 묶는 역할을 했으며, 어떤 이가 맹세하기를 거부할 경우 그에게 이단의 혐의를 씌우는 지표의 역할도 했다.[128]

종교적으로 다른 견해를 가진 이들에 대한 접근법에서 콘스탄티누스는 그가 락탄티우스의 가르침을 받아들이는 일에서 보였던 한계를 보여 주었다. 그는 락탄티우스와의 교제를 끊는 과정에 있었을 뿐 아니라, 초기 그리스도인들과 그들의 관습까지 내던지고 있었다. 콘스탄티누스는 종교가 사람들이 기꺼이 하나님께 응답할 때 번성한다는, 종교를 강요하는 행위는 그것을 오염시킨다는, 그리고 참된 종교와 거짓 종교의 차이는 그 종교의 옹호자들이 살아가는 방식에 의해 드러난다는 초기 그리스도인들의 확신을 크게 저버렸다. 락탄티우스는 기독교는 그것의 주장을 인내심 있게 밀고 나간다고 주장한 바 있었다. "우리는 가르치고, 보여 주고, 입증한다."[129] 그렇다면 우리는 의아해할 수 있다. 도대체 콘스탄티누스의 행위는 무엇을 가르치고, 보여 주고, 예시했던 것일까?

콘스탄티누스의 회심 – 니코메디아, 337년

337년 부활절 기간에 콘스탄티누스는 병에 걸렸다. 에우세비우스가 전하

---

127 Augustine, *Sermon on the Mount* 1.17.51.
128 Justinian Mandate on Oaths in Lawsuits, *Codex Iustinianus* 2.58.2; Heinrich Bullinger, *Der Widertöufferen ursprung*, 2nd ed. (Zurich: Froschauer, 1561), fol. 181b; trans. Edmund Pries, "Anabaptist Oath Refusal: Basel, Bern, and Strasbourg, 1525-1538" [PhD diss, University of Waterloo, 1995], p. 266: "맹세는 당국과 계약을 하나로 묶는 단추다.…당신이 당국에 대한 맹세를 철회하는 경우, 혹시 당신이 공동선과 정당한 정부 전체를 하나로 묶는 끈을 풀어버린 것은 아닌지 살펴보라."
129 Lactantius, *Inst.* 5.19.12 (Bowen and Garnsey, p. 330).

는 바에 따르면, 그는 자기가 곧 세례를 받아야만 한다는 것을 알았다.[130] 대개 콘스탄티누스는 그리스도의 모범을 따르지 않았다. 그러나 이 경우에는 자기가 요단강에서 세례를 받음으로써 그리스도를 본받는 것이 좋으리라고 여겼다. 하지만 그는 요단강까지 여행할 만큼 건강하지 않았다. 그래서 그는 고향 지역으로 돌아와 먼저 소아시아의 헬레노폴리스로 갔다. 그곳에서 점차 기운이 떨어져 가는 늙은 황제는 마르티리온(martyrion: 순교자를 기념하는 성당—옮긴이)의 마루 위에 무릎을 꿇었다. 이때 그의 고백을 들은 교인들은 의심할 바 없이 크게 놀라고 감동을 받았다. 처음으로 콘스탄티누스는 안수와 성직자들의 기도를 경험했다. 그로 인해 확신을 얻은 그는 니코메디아의 교외로 갔고, 그곳에서 주교들을 소환했다. 그는 그들에게 자신이 오랫동안 "하나님 안에서 얻는 구원에 대해 목말라하고 갈망했으며" 이제 자기가 "불멸을 가져다주는 인"을 받아야 할 때가 이르렀다고 느낀다고 말했다. 그렇다면 이제 그는 세례 지원자로 받아들여질 수 있을까? 콘스탄티누스는 자기가 "하나님의 백성 중에서 계수되기를" 갈망했다. 더 나아가 그는 "그들 모두와 만나고 그들의 기도에 참여하기를" 바랐다. 콘스탄티누스는 그런 일이 일어나기 위해서는 자기가 기독교 전통이 요구하는 대로 가르침을 받고 자기 삶의 방식을 바꿔야 한다는 것을 알았다. 그러나 조급했던 콘스탄티누스는 주교들이 아니라 자기가 자신의 행동을 어떻게 바꿀지를 정할 것이라고 말했다. "이제 나는 하나님께 합당한 삶의 규칙을 나 스스로 정할 것이다."

이 특별한 회심자의 교리 교육에는 그것에 앞서 "필요한 예비적 가르침"이 수반되었는데, 그것은 가능한 한 축약된 것이었음이 분명하다. 콘스탄티

---

[130] 이 설명은 Eusebius, *Vit. Const.* 4.61-64 (Cameron and Hall, pp. 177-179)에게 빚을 지고 있다. 나의 해석은 다음 사람들에게 영향을 받았다. Pierre Batiffol, "Les étapes de la conversion de Constantin", *Bulletin d'ancienne littérature et d'archéologie chrétienne* 3 (1913): p. 264; 그리고 특히 E. J. Yarnold, "The Baptism of Constantine", StPatr 26 (1993): pp. 95-101.

누스는 오순절 직전에 세례를 받았다. "관습적 의식들"이 콘스탄티누스를 깊이 감동시켰다. 그는 자신의 세례 때, 그리고 의심할 바 없이 그가 오랜 기다림 끝에 마침내 처음으로 받게 된 성찬 때, "하나님의 영감에 의한 능력이 나타난 것에 크게 놀랐다." 세례받은 황제는 스스로 택한 자신의 회개에 대한 가시적 표현을 약속했다. 그는 다시는 자주색 옷을 입지 않을 것이다! 왜 이런 행동이 필요했을까? 교회가 오랫동안 과잉, 귀족주의적 특권, 황제의 권력에 대한 징표로서 자주색 옷을 입는 것을 거부해 왔음을 알았기 때문이었을까?[131] 자기가 자주색 옷을 입은 황제로서 행했던 일들에 대한 슬픔 때문이었을까? 그 후에 콘스탄티누스는 이제 마침내 자기가 하나님 백성의 일원이 된 것에 대해 감사의 기도를 올렸다. 이 기도에서 그는 한 문장 안에서 '이제'라는 단어를 세 차례나 사용했다. "나는 **이제** 내가 참된 의미에서 복을 받았으며, **이제** 내가 불멸하는 삶에 합당하다고 여겨졌으며, **이제** 내가 거룩한 빛을 받았다는 것을 압니다."[132] 이 기도는 '이제'까지 살아왔던 자신의 삶에 대한 콘스탄티누스 자신의 견해에 관해 말해 주는가? 아니면 새로 세례받은 회심자에 대한 주교들의 견해에 대해 말해 주는가? 콘스탄티누스는 그로부터 며칠 후에 죽었다.

인내의 변화?

그렇다면 우리가 이 장에서 살펴본 것은 무엇인가? 앞에서 나는 콘스탄티누스에게 '인내의 변화'가 나타났다고 말했다. 인내는 어떤 식으로 변화되었을까? 그 변화를 과장하지는 말자. 옳게도 학자들은 콘스탄티누스 치하에서

---

131 예컨대, *Trad. ap.* 16; Minucius Felix, *Oct.* 31.6; 37.10; Cyprian, *Don.* 3을 보라.
132 Eusebius, *Vit. Const.* 4.63.1 (Bowen and Garnsey, p. 178).

발생한 변화에 대해 과장해서 말하는 것을 경계한다.[133] 자료를 신중하게 읽어 보면, 콘스탄티누스가 죽은 후 반세기 동안 여러 곳에서 교회의 삶은 큰 변화 없이 계속되었다. 그럼에도 콘스탄티누스의 통치는 그리스도인들에게 변화를 제공했고 그로 인해 무언가를 결단하도록 만들었다. 그중 특히 인내와 관련된 다섯 가지 변화에 대해 살펴보자.

첫째는 통제다. 콘스탄티누스는 그리스도인들에게 그들의 선교 사역을 계획하고 그런 사역을 통제하도록 했다. 황제들은 모든 것을 방법론적으로 생각했다. 그러니 어째서 콘스탄티누스가 기독교에 대해서만큼은 방법론적으로 생각하지 말아야 했겠는가? 콘스탄티누스가 만났던 그리스도인들은 오랫동안 미래와 관련해 하나님을 신뢰해 왔고 따라서 선교와 관련해서도 전략적 사고를 하는 것을 꺼렸다. 우리가 보았듯이, 그들의 지도자들은 선교 방법에 관한 저술을 하지 않았다. 그들은 사람들에게 전도 활동에 참여하라고 권면하지 않았다. 오히려 그들은 사람들에게 하나님을 예배하고, 교리 교육과 예배를 통해 변화를 받아, 모범적인 평화의 공동체들 안에서 예수 그리스도의 가르침에 순종하며 살아가라고 촉구했다. 외부인들은 이에 매료되었는데, 그것은 그들이 흥미로울 만큼 거룩하고 온전하기 때문이었다. 인내하며 소망 속에서 살아가는 그리스도인들은 자신들을 하나님의 협력자로 보았기에 그들 스스로 무언가를 조작할 필요가 없었다.

---

133 한 위대한 교부학자가 자신의 머릿속에서 이 문제를 두고 토론했던 방식에 관한 예를 위해서는, Henry Chadwick이 쓴 두 개의 작품을 보라. 1981년에 그는 콘스탄티누스에게 "되돌아보면 이미 일어나고 있었던 것에 별다른 차이를 만들지 않는 잔물결처럼 보이는 여러 혁명 중 하나"가 일어났다고 썼다. ["The Church of the Third Century in the West", in *Roman West in the Third Century*, ed. A. King and M. Henig (London: British Archaeological Reports, 1981), p. 5]. 9년 후 그는 "The Early Christian Community"라는 그의 논문을 다음과 같은 말로 결론지었다. "콘스탄티누스의 동시대 이교도들이 그가 거대한 종교적·사회적 혁명을 겪었다고 말한 것은 잘못이 아니다"[*The Oxford Illustrated History of Christianity*, ed. J. McManners (Oxford: Oxford University Press, 1990), p. 61]. 이 토론은 다른 사람들의 머릿속에서 계속될 것이다.

콘스탄티누스는 얼마나 달랐던가! 그를 형성한 문화는 그리스도인들의 그것과는 아주 달랐다. 콘스탄티누스의 본능적 행동—그의 이교적 아비투스에 의해 형성되었고, 그것에 대한 교리문답 교사들의 의문 제기를 허락하지 않은—은 모든 이교도 귀족들에게 자명한 한 가지 가정을 반영했다. 그것은 교회 문제에서도 사람들은 다른 모든 분야에서처럼 사건들을 계획하고 통제할 수 있으며, 원하는 결과를 얻는 데 필요한 것은 무엇이든 사용할 수 있다는 것이었다. 콘스탄티누스는 그리스도인들에게 계획을 세우고 통제할 것을 요구했다.

둘째는 국가의 힘이다. 황제로서 콘스탄티누스는 제국의 힘을 통제의 수단으로 사용했다. 그것은 그의 특기였다! 이제 그는 사람들을 기독교로 회심시킨다는 최고의 목적을 위해 국가의 힘을 사용할 것을 제안했다. 초기 그리스도인들은 이와 같은 생각을 해 본 적이 없었다. 그것은 단지 그들이 국가의 힘으로부터 배제되었다는 의미가 아니었다. 자신들의 과업이 신실하게 그리고 인내하며 살아가는 것이라는 믿음을 갖고 있던 그들은 심지어 그들 자신의 힘, 즉 재정과 희생적 섬김이라는 **교회의** 자원조차 회심을 위한 도구로 생각하지 않았다. 그들이 비그리스도인 역병 희생자들을 돌본 것은 그 희생자들을 그리스도인으로 만들기 위함이 아니었다. 오히려 그들의 행위는 그들이 예배하는 하나님의 성품을 반영했을 뿐이다. 그들에게 무한히 선하셨던 하나님이 그들에게 다른 이들에게 선함을 보이라고 요구하셨다.[134] 교회가 사람들이 모일 집이나 가난한 이들을 위한 장례식이나 과부들을 위한 생필품을 요구했을 때, 교회의 회원들은 그들 자신의 삶과 자원의 일부를 내어줌으로써 그런 필요들에 응했다. 신자들의 관대함은 아마도 교회의 성장으로 이어졌을 것이다. 그러나 성장은 그들의 관대함의 이유가 아니었

134　예컨대, Pontius, *Vit. Cypr.* 9, 인내에 관한 구절인 마 5:45을 인용한 것을 보라.

다. 그렇다면 어째서 그리스도인들이 변화에 영향을 주기 위해 국가의 자원을 환영해야 하는가? 그러나 콘스탄티누스는 바로 그것을 그들에게 제공했다. 그는 "구주의 가르침으로 향하게 하는 유인"으로 가난한 사람들에 대한 구제에 제국의 재정을 쏟아붓는 법령들을 반포했다.[135] 더 나아가 그는 제국의 금고에서 보조금을 지급해 성 요한 라테란 성당 같은 성찬을 위한 바실리카나 장례식을 위한 바실리카를 건축하게 했다. 그는 로마 변두리에 여섯 개의 바실리카를 건축했다.[136] 콘스탄티누스는 그리스도인들에게 그들 자신의 목적을 위해 국가의 힘을 책임 있게 사용하라고 권하고 있었던 것이다.

셋째는 종교적 강압이다. 콘스탄티누스는 자기가 인정하지 않는 종교 집단을 괴멸시키기 위해 제국의 힘을 사용하는 것을 승인했다. 그리스도인들은 그런 생각을 해 본 적이 없었다. 테르툴리아누스 이후 그리스도인 저자들은 예배가 강요되어서는 안 되며 "강제는 하나님이 일하시는 방식이 아니다"고 주장했다.[137] 3세기 중반에 북아프리카의 그리스도인들이 암기했던 원칙 중에는 이런 것이 있었다. "믿거나 믿지 않을 자유는 자유로운 선택에 속한다."[138] 3세기의 많은 교회는 자기들이 동의하는 옳은 '정통' 신앙이 무엇인지를 명확하게 밝히려고 노력했다. 그리고 때때로 자신들이 이단으로 여기는 이들을 파문하기도 했다. 그러나 그들은 이단을 도시 밖으로 내쫓거나 교회 안으로 끌어들이려고는 하지 않았다. 떠나간 이들의 종교적 자유를 존중하고 설령 그들과의 관계가 깨졌다고 할지라도 그들을 적으로서

---

135 Eusebius, *Vit. Const.* 3.58.4 (Cameron and Hall, p. 147).
136 MacMullen, *Second Church*, pp. 76-89; Richard Krautheimer, "The Ecclesiastical Building Policy of Constantine", in *Constantino il Grande: Dall'antichità all'umanesimo; Colloquio sul Christianesimo nel mondo antico* (Macerata: Università degli studi di Macerata, 1993), pp. 509-552.
137 *Diogn.* 7.4, trans. E. R. Fairweather et al., *Early Christian Fathers*, ed. C. C. Richardson, LCC 1 (1953), p. 219.
138 Cyprian, *Ad Quir.* 3.52, trans. E. Wallis, *ANF* 5:547.

사랑하려고 하는 것이야말로 그들이 생각하는 정통 신앙의 분명한 일부였다.[139] 그리스도인들은 박해받는 소수자로서 그들 자신이 경험한 것을 통해, 박해를 받았던 이들 중 많은 이들이 그런 박해에 굴복하지 않았다는 것을 알았다. 그들은 다른 집단을 굴복시키려 하는 것은 소용없는 일이라고 추론했다. 락탄티우스는 그리스도인들을 대변해 이렇게 말했다. "우리는 가르치고, 보여 주고, 입증한다."[140]

반면에 콘스탄티누스는 그들의 가치에 결코 굴복하지 않았다. 그는 락탄티우스가 자기에게 관대한 황제가 되라고 권했을 때 감명을 받았다. 그는 실제로도 어느 정도는 관대한 황제였다. 그는 이교도들과 그들이 드리는 제사를 격렬하게 비난했으나 그들에 대한 형 집행을 유예했다. 그와 그의 후계자들은 380년대까지도 이교의 신전들을 폐쇄하지 않았다. 그리고 그때까지도 아주 많은 이들이 이교적 관습을 따르는 것을 중단하지 않았다.[141] 그러나 콘스탄티누스는 이단에 대해서는 신속하게 대응했다. 불법 기독교 집단들을 괴멸시키기 위한 조치는 그 근거를 이단에 맞서 330년에 반포된 콘스탄티누스의 칙령에 두고 있었다. 스튜어트 홀(Stuart Hall)에 따르면, 그 칙령은 "자발적 기독교에 대한 제국의 폭력"이었다.[142] 락탄티우스는 초기 기독교 전통의 수호자였다. 그는 박해는 하나님이 일하시는 방식이 아니며 궁극적으로 효과도 없을 것이라고 여겼다.[143] 그러나 콘스탄티누스는 교리 교

---

139 다른 접근법에 관해서는, Averil Cameron, "The Violence of Orthodoxy", in *Heresy and Identity in Late Antiquity*, ed. Eduard Iricinschi and Holger M. Zelletin (Tübingen: Mohr Siebeck, 2008), pp. 110-112를 보라; 또한 다음을 보라: Edwards, *Constantine and Christendom*, p. xiii: "우리는 종교는 배타적이기에 편협할 수밖에 없다는 의심스러운 전제를 포기한다."
140 Lactantius, *Inst*. 5.19.11-12.
141 Cameron, *Last Pagans*, p. 45-46, 382.
142 Eusebius, *Vit. Const*. 3.64.1-65.3; Hall, "Sects under Constantine", p. 5.
143 Lactantius, *Inst*. 5.19.17, 22.

육을 받지 않았고, 락탄티우스에 대한 그의 이해는 황제의 신분을 가진 한 외부인으로서의 이해였을 뿐이다. 그는 기독교 전통에 맞서 법률과 무장한 군사들을 사용해 수용할 수 없는 종교 집단들의 조직을 폐쇄하고 그런 집단의 옹호자들을 교회 안으로 강제로 끌어들일 수 있다고 여겼다. 콘스탄티누스는 그리스도인들에게 현실적으로 행동하라고 요구하고 있었다. 아니면 그는 단지 조급했던 것일까?[144]

넷째는 속도다. 초기 그리스도인들에게 인내는 삶에 대해 서두르지 않는 접근보다 훨씬 더 많은 것을 의미했다. 하나님의 선하심을 신뢰하는 그들은 놀라울 정도로 느긋해 보였다. 대조적으로 콘스탄티누스는 서두르고 있었다. 그는 그리스도인들에게 빠른 속도를 제시했다. 물론 기독교 역사 기간 내내 '발전'이라는 것이 있었다. 그러나 콘스탄티누스 이후에 그 발전의 속도는 현저하게 높아졌다. 콘스탄티누스 치하에서 교회가 거둔 승리는 폴 브래드쇼가 '균질화'(homogenization)라고 부르는 과정에서 그것에 수반되는 모든 영광과 문제와 함께 전례와 교회력과 찬송가의 표준화로 이어졌다.[145] 몇 가지 전례상의 변화가 교리 교육과 세례에서 분명하게 드러나는데, 그것은 특별히 콘스탄티누스 자신과 관련되어 있다.

우리가 보았듯이, 콘스탄티누스가 처음으로 교회와 접촉했을 때, 그는 교리 교육과 세례에 복종하기에는 너무 조급한 상태였다. 그래서 그는 그런 것들을 자기가 죽기 직전까지 미뤘다. 그렇게 함으로써 콘스탄티누스는 자신의 교리 교육 과정을 급격하게 축소했다. 또 그는 훗날 커다란 함의를 갖

---

144 현실주의는 위협적인 제국의 법률에도 불구하고 비정통적인 기독교 집단들이 여러 세기 동안 계속해서 존재했음에 주목하도록 요구한다. 한 예로 몬타누스파(Montanists)의 경우가 있다. Christine Trevett, *Montanism: Gender, Authority and the New Prophecy* (Cambridge: Cambridge University Press, 1996), pp. 223-232를 보라.

145 Paul F. Bradshaw, "The Homogenization of Christian Liturgy—Ancient and Modern", *SL* 26 (1996): pp. 1-15.

게 될 신학적 개념 하나를 함축적으로 표현했다. 그 개념이란, 세례는 예수 그리스도의 제자로서 풍성하고 신실한 삶으로 들어가기 위해서가 아니라, 영원한 저주를 피하기 위해서 필요하다는 것이었다. 자주 그러했듯이, 콘스탄티누스는 이 문제에서도 하나의 모델이었다. 그가 죽은 이후 세기에 많은 이들이 그들의 삶이 끝나기 직전까지 교리 교육과 세례를 미뤘다. 임종의 자리에 눕기 전에 교리 교육을 받으러 나아간 이들 중 많은 이들이 교리 교육이 바뀌었음을 발견했다. 지금까지 남아 있는 4세기의 교리문답 관련 설교들은 수도 많고 분량도 길다. 하지만 그것들의 내용은 더는 신자들을 세상적인 반사 작용을 버리고 예수 그리스도의 제자들의 아비투스 안에서 형성되도록 의식적이고 그리고 서두르지 않는 방식으로 형성하는 것과 관련되어 있지 않다.[146] 콘스탄티누스 이후에 교리문답 교사들은 대개 행동에 대해 가르치는 것을 피했다. 대신에 그들은 믿음에 초점을 맞추면서 신자들의 신학이 정통적인 것이 되도록 그들의 사고를 형성해 나갔다. 종종 교리 교육 프로그램들은 콘스탄티누스 이전과 비교할 때 아주 많이 단축되었다.[147] 일의 속도를 높이라는 콘스탄티누스의 요구의 결과였을까?

마지막은 회심이다. 콘스탄티누스 치하에서 대단히 흥미로운 '이중 회심'이 일어났다. 한편으로, 야심을 가진 이들이 교회 회원이 되려는 의도를 갖고 교회에 접근하면서 "회심했다."[148] 그들은 종종 서둘렀다. 325년 니케아 공의회에서 만들어진 두 번째 교회법은 "이제 막 우상숭배로부터 믿음

---

[146] 예루살렘의 키릴로스의 유명한 교리문답 설교를 위해서는, Alan Kreider, *The Change of Conversion and the Origin of Christendom* (Harrisburg, PA: Trinity Press International, 1999), pp. 43-47를 보라.

[147] 추가적인 연구가 필요한 이 점에 관해서는, Maxwell E. Johnson, *The Rites of Christian Initiation*, rev. ed. (Collegeville, MN: Liturgical Press, 2007), pp. 118-119를 보라.

[148] Cameron, *Last Pagans*, p. 174; Mark Edwards, "The Beginnings of Christianization", in *The Cambridge Companion to the Age of Constantine*, ed. Noel Lenski (Cambridge: Cambridge University Press, 2006), p. 139.

을 향해 돌아선 이들, 그리고 잠시밖에 교육을 받지 않은 이들이 곧장 신령한 세례반(盤)으로 이끌려 오고, 세례를 받자마자 감독이나 장로직에 오르는 것"에 대해 우려했다.[149] 공의회에 참석한 교회 지도자들이 보기에 빠르고 피상적인 회심은 적절하지 않았다. 그리고 공의회는 그것에 반대했다. 그러나 그런 일이 일어나고 있었다는 것은 놀랄 일이 아니다. 황제의 매력이 그의 지지자들을 황제의 종교로 회심하도록 이끌었다. 황제 자신이 온전히 그것에 복종하지 않았던 때에조차 그러했다.

다른 한편으로, 황제가 많은 분야에서 그리스도인들의 행동을 "회심시켰다." 그중 두 분야를 지적해 보자. 첫 번째 분야는 살인이다. 콘스탄티누스는 그의 징계 문서들이 인간의 생명을 취하는 것을 금하는 신앙을 고수했다.[150] 그러나 그 자신은 이런 제한에 대해 의구심을 갖고 있었고, 모든 신자들이 "동일한 습관을" 갖지는 않는 기독교를 선호하는 발언을 했다.[151] 시간이 흐르면서 콘스탄티누스의 두 단계식 접근법이 승리를 거뒀다. 크리스텐덤 안에서 사람들은 평신도 그리스도인들과 성직에 있는 그리스도인들이 생명을 취하는 일에서 서로 다른 관습을 갖는 것을 당연하게 여기게 되었다. 그러나 4세기와 5세기에 초기 그리스도인들의 비폭력적인 습관이 회복되었음을 가리키는 징표들을 지켜보는 것은 흥미롭다.[152]

두 번째 분야는 성직자들의 옷과 관련되어 있다. 이 변화는 살인에 대한 기독교적 접근법보다 훨씬 신속하게 이루어졌다. 막센티우스에게 승

---

149 Council of Nicaea, canon 2, trans. H. R. Percival, *NPNF*² 15:10.
150 *Trad. ap.* 16.9-11; *Canons of Hippolytus* 13를 보라. 살인에 대한 그리스도인들의 포괄적인 거부에 관한 개요를 위해서는, Ronald J. Sider, ed., *The Early Church on Killing: A Comprehensive Sourcebook on War, Abortion, and Capital Punishment* (Grand Rapids: Baker Academic, 2012)를 보라.
151 Constantine, *Oration* 13 (Edwards, p. 30).
152 *Trad. ap.* 16; Basil of Caesarea, *Ep.* 188.13; Socrates, *Hist. eccl.* 3.13 (배교자 율리아누스와 관련해); Augustine, *Ep.* 136 그리고 138(볼루시아누스와 관련해)를 보라.

리를 거둔 직후에 콘스탄티누스는 하나님의 사역자들을 자신의 식탁으로 초청함으로써 그들을 높였다. 그 광경을 지켜보았던 한 관찰자는 그들의 "겉모습이, 옷차림이라는 측면에서, 수수하고, 검소하고, 허름해 보인다[*euteleis*]"고 지적했다.¹⁵³ 몇 년 후, 콘스탄티누스가 자신의 즉위 20주년을 축하하는 기간에 주교들을 니케아에서 열린 연회에 초청했을 때, 주교들의 삶의 수준은 높아져 있었다.

> 주교 중 한 명도 빠지지 않았다.…그 사건은 설명하기 힘들 정도였다. 경호원들과 군인들이 칼을 뽑아 든 채 왕궁 입구를 에워싸고 있었다. 그리고 하나님의 사람들은 두려움 없이 그들 사이를 통과해 왕궁의 가장 내밀한 곳으로 들어갔다. 거기에서 몇 사람은 그와 함께 비스듬히 누워 있었고, 다른 이들은 양편에 놓인 긴 의자들 위에 편안히 앉아 있었다. 사람들은 이것이 그리스도의 나라에 대한 가상적인 표현이라고, 또한 일어나고 있는 일이 '사실이 아니라 꿈'이라고 생각했을지 모른다.¹⁵⁴

에우세비우스는 우리에게 그 주교들이 이때 옷을 어떻게 입었는지에 대해 말해 주지 않는다. 그러나 우리는 그 모습을 상상할 수 있다. 그들은 이교도들이 조롱하고 예민한 그리스도인들이 격분했던 화려한 의복을 입고 나아갔다. 궁정의 환심을 산 주교들은 자신들의 가치나 아비투스를 그대로 지켜 나가는 것이 어렵다는 것을 알게 되었다.¹⁵⁵ 변화된 상황을 고려한다면, 우리

---

153 Eusebius, *Vit. Const*. 1.42.1 (Cameron and Hall, p. 86); PG 20:956.
154 Eusebius, *Vit. Const*. 3.15.1-2 (Cameron and Hall, p. 127).
155 Ammianus Marcellinus, *Res gestae* 27.3.14-15; 언급한 내용에 관해서는, Leon Cristiani, "Essai sur les origines du costume ecclésiastique", in *Miscellanea Guillaume de Jerphanion* (Rome: Pontificium Institutum Orientalium Studiorum, 1947), pp. 69-79를 보라.

는 성경에 대한 해석을 건전하게 유지하고 신학적 사고를 바르게 해 나가는 것 역시 그들에게는 도전이 되었을 것이라고 상상할 수 있다. 신학자 라인홀드 니버(Reinhold Niebuhr)가 관찰했듯이, "백악관의 간소한 초청장 하나가 비판적인 교수들을 누그러뜨리는 것은 놀랍다."[156]

---

[156] Reinhold Niebuhr, "The King's Chapel and the King's Court", in *Christianity and Crisis*, August 4, 1969, http://www.religion-online.org/showarticle.asp?title=454; Rebekah Miles, "Uncredited: Was Ursula Niebuhr Reinhold's Coauthor?", *Christian Century*, January 25, 2012, 30에서 재인용.

10

아우구스티누스의 정당한 조급증

337년 콘스탄티누스 1세(앞에서 우리는 그를 교회의 인내라는 측면에서 살펴보았다)가 세례를 받고 죽었다. 그로부터 80여 년 후인 417년, 히포의 주교 아우구스티누스가 고대 기독교 저자들이 인내에 관해 쓴 세 편의 논문 중 세 번째 것인 "인내에 관하여"를 썼다. 잘 알려지지 않은 이 논문에서 아우구스티누스는 교회의 삶과 사고에서 새로웠던 인내에 대한 이해를 밝힌다. 그 이해는 그즈음에 일어나고 있었던 선교 혁명을 정당화했다. 그리고 그는 그 혁명의 주된 대변인이었다.

이 80여 년의 기간에는 기독교 역사에서 이례적일 만큼 파란만장한 시기가 포함되어 있었다. 우리는 이 장에서 콘스탄티누스 이후 기회와 소란 속에서 교회가 성장하는 것에 관한 모든 이야기를 할 수는 없다. 이 시기에 대한 설명은 조금 느슨하게 그리고 두 차례의 40년에 적절하게 관심을 두고 이루어져야 한다. 첫 번째 40년은 교회가 대체로 꾸준하게, 눈에 띄지 않게, 끈기 있는 접근법과 연속성을 지니고 성장했던 기간이고, 380년 이후의 두 번째 40년은 교인들과 황제들이 합력해 이교를 짓누르고 '분파주의적인' 도나투스파 그리스도인들을 가톨릭교회에 억지로 편입시키면서 교회의 급속한 수적 성장이 일어났던 시기다. 그러나 우리는 아우구스티누스의 논문 "인내에 관하여"를 살펴보아야 한다. 왜냐하면 그가 우리의 연구 전체에 스며 있는 주제에 끼친 공헌에 주목하지 않은 채 이 책을 마무리해서는 안 되기 때문이다. 물론 아우구스티누스는 그 시대의 북아프리카 교인 중에서도 탁월했던 교회의 명사(名士)였다. 우리는 그를 그보다 앞서 북아프리카의 명사였던 카르타고의 주교 키프리아누스와의 대화 속에서 살펴볼 것이다. 키프리아누스는 256년에 인내에 관한 세 편의 논문 중 두 번째 것인 "인내의 유익에 관하여"를 썼고, 그것은 아우구스티누스 시대에도 여전히 계속해서 큰 영향을 끼치고 있었다.

417년에 아우구스티누스는 그가 주교로 있던 히포 레기우스에서 지냈다. 2년 동안 그는 펠라기우스주의(Pelagianism: 자유의지와 자력 구원을 강조했던 이단—옮긴이)라는 "전염성 있는 바이러스"를 격퇴하는 싸움에 가담했다.[1] 피터 브라운(Peter Brown)에 따르면, 이것은 그를 "라틴 기독교의 역사 속에서 선례가 없는 작전 행동"에 돌입하도록 이끌었다.[2] 아프리카 주교 회의는 펠라기우스를 이단으로 규정했고, 로마에 있는 교황청과 라벤나에 있는 황궁에 자신들의 뜻을 알리기 위해 서둘러 감독 대표들을 이탈리아로 파견했다. 조신들을 위한 뇌물로 바쳐질 80마리의 아프리카산 종마들이 대표들과 함께 라벤나까지 여행했다.[3] 그 모든 일에서 전략을 짜고, 조직을 만들고, 서

---

1 Rescript of Honorius and Theodosius II, in 418, in *Roman State and Christian Church: A Collection of Legal Documents to A.D. 535*, ed. P. R. Coleman-Norton (London: SPCK, 1966), 2:583.
2 Peter Brown, *Through the Eye of a Needle: Wealth, the Fall of Rome, and the Making of Christianity in the West* (Princeton: Princeton University Press, 2012), p. 369.
3 같은 책, p. 371.

신을 주고받고, 설교했던 이가 바로 아우구스티누스였다.[4] 그러나 417년에 교황청과 황궁은 모두 흔들리는 것처럼 보였다. 아프리카의 위신과 재물을 바쳐가며 애를 썼건만, 펠라기우스에 대한 그들의 대응은 그다지 분명하지 않았다. 아우구스티누스의 인내심이 얇어지기 시작했다. 그는 상황이 통제되지 않고 있다고 느꼈다.

아우구스티누스의 "인내에 관하여"

이 무렵에 아우구스티누스는, 아마도 교황청과 황궁의 답을 기다리는 동안에 "인내에 관하여"라는 논문을 썼다.[5] 우리는 왜 그가 이 작품을 썼는지 의아해할 수 있다. 그것은 그를 위한 치유책이었을까? 테르툴리아누스와 키프리아누스가 쓴 인내에 관한 이전의 두 논문이 불충분했던 것일까? 만약 그렇다면, 그 논문들의 불충분함이 어느 면에서 얼마나 극심했기에 아우구스티누스—그는 정치적으로 민감한 논쟁에 계속해서 말려들었고 거기에 적응되어 있었다—가 다른 무엇보다도 인내에 관해 쓰기로 했던 것일까?[6] 그것을 통해 무엇을 배울 수 있는지 알아보기 위해 그의 "인내에 관하여"를 살펴보자.[7]

---

[4] Peter Brown, *Augustine of Hippo: A Biography*, rev. ed. (Berkeley: University of California Press, 2000), pp. 358-363.

[5] Kossi Adiavu Ayedze, "Tertullian, Cyprian, and Augustine on Patience: A Comparative and Critical Study of Three Treatises on a Stoic-Christian Virtue in Early North African Christianity" (PhD diss., Princeton Theological Seminary, 2000), p. 264.

[6] 그동안 아우구스티누스의 "인내에 관하여"(*De Patientia*)는 아우구스티누스 전문가들을 포함해 학자들의 관심을 받지 못했다[Gerald W. Schlabach, *For the Joy Set before Us: Augustine and Self-Denying Love* (Notre Dame, IN: University of Notre Dame Press, 2000), pp. 64, 87]. 그 작품에 대한 유일한 상세한 연구는 Ayedze, "Tertullian, Cyprian, and Augustine", pp. 220-276에 의해 이루어졌다.

[7] Augustine, *On Patience*, trans. Luanne Meagher, FC 16 (1952), pp. 237-264.

아우구스티누스에 따르면, 인내는 "극도로 인내하시는" 하나님의 속성이다(1장). 그리고 하나님은 사람들에게 덕이라는 이름을 얻을 만한 끈기 있는 대응을 요구하신다. 인내는 잘못된 일을 저지르기보다는 그것을 견딘다. 그것은 적대자들의 모욕과 공격을 견딘다(2장). 인내의 예로서 아우구스티누스는 복수를 시행하기보다 그것을 막기 위해 자신의 왕권을 사용했던 다윗, (농부가 가라지를 추수 때까지 자라도록 내버려 두는 비유를 통해) 인내를 가르치고 (유다가 자기에게 입을 맞추도록 허락하실 정도로) 인내심을 갖고 사셨던 예수님(9장), 그리고 특별히 그가 두 장(11-12장)이나 지면을 할애하는 "거룩한 욥"을 가리킨다.

아우구스티누스는 독자들에게 그 안에서 거짓된 인내가 나타나는 여러 겉모습에 조심하라고 경계한다. "고통을 당하는 모든 이가 인내에 참여하는 것은 아니다." 오직 의로운 목적을 위해 의로운 방식으로 고통을 당하는 자들만이 인내에 참여한다.[8] 그는 그즈음에 패배하기는 했으나 여전히 분명하게 위협적이었던 분파주의적인 도나투스파(Donatists: 박해 기간에 배교했던 자들을 배척하고 오직 자신들만이 거룩한 교회라고 주장했던 이단—옮긴이)를 조급한 자들로 여겨 일축했다. 그들이 자신들의 대의를 위해 죽음을 불사하는 것은 불필요한 일이었고, 그것은 자기를 해치는 자살이나 다름없는 가장 악한 죄였다.[9] 또 그는 그 무렵에 그의 적대자들이었던 이단 펠레기우스파를 거짓된 인내를 행하는 자들로 여기며 묵살했다. 그들은 어째서 거짓된 것일까? 그들이 교만하게도 자기들이 "하나님의 그 어떤 도움도 없이" 순전한 의지력으로 인내를 달성할 수 있다고 확언하고 있었기 때문이다.[10]

그렇다면 사람들은 어떻게 "의로운 자의 참된 인내"를 구별할 수 있을

---

[8] *Pat.* 6 (Meagher, p. 241).
[9] *Pat.* 13 (Meagher, p. 246-247).
[10] *Pat.* 15-16 (Meagher, p. 250).

까? 사람들의 겉으로 드러난 행동을 보는 것이 아니라 그들의 내적 동기를 식별하는 것을 통해서다. 겉으로 드러나는 그들의 고통, 박해, 선행 등은 중요하지 않다. 중요한 것은 그들의 행동의 원천이다. 인내는 하나님이 성령을 통해 택함을 받은 자들의 마음에 부어주시는 사랑에 뿌리를 두고 평화의 끈으로 가톨릭교회와 묶여 있을 때만 참된 것일 수 있다. 참으로 으뜸가는 은사는 사랑이다. "우리의 인내는 우리의 사랑이 나오는 분에게서 나온다."[11] 그러므로 인내는, 그것의 아름다움에도 불구하고, 한계를 갖고 있다. 그것은 사랑이 필요하다고 생각되는 행동을 가로막아서는 안 된다. "세상의 욕망"이 사람들이 저항하지 못하는 재앙을 가져올 때, 그리고 교만이 사람들로 하여금 "견딜 수 없을 듯한 것"을 견디게 할 때 작동하는 것은 "인내가 아니라 광기다."[12] 아우구스티누스는 독자들에게 "노예의 두려움으로 인내하지 말고 사랑 안에서 자유로워지라"고 권하며 글을 맺는다.[13] 초기 그리스도인들에게 인내는 '최고의 덕'이었다. 아우구스티누스에게 그것은 '모호한 덕'이 되었다. 그것은 "의로운 목적을 향하지 않는다면 나쁜 것이 될 수도 있고, 의로운 목적을 향하고 있다면 좋은 것이 될 수도 있다."[14]

자신의 전통에 속한 인내에 대한 아우구스티누스의 신중하고 결의론적인 접근법은 목회적으로 옹호할 만하다. 아우구스티누스는—키프리아누스와 그의 다른 선배들은 인정하지 않았던 방식으로—아무런 제한이 없을 경우, 인내는 연약한 사람들과 집단을 그들의 압제자들 앞에서 비굴해지게 만들 수 있다고 여겼다. 아우구스티누스의 접근법은 신학적으로 이해할 만하

---

11 *Pat.* 23 (Meagher, p. 258).
12 *Pat.* 23 (Meagher, p. 258).
13 *Pat.* 29 (Meagher, p. 263).
14 Tertullian, *Pat.* 1.7; Brent D. Shaw, *Sacred Violence: African Christians and Sectarian Hatred in the Age of Augustine* (Cambridge: Cambridge University Press, 2011), p. 608.

다. 확실히 인내는 다른 모든 덕과 마찬가지로 아우구스티누스가 그것에 대해 분명하고 열정적이게 말하는 큰 목적, 즉 하나님과 이웃에 대한 사랑에 복속되어야 한다.[15] 그러나 그의 정당한 주장이 의심스러운 합리화가 되는 길을 열었던 것은 그의 사회적 위치였다. 아우구스티누스는 아프리카 사회의 정점에 있었다. 그는 제국의 행정관들과 연합하고 있었고 교황의 법정과 황궁의 법정에서 이루어지는 협상에 참여했다. 그런 위치에 있던 그는 자신의 주장이 연약한 이들이 아니라 그 자신의 교회가 얼마간의 지분―그리고 불가피하게 그 자신의 이익―을 지닌 제국의 현상태에 도움이 될 수 있다는 것을 깨닫지 못했다.

"인내에 관하여"는 오늘날 사람들이 거의 읽지 않는 아우구스티누스의 논문 중 하나다. 하지만 그것은 그의 특별한 강점들을 여럿 가진 작품이다. 그것은 섬세하며 독자들의 내적 성향에 잘 맞춰져 있다. 그러나 어떤 목회적 예민함이 그 논문에 영향을 주었든 간에, 우리는 거기에 숨어 있는 다른 동기들을 의심해 보아야 한다. 아우구스티누스에게 키프리아누스가 가르친 인내에 관한 기독교적 전통―그것은 하나님을 신뢰하고 상황을 통제하지 않는 삶을 강조한다―은 시대착오적인 것으로 보였을 것이다. 박해 시대에 형성된 그런 사고는 황제들이 주님을 섬기는 세상에서는 동떨어져 있는 것처럼 보였을 것이다.[16] 게다가 그 전통은 그의 길을 가로막고 있었다. 그즈음에 그는 또 다른 시급한 현실인 펠라기우스적 '이단'이라는 위협에 직면해 있었다. 그보다 몇십 년 앞서 나타났던 도나투스파처럼, 펠라기우스파 역시 조급했다! 엘리트주의자들이었던 그들은 평범한 그리스도인들의 투쟁을 이해하지 못했다.[17] 아우구스티누스는 그들의 엘리트주의적 조급성

---

15 Schlabach, *For the Joy*, chap. 1.
16 아우구스티누스는 이런 주장을 *Ep*. 93.3.9와 *Ep*. 185.5.19-20에서 발전시켰다.
17 아우구스티누스는 도나투스파와 펠라기우스파가 평범한 그리스도인들을 부정적으로 평가한다는 점

이 그의 신학의 핵심인 은총 교리에 적대적이었던 그들의 확신으로부터 자연스럽게 자라났다고 보았다.

417년에 아우구스티누스는 노인이었다. 그는 자신이 오만한 신학적 오류라고 여기는 것의 표현들과 거듭해서 맞서느라 지쳐 있었다. 그러므로 아우구스티누스가 자신의 조급증을 정당화하느라 "인내에 관하여"를 썼다는 주장은 그럴듯해 보인다. 그의 의도는 자신과 다른 아프리카 주교들의 현실 정책을 정당화하는 것이었을 수 있다. 그들은 확고하고, 분열적이지 않으며, 역설적이게도 자신들의 입장이 오만하거나 조급하지 않다는 확신에 차 있었고, 또한 그 정책이 그 용어의 적절한 의미인 '사랑'으로부터 우러나오는 것이라고 확신하고 있었다. 또한 아우구스티누스는 키프리아누스의 저작을 통해 인내에 대한 이해를 공유하고 있었고, 주교들이 로마와 라벤나에서 행하는 교묘한 책략들을 두려운 마음으로 지켜보던 지역 신자들을 염두에 두고 있었을 가능성도 있다. 교회의 적대자들을 금지하고 추방하기 위해 제국의 권력을 사용하려는 시도를 지역의 신자들이 '조급함' 외에는 다른 무엇으로 해석할 수 있었을까? 조급증은, **정당한 조급증**조차 키프리아누스가 분명하게 밝히고 성실하게 교리 교육을 통해 가르쳤던 아프리카 교회의 전통에 반하는 것이었다. 키프리아누스는 테르툴리아누스의 전통 위에서 인내를 사람들의 아비투스로 승화시켰다. 한 세기 반 후에 그것은 여전히 그런 상태로 남아 있었다.

아우구스티누스와 인내 전통

아우구스티누스는 교회가 인내와 관련된 전통을 갖고 있다는 사실을 지적

에서 연속성을 갖고 있다고 보았다. Brown, *Augustine of Hippo*, pp. 348-349를 보라.

하지 않았다. 그는 마치 자기가 무언가를 새로 시작하는 것처럼 썼다. 어째서 그는 키프리아누스의 "인내의 유익에 관하여"를 인용하지 않았을까? 우리가 알기로, 아우구스티누스는 그것에 관해 이미 알고 있었다. 405년에 그는 "세례에 관하여"(On Baptism)라는 논문에서 자기가 키프리아누스가 256년에 쓴 『서신 73』(Epistle 73)을 "거듭해서 읽고 또 읽었다"고 전한다. 그는 그 편지를 길게 인용하는데, 그 인용문에는 키프리아누스가 자신의 최근작인 "인내의 유익에 관하여"를 언급하는 구절이 포함되어 있다.[18] 그러나 다른 곳에서 아우구스티누스는 결코 그 논문에 대해 언급하지 않는다. 그는 전통에 얽매이지 않은 채 키프리아누스와는 놀랄 만큼 다른 입장에서 인내에 관한 그 자신의 논문을 썼다. 그 두 논문을 나란히 놓고 비교해 보는 것은 흥미로운 일이다.

그 두 논문은 유사한 분량을 갖고 있다. 키프리아누스와 아우구스티누스 모두 유사한 빈도로 성경을 인용한다. 그러나 그 두 사람이 성경을 사용하는 방식은 서로 다르다. 키프리아누스가 언급할 가치가 있다고 여겼던 77개의 성경 본문 중 아우구스투스가 인용한 것은 3개에 불과하다.[19] 그들이 신약과 구약을 인용하는 비율은 2:1로 비슷하다. 그러나 그들이 성경에서 눈여겨본 것은 서로 달랐다. 키프리아누스가 마태복음(24회 인용, 아우구스티누스는 3회 인용)을 통해 세상을 보았던 반면, 아우구스티누스가 현실을 보는 창은 바울의 로마서였다(22회 인용, 키프리아누스는 2회 인용). 테르툴리아누스처럼 키프리아누스는 그의 논문을 하나님의 끈기 있는 성품을 강조하는 것으

---

18 Augustine, *Bapt.* 5.17.22, trans. C. D. Hartranft, *NPNF*[1] 4:471, 키프리아누스에 관해서는, *Ep.* 73.26.1.
19 반면에, 인내에 관한 그들의 작품에서 키프리아누스와 테르툴리아누스는 훨씬 더 많은 연속성을 보였다. 키프리아누스는 테르툴리아누스가 인용하는 61개의 성경 본문 중 12개를 인용한다. 그리고 두 사람 모두 마태복음을 다른 어느 책들보다 자주 인용한다(테르툴리아누스 17회; 키프리아누스 24회).

로 시작한다. 그분은 "비를 의로운 자와 불의한 자에게 차별 없이 내려 주신다"(마 5:45). 반면에 아우구스티누스는 그의 논문을 "우리의 현재의 고난"(롬 8:18)으로부터 시작한다.[20] 키프리아누스는 하나님의 끈기 있는 성품을 설명하면서 자신의 제자들에게 적들을 사랑하고 그들을 박해하는 자들을 위해 기도함으로써 하나님처럼 되라고 촉구하셨던 예수님의 말씀을 인용했다. 그러면서 그는 예수님과 관련된 이야기에 3개의 장을 할애했다. 키프리아누스는 자신의 "사랑하는 형제들"에게 그분의 "유익한 발걸음"을 따라 걸으라고 촉구했다.[21] 반면에 욥의 이야기를 전하는 아우구스티누스는 예수님의 이야기를 전하거나 독자들에게 그를 따라 걷도록 촉구하지 않았다.[22]

키프리아누스에 따르면, 그리스도의 인내에 관한 가르침은 그리스도인들에게 특정 행동을 금한다.[23] 대조적으로, 아우구스티누스의 윤리는 상황적이다. 그가 보기에 끈기 있는 행동은 그것의 목적이 참되고 내적 동기가 사랑이라면 여러 형태를 취할 수 있다. 그런 행동은 서로 다른 상황 속에서 서로 다른 방식으로 나타나는 개인적인 판단의 문제다. 때때로 아우구스티누스의 접근법은 폭력에 대한 제한으로 이어질 수 있었다. "인내에 관하여"에서 그는 다윗왕을 폭력을 금하기 위해 힘을 사용했던 인내의 예로 인용한다. 아우구스티누스는 로마 당국에 끼치는 자신의 영향력을 사용해 도나투스파에게 고문과 사형을 가하는 것을 정죄했다.[24] 그러므로 아우구스티누

---

20 Cyprian, *Pat.* 4, trans E. G. Conway, FC 36 (1958), p. 265; Augustine, *Pat.* 2 (Meagher, p. 238).
21 Cyprian, *Pat.* 6-8 (예수님에 관한 이야기), 9 (예수님을 따르는 것에 관하여) (Conway, pp. 268-271).
22 "인내에 관하여"에서 아우구스티누스가 언급하는 예수님의 유일한 가르침은 마 5:10 하나뿐이다. 거기서 그는 그가 선호하는 요점 중 하나를 반복한다. 박해는 오직 그것이 "의를 위할 때"만 복되다는 것이다(10).
23 Cyprian [*Pat.* 14 (Conway, p. 14)]는 간음, 사기, 살인을 치명적인 죄로 규정한다; 그는 그들의 손이 "피로 얼룩진 칼에 의해 더럽혀진" 이들에게 성찬을 거부한다.
24 *Pat.* 9; *Ep.* 185.3.14; 185.7.26; *Ep.* 93.5.19; *Ep.* 133; *Ep.* 134.

스의 윤리는 탄력적이었다. 그러나 그는 아프리카의 인내 전통의 강력한 힘을 불안하게 인식하고 있었던 것으로 보인다.

"인내에 관하여"에서 아우구스티누스는 바울의 사랑장인 고린도전서 13장을 세 번 인용한다. 그런데 그가 "사랑은 오래 참고"(13:4)라는 명백한 구절을 결코 인용하지 않은 것은 우연한 일이었을까? 그 구절이 사랑에 키프리아누스적 인내를 불어넣으면서 그것을 덜 탄력적인 것으로 만들어서였을까? 테르툴리아누스와 키프리아누스의 전통을 떠남으로써 아우구스티누스는 이교도, 도나투스파, 펠라기우스파와의 싸움 과정에서 그가 보기에 긴급하게 필요했던 강력한 힘을 지닌 정책들(국가가 부과하는 벌금, 몰수, 추방 등)을 정당화하기 위해 '사랑'을 사용할 수 있었다. 키프리아누스와 다른 초기 그리스도인들에게 이런 행동은 하나님을 믿는 신자들에게—그리스도 안에서 그들의 끈기 있는 사역은 긴급성과 필요성을 상대화시켰다—적절하지 않은 성급한 행동으로 보였을 것이다. 실제로 키프리아누스에게 아우구스투스의 사고는 이교적인 것으로 보였을 가능성이 매우 크다. 그리고 아마도 그것은 우연이 아니었을 것이다. 그보다 이른 시기의 그리스도인들처럼, 아우구스티누스도 토착화 작업에 개입하고 있었다. 그 작업을 통해 그는 영향력 있는 로마인들의 특성을 이루는 행동들을 구체화하고 용인했다. 그런 일은 특히 그리스도인들이 귀족들의 마음을 얻는 데 성공하기 시작했던 380년 이후부터 필요했을 수도 있다.[25] 그러나 우리가 보았듯이, '현지인이 되는 것'과 '순례자가 되는 것' 사이에서 균형을 잡기 위해서는 지속적인 감시가 필요했다. 아우구스투스를 감시하는 위치에는 누가 있었을까?

아우구스티누스는 이른 시기의 그리스도인들의 접근법과 쉽게 결별하

---

25 Brown, *Through the Eye*, p. 528; Michele Renee Salzman, *The Making of a Christian Aristocracy* (Cambridge, MA: Harvard University Press, 2002), p. 80.

지는 않았다. 그리스도인들이 다정한 행동을 통해 불신자들을 끌어들여야 한다는 이해는 그의 가슴속에 깊이 새겨져 있었다. 그는 404년 한 설교 끝부분에서 세례 지원자들이 그 과정을 떠난 후에 할 일에 대해 이렇게 말했다. "나는 여러분에게 선한 삶을 삶으로써 아직 믿지 않는 자들을 얻으라고 간청합니다." 아우구스티누스는 이런 일에는 시간이 걸린다는 것을 알았다. "만약 여러분 모두가 하나님께 가치 있는 방식으로 산다면, 믿지 않는 사람 중 아무도 믿지 않는 상태에 남아 있지 않을 때가 아주 빨리 올 것입니다." 이것은 고전적인 선교 전략이었다.[26]

초기에 아우구스티누스는 개입주의 전략에 관해 유보적인 태도를 갖고 있었다. 무엇보다도 그리스도인들은 "무언가를 억지로 하지 않고 모든 것을 설득과 훈계를 통해 하셨던" 예수님을 따르는 자들이다.[27] 세속의 권력은 사람들을 강제로 종교 단체 안으로 밀어 넣어서는 안 된다. 오히려 "우리는 말로 행동하고, 논증으로 싸우고, 이성으로 정복해야 한다." 강요된 회심은 "거짓된 가톨릭 신자들", 즉 위선자들을 낳는다.[28] 이런 식으로 생각하면서 초기의 아우구스티누스는 잘 확립되어 있던 키프리아누스의 전통을 따랐다. 그

---

26 Augustine, *Serm.* 360B.28 [in F. Dolbeau, *Augustine: Vingt-six sermons au peuple d'Afrique* (Paris: Institut d'études augustiniennes, 1996), p. 25], trans. E. Hill, *Saint Augustine: Newly Discovered Sermons*, vol. 11 in part 3 of *The Works of Saint Augustine: A Translation for the 21st Century*, ed. J. E. Rotelle (Hyde Park, NY: New City Press, 1997), p. 383. 또한 *Serm.* 149.16-18 of 412를 보라. 거기에서 아우구스티누스는 자기가 키프리아누스에게 유의했음을 보여준다. 그는 독자들에게 적들을 사랑하라고 권한다. 하나님의 인내심은 그들 안에서도 작동하며, 그로 인해 그들의 회개가 뒤따를 것이다.
27 Augustine, *Retractions* 1.12.6, 여기서 그는 자신의 앞선 작품인 *True Religion* 16.31를 인용한다. 그러면서 그 글을 수정한다: "나는 그분[예수님]이 채찍질을 통해 성전에서 물건을 파는 자들과 구매하는 자들을 내쫓으셨다는 것을 잊었다" [trans. M. I. Bogan, FC 60 (1968), p. 54].
28 Augustine, *Ep.* 93.5.17, trans. R. J. Teske, *Saint Augustine: Letters 1-99*, vol. 1 in part 2 of *Works of Saint Augustine* (Hyde Park, NY: New City Press, 2001), p. 387; Peter Brown, "St. Augustine's Attitude to Religious Coercion", in *Religion and Society in the Age of Saint Augustine* (New York: Harper & Row, 1972), pp. 268-269.

러나 콘스탄티누스 이후에 기독교는 다른 종교들과 함께 공존하는 특권화되고 승리주의적인 소수파가 되었다. 그것은 성장하고 있었으나, 아주 빠르게 성장하지는 않았다. 4세기 중반에 몇 개의 일치하지 않는 목소리가—가령, 시칠리아의 피르미쿠스 마테르누스와 북아프리카 밀레비스의 옵타투스 같은 이들—가톨릭 기독교에 대한 긴급하고 즉각적이며 제국적 차원의 강요를 요구했으나, 대부분의 가톨릭 그리스도인들은 그런 주장에 동의하지 않았다.[29] 인내의 전통은 계속되었다.

380년대에 들어와 이런 상황에 변화가 생기기 시작했다. 암브로시우스 같은 활동적인 주교들이 테오도시우스 1세 및 교회에 순종적인 다른 '정통파' 황제들과 협력해 이교의 사당들을 철폐하고 '이단'에 맞서는 법률들을 제정했다. 405년부터 제국 권력자들은 이제 그들이 '이단'이라고 부르는 도나투스파를 억압하기 위한 조치를 취했다.[30]

5세기의 첫 십 년 동안 아우구스티누스는 이 새로운 행동주의를 위한 비전을 분명하게 밝혔다. 그것은 놀랄 만큼 새로운 것이었다. 피터 브라운에 따르면, "[아우구스티누스는] 그 시대의 그 어떤 다른 라틴 그리스도인들보다도 대담하게 기독교가 사회 전체의 신앙이 될 수 있다는 생각하기 어려운 생각을 했다."[31] 아우구스티누스의 사고는 단지 '균일하게 기독교적인 사회'라는 목표의 측면에서만 생각하기가 어려운 것이 아니었다. 오히려 그것은 그가 그 목표에 도달하기 위해 옹호했던 '선교적 수단'이라는 측면에서

---

29 피르미쿠스에 관해서는 Maijastina Kahlos, "The Rhetoric of Tolerance and Intolerance: From Lactantius to Firmicus Maternus", in *Changes and Continuities in Christian Apologetic*, ed. Anders-Christian Jacobsen, Maijastina Kahlos, and Jorg Ulrich (Frankfurt: Peter Lang, 2009), pp. 79-95를 보라. 옵타투스에 관해서는 Emilien Lamirande, *Church, State, and Toleration: An Intriguing Change of Mind in Augustine* (Philadelphia: Villanova University Press, 1974), pp. 58-66를 보라. 그들에 대한 부동의에 관해서는, Brown, *Augustine of Hippo*, p. 460를 보라.
30 Cod. theod. 16.1.2; 16.5.12; 16.6.4; Shaw, *Sacred Violence*, pp. 551-552.
31 Brown, *Augustine of Hippo*, p. 461.

더 생각하기가 어려운 것이었다. 아우구스티누스에게서 나타난 이런 변화는 기독교 전통에 대한 급진적인 재평가와 그 전통에 들어 있는 인내라는 가치에 대한 격하를 수반했다. 에밀리앙 라미란데(Émilien Lamirande)에 따르면, 405년에 아우구스티누스는 그의 비전을 잃어버렸다. "[아우구스티누스는] 진리가 반드시 사람을 끌어당기는 것이 아니라는 것을, 그리고 자선이 가진 달콤한 호소가 늘 효과적이지는 않다는 것을 잘 알았다. 그러므로 그는 자신의 의지에 반하지 않은 채로, 이른 시기의 이상주의적인 견해와 확실하게 대조적인 길로 점차 이끌렸다."³² 그러나 이런 관찰은 요점을 놓친다. 긴급성과 효율성에 가장 높은 가치를 부여하기를 거부했던 이른 시기의 견해들은 이상주의적인 것이 아니었다. 그것들은 교회의 전통이었고 교회의 숙련된 지혜였다. 더 나아가 그것들은 불굴의 순교자 키프리아누스의 가르침이었다. 아우구스티누스가 키프리아누스라면 조급하다고 여겼을 방법을 옹호하면서 그의 가르침들을 내버렸을 때, 그는 그의 위대한 선배와의 갈등 속으로 들어간 셈이었다.

아우구스티누스와 키프리아누스

아우구스티누스 시절에 북아프리카에서 키프리아누스의 영향력은 모든 곳에 미치고 있었다. 키프리아누스는 단순히 3세기 아프리카 교회의 상징적인 지도자에 불과한 존재가 아니었다. 그는 그의 이야기가 『행적』(Acta)에 기록

---

32 Lamirande, *Church, State, and Toleration*, pp. 23. 58-59에서 그는 아우구스티누스가 자신의 입장을 스스로 마련해야 했던 "아마도 매우 외로운 인물"이었을 것이라고 말한다. 그의 먼 선구자는 "우리가 알고 있는 4세기 가톨릭교회의 입장에 관한 유일하게 위대한 설명자"인 밀레비스의 옵타투스였다. 대조적으로, 4세기 북아프리카 가톨릭교회의 입장은 여전히 테르툴리아누스, 키프리아누스, 그리고 그들의 후계자들의 것이었다. 바로 그것이 아우구스티누스가 기존의 것을 버리고 그의 논문 "철회"(Retraction)와 "인내에 관하여"를 써야 했던 이유였다.

되고 그의 기념일에는 수많은 교회에서 기림을 받는 순교자였다. 그의 영향력은 가톨릭교회 안에서는 두드러졌고, 도나투스파 교회에서는 "압도적"이었다.³³ 도나투스주의자들은 그의 편지들을 묶어 모음집을 만들었다. 아우구스티누스 역시 그 편지들을 면밀하게 읽었다. 그는 키프리아누스의 작품을 성경 구절들의 '정경적 의미'를 제공하는 것으로, 그리고 교회가 늘 고수해 온 것을 가리키면서 '교회의 토대'를 형성하는 것으로 여기며 인용했다. 유아 세례와 관련해 압력을 받았을 때 아우구스티누스는 손에 키프리아누스의 책을 집어 들고 회중을 향해 흔들면서 이렇게 말했다. "잠시 [키프리아누스가]…교회가 늘 고수해 왔다고 예증하는 것을 들어 보십시오."³⁴ 아우구스티누스에 따르면, 키프리아누스의 저작들은 강력했다. "온 세상에서…그의 우아한 말들이 읽히지 않고, 그의 가르침이 칭송되지 않고, 그의 관용이 사랑받지 않고, 그의 삶이 극찬받지 않는 지역이 있습니까?"³⁵ 그의 저작보다 더 강력한 것은 그의 유골이었다. 403년 키프리아누스 순교 기념일에 그가 묻혀 있던 마팔리아 바실리카—특별한 방식으로 그를 기념하기 위해 만들어진 제단형 무덤이 있다—에서 행한 설교에서 아우구스티누스는 이렇게 열변을 토했다. "모든 곳의 많은 사람이 그의 저작의 위대한 총서(corpus)를 갖고 있습니다. 그러나 이곳에 모인 우리는 누구보다도 하나님께 감사드려야 합니다. 왜냐하면 우리는 그의 몸의 거룩한 총서(corpus)를 가질 만하다고 여기심을 받았기 때문입니다."³⁶ 육체적 죽음 상태에서조차 키프리아누스는 강력했다.

---

33 Shaw, *Sacred Violence*, p. 420.
34 Augustine, *Serm.* 294.18, trans. E. Hill, *Augustine: Sermons on the saints, 273-305A*, vol. 8 in part 3 of *Works of Saint Augustine* (1994), p. 193.
35 Augustine, *Serm.* 313C.2, trans. E. Hill, *Augustine: Sermons on the Saints, 306-340A*, vol. 9 in part 3 of *Works of Saint Augustine* (1994), p. 102.
36 Augustine, *Serm.* 313C.2; 키프리아누스의 제단형 무덤 앞에서 행한 아우구스티누스의 설교에 관해서는, Ramsay MacMullen, *The Second Church: Popular Christianity, A.D. 200-400*, SBL Writings from th Greco-Roman World Supplement Series 1 (Atlanta: Society of Biblical

키프리아누스의 이야기 역시 강력했다. 아우구스티누스는 405년 키프리아누스 순교 기념일에 카르타고에서 설교하면서 키프리아누스가 그의 논문 "도나투스에게"(To Donatus)에서 자신의 회심에 관해 썼던 이야기를 다시 들려주었다. 그러나 그는 그 이야기의 뉘앙스를 살짝 바꿈으로써 키프리아누스의 회심과 관련된 문제들, 즉 부, 정교한 음식, 사치스러운 옷, 아첨꾼들의 지나친 칭찬에 대한 그의 집착 문제들을 숨기고, 그것들을 무언가를 명쾌하게 밝히지 않는 일반론들로 대체했다. "[키프리아누스는] 자기가 한때 영위했던 삶이 얼마나 세속적이고, 얼마나 불경하고, 얼마나 비난받을 만하고, 얼마나 혐오할 만한 했는지를 스스로 증언합니다."[37] 키프리아누스에 대한 아우구스티누스의 칭송은 키프리아누스의 기독교적 급진주의를 억눌렀고, 키프리아누스를 자신의 캠페인에 참여시키는 역할을 했다. 그의 캠페인에서 키프리아누스는 "세상 사람들의 선생, 우상을 분쇄하는 자, 마귀의 가면을 벗기는 자"였다.[38] 키프리아누스가 우상을 분쇄하는 자였던가? 아우구스티누스는 설교 때 늘 사람들이 그와 대화하도록 허락했는데, 사람들은 반복해서 다음과 같은 습관적인 외침으로 그의 설교에 끼어들었다. "우리에게는 믿거나 믿지 않을 자유가 있습니다. 그리스도께서는 누구에게 힘을 사용하셨습니까? 그분은 누구에게 강요하십니까?" 아우구스티누스는 이런 습관적인 외침에 어떻게 대응해야 하는지 알았다. 그는 힘을 사용하셨던, 바울의 눈을 멀게 하심으로써 그를 회심시키셨던 예수님을 가리켰고, "그러므로 교회도 교회의 주님을 따라 도나투스파에게 힘을 가하고 있습니다"라고 말했다. 아우구스티누스는 사람들의 반대에 불안감을 느꼈을 수 있다. 왜냐

Literature, 2009), p. 63를 보라.
37 Augustine, *Serm.* 311.7, trans. Hill, *Augustine, Sermons on the Saints, 306-340A*, p. 74. 자신의 회심과 관련된 키프리아누스의 분투에 관한 설명은 본서의 6장을 참고하라.
38 Augustine, *Serm.* 313B.2, trans. Shaw, *Sacred Violence*, p. 439.

하면 그들의 말이 키프리아누스의 교리문답적 가르침과 많이 닮아 있었기 때문이다.[39]

아우구스티누스는 자기가 혁신을 이루고 있다는 것을 알았다. 생애 말년에 그의 지위가 안정되고 적어도 북아프리카에서 그가 가톨릭 전통을 다시 정의했을 때, 그는 그것을 인정할 수 있었다. 그가 철회한 그의 초기 저작 중 하나에는 다음과 같은 진술이 포함되어 있었다. "나는 분리주의자들이 세속 권력의 힘으로 억지로 성찬에 참여하는 것이 불쾌했다."[40] 아우구스티누스는 이전 입장에 대한 후회를 표한 직후인 407년에 도나투스파 지도자인 빈센티우스에게 쓴 편지에서 이렇게 말했다. "원래 나의 의견은 아무도 그리스도의 연합에 참여하도록 강제되어서는 안 된다는 것이었습니다."[41] 밀라노에서 회심한 후 북아프리카로 돌아왔을 때, 아우구스티누스는 그의 원래 의견을 형성했던 키프리아누스의 전통을 분명하게 학습했다.[42] 그러나 이제 도나투스파 및 펠라기우스파와의 갈등 때문에 아우구스티누스는 새로운 장소에 줄을 긋고 새로운 엄격함으로 그들을 강제했다.

---

39 Augustine, *Serm.* 294.18, trans. E. Hill, *Augustine: Sermons on the saints, 273-305A*, vol. 8 in part 3 of *Works of Saint Augustine* (1994), p. 193.

40 Augustine, *Retractions* 31 (Bogan, p. 129), "도나투스파를 반박함"(Against the Party of Donatus)을 인용하면서(그 두 논문은 397년과 400년 사이에 쓰였는데 둘 다 상실되었다); 대조적으로, 그의 수정된 견해는 다음과 같다: "당시에 나는 그들이 벌을 받지 않고 넘어가는 것이 얼마나 많은 악을 충동질하는지, 그리고 징계를 행하는 것이 그들을 어느 정도나 향상시킬 수 있는지 알지 못했다."

41 Augustine, *Ep.* 93.5.17 (Teske, *Augustine: Letters 1-99*, p. 387).

42 아우구스티누스가 '아프리카 전통'을 계속 이어가면서 자주 키프리아누스를 언급한다고 여기는 견해에 관해서는, Robert A. Markus, *Saeculum: History and Society in the Theology of Augustine* (Cambridge: Cambridge University Press, 1970), chap. 5, 특히, p. 115를 보라. 대조적으로, 종교적 강압을 다루는 6장에서 Markus는 아프리카 전통을 찾기 위해 아우구스티누스 이전을 보지 않으며, 놀랍게도, 키프리아누스도 언급하지 않는다.

아우구스티누스와 인내의 미래

이 새로운 상황에서 인내에는 어떤 미래가 있었을까? 크리스텐덤 시대에 교회의 어휘 안에서 인내에 해당하는 단어들(*hypomonē, patientia*)의 중요성은 분명히 그것들이 이전 교회의 어휘에서 그랬던 것보다는 훨씬 약해졌다. 그 자신의 방대한 저작들 안에서 아우구스티누스는 '파티엔티아'(*patientia*)라는 단어를 자주 사용했다. 또 그는 그것의 뿌리가 은혜에 있다는 것과 그것의 초자연적인 성격 및 죽음 이후의 삶에 대한 지향을 강조했다.[43] 우리가 보았듯이, 그는 인내를 사실상 하나의 형이상학이라고 할 수 있는 보다 큰 윤리적 틀인 '사랑'(*caritas*)안에 두었다. 그로 인한 유감스러운 결과는 그의 사고에서 인내가 그의 라틴 선배들의 사고 안에서 그랬던 것보다 덜 중요하게 되었다는 것이다. 이것이 꼭 그렇게 되어야 할 필요는 없었다. 제럴드 슐라바흐가 상기시켜 주듯이, 회심했을 때 아우구스티누스는 절제(자기 통제와 자기 부인)의 은혜를 통해 그의 애정과 갈망을 재조정하는 경험을 했다.[44] 그리고 절제는 그의 신학에서 극히 중요한 기독교적 사랑의 교리를 형성하는 데 크게 기여했다. 그런 것으로서의 절제는 인내와 시너지 효과를 내면서 내적 자원들을 양육함으로써 외적 아비투스를 강화할 수도 있었을 것이다. 하지만 그것은 잘못될 수도 있다. 슐라바흐에 따르면, 아우구스투스가 추구했던 교회 일치의 유익은 그가 그것을 절제하지 못한 채 간절하게 붙잡으려 했을 때 엉망이 되었다. 그리고 인내에 대한 그의 접근법에서도 유사한 무언가가 일어났다. 아우구스티누스는 제국이 펠라기우스 이단을 거부하도록 만들기 위해 필사적으로 정치 운동을 하는 과정에서 기독교적 신실함의 내적 조건

---

43 Michel Spanneut, "Geduld", *RAC* 9 (1976): pp. 267-268.
44 Augustine, *Conf.* 8.8.19-8.12.30; Schlabach, *For the Joy*, pp. 61, 84-85.

에 관한 글을 썼다. 그러나 그는 인내가 작동할 수 있었던 곳인 인내의 외적이고 행동적인 조건들에서 눈을 뗐다. 그는 인내를 그 자신의 조급증에 노출시켰고, 결국 그것은 시들어버렸다.

그로 인해 인내는 더는 키프리아누스의 공동체에서 그랬던 것처럼 교리 교육에 의해 형성되어야 하는 반문화적 아비투스로서의 역할을 하지 않게 되었다. 아우구스티누스는 사람들이 "만성적인 습관이라는 무거운 사슬"에 의해 도나투스주의적 분파주의에 묶여 있다는 것을 알았다. 그러나 그는 로마의 문화 안에 조급증이라는 아비투스가 은밀하게 숨어 있다는 것과 기독교의 교리 교육이 그것을 바로 잡고 회심자들을 재형성함으로써 그들이 인내심을 갖고 행동하도록 만들 수 있다는 것을 결코 인정하지 않았다.[45]

어째서 아우구스티누스는 조급증이라는 아비투스에 대해 염려하지 않았을까? 두 가지 이유에서였다. 첫째, 그의 주된 관심사는 '내적 동기'이지 '외적 아비투스'가 아니었다. 아우구스티누스에게 인내는, 그가 서 있던 아프리카 기독교 전통 안에서와는 달리, 신체적 반사 작용이나 행동이 아니라 태도와 상관이 있었다. 그것은 행동이 아니라 사고, 그리고 아마도 감정에 관한 것이었다. 아우구스티누스는 어느 로마 귀족에게 건네는 간접적인 서신을 통해 자신의 생각을 밝힌 적이 있다. 볼루시아누스(Volusian)는 기독교를 탐색하고 있었으나 그것이 "국가의 관습에 어긋나는" 반문화적 관습들을 갖고 있다는 소문 때문에 그 안으로 들어가는 것을 미루고 있었다.[46] 아우구스티누스는 그를 설득하기 위해 한 중재자―그와 볼루시아누스의 공동의 친구인 북아프리카의 제국 판무관인 마르켈리누스―를 통해 그와 소통하면서 글을 썼다. 아우구스티누스는 모든 사람["(기독교)와 무관한 누군가조

---

[45] Augustine, *Ep.* 93.5.17 (Teske, *Augustine: Letters 1-99*, p. 387).
[46] Augustine, *Ep.* 136.2, trans. R. J. Teske, *Augustine, Letters 100-155*, vol. 2 in part 2 of *Works of St. Augustine* (Hyde Park, NY: New City Press, 2003), p. 211.

차]이 교회가 정기적으로 "조화로운 일치의 위대한 계명들", 즉 다른 뺨을 돌려 대고, 가진 것을 나누고, 오 리를 더 가라는 예수님의 산상수훈의 가르침들을 읽고 있음을 안다는 것을 인정했다. 아우구스티누스는 볼루시아누스의 불안을 진정시켰다. 그는 이런 가르침들이 추구하는 것은 사람들을 "외부의 적들의 잔인함보다…훨씬 더 심각하고 파괴적으로 사람들을 황폐하게 만드는…내면의 악"으로부터 자유롭게 만드는 것이라고 말했다. 인내는 중요하다. "우리는 [그것을] 적이 취할 수 있는 모든 것보다 더 가치 있게 여겨야 합니다."[47] 그러나 인내에 관한 예수님의 명령들은 "**외적인** 무언가인 행동보다는 **내적인** 무언가인 마음의 성향과 관련되어 있습니다. 그런 식으로 우리는, 우리가 선을 행해야 하는 이들에게 유익을 줄 수 있다고 생각되는 것을 공개적으로 행하는 동안, 인내를 우리의 영혼의 은밀한 곳에 있는 선한 의지와 함께 유지합니다."[48]

이 구절에서 아우구스티누스는 키프리아누스의 입장과 결별한다. 그는 예수님이 그의 산상수훈에서 내면의 의도를 강조하셨던 것에 주목했다(가령, 마 5:22, 28). 그는 키프리아누스보다 훨씬 더 내성적이었고 심리적으로 훨씬 더 복잡했다. 이것은 환영할 만한 공헌이다. 아우구스티누스의 도덕적 심리학과 그가 자신의 『고백록』(*Confessions*)에서 기도하는 마음으로 행했던 자기 반성에 대한 증언이 없었더라면 훗날 영성에 관해 글을 쓴 작가들의 영성은 많이 빈약해져 있었을 것이다. 아, 그러나 아우구스티누스는 인내 전통에 단지 '의도'만 덧붙였던 게 아니다. 그는 또한 그 전통에서 그것에, 그리고 키프리아누스에게 핵심적이었던 '외적 행동'을 빼버렸다. 그리스도인들은 늘 행동을 중요한 것으로 여겼다! 그들의 증언은 그들의 행동에 달

---

47 Augustine, *Ep.* 138.11-12 (Teske, *Augustine: Letters 100-155*, p. 231).
48 Augustine, *Ep.* 138.13 (Teske, *Augustine: Letters 100-155*, p. 232).

려 있었다. 키프리아누스가 그의 교리 교육 과정에서 말했듯이, "우리는 말이 아닌 행위로 노력해야 한다." 그는 이것을 산상수훈에 나오는 예수님의 마무리 연설에 호소함으로써 정당화했다. 거기에서 예수님은 "이 말을 듣고 행하지 아니하는" 자들에게 닥쳐올 재앙에 대해 말씀하셨다(마 7:24-27).[49] 그러나 이제 전통은, 아주 위험하게도, 예수님의 말씀에 뿌리를 둔 행동을 잃어버렸다. 구별된 행동이 없는 그리스도인들의 증언은 힘에 의지하게 될 것이다.

물론 행동에서 의도로의 전환은 아우구스티누스가 마주하고 있던 선교적 목적에 유용했다. 아우구스티누스는 귀족인 볼루시아누스가 머뭇거리지 말고 뛰어들어도 된다는 것을 알기를 바랐다. 그는 그의 아비투스를 바꾸지 않고서도 그리스도인이 될 수 있었다. 결국 사랑(그가 추정하기에 다른 사람에게 유익을 주는 그 무엇이든 간에)이 인내를 이긴다. 그리고 그리스도인은, 만약 그의 내면 곧 그의 내적 성향이 사랑이라면, "특정한 가혹함"을 지니고 징벌을 수행할 수 있다.[50] 이것이 선교의 역사에 대해 갖는 함의는 무겁다.

둘째, 아우구스티누스는 '조급성'이라는 아비투스에 대해 걱정하지 않았다. 인내는 평신도가 아니라 수도자와 성직자들의 문제라고 여겼기 때문이다. 우리가 9장에서 보았듯이, 한 세기 전에 콘스탄티누스는 락탄티우스에게 두 단계의 윤리를 제시하면서 대응했다. 그리고 이제 우리는 같은 방향으로 기울어지고 있는 아우구스티누스를 만난다. 생애 말년에 그는 히포에서 남동쪽으로 270여 킬로미터 떨어진 하드루메툼에 있는 수도원 원장에게 편지를 썼다. 그 수도원의 수도사들은 아우구스티누스와 시간을 보내기 위해 히포까지 여행을 했었다. 아우구스티누스는 그들에게 펠라기우스 이

---

49 Cyprian, *Ad Quir.* 3.96, trans. E. Wallis, *ANF* 5:554.
50 Augustine, *Ep.* 138.14 (Teske, *Augustine: Letters 100-155*, p. 232).

단의 위험에 관해 가르쳤다. 아우구스티누스는 수도원장에게 "우리"(아우구스티누스와 다른 이들)가 수도사들에게 도덕적 행위가 자유로운 선택이 아니라 하나님의 은혜에 뿌리를 두고 있음을 알게 하기 위해 키프리아누스의 "주님의 기도에 관하여"를 읽어 주었다고 말했다. 그러나 "우리는 또한 바로 그 가장 영광스러운 순교자[키프리아누스]가 우리에게 아직 그리스도를 믿지 않는 우리의 적들을 위해서도 기도해야 한다고, 그래서 그들이 믿음을 갖게 해야 한다고 경고했음을 알려 주었습니다." 그렇게 할 때, 세상으로부터 물러났던 수도사들은 하나님의 은혜가 "인간의 악하고 믿지 않으려는 의지조차" 바꿀 수 있다는 것을 알게 될 것이다.[51] 분명히 아우구스티누스는 이것이 수도사들에게 영감을 불어넣는 비전이 되리라고 생각했다.

그러나 수도사가 아닌 그리스도인들은 어떠한가? 세상에서 살아가는 평신도에게 인내의 적합성은 무엇인가? 매일의 삶 속에서 인내를 구현하는 독특한 삶을 살아감으로써 적들을 믿음에 이르게 해야 하는가? 그의 작품 『복음서에 관한 질문들』(Questions on the Gospels, 400년경)에서 아우구스티누스는 "세상[*saeculum*]에 속한 일을 하는" 신자들의 중요성을 강조했다. 그런 신자들은 그들을 지켜보고 그들의 삶을 관찰하는 "사람들 사이에서" 살아간다. 그들은 교회의 교사들로부터 어떻게 살아야 하는지에 대한 가르침을 받는다. 그들은 "지식을 지닌 사람들에 의해 다스림을 받는다." 평신도는 그들의 일을 통해 사회가 기능하게 하는 데 필요한 일을 수행한다. 아우구스티누스가 그들을 위해 택한 이미지는 맷돌을 가는 것(눅 17:34-36), 즉 "세

---

51 Augustine, *Ep.* 215.3, trans. R. J. Teske, *Augustine: Letters 211-270*, vol. 4 in part 2 of *Works of St. Augustine* (Hyde Park, NY: New City Press, 2005), p. 41. 키프리아누스는 "주님의 기도에 관하여"에서 '파티엔티아'(*patientia*)라는 단어를 단 한 번만 사용한다(15); 그러나 아우구스티누스가 수도사들에게 읽어 준 17장에서 키프리아누스는 그의 인내라는 주제를 발전시키고 의로운 자와 불의한 자 모두에게 비를 내리시는 하나님과 관련해 마 5:45을 온전하게 인용한다.

상 직업의 지속적인 순환"의 중요성을 예시하면서 방앗간의 연자방아가 계속해서 돌아가게 하는 것이었다. 그들의 일은 교회에게 중요하다. 왜냐하면 그들의 수입이 "교회의 필요에 이바지"하기 때문이다.[52] 그러나 평신도의 중요성은 그들의 독특함에 있지 않다. 그들에게 독특함은 오만하고 자기 과시적인 것이 될 수 있다. 오히려 그들의 소명은 역사가 로버트 마르쿠스(Robert Markus)가 '평범함'(mediocrity)이라고 부르는 것을 따라 살아가는 것이다. 그들의 소명은 세상(saeculum)을 유지하는 것, 즉 맷돌을 돌고 돌게 하는 것이지, 예수님의 가르침과 길이 어떻게 일꾼들과 그들의 방앗간을 변화시켜 다른 이들을 믿음에 이르게 할 수 있는지에 대해 상상하는 것이 아니다.[53]

아우구스티누스는 평신도와 광장으로부터 예수님의 가르침을 전적으로 철수시키지는 않는다. 417년 그는 한 설교를 통해 자기를 부인하는 제자도에 대한 그리스도의 부르심은 단지 수도사들만을 위한 것 이상이라고 웅변적으로 말했다. "보편적인 교회, 몸 전체, 그것의 모든 지체들…그들 모두가 그리스도를 따라야 합니다."[54] 그럼에도 이 설교에서 제자도에 대한 아우구스티누스의 호소는 대체로 포괄적이다. 키프리아누스 같은 이른 시기의 설교자들과 달리, 그는 예수님의 가르침을 특정한 상황과 직업에 적용하려고 하지 않는다. 아우구스티누스의 방앗간지기들은 유스티누스가 그의 『첫 번째 호교론』에서 언급했던 사업하는 사람들과 달랐다. 유스티누스의 친구들

---

52 Augustine, *Questions on the Gospels* 2.44.1, trans. R. J. Teske, *Augustine: New Testament I and II*, in *Works of St. Augustine* (Hyde Park, NY: New City Press, 2014), pp. 408-409. 이에 대한 언급에 대해서는, Henry Chadwick, "Augustine on Pagans and Christians: Reflections on Religious and Social Change", in *History, Society and the Churches: Essays in Honour of Owen Chadwick*, ed. Derek Beales and Geoffrey Best (Cambridge: Cambridge University Press, 1985), p. 26를 보라.

53 Robert Markus, *The End of Ancient Christianity* (Cambridge: Cambridge University Press, 1990), chap. 4.

54 Augustine, *Serm.* 96.9, trans. E. Hill, *Augustine: Sermons on the New Testament* 94A-174A, vol. 4 in part 3 of *Works of St. Augustine* (Hyde Park, NY: New City Press, 1992), p. 33.

은 "폭력과 횡포의 길에서" 기독교로 돌아섰으며, "그들의 [그리스도인] 이웃의 일관된 삶을 지켜봄으로써, 혹은 그들의 상처 받은 지인들의 **낯선 인내**에 주목함으로써, 혹은 그들이 자기들과 사업하는 방식을 경험함으로써 그 길을 극복했다."[55]

유스티누스는 그리스도 중심적인 인내는 강력하다고 주장했다. 그것은 단지 사람들의 태도만 바꾸지 않았다. 또 그것은 사람들을 세상 밖으로 데려가지도 않았다. 그것은 사업의 세계를 포함해 세상에서 차이를 만드는 사람들을 형성했다. 그들은 사람들을 매혹해 믿음으로 이끌었는데, 그것은 그들의 인내가 호기심을 불러일으키기 충분할 만큼 달랐기 때문이고, 또한 그들이 사람들에게 희망을 제시했기 때문이었다.

물론 유스티누스는 아우구스티누스보다 250년 전에 그리스어로 글을 썼다. 아우구스티누스가 그의 글을 읽었음을 보여 주는 흔적은 존재하지 않는다. 그러나 아우구스티누스는 락탄티우스를 읽었다. 락탄티우스의 『거룩한 원리』는 훨씬 더 최근의 것이었고 우아한 라틴어로 비슷한 말을 했다. 우리가 앞 장에서 보았듯이, 키프리아누스의 전통 안에 있는 락탄티우스는 인내가 그 어떤 직업에도—심지어 황제라는 직업에도!—독특한 가능성을 제공할 수 있다고 확신했다. 감히 락탄티우스는 그가 개인적으로 알 뿐 아니라 직접 상대하여 말하기까지 했던 콘스탄티누스에게 **당신조차** "[당신의] 인내를 깨뜨리지 않고 유지할 수" 있다고 말했다.[56] 다정한 내면을 가지는 것이 아닌, 약자를 높이고, 복수하거나 살인하지 않으면서 다스리고, 사람들의 팔을 비틀어 억지로 옳은 종교 안으로 밀어 넣는 것을 거부하면서 그리스도인답게 행동하면 그렇게 할 수 있다고 말했다.[57] 콘스탄티누스는 그런

---

55 Justin, *1 Apol.* 16.4, trans. E. R. Hardy, LCC 1 (1953), p. 252, 저자 강조.
56 Lactantius, *Inst.* 6.4.11 (Bowen and Garnsey, p. 336).
57 Lactantius, *Inst.* 6.12.18-19; 6.18.27-28; 5.19.17, 22.

주장에 흥미를 느꼈으나 미끼를 물지는 않았다. 그러나 다른 이들은 그렇게 했다. 직업이 무엇이었든, 4세기의 사람들은 자기들이 그들의 인내를 지켜보면서 쑥덕거렸던 신자들 때문에 계속해서 그리스도인들이 되고 있었다.[58]

아우구스티누스의 선교 혁명

아우구스티누스가 키프리아누스와 락탄티우스의 말을 듣고 그들이 대표했던 전통을 자신이 발전시키고 있던 선교에 대한 이해에 통합시켰다면 어찌 되었을까? 아우구스티누스는 그의 동시대인 중 누구보다도 폭이 넓은 선교에 대한 비전을 갖고 있었다. 그는 하나님은 로마 제국의 모든 백성에게 가닿기를 원하셨다고 확신했다. 일부 다른 그리스도인들도 그런 비전을 갖고는 있었으나, 아우구스티누스는 그들보다 훨씬 더 확고했다. 그리고 그는 더 나아갔다. 그가 보기에 하나님은 제국 너머에 있는 사람들에게까지 복음을 전하기를 원하셨다.[59] 아우구스티누스가 전하는 바에 따르면, 이런 비전이 그에게 생긴 것은 그가 로마 군대가 그들의 땅을 "평정하고" 그들의 영토를 로마화하는 동안에 사로잡았던 노예들을 만났을 때였다. 이 노예들은 복음에 대해 들어본 적이 없었다. 게다가 그들은 아우구스티누스에게 기독교와 접촉해 본 적이 없는, "로마의 힘이 미치지 않는…더 먼 내륙"에 있는 다른 사람들에 관해 말했다. 그때 아우구스티누스는 "하나님의 약속이 그들과는 상관이 없다고 말하는 것은 결코 옳지 않다"고 확신했다. 서방 그리스도인들

---

58 Lactantius, *Inst.* 5.19.12-13; 5.23.
59 Norbert Brox, "Zur christlichen Mission in der Spätantike", in *Mission im Neuen Testament*, ed. Karl Kertelge, Questiones Disputatae 93 (Freiburg-im-Breisgau: Herder, 1982), pp. 200-205. 오리게네스는 복음이 "모든 곳으로" "세상 끝까지" 퍼져 나가기를 바라면서 보다 큰 비전을 공유했다(*Cels.* 1.11; *Hom. Gen.* 9.2).

의 전통은 너무 좁았다. 그들의 비전은 너무 작았다. 아우구스티누스는 이런 작음에 맞서 선교를 자신의 시대에 대한 소명으로 정당화하기 위해 마태의 '지상 명령'(마 28:19-20)을 다시 불러내는 것으로 대응하지 않았다. 많은 초기 그리스도인들처럼 그는 계속해서 그 구절을 일차적으로 삼위일체에 대한 증거 본문으로 사용했다.[60] 그러나 사도행전 1:8이 그의 상상력을 사로잡았다. "너희가…예루살렘과 온 유대와 사마리아와 땅 끝까지 이르러 내 증인이 되리라." 많은 초기 그리스도인들과 달리, 아우구스티누스는 예수님이 이런 말씀을 열두 제자에게 국한시키지 않으셨다고 "완전하게 확신했다." 예수님의 보내심은 "온 교회를" 위한 과업이며 "세상 끝날까지 계속될 것이다."[61]

그러나 아우구스티누스의 가톨릭적 서방으로부터 보냄을 받은 이들이 비기독교화된 사람들에게 접근했을 때 어떤 일이 일어났는가? 아우구스티누스의 선교 혁명 덕분에, 복음을 전하는 이들의 복음은 끈기 있는 행동을 대체한 조급하고 억압적인 행동—물론 그것은 '사랑 어린 의도'에 의해 활성화된 것이었다—이 있는 복음이었다. 이른 시기의 기독교 전통은 그 기초를 예수님의 삶과 가르침과 부활을 통해 드러나는 하나님의 역사에 대한 이해에 두고 있었다. 그들에게 이것을 요약해 주는 단어는 '인내'(patientia, 그리스어로는 hypomonē)였다. 인내로 형성된 그들의 관점에서 보면, 역사는 하나님의 관대한 손 안에서 안전했다. 그러므로 하나님을 예배하고 예수님을 따르는 자들은 상황을 통제할 필요가 없었다. 그들은 자신들의 견해의 정당성을 입증하기 위해 국가의 힘에 의존할 필요가 없었다. 그들은 눈썹을 찌푸리거나 서두르지 않았다. 결코 억지나 힘으로 자신들의 견해를 강요하지 않았다. 그리고 어느 정도 자발적으로 복음을 전하는 자들이 출현했다.

---

60 Augustine, *Ep.* 55.16.30 (Teske, *Augustine: Letters 1-99*, p. 232).
61 Augustine, *Ep.* 199.46, 49 (Teske, *Augustine: Letters 156-210*, pp. 350-351).

여자 노예들, 사업가들, 중요하지 않은 사람들. 교회는 고르지 않게, 조직적이지 않게, 그리고 발효하듯 성장했다.[62] 밀라노에서 세례 이전에 교리 교육을 받던 시절에 아우구스티누스는 아마도 그의 아비투스를 변화시키고 인내라는 비전으로 그에게 도전을 주려 했던 교리문답 교사를 만나지 못했던 듯하다.[63] 하지만 고향인 북아프리카로 돌아왔을 때 그는 아프리카 전통에 속한 인내와 만났을 것이고, 그의 마음은 그것을 이해했을 것이다.

그러나 확실히 인내는 그의 아비투스 안에서 구현되지 않았다. 5세기 초 아우구스티누스는 한 고비를 넘겼다. 그는 삶과 선교에 관한 그의 마음과 사고방식을 바꿨다. 그는 근심에 찼다. 그는 상황을 통제하려 했고 그것을 미세하게 관리하려고 안달했다. 그는 정치 활동을 하고, 동료들을 움직이고, 황제들에게 호소하고, 교황들을 귀찮게 하는 일에 무수히 많은 시간을 썼다. 그는 지방의 귀족들과 동맹을 맺고 국가의 힘을 이용하고자 했다. 또 그는 그런 통치자들이 적절하게 힘을 사용해 주기를 바랐다. 그리고 그가 제국 너머를 향했을 때, 그는 군주들에게 그들이 지금까지 당연하게 사용했던 방식—기독교적 목적을 위한 하향식 방식—을 이용해 영원한 구원을 얻는 방법을 가르쳐 주었다. 아우구스티누스가 말했듯이, 통치자들은 "하나님에 대한 예배가 멀리 그리고 널리 퍼져 나가도록 그들의 권력을 엄위하신 하나님의 종으로" 만들어야 했다.[64] 그는 그 모든 일을 자기가 '최고의 목적'이라고 여기는 것을 위해, 즉 이교를 파괴하고 기독교의 일치와 정통 신

---

62 본서의 4장과 특히 다음 두 개의 논문을 보라. Andrea Sterk: "'Representing' Mission from Below: Historians as Interpreters and Agents of Christianization", *Church History* 79, no. 2 (2010): pp. 271-304; "Mission from Below: Captive Women and Conversion on the East Roman Frontiers", *Church History* 79, no. 1 (2010): pp. 1-39; 또한 다음 논문을 보라. Cornelia Horn: "St. Nino and the Christianization of Pagan Georgia", *Medieval Encounters* 4 (1998): pp. 242-264.
63 적어도 William Harmless, *Augustine and the Catechumenate* (Collegeville, MN: Liturgical Press, 1995), pp. 82-98에서는 그런 암시가 나타나지 않는다.
64 Augustine, *City of God* 5.24, trans. W. M. Green, LCL 6 (1963), p. 263.

앙을 수립함으로써 하나님께 영광을 돌리기 위해 했다. 대부분 경우에 그는 자신의 의도가 사랑이 아닐 수도 있고 다른 이들의 궁극적 안녕보다는 자기를 높이는 것을 목적으로 하고 있을지도 모른다는 두려움을 억누를 수 있었다.[65] 아우구스티누스는 힘이 가진 분명한 효율성과 대면했고 그가 반복적으로 "실례들"(exempla)—경험들, 사실들—이라고 불렀던 것은 의로운 조급성이 효과가 있다는 것을 예증해 주었다![66] 증거에 비추어 볼 때, 아우구스티누스는 인내에 푹 잠겨 있는 전통적 기독교의 선교적 접근법으로부터 돌아서야 한다고 확신했다. 그의 "인내에 관하여"는 그의 이런 돌아섬을 합리화했다.

끈기 있는 발효의 미래

이 책에서 우리는 '끈기 있는 발효'로부터 '조급한 힘'에 이르기까지 여행을 했다. 그것은 4세기 말과 5세기 초의 선교 혁명에 와서야 속도를 얻은 느린 여행이었다. 그 혁명은 부분적으로는 조급성이 주변의 비기독교적인 종교들의 아비투스와 아주 잘 들어맞았기에 성공할 수 있었다. 이 조급성이 유럽을 정복하고, 중동으로 십자군을 보내고, 세계 여러 지역으로 신앙을 전파한 기

---

65 아우구스티누스는 그의 *Conf.* 10.36.59에서 "두려움의 대상이 되거나 사랑의 대상이 되고자 하는… 유혹…그런 힘으로부터 파생되는, 결코 기쁨이 아닌 기쁨"으로 다른 이들에 대한 자신의 사랑을 오염시키는 자신의 능력에 대해 고백했다(Schlabach, *For the Joy*, p. 141).

66 Augustine, *Ep.* 93.17 (Teske, *Augustine: Letters 100-155*, p. 387). 정당한 조급증을 합리화한 사람인 아우구스티누스는 또한 정당한 전쟁과 정당한 맹세를 합리화한 사람이기도 하다. 그 모든 것은 이른 시기의 교회가 허용될 수 없는 것으로 여겼으나 이제는 허용되는 변종들이다. 그 모든 정당화된 행동들은 아우구스티누스와 다른 4세기와 5세기 그리스도인들에게 예외적으로 긴급해 보이는 실천적 필요로부터 나왔다. 그 모든 행동은 자신들이 이전의 기준으로부터 예외적으로 떠난 것을 자신들의 목적의 정당성과 그들의 동기인 사랑으로 합리화하는 사람들에 의해 이용되었다. 그리고 그 모든 행동은 예외적인 것이 되기를 그쳤고 (기독교 유럽의 문화 속에서) 반사적 행동, 즉 아비투스가 되었다. 변종이 기준이 된 것이다.

독교를 형성했다. 또 그것은 특히 18세기 계몽주의 이후 많은 사람에게 자명해 보였던 하나의 가정으로 이어졌는데, 그것은 기독교는 그 본질에 있어서 폭력적이며, 기독교의 선교는—그것이 고백하는 의도가 제아무리 사랑이라고 할지라도—본질적으로 제국주의에 속한 운동이라는 것이다. 후기 고대 역사가인 램지 맥뮬런은 이것을 콘스탄티누스의 행동과 연관된 한 가지 중요한 측면에서 묘사하면서 그것을 "적극적 공격성이라는 보다 진정한 기독교적인 자세"라고 부른다.[67] 이런 관찰 소견은 그 안에 진실이 들어 있기에 고통스럽다. 기독교의 폭력성을 확증해 주는 여러 실례들(exempla)—경험들, 사실들—이 존재한다.

21세기의 그리스도인들은 이런 유산과 더불어 살아야 한다. 물론 우리는 다른 실례들을 지적할 수 있다. 우리는 사랑 어린 봉사에 자신들의 삶을 바쳤던 여러 민족 출신의 희생적인 선교사들을 지적할 수 있다. 우리는 소수파 기독교 전통들의 증언과 다수파 전통에 속한 성인들과 개척자들을 지적할 수 있다. 또 우리는 초기 그리스도인들의 인내를 지적할 수 있다. 그 인내는 모든 공격적이거나 사탕발림한 폭력적 표현에 맞서 과묵하게 항의하고 있는 증인이다.

만약 오늘날 우리 그리스도인들이 이런 인내를 구현하고 우리의 믿음이 본질적으로 폭력적이지 않음을 주장하고자 한다면,[68] 우리가 지금껏 살펴본 초기 그리스도인들과의 대화가 도움이 될 것이다. 우리가 초기 그리스도인들이 했던 일들을 그대로 할 수는 없다. 그러나 초기 그리스도인들이 우리

---

67 Ramsay MacMullen, *Christianizing the Roman Empire (A.D. 100-400)* (New Haven: Yale University Press, 1984), p. 50.
68 기독교의 "본질절 폭력성"에 대한 언급을 위해서는, H. A. Drake, *Constantine and the Bishops: The Politics of Intolerance* (Baltimore: Johns Hopkins University Press, 2000), pp. 22-28를 보라.

에게 새로운 관점을 제공하고 "잃어버린 유산"을 알려 줄지도 모른다.[69] 그 유산을 되찾을 때, 우리는 그것을 손쉽게 일반화하거나 방법과 관련된 공식을 만들려 해서는 안 된다. 그것은 조급한 반응이 될 것이다! 오히려 우리는, 성령의 사역과 예수님의 가르침과 방법에 근거한 교리 교육을 통해 우리의 아비투스를 재형성하면서 오늘의 세상(saeculum)에서 새로운 길을 따라 살아가기 시작해야 할 것이다. 그때 우리는 우리 자신이 훌륭한 전통 안에 서 있음을 발견하게 될 것이다. 우리는 키프리아누스 그리고 다른 초기 그리스도인들과 함께 이렇게 말하게 될 것이다. "우리는 위대한 일들에 대해 말하지 않는다. 오히려 우리는 그것들을 살아 낸다."[70]

---

[69] Roger Dowley, *Towards the Recovery of a Lost Bequest* (London: Evangelical Coalition for Urban Mission, 1984).

[70] Cyprian, *Pat.* 3, trans. G. E. Conway, FC 36 (1958), p. 265.

참고 도서

Adams, Edward. *The Earliest Christian Meeting Places: Almost Exclusively Houses?* Library of New Testament Studies 450. London: Bloomsbury T&T Clark, 2013.

Alexis-Baker, Andy. "*Ad Quirinum* Book Three and Cyprian's Catechumenate." *Journal of Early Christian Studies* 17, no. 3 (2009): 357-380.

Ameling, Walter. "The Christian *Lapsi* in Smyrna, 250 A.D. (*Martyrium Pionii* 12-14)." *Vigiliae Christianae* 62 (2008): 133-160.

―――. "*Femina Liberaliter Instituta*―Some Thoughts on a Martyr's Liberal Education." In *Perpetua's Passions: Multidisciplinary Approaches to the "Passio Perpetuae et Felicitatis*," edited by Jan N. Bremmer and Marco Formisano, 78-102. Oxford: Oxford University Press, 2012.

Ascough, Richard S., Philip A. Harland, and John A. Kloppenborg, eds. *Associations in the Greco-Roman World: A Sourcebook*. Waco: Baylor University Press, 2012.

Ayedze, Kossi Adiavu. "Tertullian, Cyprian, and Augustine on Patience: A Comparative and Critical Study of Three Treatises on a Stoic-Christian Virtue in Early North African Christianity." PhD diss., Princeton Theological Seminary, 2000.

Baldovin, John F. *The Urban Character of Christian Worship: The Origins, Development and Meaning of Stational Liturgy*. Orientalia Christiana Analecta 228. Rome: Pontificio Instituto Orientale, 1987.

Bardy, Gustave. *La conversion au Christianisme durant les premiers siècles*. Paris: Aubier, 1949.

Barnes, Timothy D. *Constantine and Eusebius.* Cambridge, MA: Harvard University Press, 1981.

――――. "Constantine's *Speech to the Assembly of the Saints*: Place and Date of Delivery." *Journal of Theological Studies* 2/52, no. 1 (2001): 26-36.

Barrett-Lennard, R. J. S. *Christian Healing after the New Testament: Some Approaches to Illness in the Second, Third, and Fourth Centuries.* Lanham, MD: University Press of America, 1994.

Batiffol, Pierre. "Les étapes de la conversion de Constantin." *Bulletin d'ancienne littérature et d'archéologie chrétienne* 3 (1913): 178-188, 241-464.

Bazzana, Giovanni Battista. "Early Christian Missionaries as Physicians: Healing and Its Cultural Value in the Greco-Roman Context." *Novum Testamentum* 51 (2009): 232-251.

Beard, Mary, John North, and Simon Price, compilers. *A Sourcebook.* Vol. 2 of *Religions of Rome.* Cambridge: Cambridge University Press, 1998.

Beck, Roger. "The Religious Market of the Roman Empire: Rodney Stark and Christianity's Pagan Competition." In *Religious Rivalries in the Early Roman Empire and the Rise of Christianity*, edited by Leif E. Vaage, 232-251. Waterloo, ON: Wilfred Laurier University Press, 2006.

Bediako, Kwame. *Theology and Identity: The Impact of Culture upon Christian Thought in the Second Century and in Modern Africa.* Oxford: Regnum Books, 1992.

Beskow, Per. "Mission, Trade and Emigration in the Second Century." *Svensk Exegetisk Åskbok* 35 (1970): 104-114.

Beyschlag, Karlmann. "Zur Geschichte der Bergpredigt in der Alten Kirche." *Zeitschrift für Theologie und Kirche* 74 (1977): 291-322.

Bobertz, Charles A. "An Analysis of *Vita Cypriani* 3.6-10 and the Attribution of *Ad Quirinum* to Cyprian of Carthage." *Vigiliae Christianae* 46 (1992): 112-128.

Bodel, John. "Dealing with the Dead: Undertakers, Executioners and Potter's Fields in Ancient Rome." In *Death and Disease in the Ancient City*, edited by Valerie M. Hope and Eireann Marshall, 128-151. London: Routledge, 2000.

Bouley, Allen. *From Freedom to Formula: The Evolution of the Eucharistic Prayer from Oral Improvisation to Written Texts.* Studies in Christian Antiquity 21. Washington, DC: Catholic University of America Press, 1981.

Bourdieu, Pierre. *The Logic of Practice.* Translated by Richard Nice. Stanford, CA: Stanford University Press, 1980.

――――. *Pascalian Meditations.* Translated by Richard Nice. Stanford, CA: Stanford University Press, 2000. 『파스칼적 명상』(동문선).

Bowen, Anthony, and Peter Garnsey, eds. *Lactantius: Divine Institutes*. Translated Texts for Historians 40. Liverpool: Liverpool University Press, 2003.

Bowes, Kim. "Early Christian Archaeology: A State of the Field." *Religion Compass* 2, no. 4 (2008): 431-441.

Boyarin, Daniel. *Dying for God: Martyrdom and the Making of Christianity and Judaism*. Stanford, CA: Stanford University Press, 1999.

Bradshaw, Paul F. *Eucharistic Origins*. New York: Oxford University Press, 2004.

———. "The Gospel and the Catechumenate in the Third Century." *Journal of Theological Studies* 2/49, no. 1 (1998): 143-152.

———. "The Homogenization of Christian Liturgy—Ancient and Modern." *Studia Liturgica* 26 (1996): 1-15.

———. "The Profession of Faith in Early Christian Baptism." *Evangelical Quarterly* 78, no. 2 (2006): 101-115.

———. "The Reception of Communion in Early Christianity." *Studia Liturgica* 37 (2007): 164-180.

———. *Reconstructing Early Christian Worship*. Collegeville, MN: Liturgical Press, 2010.

———. *The Search for the Origins of Christian Worship: Sources and Methods for the Study of Early Liturgy*. Rev. ed. London: SPCK; New York: Oxford University Press, 2002.

———. "Women and Baptism in the *Didascalia Apostolorum*." *Journal of Early Christian Studies* 20, no. 4 (2012): 641-645.

Bradshaw, Paul F., and Maxwell E. Johnson. *The Eucharistic Liturgies: Their Evolution and Interpretation*. Collegeville, MN: Liturgical Press, 2012.

Bradshaw, Paul F., Maxwell E. Johnson, and L. Edward Phillips. *The Apostolic Tradition: A Commentary*. Hermeneia. Minneapolis: Fortress, 2002.

Bremmer, Jan N. "'Christianus sum': The Early Christian Martyrs and Christ." In *Eulogia: Mélanges offert à Antoon A.R. Bastiaensen à l'occasion de son soixante-cinquième anniversaire*, edited by G. J. M. Bartelink, A. Hilhorst, and C. J. Kneepkens, 11-20. Instrumenta Patristica 24. The Hague: Nijhoff, 1991.

———. "Felicitas: The Martyrdom of a Young African Woman." In *Perpetua's Passions: Multidisciplinary Approaches to the "Passio Perpetuae et Felicitatis,"* edited by Jan N. Bremmer and Marco Formisano. Oxford: Oxford University Press, 2012.

———. "Pauper or Patroness: The Widow in the Early Christian Church." In *Between Poverty and the Pyre: Moments in the History of Widowhood*, edited by Jan N. Bremmer and L. P. Van den Bosch, 31-57. London: Routledge, 1995.

———. *The Rise of Christianity through the Eyes of Gibbon, Harnack and Rodney Stark*. Groningen: Barkhuis, 2010.

―――. "The Vision of Constantine." In *Land of Dreams: Greek and Latin Studies in Honour of A. H. M. Kessels*, edited by A. P. M. H. Lardinois, Marc Van der Poel, and Vincent Hunink, 57-79. Leiden: Brill, 2006.

Brenneman, Robert. *Homies and Hermanos: God and Gangs in Central America*. New York: Oxford University Press, 2012.

Brent, Allen. *Cyprian and Roman Carthage*. Cambridge: Cambridge University Press, 2010.

Brown, Peter. *Augustine of Hippo: A Biography*. Rev. ed. Berkeley: University of California Press, 2000.

―――. "St. Augustine's Attitude to Religious Coercion." In his *Religion and Society in the Age of Saint Augustine*, 260-278. New York: Harper & Row, 1972.

―――. *Through the Eye of a Needle: Wealth, the Fall of Rome, and the Making of Christianity in the West, 350-550 AD*. Princeton: Princeton University Press, 2012.

―――. *The World of Late Antiquity*. London: Thames & Hudson, 1971.

Brox, Norbert. "Zur christlichen Mission in der Spätantike." In *Mission im Neuen Testament*, edited by Karl Kertelge, 190-237. Quaestiones Disputatae 93. Freiburg-im-Breisgau: Herder, 1982.

Bruun, Christer. "The Antonine Plague and the 'Third-Century Crisis.'" In *Crises and the Roman Empire: Proceedings of the Seventh Workshop of the International Network Impact of Empire (Nijmegen, June 20-24, 2006)*, edited by Olivier Heckster, Gerda de Kleijn, and Danielle Slootjes, 201-217. Leiden: Brill, 2007.

Budde, Achim. "Improvisation im Eucharistiegebet: Zur Technik freien Betens in der Alten Kirche." *Jahrbuch für Antike und Christentum* 44 (2001): 127-141.

Cagnet, R., G. Lafaye, et al., eds. *Inscriptiones graecae ad res romanas pertinentes*. Vol. 4, *Inscriptiones Asiae II*. Paris: E. Leroux, 1927. Reprint, Chicago: Aries, 1975.

Cameron, Alan. *The Last Pagans of Rome*. Oxford: Oxford University Press, 2011.

Cameron, Averil. "The Violence of Orthodoxy." In *Heresy and Identity in Late Antiquity*, edited by Eduard Iricinschi and Holger M. Zelletin, 102-114. Tübingen: Mohr Siebeck, 2008.

Cameron, Averil, and Stuart G. Hall, trans. and eds. *Eusebius: Life of Constantine*. Oxford: Oxford University Press, 1999.

Carroll, Scott T. "An Early Church Sermon against Gambling (*CPL* 60)." *Second Century* 8 (1991): 83-95.

Carruthers, Mary. *The Craft of Thought: Meditation, Rhetoric, and the Making of Images, 400-1200*. Cambridge: Cambridge University Press, 1998.

Castagno, Adele Monaci. "Origen the Scholar and Pastor." In *Preacher and Audience: Studies in Early Christian and Byzantine Homiletics*, edited by Mary B. Cunningham and

Pauline Allen, 65-89. Leiden: Brill, 1998.

Chadwick, Henry. "Augustine on Pagans and Christians: Reflections on Religious and Social Change." In *History, Society and the Churches: Essays in Honour of Owen Chadwick*, edited by Derek Beales and Geoffrey Best, 9-28. Cambridge: Cambridge University Press, 1985.

_____. "The Church of the Third Century in the West." In *Roman West in the Third Century*, edited by A. King and M. Henig. London: British Archaeological Reports, 1981.

_____. *The Early Church*. Harmondsworth, Middlesex: Penguin Books, 1967. 『초대교회사』(CH 북스).

Chadwick, Henry, and Peter Brown. "Prayer." In *Late Antiquity: A Guide to the Postclassical World*, edited by G. W. Bowersock, Peter Brown, and Oleg Grabar, 648-651. Cambridge, MA: Harvard University Press, 1999.

Clark, Elizabeth A. "'Devil's Gateway and Bride of Christ': Women in the Early Christian World." In *Ascetic Piety and Women's Faith: Essays on Late Christian Antiquity*, edited by Elizabeth A. Clark. Studies in Women and Religion 20. Lewiston, NY: Edwin Mellen, 1986.

_____. "Thinking with Women: The Uses of the Appeal to 'Woman' in Pre-Nicene Christian Propaganda Literature." In *The Spread of Christianity in the First Four Centuries: Essays in Explanation*, edited by W. V. Harris, 43-51. Leiden: Brill, 2005.

Congar, Yves. "Souci du salut des païens et conscience missionaire dans le Christianisme postapostolique et préconstantinien." In *Kyriakon: Festschrift Johannes Quasten*, edited by Patrick Granfield and Josef A. Jungmann, 3-11. Münster: Aschendorff, 1970.

Cooper, Kate. "Christianity, Private Power, and the Law from Decius to Constantine: The Minimalist View." *Journal of Early Christian Studies* 19, no. 3 (2011): 327-343.

_____. "Closely Watched Households: Visibility, Exposure, and Private Power in the Roman *Domus*." *Past and Present* 197 (2007): 3-33.

_____. "A Father, a Daughter, and a Procurator: Authority and Resistance in the Prison Diary of Perpetua of Carthage." *Gender and History* 23, no. 1 (2011): 685-702.

_____. "Insinuations of Womanly Influence: An Aspect of the Christianization of the Roman Aristocracy." *Journal of Roman Studies* 82 (1992): 150-164.

_____. *The Virgin and the Bride: Idealized Womanhood in Late Antiquity*. Cambridge, MA: Harvard University Press, 1996.

Crouzel, Henri. "Gregor I (Gregor der Wundertäter)." In *Reallexikon für Antike und Christentum*, 12:779-793. Stuttgart: Anton Hiersemann, 1983.

_____. *Origen*. Translated by A. S. Worrall. Edinburgh: T&T Clark, 1989.

Cunningham, Mary B. "Preaching and the Community." In *Church and People in Byzantium*, edited by Rosemary Morris, 29-47. Birmingham: University of Birmingham, 1990.

Daniélou, Jean. "L'histoire du salut dans la catéchèse." *La Maison-Dieu* 30 (1952): 19-35.

Digeser, Elizabeth DePalma. "Lactantius and Constantine's Letter to Arles: Dating the *Divine Institutes*." *Journal of Early Christian Studies* 2, no. 1 (1994): 33-52.

Dölger, F. J. "Die Taufe Konstantins und ihre Probleme." In *Konstantin der Grosse und seine Zeit*, edited by F. J. Dölger, 377-447. Freiburg-im-Breisgau: Herder, 1913.

Downs, David J. "Redemptive Almsgiving and Economic Stratification in 2 Clement." *Journal of Early Christian Studies* 19, no. 4 (2011): 493-517.

Drake, H. A. *Constantine and the Bishops: The Politics of Intolerance*. Baltimore: Johns Hopkins University Press, 2000.

―――. "Models of Christian Expansion." In *The Spread of Christianity in the First Four Centuries: Essays in Explanation*, edited by W. V. Harris, 1-13. Leiden: Brill, 2005.

Dujarier, Michel. *A History of the Catechumenate: The First Six Centuries*. Translated by Edward J. Haasl. New York: Sadlier, 1979.

Eisen, Ute. *Women Officeholders in Early Christianity*. Collegeville: Liturgical Press, 2000.

Edwards, Mark. "The Beginnings of Christianization." In *The Cambridge Companion to the Age of Constantine*, edited by Noel Lenski, 137-158. Cambridge: Cambridge University Press, 2006.

―――. trans. and ed. *Constantine and Christendom: The Oration to the Saints; The Greek and Latin Accounts of the Discovery of the Cross; The Edict of Constantine to Pope Silvester*. Translated Texts for Historians 39. Liverpool: Liverpool University Press, 2003.

―――. "The Constantinian Circle and the Oration to the Saints." In *Apologetics in the Roman Empire: Pagans, Jews, and Christians*, edited by Mark Edwards, Martin Goodman, Simon Price, and Christopher Rowland, 251-277. Oxford: Oxford University Press, 1999.

―――. trans. and ed. *Optatus: Against the Donatists*. Translated Texts for Historians 27. Liverpool: Liverpool University Press, 1997.

Ekenberg, Anders. "Evidence for Jewish Believers in 'Church Orders' and Liturgical Texts." In *Jewish Believers in Jesus: The Early Centuries*, edited by Oskar Skarsaune and Reidar Hvalvik, 640-658. Peabody, MA: Hendrickson, 2007.

Ferguson, Everett. *Backgrounds of Early Christianity*. Grand Rapids: Eerdmans, 1987.

―――. *Baptism in the Early Church: History, Theology, and Liturgy in the First Five Centuries*. Grand Rapids: Eerdmans, 2009.

―――. "Basil's Protreptic to Baptism." In *Nova et Vetera: Patristic Studies in Honor of Thomas Patrick Halton*, edited by John Petruccione, 70-83. Washington, DC:

Catholic University of America Press, 1998.

———. "Catechesis and Initiation." In *The Origins of Christendom in the West*, edited by Alan Kreider, 229-268. Edinburgh: T&T Clark, 2001.

———. *Demonology of the Early Christian World*. Symposium Series 12. New York: Edwin Mellen, 1984.

———. "Early Christian Martyrdom and Civil Disobedience." *Journal of Early Christian Studies* 1, no. 1 (1993): 73-83.

———. ed. *Early Christians Speak: Faith and Life in the First Three Centuries*. 2 vols. vol. 1, rev. ed. Abilene, Texas: ACU Press, 1987; vol. 2. Abilene, Texas: ACU Press, 2002.

———. "Exhortations to Baptism in the Cappadocians." Studia Patristica 33 (1997): 121-129.

———. "Irenaeus' *Proof of the Apostolic Preaching* and Early Catechetical Tradition." Studia Patristica 18, no. 3 (1989): 119-140.

———. "Some Factors in the Growth of the Early Church." *Restoration Quarterly* 16 (1973): 32-52.

———. "Voices of Religious Liberty in the Early Church." *Restoration Quarterly* 19 (1976): 13-22.

Ferngren, Gary B. *Medicine and Health Care in Early Christianity*. Baltimore: Johns Hopkins University Press, 2009.

Fink-Dendorfer, Elisabeth. *Conversio: Motive und Motivierung zur Bekehrung in der Alten Kirche*. Regensburger Studien zur Theologie 33. Frankfurt-am-Main: Peter Lang, 1986.

Finn, Thomas M. *Early Christian Baptism and the Catechumenate: Italy, North Africa and Egypt*. Message of the Fathers of the Church 6. Collegeville, MN: Liturgical Press, 1992.

Finney, Paul Corby. "Images on Finger Rings and Early Christian Art." In *Studies on Art and Archaeology in Honor of Ernst Kitzinger on His Seventy-Fifth Birthday*, edited by William Tronzo and Irving Lavin. *Dumbarton Oaks Papers* 41 (1987): 181-186. Washington, DC: Dumbarton Oaks Research Library and Collection, 1987.

———. "Labarum." In *Encyclopedia of Early Christianity*, edited by Everett Ferguson, 2:659-660. 2nd ed. New York: Garland, 1997.

Fonrobert, Charlotte Elisheva. "The *Didascalia Apostolorum*: A Mishnah for the Disciples of Jesus." *Journal of Early Christian Studies* 9, no. 4 (2001): 483-509.

Fowden, Garth. "The Last Days of Constantine: Oppositional Versions and Their Influence." *Journal of Roman Studies* 84 (1994): 146-170.

Frend, W. H. C. "Blandina and Perpetua: Two Early Christian Heroines." In *Les Martyrs de Lyon (177)*, 167-175. Colloques internationaux du Centre national de la recherche scientifique 575. Paris: Éditions CNRS, 1978.

———. *Martyrdom and Persecution in the Early Church*. Oxford: Blackwell, 1965.

_____. "A Note on the Influence of Greek Immigrants on the Spread of Christianity in the West." In *Mullus: Festschrift Theodor Klauser*, edited by Alfred Stuiber and Alfred Hermann, 125-129. Münster: Aschendorff, 1964.

Gamble, Harry Y. *Books and Readers in the Early Church*. New Haven: Yale University Press, 1995.

Garnsey, Peter. "Religious Toleration in Classical Antiquity." In *Persecution and Toleration*, edited by W. J. Sheils, 1-27. Studies in Church History 21. Oxford: Blackwell, 1984.

Glancy, Jennifer A. *Corporal Knowledge: Early Christian Bodies*. Oxford: Oxford University Press, 2010.

Goodman, Martin. *Mission and Conversion: Proselytizing in the Religious History of the Roman Empire*. Oxford: Clarendon, 1994.

Green, Michael. *Evangelism in the Early Church*. London: Hodder & Stoughton, 1970. Rev. ed., Grand Rapids: Eerdmans, 2002. 『초대교회의 복음전도』(복있는사람).

Hall, Stuart G. "The Sects under Constantine." In *Voluntary Religion*, edited by W. J. Sheils and Diana Wood, 1-13. Studies in Church History 23. Oxford: Blackwell, 1986.

Hamman, Adalbert-G. *La prière*. Vol. 2, *Les trois premiers siècles*. Tournai: Desclée, 1963.

Hanson, R. P. C. "The Liberty of the Bishop to Improvise Prayer." In *Studies in Christian Antiquity*, 113-116. Edinburgh: T&T Clark, 1985.

Harmless, William. *Augustine and the Catechumenate*. Collegeville, MN: Liturgical Press, 1995.

Harnack, Adolf. *The Mission and Expansion of Christianity in the First Three Centuries*. Translated by James Moffatt. 2 vols. New York: G. P. Putnam's Sons, 1908.

Harris, W. V. *Ancient Literacy*. Cambridge, MA: Harvard University Press, 1989.

Hebert, Laura. "Pagans and Christians in Late Antique Aphrodisias." In *Conversion to Christianity from Late Antiquity to the Modern Age*, edited by Calvin B. Kendall, Oliver Nicholson, William D. Phillips Jr., and Marguerite Ragnow, 85-114. Minneapolis: Center for Early Modern History, University of Minnesota, 2009.

Horn, Cornelia B. "St. Nino and the Christianization of Pagan Georgia." *Medieval Encounters* 4 (1998): 242-264.

Horn, Cornelia B., and John W. Martens. *"Let the Little Children Come to Me": Childhood and Children in Early Christianity*. Washington, DC: Catholic University of America Press, 2009.

Hornus, Jean-Michel. *It Is Not Lawful for Me to Fight: Early Christian Attitudes toward War, Violence, and the State*. Translated by Alan Kreider and Oliver Coburn. Scottdale, PA: Herald Press, 1980.

Hvalvik, Reidar. "In Word and Deed: The Expansion of the Church in the Pre-Constantinian Era." In *The Mission of the Early Church to Jews and Gentiles*, edited by Jostein

Ådna and Hans Kvalbein, 265-287. Tübingen: Mohr Siebeck, 2000.

Jefferson, Lee M. *Christ the Miracle Worker in Early Christian Art*. Minneapolis: Fortress, 2014.

Jenkins, Philip. *The New Faces of Christianity: Believing the Bible in the Global South*. New York: Oxford University Press, 2006.

Jensen, Robin Margaret. *Understanding Early Christian Art*. London and New York: Routledge, 2000.

Johnson, Maxwell E. "Christian Initiation of Fourth-Century Jerusalem and Recent Developments in the Study of the Sources." *Ecclesia Orans* 26 (2009): 143-161.

_____. *Praying and Believing in Early Christianity: The Interplay between Christian Worship and Doctrine*. Collegeville, MN: Liturgical Press, 2013.

_____. *The Rites of Christian Initiation*. Rev. ed. Collegeville, MN: Liturgical Press, 2007.

Kahlos, Maijastina. "The Rhetoric of Tolerance and Intolerance: From Lactantius to Firmicus Maternus." In *Changes and Continuities in Christian Apologetic*, edited by A. Jacobsen, Maijestina Kahlos, and J. Ulrich, 79-95. Frankfurt: Peter Lang, 2009.

Kalantzis, George. *Caesar and the Lamb: Early Christian Attitudes on War and Military Service*. Eugene, OR: Cascade Books, 2012.

Kaster, Robert A. "The Taxonomy of Patience, or When Is *Patientia* Not a Virtue?" *Classical Philology* 97, no. 2 (2002): 135-138.

Kazhdan, A. "'Constantin Imaginaire': Byzantine Legends of the Ninth Century about Constantine the Great." *Byzantion* 57 (1987): 196-250.

Kelly, Henry Ansgar. *The Devil at Baptism: Ritual, Theology, and Drama*. Ithaca: Cornell University Press, 1985.

Kenneson, Philip. "Gathering: Worship, Imagination, and Formation." In *The Blackwell Companion to Christian Ethics*, edited by Stanley Hauerwas and Philip Wells, 53-67. Malden, MA: Blackwell, 2004.

Klassen, William. "The Sacred Kiss in the New Testament: An Example of Social Boundary Lines." *New Testament Studies* 39 (1993): 122-135.

Koskenniemi, Erkki. *The Exposure of Infants among Jews and Christians in Antiquity*. Social World of Biblical Antiquity 2/4. Sheffield: Sheffield Phoenix, 2009.

Krautheimer, Richard. "The Ecclesiastical Building Policy of Constantine." In *Constantino il Grande: Dall'antichità all'Umanesimo; Colloquio sul Christianesimo nel mondo antico*, 509-552. Macerata: Università degli studidi Macerata, 1993.

_____. *Rome, Profile of a City, 312-1308*. Princeton: Princeton University Press, 1980.

Kreider, Alan. *The Change of Conversion and the Origin of Christendom*. Harrisburg, PA: Trinity Press International, 1999. Reprint, Eugene, OR: Wipf & Stock, 2006. 『회심의 변질』(대장간).

----------. "Military Service in the Church Orders." *Journal of Religious Ethics* 31, no. 3 (2003): 415-442.

----------. "Peacemaking in Worship in the Syrian Church Orders." *Studia Liturgica* 34, no. 2 (2004): 177-190.

----------. *Worship and Evangelism in Pre-Christendom*. Alcuin/GROW Joint Liturgical Studies 32. Cambridge: Grove Books, 1995.

----------, ed. *The Origins of Christendom in the West*. Edinburgh: T&T Clark, 2001.

Kreider, Eleanor. "Let the Faithful Greet Each Other: The Kiss of Peace." *Conrad Grebel Review* 5 (1987): 29-49.

Kretschmar, Georg. "Das christliche Lebenund die Mission in der frühen Kirche." In *Kirchengeschichte als Missionsgeschichte*, vol. 1, *Die alte Kirche*, edited by Heinzgünter Frohnes and Uwe W. Knorr, 94-128. Munich: Chr. Kaiser, 1974.

Labriolle, Pierre de. "Paroecia." *Bulletin du Cange (Archivum Latinitatis Medii Aevi)* 3 (1927): 196-207.

Laeuchli, Samuel. *Power and Sexuality: The Emergence of Canon Law at the Synod of Elvira*. Philadelphia: Temple University Press, 1972.

Lamirande, Émilien. *Church, State, and Toleration: An Intriguing Change of Mind in Augustine*. Philadelphia: Villanova University Press, 1974.

Lampe, Peter. *From Paul to Valentinus: Christians in Rome in the First Two Centuries*. Minneapolis: Fortress, 2003.

Land, Steven J. *Pentecostal Spirituality: A Passion for the Kingdom*. Sheffield: Sheffield Academic Press, 1993.

Lane, Anthony N. S. "Did the Apostolic Church Baptise Babies? A Seismological Approach." *Tyndale Bulletin* 55, no. 1 (2004): 109-130.

Lane Fox, Robin. "Literacy and Power in Early Christianity." In *Literacy and Power in the Ancient World*, edited by Alan K. Bowman and Greg Woolf, 126-148. Cambridge: Cambridge University Press, 1994.

----------. *Pagans and Christians*. San Francisco: Harper & Row, 1986.

Lathrop, Gordon W. *Holy Things: A Liturgical Theology*. Minneapolis: Fortress, 1993.

Leithart, Peter J. *Defending Constantine: The Twilight of an Empire and the Dawn of Christendom*. Downers Grove, IL: IVP Academic, 2010.

Lepelley, C. "Chrétiens et païens au temps de la persécution de Dioclétien: Le cas d'Abthugni." *Studia Patristica* 15 (1984): 226-232.

Leyerle, Blake. "Meal Customs in the Greco-Roman World." In *Passover and Easter: Origin and History to Modern Times*, edited by Paul F. Bradshaw and Lawrence A. Hoffman, 29-61. Notre Dame, IN: University of Notre Dame Press, 1999.

Lienhard, Joseph T. "Origen as Homilist." In *Preaching in the Patristic Age: Studies in Honor of Walter J. Burghardt, S.J.*, edited by David G. Hunter, 36–52. New York: Paulist Press, 1989.

Lieu, Judith M. *Neither Jew nor Greek? Constructing Early Christianity*. New York: T&T Clark, 2003.

Lindsay, Hugh. "Eating with the Dead: The Roman Funerary Banquet." In *Meals in a Social Context: Aspects of the Communal Meal in the Hellenistic and Roman World*, edited by Inge Nielsen and Hanne Sigismund Nielsen, 67–80. Aarhus: Aarhus University Press, 2001.

Lofland, John, and Rodney Stark. "Becoming a World-Saver: A Theory of Conversion to a Deviant Perspective." *American Sociological Review* 30 (1965): 862–875.

Lohfink, Gerhard. *Does God Need the Church? Toward a Theology of the People of God*. Translated by Linda M. Maloney. Collegeville, MN: Liturgical Press, 1999.

———. "'Schwerter zu Pflugscharen': Die Rezeption von Jes 2, 1–5 par Mi 4, 1–5 in der Alten Kirche und im Neuen Testament." *Theologische Quartalschrift* 166 (1986): 184–209.

Longenecker, Bruce W. "Socio-Economic Profiling of the First Urban Christians." In *After the First Urban Christians: The Socio-Scientific Study of Pauline Christianity Twenty-Five Years Later*, edited by Todd D. Still and David G. Horrell, 36–59. London: T&T Clark, 2009.

Luijendijk, AnneMarie. *Greetings in the Lord: Early Christians and the Oxyrhynchus Papyri*. Harvard Theological Studies 60. Cambridge, MA: Harvard University Press, 2008.

Lysaught, M. Therese. "Witnessing Christ in Their Bodies: Martyrs and Ascetics as Doxological Disciples." *Annual of the Society of Christian Ethics* 20 (2000): 239–262.

MacDonald, Margaret Y. *Early Christian Women and Pagan Opinion: The Power of the Hysterical Woman*. Cambridge: Cambridge University Press, 1996.

———. "Was Celsus Right? The Role of Women in the Expansion of Early Christianity." In *Early Christian Families in Context: An Interdisciplinary Dialogue*, ed. David L. Balch and Carolyn Osiek, 157–184. Grand Rapids: Eerdmans, 2003.

MacMullen, Ramsay. *Christianizing the Roman Empire (A.D. 100–400)*. New Haven: Yale University Press, 1984.

———. *Constantine*. London: Croom Helm, 1969.

———. *Corruption and the Decline of Rome*. New Haven: Yale University Press, 1988.

———. *Paganism in the Roman Empire*. New Haven: Yale University Press, 1981.

———. *Roman Social Relations, 50 B.C. to A.D. 284*. New Haven: Yale University Press, 1974.

———. *The Second Church: Popular Christianity, A.D. 200–400*. SBL Writings from the Greco-Roman World Supplement Series 1. Atlanta: Society of Biblical Literature, 2009.

_____. "Two Types of Conversion to Early Christianity." *Vigiliae Christianae* 37 (1983): 174-192.

_____. "What Difference Did Christianity Make?" *Historia* 35 (1986): 322-343.

MacMullen, Ramsay, and Eugene N. Lane, eds. *Paganism and Christianity, 100-425 C.E.: A Sourcebook*. Minneapolis: Fortress, 1992.

Madigan, Kevin, and Carolyn Osiek, eds. *Ordained Women in the Early Church*. Baltimore: Johns Hopkins University Press, 2005.

Markus, Robert. *The End of Ancient Christianity*. Cambridge: Cambridge University Press, 1990.

_____. *Saeculum: History and Society in the Theology of Augustine*. Cambridge: Cambridge University Press, 1970.

McGowan, Andrew B. "Food, Ritual, and Power." In *Late Ancient Christianity*, edited by Virginia Burrus, 145-164. A People's History of Christianity 2. Minneapolis: Fortress, 2005.

_____. "Rethinking Agape and Eucharist in Early North African Christianity." *Studia Liturgica* 34 (2004): 133-146.

McGuckin, John. "The Life of Origen (c. 186-255)." In *The Westminster Handbook to Origen*, edited by John McGuckin, 1-23. Westminster Handbooks to Christian Theology. Louisville: Westminster John Knox, 2004.

Meeks, Wayne. *The Origins of Christian Morality: The First Two Centuries*. New Haven: Yale University Press, 1993.

Methuen, Charlotte. "'For Pagans Laugh to Hear Women Teach': Gender Stereotypes in the *Didascalia Apostolorum*." In *Gender and Christian Religion*, edited by R. N. Swanson, 23-35. Woodbridge, Suffolk: Boydell Press, 1998.

_____. "Widows, Bishops and the Struggle for Authority in the *Didascalia Apostolorum*." *Journal of Ecclesiastical History* 46 (1995): 197-213.

Metzger, Marcel, Wolfram Drews, and Heinzgerd Brakmann. "Katechumenat." In *Reallexikon für Antike und Christentum*, 20:497-574. Stuttgart: Anton Hiersemann, 2001.

Milavec, Aaron. *The Didache: Faith, Hope, and Life of the Earliest Christian Communities, 50-70 C.E.* New York: Newman, 2003.

_____. ed. *Didache: Text, Translation, Analysis, and Commentary*. Collegeville, MN: Liturgical Press, 2003.

Miles, Margaret R. *Carnal Knowing: Female Nakedness and Religious Meaning in the Christian West*. Boston: Beacon Press, 1989.

Molland, Einar. "Besass die Alte Kirche ein Missionsprogramm und bewusste Missionsmethoden?" In *Kirchengeschichte als Missionsgeschichte*, vol. 1, *Die Alte Kirche*, edited by Heinzgünter Frohnes and Uwe W. Knorr, 51–67. Munich: Chr. Kaiser, 1974.

Moss, Candida. *Ancient Christian Martyrdom: Diverse Practices, Theologies, and Tradition.* New Haven: Yale University Press, 2012.

———. *The Myth of Persecution: How the Early Christians Invented a Story of Martyrdom.* New York: Harper One, 2013.

Muir, Steven C. "'Look How They Love One Another': Early Christian and Pagan Care for the Sick and Other Charity." In *Religious Rivalries in the Early Roman Empire and the Rise of Christianity*, edited by Leif E. Vaage, 213–231. Waterloo, ON: Wilfred Laurier University Press, 2006.

Musurillo, Herbert A., trans. and ed. *The Acts of the Christian Martyrs.* Oxford: Clarendon, 1972.

Neymeyr, Ulrich. *Die christlichen Lehrer im zweiten Jahrhundert: Ihre Lehrtätigkeit, ihr Selbstverständnis und ihre Geschichte.* Supplements to Vigiliae Christianae 4. Leiden: Brill, 1989.

North, John A. "Pagans, Polytheists and the Pendulum." In *The Spread of Christianity in the First Four Centuries: Essays in Explanation*, edited by W. V. Harris, 126–143. Leiden: Brill, 2005.

Oakes, Peter. *Reading Romans in Pompeii: Paul's Letter at Ground Level.* Minneapolis: Fortress, 2009.

Odahl, Charles Matson. *Constantine and the Christian Empire.* London: Routledge, 2004.

O'Loughlin, Thomas. *The Didache: A Window on the Earliest Christians.* Grand Rapids: Baker Academic, 2010.

———. "From a Damp Floor to a New Vision of Church: Footwashing as a Challenge to Liturgy and Discipleship." *Worship* 88, no. 2 (2014): 137–150.

———. "The Missionary Strategy of the Didache." *Transformation: An International Journal of Holistic Mission Studies* 28, no. 2 (2011): 77–92.

Osiek, Carolyn. "Roman and Christian Burial Practices." In *Commemorating the Dead: Texts and Artifacts in Context; Studies of Roman, Jewish, and Christian Burials*, edited by Laurie Brink and Deborah Green, 243–272. Berlin and New York: de Gruyter, 2008.

Osiek, Carolyn, and Margaret Y. MacDonald. *A Woman's Place: House Churches in Earliest Christianity.* Minneapolis: Fortress, 2006.

Penn, Michael Philip. "'Bold and Having No Shame': Ambiguous Widows, Controlling Clergy and Early Syrian Communities." *Hugoye: Journal of Syriac Studies* 4, no. 2 (2001): 159–185.

———. *Kissing Christians: Ritual and Community in the Late Ancient Church.* Philadelphia: University of Pennsylvania Press, 2005.

Pharr, Clyde, trans. and ed. *The Theodosian Code and Novels, and the Sirmondian Constitution*. Princeton: Princeton University Press, 1952.

Phillips, L. Edward. "The Ritual Kiss in Early Christian Worship." PhD diss., University of Notre Dame, 1992.

_____. *The Ritual Kiss in Early Christian Worship*. Alcuin/GROW Joint Liturgical Studies 36. Cambridge: Grove Books, 1996.

Pohlsander, Hans A. "Crispus: Brilliant Career and Tragic End." *Historia* 33 (1984): 79-106.

Price, Simon. "Latin Christian Apologetics: Minucius Felix, Tertullian, and Cyprian." In *Apologetics in the Roman Empire: Pagans, Jews and Christians*, ed. Mark Edwards, Martin Goodman, Simon Price, and Christopher Rowland, 105-129. Oxford: Oxford University Press, 1999.

Quasten, Johannes, ed., *Patrology*, vol. 2, *The Ante-Nicene Literature after Irenaeus*. Westminster, MD: Christian Classics, 1950.

Reinbold, Wolfgang. *Propaganda und Mission im ältesten Christentum: Eine Untersuchung zu den Modalitäten der Ausbreitung der frühen Kirche*. Forschungen zur Religion und Literatur des Alten und Neuen Testaments 188. Göttingen: Vandenhoek & Ruprecht, 2000.

Richardson, Cyril C., ed. *Early Christian Fathers*. Philadelphia: Westminster, 1953.

Rives, James B. *Religion in the Roman Empire*. Malden, MA: Blackwell, 2007.

Robeck, Cecil M., Jr. *Prophecy in Carthage: Perpetua, Tertullian, and Cyprian*. Cleveland: Pilgrim Press, 1992.

Robert, Dana L. "World Christianity as a Women's Movement." *International Bulletin of Missionary Research* 30, no. 4 (2006): 180-188.

Robert, Dana L., and M. L. Daneel. "Worship among Apostles and Zionists in Southern Africa, Zimbabwe." In *Christian Worship Worldwide: Expanding Horizons, Deepening Practices*, edited by Charles Farhadian, 43-70. Grand Rapids: Eerdmans, 2007.

Rohr, Richard. *Simplicity: The Art of Living*. New York: Crossroad, 1991.

Rouwhorst, Gerard. "The Reading of Scripture in Early Christian Liturgy." In *What Athens Has to Do with Jerusalem: Essays on Classical, Jewish, and Early Christian Art and Archaeology in Honor of Gideon Foerster*, edited by Leonard V. Rutgers, 305-331. Leuven: Peeters, 2002.

_____. "The Roots of the Early Christian Eucharist: Jewish Blessings or Hellenistic Symposia?" In *Jewish and Christian Liturgy and Worship: New Insights into Its History and Interaction*, edited by Albert Gerhards and Clemens Leonhard, 295-307. Leiden: Brill, 2007.

Sage, Michael M. *Cyprian*. Cambridge, MA: Philadelphia Patristic Foundation, 1975.

Salzman, Michele Renee. *The Making of a Christian Aristocracy.* Cambridge, MA: Harvard University Press, 2002.

Sarefield, Daniel. "Bookburning in the Christian Roman Empire: Transforming a Pagan Rite of Purification." In *Violence in Late Antiquity: Perceptions and Practices*, edited by H. A. Drake, 287-296. Burlington, VT: Ashgate, 2006.

Scheidel, Walter C. "A Model of Demographic and Economic Change in Roman Egypt after the Antonine Plague." *Journal of Roman Archaeology* 15 (2002): 97-114.

Scheidel, Walter C., and Steven J. Friesen. "The Size of the Economy and the Distribution of Income." *Journal of Roman Studies* 99 (2009): 61-91.

Schlabach, Gerald W. *For the Joy Set before Us: Augustine and Self-Denying Love.* Notre Dame, IN: University of Notre Dame Press, 2000.

Schöllgen, Georg. *Die Anfänge der Professionalisierung des Klerus und das kirchliche Amt in der Syrischen Didaskalie.* Jahrbuch für Antike und Christentum, Ergänzungsband 26. Münster: Aschendorff, 1998.

_____. *Ecclesia Sordida? Zur Frage der sozialen Schichtung frühchristlicher Gemeinden am Beispiel Karthagos zur Zeit Tertullians.* Münster: Aschendorff, 1984.

_____. "From Monepiscopate to Monarchical Episcopate: The Emergence of a New Relationship between Bishop and Community in the Third Century." *The Jurist* 66 (2006): 114-128.

Schreiter, Robert. "Inculturation of Faith or Identification with Culture?" In *Christianity and Cultures: A Mutual Enrichment*, edited by Norbert Greinacher and Norbert Mette, 15-24. Maryknoll, NY: Orbis Books, 1994.

Secrétan, H. F. "Le Christianisme des premiers siècles et le service militaire." *Revue de Théologie et de Philosophie* 2 (1914): 345-365.

Shaw, Brent D. "The Passion of Perpetua." *Past and Present* 139 (1993): 3-45.

_____. *Sacred Violence: African Christians and Sectarian Hatred in the Age of Augustine.* Cambridge: Cambridge University Press, 2011.

Sider, Ronald J., ed. *The Early Church on Killing: A Comprehensive Sourcebook on War, Abortion, and Capital Punishment.* Grand Rapids: Baker Academic, 2012.

Smith, James K. A. *Imagining the Kingdom: How Worship Works.* Grand Rapids: Baker Academic, 2013. 『하나님 나라를 상상하라』(IVP).

Snyder, Graydon F. *Ante Pacem: Archaeological Evidence of Church Life before Constantine.* Macon, GA: Mercer University Press, 1985.

Snyder, Harlow Gregory. "'Above the Baths of Myrtinus': Justin Martyr's 'School' in the City of Rome." *Harvard Theological Review* 100, no. 3 (2007): 335-362.

Spanneut, Michel. "Geduld." In *Reallexikon für Antike und Christentum*, 9:243-294. Stuttgart:

Anton Hiersemann, 1976.

_____. "La Nonviolence chez les pères Africaines avant Constantin." In *Kyriakon: Festschrift Johannes Quasten*, edited by Patrick Granfield and Josef A. Jungmann, 1:36-39. Münster: Aschendorff, 1970.

Stark, Rodney. *One True God: Historical Consequences of Monotheism*. Princeton: Princeton University Press, 2001.

_____. "Physiology and Faith: Addressing the 'Universal' Gender Difference in Religious Commitment." *Journal for the Scientific Study of Religion* 41, no. 3 (2002): 495-507.

_____. *The Rise of Christianity: A Sociologist Reconsiders History*. Princeton: Princeton University Press, 1996. 『기독교의 발흥』(좋은씨앗).

Stark, Rodney, and William Sims Bainbridge. "Networks of Faith: Interpersonal Bonds and Recruitment to Cults and Sects." *American Journal of Sociology* 85 (1980): 1376-1395.

Sterk, Andrea. "Mission from Below: Captive Women and Conversion on the East Roman Frontiers." *Church History* 79, no. 1 (2010): 1-39.

_____. "'Representing'Mission from Below: Historians as Interpreters and Agents of Christianization." *Church History* 79, no. 2 (2010): 271-304.

Stevenson, J. *A New Eusebius: Documents Illustrating the History of the Church to AD 337*. Revised ed. W.H.C. Frend. London: SPCK, 1987.

Stevenson, Kenneth W. *The Lord's Prayer: A Text in Tradition*. London: SCM, 2004.

Stewart-Sykes, Alistair. "Catechumenate and Contra-Culture: The Social Process of Catechumenate in Third-Century Africa and Its Development." *St. Vladimir's Theological Quarterly* 47, nos. 3-4 (2003): 289-306.

_____. trans. and ed. *The Didascalia Apostolorum*. Studia Traditionis Theologiae 1. Turnhout: Brepols, 2009.

_____. "Hermas the Prophet and Hippolytus the Preacher: The Roman Homily and Its Social Context." In *Preacher and Audience: Studies in Early Christian and Byzantine Homiletics*, edited by Mary B. Cunningham and Pauline Allen, 33-65. Leiden: Brill, 1998.

_____. trans. and ed. *Hippolytus: On the Apostolic Tradition*. Crestwood, NY: St. Vladimir's Seminary Press, 2001.

_____. *From Prophecy to Preaching: A Search for the Origins of the Christian Homily*. Supplements to the Vigiliae Christianae 59. Boston: Brill, 2001.

_____. trans. and ed. *Tertullian, Cyprian, Origen: On the Lord's Prayer*. Crestwood, NY: St. Vladimir's Seminary Press, 2004.

Swift, Louis J. *The Early Fathers on War and Military Service*. Message of the Fathers of the Church 19. Wilmington, DE: Michael Glazier, 1983.

Taubes, Jacob. *The Political Thought of Paul*. Translated by Diana Hollander. Stanford, CA: Stanford University Press, 2004.

Thraede, Klaus. "Kuss." In *Reallexikon für Antike und Christentum*, 22:546-576. Stuttgart: Anton Hiersemann, 2007.

Thurston, Bonnie B. *The Widows: A Women's Ministry in the Early Church*. Minneapolis: Fortress, 1989.

Tilley, Maureen A. "The Ascetic Body and the (Un)Making of the World of the Martyr." *Journal of the American Academy of Religion* 59, no. 3 (1991): 467-479.

———. trans. and ed. *Donatist Martyr Stories: The Church in Conflict in Roman North Africa*. Translated Texts for Historians 24. Liverpool: Liverpool University Press, 1996.

Toner, Jerry. *Popular Culture in Ancient Rome*. Cambridge: Polity Press, 2009.

Trevett, Christine. *Christian Women and the Time of the Apostolic Fathers (AD c. 80-160): Corinth, Rome and Asia Minor*. Cardiff: University of Wales Press, 2006.

———. *Montanism: Gender, Authority and the New Prophecy*. Cambridge: Cambridge University Press, 1996.

Vaage, Leif E., ed. *Religious Rivalries in the Early Roman Empire and the Rise of Christianity*. Waterloo, ON: Wilfred Laurier University Press, 2006.

Van Dam, Raymond. *Becoming Christian: The Conversion of Roman Cappadocia*. Philadelphia: University of Pennsylvania Press, 2003.

Veilleux, Armand. *Pachomian Koinonia*. Vol. 1, *The Life of Saint Pachomius and His Disciples*. Kalamazoo, MI: Cistercian Publications, Inc., 1980.

Viscusso, Patrick. "Christian Participation in Warfare: A Byzantine View." In *Peace and War in Byzantium: Essays in Honor of George T. Dennis, SJ*, edited by Timothy S. Miller and John Nesbitt, 33-40. Washington, DC: Catholic University of America Press, 1995.

Walls, Andrew F. *The Missionary Movement in Christian History: Studies in the Transmission of Faith*. Maryknoll, NY: Orbis Books, 1996.

Walter, Tony, and Grace Davie. "The Religiosity of Women in the Modern West." *British Journal of Sociology* 49, no. 4 (1998): 640-660.

Whitaker, Charles. "Baptism." In *Essays on Hippolytus*, edited by Geoffrey J. Cuming, 52-60. Grove Liturgical Study 15. Bramcote, Notts: Grove Books, 1978.

Wiles, Maurice F. "The Theological Legacy of St. Cyprian." *Journal of Ecclesiastical History* 14, no. 2 (1963): 139-149.

Wilken, Robert L. "Alexandria: A School of Training in Virtue." In *Schools of Thought in the Christian Tradition*, edited by Patrick Henry, 15-30. Philadelphia: Fortress, 1984.

———. *The Christians as the Romans Saw Them*. New Haven: Yale University Press, 1984.

———. "*In novissimis diebus*: Biblical Promises, Jewish Hopes and Early Christian Exegesis."

       Journal of Early Christian Studies 1, no. 1 (1993): 1-9.
_____. *Remembering the Christian Past*. Grand Rapids: Eerdmans, 1995.
_____. *The Spirit of Early Christian Thought: Seeking the Face of God*. New Haven: Yale University Press, 2003. 『초기 기독교 사상의 정신』(복있는사람).
Willimon, William H. *Peculiar Speech: Preaching to the Baptized*. Grand Rapids: Eerdmans, 1992.
Wischmeyer, Wolfgang. *Von Golgatha zum Ponte Molle: Studien zur Sozialgeschichte der Kirche im dritten Jahrhundert*. Forschungen zur Kirchen- und Dogmengeschichte 49. Göttingen: Vandenhoek & Ruprecht, 1992.
Wright, David F. "At What Ages Were People Baptized in the Early Centuries?" Studia Patristica 30 (1997): 389-394.
_____. "Infant Dedication in the Early Church." In *Baptism, the New Testament and the Church: Historical and Contemporary Studies in Honour of R. E. O. White*, edited by Stanley E. Porter and Anthony R. Cross, 352-378. Journal for the Study of the New Testament Supplement Series 171. Sheffield: Sheffield Academic Press, 1999.
Yarnold, Edward J. *The Awe-Inspiring Rites of Initiation: Baptismal Homilies of the Fourth Century*. Slough, UK: St. Paul Publications, 1971.
_____. "The Baptism of Constantine." Studia Patristica 26 (1993): 95-101.
Yoder, John Howard. "As You Go: The Old Mission in a New Day (1961)." In Yoder, *Theology of Mission: A Believers Church Perspective*, edited by Gayle Gerber Koontz and Andy Alexis-Baker, 399-421. Downers Grove, IL: IVP Academic, 2014.
Young, Robin Darling. *In Procession before the World: Martyrdom as Public Liturgy in Early Christianity*. Milwaukee: Marquette University Press, 2001.

찾아보기

가난한 사람들
    가난한 그리스도인들 198, 345
    가난한 방문객을 위한 예배 자리 마련 381
    가난한 자들에 대한 부양 199
    그리스도인들이 가난한 자들을 방문하다 181, 210
    세례 지원자들에 대한 2차 심사 250, 261, 263, 299
가이사랴 트로체타 119-121
가이사랴, 팔레스타인 지방의 27, 34, 45, 47, 141, 160, 171, 196n104, 212, 215, 219, 260, 264, 286, 287n195, 290, 293, 333, 343, 349
가정 교회 123n111, 141n24, 148-149, 228, 229, 241, 247, 248, 316, 356, 361
가짜 클레멘스 136-138
갈레노스 177

공적 처형 95, 100
과부들 71, 184, 191, 198, 232, 262, 283, 285, 302, 303, 348, 391n67, 392, 393, 394, 395, 396, 397, 421, 449
교리 교육
    교사들 40, 91, 94, 96, 159, 160, 186, 216, 217, 241, 244, 245, 258, 259, 261, 264, 265, 266, 269, 270, 273, 275, 283, 284, 289, 291, 292, 297, 298, 300-302, 304, 390, 396-397, 416, 434, 443, 449, 453, 482
    네오가이사랴에서의 214, 216
    복음 62, 127, 134, 136-138, 140, 152, 171, 230, 246, 247, 250, 253, 262, 283, 284, 290n203, 299, 300, 301, 302, 304, 374, 377, 378, 429, 480, 481
    "사도들의 가르침"에서의 374, 383, 395

상부 이집트에서의 261n98, 290n203, 325, 403
성경 암기 52, 97, 181, 245, 265, 266, 271, 274, 285, 292, 313, 320
신앙의 규칙 295n232, 302, 303
원형 경기장의 게임들 55, 88-100, 252, 430
교회법 21, 22, 29n7, 133, 149, 151, 177, 181, 297n239, 367, 370, 372, 396, 429n86, 453
구로얀, 비겐(Vigen Guroian) 297
군 복무 168, 169, 199
권능, 하나님의 73, 188, 196n105, 276, 351, 389, 437
   마귀의 힘보다 강하다 189
   영적 전투로서의 기도 321, 348
그레고리우스, 나지안주스의 414
그레고리우스, 니사의 215, 217
그레고리우스, 폰투스의
   오리게네스의 학생 45
   장례 식사를 이용함 218
   폰투스에서의 사역 215
그리스도인들
   "나쁜 그리스도인들" 211-214, 220
   배교한 57, 78n3, 121
그리스도인들의 수 28-29, 127
그린, 마이클(Michael Green) 10, 31n13, 163n9, 194n99, 221n174, 324n47
글랜시, 제니퍼(Jennifer A. Glancy) 82
기도
   동시에 드리는 341

   무질서한 346-347
   반복적인 구절들 342-343
   영적 전투 348-349
   예수님의 기도의 법칙 353-355
   예수님의 이름으로 187n73, 189
   외부인들에게 매력적인 180, 228
   울타리 치기 351-353
   자세와 몸짓 340-342
   전제 조건 253, 354
   주님의 기도 343, 354, 477
   중보 339, 341, 350
   치유 186, 190-194
   퇴마 194-197
   필요와 스트레스 요인들 345-346
기도상(orant) 192, 321, 340, 341

니버, 라인홀드(Reinhold Niebuhr) 456

데이비, 그레이스(Grace Davie) 150
데키우스 57, 121, 216, 217, 402
도나투스주의자들
   아우구스투스와 - 470
   콘스탄티누스의 끈기 있는 접근법 440
   키프리아누스의 영향 470
두라 유로포스 141n24
「디다케」 32, 136, 235-238, 315, 356
디아나와 안티누스 협회 102, 106
「디오그네투스에게 보낸 편지」 27, 99, 171, 173, 204, 206
디오니시우스 126

라누비움 79, 101, 102-108, 110, 113-115

라미란데, 에밀리앙(Émilien Lamirande) 469

라이브스, 제임스(James B. Rives) 84n20, 86n26

라이엔다이크, 앤마리(AnneMarie Luijendijk) 404

라인볼트, 볼프강(Wolfgang Reinbold) 10, 221

락탄티우스
  『거룩한 원리』가 말하는 인내하는 황제 68, 420
  기독교 호교론자들에 관하여 162
  마귀의 힘에서 풀려난 사람들 189
  여자와 아이들을 포함하는 교회 178-184
  인내 67-74
  종교는 강요되어서는 안 된다 203-205
  콘스탄티누스에게 호소하다 419-424

랜드, 스티븐(Steven Land) 359

램지, 맥뮬런(Ramsay MacMullen) 10, 18, 28, 194, 417, 425, 430n90, 484

레오 1세 307

레인 폭스, 로빈(Robin Lane Fox) 31

로마
  공적 종교 79, 84-99
  카피톨 재건 84-88

로버트, 데이나(Dana Robert) 146

로핑크, 게르하르트(Gerhard Lohfink) 160, 295

루셀, 얼라인(Aline Rousselle) 154

류, 주디스(Judith Lieu) 145, 147

마귀 61, 185-190, 192, 196, 202, 207, 209, 215, 242, 259, 276, 342, 345, 348, 350, 471

마르쿠스, 로버트(Robert Markus) 478

마일즈, 마거릿(Margaret Miles) 306

맹세하기
  교리 교육시의 토론 292-293
  맹세하라는 콘스탄티누스의 칙령 443-445
  암모니우스가 맹세를 거부하다 407-408
  필리아스가 맹세를 거부하다 408-410

모스, 캔디다(Candida Moss) 29n7, 88n29

문맹 152, 181, 244, 260, 265, 273-274, 289, 320, 345

미누키우스 펠릭스 38, 113, 176-177, 201, 211
  가난한 그리스도인들 113
  그리스도인들은 위대한 일들을 살아 낸다 38
  성적 순결 176-178
  회심자들을 매료시키는 삶의 방식 211-212

민간 협회 79, 100-116, 251

바실레이오스, 가이사랴의 429n86

『바울과 테클라 행전』 183

박해 29, 33, 40, 44, 47, 55, 57, 60, 61, 63-64, 67-68, 71-72, 119, 121-122, 125, 148, 166, 173, 185, 216-218, 221, 227, 265, 270, 272, 274-275, 307, 315-316, 324, 335, 373, 396, 401-403, 406, 410,

415, 442, 451, 461-462, 465
반스, 티모시(Timothy Barnes) 411
발효 21, 35, 39, 128, 131-133, 158, 159, 167, 179, 222, 308, 482, 483
방언 171, 197n108
버가모 119-121
베스코브, 페르(Per Beskow) 134
병자 71, 124, 158, 181, 191, 193, 215, 232, 247, 259, 262, 271, 281, 285, 337, 342, 369, 421, 427
복음 전도
    라인볼트 모델 221
    『사도 전승』에서의 250-255
    여자들의 효율적인 역할 180-181
    적들이 형제가 되다 203
    친구들과 후원자들 251
    평화를 이루는 그리스도인들의 매력 388-390
복음 전도에서의 평화 388-390
볼루시아누스 474-476
북아프리카 34, 37, 38, 48-50, 58, 62, 64, 67, 79, 96-99, 107, 103, 115, 121-122, 148, 176, 189, 248, 266, 272, 274, 283, 286, 302, 319, 341-342, 365, 450, 458, 468-469, 472, 474, 482
브라운, 피터(Brown, Peter) 458, 468
브래드쇼, 폴(Paul F. Bradshow) 10, 248, 299, 300, 302, 452
브레머, 얀(Bremmer, Jan) 93
부르디외, 피에르(Pierre Bourdieu) 19, 80-82, 278

비밀의 규율(Disciplina arcani) 33
비폭력 39n4, 47, 196, 266, 274, 281-282, 285, 289, 348, 410, 427, 429, 454

『사도 전승』
    살인에 대한 금지 202
    입맞춤 360
    치유에 관하여 190-194
    학습 247-262
    학습을 위한 전제 조건들 251-255
    학습의 길이 297
"사도들의 가르침"
    과부들 392-396
    기도 386
    봉사 활동하는 여자들 184, 372, 374
    부차적인 법률 375-377
    살아 있는 문헌 372
    아이들 179-180
    예배 379-382, 387-388
    유대인과 이방인들 371-373, 386
사랑(philotimia) 84
사투루스 90-91, 94, 96-98, 365n183
사회적 계층화 197-198, 219-220
살인
    살인에 대한 교회의 금지 252-255
    인간은 거룩한 피조물이다 423
생명을 취함
    게임 201-202
    군 복무 202-203
    낙태 202
    영아 유기 202

인내는 모든 살인을 금한다 202-203
선교
　　끈기 있는 선교 55-56
　　모호한 그리스도인들 134-135
　　순회하는 예언자들 136-139
　　여성 운동 146-149
　　열두 제자 133
　　이주 선교 133-139
　　평상시의 접촉 143-144
선교학 22, 58
설교 27, 33, 121, 123, 126, 143, 186, 212, 214, 235, 246, 260, 264, 286-292, 301, 307, 317, 324, 329-339, 345, 351, 381, 415, 453, 459, 467, 470-471, 478
『성 페르페투아와 펠리시타스의 수난』 55, 90-99
성경
　　암기 52, 97, 181, 245, 265, 266, 271, 274, 285, 292, 313, 320
　　주문 187, 196, 292
성령과 조급한 그리스도인들 53-56
성적 규율 176-178
성찬
　　성찬 기도 321, 322n40
　　순교자들의 마지막 식사 93, 99
　　심포지엄과의 관계 111-112, 311-313, 317, 325
　　아비투스의 형성 87, 98
　　저녁 연회/아침 예배 311-318
　　주례 성찬 142
　　준비로서의 평화의 입맞춤 366

성호 156, 158, 209, 269, 279, 305
세례
　　「디다케」에서의 회심 238
　　병상— 414-415
　　아이들에 대한— 180
　　여자들의— 282
　　여집사들의 역할 391
　　유아— 305n262
　　키프리아누스의 회심 233-234
소득 분배 104, 109, 198, 246
소타스 261n98, 404-406
수적 성장 19, 325, 436, 458
순 48, 98, 100n66, 139-140, 228, 267, 281, 366, 373, 407, 470-471
순교자 유스티누스
　　교리문답과 세례 240-247
　　그리스도인들의 잦은 모임 142, 181-182
　　사람들을 사로잡는 중독 190
　　사업 42-43, 174
　　설교 327-330
　　아비투스 164
　　예배 317-323
　　인내 40-43
쉘겐, 게오르크(Georg Schöllgen) 383
슐라바흐, 제럴드(Gerald Schlabach) 11, 473
스미스, 제임스(James K. A. Smith) 81
스타크, 로드니(Rodney Stark) 10, 28, 78n2, 126, 127n120, 148
스터크, 안드레아(Andrea Sterk) 135
스튜어트사익스, 알리스테어(Alistair Stewart-Sykes) 372

신탁, 클라로스에서의 117-119
심판, 하나님의 94, 394n79, 396n89

아리스티데스, 아테네의 162, 238-241, 339
아멜링, 월터(Walter Ameling) 96
아비투스
　—에 대한 설명 80-83, 311
　—의 변화 82-83, 242-243
　귀족들의 231, 417-419
아비투스, 그리스도인의
　가난한 자들에 대한 돌봄 110, 262
　돈 108-110
　병자들에 대한 돌봄 124
　사업 174-176
　식사 111-112
　장례 110
　특성 209-211
　형성으로서의 예배 379-382
아우구스티누스, 히포의
　사랑에 관하여 473
　선교 혁명 480-483
　습관의 힘 473-478
　"인내에 관하여" 457-469
　인내의 전통 468
　절제에 관하여 473
　정당한 맹세에 관하여 445, 483n66
　정당한 조급증 457-485
　제국을 넘어서는 선교에 관하여 480-481
　종교적 억압 470-472
　키프리아누스와의 관련성 469-472
아테나고라스, 아테네의 164-165, 177, 226, 265, 362
아폴론 118-119
아폴로니우스, 로마의 444
알렉시스베이커, 앤디(Andy Alexis-Baker) 11, 274, 281
암모니우스, 아우렐리우스 407-408
암브로시우스, 밀란의 184, 301, 468
애찬(*agapē*) 93, 99, 111, 114, 260, 312, 322n44
에게리아 264
에드워즈, 마크(Mark Edwards) 425
에우세비우스, 가이사랴의
　두 종류의 삶 429
　위선에 대한 두려움 438
　콘스탄티누스의 세례에 관하여 306
　콘스탄티누스의 학습에 관한 결정 415-417
예수 그리스도
　가르침 41, 62, 108, 109n80, 220, 242, 331, 397, 448
　부활 53, 70, 133, 396
　산상수훈 38, 41, 52, 59-60, 65, 123-124, 159, 174, 176, 386, 443, 475-476
　십자가형 69, 186
　인내의 교사 52
　인내의 구현 46
예언자들 34, 46, 118, 136-139, 187, 237, 320, 325-327
오달, 찰스(Charles M. Odahl) 411, 414, 420
오로클린, 토머스(Thomas O'Loughlin) 235
오리게네스

교리문답 교사 286-295
교사 214-215
기도에 관하여 343
"나쁜 그리스도인들"에 관하여 212-214
인내에 관하여 45-48
주일 설교 333-336
퇴마사 186-190, 196
하나님의 선교 활동에 관하여 27-28, 34-35, 143, 159-160
오크스, 피터(Peter Oakes) 123n111, 140n22
옥시린쿠스 261, 290n203, 291n208, 325, 403-404, 406-408
요한네스 크리소스토무스 39n4, 263, 299, 444
「요한행전」 195, 196n104
우상숭배 60, 190, 218, 252, 255, 263-264, 378, 408, 416, 453
월스, 앤드루(Andrew Walls) 170
월터, 토니(Tony Walter) 150
유대교 78n3, 295, 371
이단
　시리아 여인들의 복음 전도 때 나타나는- 394-395
　콘스탄티누스의 싸움 438-442
이레나이우스
　설득하시는 하나님에 관하여 204
　아비투스의 변화에 관하여 263
　치유를 위한 기도에 관하여 193
　퇴마와 회심에 관하여 189
이집트 32, 43, 127, 135, 151, 160, 199, 248, 249n66, 261n98, 290n203, 325, 330n67, 365, 367, 403, 404, 406-407, 418
인장 반지 268
입회 심사 250-255

자선 85, 88, 124, 201, 337, 427
장례 식사 218-219
전염병 37, 57, 116, 127n120, 348, 441-442
조급증
　도나투스주의자들의 462
　신성모독 66
　아우구스티누스의 정당한 463, 465-466, 473-474, 482-483
　원죄 51-52
　테르툴리아누스가 조급해지다 50
　폭력을 통해 드러나는 53-54
종교 모임 314
종교적 자유 75, 203, 423, 450
지상 명령 31, 133, 481
집단 주택(insulae) 140, 141, 172

채드윅, 헨리(Henry Chadwick) 201

카루더스, 메리(Mary Carruthers) 274-275
카르타고
　-의 기독교 협회 107-116
　-의 전염병 121-127
카이킬리아누스, 가이사랴의 232-233, 255, 267
카이킬리우스 208
켈수스 136, 151-152, 178, 188-189, 202,

220, 288, 349
콘스탄티누스 1세
　―의 교리 교육 412-413
　―의 회심 410-413, 445-447
　받아들일 만한 교회에 대한 편애 437-439
　법의 기독교화 429-431
　"성도의 집회를 향한 연설" 425-429
　세례 413-417
　아비투스 417-419
　유대인 441
　이단들 435, 443-445
　인내에 대한 관점들 427-429
　인내의 변화 447-456
　조급증 441-442, 447-456
　종교 정책 436-445
　종교적으로 의견을 달리하는 사람들 439-442
　책을 태움 442
　초기 역사 401-402
　폭력에 관한 관점들 427-429
　하늘의 환상 412-413
콜레기아(collegia) 100-101, 108
쿠퍼, 케이트(Kate Cooper) 30, 145
쿨키아누스, 클로디우스 407-410
퀴리누스, 교리문답 교사 270-271, 275, 284-285
"퀴리누스에게 3" 31, 234, 270-272, 274-275, 278-279, 283-284
클라센, 윌리엄(William Klassen) 358
「클레멘스 2」 198, 329n64, 330, 332, 335-336

클레멘스, 알렉산드리아의
　기도의 주제들 348
　복음 전도자들로서의 여자들 151-153
　비판적인 토착화 169
　사업하는 그리스도인들 175
　영적 전투로서의 기도 191-192, 348
　인내에 관하여 43-44
　종교적 강압에 대한 반대 204
　평화의 문화 267-268
　후원자의 필요성 255
키릴로스, 예루살렘의 263-264, 364, 453n146
키르타 148-149, 407n18, 438n109
키시스 407-408
키케로 51, 70, 420-422
키프리아누스
　―의 세례 306
　―의 회심 230-235, 306-308
　교리문답 교사로서의 270-286, 301
　교회 안에서 침묵해야 하는 여자들 183
　구현된 인내 37-40
　그리스도인들의 돌봄 199-201
　병자들에 대한 돌봄을 촉구하다 191
　세례 지원자로서의 267
　예수님의 기도의 법칙 353-355
　"인내의 유익에 관하여" 39, 64-66, 464
　전염병에 대한 대응 121-127
　테르툴리아누스에게 지고 있는 빚 57-59
　하나님의 복수에 대한 경고 206-207

타우베스, 제이컵(Jacob Taubes) 346

타키투스 84-87
테르툴리아누스, 카르타고의
　『그의 아내에게』 155
　"기도에 관하여" 114, 354
　살인에 대한 금지 201
　신학적 교리 교육 303-304
　신학적 영향 96-98
　"인내에 관하여" 40, 48, 55, 59, 266, 327
　종교적 자유 204-205
　토착화 169
　퇴마와 회심 188-190
　『호교론』 107-116
테베 199-200
토착화
　-의 특성들 167-173
　의심스러운 214-219
　장례 식사의 218-219
　평화의 입맞춤의 356-358
퇴마
　-의 실행 191-192
　복음 전도 과정에서의 194-197
　세례 이전의 304-305
　퇴마사로서의 오리게네스 185-189
　회심으로 이어지다 188-190
트라야누스 78n3, 101, 433
트레벳, 크리스틴(Christine Trevett)
　85n23, 144, 147, 152n56, 452n144
틸리, 모린(Maureen Tilley) 98

파코미우스 200-201, 418
판타에누스, 알렉산드리아의 32, 134

패트릭, 아일랜드의 33
퍼거슨, 에버렛(Everett Ferguson) 10-11,
　165, 272
펀그렌, 게리(Gary Ferngren) 191
펠라기우스파 462n17, 466, 472
펠리시타스 55, 90-92, 94
평화
　"사도들의 가르침" 생태계 안에서의
　　385-387
　소타스가 -를 이루는 사람들을 형성하다
　　405-406
　유스티누스가 -의 문화를 육성하다 161
　클레멘스가 교리 교육을 통해 -를 만드
　　는 사람들을 만들다 267-268
포티누스, 리옹의 139, 409
폰로베르트, 샤를로테 엘리셰바(Charlotte
　Elisheva Fonrobert) 371
폰티우스, 카르타고의 123-127, 232, 262,
　336n90, 337-338
폴란, 마이클(Michael Pollan) 131
폴리카르포스, 서머나의 139-140, 346, 392,
　409
푸덴스 95-96
프라이스, 사이먼(Simon Price) 162
플리니우스 78n3, 316, 432-434
피우스, 안토니누스 40, 238
필리아스 408-410, 444

하나님의 인내 49n37, 55, 61, 66, 467n26
하르낙, 아돌프(Adolf Harnack) 35
헤르마스 243, 245, 298n242, 325-326

호교론 40-41, 68, 107-108, 111-113, 162-167, 174, 238, 240-241, 243, 294, 317, 326, 328, 424, 478

환대 71, 142, 210, 237, 269, 405, 421

회심 43-44, 60, 67, 71, 82, 99-100, 111, 143, 151, 164, 173, 188, 194, 196, 199, 201, 207-208, 215-216, 230-231, 234-235, 272, 277, 285, 294-296, 351, 410-411, 431-432, 445-446, 449, 453-454, 467, 471-474

흥청거리기 218, 231

『히폴리투스의 규범들』(Canons of Hippolytus) 367

힐라리아누스 88, 91, 93-94

그리스도인들의 공손하지 않은 행동의 목적 92

카르타고의 '게임들' 88

옮긴이 김광남은 숭실대학교에서 영문학을, 동대학 기독교대학원에서 성서학을 공부했다. 여러 해 기독교 언론과 출판 분야에서 일했다. 옮긴 책으로 『예언자들의 메시지』 『칼빈의 십계명 강해』(이상 비전북), 『예수의 부활』 『속죄의 본질 논쟁』 『아담과 하와의 잃어버린 세계』(이상 새물결플러스) 등 다수가 있다.

초기 교회와 인내의 발효

초판 발행 2021년 6월 25일
초판 4쇄 2025년 4월 25일

지은이 앨런 크라이더
옮긴이 김광남
펴낸이 정모세

편집 이성민 이혜영 심혜인 설요한 박예찬
디자인 한현아 서린나 | 마케팅 오인표 | 영업·제작 정성운 이은주 조수영
경영지원 이혜선 이은희 | 물류 박세율 김대훈 정용탁

펴낸곳 한국기독학생회출판부 | 등록번호 제2001-000198호(1978.6.1)
주소 04031 서울시 마포구 동교로 156-10
대표 전화 (02) 337-2257 | 팩스 (02) 337-2258
영업 전화 (02) 338-2282 | 팩스 080-915-1515
홈페이지 http://www.ivp.co.kr | 이메일 ivp@ivp.co.kr
ISBN 978-89-328-1837-5

ⓒ 한국기독학생회출판부 2021

책값은 뒤표지에 있습니다.
무단 전재와 복제를 금합니다.